中国彩票年鉴编辑委员会

2017

Yearbook of the Chinese Lotteries

中国彩票年鉴 2017

中国财经出版传媒集团
中国财政经济出版社

图书在版编目（CIP）数据

中国彩票年鉴．2017/中国彩票年鉴编辑委员会编．—北京：中国财政经济出版社，2018.10

ISBN 978－7－5095－8440－8

Ⅰ.①中…　Ⅱ.①中…　Ⅲ.①彩票－中国－2017－年鉴　Ⅳ.①F726.952－54

中国版本图书馆CIP数据核字（2018）第182499号

责任编辑：陆宗祥　　　　责任校对：黄亚青
封面设计：孙俪铭　　　　版式设计：兰　波

中国财政经济出版社出版

URL：http：//www.cfeph.cn

E－mail：cfeph@cfeph.cn

社址：北京市海淀区阜成路甲28号　邮政编码：100142

营销中心电话：010－88191537

北京时捷印刷有限公司印刷　各地新华书店经销

787×1092毫米　16开　31.25印张　685 000字

2018年12月第1版　2018年12月北京第1次印刷

定价：220.00元

ISBN 978－7－5095－8440－8

（图书出现印装问题，本社负责调换）

本社质量投诉电话：010－88190744

打击盗版举报热线：010－88191661　QQ：2242791300

2016 年 12 月 7 日，中央专项彩票公益金法律援助项目总结部署工作会议在京召开。司法部党组成员、副部长赵大程，中华全国妇女联合会党组成员、书记处书记谭琳，中国法律援助基金会理事长张彦珍出席会议，并为受到表彰的项目示范单位、项目管理先进个人和优秀案件承办人代表颁奖

2016 年 12 月 7 日，中央专项彩票公益金法律援助项目总结部署工作会议上，中国法律援助基金会理事长张彦珍，为获奖代表颁奖

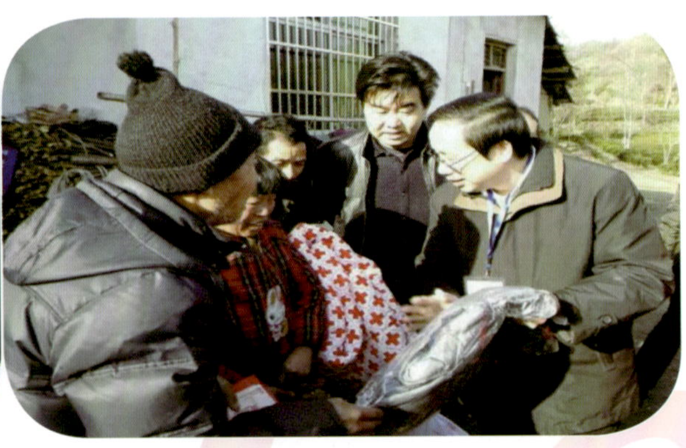

国家彩票公益金支持的“红十字博爱送万家”活动

国家彩票公益金支持采购的帐篷搭建灾区临时安置点

国家彩票公益金支持的人道物流演练

红十字生命健康安全教育项目社区＋学校应急演练活动现场

安全主题宣传活动

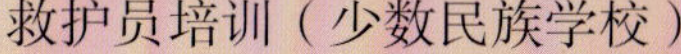

救护员培训（少数民族学校）

多部门联合应急演练

高山单板，没有手臂也要驾驭单板滑雪迎风飞舞，风驰电掣

首届全国肢残人轮椅马拉松健身赛在长沙橘子洲头开赛

2016 年 11 月 28 日 -12 月 3 日举办文化助盲志愿服务经验交流活动暨首届文化助盲志愿者骨干师资培训班，培训满意度 95%

江西省新余市渝水区爱慧特殊儿童早期干预训练中心学前教育项目

中央彩票公益金助学项目（学前教育）资助的听力残疾儿童在四川宜宾市翠屏区爱心聋儿语训学校学习

2016 年预防出生缺陷日主题宣传活动

“爱心传递 防治出生缺陷”公益行活动走进河南

“爱心传递 防治出生缺陷”公益行活动走进宁夏

遗传代谢病出生缺陷救助试点项目在甘肃启动

励耕计划

幼儿教师资助项目

重庆市潼南区举行“贫困母亲两癌救助”中央专项彩票公益金发放仪式，并由同心姐妹抗癌自救互助组对受助患者开展心理辅导活动

滋蕙计划

2016年1月18日，公益标杆——湖北福彩社会责任报告发布会举行

2016年4月1日，青岛市福彩中心开展“让星空更绚烂”关爱自闭症儿童大型倡导及宣传蓝色行动

2016年5月16日，天津市福彩中心在勤敏小学开展“公益福彩陪伴成长　阳光同行温暖学子”活动，为学生送出运动服等慰问品

2016 年 5 月 18 日，2016 年全国即开型福利彩票座谈会在山东省济南市召开

2016 年 5 月 27 日，山东省济南市福彩中心向资助修建的福彩学校学生送去儿童节礼物

2016 年 5 月 31 日，山东省泰安市福彩中心向王庄镇花园小学捐赠电脑

2016 年 6 月 17 日，“分享责任中国行（2016）——福彩行”一行 40 多人调研中国福利彩票发行管理中心

2016 年 8 月 17 日，由中福彩中心主办的 2016 年即开型福利彩票培训师大赛决赛暨全国培训会在湖南省长沙市圆满落幕

2016 年 9 月 28 日，“福彩有爱·急难有助”中国福利彩票急难救助金项目启动

2016年中秋佳节，通过“福泽潇湘 爱心‘童’行”公益活动，爱心人士与留守儿童共度团圆节

2016年10月12日，中福彩中心“福彩有爱·点亮未来”助学捐赠仪式在云南省大理州巍山中学举行

2016年11月23日，中福彩中心资助的“全国退伍军人（含复原干部）角膜移植复明工程”项目启动仪式举行

2016 年 1 月 1 日，“中国体育彩票”全国新年登高活动

2016 年 2 月 1 日至 29 月，广西各地举办了百场“广西体育彩票共享杯”赛事活动，助力群众性体育活动和全民健身运动的开展

2016 年 5 月 28 日，“公益体彩 赢在社区”全民健身赛活动正赛第一场在长沙市格林星城社区广场打响，来自岳麓区西湖街道黄泥岭等 10 个社区的队伍在这里展开了激烈比拼

2016 年 6 月 15 日广州国际龙舟邀请赛在中山大学北门广场至广州大桥之间的珠江河段举行

2016 年“6·16 江苏彩民节”庆祝仪式上，业主和彩民共切“彩民节”庆生蛋糕分享甜蜜

2016年10月29日下午3时许，2016 年“体育彩票进社区”健康行活动第二站在南昌市京东镇嘉苑社区文化活动广场上正式启动

2016年11月16日，由总局中心、中华全国体育基金会共同发起开展的体彩乐善基金"公益体彩 快乐操场"活动在江西省遂川县于田镇中心小学二部举行现场捐赠仪式，为孩子们送去价值2万元的体育器材和设施

2016年11月23日，"公益体彩 快乐操场"首次走进新疆，并在和田市古江巴格乡塔木巴格村小学开启了新疆"快乐操场"活动的序幕

2016 年 12 月 1 日，总局中心、中华全国体育基金会共同发起开展的体彩乐善基金“公益体彩 快乐操场”活动，在云南文山州丘北县舍得乡中心学校小学部开展一堂别开生面的公益体育课

2016 年 12 月 15 日，“公益体彩 快乐操场”首次走进海南，为当地体育资源匮乏的学校送去了体育器材和关爱

中国彩票年鉴 2017

编辑委员会

中国彩票年鉴 2017

编辑出版工作人员

编辑工作小组

刘金云　胡忠勇　靳　俐　郭　梅　顾兆霞　王守刚　王晓飞　纪雪蕾　崔　露

刘　艺　刘建鲁　郝　力　盛飒飒

责任编辑

陆宗祥

英文目录翻译

吴楚松

英文校订

陆宗祥

封面设计

孙俪铭

版式设计

兰　波

责任校对

黄亚青

印制监督

刘春年

编辑部电话

010 – 88190710

88190759

88190710（传真）

编辑说明

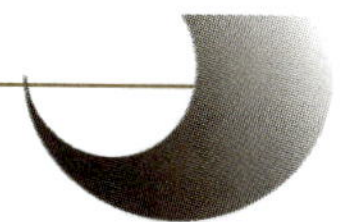

《中国彩票年鉴》是财政部综合司组织中国福利彩票发行管理中心和国家体育总局体育彩票管理中心等单位共同编纂的有关中国彩票业年度发展基本情况的综合信息密集型工具书，自2002年起每年出版一卷，已成系列。现奉献给读者的是该系列中的第十六本。

年鉴一般是以出版年号为卷次名称。2017卷主要收录从2016年1月1日到2016年12月31日间中国彩票业的发展概况，汇集这期间的相关资料。为体现《中国彩票年鉴》本身编纂所特有的连续性，也为遵循年鉴内容与卷次名称的统一性，本年卷虽推迟付梓，但卷名中仍冠以“2017”年份，特此说明。

《中国彩票年鉴》不仅收录了最新游戏规则、玩法说明，而且还汇集了如按系统、按类型、分地区，或按年、按月等多重方式叠加的游戏销售统计数字，更加有利于读者从不同侧面深入了解全国彩票的发行销售结构，脉络清晰，划分得当。

自2011年卷开始，年鉴已把“四、统计资料”部分的“（三）历年彩票游戏销售统计资料”栏目中“历年”的时间跨度改为十年，本年卷即为“2007—2016年”，以后仍逐年递推，敬请读者留意。

本年卷主体分为七部分，包括彩票市场发展概况，大事记，彩票制度、政策和文献，统计资料，中央专项彩票公益金使用情况及附录和彩票票样等，其中彩票票样仍由中国福利彩票发行管理中心和国家体育总局体育彩票管理中心提供。

为扩大彩票公益金使用宣传，便于社会各界了解中央专项彩票公益金使用效果，自2012卷开始，增添“中央专项彩票公益金使用情况”栏目，以飨读者。

本年卷文字记述中，凡涉及数据的，一般满亿的以亿为单位，不足亿的以万为单位，保留两位小数，四舍五入；读者如采用数据，请以统计资料中的数字为准；凡未注明提供者的统计数据均由财政部综合司提供，特此说明。

为进一步诠释国家彩票发行事业的“公益”理念，提高全书质量，增强可读性，在正文前设置了若干主要由中国红十字会总会、中国残疾人联合会、扶贫机构、教育机构，以及中国福利彩票发行管理中心、国家体育总局体育彩票管理中心等部门提供的专题彩色插页，力求生动、鲜活地反映 2016 年度彩票行业的发展风貌。此外，也收录了部分为中国彩票事业健康发展作出突出贡献的相关企业的宣传图片。凡是来稿中注明摄影者的，本书采用时就予以署名，而其他图片不再一一注明供稿机构。

《中国彩票年鉴 2017》是集体协作的结晶，编辑过程中，特别得到了财政部综合司及两国家级彩票发行管理中心领导的热情支持。在此，谨向他们及其他为本年鉴的编辑出版付出辛勤劳动、给予大力支持的个人和单位，一并致以最诚挚的谢意！

中国彩票年鉴编辑委员会

2018 年 8 月

目　录

Contents

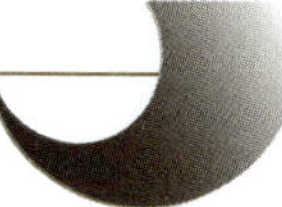

一、2016年彩票市场发展概况

全国彩票市场发展概况

2016 年，在党中央、国务院的坚强领导下，各级财政部门与民政、体育行政部门及彩票机构密切配合，扎实工作，以加强彩票监管为主线，重点围绕规范彩票审批行为、净化彩票发行销售环境、加强彩票资金管理等持续发力，着力建立健全彩票发展的长效机制，国家彩票事业总体平稳健康发展。

一、2016 年彩票发行销售情况

2016 年全国共销售彩票 3 946.41 亿元，比上年增加 267.57 亿元，增长 7.3%。

分机构看，福利彩票机构销售 2 064.91 亿元，比上年增加 49.81 亿元，增长 2.5%；体育彩票机构销售 1 881.5 亿元，比上年增加 217.76 亿元，增长 13.1%。

分类型看，乐透数字型彩票销售 2 448.64 亿元，增长 3.8%；竞猜型彩票销售 764.9 亿元，增长 29.8%；即开型彩票销售 284.77 亿元，下降 5.9%；视频型彩票销售 445.43 亿元，增长 4.9%；基诺型彩票销售 2.66 亿元，下降 38.7%。乐透数字型、竞猜型、即开型、视频型、基诺型彩票销售量分别占彩票销售总量的 62%、19.4%、7.2%、11.3%、0.1%。

二、2016 年彩票公益金收入和分配使用情况

（一）全国彩票公益金收入和分配情况

2016 年全国彩票公益金收入 1 071.15 亿元，比上年增加 67.25 亿元，增长 6.7%。其中，中央集中彩票公益金收入 528.67 亿元，地方留成彩票公益金收入 542.48 亿元（包括 2016 年逾期未兑奖金额 13.81 亿元）。中央集中彩票公益金的收入，按照 60∶30∶5∶5 的比例，分配给全国社会保障基金、中央专项彩票公益金、民政部和国家体育总局；地方留成彩票公益金收入，由省级财政部门商民政、体育行政等有关部门研究确定分配原则。

（二）中央集中彩票公益金收支情况

2016 年，中央集中彩票公益金可用收入 518.49 亿元，其中，当年收入 528.67 亿元，上年结转收入 -10.18 亿元。中央集中彩票公益金安排支出 473.36 亿元，包括全国社会保障基金 315.60 亿元、中央专项彩票公益金 105.16 亿元、民政部 26.30 亿元和国家体育总局 26.30 亿元。考虑收回结余资金因素，收支相抵，中央集中彩票公益金共

结余45.22亿元。

（三）中央专项彩票公益金分配使用情况

2016年中央专项彩票公益金支出105.16亿元。主要用于教育事业26.50亿元，残疾人事业19.44亿元，医疗救助18亿元，扶贫15亿元，养老公共服务10亿元，文化事业6.5亿元，红十字事业4.17亿元，法律援助、农村贫困母亲两癌救助、出生缺陷干预救助、禁毒“关爱工程”、留守儿童公益事业等项目5.55亿元。

三、2016年彩票监管工作情况

（一）优化彩票品种和游戏结构

深入挖掘乐透数字型彩票市场潜力，调整部分地方彩票游戏规则，丰富地方彩票游戏玩法，发挥地方彩票游戏适应性强、灵活度高的优势，满足不同地区群众文化娱乐偏好。优化即开型彩票游戏结构，批准发行印制福星、彩蛋等即开型彩票，满足市场周期更替需要，推进即开型彩票发展。进一步规范中福在线视频型彩票发展。

（二）深入推进彩票审批管理改革

建立健全彩票审批内部控制制度，制定印发了《财政部彩票品种和游戏审批内控办法》（财办综〔2016〕77号），实行审批与监督相互分离、相互制衡，完善财政部彩票审批决策机制。经国务院批准，取消开设变更彩票品种所需的技术检测中介服务事项；深入推进行政审批标准化和规范化建设，开通财政部行政审批网上办理平台，行政审批工作实行网上集中预受理和预审查，进一步规范审批行为。

（三）切实加强彩票市场监管

在认真开展自查自纠、重点核实的基础上，经国务院批准，印发《财政部民政部体育总局关于擅自利用互联网销售彩票有关情况的通报》（财综〔2016〕2号），督促地方及有关部门全面落实擅自利用互联网销售彩票问题整改工作，保持对擅自利用互联网销售彩票行为的严管高压态势，有效遏制网络售彩乱象，净化彩票市场环境。

（四）加强彩票公益金管理

深入总结“十二五”时期中央专项彩票公益金项目执行情况，认真分析“十三五”时期彩票市场的发展形势和有关方面需求，报经国务院批准，确定了“十三五”时期中央专项彩票公益金安排方案，重点向党中央、国务院明确提出要求的重大民生项目倾斜，向中西部贫困地区和革命老区、困难行业和弱势群体倾斜，向补“短板”的社会公益事业项目倾斜。公告2015年全国彩票公益金筹集、分配和使用情况。

（五）进一步加强彩票发行费管理

规范彩票发行机构业务费中央对地方转移支付管理，安排彩票市场调控资金专项用于全国彩票市场调控方面的省与省之间、机构之间、品种之间协调发展。协调督促彩票发行机构完成部门预决算公开工作。自1月1日起，按照《财政部关于进一步规范和加强彩票资金构成比例政策管理的通知》（财综〔2015〕94号）的规定，执行新的彩票资金构成比例。制定彩票发行机构业务费执收方式改革方案。

（六）积极支持中国足球改革发展

按照《国务院办公厅关于印发中国足球改革发展总体方案的通知》（国办发〔2015〕11 号）要求，财政部积极协调有关部门，推动成立中国足球发展基金会。落实安排中央专项彩票公益金 15 亿元，用于“十三五”时期支持体育总局委托中国足球发展基金会资助足球公益项目。

（财政部综合司供稿）

全国福利彩票市场发展概况

一、全国福利彩票市场基本情况

2016 年，全国福利彩票市场总体上安全平稳运行，发行销售实现了新突破，市场运行呈现出以下几个主要特点：

（一）全国福彩市场安全平稳运行

2016 年，全国福利彩票年销量再次突破 2 000 亿元，达到 2 064.92 亿元，再创历史新高，比上年同期（以下简称“同比”）增加 49.81 亿元，增长 2.5%；筹集公益金约 591 亿元，公益金筹集率约为 28.6%。全年福利彩票市场无重大安全事故，各月销量走势平稳，整体呈现稳步增长态势（参见图 1）。

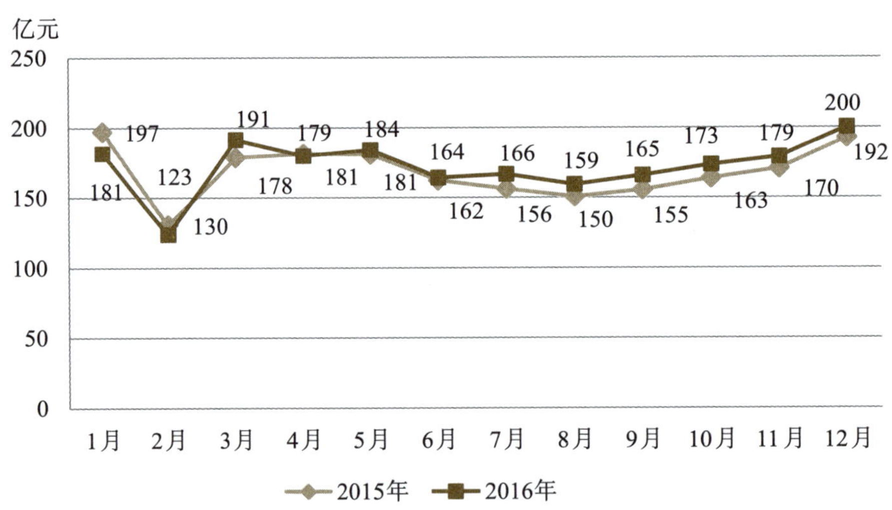

图 1　2016 年福利彩票月销量与上年同期比较图

截至 2016 年年末，全国福利彩票历年累计销量达到 15 782 亿元，筹集公益金约 4 750 多亿元，为支持国家社会福利和公益慈善事业发展做出了突出贡献。

（二）乐透数字型和视频型彩票销量稳步增长，即开型和基诺型销量下降较为明显

2016 年，乐透数字型彩票销售 1 467.77 亿元（参见图 2），同比增加 44.49 亿元，增长 3.1%。其中，双色球销售 508.96 亿元，同比增加 0.59 亿元，增长 0.1%；快开游戏销售 776.86 亿元，同比增加 44.42 亿元，增长 6.1%；3D 销售 155.28 亿元，同比减少 1.34 亿元，下

降0.9%；七乐彩销售12.48亿元，同比增加0.09亿元，增长0.8%；地方游戏销售14.19亿元，同比减少1.96亿元，下降12.1%。

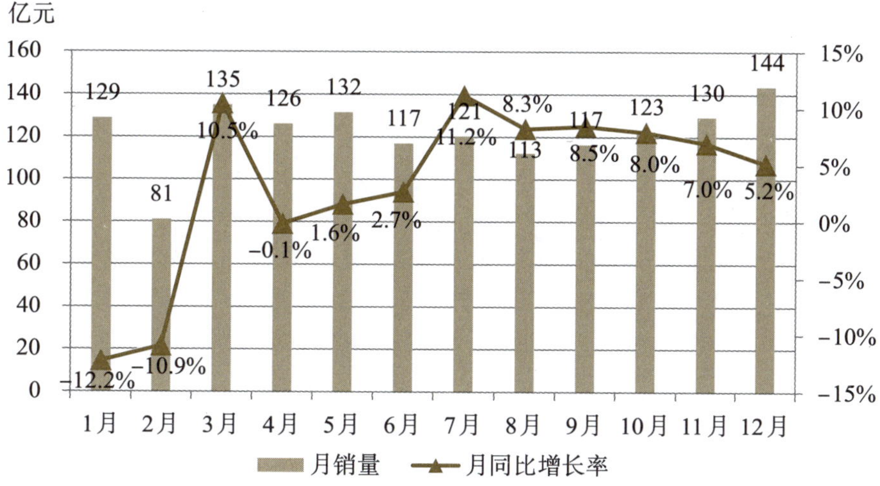

图2　2016年乐透数字型彩票月销量及同比增长率示意图

即开型彩票销售149.12亿元，同比减少13.68亿元，下降8.4%（参见图3）。

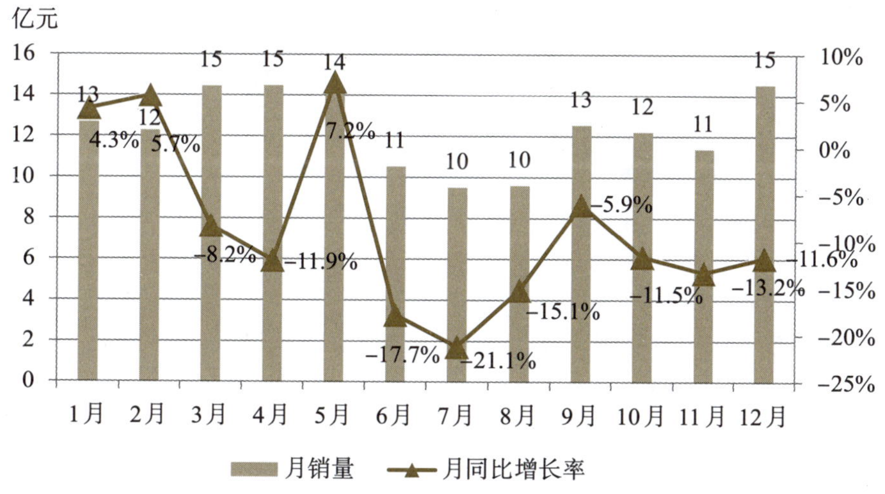

图3　2016年即开型彩票月销量及同比增长率示意图

视频型彩票销售445.36亿元（参见图4），同比增加20.68亿元，增长4.9%。

基诺型彩票共销售2.66亿元，同比减少1.68亿元，下降38.7%。

从占比看，2016年福利彩票乐透数字型、即开型、视频型和基诺型彩票销量分别占福利彩票总销量的71.1%、7.2%、21.6%和0.1%（参见图5）。

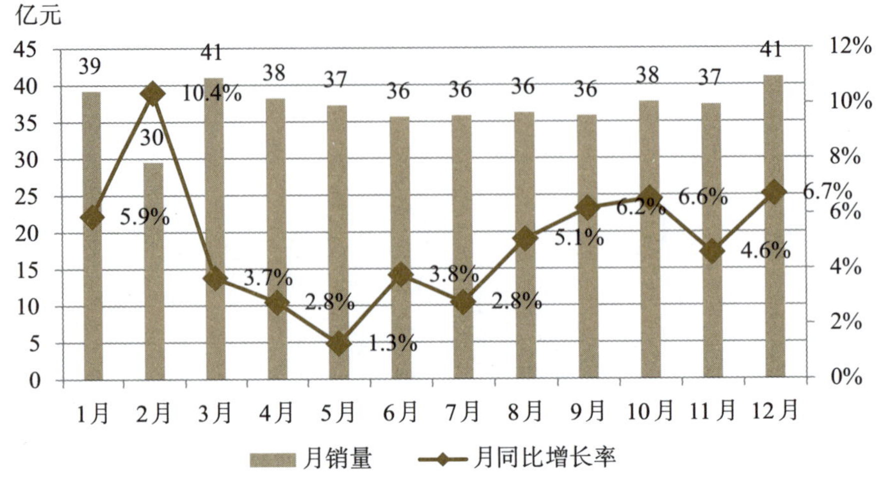

图 4　2016 年视频型彩票月销量及同比增长率示意图

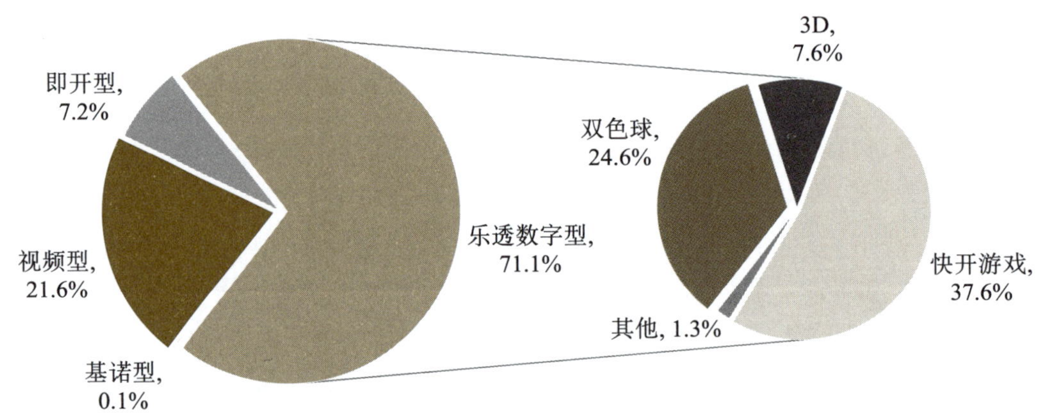

图 5　2016 年福利彩票各票种及主力游戏占总销量比重示意图

（三）大多数省份销量实现增长

2016 年，全国 23 个省份年销量全部实现增长。广东连续三年实现单省年销量突破 200 亿元，并再创历史新纪录；浙江、江苏、山东在百亿元平台上实现稳步增长；辽宁也再次超过 100 亿元；湖北首次突破 100 亿元；陕西、湖南和四川超过 80 亿元；云南突破 70 亿元；安徽、河南和河北超过 60 亿元；内蒙古、黑龙江和福建超过 50 亿元；广西、北京、甘肃、上海、重庆、山西和新疆超过 40 亿元；天津、吉林超过 30 亿元；江西、贵州分别超过 20 亿元；在 10 亿—20 亿元的省份有宁夏、海南、西藏和青海。

增速方面，西藏增速达 48.2%，为全国最高；青海增速超过 30%，云南和宁夏增速超过 10%，湖南、内蒙古、湖北、贵州、河南、新疆增速超过 5%，上海、陕西、安徽、广东、浙江、陕西、江苏、吉林、四川、山东、黑龙江和天津也实现销量增长；辽宁、甘肃、福建、重庆、海南、广西、北京、江西和河北销量有所下降。

二、业务工作情况

（一）加强游戏研发

2016年，全国福彩系统不断加强游戏研发力度，积极申报上市新游戏。即开票申报新游戏数十款并获得财政部批准上市；开展了全国即开票游戏征集活动，共征集到不同类型游戏作品117件，26款常规游戏和12款特色纪念游戏进入游戏储备库。研究确定七乐彩、东方6+1、15选5三款游戏的调整方案，申报海南快乐三宝游戏调整工作；研究推进新疆35选7、18选7两款电视开奖游戏的调整工作；积极推进四川、辽宁、浙江三省快乐12、新疆时时彩等快开游戏的调整工作和山东快乐球新游戏的申报审批工作。

（二）积极拓展销售渠道

福利彩票积极主动适应市场变化，在山东、山西、重庆等地积极推动销售展示柜布设工作，拓展即开型彩票展示渠道，提高服务水平，开发新型彩民群体，取得良好效果。各地加强销售站点日常巡检、业务培训等基础性工作，利用市场调控资金加强销售站点标准化、规范化建设，进一步提高销售终端管理和服务水平，夯实市场发展基础。与商超、电商等企业在渠道拓展、销售模式创新等方面开展沟通协商，拓展推动彩票市场发展的思路和方法：四川与红旗超市进行跨行业合作，在成都市建成约500个超市销售点；广西在大型商超、影院等场所布设彩票销售自助终端机；安徽依托农村电力网点缴费渠道，开展福彩电脑票自助销售。按照财政部的统一部署和要求加快推进电话销售福利彩票试点的业务准备和技术系统建设工作。

（三）持续创新市场营销

面对游戏产品结构不合理、传统投注站亏损压力不断增大、彩民群体固化老化等不利因素，福利彩票系统积极挖掘市场潜力，针对市场需求采取多种多样的营销促销方式，有力促进了福利彩票销量平稳健康增长。即开票结合智能手机普及化、娱乐消费场景化特点，创新开展了针对“一刮千金”游戏的全国统一营销活动，取得良好效果：“一刮千金”游戏上市销量超过6亿元，“福彩刮刮乐”客户端下载量超过100万次。根据双色球游戏“大奖大、小奖多”的特点，瞄准复式投注，针对一等奖和末等奖开展9亿元派奖促销，有力拉动销量增长，扩大了彩民群体，巩固了双色球游戏市场优势；组织开展双色球主题月活动，参与就达100万人次以上。探索与大型电商企业开展跨界营销，持续开展“走近刮刮乐”、“走近双色球”等常规性、参与式、体验性营销活动，彩民关注度、参与度、好评度不断提高。根据各地快开游戏奖池累积、市场变化等情况统筹部署开展快开游戏派奖情况和营销，全国福利彩票市场营销活动整体效应有效提升。

（四）强化顶层设计

一是编制福利彩票发行销售“十三五”规划。在认真全面总结“十二五”时期发展经验和成绩的基础上，中福彩中心带领全国福彩系统采用内外脑结合的方式，开展了彩票功能与定位研究、国际彩票经验与理念研究、“十三五”时期福利彩票发展方向和发展战略研究等5个基础性课题研究工作，深化了对“十三五”时期福利彩票事业的发展基础、发展环境、发展趋势、发展目标、主要任务等各方面相关问题的认识。此后，在深入调研、广泛征求各省级福利彩票机构和专家学者意见的基础上，经反复论证修改，编制上报了《中国福利彩票发行销售“十三五”规划》。

二是积极推进标准化建设工作。积极推进福彩标准委筹建工作。起草了《全国福利彩票标准化技术委员会筹建申请书》并进行修改完善。认真落实《全国民政标准化“十三五”发展规划》，积极制定有关标准规范。完成了《中国福利彩票技术安全管理规范（征求意见稿）》并向全国32个省级福彩中心征求意见，完成了《中国福利彩票即开型彩票标准》《彩票系统软件安全性测试范围》《彩票游戏规则检验规范》等6项标准的专家审查工作。

（五）切实保障安全运行

一是完成业务费比例下调工作。全国福彩系统认真贯彻落实财政部通知要求，按照发行机构让利销售机构、销售机构让利基层、全体机构让利代销者的指导思想，在保障代销者代销费不降低（部分地区有所提高）的基础上顺利完成了业务费比例下调工作，夯实了市场发展基础。

二是全面强化资金财务安全管理。结合彩票机构业务费纳入政府性基金预算管理改革，全方位加强了资金财务管理能力建设。首先，全面加强预算管理。从编报、评审、审批、执行、决算、公开等环节全流程加强预算管理；根据《财政部关于全面严肃财经纪律 严格中央部门预算管理的通知》，形成《中福彩中心关于开展财经纪律执行情况全面自查自纠的实施方案》并下发执行。其次，加强机制建设。中福彩中心制定出台了《全国福利彩票资金风险评估操作指南》等多项制度办法，积极完善全国福彩系统内部控制体系建设、资金风险预警制度建设，有力提升了风险防控水平。最后，强化资产管理。根据财政部有关要求，高度重视、严密组织、认真系统开展资产清查工作；严格规范对外采购与合作，全面落实政府采购制度，强化出资人管理，国有资产管理能力进一步提高。

三是提升技术安全保障能力。2016年，中福彩中心数据中心通过了国际Uptime Institute M&O认证，成为国内政府、事业单位及彩票行业首家获得该认证的单位，标志着中福彩数据中心运行管理水平进入国际一流行列。全国即开票发行管理系统建设积极推进，32个省市即开票系统验奖平台对接工作顺利完成，为2017年在全国全面铺开即开票统一验奖业务做好技术支撑。完善工作方案，加快工作进度，推进福利彩票技术基础支撑环境建设。中福彩中心牵头完成各省彩票业务系统异地灾备运行环境使用要求、容灾数据转换与存储协议等技术准备工作，开展大数据监控平台需求调研，推进发行销售数据监控系统建设，为保障安全运行提供坚实技术保障。湖南、江西灾备系统坚持并正式投入运行，进一步提高了技术风险防控能力；深圳通过了ISO9001：2008质量管理体系贯彻外部审核，进一步提高了管理保障能力；甘肃新数据机房投入使用，同步建成了新的视频票监控中心，技术安全得到进一步保障。

四是保障开奖安全。发行机构和销售机构常态化开展突发事件应急演练，完善制度流程，强化技能培训，加强设备购置、维护等工作，不断提升安全开奖管理能力。中福彩中心及时妥善处理开奖演播厅设备故障、主持人口误、公证员口误、摇奖机故障等各类突发事件，安全完成开奖 564 期。优化开奖节目播出渠道，实现教育电视台直播、央视录播、央广播出有机组合，积极探索在人民网、新浪网等知名网站播出开奖节目；改版播出《福彩演播室》，系列专题片获得广泛好评，形成开奖节目、公益节目、传播介绍类节目的有机结合，进一步提升了福彩公信力。

（六）持续建设“阳光福彩”

在 2015 年开展建设“阳光福彩”专项行动的基础上，2016 年全国福彩系统持续开展“阳光福彩”建设，行动成果得到巩固和扩大。

一是进一步加强制度建设。中福彩中心继续深化行政运转、调查研究、市场管理、财务管理等方面的制度建设，制定出台《业务档案管理办法》《调研课题管理办法》《中福在线视频型彩票发行销售系统停机工作流程》等多项管理制度，严格按照规章制度开展工作。河北制定了《河北省福利彩票发行管理中心采购项目运转流程》《中福在线销售厅管理规定及突发事件应急措施指导手册》，修订完善 60 多项制度规范并汇编成册；山东加快制度创新、修订和完善工作，全面开展廉政风险防控管理工作；湖南推进制度管理“废、改、立”，创制了《关于调整省本级福彩公益金分配办法的通知》《福彩销售先进县市区公益金项目奖励办法》等系列配套政策文件；广东制定完善制度 109 项，切实做好按制度办事、以制度管人。

二是进一步强化信息公开。中福彩中心和湖北、甘肃、西藏、新疆等地首次在官方网站公开彩票机构年度预算，进一步提升了信息公开工作水平；各级福利彩票机构加强官方网站、官方微信建设，强化与各界媒体的合作，建设立体化信息发布渠道，以及时权威的信息发布引导舆论，强化舆论管理，树立良好形象。

三是持续和改进宣传工作。中福彩中心制定下发了《关于加强福利彩票宣传工作指导意见》，提升福彩系统宣传工作整体效能。以“阳光福彩”为主打品牌，开展了“关爱儿童·感谢有你”“责任福彩·与你同行”等 5 个网络专题宣传活动，得到中彩网、新华网、人民网、光明网等各大主流网站及众多微信公众号的关注；开展吉祥物征集、福彩发行 30 周年摄影大赛、征文等系列特色宣传活动，提升了福彩品牌知名度，取得良好效果。

四是持续推进责任福彩建设。中福彩中心打造了“福彩有爱”系列品牌，针对贫困学生、贫困老年人等特殊人群受助需求，创新开展了“点亮未来”“福彩急难救助金”等公益项目，获得社会各界好评。各地也积极开展多类型公益活动，如江苏福彩扶老连续两年开展“福馨工程”，2016 年累计投入公益金 2 000 万元，在淮安、南通、扬州、泰州地区及连云港部分地区为 484 家敬老院统一装配标准化康复器具室、医疗室和护理室。青海福彩开展了“福彩助残健康行”活动，对残疾儿童进行医疗援助，添置辅具，助力孩子成长；广西福彩开展帮助残疾人创业项目，天津市福利彩票发行中心启动“公益福彩、阳光同行”系列公益活动，等等。

2016 年，中国福利彩票通过了世界彩票协会责任彩票二级认证，积极推进申请三级认证的准备工作；编制发布了《中国福利彩票 2015 年社会责任报告》。江西、湖北、湖南、海南、浙江、江苏、上海、吉林、重庆、山东、云南、河北、青海、广东、贵州、陕西等 10 多个省份发布了本地区福利彩票社会责任报告，有力彰显了福彩公益宗旨，推动树立了福彩事业良好社会形象。

（中国福利彩票发行管理中心供稿）

全国体育彩票市场发展概况

一、2016 年体育彩票市场基本情况

（一）销售概况

2016 年，体育彩票共销售 1 881.50 亿元，比 2015 年的 1 663.73 亿元增加 217.76 亿元，同比增长 13.1%（参见图 1）。

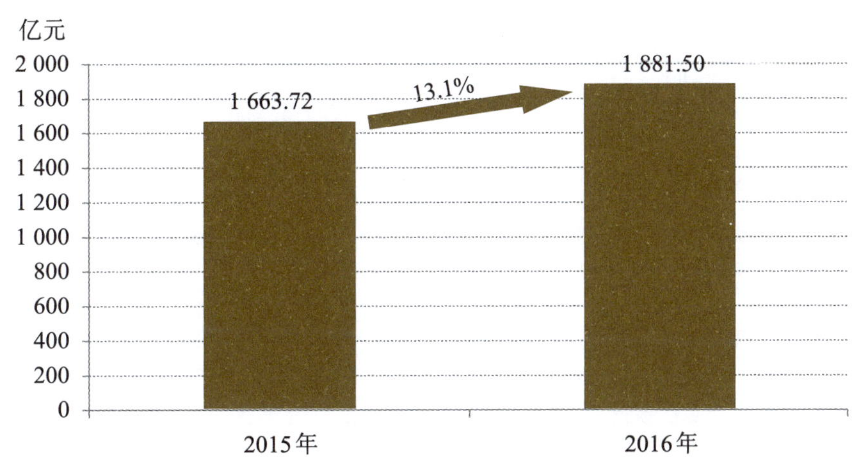

图 1　2016 年体育彩票销量图

2016 年，乐透型彩票、竞猜型彩票、即开型彩票、视频型彩票销量分别为 980.87 亿元、764.90 亿元、135.66 亿元和 0.08 亿元，分别占到体彩销售总量的 52.1%、40.7%、7.2% 和 0.004%。乐透型彩票销量同比增长 4.9%，竞猜型彩票销量同比增长 29.8%，即开型彩票销量同比下降 2.9%，视频型彩票同比增长 38.3%（参见图 2 和表 1）。

（二）产品结构

2016 年，乐透型彩票依旧占据体育彩票主体地位，竞猜型彩票占比大幅提升。乐透型彩票占体彩销量比例为 52.1%，较上年下降 4.1 个百分点。竞猜型彩票销量占比为 40.7%，较上年增加 5.3 个百分点。即开型彩票的销量占比为 7.2%，较上年下降 1.2 个百分点（参见图 3）。

（三）省（区、市）情况

2016 年全国 27 个省（区、市）的体彩销量实现增长（参见图 4）。

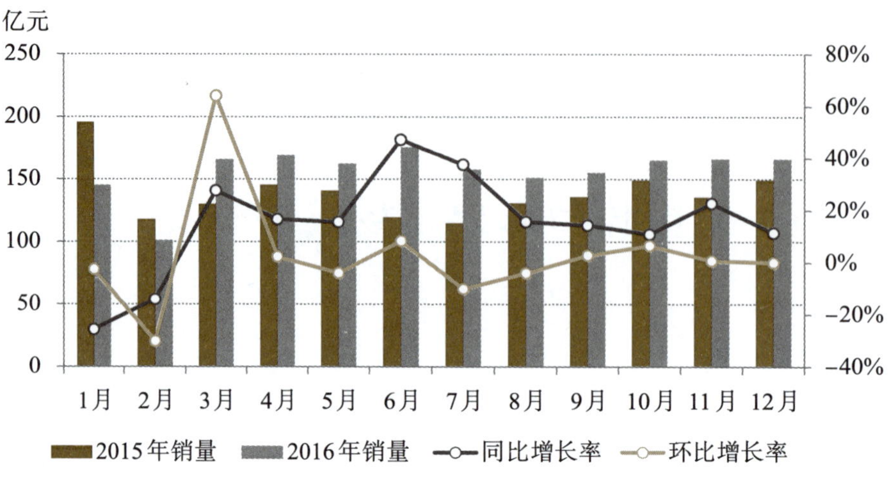

图 2　2016 年体育彩票各月销量图

表 1　　2016 年体育彩票发行情况与上年同期比较　　单位：亿元

2015 年					2016 年				
	乐透型	竞猜型	即开型	合计		乐透型	竞猜型	即开型	合计
1 月	97. 24	85. 98	12. 25	195. 47	1 月	84. 01	49. 38	11. 74	145. 14
2 月	60. 09	47. 20	10. 48	117. 77	2 月	54. 92	35. 95	10. 26	101. 14
3 月	80. 37	34. 53	15. 00	129. 90	3 月	91. 67	59. 01	15. 07	165. 76
4 月	88. 71	43. 21	13. 32	145. 24	4 月	93. 41	64. 21	11. 76	169. 39
5 月	84. 45	43. 95	12. 14	140. 55	5 月	89. 36	60. 96	12. 13	162. 45
6 月	75. 61	31. 94	11. 87	119. 41	6 月	79. 17	84. 32	12. 31	175. 80
7 月	72. 73	31. 50	10. 46	114. 69	7 月	77. 60	70. 78	9. 42	157. 81
8 月	72. 11	47. 75	10. 87	130. 74	8 月	77. 93	63. 76	9. 54	151. 23
9 月	69. 60	55. 00	11. 17	135. 78	9 月	74. 07	69. 66	11. 54	155. 27
10 月	74. 34	62. 82	11. 81	148. 98	10 月	81. 45	73. 84	9. 91	165. 20
11 月	76. 48	50. 87	8. 73	135. 42	11 月	87. 33	69. 03	9. 85	166. 21
12 月	82. 97	54. 50	11. 58	148. 54	12 月	89. 93	64. 02	12. 13	166. 09
合计	934. 71	589. 25	139. 76	1 663. 73	合计	980. 85	764. 90	135. 66	1 881. 49
比例	56. 2%	35. 4%	8. 4%	100. 0%	比例	52. 1%	40. 7%	7. 2%	100%

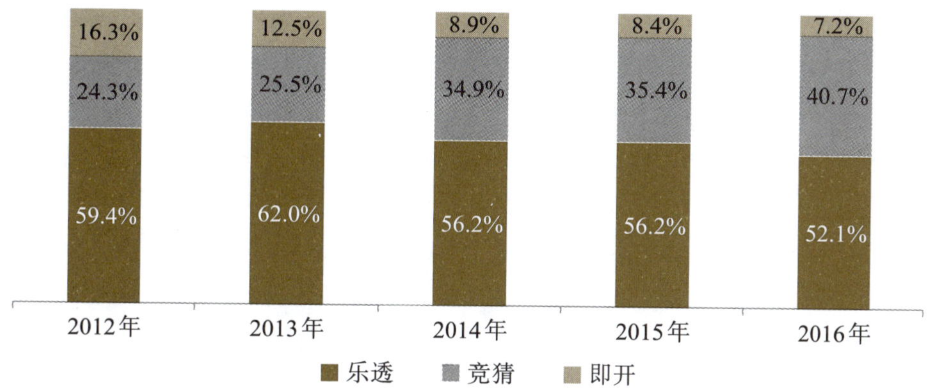

图 3　2012—2016 年各产品占比情况

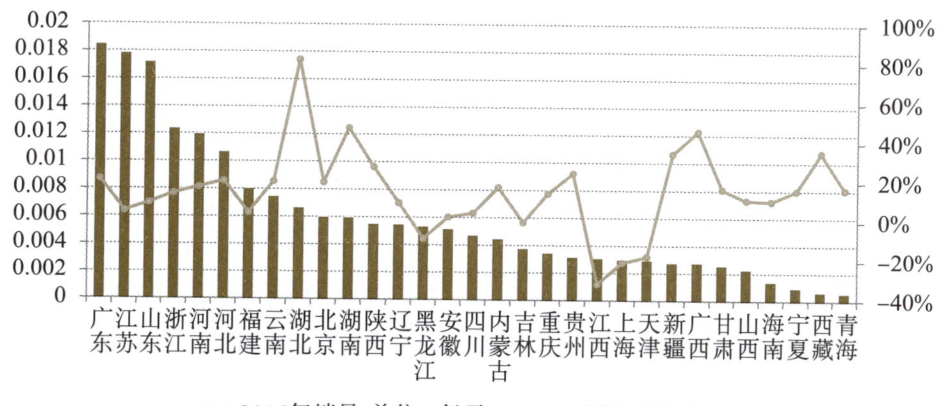

图 4　2016 年各省（区、市）体彩销量及增长情况

销量同比增长超过 40% 的省份有 3 个，依次为湖北（82.4%），湖南（47.7%）、广西（46.5%）。

销量同比增长在 20%—40% 以上的省份有 8 个，依次为西藏（35.8%）、新疆（35.1%）、陕西（27.9%）、贵州（25.0%）、广东（21.4%）、河北（20.6%）、云南（20.4%）和北京（20.0%）。

销量同比增长在 10%—20% 的省份有 9 个，依次为内蒙古（17.8%）、河南（17.5%）、甘肃（17.2%）、青海（17.0%）、宁夏（16.6%）、重庆（14.8%）、浙江（14.3%）、山西（11.7%）和海南（11.2%）。

销量同比增长在 0—10% 的省份有 7 个，依次为辽宁（9.8%）、山东（9.4%）、江苏（5.2%）、四川（4.8%）、福建（4.6%）、安徽（2.7%）和吉林（0.1%）。

销量同比下降的省份有 4 个，依次为黑龙江（-8.2%）、天津（-17.1%）、上海（-20.1%）、江西（-31.1%）。

二、2016 年体育彩票主要工作情况

乐透型彩票全年共销售 980.9 亿元，同比增长 4.9%。各级体彩机构坚持以超级大乐透系统化培育和高频游戏市场精耕

为重点，以派奖促销为抓手，创新派奖方式，打好宣传组合拳，强化现有产品培育，提高了市场占有率。总局中心出台了多项管理办法，加强游戏管理的制度建设和日常运营监控。按照总局中心《关于加强乐透型体育彩票实体店建设的意见》的部署，省市中心统一思路，以帮扶网点为核心，深入开展高频游戏精耕工作，启动新型彩票终端机在小型商超的试点销售，积极探索渠道多业态协同发展。通过优化网点信息电子化显示效果，着力提升网点服务质量，为彩民提供了更好的购彩体验。浙江、广东、内蒙古、新疆进行了电脑彩票票面优化试点工作，目前已基本具备了全国试点推广条件。

竞猜型彩票全年共销售 764.9 亿元，同比增长 29.8%，销量再上新台阶。各级体彩机构以欧洲杯等重大体育赛事为契机，创新营销方式，精心组织实施，进一步扩大了市场规模。省市中心以赛事为主线，加大产品推广力度，拓展传播渠道，依托实体网点和传统媒体、网络新媒体等平台，围绕“竞彩普及日”和“超级竞彩季”两个主题，开展了形式多样、内容丰富的营销宣传活动，提升了品牌影响力。广东、山东、河南、湖北、吉林等省市中心积极推进竞彩网点的扩点工作，进一步完善网点分类分级管理，优化了实体渠道结构。总局中心加强投注运营和风控管理，加大市场监控力度，保证了市场平稳运行。通过线上互动教学和现场集中授课等方式，开展了有针对性的业务培训，进一步提升了省市的管理能力和服务水平。

即开型彩票全年共销售 135.6 亿元，同比下降 2.9%。即开型彩票以渠道建设为主线，加大渠道拓展力度，提升精细化管理水平。继续推进以“5 要素”为核心的基础工作，全国综合达标率有一定提高，河北、江苏、安徽、福建、河南的达标率较高。总局中心下发了《拓展和维护渠道模式操作指南》等材料，为行业渠道规范发展提供指导意见。全年行业渠道网点数量净增 2.3 万个，累计达到 3.1 万个。部分省市制定了行业渠道扶持政策，渠道建设和管理取得了一定成效，辽宁行业渠道涵盖了全省 80% 的一级火车站。总局中心加强了产品创新力度，共上市全国性产品 30 款，地方性产品 13 款。顺利完成了即开票印制管理模式的调整工作，初步形成了即开票供应管理制度体系，总局中心下属企业中体彩印务公司即开票自主生产线顺利投产。

渠道基础性管理工作继续扎实推进。各级体彩机构进一步巩固渠道发展基础，优化网点布局，填补城乡空白区域，提高网点覆盖率，2016 年电脑彩票网点数量达到 15.6 万个。总局中心积极推进实体渠道管理系统试点工作，提升了渠道管理的信息化水平。省市中心加强网点合法合规经营，规范代销证管理工作，规范张贴率达到 99.5%。进一步完善了网点星级管理标准和考核办法，提升网点管理的标准化水平，全国三星级及以上网点占比达到 55.8%。按照财政部和总局的要求，稳步推进互联网销售试点筹备工作和电话销售试点工作。

品牌建设工作不断加强。总局中心研究制定了中长期品牌规划，加强统筹协调工作，系统推进品牌建设与传播工作。继续开展“体彩人关爱项目”“快乐操场”等形式多样的公益活动，提升了体育彩票的社会认知和公益形象。江苏、湖南、河北等省市组织了趣味性强、特色鲜明的公益活动，社会反响较好。“公益体彩”微博和微信公众号传播内容日益丰富，影响力不断扩大，已成为彩民和体彩机构互动的平台。积极履行体育彩票社会责任，通过了世界彩票协会责任彩票二级认证。

技术支撑能力进一步增强。完成了总体技术架构蓝图设计，强化了技术系统对业务的支撑能力。进一步优化发行销售技术平台，完成了具有自主知识产权的即开二代系统终验工作，稳步推进电子彩票平台建设，初步完成了数据集成平台的建设。组织开展了新型终端机研发。在实体网点引入互联网技术，对电子投注单和二维码支付的研发应用等方面进行了深入调研和积极探索，尝试提升实体网点的数字化服务水平。根据彩票业务发展需要，经过研究论证，确定了数据中心新的业务功能和建设模式。开展集成实验室研究工作。

安全和保障工作更加有力。一是加强技术系统运行和维护，全年未出现影响全国销售的重大故障，各项安全运行指标均达到或超过了年初设定的标准。开奖工作平稳运行，全年无事故。二是进一步完善安全管理制度建设，建立了全业务风险等级评估与处理机制，制定了重点业务评审流程。通过了国家重要信息系统备案和测评工作。三是继续加强网点安全检查工作，加强了异常终端监控。四是突发事件的应急处置及时、有力。

队伍建设和培训工作扎实开展。总局中心建立了全国业务培训平台，推广优秀网络课程的交流和分享，为体彩队伍整体素质和执行力的全面提升创造了条件。各省市积极组织开展课程学习和业务考试，培训范围从业务管理人员延伸至网点销售人员。据统计，2016年，全国共开展各类培训6.5万场次，136万人次接受了培训。山东、云南、四川、山西、海南等省市还自主开发了培训课程。目前，全国业务培训平台用户达到16.3万人。按照中央的统一部署，各级体彩机构认真开展了“两学一做”教育活动，强化政治意识、大局意识、核心意识、看齐意识，进一步增强了队伍的责任感和使命感。

（国家体育总局体育彩票管理中心供稿）

二、2016年彩票大事记

2016年

1月

1日，福利彩票3D游戏开奖顺利迁入中心虚拟演播厅，首次实现自主制作拍摄。

1日，“中国体育彩票杯”新年登高健身大会在全国各地举行。本届活动以北京八达岭和浙江江山作为南北中心会场，同时举办新年登高活动的还有全国30个省区市的70个分会场。

5日，财政部印发《关于停止销售中国体育彩票四川省11选5游戏的通知》。

7日，中国福利彩票发行管理中心（以下简称“福彩中心”）印发《关于对中国福利彩票销售场所实行分类分级管理的指导意见》。

7日至8日，2016年全国体育彩票工作会议在北京召开。

8日，《中国福利彩票发行管理中心决算管理办法》和《福利彩票发行机构业务费提取缴交管理办法》印发实施。

11日至12日，国家体育总局体育彩票管理中心（以下简称“体彩中心”）在广东省广州市召开全国即开型体育彩票工作培训会。

12日，财政部印发《关于同意销售中国体育彩票四川省金7乐游戏的通知》。

15日，2016年全国福利彩票工作会议在陕西省西安市召开。

21日，财政部印发《关于同意变更中国福利彩票湖北省22选5游戏为30选5游戏的通知》。

27日，财政部印发《关于同意变更中国体育彩票河南省泳坛夺金游戏规则的通知》。

2月

1日，财政部印发《关于中国体育彩票福建省31选7游戏及其附加玩法游戏规则有关事项的通知》。

16日，福利彩票正式获得世界彩票协会授予的“责任彩票”二级认证资格。

24日至26日，体彩中心在海南省海口市召开全国乐透型体育彩票工作培训会。

3月

1日，历时3个月的体育彩票“竞彩普及日”主题营销活动全面启动。

2日起，体育彩票竞彩游戏开售2016年法国欧洲杯冠军竞猜游戏和冠亚军竞猜游戏。

4 月

13 日，体育彩票超级大乐透启动 5 亿元派奖活动。

20 日至 22 日，福彩中心在山东省烟台市举办七乐彩派奖座谈会。

24 日，福利彩票推出首档自主策划的周播彩票专题类栏目《福彩演播室》，并在中国教育电视台、福彩官网和中彩网首播。

28 日，财政部、公安部、工商总局、民政部、体育总局联合印发《财政部公安部工商总局民政部国家体育总局关于做好查处擅自利用互联网销售彩票工作有关问题的通知》。

5 月

10 日，福彩中心印发《关于进一步加强中福在线安全管理工作的通知》。

18 日，福彩中心印发《中国福利彩票乐透数字型彩票游戏专家库管理暂行办法》。

21 日，体育彩票河南泳坛夺金游戏规则变更上市。

23 日至 27 日，体彩中心在北京举办全国省区市体彩中心主任培训班。

25 日，财政部印发《关于同意销毁“24K 金”等 30 款即开型体育彩票的通知》。

31 日至 6 月 3 日，福彩中心在广西南宁市召开快开游戏座谈会。

6 月

3 日，体育彩票竞彩游戏开售 2016 年法国欧洲杯全部比赛。

4 日，在美国举办的“百年美洲杯”足球赛纳入到体育彩票竞猜型彩票赛事。

6 日，福利彩票七乐彩 1 亿元派奖活动开启，连续 35 期。

8 日，财政部印发《关于同意印制发行金豆豆等 17 款即开型体育彩票游戏的通知》。

20 日，《全国福利彩票资金风险评估操作指南》及风险评价表正式印发实施，标志着全国福利彩票资金风险防控机制相关配套制度建设拉开序幕。

28 日，福彩中心业务楼数据中心成功通过国际 Uptime Institute M&O（管理与运行）认证，成为国内政府、事业单位及彩票行业首家获得该认证的单位。

7 月

1 日，体彩中心启动便利连锁行业销售体育彩票业务试点。

6 日，体育总局印发《体育彩票发展“十三五”规划》。

13 日至 14 日，体彩中心在宁夏银川召开上半年全国体彩市场形势分析会。

13 日至 15 日，福彩中心在内蒙古呼和浩特市举办双色球派奖座谈会。

15 日，民政部办公厅、财政部办公厅印发《关于调整福利彩票发行机构和福利彩票销售机构业务费比例的通知》，规定自 1 月 1 日起，福利彩票发行机构和销售机构的业务费比例调整为：双色球、七乐彩游戏发行机构业务费比例由1%调整为0.8%，销售机构调整为12.2%；快开游戏发行机构业务费比例由1%调整为0.2%，销售机构调整为12.8%；其他游戏发行机构业务费比例由1%调整为0.2%，销售机构调整为12.8%等。

7月26日—8月19日，2016年度竞猜型彩票业务培训班分4期在内蒙古呼和浩特、青海西宁、山东威海、海南保亭举办，全国31个省区市共90余个地市体彩机构的近300名业务管理人员参加。

28日至29日，2016年福利彩票年中市场形势分析会在云南省昆明市召开。

8月

5日，巴西举办的奥运会足球篮球比赛纳入体育彩票竞猜型彩票赛事。

12日，福利彩票《福彩开奖》节目在中央电视台财经频道黄金时间实现首播，节目时长为2：30秒。

24日，体彩中心分别在陕西省宝鸡市、福建省厦门市召开全国即开型渠道拓展与维护专项培训会。

9月

1日，体育彩票“超级竞彩季”主题营销活动全面启动。

2日，中国体育文化博览会、中国体育旅游博览会在新疆举办，体育彩票开设了专门展区展示和宣传。

20日至21日，体育彩票品牌建设中长期及“十三五”规划培训会议在北京召开。

26日，福利彩票刮刮乐官方客户端“福彩刮刮乐”正式上线。

29日，福彩中心在重庆市召开即开型福利彩票游戏设计研讨会。

10月

10日，由福彩中心主办，各省、自治区、直辖市福利彩票发行中心协办的大型双色球主题营销活动——双色球梦想人人行开启，活动分为最有影响力的公益项目评选、为爱而行公益健步走、梦想人人行公益之旅三个阶段。

19日，福彩中心实现了覆盖全国即开票系统核心数据的集中管理。

23日，福利彩票双色球游戏开展9亿元派奖活动，首次对一等奖和六等奖同时派奖。

27日，体育彩票全国优秀竞彩网点业主推优活动全面开展。

28日，财政部印发《关于同意印制发行彩蛋等23款即开型体育彩票游戏的通知》和《关于同意印制发行福星等26款即开型福利彩票游戏的通知》。

11月

6日到9日，2016年世界彩票协会年会在新加坡召开。中体彩中心获颁世界彩票协会责任彩票工作二级认证证书。

8日，体育彩票“公益体彩·快乐操场”活动全国起航。这是“公益体彩快乐操场”活动首次在全国31个省区市开展，捐赠学校数量达670所，捐赠总额超过 1 430 万元。

10 日，体育彩票“中国体育彩票·新长城助学基金”捐赠仪式在甘肃省兰州市举行，全面启动“体彩·新长城”助学活动。

11 日，造纸企业通过半年的研发和测试，生产出符合即开型彩票印制工艺要求的再生环保纸，即开型彩票开始使用环保纸印制生产。

13 日，福利彩票《福彩演播室》栏目在山东卫视首播。

15 日，体育彩票推出“一带一路”主题“以茶会友”游戏，该游戏第一次采用香味油墨印制工艺，填补了国内使用香味油墨印制即开型彩票的空白。

23 日，《中国福利彩票即开型彩票》经民政部标准委员会专家审核批准颁布实施。

24 日，《中国福利彩票发行管理中心内部控制手册》及其实施意见、《福利彩票省级销售机构内部控制指南》印发实施。

26 日，福利彩票双色球梦想人人行公益之旅在重庆市启动。

29 日，福利彩票《福彩开奖》演播厅综合服务 ISO 质量认证实现转版升级。

12 月

1 日，体育彩票 2016 年度“全国优秀竞彩网点明星业主评选活动”暨竞彩模拟投注大赛正式启动。

5 日，福利彩票 3D 游戏开奖实现网络直播。

8 日，福彩中心在北京召开即开票订票系统业务培训会，订票系统即时上线开始使用。

15 日，《全国福利彩票资金风险报告管理办法》印发实施。

25 日，在福利彩票《福彩开奖》节目江西卫视首播。

26 日，福利彩票统一并升级即开型彩票漂移字母，漂移字母由原来的 2 位变为 3 位，重新定义了使用规则，增加了漂移位置，极大提高了漂移字母的安全性和辅助验奖功能。

27 日，福利彩票《福彩演播室》栏目在江西卫视首播。

29 日，福利彩票《福彩开奖》节目在新浪网、搜狐网直播。

三、彩票制度、政策和文献

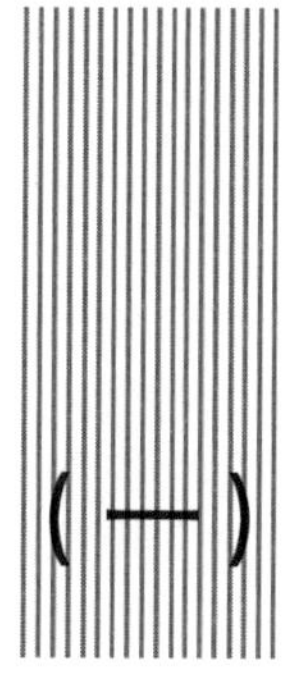

国家彩票监督管理制度、政策和文献

中华人民共和国财政部公告

（2016 年 1 月 6 日　2016 年第 7 号）

根据《彩票管理条例实施细则》（财政部民政部 国家体育总局令第 67 号）和《国务院办公厅关于 2016 年部分节假日安排的通知》（国办发明电〔2015〕18 号）的有关规定，现将 2016 年彩票市场春节休市有关事项公告如下：

一、休市时间为 2016 年 2 月 7 日 0：00 至 2 月 13 日 24：00。

二、休市期间，除即开型彩票外，停止全国其他各类彩票游戏的销售、开奖和兑奖。具体彩票游戏的开奖、兑奖等时间调整安排，由彩票发行机构、彩票销售机构提前向社会公告。

三、休市期间，即开型彩票的销售活动或者休市安排，由彩票销售机构根据彩票发行机构的要求和本地实际情况决定。如果决定休市的，彩票销售机构要提前向社会公告。如果决定开展销售活动的，要制定全面细致的销售工作方案，切实加强安全管理。同时，彩票销售机构要充分尊重彩票代销者的意愿，不得强行要求销售。

四、彩票发行机构、彩票销售机构要妥善保管休市前形成的销售数据，确保数据安全；充分利用休市间隙对彩票销售系统及设备进行调整和维护，为休市结束后的彩票销售活动做好准备。

特此公告。

中华人民共和国财政部公告

（2016 年 8 月 30 日　2016 年第 105 号）

2015 年，在党中央、国务院领导下，各级财政部门与民政、体育等部门密切配合，开拓进取，推动我国彩票事业持续健康发展，彩票公益金筹集分配使用工作进展顺利。现将 2015 年彩票公益金筹集分配情况和中央集中彩票公益金安排使用情况公告如下：

一、2015 年全国彩票公益金筹集情况

2015 年，全国发行销售彩票 36 788 427 万元。分机构看，福利彩票机构发行销售彩票 20 151 099 万元，体育彩票机构发行销售彩票 16 637 328 万元。分类型看，发行销售乐透数字型彩票 23 580 005 万元，竞猜型彩票 5 892 457 万元，视频型彩票 4 247 306 万元，即开型彩票 3 025 201 万元，基诺型彩票 43 458 万元，占彩票销售总量的比重分别为 64.1%、16.0%、11.6%、8.2% 和 0.1%。详见附件 1。

根据现行彩票管理规定，彩票公益金来源于彩票发行销售收入和逾期未兑奖的奖金。彩票发行销售收入中，根据不同彩票品种，彩票公益金提取比例有所不同，主要有以下 5 种类型．一是以双色球、超级大乐透等为主的全国性乐透数字型彩票，彩票公益金提取比例约为 35%，彩票奖金和彩票发行费提取比例约为 50% 和 15%；以快速开奖等为主的地方性乐透数字型彩票，大部分彩票游戏的彩票公益金提取比例为 28%，彩票奖金和彩票发行费提取比例为 59% 和 13%。乐透数字型彩票筹集彩票公益金 7 323 973 万元。二是以竞彩为主的竞猜型彩票，大部分彩票游戏的彩票公益金提取比例为 16%，彩票奖金和彩票发行费提取比例为 73% 和 11%，竞猜型彩票筹集彩票公益金 970 755 万元。三是以中福在线为主的视频型彩票，彩票公益金提取比例为 20%，彩票奖金和彩票发行费提取比例为 65% 和 15%，视频型彩票筹集彩票公益金 854 991 万元。四是即开型彩票，大部分彩票游戏的彩票公益金提取比例为 20%，彩票奖金和彩票发行费提取比例为 65% 和 15%，即开型彩票筹集彩票公益金 622 743 万元。五是以快乐 8、开乐彩等为主的基诺型彩票，彩票公益金提取比例为 35%，彩票奖金和彩票发行费提取比例为 50% 和 15%，基诺型彩票筹集彩票公益金 15 210 万元。2015 年逾期未兑奖奖金 166 277 万元。综上所述，2015 年共筹集彩票公益金 9 953 949 万元。详见附件 2。

二、2015 年全国彩票公益金分配情况

根据国务院批准的彩票公益金分配政策，彩票公益金在中央和地方之间按50∶50的比例分配，专项用于社会福利、体育等社会公益事业，按政府性基金管理办法纳入预算，实行财政收支两条线管理，专款专用，结余结转下年继续使用。地方留成彩票公益金，由省级财政部门商民政、体育等有关部门研究确定分配原则。中央集中彩票公益金在全国社会保障基金、中央专项彩票公益金、民政部和体育总局之间分别按60%、30%、5%和5%的比例分配。

2015 年中央财政当年收缴入库彩票公益金 4 905 546 万元，加上 2014 年度结转收入 714 478 万元，共 5 620 024 万元。经全国人大审议批准，2015 年中央财政安排彩票公益金支出 5 721 893 万元。收支相抵，期末余额 -101 869 万元，主要是 2015 年全年彩票发行销售量较 2014 年有所下降，实际筹集的彩票公益金收入比预算有所减少。按上述分配政策，分配给全国社会保障基金理事会 3 273 383 万元，用于补充全国社会保障基金；分配给中央专项彩票公益金 1 903 090 万元，用于国务院批准的社会公益事业项目，经由彩票公益金的使用部门或单位向财政部提出申请，财政部审核报国务院批准后组织实施；分配给民政部 272 730 万元，按照“扶老、助残、救孤、济困、赈灾”的宗旨，安排用于资助为老年人、残疾人、孤儿、有特殊困难等人群服务的社会福利设施建设等项目（见附件 3）；分配给国家体育总局 272 690 万元，支持群众体育和竞技体育发展项目（见附件 4）。

三、2015 年中央专项彩票公益金安排使用情况

2015 年，中央专项彩票公益金 1 903 090 万元的具体支出安排如下：

（一）未成年人校外教育事业 335 750 万元。该项目由中央文明办、教育部等部门组织实施，主要用于校外教育活动保障、未成年人校外活动场所能力提升和乡村学校少年宫建设项目。详见附件 5。

（二）教育助学 75 000 万元。该项目由中国教育发展基金会组织实施，主要用于资助特困学生（滋蕙计划），特困教师（励耕计划），以及救助教育发展中遇到的特殊困难或突发紧急事件（润雨计划）。详见附件 6。

（三）城乡医疗救助 160 000 万元。该项目由民政部组织实施，主要用于资助城乡困难居民参加城乡居民基本医疗保险和对医疗救助对象符合规定的医疗费用给予资助。详见附件 7。

（四）农村养老服务 100 169 万元。该项目由民政部组织实施，主要用于支持建设农村幸福院（老年人日间照料中心、托老所和老年人活动中心等）。详见附件 8。

（五）精神病人福利机构建设 154 000 万元。该项目由民政部组织实施，主要用于支持新（迁）建、改扩建地级精神病人福利机构和配置设备。详见附件 9。

（六）扶贫事业 90 000 万元。该项目由国务院扶贫开发领导小组办公室组织实施，主要用于贫困革命老区贫困村小型公益性基础设施建设。详见附件 10。

（七）文化公益事业 105 000 万元。主要用于补助全国城市社区文化中心（文化活动室）设备购置和支持国家艺术基金。详见附件 11。

（八）残疾人事业 191 282 万元。该项目由中国残疾人联合会组织实施，主要用于康复、残疾人康复和托养机构康复训练设备购置、助学、县级残联流动服务车及车载设备项目、贫困残疾人家庭无障碍改造。详见附件 12。

（九）红十字事业 34 965 万元。该项目由中国红十字会总会组织实施，主要用于人道救助救援，生命健康安全教育，贫困白血病、先心病儿童救助，失能老人养老服务，中国造血干细胞资料库建设和人体器官捐献。

（十）法律援助 10 000 万元。该项目由中国法律援助基金会组织实施，主要用于资助办理农民工、残疾人、老年人、妇女和未成年人等方面的法律援助工作。详见附件 13。

（十一）农村贫困母亲两癌救助 10 000 万元。该项目由中国妇女发展基金会组织实施，主要用于救助患有乳腺癌和宫颈癌的农村贫困妇女。详见附件 14。

（十二）婴幼儿营养补助 5 000 万元。该项目由中国儿童少年基金会组织实施，主要用于向部分贫困地区 6—36 个月婴幼儿免费发放爱心营养包和开展健康宣传教育活动。详见附件 15。

（十三）出生缺陷干预救助 9 000 万元。该项目由中国出生缺陷干预救助基金会组织实施，主要用于支持出生缺陷防治宣传和健康教育、出生缺陷筛查培训干预示范基地建设、遗传代谢病救助。

（十四）新疆社会福利设施建设 8 700 万元。该项目主要用于支持新疆维吾尔自治区孤残儿童、流浪未成年人和老年人等社会福利设施建设与发展。

（十五）西藏社会公益事业建设 70 700 万元。该项目主要用于支持西藏自治区社会福利机构建设，发展高原特色体育事业和开展全民健身活动等社会公益事业发展。

（十六）赣南等原中央苏区社会公益事业建设 21 524 万元。该项目主要用于支持江西、福建和广东原中央苏区社会福利、残疾人康复和全民健身等社会公益事业发展。

（十七）贵州省社会公益事业建设 70 000 万元。该项目主要用于支持贵州省社会福利、体育和残疾人等社会公益事业发展。

（十八）宁夏社会公益事业建设 60 000 万元。该项目主要用于支持宁夏回族自治区社会福利服务体系、残疾人救助体系和群众体育基础设施建设与发展。

（十九）山东沂蒙革命老区社会公益事业建设 27 000 万元。该项目主要用于支持山东沂蒙革命老区社会福利、体育、残疾人、教育、文化等社会公益事业发展。

（二十）青海社会公益事业建设 140 000 万元。该项目主要用于支持青海省社会福利、体育和残疾人等社会公益事业发展。

（二十一）甘肃社会公益事业建设 80 000 万元。该项目主要用于甘肃省社会福利和残疾人等社会公益事业发展。

（二十二）新疆生产建设兵团社会公

益事业建设45 000万元。该项目主要用于新疆生产建设兵团社会福利事业等社会公益事业发展。

（二十三）云南鲁甸地震灾后恢复重建100 000万元。

特此公告。

附件：1. 2015年全国彩票销售情况表

2. 2015年全国彩票公益金筹集情况表

3. 2015年中央集中彩票公益金由民政部安排使用资金表

4. 2015年中央集中彩票公益金由体育总局安排使用资金表

5. 2015年中央专项彩票公益金支持未成年人校外教育事业项目资金分配表

6. 2015年中央专项彩票公益金支持教育助学项目资金分配表

7. 2015年中央专项彩票公益金支持城乡医疗救助项目资金分配表

8. 2015年中央专项彩票公益金支持农村养老服务项目资金分配表

9. 2015年中央专项彩票公益金支持精神病人福利机构建设项目资金分配表

10. 2015年中央专项彩票公益金支持扶贫项目资金分配表

11. 2015年中央专项彩票公益金支持文化事业项目资金分配表

12. 2015年中央专项彩票公益金支持残疾人事业项目资金分配表

13. 2015年中央专项彩票公益金支持法律援助项目资金分配表

14. 2015年中央专项彩票公益金支持农村贫困母亲两癌救助项目资金分配表

15. 2015年中央专项彩票公益金支持婴幼儿营养补助项目资金分配表

附件 1

2015 年全国彩票销售情况表

单位：万元

地区	全国销售量	分机构		分类型				
		福利彩票	体育彩票	乐透数字型	竞猜型	视频型	即开型	基诺型
北　京	1 006 506	503 525	502 981	697 586	156 258		114 336	38 326
天　津	742 323	378 402	363 921	405 794	237 226	60 032	39 271	
河　北	1 652 130	763 717	888 413	1 205 983	172 122	128 124	144 940	961
山　西	632 183	423 735	208 448	473 333	51 006	67 780	39 982	82
内蒙古	918 710	535 894	382 816	704 127	37 941	81 791	94 850	
辽　宁	1 599 074	1 095 785	503 289	1 113 293	160 791	201 458	123 361	171
吉　林	732 169	349 870	382 299	539 402	50 057	69 826	72 825	59
黑龙江	1 087 229	500 557	586 672	846 411	128 706	25 013	87 099	
上　海	811 002	428 852	382 150	465 912	207 400	78 902	58 055	733
江　苏	3 143 052	1 444 831	1 698 221	2 043 643	533 772	340 985	224 652	
浙　江	2 557 023	1 468 662	1 088 361	1 599 576	343 003	428 998	185 446	
安　徽	1 163 406	656 255	507 151	591 355	289 813	244 385	37 853	
福　建	1 279 359	508 783	770 576	863 117	158 059	127 352	130 831	
江　西	779 278	323 470	455 808	395 725	258 703	89 661	35 189	
山　东	3 023 723	1 448 689	1 575 034	1 763 149	627 561	378 412	254 513	88
河　南	1 647 281	626 568	1 020 713	988 699	349 097	181 682	127 803	
湖　北	1 306 217	939 141	367 077	861 351	130 519	256 656	57 691	
湖　南	1 183 756	777 265	406 491	576 270	261 043	267 434	79 009	
广　东	3 574 920	2 050 535	1 524 385	2 134 039	705 034	314 257	419 524	2 066
广　西	699 111	507 304	191 807	400 013	132 978	116 808	49 312	
海　南	304 559	174 375	130 184	216 776	41 003	37 519	9 261	
重　庆	762 274	456 500	305 774	372 079	225 045	113 082	52 068	
四　川	1 288 934	834 518	454 416	844 967	128 495	165 896	149 576	
贵　州	508 143	249 779	258 364	394 673	46 150	35 257	32 063	
云　南	1 271 659	648 741	622 918	873 657	136 444	151 352	110 206	
西　藏	158 819	106 564	52 255	129 158	2 817		26 844	
陕　西	1 260 784	827 309	433 475	847 480	195 229	125 575	92 499	1
甘　肃	676 931	453 227	223 704	502 401	22 498	107 658	43 404	971
青　海	171 495	116 817	54 678	124 442	16 693	17 292	13 068	
宁　夏	240 102	153 316	86 786	171 041	13 923	34 119	21 019	
新　疆	606 275	398 114	208 161	434 553	73 071		98 651	
合　计	**36 788 427**	**20 151 099**	**16 637 328**	**23 580 005**	**5 892 457**	**4 247 306**	**3 025 201**	**43 458**

附件2

2015年全国彩票公益金筹集情况表

单位：万元

地区	彩票公益金	彩票品种					弃奖奖金
		乐透数字型	竞猜型	视频型	即开型	基诺型	
北京	293 834	220 669	9 187		45 407	13 414	5 157
天津	188 960	125 226	41 649	12 006	7 854		2 225
河北	454 086	364 541	28 563	25 625	28 988	336	6 033
山西	176 907	144 068	8 581	13 556	7 996	29	2 677
内蒙	260 095	216 235	4 608	16 358	18 972		3 922
辽宁	439 298	339 964	27 357	40 292	24 672	60	6 953
吉林	204 416	163 475	8 441	13 965	14 565	21	3 949
黑龙江	304 172	256 267	21 139	5 003	17 420		4 343
上海	223 653	156 370	35 419	15 780	11 611	256	4 217
江苏	842 258	627 828	88 470	73 721	40 127		12 112
浙江	691 518	500 385	57 696	85 800	37 089		10 548
安徽	297 053	188 347	47 199	48 877	7 571		5 059
福建	356 714	272 698	26 500	25 470	26 166		5 880
江西	197 801	127 055	43 353	17 932	7 038		2 423
山东	772 816	533 315	102 112	75 682	50 903	31	10 773
河南	440 360	313 131	56 593	36 336	25 561		8 739
湖北	362 163	270 966	22 717	51 331	11 538		5 611
湖南	305 415	185 895	44 251	53 487	15 802		5 980
广东	957 051	666 766	123 526	62 851	83 905	723	19 280
广西	187 973	129 321	22 634	23 362	9 862		2 794
海南	69 871	53 130	6 073	7 510	1 832		1 326
重庆	191 473	118 902	36 873	22 616	10 414		2 668
四川	365 948	273 380	22 204	33 179	29 915		7 270
贵州	151 306	125 496	7 926	7 051	6 413		4 420
云南	363 165	277 687	23 303	30 270	22 041		9 864
西藏	43 903	37 847	489		5 369		198
陕西	339 663	258 473	32 306	25 115	18 500		5 269
甘肃	188 349	151 569	3 826	21 532	8 681	340	2 401
青海	48 386	38 784	2 757	3 458	2 614		772
宁夏	67 464	52 785	2 588	6 824	4 190		1 077
新疆	167 878	133 398	12 414		19 730		2 336
合计	**9 953 949**	**7 323 973**	**970 755**	**854 991**	**622 743**	**15 210**	**166 277**

附件3

2015年中央集中彩票公益金由民政部安排使用资金表

单位：万元

地　区	老年人福利	残疾人福利	儿童福利	社会公益	金　额
中央本级					11 125
北　京	1 883	450	3 080	500	5 913
天　津	2 267	500	950	129	3 846
河　北	6 210	1 300	1 170	968	9 648
山　西	3 378	1 050	1 720	627	6 775
内蒙古	4 189	1 000	2 740	903	8 832
辽　宁	3 665	1 200	1 460	720	7 045
吉　林	3 152	2 000	1 380	535	7 067
黑龙江	3 599	1 500	1 570	637	7 306
上　海	1 952	750	630	109	3 441
江　苏	6 481	2 300	2 110	950	11 841
浙　江	4 333	1 050	1 420	583	7 386
安　徽	6 809	1 150	1 720	792	10 471
福　建	2 494	1 550	1 500	439	5 983
江　西	5 401	900	1 160	765	8 226
山　东	6 719	2 050	2 260	950	11 979
河　南	7 411	1 800	4 070	888	14 169
湖　北	5 417	2 100	2 110	916	10 543
湖　南	7 253	2 100	2 250	900	12 503
广　东	4 650	2 250	2 160	704	9 764
广　西	5 591	1 500	2 300	799	10 190
海　南	2 032	300	940	363	3 635
重　庆	4 795	1 050	1 480	851	8 176
四　川	9 212	3 300	2 000	1 272	15 784
贵　州	4 311	1 300	1 730	709	8 050
云　南	4 727	1 200	2 320	800	9 047
西　藏	2 613	300	3 970	363	7 246
陕　西	4 319	950	1 780	688	7 737
甘　肃	3 986	850	1 770	525	7 131
青　海	3 506	500	1 640	593	6 239
宁　夏	2 667	500	1 050	390	4 607
新　疆	3 583	800	3 170	562	8 115
新疆生产建设兵团	2 000	450	390	70	2 910
合　计	**140 605**	**40 000**	**60 000**	**21 000**	**272 730**

附件4

2015年中央集中彩票公益金由体育总局安排使用资金表　　单位：万元

地　区	金　　额	地　区	金　　额
中央本级	27 181	湖　北	5 520
北　京	1 602	湖　南	16 748
天　津	1 910	广　东	2 206
河　北	8 756	广　西	13 125
山　西	1 981	海　南	2 812
内蒙古	16 091	重　庆	11 261
辽　宁	5 197	四　川	16 762
吉　林	5 049	贵　州	10 483
黑龙江	10 680	云　南	7 453
上　海	1 003	西　藏	8 999
江　苏	2 100	陕　西	21 172
浙　江	1 140	甘　肃	8 891
安　徽	4 124	青　海	6 068
福　建	4 912	宁　夏	6 406
江　西	10 732	新　疆	16 434
山　东	7 493	新疆生产建设兵团	1 646
河　南	6 753	**合　计**	**272 690**

附件5

2015年中央专项彩票公益金支持未成年人校外教育事业项目资金分配表　　单位：万元

地　区	金　　额	地　区	金　　额
北　京	4 327	福　建	11 161
天　津	3 465	江　西	12 143
河　北	15 987	山　东	16 821
山　西	10 582	河　南	21 470
内蒙古	8 168	湖　北	11 678
辽　宁	11 672	湖　南	15 212
吉　林	6 667	广　东	16 486
黑龙江	9 468	广　西	11 921
上　海	540	海　南	3 902
江　苏	13 609	重　庆	7 665
浙　江	10 955	四　川	23 465
安　徽	13 531	贵　州	12 239

续表

地　区	金　额	地　区	金　额
云　南	12 086	宁　夏	3 728
西　藏	6 008	新　疆	10 376
陕　西	12 953	新疆生产建设兵团	2 619
甘　肃	10 364	**合　计**	**335 750**
青　海	4 482		

附件 6

2015 年中央专项彩票公益金支持教育助学项目资金分配表　单位：万元

地　区	滋蕙计划	励耕计划	润雨计划	金　额
北　京			60	60
天　津				
河　北	2 680	6 301	1 550	10 531
山　西	2 080	3 947	970	6 997
内蒙古			202	202
辽　宁		54	260	314
吉　林			198	198
黑龙江			255	255
上　海				
江　苏				
浙　江				
安　徽	3 080	5 200	1 255	9 535
福　建			90	90
江　西	2 140	4 100	1 130	7 370
山　东				
河　南	4 620	9 500	2 585	16 705
湖　北	2 420	4 400	1 270	8 090
湖　南	2 540	5 300	1 340	9 180
广　东				
广　西			331	331
海　南	440	998	235	1 673
重　庆			287	287
四　川			640	640

续表

地　区	滋蕙计划	励耕计划	润雨计划	金　额
贵　州			306	306
云　南			717	717
西　藏			210	210
陕　西			390	390
甘　肃			290	290
青　海			60	60
宁　夏			69	69
新　疆		200	250	450
新疆生产建设兵团			50	50
合　计	**20 000**	**40 000**	**15 000**	**75 000**

附件 7

2015 年中央专项彩票公益金支持城乡医疗救助项目资金分配表　　单位：万元

地　区	金　额	地　区	金　额
北　京	248	湖　北	7 073
天　津	371	湖　南	10 087
河　北	5 235	广　东	1 662
山　西	4 384	广　西	6 398
内蒙古	5 095	海　南	1 972
辽　宁	3 366	重　庆	4 504
吉　林	6 310	四　川	14 599
黑龙江	8 089	贵　州	8 411
上　海	240	云　南	9 360
江　苏	1 683	西　藏	1 900
浙　江	817	陕　西	7 671
安　徽	7 151	甘　肃	8 965
福　建	1 328	青　海	3 245
江　西	8 021	宁　夏	2 423
山　东	3 513	新　疆	6 596
河　南	9 283	**合　计**	**160 000**

附件8

2015年中央专项彩票公益金支持农村养老服务项目资金分配表

单位：万元

地　区	金　　额	地　区	金　　额
北　京	1 164	湖　南	5 385
天　津	1 158	广　东	3 477
河　北	5 796	广　西	3 573
山　西	3 084	海　南	1 299
内蒙古	2 178	重　庆	2 937
辽　宁	2 436	四　川	7 494
吉　林	2 310	贵　州	3 201
黑龙江	2 514	云　南	3 396
江　苏	4 164	西　藏	1 572
浙　江	3 282	陕　西	3 747
安　徽	4 113	甘　肃	2 808
福　建	2 229	青　海	1 491
江　西	3 114	宁　夏	1 323
山　东	7 515	新　疆	1 971
河　南	6 459	新疆生产建设兵团	1 001
湖　北	3 978	**合　计**	**100 169**

附件9

2015年中央专项彩票公益金支持精神病人福利机构建设项目资金分配表

单位：万元

地　区	金　　额	地　区	金　　额
河　北	8 000	湖　南	8 000
山　西	5 000	广　东	2 000
内蒙古	3 000	广　西	2 000
辽　宁	3 000	海　南	3 000
吉　林	5 000	重　庆	8 000
黑龙江	7 000	四　川	7 000
江　苏	8 000	贵　州	6 000
浙　江	2 000	云　南	6 000
安　徽	8 000	甘　肃	3 000
福　建	6 000	青　海	6 000
江　西	9 000	宁　夏	3 000
山　东	7 000	新　疆	9 000
河　南	5 000	新疆生产建设兵团	9 000
湖　北	6 000	**合　计**	**154 000**

附件10

2015年中央专项彩票公益金支持扶贫项目资金分配表

单位：万元

地　区	金　额	地　区	金　额
河　北	10 000	湖　南	1 000
山　西	7 000	广　东	2 000
内蒙古	1 000	广　西	11 000
黑龙江	2 000	重　庆	1 000
安　徽	3 000	四　川	11 000
福　建	4 000	贵　州	3 000
江　西	7 000	陕　西	7 000
山　东	4 000	甘　肃	1 000
河　南	8 000	宁　夏	2 000
湖　北	5 000	**合　计**	**90 000**

附件11

2015年中央专项彩票公益金支持文化事业项目资金分配表

单位：万元

地　区	城市社区文化中心设备购置	国家艺术基金	金　额
中央本级		80 000	80 000
河　北	975		975
山　西	750		750
辽　宁	650		650
黑龙江	2 953		2 953
江　苏	510		510
浙　江	500		500
安　徽	2 343		2 343
福　建	650		650
江　西	604		604
山　东	950		950
河　南	3 000		3 000
湖　北	2 450		2 450
湖　南	1 350		1 350
广　东	900		900
广　西	309		309
重　庆	1 525		1 525
贵　州	556		556
云　南	1 920		1 920
陕　西	1 695		1 695
甘　肃	410		410
合　计	**25 000**	**80 000**	**105 000**

附件 12

2015 年中央专项彩票公益金支持残疾人事业项目资金分配表

单位：万元

地　区	康复	残疾人康复和托养机构康复训练设备购置	助学	县级残联流动服务车及车载设备项目	贫困残疾人家庭无障碍改造	金　额
中央本级						20 202
北　京	1 018	359	172	0	0	1 549
天　津	641	575	140	0	0	1 356
河　北	5 559	1 381	180	621	245	7 986
山　西	2 818	1 242	78	405	262	4 805
内蒙古	1 968	1 236	57	621	245	4 127
辽　宁	4 073	1 170	285	351	315	6 194
吉　林	2 753	1 269	188	189	193	4 592
黑龙江	3 178	2 456	96	459	280	6 469
上　海	960	485	0	0	0	1 445
江　苏	5 900	1 117	485	539	0	8 041
浙　江	3 611	884	300	485	0	5 280
安　徽	3 994	1 411	250	378	263	6 296
福　建	2 976	1 340	120	404	140	4 980
江　西	3 742	1 271	90	351	193	5 647
山　东	6 852	1 323	551	486	227	9 439
河　南	7 388	1 649	329	513	245	10 124
湖　北	4 667	1 337	150	351	315	6 820
湖　南	6 239	1 452	335	432	333	8 791
广　东	6 445	1 128	280	621	0	8 474
广　西	3 918	1 475	120	675	262	6 450
海　南	560	1 191	24	0	123	1 898
重　庆	2 387	1 071	100	189	210	3 957
四　川	6 230	1 477	228	1 215	297	9 447
贵　州	2 561	1 422	78	486	228	4 775
云　南	3 512	1 276	208	837	140	5 973
西　藏	205	1 376	9	540	70	2 200
陕　西	5 284	1 288	230	648	262	7 712
甘　肃	2 466	1 474	45	486	280	4 751
青　海	695	1 397	21	162	157	2 432
宁　夏	1 071	1 367	18	0	122	2 578
新　疆	2 395	1 347	190	756	140	4 828
新疆生产建设兵团	348	1 254	9	0	53	1 664
合　计	**106 414**	**40 500**	**5 366**	**13 200**	**5 600**	**191 282**

附件 13

2015 年中央专项彩票公益金支持法律援助项目资金分配表

单位：万元

地　区	金额	地　区	金额
工作经费	200	湖　北	390
北　京	660	湖　南	500
天　津	120	广　东	10
河　北	420	广　西	420
山　西	220	海　南	100
内蒙古	300	重　庆	270
辽　宁	500	四　川	400
吉　林	420	贵　州	300
黑龙江	390	云　南	365
上　海	50	西　藏	90
江　苏	80	陕　西	365
浙　江	140	甘　肃	360
安　徽	500	青　海	210
福　建	280	宁　夏	210
江　西	350	新　疆	200
山　东	420	新疆生产建设兵团	260
河　南	500	**合　计**	**10 000**

附件 14

2015 年中央专项彩票公益金支持农村贫困母亲“两癌”救助项目资金分配表

单位：万元

地　区	金　额	地　区	金　额
工作经费	100	浙　江	139
北　京	103	安　徽	462
天　津	253	福　建	123
河　北	144	江　西	466
山　西	276	山　东	222
内蒙古	588	河　南	345
辽　宁	169	湖　北	520
吉　林	119	湖　南	462
黑龙江	331	广　东	174
上　海	15	广　西	558
江　苏	174	海　南	79

续表

地　区	金　额	地　区	金　额
重　庆	529	甘　肃	504
四　川	476	青　海	232
贵　州	715	宁　夏	132
云　南	119	新　疆	470
西　藏	101	新疆生产建设兵团	386
陕　西	514	**合　计**	**10 000**

附件 15

2015 年中央专项彩票公益金支持婴幼儿营养补助项目资金分配表　单位：万元

地　区	金　额	地　区	金额
工作经费	100	甘　肃	1 645
内蒙古	723	宁　夏	1 321
四　川	230	新　疆	651
陕　西	330	**合　计**	**5 000**

关于做好查处擅自利用互联网销售彩票工作有关问题的通知

（2016 年 4 月 28 日　财政部　公安部　工商总局　民政部
体育总局　财综〔2016〕22 号）

中国福利彩票发行管理中心、国家体育总局体育彩票管理中心，各省、自治区、直辖市财政厅（局）、公安厅（局）、工商局、民政厅（局）、体育局：

2015 年以来，财政部、公安部、工商总局等八部门联合开展清理整顿擅自利用互联网销售彩票工作取得阶段性成效，彩票市场环境明显改善。但个别地区有令不行、有禁不止，擅自利用互联网销售或变相销售彩票现象仍时有发生。为巩固清理整顿工作成果，促进彩票事业持续健康发展，现作如下通知：

一、利用互联网销售彩票必须通过彩票发行机构建立的互联网销售彩票管理系统进行统一管理，实时监控。福利彩票和体育彩票发行机构应当抓紧推进相关工作，并按程序报批后组织实施。未经批准，任何单位或个人不得擅自利用互联网销售彩票。

二、严禁彩票发行销售机构及其代销者擅自利用互联网销售彩票。福利彩票和体育彩票发行机构要切实加强对本系统销售机构和代销者擅自利用互联网销售彩票行为的监管工作。各彩票机构及其网点代销者不得违规与任何单位和个人合作开展利用互联网销售或者变相销售彩票活动，不得接受任何单位和个人通过系统终端机出票的互联网销售彩票活动。凡经核实彩票机构擅自利用互联网销售或擅自委托利用互联网销售及变相销售彩票的，按照“谁批准、追究谁，谁出票、查处谁”的原则，对有关彩票机构实行停业整顿，并按规定追究其主要负责人和直接责任人的责任；凡彩票代销者委托他人代销彩票的，将依法予以处罚，彩票机构有权解除其彩票代销合同。

三、严厉查处网络公司等单位和个人擅自利用互联网销售彩票行为。各地公安、工商部门在各自的职责范围内依法查处非法彩票。民政部、体育总局将会同财政部、公安部、工商总局等部门，将擅自利用互联网销售彩票的单位或个人列入黑名单，并通过企业信用信息公示系统等媒介向社会公开，接受社会监督；凡列入黑名单的单位或个人，将按规定限制或禁止参与所有彩票机构的生产经营合作活动。

关于停止销售中国体育彩票四川省11选5游戏的通知

（2016年1月5日　财政部　财办综〔2016〕1号）

国家体育总局体育彩票管理中心：

你中心《体育总局彩票中心关于停售中国体育彩票四川省11选5游戏的请示》（体彩字〔2015〕273号）收悉。根据《彩票管理条例》《彩票管理条例实施细则》《彩票发行销售管理办法》（财综〔2012〕102号）等相关规定，现就有关事项通知如下：

一、为优化四川省体育彩票市场结构，促进彩票市场持续健康发展，同意你中心停止销售中国体育彩票四川省11选5游戏（以下简称“11选5”）。四川省体育彩票销售机构应当自批准之日起2个月内向社会发布公告，公告内容包括财政部的批准文件名称及文号、停止销售日期、兑奖截止日期等。自公告之日起满60个自然日后，四川省体育彩票销售机构可以停止销售11选5。

二、11选5停止销售后，在兑奖期内，应当按照规定兑付奖金。兑奖期结束后，奖池资金和调节基金有结余的，转为四川省体育彩票销售机构一般调节基金；奖池资金和调节基金余额为负数的，从四川省体育彩票销售机构彩票发行销售风险基金列支。兑奖期结束后，你中心和四川省体育彩票销售机构应当在60个自然日内分别向同级财政部门提交书面报告，报告内容包括11选5的发行销售、彩票奖金提取与兑付、奖池资金和调节基金结余与划转等情况。

三、你中心应当严格遵照各项彩票管理制度规定，督促四川省体育彩票销售机构加强彩票销售的风险控制和安全管理，切实做好公告宣传等工作，确保彩票市场持续健康发展。

关于同意销售中国体育彩票四川省金7乐游戏的通知

（2016年1月12日　财政部　财办综〔2016〕6号）

国家体育总局体育彩票管理中心：

你中心《体育总局彩票中心关于在四川省发行销售中国体育彩票金7乐游戏的请示》（体彩字〔2015〕274号）收悉。根据《彩票管理条例》《彩票管理条例实施细则》《彩票发行销售管理办法》（财综〔2012〕102号）等相关规定，现就有关事项通知如下：

一、为优化四川省体育彩票市场结构，促进彩票市场持续健康发展，同意你中心销售中国体育彩票四川省金7乐游戏（以下简称“四川金7乐”），具体游戏规则见附件。四川金7乐每期按彩票销售额的59%、13%和28%，分别计提彩票奖金、彩票发行费和彩票公益金。彩票奖金分为当期奖金和调节基金，其中，58%为当期奖金，1%为调节基金。四川省体育彩票销售机构应当自批准之日起4个月内上市销售四川金7乐。

二、四川金7乐上市销售前，四川省体育彩票销售机构应当及时向社会发布公告。上市销售满1个月后，你中心和四川省体育彩票销售机构应当分别向同级财政部门提交上市销售情况的书面报告。

三、你中心应当严格遵照各项彩票管理制度规定，督促四川省体育彩票销售机构加强彩票销售的风险控制和安全管理，切实做好公告宣传等工作，确保彩票事业持续健康发展。

附件：中国体育彩票四川省金7乐游戏规则

附件

中国体育彩票四川省金7乐游戏规则

第一章　总　　则

第一条　根据《彩票管理条例》《彩票管理条例实施细则》《彩票发行销售管理办法》（财综〔2012〕102号）等相关规定，制定本规则。

第二条 中国体育彩票四川省金7乐游戏（以下简称“四川金7乐”）由国家体育总局体育彩票管理中心发行和组织销售，由四川省体育彩票销售机构在所辖区域内销售。

第三条 四川金7乐采用计算机网络系统发行，在四川省体育彩票销售机构设置的销售网点销售，定期开奖。

第四条 四川金7乐实行自愿购买，凡购买者均被视为同意并遵守本规则。

第五条 不得向未成年人出售彩票或兑付奖金。

第二章 投 注

第六条 四川金7乐投注区分为前区和后区，前区由三个位置组成，每个位置分别从1—7共七个号码中选择一个号码；后区从01—12共十二个号码中选择一个号码。投注时，选择一至三个前区号码、号码的和值或（和）一个后区号码组成一注，每注金额人民币2元，此号码组合称为一注单式投注。

第七条 四川金7乐可以进行前区投注、后区投注和双区投注，具体规定如下：

（一）前区投注：是对前区三个位置的号码进行的投注，分为“直组选投注”和“形态投注”，具体规定如下：

1. 直组选投注：

（1）选一：任意选择一个位置并对其号码进行投注；

（2）选二直选：任意选择两个位置并分别对其号码进行投注；

（3）选二组选：任意选择两个位置并对其号码进行投注，且两个号码不同；

（4）选三直选：分别对三个位置上的号码进行投注。

2. 形态投注：

（1）三同号单选：对三个位置的号码进行投注，且三个号码相同；

（2）三同号包选：对所有三个位置上相同的号码组合进行投注；

（3）二同号单选：对三个位置上任选两个相同号码和一个不同号码所组成的所有号码组合进行投注；

（4）二同号包选：对三个位置上任选两个相同号码和其他六个不同号码所组成的所有号码组合进行投注；

（5）三不同号单选：对三个位置上三个不同的号码进行投注；

（6）三连号包选：对三个位置上所有相连的号码（仅限123、234、345、456、567共五组）所组成的所有号码组合进行投注；

（7）和值：对三个位置上的号码相加之和进行投注，即从和值3至和值21共十九个和值中任选一个进行投注。

（二）后区投注：

后区任选：从后区01—12共十二个号码中任意选择一个号码进行投注。

（三）双区投注：对前区和后区号码同时进行投注，分为选二直选双区投注和选三直选双区投注，具体规定如下：

1. 选二直选双区：对前区选二直选投注号码和后区投注号码共同组成的一组号码进行投注；

2. 选三直选双区：对前区选三直选投注号码和后区投注号码共同组成的一组号码进行投注。

第八条 购买者可选择机选号码投

注、自选号码投注。机选号码投注是指由投注机随机产生投注号码进行投注，自选号码投注是指将购买者选定的号码输入投注机进行投注。

第九条 购买者可选择复式投注、胆拖投注。复式投注是指所选号码个数超过单式投注号码个数的要求，所选号码可组合为每一种单式投注方式的多注彩票的投注。胆拖投注是指先选取少于单式投注号码个数的号码作为胆码（即每注彩票均包含的号码），再选取除胆码以外的号码作为拖码，然后对胆码和拖码进行排列或组合，形成多注单式投注号码的投注。

第十条 购买者可对其选定的投注号码进行多倍投注，投注倍数范围为2—99倍。单张彩票的投注金额最高不得超过20 000元。

第十一条 四川金7乐每10分钟销售一期。销售期号以销售日按每期开奖顺序编排。

第十二条 购买者可在四川省体育彩票销售机构设置的销售网点投注。投注号码经投注机打印出对奖凭证，交购买者保存，此对奖凭证即为四川金7乐彩票。

第十三条 四川金7乐每期全部投注号码的可投注数量实行限量销售，若投注号码受限，则不能投注。若因销售终端故障、通信线路故障和投注站信用额度受限等原因造成投注不成功，应退还购买者投注金额。

第三章 设奖

第十四条 四川金7乐按当期销售总额的59%、13%和28%分别计提彩票奖金、彩票发行费和彩票公益金。彩票奖金分为当期奖金和调节基金，其中，58%为当期奖金，1%为调节基金。

第十五条 四川金7乐按不同投注方式设奖，奖金规定如下：

（一）前区投注：

1. 直组选投注：

（1）选一：单注固定奖金8元。

（2）选二直选：单注固定奖金56元。

（3）选二组选：单注固定奖金28元。

（4）选三直选：单注固定奖金397元。

2. 形态投注：

（1）三同号单选：单注固定奖金397元。

（2）三同号包选：单注固定奖金56元。

（3）二同号单选：单注固定奖金132元。

（4）二同号包选：单注固定奖金22元。

（5）三不同单选：单注固定奖金66元。

（6）三连号包选：单注固定奖金13元。

（7）和值投注：

和值3或和值21：单注固定奖金397元。

和值4或和值20：单注固定奖金132元。

和值5或和值19：单注固定奖金66元。

和值6或和值18：单注固定奖金39元。

和值 7 或和值 17：单注固定奖金 26 元。

和值 8 或和值 16：单注固定奖金 19 元。

和值 9 或和值 15：单注固定奖金 14 元。

和值 10 或和值 14：单注固定奖金 12 元。

和值 11 或和值 13：单注固定奖金 11 元。

和值 12：单注固定奖金 10 元。

（二）后区投注：

1. 号码 01 或号码 02 或号码 03：单注固定奖金 29 元。

2. 号码 04 或号码 05 或号码 06：单注固定奖金 19 元。

3. 号码 07 或号码 08 或号码 09：单注固定奖金 12 元。

4. 号码 10 或号码 11 或号码 12：单注固定奖金 8 元。

（三）双区投注：

1. 选二直选双区投注：

（1）选二直选 + 号码 01 或号码 02 或号码 03：单注固定奖金 1 430 元。

（2）选二直选 + 号码 04 或号码 05 或号码 06：单注固定奖金 950 元。

（3）选二直选 + 号码 07 或号码 08 或号码 09：单注固定奖金 600 元。

（4）选二直选 + 号码 10 或号码 11 或号码 12：单注固定奖金 400 元。

2. 选三直选双区投注：

（1）选三直选 + 号码 01 或号码 02 或号码 03：单注固定奖金 10 000 元。

（2）选三直选 + 号码 04 或号码 05 或号码 06：单注固定奖金 6 500 元。

（3）选三直选 + 号码 07 或号码 08 或号码 09：单注固定奖金 4 200 元。

（4）选三直选 + 号码 10 或号码 11 或号码 12：单注固定奖金 2 800 元。

第十六条 四川金 7 乐设置调节基金。调节基金包括按销售总额 1% 提取部分、逾期未退票的票款。调节基金用于支付不可预见的奖金支出风险，以及设立特别奖。

第十七条 四川金 7 乐设置奖池。奖池资金由计提奖金与实际中出奖金的差额组成。当期实际中出奖金小于当期计提奖金时，余额进入奖池；当期实际中出奖金超过当期计提奖金时，差额由奖池资金补足。当奖池资金总额不足时，由调节基金补足，调节基金不足时，用彩票兑奖周转金垫支。在出现彩票兑奖周转金垫支的情况下，当调节基金有资金滚入时优先偿还垫支的彩票兑奖周转金。当奖池资金总额超过 200 万元时，超过部分转入调节基金。

第四章　开　　奖

第十八条 四川金 7 乐采用专用电子开奖设备开奖，每期对应前区三个位置分别从 1—7 共七个号码中按顺序生成三个号码，作为当期前区开奖号码；从后区 01—12 共十二个号码中生成一个号码，作为当期后区开奖号码。

第十九条 四川金 7 乐后区游戏是非等概率游戏，后区开奖结果由专用电子开奖设备硬件随机数发生器随机产生。原理如下，例如随机数发生器生成一个 0000 到 9999 之间的随机整数，根据生成的随机整数判断生成的号码，其中 0000 到

0394 为号码 01，0395 到 0789 为号码 02，0790 到 1184 为号码 03，1185 到 1780 为号码 04，1781 到 2376 为号码 05，2377 到 2972 为号码 06，2973 到 3915 为号码 07，3916 到 4858 为号码 08，4859 到 5799 为号码 09，5800 到 7199 为号码 10，7200 到 8599 为号码 11，8600 到 9999 为号码 12。

第二十条 每期开奖后，四川省体育彩票销售机构应向社会公布开奖号码、当期销售总额、各奖级中奖情况及奖池资金余额等信息，并将开奖结果通知销售网点。

第五章 中 奖

第二十一条 根据购买者的投注方式和投注号码与当期开奖号码的对照情况，确定相应的中奖资格。具体规定如下：

（一）前区投注：

1. 直组选投注：

（1）选一：投注号码与当期前区所选位置的开奖号码相同，即中奖。

（2）选二直选：投注号码与当期前区所选位置的开奖号码对应位置全部相同，即中奖。

（3）选二组选：投注号码与当期前区所选位置的开奖号码相同但顺序不限，即中奖。

（4）选三直选：投注号码与当期前区开奖号码对应位置全部相同，即中奖。

2. 形态投注：

（1）三同号单选：投注号码与当期前区开奖号码全部相同，即中奖。

（2）三同号包选：当期前区开奖号码全部相同，即中奖。

（3）二同号单选：投注号码与当期前区开奖号码相同但顺序不限，即中奖。

（4）二同号包选：投注的两个相同号码与当期前区开奖号码中两个相同号码相同且与另外一个不同，即中奖。

（5）三不同号单选：投注号码与当期前区开奖号码相同但顺序不限，即中奖。

（6）三连号包选：当期前区开奖号码相连但顺序不限，即中奖。

（7）和值：投注号码与当期前区开奖号码相加之和相同，即中奖。

（二）后区投注：

后区任选：投注号码与当期后区开奖号码相同，即中奖。

（三）双区投注：

1. 选二直选双区：

前区投注号码与当期前区所选位置的开奖号码对应位置相同，且后区投注号码与当期后区开奖号码相同，即中奖。

2. 选三直选双区：

前区投注号码与当期前区开奖号码对应位置相同，且后区投注号码与当期后区开奖号码相同，即中奖。

第二十二条 当期每注投注号码按其投注方式只有一次中奖机会，不能兼中兼得，另行设立的特别奖除外。

第六章 兑 奖

第二十三条 四川金 7 乐兑奖当期有效。中奖者应当自开奖之日起 60 个自然日内，持中奖彩票到指定的地点兑奖，逾期未兑奖视为弃奖。弃奖奖金纳入彩票公益金。

第二十四条 中奖彩票为兑奖唯一凭

证，中奖彩票因玷污、损坏等原因不能正确识别的，不能兑奖。

第二十五条 兑奖机构可以查验中奖者的中奖彩票及有效身份证件，中奖者兑奖时应予配合。

第七章 附 则

第二十六条 本规则自批准之日起执行。

关于同意变更中国福利彩票湖北省22选5游戏为30选5游戏的通知

（2016年1月21日　财政部　财办综〔2016〕13号）

中国福利彩票发行管理中心：

你中心《关于调整中国福利彩票湖北省22选5游戏规则的请示》（中彩发字〔2015〕169号）收悉。根据《彩票管理条例》《彩票管理条例实施细则》《彩票发行销售管理办法》（财综〔2012〕102号）等相关规定，现就有关事项通知如下：

一、为优化湖北省福利彩票市场结构，促进彩票市场持续健康发展，同意你中心将中国福利彩票湖北省22选5游戏变更为中国福利彩票湖北省30选5游戏（以下简称“30选5”），具体游戏规则见附件。30选5每期按彩票销售额的50%、13%和37%，分别计提彩票奖金、彩票发行费和彩票公益金。彩票奖金分为当期奖金和调节基金，其中，49%为当期奖金，1%为调节基金。湖北省福利彩票销售机构应当自批准之日起4个月内上市销售30选5。

二、30选5上市销售前，湖北省福利彩票销售机构应当及时向社会发布公告。上市销售满1个月后，你中心和湖北省福利彩票销售机构应当分别向同级财政部门提交上市销售情况的书面报告。

三、你中心应当严格遵照各项彩票管理制度规定，督促湖北省福利彩票销售机构加强彩票销售的风险控制和安全管理，切实做好公告宣传等工作，确保彩票事业持续健康发展。

附件：中国福利彩票湖北省30选5游戏规则

附件

中国福利彩票湖北省30选5游戏规则

第一章　总　　则

第一条　根据《彩票管理条例》《彩票管理条例实施细则》《彩票发行销售管理办法》（财综〔2012〕102号）等有关规定，制定本规则。

第二条 中国福利彩票湖北省30选5游戏（以下简称“30选5”）由中国福利彩票发行管理中心发行和组织销售，由湖北省福利彩票销售机构（以下称“湖北福彩机构”）在所辖区域内销售。

第三条 30选5采用计算机网络系统发行，在湖北福彩机构设置的销售网点销售，定期开奖。

第四条 30选5实行自愿购买，凡购买者均被视为同意并遵守本规则。

第五条 不得向未成年人销售彩票或兑付奖金。

第二章 投 注

第六条 30选5是指从1—30共三十个自然数中任取五个号码组合为一注进行单式投注。每注金额人民币2元。

第七条 购买者可在湖北福彩机构设置的销售网点投注。投注号码经投注机打印出对奖凭证，交购买者保存，此对奖凭证即为30选5彩票。

第八条 购买者可选择机选号码投注、自选号码投注。机选号码投注是指由投注机随机产生投注号码进行投注，自选号码投注是指将购买者选定的号码输入投注机进行投注。

第九条 购买者可选择复式投注、胆拖投注。复式投注是指所选号码个数超过单式投注的号码个数，所选号码可组合为每一种单式投注方式的多注彩票的投注。胆拖投注是指先选取少于单式投注号码个数的号码作为胆码（即每注彩票均包含的号码），再选取除胆码以外的号码作为拖码，胆码与拖码个数之和必须多于单式投注号码个数，由胆码与拖码的每一种组合按单式投注方式组成多注彩票的投注。

第十条 购买者可对其选定的投注号码进行多倍投注，投注倍数范围为2—100倍。单张彩票的投注金额最高不得超过20 000元。

第十一条 30选5按期销售，每天销售一期，销售期号以开奖日界定，按日历年度编排。

第十二条 若投注不成功，应退还购买者投注金额。

第三章 设 奖

第十三条 30选5按当期销售额的50%、13%、37%分别计提彩票奖金、彩票发行费和彩票公益金。彩票奖金分为当期奖金和调节基金，其中，49%为当期奖金，1%为调节基金。

第十四条 30选5奖级设置分为高奖级和低奖级，一等奖为高奖级，二等奖和三等奖为低奖级。当期奖金减去当期低奖级奖金为当期高奖级奖金。各奖级和奖金规定如下：

一等奖：奖金总额为当期高奖级奖金与奖池中累积的资金之和，单注奖金按注均分，按元取整，单注最高限额封顶500万元。

二等奖：单注奖金固定为100元。

三等奖：单注奖金固定为10元。

第十五条 30选5设置奖池。奖池资金由未中出的奖金和超出单注奖金封顶限额部分的奖金组成。奖池资金用于支付一等奖奖金。

第十六条 30选5设置调节基金。调节基金包括按销售总额1%提取部分、逾期未退票的票款、浮动奖奖金按元取整后的余额。调节基金用于支付不可预见的奖金支出风险，以及设立特别奖。

第十七条 若当期一等奖的单注奖金低于二等奖单注奖金的两倍时，由调节基金将一等奖的单注奖金补足为二等奖单注奖金的两倍。

第四章 开 奖

第十八条 30选5由湖北福彩机构开奖，每天开奖一次，按日历年度编排。

第十九条 30选5每期开奖时，在公证人员监督下通过专用摇奖设备确定开奖号码。开奖号码为1—30共三十个自然数中的五个。

第二十条 每期开奖后，湖北福彩机构应向社会公布开奖号码、当期销售总额、各奖级中奖情况及奖池资金余额等信息，并将开奖结果通知销售网点。

第五章 中 奖

第二十一条 根据购买者所选择的30选5单式投注号码（复式投注、胆拖投注按其包含的每一注单式投注计）与当期开奖号码的相符情况，确定相应的中奖资格。具体规定如下：

一等奖：投注号码与当期开奖号码全部相同（顺序不限，下同），即中奖；

二等奖：投注号码与当期开奖号码中任意4个号码相同，即中奖；

三等奖：投注号码与当期开奖号码中任意3个号码相同，即中奖。

第二十二条 高奖级中奖者按高奖级的中奖注数均分该奖级奖金，并以元为单位取整计算；低奖级中奖者按各奖级的单注固定奖金获得相应奖金。

第二十三条 当期每注投注号码按其投注方式只有一次中奖机会，不能兼中兼得，另行设立的特别奖除外。

第六章 兑 奖

第二十四条 30选5兑奖当期有效。中奖者应当自开奖之日起60个自然日内，持中奖彩票到指定的地点兑奖。逾期未兑奖视为弃奖，弃奖奖金纳入彩票公益金。

第二十五条 中奖彩票为兑奖唯一凭证，中奖彩票因玷污、损坏等原因不能正确识别的，不能兑奖。

第二十六条 兑奖机构可以查验中奖者的中奖彩票及有效身份证件，中奖者兑奖时应予配合。

第七章 附 则

第二十七条 本规则自批准之日起执行。

关于同意变更中国体育彩票河南省泳坛夺金游戏规则的通知

（2016 年 1 月 27 日　财政部　财办综〔2016〕15 号）

国家体育总局体育彩票管理中心：

你中心《关于调整中国体育彩票河南省泳坛夺金游戏规则的请示》（体彩字〔2015〕187 号）收悉。根据《彩票管理条例》《彩票管理条例实施细则》《彩票发行销售管理办法》（财综〔2012〕102 号）等相关规定，现就有关事项通知如下：

一、为优化河南省体育彩票市场结构，促进彩票市场持续健康发展，同意你中心变更中国体育彩票河南省泳坛夺金游戏规则（以下简称“泳坛夺金”）。变更的主要内容是将原“任选三”投注方式调整为“选三”投注方式，并在“选三”投注方式下设“任选三”“二带一”“三不重”“豹子”“拖拉机”五种玩法；在“选四”投注方式中增加“通选”玩法；增加“形态”投注方式；增加胆拖投注；规定奖池资金超过 200 万元时，超过部分转入调节基金。具体游戏规则见附件。泳坛夺金应当自批准之日起 4 个月内变更后上市销售。

二、泳坛夺金仅限在实体店销售。泳坛夺金变更上市销售前，河南省体育彩票销售机构应当及时向社会发布公告。上市销售满 1 个月后，你中心和河南省体育彩票销售机构应当分别向同级财政部门提交上市销售情况的书面报告。

三、你中心应当严格遵照各项彩票管理制度规定，督促河南省体育彩票销售机构加强彩票销售的风险控制和安全管理，切实做好公告宣传等工作，确保彩票事业持续健康发展。

附件：中国体育彩票河南省泳坛夺金游戏规则

附件

中国体育彩票河南省泳坛夺金游戏规则

第一章　总　　则

第一条　根据《彩票管理条例》《彩票管理条例实施细则》《彩票发行销售管理办法》（财综〔2012〕102 号）等有关规定，制定本规则。

第二条 中国体育彩票河南省泳坛夺金（以下简称“泳坛夺金”）由国家体育总局体育彩票管理中心发行和组织销售，由河南省体育彩票销售机构在所辖区域内销售。

第三条 泳坛夺金采用计算机网络系统发行，在河南省体育彩票销售机构设置的销售网点销售，定期开奖。

第四条 泳坛夺金实行自愿购买，凡购买者均被视为同意并遵守本规则。

第五条 不得向未成年人销售彩票或兑付奖金。

第二章 投 注

第六条 泳坛夺金是从自由泳、仰泳、蛙泳、蝶泳四个依次进行的比赛项目中，选择一至四个项目，预测获胜选手号码并进行投注，每个比赛项目中参赛选手按泳道顺序分别以1至8号表示，一组一至四个号码的组合称为一注单式投注。每注金额人民币2元。

第七条 泳坛夺金分为任选一、任选二、选三、选四和形态共五种投注方式，具体规定如下：

（一）任选一：从自由泳、仰泳、蛙泳、蝶泳四个比赛项目中，任意选择一个项目预测获胜选手号码并进行投注。

（二）任选二：从自由泳、仰泳、蛙泳、蝶泳四个比赛项目中，任意选择二个比赛项目预测获胜选手号码并进行投注。

（三）选三：预测自由泳、仰泳、蛙泳、蝶泳四个比赛项目中三个项目的获胜选手号码并进行投注，具体分为：

1. 任选三：从四个比赛项目中，任意选择三个项目预测获胜选手号码并进行投注；

2. 二带一：对前三个或者后三个比赛项目，预测获胜选手号码并进行投注，投注的三个号码中有两个号码相同、另外一个号码不同；

3. 三不重：对前三个或者后三个比赛项目，预测获胜选手号码并进行投注，投注的三个号码各不相同；

4. 豹子：在四个比赛项目中，预测任意三个项目获胜选手号码相同并对此号码进行投注；

5. 拖拉机：对前三个或者后三个比赛项目，预测获胜选手号码呈“拖拉机”形式并进行投注，三个号码从小到大或从大到小连续排列，称为“拖拉机”。

（四）选四：对自由泳、仰泳、蛙泳、蝶泳四个比赛项目，预测全部获胜选手号码并进行投注，具体分为：

1. 直选：对四个比赛项目分别预测获胜选手号码并进行投注；

2. 通选：对四个比赛项目分别预测获胜选手号码并进行投注；

3. 组选：不区分四个比赛项目，预测全部获胜选手号码并进行投注，具体分为：

（1）组选4：预测四个获胜手号码并进行投注，四个号码中有三个号码相同、另外一个号码不同，有4种排列方式；

（2）组选6：预测四个获胜手号码并进行投注，四个号码两两相同，有6种排列方式；

（3）组选12：预测四个获胜手号码并进行投注，四个号码中只有两个号码相同、另外两个号码不同，有12种排列方式；

(4) 组选 24：预测四个获胜手号码并进行投注，四个号码各不相同，有 24 种排列方式。

(五) 形态：不区分四个比赛项目，预测全部获胜选手号码出现的形态并进行投注，具体分为：

1. 组 4 形态：预测四个号码呈“组 4 形态”并进行投注，四个号码中有三个号码相同、另外一个号码不同，称为“组 4 形态”；

2. 组 6 形态：预测四个号码呈“组 6 形态”并进行投注，四个号码两两相同，称为“组 6 形态”。

第八条 购买者可选择复式投注、胆拖投注。复式投注是指对所选项目中预测的获胜选手号码进行排列或组合后形成多注单式投注号码的投注。胆拖投注是指先选取少于单式投注号码个数的号码作为胆码，再选取除胆码以外的号码作为拖码，对胆码和拖码进行排列或组合，形成多注单式投注号码的投注。胆码是每注单式投注中都有的号码，且胆码和拖码的个数之和必须等于或多于该单式投注号码个数。

第九条 购买者可对其选定的投注号码进行多倍投注，投注倍数范围为 2—99 倍。单张彩票的投注金额最高不超过 20 000 元。

第十条 泳坛夺金每期销售时间为 10 分钟，销售期号以销售日按每期开奖顺序编排。

第十一条 购买者可在河南省体育彩票销售机构设置的售网点进行投注。投注号码经投注机打印出兑奖凭证，交购买者保存，此兑奖凭证即为泳坛夺金彩票。

第十二条 购买者可选择机选号码投注、自选号码投注。机选号码投注是指由投注机随机产生投注号码进行投注，自选号码投注是指将购买者选定的号码输入投注机进行投注。

第十三条 泳坛夺金每期全部投注号码的可投注数量实行限量销售，若投注号码受限，则不能投注。

第十四条 若因销售终端故障、通信线路故障和投注站信用额度受限等原因造成投注不成功，应退还投注者投注金额。

第三章 设 奖

第十五条 泳坛夺金按当期销售额的 59%、13%、28% 分别计提彩票奖金、彩票发行费和彩票公益金。彩票奖金分为当期奖金和调节基金，其中，58% 为当期奖金，1% 为调节基金。

第十六条 泳坛夺金按不同投注方式设奖，均为固定奖。奖金规定如下：

(一) 任选一：单注奖金固定为 9 元。

(二) 任选二：单注奖金固定为 74 元。

(三) 选三：

1. 任选三：单注奖金固定为 593 元；

2. 二带一：单注奖金固定为 98 元；

3. 三不重：单注奖金固定为 49 元；

4. 豹子：单注奖金固定为 163 元；

5. 拖拉机：单注奖金固定为 26 元。

(四) 选四：

1. 直选：单注奖金固定为 4 751 元。

2. 通选：

(1) 中 4：单注奖金固定为 3 350 元；

(2) 中 3：单注奖金固定为 50 元。

3. 组选：

（1）组选 4：单注奖金固定为 1 187 元；

（2）组选 6：单注奖金固定为 791 元；

（3）组选 12：单注奖金固定为 395 元；

（4）组选 24：单注奖金固定为 197 元。

（五）形态：

1. 组 4 形态：单注奖金固定为 21 元；

2. 组 6 形态：单注奖金固定为 28 元。

第十七条 泳坛夺金设置调节基金。调节基金包括按销售总额 1% 提取部分、逾期未退票的票款，以及奖池超过限额的部分。调节基金用于支付不可预见的奖金支出风险，以及设立特别奖。

第十八条 泳坛夺金设置奖池，奖池资金由计提的当期奖金与实际中出奖金的差额组成。当期实际中出奖金小于计提的当期奖金时，余额进入奖池；当期实际中出奖金大于计提的当期奖金时，差额用奖池资金补足。当奖池资金总额不足时，由调节基金补足，调节基金不足时，用彩票兑奖周转金垫支。当奖池资金总额超过 200 万元时，超过部分转入调节基金。

第十九条 在出现彩票兑奖周转金垫支的情况下，当调节基金有资金滚入时优先偿还垫支的彩票兑奖周转金。

第四章　开　　奖

第二十条 泳坛夺金采用专用电子摇奖设备开奖，每期按照自由泳、仰泳、蛙泳、蝶泳的顺序依次产生各比赛项目的获胜选手号码，作为当期开奖号码。开奖号码的顺序不能颠倒。

第二十一条 每期开奖后，河南省体育彩票销售机构应将开奖号码、当期销售总额、各奖级中奖情况及奖池资金余额等信息向社会公布，并将开奖结果通知销售网点。

第五章　中　　奖

第二十二条 泳坛夺金按不同投注方式，根据投注号码与当期开奖号码相符情况，确定相应的中奖资格。具体规定如下：

（一）任选一：所选比赛项目的投注号码与该项目的开奖号码相同，即中奖。

（二）任选二：所选比赛项目的投注号码分别与对应项目的开奖号码相同，即中奖。

（三）选三：

1. 任选三：所选比赛项目的投注号码分别与对应项目的开奖号码相同，即中奖；

2. 二带一：投注号码与前三个或者后三个比赛项目的开奖号码相同，顺序不限，即中奖，若同时对中前三个和后三个比赛项目可兼得奖金；

3. 三不重：投注号码与前三个或者后三个比赛项目的开奖号码相同，顺序不限，即中奖，若同时对中前三个和后三个比赛项目可兼得奖金；

4. 豹子：投注号码与四个比赛项目中任意三个项目的开奖号码相同，比赛项目不限，即中奖；

5. 拖拉机：前三个或者后三个比赛项目的开奖号码呈从小到大或者从大到小

连续排列，即中奖，包括 123、234、345、456、567、678、876、765、654、543、432、321。

（四）选四：

1. 直选：四个投注号码分别与对应比赛项目的开奖号码相同，即中奖；

2. 通选：

（1）中 4：四个投注号码分别与对应比赛项目的开奖号码相同，即中奖；

（2）中 3：四个投注号码中，任意三个号码分别与对应比赛项目的开奖号码相同，即中奖；

3. 组选：

（1）组选 4：投注号码与开奖号码相同，比赛项目不限，即中奖；

（2）组选 6：投注号码与开奖号码相同，比赛项目不限，即中奖；

（3）组选 12：投注号码与开奖号码相同，比赛项目不限，即中奖；

（4）组选 24：投注号码与开奖号码相同，比赛项目不限，即中奖。

（五）形态：

1. 组 4 形态：开奖号码中有三个号码相同、另外一个号码不同，即出现"组 4 形态"，即中奖；

2. 组 6 形态：开奖号码两两相同，即出现"组 6 形态"，即中奖。

第二十三条 当期每注投注号码按其投注方式只有一次中奖机会，不能兼中兼得，另行规定或设立的特别奖除外。

第六章 兑 奖

第二十四条 泳坛夺金兑奖当期有效。中奖者应当自开奖之日起 60 个自然日内，持中奖彩票到指定的地点兑奖。逾期未兑奖视为弃奖，弃奖奖金纳入彩票公益金。

第二十五条 中奖彩票为兑奖唯一凭证，中奖彩票因玷污、损坏等原因不能正确识别的，不能兑奖。

第二十六条 兑奖机构有权查验中奖者的中奖彩票及有效身份证件，兑奖者应予配合。

第七章 附 则

第二十七条 本规则自批准之日起执行。

关于中国体育彩票福建省31选7游戏及其附加玩法游戏规则有关事项的通知

（2016年2月1日　财政部　财办综〔2016〕16号）

国家体育总局体育彩票管理中心：

你中心《体育总局彩票中心关于调整中国体育彩票福建省31选7游戏规则的请示》（体彩字〔2015〕128号）收悉。根据《彩票管理条例》《彩票管理条例实施细则》《彩票发行销售管理办法》（财综〔2012〕102号）等相关规定，现就有关事项通知如下：

一、为优化福建省体育彩票市场结构，促进彩票市场持续健康发展，同意你中心变更中国体育彩票福建省31选7游戏规则（以下简称“31选7”）。变更的主要内容是优化31选7奖级和奖金设置，将每周一、三、五、日开奖调整为每天开奖，增加附加玩法。具体游戏规则见附件。31选7应当自批准之日起4个月内完成变更上市销售。

二、31选7上市销售前，福建省体育彩票销售机构应当及时向社会发布公告。上市销售满1个月后，你中心和福建省体育彩票销售机构应当分别向同级财政部门提交上市销售情况的书面报告。

三、你中心应当严格遵照各项彩票管理制度规定，督促福建省体育彩票销售机构加强彩票销售的风险控制和安全管理，切实做好公告宣传等工作，确保彩票事业持续健康发展。

附件：1. 中国体育彩票福建省31选7游戏规则

2. 中国体育彩票福建省31选7附加玩法规则

附件1

中国体育彩票福建省31选7游戏规则

第一章　总　　则

第一条　根据《彩票管理条例》《彩票管理条例实施细则》《彩票发行销售管理办法》（财综〔2012〕102号）等有关规定，制定本规则。

第二条 中国体育彩票福建省31选7（以下简称“福建31选7”）由国家体育总局体育彩票管理中心发行和组织销售，由福建省体育彩票销售机构在所辖区域内销售。

第三条 福建31选7采用计算机网络系统发行，在福建省体育彩票销售机构设置的销售网点销售，定期开奖。

第四条 福建31选7实行自愿购买，凡购买者均被视为同意并遵守本规则。

第五条 不得向未成年人出售彩票或兑付奖金。

第二章 投 注

第六条 福建31选7是指从01—31共三十一个号码中任意选取七个号码进行投注，一组七个号码的组合称为一注单式投注，每注金额人民币2元。

第七条 购买者可进行复式投注。复式投注是指所选号码个数超过单式投注的号码个数，所选号码按单式投注的所有组合组成多注彩票的投注。

第八条 购买者可以进行胆拖投注。胆拖投注是指选择少于单式投注号码个数的号码作为胆码，再选取除胆码以外的号码作为拖码，由胆码和拖码按单式投注的所有组合组成多注彩票的投注。胆码是每注单式投注中都有的号码，且胆码和拖码的数量之和必须等于或多于八个号码。

第九条 购买者可对其选定的结果进行多倍投注，投注倍数范围为2—99倍。单张彩票的最大投注金额不超过20 000元。

第十条 福建31选7按期销售，每天销售一期，期号以开奖日界定，按日历年度编排。

第十一条 购买者可在福建省体育彩票销售机构设置的销售网点进行投注。投注号码经投注机打印出对奖凭证，交购买者保存，此对奖凭证即为福建31选7彩票。

第十二条 购买者可选择机选号码投注、自选号码投注。机选号码投注是指由投注机随机产生投注号码进行投注，自选号码投注是指将购买者选定的号码输入投注机进行投注。

第三章 设 奖

第十三条 福建31选7按当期销售额的51%、13%、36%分别计提彩票奖金、彩票发行费和彩票公益金。彩票奖金分为当期奖金和调节基金，其中，49%为当期奖金，2%为调节基金。

第十四条 福建31选7共设六个奖级。其中，一、二等奖为浮动奖，三、四、五、六等奖为固定奖。各奖级和奖金规定如下：

一等奖：奖金总额为计提的当期奖金额减去固定奖总额后的85%与奖池中累积的奖金之和，单注奖金按注均分，单注最高限额封顶500万元。

二等奖：奖金总额为计提的当期奖金额减去固定奖总额后的15%，单注奖金按注均分，单注最高限额封顶500万元。

三等奖：单注奖金固定为1 200元。

四等奖：单注奖金固定为200元。

五等奖：单注奖金固定为20元。

六等奖：单注奖金固定为6元。

第十五条 调节基金包括按销售额的2%提取部分、浮动奖奖金按元为单位取整后的余额和逾期未退票的票款。调节基金专项用于支付各种不可预见情况下的奖金支出风险、调节浮动奖奖金以及设立特别奖。

第十六条 福建31选7设置奖池，奖池由未中出的浮动奖奖金、超出浮动奖单注奖金封顶限额部分的奖金组成。奖池与当期奖金中用于一等奖的部分及调节基金转入部分合并支付一等奖奖金。

第十七条 若当期奖金额不足以支付固定奖总额时，不足部分从调节基金中支付。若调节基金不足时，用彩票兑奖周转金垫支。

第十八条 一、二等奖按照该奖级实际中奖注数平均分配该奖级奖金。当上一奖级单注奖金低于下一奖级单注奖金的2倍且低于500万元时，上一奖级单注奖金补足至下一奖级单注奖金的2倍并不高于500万元，所需资金从调节基金中支付，调节基金不足时，用彩票兑奖周转金垫支。

第十九条 在出现彩票兑奖周转金垫支情况下，当调节基金有资金滚入时优先偿还垫支的彩票兑奖周转金。

第四章 开 奖

第二十条 福建31选7每天开奖一次。每期开奖时，在公证人员监督下封存销售数据资料，之后从01—31共三十一个号码中随机摇出八个号码，作为当期开奖号码。其中，前七个号码为正选号码，第八个号码为特别号码。

第二十一条 每期开奖后，福建省体育彩票销售机构应向社会公布当期销售总额、开奖号码、各奖级中奖情况以及奖池资金余额等信息，并将开奖结果通知各销售网点。

第五章 中 奖

第二十二条 福建31选7根据投注号码与开奖号码相符情况确定相应中奖资格。具体规定如下：

一等奖：投注号码与当期开奖号码中的七个正选号码全部相同（顺序不限，下同），即中奖；

二等奖：投注号码与当期开奖号码中的任意六个正选号码以及特别号码相同，即中奖；

三等奖：投注号码与当期开奖号码中的任意六个正选号码相同，即中奖；

四等奖：投注号码与当期开奖号码中的任意五个正选号码以及特别号码相同，即中奖；

五等奖：投注号码与当期开奖号码中的任意五个正选号码相同，或与开奖号码中的任意四个正选号码以及特别号码相同，即中奖；

六等奖：投注号码与当期开奖号码中的任意四个正选号码相同，或与开奖号码中的任意三个正选号码以及特别号码相同，即中奖。

第二十三条 当期每注投注号码只有一次中奖机会，不能兼中兼得。另行设立的特别奖除外。

第六章 兑 奖

第二十四条 福建31选7兑奖当期有效。中奖者应当自开奖之日起60个自然日内，持中奖彩票到指定的地点兑奖。逾期未兑奖视为弃奖，弃奖奖金纳入彩票公益金。

第二十五条 中奖彩票为兑奖唯一凭证，中奖彩票因玷污、损坏等原因不能正确识别的，不能兑奖。

第二十六条 兑奖机构可以查验中奖者的中奖彩票及有效身份证件，兑奖者应予配合。

第七章 附 则

第二十七条 本规则自批准之日起执行。

附件 2

中国体育彩票福建省 31 选 7 附加玩法规则

第一章 总 则

第一条 根据《彩票管理条例》《彩票管理条例实施细则》《彩票发行销售管理办法》（财综〔2012〕102 号）等有关规定，制定本规则。

第二条 中国体育彩票福建省 31 选 7 附加游戏（以下简称“福建 31 选 7 附加游戏”）由国家体育总局体育彩票管理中心发行和组织销售，由福建省体育彩票销售机构在所辖区域内销售。

第三条 福建 31 选 7 附加游戏采用计算机网络系统发行，在福建省体育彩票销售机构设置的销售网点销售，定期开奖。

第四条 福建 31 选 7 附加游戏实行自愿购买，凡购买者均被视为同意并遵守本规则。

第五条 不得向未成年人出售彩票或兑付奖金。

第二章 投 注

第六条 福建 31 选 7 附加游戏是从 01—31 共三十一个号码中任意选择一至六个号码或对当期八个开奖号码的单双号个数进行投注，一组一至六个号码的组合或单双号个数称为一注单式投注，每注金额人民币 2 元。

第七条 福建 31 选 7 附加游戏根据投注号码的个数分为任选一、任选二、任选三、任选四、任选五、任选六、猜单双七种投注方式，具体规定如下：

任选一：从 01—31 共三十一个号码中任意选择一个号码进行的投注；

任选二：从 01—31 共三十一个号码中任意选择两个号码进行的投注；

任选三：从 01—31 共三十一个号码中任意选择三个号码进行的投注；

任选四：从 01—31 共三十一个号码中任意选择四个号码进行的投注；

任选五：从 01—31 共三十一个号码中任意选择五个号码进行的投注；

任选六：从 01—31 共三十一个号码中任意选择六个号码进行的投注；

猜单双：对 8 个开奖号码中开出单号或双号的个数进行的投注，具体分为

“一单”“二单”“三单”“四单”“五单”“六单”“七单”“全单”“全双”九种。例如“一单”是指八个开奖号码中开出一个单号，以此类推；“全双”是指八个开奖号码中开出八个双号。

第八条 购买者可进行复式投注。复式投注是指所选号码个数超过单式投注的号码个数，所选号码按单式投注的所有组合组成多注彩票的投注。

第九条 购买者可以进行胆拖投注。胆拖投注是指选择少于单式投注号码个数的号码作为胆码，再选取除胆码以外的号码作为拖码，由胆码和拖码按单式投注的所有组合组成多注彩票的投注。胆码是每注单式投注中都有的号码，且胆码和拖码的数量之和必须多于单式投注的号码个数。

第十条 购买者可对其选定的结果进行多倍投注，投注倍数范围为2—99倍。单张彩票的最大投注金额不超过20 000元。

第十一条 福建31选7附加游戏按期销售，每天销售一期，期号与福建31选7游戏一致。

第十二条 购买者可在福建省体育彩票销售机构设置的销售网点进行投注。投注号码经投注机打印出的对奖凭证，交购买者保存，此对奖凭证即为福建31选7附加游戏彩票。

第十三条 购买者可选择机选号码投注、自选号码投注。机选号码投注是指由投注机随机产生投注号码进行投注，自选号码投注是指将购买者选定的号码输入投注机进行投注。

第十四条 福建31选7附加游戏各投注方式每期全部投注号码的可投注数量实行动态控制，如投注号码受限，则不能投注。

第三章 设 奖

第十五条 福建31选7附加游戏按当期销售总额的51%、13%和36%分别计提彩票奖金、彩票发行费和彩票公益金。彩票奖金分为当期奖金和调节基金，其中，50%为当期奖金，1%为调节基金。

第十六条 福建31选7附加游戏按不同投注方式设奖，均为固定奖。奖金规定如下：

任选一：单注奖金固定为31元；

任选二：单注奖金固定为22元；

任选三：单注奖金固定为128元；

任选四：单注奖金固定为900元；

任选五：单注奖金固定为8 000元；

任选六中六：单注奖金固定为84 000元；

任选六中五：单注奖金固定为100元；

任选六中四：单注奖金固定为10元；

猜单双一单：单注奖金固定为76元；

猜单双二单：单注奖金固定为13元；

猜单双三单：单注奖金固定为4.5元；

猜单双四单：单注奖金固定为3元；

猜单双五单：单注奖金固定为4元；

猜单双六单：单注奖金固定为9元；

猜单双七单：单注奖金固定为46元；

猜单双全单：单注奖金固定为610元；

猜单双全双：单注奖金固定为1 225元。

第十七条 福建 31 选 7 附加游戏设置调节基金。调节基金包括按销售总额的 1% 提取部分、逾期未退票的票款，以及奖池超过限额的部分。调节基金用于支付不可预见情况下的奖金支出风险以及设立特别奖。

第十八条 福建 31 选 7 附加游戏设置奖池。奖池资金由计提的当期奖金与实际中出奖金的差额组成。当期实际中出奖金小于计提的当期奖金时，余额进入奖池；当期实际中出奖金大于计提的当期奖金时，差额由奖池资金补足。当奖池资金总额不足时，由调节基金补足，调节基金不足时，用彩票兑奖周转金垫支。当奖池资金总额超过 200 万元时，超过部分转入调节基金。

第十九条 在出现彩票兑奖周转金垫支情况下，当调节基金有资金滚入时优先偿还垫支的彩票兑奖周转金。

第四章 开　　奖

第二十条 福建 31 选 7 附加游戏每天开奖一次，不单独摇奖，开奖号码与 31 选 7 游戏当期开奖号码一致。

第二十一条 每期开奖后，福建省体育彩票销售机构应向社会公布当期销售总额、开奖号码、各奖级中奖情况及奖池资金余额等信息，并将开奖结果通知各销售网点。

第五章 中　　奖

第二十二条 福建 31 选 7 附加游戏按不同投注方式，根据投注号码与当期开奖号码相符情况，确定相应的中奖资格。具体规定如下：

任选一：投注的一个号码与当期开奖号码中的特别号码相同，即中奖；

任选二：投注的两个号码与当期开奖号码七个正选号码中的任意两个号码相同，即中奖；

任选三：投注的三个号码与当期开奖号码七个正选号码中的任意三个号码相同，即中奖；

任选四：投注的四个号码与当期开奖号码七个正选号码中的任意四个号码相同，即中奖；

任选五：投注的五个号码与当期开奖号码七个正选号码中的任意五个号码相同，即中奖；

任选六中六：投注的六个号码与当期开奖号码七个正选号码中的任意六个号码相同，即中奖；

任选六中五：投注的六个号码中任意五个号码与当期开奖号码七个正选号码中的任意五个号码相同，即中奖；

任选六中四：投注的六个号码中任意四个号码与当期开奖号码七个正选号码中的任意四个号码相同，即中奖；

猜单双：投注的单号或双号的个数与当期号八个开奖号码中的单号或双号的个数相同，即中奖。

第二十三条 当期每注投注号码按其投注方式只有一次中奖机会，不能兼中兼得，另行设立的特别奖除外。

第六章 兑　　奖

第二十四条 福建 31 选 7 附加游戏兑奖当期有效。中奖者应当自开奖之日起 60 个自然日内，持中奖彩票到指定的地点兑奖。逾期未兑奖视为弃奖，弃奖奖金纳入彩票公益金。

第二十五条 中奖彩票为兑奖唯一凭证，中奖彩票因玷污、损坏等原因不能正确识别的，不能兑奖。

第二十六条 兑奖机构有权查验中奖者的中奖彩票及有效身份证件，兑奖者应予配合。

第七章 附 则

第二十七条 本规则自批准之日起执行。

关于同意销毁“24k金”等30款即开型体育彩票的通知

（2016年5月25日　财政部　财办综〔2016〕51号）

国家体育总局体育彩票管理中心：

你中心《关于销毁“24k金”等30款已停售即开型体育彩票的请示》（体彩字〔2016〕56号）收悉。经研究，根据《彩票管理条例》《彩票管理条例实施细则》和《彩票发行销售管理办法》（财综〔2012〕102号）等规定，现就有关事项通知如下：

一、同意你中心组织销毁已经停止销售的“24k金”等30款即开型体育彩票，共计4 664.61万张，票面总值共计42 785.28万元。具体数量和票面价值见附件。

二、请你中心按规定选择符合要求的销毁地点，并根据有关彩票管理规定和程序，在体育总局的监督下，组织管理销毁工作。发现问题的，应当立即停止销毁，查明原因并处置后再行销毁。你中心应当在此文件印发之日起30个工作日内完成销毁工作，在销毁工作完成之后20个工作日内向财政部报送销毁情况报告。

三、你中心应当按程序及时销毁积压彩票，加强即开型彩票发行销售的成本核算和仓储运输管理，节约发行销售费用。督促彩票销售机构切实加强彩票数据和安全管理等工作，确保即开型彩票市场平稳健康发展。

附件：“24K金”等30款即开型体育彩票汇总表

附件

“24K金”等30款即开型体育彩票汇总表

序号	游戏名称	面值（元）	销毁的数量（万张）	销毁金额（万元）
1	青海风光	5	3.828	19.14
2	环湖赛	10	353.958	3 539.58
3	百发百中	5	3.624	18.12

续表

序号	游戏名称	面值（元）	销毁的数量（万张）	销毁金额（万元）
4	黄金时代	10	214. 800	2 148. 00
5	青海风情	3	1. 040	3. 12
6	恭喜发财	5	7. 848	39. 24
7	24K 金	3	8. 520	25. 56
8	红红火火	5	98. 100	490. 50
9	3D 魔方游戏	10	733. 866	7 338. 66
10	心心相印	5	62. 784	313. 92
11	俱乐部	3	137. 840	413. 52
12	乐翻番	5	13. 284	66. 42
13	亚运情怀	10	234. 804	2 348. 04
14	新新亚运	10	33. 984	339. 84
15	2 010 环塔赛	10	0. 408	4. 08
16	大爱无疆	10	418. 320	4 183. 20
17	神射手	5	14. 220	71. 10
18	世界博览	10	608. 046	6 080. 46
19	前进钱进	20	234. 855	4 697. 10
20	足球盛宴	10	546. 654	5 466. 54
21	接二连三	5	161. 760	808. 80
22	双倍奖金	2	3. 210	6. 42
23	打扑克	10	72. 078	720. 78
24	连连看	3	32. 600	97. 80
25	全垒打	5	17. 100	85. 50
26	转就赢	5	33. 240	166. 20
27	好运掷	3	51. 920	155. 76
28	快乐音符	5	490. 788	2 453. 94
29	玉兔送财	10	65. 658	656. 58
30	海南体博	5	5. 472	27. 36
合　计			**4 664. 609**	**42 785. 28**

关于同意印制发行“金豆豆”等 17 款即开型体育彩票游戏的通知

（2016 年 6 月 8 日　财政部　财办综〔2016〕59 号）

国家体育总局体育彩票管理中心：

你中心报来《关于发行“金豆豆”等 17 款即开型体育彩票的请示》（体彩字〔2016〕82 号）收悉。为优化体育彩票游戏结构，促进彩票市场健康发展，经研究，根据《彩票管理条例》《彩票管理条例实施细则》和《彩票发行销售管理办法》（财综〔2012〕102 号）等相关规定，现就有关事项通知如下：

一、同意你中心印制发行“金豆豆”等 17 款即开型体育彩票游戏。具体游戏规则见附件。“金豆豆”等 17 款即开型体育彩票按其销售总额的 65%、15% 和 20% 分别计提彩票奖金、彩票发行费和彩票公益金。

二、上市销售前，你中心应及时向社会发布公告，并在公告中注明财政部批准的文件名称、文号、上市销售日期以及《“金豆豆”等 17 款即开型体育彩票游戏规则》等。

三、你中心应当严格按照各项彩票管理制度规定，切实加强即开型彩票印制成本控制，建立健全即开型彩票发行和销售的风险防控制度及应急机制；督促彩票销售机构切实加强安全管理，做好公告等工作，确保即开型彩票市场持续健康发展。

附件：“金豆豆”等 17 款即开型体育彩票游戏规则

附件

“金豆豆”等 17 款即开型体育彩票游戏规则

一、金豆豆

（一）面值：2 元。

（二）奖组：60 万张（120 万元）。

（三）玩法规则：刮开覆盖膜，如果出现金额标志，即中得该金额。中奖奖金兼中兼得。

（四）设奖方案：

奖级	中奖金额（元）	中奖个数	中奖小计（元）
1	50 000	1	50 000
2	1 000	5	5 000
3	500	10	5 000
4	300	230	69 000
5	100	300	30 000
6	50	1 750	87 500
7	10	8 000	80 000
8	5	21 500	107 500
9	2	173 000	346 000
合计		**204 796**	**780 000**

二、我爱中国

（一）面值：2 元。

（二）奖组：72 万张（144 万元）。

（三）玩法规则：刮开覆盖膜，如果在任一横线、竖线或对角线刮出 3 个“中国”标志，即中得刮开区内所示的金额。

（四）设奖方案：

奖级	中奖金额（元）	中奖个数	中奖小计（元）
1	15 000	1	15 000
2	1 000	1	1 000
3	300	40	12 000
4	100	920	92 000
5	50	2 400	120 000
6	20	4 800	96 000
7	10	9 600	96 000
8	5	24 000	120 000
9	2	192 000	384 000
合计		**233 762**	**936 000**

三、发财树

（一）面值：5 元。

（二）奖组：60 万张（300 万元）。

（三）玩法规则：①主玩法：刮开覆盖膜，如果出现金额标志，即中得该金额。中奖奖金兼中兼得。②附加玩法：刮开覆盖膜，如果出现一个或一个以上“元宝”标志，即中得下方表格中所对应的金额，中奖奖金不可兼中兼得。

1个	10元
2个	50元
3个	100元

总中奖金额 = 主玩法中奖金额 + 附加玩法中奖金额

（四）设奖方案：

奖级	中奖金额（元）	中奖个数	中奖小计（元）
1	150 000	1	150 000
2	10 000	2	20 000
3	1 000	11	11 000
4	500	205	102 500
5	300	680	204 000
6	100	1 875	187 500
7	50	3 750	187 500
8	20	7 500	150 000
9	10	20 000	200 000
10	5	147 500	737 500
合计		**181 524**	**1 950 000**

四、我爱中国

（一）面值：5 元。

（二）奖组：72 万张（360 万元）。

（三）玩法规则：刮开覆盖膜，如果你的号码中任意一个号码与中奖号码之一相同，即中得该号码下方所示的金额；如果出现“中国”标志，即中得该标志下方所示金额的两倍。中奖奖金兼中兼得。

（四）设奖方案：

奖级	中奖金额（元）	中奖个数	中奖小计（元）
1	100 000	1	100 000
2	1 000	4	4 000
3	300	48	14 400
4	100	2 064	206 400
5	50	4 004	200 200
6	20	24 000	480 000
7	10	72 000	720 000
8	5	123 000	615 000
合计		**225 121**	**2 340 000**

五、大吉大利

（一）面值：5 元。

（二）奖组：60 万张（300 万元）。

（三）玩法规则：刮开覆盖膜，如果你的号码中任意一个号码与中奖号码之一相同，即中得该号码下方所示的金额；如果出现“如意”标志，即中得该标志下方所示金额的两倍。中奖奖金兼中兼得。

（四）设奖方案：

奖级	中奖金额（元）	中奖个数	中奖小计（元）
1	100 000	1	100 000
2	1 000	50	50 000
3	500	200	100 000
4	200	1 250	250 000
5	50	5 000	250 000
6	30	5 000	150 000
7	15	6 250	93 750
8	10	25 625	256 250
9	5	140 000	700 000
合计		**183 376**	**1 950 000**

六、吃西瓜

（一）面值：5 元。

（二）奖组：60 万张（300 万元）。

（三）玩法规则：刮开覆盖膜，如果出现一个或一个以上“西瓜”标志，即中得“奖金对照表”中所对应的金额。中奖奖金不可兼中兼得。

（四）设奖方案：

奖级	中奖金额（元）	中奖个数	中奖小计（元）
1	100 000	1	100 000
2	1 000	5	5 000
3	500	25	12 500
4	200	100	20 000
5	100	625	62 500
6	50	5 000	250 000
7	20	5 000	100 000
8	15	7 500	112 500
9	10	85 000	850 000
10	5	87 500	437 500
合计		**190 756**	**1 950 000**

七、豪门盛宴

（一）面值：10 元。

（二）奖组：60 万张（600 万元）。

（三）玩法规则：①猜胜平负：刮开覆盖膜，在任意一场比赛中，如果“猜测结果”与“比赛结果”相同，即中得该场游戏下方所示的金额。②猜进球数：刮开覆盖膜，如果任意一个“猜测进球数”与“比赛进球数”相同，即中得该

"猜测进球数"下方所示的金额；如果出现"金靴"标志，即中得该标志下方所示金额的两倍。中奖奖金兼中兼得。

（四）设奖方案：

奖级	中奖金额（元）	中奖个数	中奖小计（元）
1	250 000	1	250 000
2	10 000	1	10 000
3	1 000	10	10 000
4	400	600	240 000
5	200	2 575	515 000
6	100	3 750	375 000
7	50	6 250	312 500
8	30	11 250	337 500
9	20	18 750	375 000
10	10	147 500	1 475 000
合计		**190 687**	**3 900 000**

八、加油中国

（一）面值：10 元。

（二）奖组：60 万张（600 万元）。

（三）玩法规则：刮开覆盖膜，如果你的号码中任意一个号码与中奖号码之一相同，即中得该号码下方所示的金额；如果出现"火炬"标志，即中得该标志下方所示金额的 5 倍。如果在幸运奖区出现金额标志，即中得该金额。中奖奖金兼中兼得。

（四）设奖方案：

奖级	中奖金额（元）	中奖个数	中奖小计（元）
1	250 000	1	250 000
2	10 000	1	10 000
3	1 000	10	10 000
4	500	105	52 500
5	200	650	130 000
6	100	2 725	272 500
7	50	18 750	937 500
8	30	10 000	300 000
9	15	50 000	750 000
10	10	118 750	1 187 500
合计		**200 992**	**3 900 000**

九、我爱中国

（一）面值：10 元。

（二）奖组：72 万张（720 万元）。

（三）玩法规则：①刮开覆盖膜，如果你的号码中任意一个号码与中奖号码之一相同，即中得该号码下方所示的金额。②刮开覆盖膜，如果出现"心"标志，即中得该标志下方所示的金额；如果出现"双心"标志，即中得该标志下方所示金额的两倍；如果出现"中国"标志，即中得该标志下方所示金额的 10 倍。中奖奖金兼中兼得。

（四）设奖方案：

奖级	中奖金额（元）	中奖个数	中奖小计（元）
1	250 000	1	250 000
2	3 000	4	12 000
3	1 000	48	48 000
4	300	1 600	480 000
5	100	5 300	530 000
6	50	12 000	600 000
7	20	72 000	1 440 000
8	10	132 000	1 320 000
合计		**222 953**	**4 680 000**

十、黄金之城

（一）面值：10 元。

（二）奖组：60 万张（600 万元）。

（三）玩法规则：刮开覆盖膜，如果你的号码中任意一个号码与中奖号码之一相同，即中得该号码下方所示的金额；如果出现“王冠”标志，即中得该标志下方所示金额的 5 倍。中奖奖金兼中兼得。

（四）设奖方案：

奖级	中奖金额（元）	中奖个数	中奖小计（元）
1	400 000	1	400 000
2	10 000	5	50 000
3	1 000	10	10 000
4	500	125	62 500
5	300	1 550	465 000
6	100	2 500	250 000
7	50	10 000	500 000
8	20	50 000	1 000 000
9	10	116 250	1 162 500
合计		**180 441**	**3 900 000**

十一、环青海湖

（一）面值：10 元。

（二）奖组：30 万张（300 万元）。

（三）玩法规则：①游戏一：刮开覆盖膜，在任意一场比赛中，如果你的位置比对手的位置更靠近终点线，即中得该场比赛右方所示的金额。②游戏二：刮开覆盖膜，第一步所示的数字是几，就从“起点”开始按数字顺序向前走几步，如果停下的位置是金额标志，即中得该金额；在第一步的基础上，第二步所示的数字是几，向前再走几步，如果停下的位置是金额标志，即中得该金额。依次类推，按顺序走完 6 步后，将所有中奖金额相加，即为你中的奖金。中奖奖金兼中兼得。

（四）设奖方案：

奖级	中奖金额（元）	中奖个数	中奖小计（元）
1	250 000	1	250 000
2	5 000	1	5 000
3	2 000	5	10 000
4	800	10	8 000
5	400	100	40 000
6	100	620	62 000
7	50	7 500	375 000
8	30	6 250	187 500
9	20	15 625	312 500
10	10	70 000	700 000
合计		**100 112**	**1 950 000**

十二、百步穿杨

（一）面值：10 元。

（二）奖组：30 万张（300 万元）。

（三）玩法规则：①主玩法：刮开覆盖膜，如果出现金额标志，即中得该金额。中奖奖金兼中兼得。②附加玩法：刮开覆盖膜，如果出现一个或一个以上“中靶”标志，即中得下方表格中所对应的金额，中奖奖金不可兼中兼得。

1个 =10元	2个 =20元	3个 =50元

总中奖金额 = 主玩法中奖金额 + 附加玩法中奖金额。

（四）设奖方案：

奖级	中奖金额（元）	中奖个数	中奖小计（元）
1	250 000	1	250 000
2	10 000	1	10 000
3	2 500	2	5 000
4	1 000	10	10 000
5	300	1 250	375 000
6	100	1 250	125 000
7	50	3 750	187 500
8	20	8 750	175 000
9	10	81 250	812 500
合计		**96 264**	**1 950 000**

十三、GO好运

（一）面值：10元。

（二）奖组：60万张（600万元）。

（三）玩法规则：刮开覆盖膜，如果你的号码中任意一个号码与中奖号码之一相同，即中得该号码下方所示的金额；如果出现“joy”标志，即中得该标志下方所示金额的5倍。中奖奖金兼中兼得。

（四）设奖方案：

奖级	中奖金额（元）	中奖个数	中奖小计（元）
1	250 000	1	250 000
2	10 000	1	10 000
3	1 000	10	10 000
4	500	100	50 000
5	200	525	105 000
6	100	8 750	875 000
7	50	11 250	562 500
8	20	42 500	850 000
9	10	118 750	1 187 500
合计		**181 887**	**3 900 000**

十四、7乐无穷

（一）面值：10元。

（二）奖组：234万张（2 340万元）。

（三）玩法规则：刮开覆盖膜，如果你的号码中任意一个号码与中奖号码之一相同，号码颜色不限，即中得该号码右方所示的金额；如果出现黑色的“7”标志，即中得该标志右方所示的金额；如果出现红色的“7”标志，即中得该标志右方所示金额的两倍。中奖奖金兼中兼得。

（四）设奖方案：

奖级	中奖金额（元）	中奖个数	中奖小计（元）
1	300 000	1	300 000
2	5 000	5	25 000
3	1 000	65	65 000
4	500	2 600	1 300 000
5	300	5 850	1 755 000
6	100	2 600	260 000
7	30	78 000	2 340 000
8	20	214 500	4 290 000
9	10	487 500	4 875 000
合计		**791 121**	**15 210 000**

十五、津彩全运

（一）面值：10元。

（二）奖组：90万张（900万元）。

（三）玩法规则：①刮开覆盖膜，如果你的号码中任意一个号码与中奖号码之一相同，即中得该号码下方所示的金额；如果出现“火炬”标志，即中得该标志下方所示金额的5倍。②如果在幸运奖区内出现金额标志，即中得该金额。中奖奖金兼中兼得。

（四）设奖方案：

奖级	中奖金额（元）	中奖个数	中奖小计（元）
1	150 000	1	150 000
2	10 000	9	90 000
3	1 000	75	75 000
4	300	1 125	337 500
5	100	4 725	472 500
6	50	15 000	750 000
7	30	30 000	900 000
8	20	71 250	1 425 000
9	10	165 000	1 650 000
合计		**287 185**	**5 850 000**

十六、富贵竹

（一）面值：20 元。

（二）奖组：600 万张（12 000 万元）。

（三）玩法规则：刮开覆盖膜，在任意一场游戏中，如果出现 3 个不完全相同的号码，且任意一个号码与中奖号码相同，即中得该场游戏右方所示的金额；如果出现 3 个相同的号码，即中得该场游戏右方所示金额的两倍。中奖奖金兼中兼得。

（四）设奖方案：

奖级	中奖金额（元）	中奖个数	中奖小计（元）
1	1 000 000	1	1 000 000
2	100 000	1	100 000
3	10 000	20	200 000
4	1 500	200	300 000
5	800	7 750	6 200 000
6	400	23 000	9 200 000
7	100	175 000	17 500 000
8	60	100 000	6 000 000
9	30	200 000	6 000 000
10	20	1 575 000	31 500 000
合计		**2 080 972**	**78 000 000**

十七、超值 8

（一）面值：20 元。

（二）奖组：900 万张（18 000 万元）。

（三）玩法规则：①蓝宝石：刮开覆盖膜，如果出现黑色的“8”标志，即中得该标志右方所示的金额；如果出现黑色的“88”标志，即中得该标志右方所示金额的两倍。②紫水晶：刮开覆盖膜，如果出现黑色的“8”标志，即中得该标志右方所示的金额；如果出现黑色的“88”标志，即中得该标志右方所示金额的两倍。③绿宝石：刮开覆盖膜，如果你的号码中任意一个号码与中奖号码之一相同，号码颜色不限，即中得该号码右方所示的金额；如果出现黑色的“8”标志，即中得该标志右方所示的金额；如果出现红色的“8”标志，即中得该标志右方所示金额的两倍。④绿宝石幸运奖：刮开覆盖膜，如果在幸运奖区出现两个相同的金额标志，即中得该单一金额。⑤红宝石：刮开覆盖膜，如果你的号码中任意一个号码与中奖号码之一相同，号码颜色不限，即中得该号码右方所示的金额；如果出现黑色的“8”标志，即中得该标志右方所示的金额；如果出现红色的“8”标志，即中得该标志右方所示金额的两倍。⑥红宝石幸运奖：刮开覆盖膜，如果在幸运奖区出现两个相同的金额标志，即中得该单一金额。中奖奖金兼中兼得。

（四）设奖方案：

奖级	中奖金额（元）	中奖个数	中奖小计（元）
1	1 000 000	1	1 000 000
2	80 000	1	80 000
3	8 000	5	40 000
4	800	37 500	30 000 000
5	160	5 000	800 000
6	80	13 500	1 080 000
7	50	300 000	15 000 000
8	30	900 000	27 000 000
9	20	2 100 000	42 000 000
合计		**3 356 007**	**117 000 000**

关于同意印制发行“彩蛋”等23款即开型体育彩票游戏的通知

（2016年10月28日 财政部 财办综〔2016〕124号）

国家体育总局体育彩票管理中心：

你中心报来《体育总局彩票中心关于发行“彩蛋”等23款即开型体育彩票的请示》（体彩字〔2016〕233号）收悉。为优化体育彩票游戏结构，促进彩票市场健康发展，经研究，根据《彩票管理条例》《彩票管理条例实施细则》和《彩票发行销售管理办法》（财综〔2012〕102号）等相关规定，现就有关事项通知如下：

一、同意你中心印制发行“彩蛋”等23款即开型体育彩票游戏。具体游戏规则见附件。“彩蛋”等23款即开型体育彩票按其销售总额的65%、15%和20%分别计提彩票奖金、彩票发行费和彩票公益金。

二、上市销售前，你中心应及时向社会发布公告，并在公告中注明财政部批准的文件名称、文号、上市销售日期以及《“彩蛋”等23款即开型体育彩票游戏规则》等。

三、你中心应当严格按照各项彩票管理制度规定，切实加强即开型彩票印制成本控制，建立健全即开型彩票发行和销售的风险防控制度及应急机制；督促彩票销售机构切实加强安全管理，做好公告等工作，确保即开型彩票市场持续健康发展。

附件：“彩蛋”等23款即开型体育彩票游戏规则

附件

“彩蛋”等23款即开型体育彩票游戏规则

一、丰彩

（一）面值：1元。

（二）奖组：72万张（72万元）。

（三）玩法规则：刮开覆盖膜，如果出现金额标志，即中得该金额。中奖奖金兼中兼得。

（四）设奖方案：

奖级	中奖金额（元）	中奖个数	中奖小计（元）
1	10 000	5	50 000
2	1 000	2	2 000
3	100	400	40 000
4	10	1 600	16 000
5	5	72 000	360 000
合计		**74 007**	**468 000**

二、彩蛋

（一）面值：2 元。

（二）奖组：60 万张（120 万元）。

（三）玩法规则：刮开覆盖膜，如果你的号码中任意一个号码与中奖号码相同，即中得该号码下方所示的金额。中奖奖金兼中兼得。

（四）设奖方案：

奖级	中奖金额（元）	中奖个数	中奖小计（元）
1	30 000	1	30 000
2	1 000	2	2 000
3	300	10	3 000
4	100	600	60 000
5	50	3 410	170 500
6	20	1 500	30 000
7	10	8 500	85 000
8	5	18 500	92 500
9	3	10 000	30 000
10	2	138 500	277 000
合计		**181 023**	**780 000**

三、好运 123

（一）面值：5 元。

（二）奖组：60 万张（300 万元）。

（三）玩法规则：刮开覆盖膜，如果出现“1”标志，即中得该标志下方所示的金额；如果出现“2”标志，即中得该标志下方所示金额的两倍；如果出现“3”标志，即中得该标志下方所示金额的 3 倍。中奖奖金兼中兼得。

（四）设奖方案：

奖级	中奖金额（元）	中奖个数	中奖小计（元）
1	150 000	1	150 000
2	10 000	1	10 000
3	1 000	5	5 000
4	300	100	30 000
5	100	1 425	142 500
6	50	6 250	312 500
7	30	5 000	150 000
8	15	12 500	187 500
9	10	46 250	462 500
10	5	100 000	500 000
合计		**171 532**	**1 950 000**

四、开门大吉

（一）面值：5 元。

（二）奖组：60 万张（300 万元）。

（三）玩法规则：刮开覆盖膜，如果出现金额标志，即中得该金额。中奖奖金兼中兼得。

（四）设奖方案：

奖级	中奖金额（元）	中奖个数	中奖小计（元）
1	100 000	1	100 000
2	10 000	1	10 000
3	1 000	10	10 000
4	200	100	20 000
5	100	975	97 500
6	50	12 500	625 000
7	20	5 000	100 000
8	10	33 750	337 500
9	5	130 000	650 000
合计		**182 337**	**1 950 000**

五、中国结

（一）面值：5 元。

（二）奖组：60 万张（300 万元）。

（三）玩法规则：刮开覆盖膜，如果出现金额标志，即中得该金额。中奖奖金兼中兼得。

（四）设奖方案：

奖级	中奖金额（元）	中奖个数	中奖小计（元）
1	100 000	1	100 000
2	10 000	1	10 000
3	1 000	10	10 000
4	300	100	30 000
5	100	1 100	110 000
6	50	3 800	190 000
7	30	5 000	150 000
8	15	23 750	356 250
9	10	52 500	525 000
10	5	93 750	468 750
合计		**180 012**	**1 950 000**

六、卧虎藏龙

（一）面值：5 元。

（二）奖组：60 万张（300 万元）。

（三）玩法规则：刮开覆盖膜，如果你的号码中任意一个号码与中奖号码之一相同，即中得该号码下方所示的金额；如果出现“虎”标志或“龙”标志，即中得该标志下方所示金额的两倍。中奖奖金兼中兼得。

（四）设奖方案：

奖级	中奖金额（元）	中奖个数	中奖小计（元）
1	100 000	1	100 000
2	1 000	7	7 000

续表

奖级	中奖金额（元）	中奖个数	中奖小计（元）
3	400	45	18 000
4	200	200	40 000
5	100	2 225	222 500
6	50	8 750	437 500
7	20	10 000	200 000
8	10	22 500	225 000
9	5	140 000	700 000
合计		**183 728**	**1 950 000**

七、长征

（一）面值：5 元。

（二）奖组：36 万张（180 万元）。

（三）玩法规则：刮开覆盖膜，如果出现金额标志，即中得该金额。中奖奖金兼中兼得。

（四）设奖方案：

奖级	中奖金额（元）	中奖个数	中奖小计（元）
1	300 000	1	300 000
2	10 000	21	210 000
3	1 000	57	57 000
4	40	3 825	153 000
5	5	90 000	450 000
合计		**93 904**	**1 170 000**

八、丰彩

（一）面值：5 元。

（二）奖组：72 万张（360 万元）。

（三）玩法规则：刮开覆盖膜，如果出现金额标志，即中得该金额。中奖奖金兼中兼得。

（四）设奖方案：

奖级	中奖金额（元）	中奖个数	中奖小计（元）
1	100 000	1	100 000
2	10 000	4	40 000
3	1 000	20	20 000
4	500	400	200 000
5	100	2 250	225 000
6	50	4 500	225 000
7	20	9 000	180 000
8	10	54 000	540 000
9	5	162 000	810 000
合计		**232 175**	**2 340 000**

九、芝麻开门

（一）面值：10 元。

（二）奖组：120 万张（1 200 万元）。

（三）玩法规则：刮开覆盖膜，如果你的暗号中任意一个暗号与开门暗号之一相同，即中得该暗号下方所示的金额乘以其所在行右方所示的倍数。中奖奖金兼中兼得。

（四）设奖方案：

奖级	中奖金额（元）	中奖个数	中奖小计（元）
1	400 000	1	400 000
2	10 000	2	20 000
3	1 000	15	15 000
4	500	500	250 000
5	100	13 150	1 315 000
6	50	40 000	2 000 000
7	30	20 000	600 000
8	20	30 000	600 000
9	10	260 000	2 600 000
合计		**363 668**	**7 800 000**

十、彩运来

（一）面值：10 元。

（二）奖组：120 万张（1 200 万元）。

（三）玩法规则：刮开覆盖膜，如果你的号码中任意一个号码与中奖号码之一相同，即中得该号码下方所示的金额；如果出现“彩”标志，即中得该标志下方所示金额的 5 倍。中奖奖金兼中兼得。

（四）设奖方案：

奖级	中奖金额（元）	中奖个数	中奖小计（元）
1	300 000	1	300 000
2	6 000	50	300 000
3	1 500	80	120 000
4	600	1 200	720 000
5	300	2 800	840 000
6	100	4 950	495 000
7	50	12 500	625 000
8	20	60 000	1 200 000
9	15	80 000	1 200 000
10	10	200 000	2 000 000
合计		**361 581**	**7 800 000**

十一、10 来运转

（一）面值：10 元。

（二）奖组：120 万张（1 200 万元）。

（三）玩法规则：刮开覆盖膜，如果出现“10”、“20”、“30”、“40”、“50”、“60”、“70”、“80”、“90”9 个号码中的任意一个号码，即中得该号码下方所示的金额；如果出现“运”标志，即中得该标志下方所示金额的 10 倍。中奖奖金兼中兼得。

（四）设奖方案：

奖级	中奖金额（元）	中奖个数	中奖小计（元）
1	250 000	1	250 000
2	5 000	2	10 000
3	1 000	2	2 000
4	300	2 000	600 000
5	200	3 400	680 000
6	100	15 080	1 508 000
7	50	10 000	500 000
8	30	10 000	300 000
9	20	75 000	1 500 000
10	10	245 000	2 450 000
合计		**360 485**	**7 800 000**

十二、有礼了

（一）面值：10 元。

（二）奖组：6 万张（60 万元）。

（三）玩法规则：刮开覆盖膜，如果出现一个或一个以上“行礼”标志，即中得奖金对照表中所对应的金额。中奖奖金不可兼中兼得。

（四）设奖方案：

奖级	中奖金额（元）	中奖个数	中奖小计（元）
1	10 000	1	10 000
2	5 000	1	5 000
3	1 000	1	1 000
4	800	5	4 000

续表

奖级	中奖金额（元）	中奖个数	中奖小计（元）
5	500	10	5 000
6	300	50	15 000
7	200	100	20 000
8	100	500	50 000
9	50	1 000	50 000
10	30	1 000	30 000
11	20	3 750	75 000
12	10	12 500	125 000
合计		**18 918**	**390 000**

十三、八桂红

（一）面值：10 元。

（二）奖组：3 万张（30 万元）。

（三）玩法规则：刮开覆盖膜，如果出现金额标志，即中得该金额。如果在幸运奖区出现“如意”标志，即中得 100 元。中奖奖金兼中兼得。

（四）设奖方案：

奖级	中奖金额（元）	中奖个数	中奖小计（元）
1	50 000	1	50 000
2	1 000	10	10 000
3	100	475	47 500
4	50	750	37 500
5	5	10 000	50 000
合计		**11 236**	**195 000**

十四、环岛高铁

（一）面值：10 元。

（二）奖组：60 万张（600 万元）。

（三）玩法规则：①游戏一：刮开覆盖膜，如果在横竖四条边线的任意一条上出现 3 个“高铁”标志，即中得该游戏刮开区内所示的金额。②游戏二：刮开覆盖膜，如果你的号码中任意一个号码与中奖号码之一相同，即中得该号码下方所示的金额。中奖奖金兼中兼得。

（四）设奖方案：

奖级	中奖金额（元）	中奖个数	中奖小计（元）
1	10 000	20	200 000
2	1 000	50	50 000
3	500	100	50 000
4	200	625	125 000
5	100	8 750	875 000
6	50	10 000	500 000
7	20	30 000	600 000
8	10	150 000	1 500 000
合计		**199 545**	**3 900 000**

十五、卧虎藏龙

（一）面值：10 元。

（二）奖组：60 万张（600 万元）。

（三）玩法规则：刮开覆盖膜，如果你的号码中任意一个号码与中奖号码之一相同，即中得该号码下方所示的金额；如果出现“虎”标志或“龙”标志，即中得该标志下方所示金额的两倍；如果出现“王”标志，即中得该标志下方所示金额的 5 倍。中奖奖金兼中兼得。

（四）设奖方案：

奖级	中奖金额（元）	中奖个数	中奖小计（元）
1	300 000	1	300 000
2	10 000	1	10 000
3	1 000	15	15 000
4	400	50	20 000
5	200	1 900	380 000
6	100	7 500	750 000
7	50	10 000	500 000
8	20	21 250	425 000
9	10	150 000	1 500 000
合计		**190 717**	**3 900 000**

十六、长征

（一）面值：10 元。

（二）奖组：6 万张（60 万元）。

（三）玩法规则：刮开覆盖膜，如果出现金额标志，即中得该金额。中奖奖金兼中兼得。

（四）设奖方案：

奖级	中奖金额（元）	中奖个数	中奖小计（元）
1	50 000	1	50 000
2	5 000	1	5 000
3	1 000	150	150 000
4	100	500	50 000
5	10	6 000	60 000
6	5	15 000	75 000
合计		**21 652**	**390 000**

十七、金鸡纳福

（一）面值：10 元。

（二）奖组：1 800 万张（18 000 万元）。

（三）玩法规则：刮开覆盖膜，在任意一场游戏中如果出现两个相同的“鸡”标志，即中得该场游戏右方所示的金额；如果出现“福”标志，即中得该场游戏右方所示金额的两倍。中奖奖金兼中兼得。

（四）设奖方案：

奖级	中奖金额（元）	中奖个数	中奖小计（元）
1	300 000	5	1 500 000
2	9 000	100	900 000
3	900	2 000	1 800 000
4	200	16 500	3 300 000
5	90	150 000	13 500 000
6	60	300 000	18 000 000
7	20	2 100 000	42 000 000
8	10	3 600 000	36 000 000
合计		**6 168 605**	**117 000 000**

十八、丰彩

（一）面值：10 元。

（二）奖组：72 万张（720 万元）。

（三）玩法规则：刮开覆盖膜，如果出现金额标志，即中得该金额。中奖奖金兼中兼得。

（四）设奖方案：

奖级	中奖金额（元）	中奖个数	中奖小计（元）
1	250 000	1	250 000
2	10 000	4	40 000
3	2 000	8	16 000
4	1 000	20	20 000
5	500	220	110 000
6	200	520	104 000
7	100	4 500	450 000
8	50	18 000	900 000
9	20	54 000	1 080 000
10	10	171 000	1 710 000
合计		**248 273**	**4 680 000**

十九、发发发

（一）面值：20 元。

（二）奖组：600 万张（12 000 万元）。

（三）玩法规则：刮开覆盖膜，如果你的号码中任意一个号码与中奖号码之一相同，即中得该号码下方所示的金额；如果出现“发”标志，即中得该标志下方所示金额的 8 倍。如果在幸运奖区出现金额标志，即中得该金额。中奖奖金兼中兼得。

（四）设奖方案：

奖级	中奖金额（元）	中奖个数	中奖小计（元）
1	1 000 000	1	1 000 000
2	50 000	1	50 000
3	5 000	5	25 000
4	2 000	10	20 000

续表

奖级	中奖金额（元）	中奖个数	中奖小计（元）
5	1 000	500	500 000
6	500	5 810	2 905 000
7	200	100 000	20 000 000
8	100	200 000	20 000 000
9	50	100 000	5 000 000
10	20	1 425 000	28 500 000
合计		**1 831 327**	**78 000 000**

二十、卧虎藏龙

（一）面值：20 元。

（二）奖组：1 200 万张（24 000 万元）。

（三）玩法规则：刮开覆盖膜，如果你的号码中任意一个号码与中奖号码之一相同，即中得该号码下方所示的金额；如果出现“虎”标志或“龙”标志，即中得该标志下方所示金额的两倍；如果出现“王”标志，即中得该标志下方所示金额的 5 倍；如果出现“顶呱刮”标志，即中得该标志下方所示金额的 10 倍。中奖奖金兼中兼得。

（四）设奖方案：

奖级	中奖金额（元）	中奖个数	中奖小计（元）
1	1 000 000	1	1 000 000
2	100 000	1	100 000
3	10 000	230	2 300 000
4	1 000	700	700 000
5	400	56 000	22 400 000
6	200	100 000	20 000 000
7	100	200 000	20 000 000
8	50	400 000	20 000 000
9	30	250 000	7 500 000
10	20	3 100 000	62 000 000
合计		**4 106 932**	**156 000 000**

二十一、7

（一）面值：20 元。

（二）奖组：1 800 万张（36 000 万元）。

（三）玩法规则：刮开覆盖膜，如果出现“7”标志，即中得该标志下方所示的金额；如果出现“77”标志，即中得该标志下方所示金额的两倍；如果出现“777”标志，即中得该标志下方所示金额的 3 倍。中奖奖金兼中兼得。

（四）设奖方案：

奖级	中奖金额（元）	中奖个数	中奖小计（元）
1	1 000 000	1	1 000 000
2	70 000	1	70 000
3	7 000	10	70 000
4	700	50 000	35 000 000
5	300	50 000	15 000 000
6	100	21 600	2 160 000
7	70	10 000	700 000
8	50	900 000	45 000 000
9	30	1 800 000	54 000 000
10	20	4 050 000	81 000 000
合计		**6 881 612**	**234 000 000**

二十二、日进斗金

（一）面值：20 元。

（二）奖组：180 万张（3 600 万元）。

（三）玩法规则：①游戏一：刮开覆盖膜，如果出现金额标志，即中得该金额。②游戏二：刮开覆盖膜，如果出现金额标志，即中得该金额。③游戏三：刮开覆盖膜，如果你的号码中任意一个号码与中奖号码之一相同，即中得该号码下方所示的金额；如果出现“金币”标志，即中得该标志下方所示金额的 3 倍；如果出现“元宝”标志，即中得该标志下方所示金额的 5 倍。中奖奖金兼中兼得。

（四）设奖方案：

奖级	中奖金额（元）	中奖个数	中奖小计（元）
1	1 000 000	1	1 000 000
2	100 000	1	100 000
3	6 000	10	60 000
4	1 000	460	460 000
5	600	4 300	2 580 000
6	100	60 000	6 000 000
7	60	30 000	1 800 000
8	30	120 000	3 600 000
9	20	390 000	7 800 000
合计		**604 772**	**23 400 000**

二十三、丰彩

（一）面值：20 元。

（二）奖组：90 万张（1 800 万元）。

（三）玩法规则：刮开覆盖膜，如果出现金额标志，即中得该金额。中奖奖金兼中兼得。

（四）设奖方案：

奖级	中奖金额（元）	中奖个数	中奖小计（元）
1	1 000 000	1	1 000 000
2	10 000	5	50 000
3	5 000	25	125 000
4	2 000	50	100 000
5	1 000	500	500 000
6	500	3 000	1 500 000
7	200	3 875	775 000
8	100	11 250	1 125 000
9	50	22 500	1 125 000
10	20	270 000	5 400 000
合计		**311 206**	**11 700 000**

关于同意印制发行“福星”等26款即开型福利彩票游戏的通知

（2016年10月28日　财政部　财办综〔2016〕125号）

中国福利彩票发行管理中心：

你中心报来《关于申报“福星”等26款即开型福利彩票新游戏的请示》（中彩发字〔2016〕147号）收悉。为优化福利彩票游戏结构，促进彩票市场健康发展，经研究，根据《彩票管理条例》《彩票管理条例实施细则》和《彩票发行销售管理办法》（财综〔2012〕102号）等相关规定，现就有关事项通知如下：

一、同意你中心印制发行“福星”等26款即开型福利彩票游戏。具体游戏规则见附件。“福星”等26款即开型福利彩票按其销售总额的65%、15%和20%分别计提彩票奖金、彩票发行费和彩票公益金。

二、上市销售前，你中心应及时向社会发布公告，并在公告中注明财政部批准的文件名称、文号、上市销售日期以及《“福星”等26款即开型福利彩票游戏规则》等。

三、你中心应当严格按照各项彩票管理制度规定，切实加强即开型彩票印制成本控制，建立健全即开型彩票发行和销售的风险防控制度及应急机制；督促彩票销售机构切实加强安全管理，做好公告等工作，确保即开型彩票市场持续健康发展。

附件：“福星”等26款即开型福利彩票游戏规则

附件

“福星”等26款即开型福利彩票游戏规则

一、福星

（一）面值：2元

（二）奖组：50万张（100万元）

（三）玩法：刮开覆盖膜，如果刮出“”福星图符，即可获得该图符下方所对应的奖金。中奖奖金兼中兼得。

（四）设奖方案：

奖级	中奖金额（元）	中奖个数	奖金小计（元）
1	100 000	1	100 000
2	10 000	1	10 000
3	1 000	50	50 000
4	100	675	67 500
5	50	50	2 500
6	10	5 000	50 000
7	5	32 000	160 000
8	2	105 000	210 000
合计		**142 777**	**650 000**

二、Quick3

（一）面值：2 元

（二）奖组：100 万张（200 万元）

（三）玩法：刮开覆盖膜，如果刮出数字“03”，即可获得该数字下方所对应的奖金。中奖奖金兼中兼得。

（四）设奖方案：

奖级	中奖金额（元）	中奖个数	奖金小计（元）
1	30 000	1	30 000
2	1 000	10	10 000
3	500	80	40 000
4	100	1 000	100 000
5	50	8 000	400 000
6	20	4 000	80 000
7	10	20 000	200 000
8	4	20 000	80 000
9	2	180 000	360 000
合计		**233 091**	**1 300 000**

三、5 要赢

（一）面值：5 元

（二）奖组：100 万张（500 万元）

（三）玩法：刮开覆盖膜，如果刮出数字 05、15、25、35、45 中任意一个，即可获得该数字下方所对应的奖金；如果刮出数字“55”，即可获得该数字下方所对应奖金的两倍。中奖奖金兼中兼得。

（四）设奖方案：

奖级	中奖金额（元）	中奖个数	奖金小计（元）
1	150 000	1	150 000
2	10 000	1	10 000
3	1 000	50	50 000
4	500	200	100 000
5	200	200	40 000
6	100	5 000	500 000
7	50	5 000	250 000
8	20	20 000	400 000
9	10	120 000	1 200 000
10	5	110 000	550 000
合计		**260 452**	**3 250 000**

四、好运 123

（一）面值：5 元

（二）奖组：100 万张（500 万元）

（三）玩法：刮开覆盖膜，在同一局游戏中，如果刮出数字“1”，即可获得该局游戏右侧所对应的奖金；刮出数字“2”，即可获得该局游戏右侧所对应奖金的两倍；刮出数字“3”，即可获得该局游戏右侧所对应奖金的 3 倍。中奖奖金兼中兼得。

（四）设奖方案：

奖级	中奖金额（元）	中奖个数	奖金小计（元）
1	100 000	1	100 000
2	1 000	100	100 000
3	500	200	100 000

续表

奖级	中奖金额（元）	中奖个数	奖金小计（元）
4	100	3 000	300 000
5	50	6 000	300 000
6	20	15 000	300 000
7	15	40 000	600 000
8	10	55 000	550 000
9	5	180 000	900 000
合计		**299 301**	**3 250 000**

五、青花瓷

（一）面值：5 元

（二）奖组：50 万张（250 万元）

（三）玩法：刮开覆盖膜，如果刮出“”瓷瓶图符，即可获得该图符下方所对应的奖金。中奖奖金兼中兼得。

（四）设奖方案：

奖级	中奖金额（元）	中奖个数	奖金小计（元）
1	360 000	1	360 000
2	50 000	4	200 000
3	10 000	10	100 000
4	1 000	100	100 000
5	50	2 000	100 000
6	10	5 000	50 000
7	5	143 000	715 000
合计		**150 115**	**1 625 000**

六、以茶会友

（一）面值：5 元

（二）奖组：60 万张（300 万元）

（三）玩法：刮开覆盖膜，如果刮出任何奖金金额，即中该奖金。中奖奖金兼中兼得。

（四）设奖方案：

奖级	中奖金额（元）	中奖个数	奖金小计（元）
1	100 000	1	100 000
2	1 000	120	120 000
3	100	3 000	300 000
4	50	5 000	250 000
5	20	10 000	200 000
6	10	25 000	250 000
7	5	146 000	730 000
合计		**189 121**	**1 950 000**

七、一鸣惊人

（一）面值：5 元

（二）奖组：120 万张（600 万元）

（三）玩法：刮开覆盖膜，在任意一局游戏中，如果刮出“”蟋蟀图符，即可获得该局游戏右侧所对应的奖金；如果刮出“”罐子图符，即可获得 5 局游戏右侧所对应的所有奖金之和。共有 5 局游戏，中奖奖金兼中兼得。

（四）设奖方案：

奖级	中奖金额（元）	中奖个数	奖金小计（元）
1	100 000	1	100 000
2	1 000	2	2 000
3	200	200	40 000
4	100	3 500	350 000
5	50	9 600	480 000
6	40	3 600	144 000
7	30	12 000	360 000
8	20	24 000	480 000
9	10	74 400	744 000
10	5	240 000	1 200 000
合计		**367 303**	**3 900 000**

八、幸运星座

（一）面值：5 元

（二）奖组：100 万张（500 万元）

（三）玩法：刮开覆盖膜，如果任意一个“我的号码”与任意一个“幸运号码”相同，即可获得该“我的号码”下方所对应的奖金；如果刮出任意一个“星座”图符，即可获得该图符下方所对应奖金的 10 倍。中奖奖金兼中兼得。

（四）设奖方案：

奖级	中奖金额（元）	中奖个数	奖金小计（元）
1	150 000	1	150 000
2	5 000	10	50 000
3	1 000	50	50 000
4	500	800	400 000
5	100	5 000	500 000
6	50	10 000	500 000
7	10	40 000	400 000
8	5	240 000	1 200 000
合计		**295 861**	**3 250 000**

九、丁酉鸡－金鸡银鸡

（一）面值：5 元

（二）奖组：100 万张（500 万元）

（三）玩法：刮开覆盖膜，在同一局游戏中，如果刮出 3 个相同的字符，即可获得该局游戏右侧所对应的奖金。共有 6 局游戏，中奖奖金兼中兼得。

（四）设奖方案：

奖级	中奖金额（元）	中奖个数	奖金小计（元）
1	100 000	1	100 000
2	10 000	1	10 000
3	500	2 000	1 000 000
4	100	1 000	100 000
5	50	7 920	396 000
6	20	200	4 000
7	10	59 000	590 000
8	5	210 000	1 050 000
合计		**280 122**	**3 250 000**

十、吉祥金蛋

（一）面值：5 元

（二）奖组：100 万张（500 万元）

（三）玩法：本彩票共有两个玩法，两个玩法区内的中奖奖金兼中兼得。

玩法一：刮开覆盖膜，如果刮出 3 个相同的奖金金额，即中该单一奖金；如果刮出“◯”金蛋图符，即可获得 20 元奖金。

玩法二：刮开覆盖膜，如果任意一个“我的号码”与“中奖号码”相同，即可获得该“我的号码”右方所对应的奖金。中奖奖金兼中兼得。

（四）设奖方案：

奖级	中奖金额（元）	中奖个数	奖金小计（元）
1	180 000	1	180 000
2	1 000	1	1 000
3	500	18	9 000
4	100	2 400	240 000
5	50	6 000	300 000
6	40	2 000	80 000
7	30	10 000	300 000
8	20	20 000	400 000
9	10	68 000	680 000
10	5	212 000	1 060 000
合计		**320 420**	**3 250 000**

十一、闪耀钻石5元

（一）面值：5元

（二）奖组：100万张（500万元）

（三）玩法：刮开覆盖膜，如果在同一局游戏中刮出两个“”爱心图符，即可获得该局游戏右方所对应的奖金；如果刮出“”钻石图符，即可获得玩法区内所有奖金之和。共有5局游戏，中奖奖金兼中兼得。

（四）设奖方案：

奖级	中奖金额（元）	中奖个数	奖金小计（元）
1	150 000	1	150 000
2	1 000	1	1 000
3	500	43	21 500
4	100	2 500	250 000
5	50	6 000	300 000
6	40	2 000	80 000
7	30	10 000	300 000
8	25	100	2 500
9	20	20 000	400 000
10	15	1 000	15 000
11	10	68 000	680 000
12	5	210 000	1 050 000
合计		**319 645**	**3 250 000**

十二、福

（一）面值：5元

（二）奖组：100万张（500万元）

（三）玩法：刮开覆盖膜，如果刮出“”福字图符，即可获得该图符下方所对应的奖金。中奖奖金兼中兼得。

（四）设奖方案：

奖级	中奖金额（元）	中奖个数	奖金小计（元）
1	200 000	1	200 000
2	5 000	1	5 000
3	500	200	100 000
4	100	2 000	200 000
5	50	5 000	250 000
6	20	18 000	360 000
7	10	100 000	1 000 000
8	5	227 000	1 135 000
合计		**352 202**	**3 250 000**

十三、美丽衢州

（一）面值：10元

（二）奖组：40万张（400万元）

（三）玩法：刮开覆盖膜，如果任意一个“我的号码”与任意一个“中奖号码”相同，即可获得该“我的号码”下方所对应的奖金。中奖奖金兼中兼得。

（四）设奖方案：

奖级	中奖金额（元）	中奖个数	奖金小计（元）
1	500 000	1	500 000
2	30 000	2	60 000
3	10 000	12	120 000
4	1 000	380	380 000
5	50	4 000	200 000
6	20	24 000	480 000
7	10	86 000	860 000
合计		**114 395**	**2 600 000**

十四、十全十美

（一）面值：10元

（二）奖组：10 000万张（100 000万元）

（三）玩法：

本彩票共有 4 个玩法，各玩法的中奖奖金兼中兼得。

玩法一：如果在任意玩法中刮出“ ”图符，即可获得各玩法区内奖金之和。

玩法二：刮开覆盖膜，如果刮出任何奖金金额，即中该奖金。

玩法三：刮开覆盖膜，如果在同一局游戏中，两个数字相加等于“10”，即可获得该局游戏右方所对应的奖金。共有两局游戏，中奖奖金兼中兼得。

玩法四：刮开覆盖膜，如果任意一个“我的号码”与任意一个“中奖号码”相同，即可获得该“我的号码”右方所对应的奖金。中奖奖金兼中兼得。

（四）设奖方案：

奖级	中奖金额（元）	中奖个数	奖金小计（元）
1	800 000	25	20 000 000
2	100 000	100	10 000 000
3	5 000	500	2 500 000
4	1 000	10 000	10 000 000
5	500	42 000	21 000 000
6	200	198 000	39 600 000
7	100	713 800	71 380 000
8	80	200	16 000
9	50	2 200 000	110 000 000
10	40	12 500	500 000
11	30	2 400 000	72 000 000
12	20	4 000 000	80 000 000
13	10	21 300 400	213 004 000
合计		**30 877 525**	**650 000 000**

十五、六六顺

（一）面值：10 元

（二）奖组：100 万张（1 000 万元）

（三）玩法：

本彩票共有两个玩法，两个玩法区内的中奖奖金兼中兼得。

玩法一：刮开覆盖膜，如果任意一个“我的号码”与任意一个“中奖号码”相同，即可获得该“我的号码”下方所对应的奖金。中奖奖金兼中兼得。

玩法二：如果在“我的号码”区刮出的“ ”娃娃图符个数与《奖金对照表》中相对应的图符个数相同，即可赢得相对应的奖金。中奖奖金不兼中兼得。

（四）设奖方案：

奖级	中奖金额（元）	中奖个数	奖金小计（元）
1	250 000	1	250 000
2	10 000	1	10 000
3	5 000	10	50 000
4	500	1 000	500 000
5	100	10 000	1 000 000
6	50	20 000	1 000 000
7	30	10 000	300 000
8	20	110 000	2 200 000
9	10	119 000	1 190 000
合计		**270 012**	**6 500 000**

十六、丁酉鸡－鸡鸣富贵

（一）面值：10 元

（二）奖组：50 万张（500 万元）

（三）玩法：刮开覆盖膜，如果任意一个“我的号码”与任意一个“中奖号码”相同，即可获得该“我的号码”下方所对应的奖金；如果刮出“”金

鸡图符，即可获得该图符下方所对应奖金的 10 倍。中奖奖金兼中兼得。

（四）设奖方案：

奖级	中奖金额（元）	中奖个数	中奖小计（元）
1	300 000	1	300 000
2	10 000	1	10 000
3	1 000	100	100 000
4	500	600	300 000
5	100	4 000	400 000
6	50	8 000	400 000
7	30	10 000	300 000
8	20	10 000	200 000
9	10	124 000	1 240 000
合计		**156 702**	**3 250 000**

十七、闪耀钻石 10 元

（一）面值：10 元

（二）奖组：100 万张（1 000 万元）

（三）玩法：本彩票共有 3 个玩法，3 个玩法区内的中奖奖金兼中兼得。

玩法一：刮开覆盖膜，如果刮出“恒久远”短语，即可获得 50 元奖金。

玩法二：刮开覆盖膜，如果刮出“◇”钻石图符，即可获得该图符下方所对应的奖金。

玩法三：刮开覆盖膜，如果任意一个“我的号码”与任意一个“中奖号码”相同，即可获得该“我的号码”下方所对应的奖金。中奖奖金兼中兼得。

（四）设奖方案：

奖级	中奖金额（元）	中奖个数	奖金小计（元）
1	300 000	1	300 000
2	30 000	3	90 000
3	3 000	50	150 000
4	500	400	200 000
5	200	990	198 000
6	100	8 000	800 000
7	60	200	12 000
8	50	12 000	600 000
9	40	1 000	40 000
10	30	23 000	690 000
11	20	86 000	1 720 000
12	10	170 000	1 700 000
合计		**301 644**	**6 500 000**

十八、扑克风云

（一）面值：10 元

（二）奖组：100 万张（1 000 万元）

（三）玩法：刮开覆盖膜，如果刮出的图符与《奖金对照表》中所示图符相符，即可获得相对应的奖金。中奖奖金兼中兼得。

（四）设奖方案：

奖级	中奖金额（元）	中奖个数	奖金小计（元）
1	250 000	1	250 000
2	10 000	1	10 000
3	1 000	10	10 000
4	500	700	350 000
5	100	20 800	2 080 000
6	50	15 000	750 000
7	20	32 500	650 000
8	10	240 000	2 400 000
合计		**309 012**	**6 500 000**

十九、天下为公

（一）面值：10 元

（二）奖组：80 万张（800 万元）

（三）玩法：刮开覆盖膜，如果任意一个“我的号码”与任意一个“中奖号码”相同，即可获得该“我的号码”下方所对应的奖金；如果刮出的 15 个“我的号码”数字总和为“150”，即可获得 100 元奖金。中奖奖金兼中兼得。

（四）设奖方案：

奖级	中奖金额（元）	中奖个数	奖金小计（元）
1	250 000	1	250 000
2	10 000	2	20 000
3	1 000	5	5 000
4	500	150	75 000
5	100	8 000	800 000
6	50	18 000	900 000
7	20	57 500	1 150 000
8	10	200 000	2 000 000
合计		**283 658**	**5 200 000**

二十、国色天香

（一）面值：10 元

（二）奖组：100 万张（1 000 万元）

（三）玩法：本彩票共有 3 个玩法，3 个玩法区内的中奖奖金兼中兼得。

玩法一：刮开覆盖膜，如果刮出“”牡丹图符，即可获得该图符下方所对应的奖金，中奖奖金兼中兼得。

玩法二：刮开覆盖膜，如果刮出的“牡丹名称”与票面上的“牡丹名称”相同，即可获得该名称右方所对应的奖金，中奖奖金兼中兼得。

玩法三：刮开覆盖膜，如果刮出“国色天香”词语，即可获得 20 元奖金。

（四）设奖方案：

奖级	中奖金额（元）	中奖个数	中奖小计（元）
1	250 000	1	250 000
2	5 000	20	100 000
3	1 000	50	50 000
4	500	800	400 000
5	100	9 500	950 000
6	50	20 000	1 000 000
7	20	100 000	2 000 000
8	10	175 000	1 750 000
合计		**305 371**	**6 500 000**

二十一、福运红包

（一）面值：10 元

（二）奖组：80 万张（800 万元）

（三）玩法：本彩票共有两个玩法，两个玩法区内的中奖奖金兼中兼得。

玩法一：刮开覆盖膜，如果刮出“福”字图符，即可获得该图符下方所对应的奖金；如果刮出“福”字图符，即可获得该图符下方所对应奖金的两倍。中奖奖金兼中兼得。

玩法二：刮开覆盖膜，如果刮出任何奖金金额，即中该奖金；如果出现号码“**66**”，即可获得 50 元奖金；如果出现号码“**88**”，即可获得 100 元奖金。中奖奖金兼中兼得。

（四）设奖方案：

奖级	中奖金额（元）	中奖个数	中奖小计（元）
1	200 000	1	200 000
2	1 000	8	8 000
3	500	320	160 000
4	200	1 600	320 000
5	100	8 000	800 000
6	50	16 000	800 000
7	20	40 000	800 000
8	10	211 200	2 112 000
合计		**277 129**	**5 200 000**

二十二、欢乐彩蛋

（一）面值：20 元

（二）奖组：100 万张（2 000 万元）

（三）玩法：刮开覆盖膜，如果任意一个“我的号码”与任意一个“中奖号码”相同，即可获得该“我的号码”下方所对应的奖金；如果刮出“”图符，即可获得该图符下方所对应的奖金；如果刮出“”图符，即可获得该图符下方所对应奖金的两倍。中奖奖金兼中兼得。

（四）设奖方案：

奖级	中奖金额（元）	中奖个数	奖金小计（元）
1	1 000 000	1	1 000 000
2	100 000	1	100 000
3	10 000	1	10 000
4	1 000	200	200 000
5	500	500	250 000
6	200	2 000	400 000
7	100	20 000	2 000 000
8	60	10	600
9	50	24 000	1 200 000
10	40	60 000	2 400 000
11	30	16 000	480 000
12	25	1 000	25 000
13	20	246 720	4 934 400
合计		**370 433**	**13 000 000**

二十三、金玉满堂

（一）面值：20 元

（二）奖组：100 万张（2 000 万元）

（三）玩法：刮开覆盖膜，如果任意一个“我的号码”与任意一个“幸运号码”相同，即可获得该“我的号码”下方所对应的奖金；如果刮出“”金鱼图符，即可获得该图符下方所对应奖金的10 倍。中奖奖金兼中兼得。

（四）设奖方案：

奖级	中奖金额（元）	中奖个数	奖金小计（元）
1	1 000 000	1	1 000 000
2	10 000	20	200 000
3	1 000	400	400 000
4	500	2 000	1 000 000
5	200	4 000	800 000
6	100	20 000	2 000 000
7	50	32 000	1 600 000
8	40	8 000	320 000
9	30	24 000	720 000
10	20	248 000	4 960 000
合计		**338 421**	**13 000 000**

二十四、丁酉鸡－吉祥如意

（一）面值：20 元

（二）奖组：100 万张（2 000 万元）

（三）玩法：刮开覆盖膜，如果刮出“”鸡图符，即可获得该图符下方所对应的奖金。中奖奖金兼中兼得。

（四）设奖方案：

奖级	中奖金额（元）	中奖个数	奖金小计（元）
1	1 000 000	1	1 000 000
2	100 000	1	100 000
3	10 000	1	10 000
4	1 000	200	200 000
5	500	500	250 000
6	200	1 600	320 000
7	100	10 000	1 000 000
8	50	28 000	1 400 000

续表

奖级	中奖金额（元）	中奖个数	奖金小计（元）
9	40	80 000	3 200 000
10	30	20 000	600 000
11	20	246 000	4 920 000
合计		**386 303**	**13 000 000**

二十五、福彩三十周年纪念

（一）面值：20 元

（二）奖组：100 万张（2 000 万元）

（三）玩法：刮开覆盖膜，如果刮出“ ”30 周年图符，即可获得该图符下方所对应的奖金。中奖奖金兼中兼得。

（四）设奖方案：

奖级	中奖金额（元）	中奖个数	奖金小计（元）
1	1 000 000	1	1 000 000
2	100 000	1	100 000
3	10 000	10	100 000
4	1 000	110	110 000
5	300	2 000	600 000
6	100	3 000	300 000
7	60	20 000	1 200 000
8	50	23 000	1 150 000
9	30	120 000	3 600 000
10	20	242 000	4 840 000
合计		**410 122**	**13 000 000**

二十六、闪耀钻石 20 元

（一）面值：20 元

（二）奖组：50 万张（1 000 万元）

（三）玩法：刮开覆盖膜，如果任意一个“我的号码”与任意一个“中奖号码”相同，即可获得该“我的号码”下方所对应的奖金；如果刮出“ ”双心图符，即可获得该图符下方所对应奖金的两倍；如果在“我的号码”区刮出“ ”钻石图符，即可获得玩法区内全部奖金之和。中奖奖金兼中兼得。

（四）设奖方案：

奖级	中奖金额（元）	中奖个数	奖金小计（元）
1	600 000	1	600 000
2	30 000	1	30 000
3	5 000	6	30 000
4	1 000	100	100 000
5	500	200	100 000
6	200	400	80 000
7	100	6 000	600 000
8	50	20 000	1 000 000
9	30	48 000	1 440 000
10	20	126 000	2 520 000
合计		**200 708**	**6 500 000**

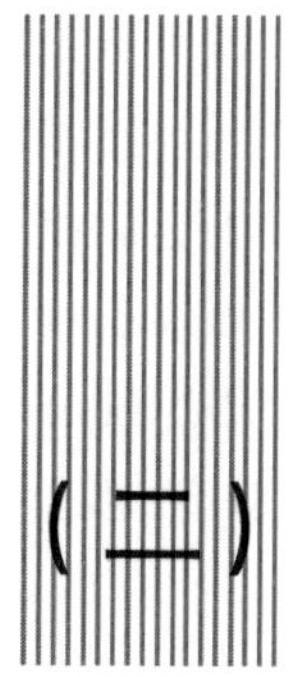

（二）福利彩票管理制度和文献

关于印发《关于对中国福利彩票销售场所实行分类分级管理的指导意见》的通知

（2016 年 1 月 7 日　中国福利彩票发行管理中心　中彩发字〔2016〕2 号）

各省、自治区、直辖市福利彩票发行中心：

为进一步深化福利彩票销售场所管理，提高销售场所科学化、规范化、精细化管理水平，推进销售场所分类分级管理工作有序开展，根据《彩票管理条例实施细则》和《中国福利彩票销售场所管理办法》等有关规定，中国福利彩票发行管理中心制定了《关于对中国福利彩票销售场所实行分类分级管理的指导意见》，现印发你们，请遵照执行。

附件：关于对中国福利彩票销售场所实行分类分级管理的指导意见

附件

关于对中国福利彩票销售场所实行分类分级管理的指导意见

为进一步深化福利彩票销售场所（以下简称“销售场所”）管理，提高销售场所科学化、规范化、精细化管理水平，推进销售场所分类分级管理工作有序开展，根据《彩票管理条例》和《中国福利彩票销售场所管理办法》的有关要求，制定本指导意见。

一、销售场所实行分类分级管理的重要意义

销售场所是彩民购买彩票和体验服务的场所。在当前市场竞争越发激烈的环境

下，销售场所作为最贴近彩民的实体营销渠道，在展示福利彩票形象、宣传福利彩票品牌、提升购彩体验、提高营销效果等方面发挥着重要且不可替代的作用。分类分级管理是福利彩票机构在对销售场所管理的过程中逐步摸索出来的一种销售场所管理模式，其实质是根据一定的标准对销售场所进行分类，并将不同类别的销售场所按照标准划分等级，对不同等级的销售场所实施细分化和差异化管理。销售场所实行分类分级管理，对进一步加强销售场所的自身建设，提升目标管理水平，具有重要意义：

（一）分类分级管理是福利彩票长远发展的需要

自福利彩票发行以来，全国各级福利彩票机构都非常重视销售场所建设和管理工作。但目前的销售场所无论在布局、销量、硬件设施，还是在服务技能和服务水平等方面都存在较大的差异，各地福利彩票机构对销售场所的管理水平也参差不齐。随着《彩票管理条例》《彩票管理条例实施细则》等一系列政策措施的相继出台，彩票市场的发展将进一步规范，各级彩票主管部门、监管部门、福利彩票机构、彩民及社会各界从不同的角度都对销售场所的建设、管理与服务提出了更高的要求。因此，对销售场所必须实现从以往传统的粗放管理模式向精细化、差异化管理模式转变，才能不断提高其管理和服务水平，保障福利彩票事业的长远发展。

（二）分类分级管理是销售场所细分化管理的需要

不同条件的销售场所应该具有不同的市场定位和不同的目标客户群，因此，要研究不同类型销售场所所处区位和所销售彩票游戏的类型特点，使其销售的彩票游戏与销售场所的市场定位相匹配。通过销售场所定位分析、彩票游戏与彩民群体匹配分析，实现销售场所细分化。

（三）分类分级管理是销售场所差异化管理的需要

分类分级管理有助于销售场所的差异化管理。对那些专营福利彩票，且业绩好、形象佳、标准高、服务优的优秀销售场所，福利彩票机构可以适度政策倾斜，在充分调动其积极性的同时，体现福利彩票机构的政策导向和管理目标。可按销售场所类别和等级高低，在代销费比例、各类经费补助、新游戏销售权、市场营销培训、销售设备和宣传品配发、形象建设等方面进行差异化管理，引导销售场所提升服务质量，提高服务水平。

二、分类分级管理的指导思想和基本原则

（一）指导思想

以科学发展观为指导，深入贯彻落实《彩票管理条例》和《彩票管理条例实施细则》，坚持“发行与管理并重”的方针，通过实施销售场所分类分级管理，进一步提高销售场所科学化、规范化和精细化管理水平，全面推进销售场所形象、质量和能力建设，不断提升销售场所整体运营水平和服务水平，促进福利彩票健康可持续发展。

（二）基本原则

1. 坚持因地制宜的原则。

各省级福利彩票机构应结合本地经济发展水平和销售场所发展现状等方面的实

际情况，制定符合本省实际情况的销售场所分类分级管理具体实施办法，将销售场所分类分级管理工作深入开展下去，形成不同模式的销售场所优势互补，各具特色的销售场所共同发展的格局。

2. 坚持统筹兼顾的原则。

各省级福利彩票机构在制定销售场所分类分级管理发展规划时，要坚持统筹兼顾的原则，全面统筹销售场所各类别、各等级之间的比例关系，促进销售场所全面协调可持续发展。

3. 坚持科学、公正、易操作的原则。

各省级福利彩票机构必须科学、严谨地制定销售场所分类分级标准，认真组织销售场所的考核评分和等级评定工作，确保评分和评定工作实事求是、客观公正，保障销售场所分类分级工作的科学性、公正性和可操作性。

4. 坚持动态管理的原则。

销售场所分类分级评定实行动态管理，原则上每年评定一次，具体评定时间和周期由各省自行确定。建立销售场所等级能上能下机制，对已评定等级的销售场所进行升级或降级管理，以督促销售场所不断提高自身的建设标准和服务水平。各省可根据实际情况对已评定等级的销售场所进行适时重审。

三、分类管理内容和标准

（一）分类管理的内涵

分类管理是指根据市场管理的需要，按照不同的分类标准将销售场所分门别类，针对不同类别的销售场所采取不同的管理方法和管理政策。

省级福利彩票机构对销售场所实行分类管理，应依据本地区实际情况，充分考虑销售场所投资主体、业态模式、销售产品、规模大小、所在区位、市场形势、客户群体、功能定位等方面的因素来制定分类标准。

（二）分类标准

1. 销售场所按照投资和运营主体划分，可分为自有销售场所、代理销售场所和合作销售场所。

自有销售场所是指由福利彩票机构全额出资、自主经营和管理的福利彩票销售场所。

代理销售场所是指由福利彩票机构与代销者签订代销合同，由代销者出资经营的福利彩票销售场所。

合作销售场所是指福利彩票机构与合作单位开展不同形式的合作，由双方共同出资或按照约定各负其责进行经营管理的销售场所。如电信、连锁超市、邮政、银行等行业客户等。

2. 销售场所按福利彩票游戏种类划分，可分为综合型销售场所、乐透数字票（即开票）销售场所、快开游戏（基诺）销售场所。

综合型销售场所是指销售目前福利彩票多品种游戏的销售场所。

乐透数字票（即开票）销售场所是指销售乐透数字票或即开票的销售场所。

快开游戏（基诺）销售场所是指仅销售快开游戏或基诺游戏的销售场所。

3. 销售场所按业态模式划分，可分为福利彩票专营销售场所、福利彩票兼营销售场所。

福利彩票专营销售场所是指只销售福利彩票的销售场所。

福利彩票兼营销售场所是指除销售福利彩票外，还销售其他产品或服务的销售场所。

4. 销售场所按服务对象和功能定位划分，可分为娱乐型销售场所、传统型销售场所。

娱乐型销售场所是指规模较大，能够提供高端服务和优质环境的销售场所，主要针对高端商务人士、年轻时尚群体。

传统型销售场所是指规模相对不大，功能相对单一的销售场所，包括兼营店在内，主要服务对象为周边购彩群体及流动型彩民群体。

5. 销售场所还可以按照规模大小划分为旗舰店、标准店、便利店；按照区域位置划分为城市销售场所、乡村销售场所等。

总之，销售场所的分类标准应结合本地实际，根据管理的需求出发，没有统一的固定模式，不可千篇一律。

（三）分类管理

分类的目的是便于管理。各级福利彩票机构应对各类销售场所运用细分化及差异化管理手段，激发销售场所的经营活力，引导各销售场所集中精力和资源做强优势业务，发挥自身优势。在代销费比例、宣传服务、站点建设等方面给予相应的区别。进一步引导其向符合彩票发展规律、适宜彩票机构管理的销售场所类型发展。同时，销售场所的分类是为进一步分级打下基础。

四、分级管理内容和等级评定办法

（一）分级管理

分级管理是指在分类的基础上，根据销售场所的销售业绩、场所规模和运营管理等方面的指标将销售场所分为若干等级，对不同等级的销售场所采取不同的管理方式和管理措施。

销售场所评级可以实行星级评定，最高为五星级，三星级以下是否评星由各省根据实际情况自行确定。为充分发掘现有销售场所的潜力，在未评上星级的销售场所中可另设待淘汰等级，具体淘汰办法由各省级福利彩票机构根据本行政区域情况制定。

（二）评定内容

销售场所等级评定的内容由四部分组成：第一部分，销售业绩，包括销售总量、销售增长率等；第二部分，销售环境，包括地理位置、场所规模、硬件设施、环境卫生等；第三部分，销售场所运营情况，包括销售规范、服务水平、专业技能等内容；第四部分，特别评定内容。

第一部分：“销售业绩”是从销售场所销售情况，包括销售总量、销售增长率等方面来评价。

“销售总量”项的考评内容是指一定时期内销售场所的乐透数字型游戏和即开票的销售总量。

“销售增长率”项的考评内容是指一定时期内销售场所的销量同比、环比增长率。

第二部分：“销售环境”是从销售场所地理位置、场所规模、硬件设施等方面来评价。

“地理位置”项的考评内容包括销售场所所在区位、人流量、周边发展程度等方面。

“场所规模”项的考评内容是指销售

场所的面积大小。

“硬件设施”项的考评内容以《中国福利彩票标准化建设手册》为指导依据，主要包括：门头标识、灯箱、形象墙、销售台、公告栏、公益栏、警示语、证照、空调、电脑、饮水机、桌椅、纸笔、便民服务用品（如老花镜、雨伞、常用药品）等方面。

“环境卫生”项考评内容主要包括销售场所内外的清洁卫生、室内光线、空气、温度、湿度、物品摆放等方面。

第三部分：“销售场所运营情况”是从销售规范、服务水平和专业技能等方面来评价销售场所的运营情况。

“销售规范”项的考评内容主要包括：销售场所的日常销售时间、销售行为规范情况、制度执行力、兑奖与结算、销售员仪容仪表、服务用语、专项营销活动表现等方面。

“服务水平”项的考评内容主要包括：对彩民的服务态度、服务质量、宣传材料发放、信息咨询与交流等方面。若开通全国积分服务的省份，可将积分服务作为一项评定内容。

“专业技能”项的考评内容主要包括：销售人员的业务知识素养、业务操作能力、参加培训学习情况、销售设备保养维护等方面。

第四部分，特别评定内容。“特别评定内容”是指在销售场所运营管理过程中有特别表现，如拾金不昧、见义勇为等情况，或是有重大失误，如违规操作、损坏公物等情况。可进行相应的加、减分。

各省级福利彩票机构可根据本行政区域的实际情况调整各部分中的具体考评内容。

（三）评定方法

采用百分制评定方法，对每个评定内容设定固定分值进行打分。各项内容汇总后得分为该销售场所最终得分。

销售场所最终得分 = 销售业绩得分 + 销售环境得分 + 运营情况得分 +（ - ）特别评定内容得分。

销售业绩和销售环境是评定各星级的基本条件，满足后才有资格根据最终得分评定星级。

各省级福利彩票机构可根据本行政区域的实际情况调整各部分中的具体评定方法。

（四）评定标准

参与星级评定的销售场所需开通销售满一年才能具备评比资格。

五星级销售场所的评定标准：销售业绩突出、销售环境一流、销售场所运营情况优秀，销售场所最终得分名列前茅。

四星级销售场所的评定标准：销售业绩良好、销售环境较好、销售场所运营情况良好，销售场所最终得分较高。

三星级销售场所的评定标准：销售业绩、销售环境和销售场所最终得分均在本行政区域平均水平以上。

进入待淘汰等级销售场所的评定标准：销售业绩差、销售环境和销售场所最终得分在本区域内排名靠后。

不同类型的销售场所采取不同的评级标准。各省级福利彩票机构可根据本行政区域实际情况自行制定具体评定标准和各等级构成比例。

（五）评定程序

等级评定工作实行自主申报、彩票机

构审核、评定、公示、发放等级标牌的程序。评定工作要严格按照本省制定的具体考核标准进行，逐项打分，分批评定。

对于评定结果达到申请等级的销售场所，彩票机构应及时向其发放等级标牌，出台并落实相关奖励政策；对于评定结果未能达到申请等级的销售场所，彩票机构应对其提出改进意见，帮助销售场所制定下一步的发展规划；对于评定结果为待淘汰等级的销售场所，彩票机构应对其进行业务指导和帮扶，如在规定时期内未有改善，则自动淘汰。

五、开展分类分级管理工作的要求

（一）加强组织领导

为了保证销售场所分类分级管理工作高效、有序开展，各省级福利彩票机构要充分认识开展此项工作的重大意义，高度重视，成立工作领导小组，加大人力、财力、物力等方面的投入，切实加强组织领导。做好分类分级工作的统筹规划、政策制定、统一管理、综合协调等工作。各级福利彩票机构每年应申请一定金额的发行费作为开展销售场所分类分级管理工作的专用经费，推动此项工作顺利进行。

（二）精心组织实施

各省级福利彩票机构应从福利彩票事业长远发展的角度，根据本指导意见，结合本行政区域销售场所的发展历史和现状，制定适合自身发展需要的分类分级评定标准和具体实施方案。实施方案应坚持分类分级管理的指导思想和基本原则，努力细化、实化，突出重点方面和关键环节。实施方案由省级福利彩票机构组织实施，并报中国福利彩票发行管理中心备案。

（三）强化监督检查

各省级福利彩票机构应当根据全面推进销售场所分类分级管理工作的要求，建立健全监督检查机制，进一步加强销售场所制度化、标准化建设，强化对销售场所销售活动的监督检查，可采取经常性检查和定期性抽查相结合的方式。同时要拓宽社会监督渠道，自觉接受彩民和社会各界的监督。建立星级销售场所一票否决机制，一旦销售场所出现严重违纪行为的，应立即取消星级销售场所资格，并向社会公示。

（四）发挥积极作用

各省级福利彩票机构在正式实行销售场所分类分级管理后，应充分发挥其作用，最大限度体现其效果。首先，引导现有销售场所向符合市场发展规律、适应福利彩票机构管理的类别发展，比如随着经营成本提高，引导部分地区生存压力较大的福利彩票专营销售场所向福利彩票兼营销售场所发展。其次，加强对星级站点的宣传，突出榜样作用，将星级站点作为福利彩票优质形象的代表和体现，带领其他销售场所进步。最后，加大对星级站点的扶持力度，不断提高改善彩民购彩环境，增强彩民的购彩体验，真正体现出彩票娱乐休闲的特性。

2016年全国福利彩票工作报告

一、2015年工作情况

2015年，在民政部门、财政部门的领导下，全国福彩系统按照“稳增长、谋发展、建机制、强管理、树形象”工作思路，以安全运行为前提，扎实努力工作，克服重重困难，推动福利彩票市场实现了安全平稳运行，发行销售管理各项工作稳步推进。

（一）福彩市场稳定发展

1. 年销量再次突破2 000亿元。2015年，全国福利彩票销量达到2 015.11亿元，同比减少44.57亿元，下降2.2%；筹集公益金约564亿元（计提数），代扣代缴所得税超过30亿元；一半以上省份销量实现了正增长，快开游戏和视频型游戏销量保持增长，市场领先优势有所扩大。

2. 超额完成“十二五”销量目标。通过五年的持续努力，2011—2015年全国福利彩票累计发行销售8 628亿元，超过“十二五”规划设立的最高7 000亿元的目标，是“十一五”时期销量的2.5倍；五年累计筹集公益金约2 488亿元，是“十一五”时期的2.2倍，为国家社会福利、社会公益事业做出了积极贡献。

（二）政策创制成效显著

结合建设“阳光福彩”专项行动，全国福彩系统着力加强市场规范、资金管理、信息公开、决策透明等方面制度建设，完善工作程序，扩大社会监督，回应社会关切。

中福彩中心围绕市场管理的关键环节，修订下发了《中国福利彩票代销证管理办法》《中国福利彩票销售场所规范化建设手册（2015版）》等制度办法，逐步健全市场管理规范制度体系。围绕资金管理和使用的关键流程，结合发行费纳入政府性基金预算管理改革，出台了《中福彩中心预算管理办法》《中福彩中心账户管理办法》等规章制度，逐步健全资金管理制度体系。围绕信息公开、舆情管理、宣传口径等工作，出台了《中福彩中心信息公开暂行办法》《中国福利彩票舆情应对工作规程》等规章制度，逐步健全信息舆情管理制度体系。围绕决策程序、政府采购、对外合作等重要工作，出台了《中福彩中心领导班子会议规程》等多项规章制度，修订印发了《采购和资产管理制度汇编》，逐步健全决策管理和行政管理制度体系。

各销售机构在政策落实和创制上也取得了显著成效。一是遵照三部委通知要求，坚决按时完成了违规利用互联网销售彩票行为的自查自纠工作。二是全面梳理排查发行销售管理、资金使用管理中存在的制度漏洞和风险点，重点对开奖兑奖、数据管理、渠道建设、营销促销、对外合作以及资金的归集、解缴、使用和管理等环节加强监督检查，制定、修订或出台制度规范超过300项，使各项工作纳入了规范化、科学化管理的轨道。三是加大信息公开。各销售机构累计发布发行销售、派奖活动、公益活动等重要通知公告超过200份；全国32个销售机构《建设“阳光福彩”专项行动落实方案》全部在福彩官网上公开，并通过网站、微信、微博、报纸等多种渠道积极主动及时公开建设工作进度，持续加强了社会监督，改善提升了社会形象。

（三）业务创新稳步推进

游戏创新突出特色。中福彩中心加强游戏研发上市，开展了即开票游戏征集活动，丰富了游戏储备；在纪念抗战胜利70周年之际，推出“和平是福”系列即开票，既紧扣历史背景和时代主题，又彰显了福彩文化，获得媒体广泛报道和社会各界好评。加快“梦想成真”、“九宫彩”、“极速6”等新游戏研发进度，启动了“锦绣中华”游戏申报审批。陕西等地结合地方文化特色研发上市即开票新品种，浙江“快2”游戏成功在舟山上市，各地游戏创新工作取得积极进展。

渠道创新加快推进。中福彩中心积极推进综合体验中心标准化形象设计工作；初步确立了电话销售福利彩票发展规划和制度体系；研究论证线上线下协调发展思路，为未来实现福利彩票全渠道市场开发打下基础；行业渠道合作积极互动，战略布局蓄势待发。各地渠道建设和拓展工作成效显著：山东一次性购买建设完成19个综合销售厅；四川成功推进投注站全面进驻移动营业厅和红旗连锁超市零售网点；陕西、江苏、安徽、云南等地加大投注站标准化规范化建设力度，科学谋划站点布局调整，有效推进市场开发。

营销创新可圈可点。中福彩中心引进“互联网+”概念，通过手机APP扫码抽奖方式实现即开票全国统一营销；创新“走近刮刮乐”现场活动，举办即开票手工艺品大赛。创新开展双色球6亿元、七乐彩6 000万元派奖；组织由媒体代表、网络代表、彩民代表等群体参加的77期“走近双色球”活动，打造“双色球主题月”。各地积极创新营销促销形式，合理选择派奖时机、灵活运用派奖规则、适当加大派奖力度，有效促进了快开游戏销量增长。

技术创新成果丰硕。中福彩中心大力推进自主研发的即开票发行管理系统升级；顺利完成全国联销游戏的数据管理和开奖稽核，各技术系统及网络安全稳定运行，骨干网升级维护和新机房建设等工作进展顺利；启动了福利彩票标准化技术委员会筹建工作，彩票游戏和软件检测等6个标准正式列入民政部标准制定计划。中彩印制公司通过法国国家游戏集团技术审计，实现了即开票进入国际市场上的技术无缝对接。各地积极开展技术研发，不断提升技术保障水平：贵州率先开展了同城双活数据中心的研究和建设，满足了生产系统冗灾建设的最高标准；江苏完成了新机房搬迁，实现了耗材物联网智能化管理；河北、山东、湖北、重庆、甘肃等地积极推进灾备系统建设；广东以大数据助力渠道高效管理，加快升级销售技术系统，保障安全运行。

平台创新初见成效。中福彩中心组织开展了首届福彩全系统创新大赛，挖掘创新人才，培养提高创新能力和福彩系统凝聚力。创新开奖节目播出方式，丰富播出内容，开拓了央视财经频道、省级卫视频道和福彩官网播出渠道，初步实现了直播与录播互补、传统电视媒体与新媒体互补、开奖节目播出与公益宣传互补。各地在工作中灵活创新工作机制，切实提高工作效率：辽宁充分发挥销售公司体制机制作用，推进视频票市场稳步发展；浙江采取项目化集中攻坚方式，成立了福彩综合体验大厅、手机即开票试点、公司化运营等多个项目组，高效推进年度重点工作。

（四）品牌创优提升形象

一是打造宣传队伍。中福彩中心成立宣传部，采取更加积极、开放、平等、包容的姿态和举措，多次举办专家座谈会、媒体见面会和媒体记者公益行，密切了相互联系，福彩的专家学者和媒体记者“朋友圈”越来越广。各地加强宣传机构设置和人员配置，福彩系统宣传队伍规模日益壮大，系统联动、内外互动、共同宣传福彩的工作格局初步形成。

二是做实主体平台。成功开拓中央人民广播电台“中国之声”宣传平台，继续在中央电视台、《人民日报》、新华社、《凤凰周刊》等媒体发出福彩声音。“中国福利彩票”“双色球”“刮刮乐”等官方微信号相继开通，绝大多数省份开通了微信公众号，有效占领了新媒体平台。

三是创新活动组织。中福彩中心联合试点省份精心组织实施“福彩有爱·孤老不独”公益活动，活动主题鲜明，累计向15 000位老人赠送了轮椅。宣传伴随活动始终，微视频、微传播等多形式推介，使社会各界广泛关注，彰显了福彩公益品牌形象。河北、浙江、湖南、四川、贵州、陕西等地创新活动组织方式，将公益活动主题化、品牌化、系列化，取得良好效果。

四是改进内容方式。结合公益活动的开展，福彩机构通过拍摄微电影、微视频，发起爱心故事、爱心照片、吉祥物征集，整理展现福彩大数据，制作投放福彩美图。通过精心设计更加年轻化、个性化、时尚化的内容，运用高效直达的推送方式，福彩宣传的点击率、到达率和认可度大大提高，润物细无声、潜移默化的效果正在逐步形成。

五是强化社会责任。中福彩中心完成了向世界彩票协会申请责任彩票二级资质认证工作，组织了系统社会责任工作专题培训；浙江、安徽、江西、湖北、湖南、海南、重庆等省（市）福彩中心相继发布了社会责任报告，福彩系统社会责任能力建设迈上新台阶。

二、2016年工作安排

（一）指导思想

2016年，福彩系统要根据民政工作整体部署，自觉以“阳光福彩”建设要求为指引，针对制约发展的瓶颈问题，加强顶层设计，加速创新步伐，加大终端资源配置力度，加快品牌创建，多措并举保安全、稳市场、促增长，为“十三五”时期福彩事业发展开好局、起好步，为促进民政事业、社会福利和公益慈善事业发展做出更大贡献。

（二）主要目标

——谋长远。编制出台《中国福利彩票“十三五”发展规划纲要》和重要业务专项规划，指导未来五年发展。

——增游戏。强化供给侧改革思维，加快游戏研发进度，丰富游戏供给，优化游戏结构和市场表现。

——扩渠道。传统站点建设管理力度持续加大，新渠道分类分层拓展工作有效推进，渠道体系更加完备。

——强营销。营销方式更加丰富，营销渠道更加多元，常态营销与特色营销共同发力。

——保安全。资金管理进一步规范，技术安全保障能力持续提升，突发事件应急处置扎实有效，安全运行更有保障。

——树形象。宣传工作持续推进，舆情管理能力显著提高，社会责任建设稳步推进，社会认可度、美誉度不断提升。

（三）主要工作

1. 编制出台福利彩票“十三五”规划。

“十三五”时期是全面建成小康社会的关键时期，国家经济社会发展将进入更高水平，福利彩票事业将迎来更加广阔的发展空间。我们要秉持创新、协调、绿色、开放、共享五大发展理念，认真落实立国部长的讲话精神，把编制福利彩票“十三五”规划工作抓好抓实。

2. 加强游戏研发，推进申报审批。

加大即开型新品种研发上市力度，继续开展游戏设计大赛，丰富游戏储备。推动双色球、七乐彩、各省快开游戏优化及其他地方游戏的调整创新，加快“梦想成真”传统游戏研发和上报审批，研究论证基诺型游戏调整工作。积极推动4款视频型新游戏的审批上市和“连环夺宝”游戏规则调整。

3. 加快渠道拓展，创新管理服务。

提高即开票兑奖便利性，试点通过手机扫码方式自助兑奖，试点新渠道销售即开票，拓展购彩群体。继续推动传统销售场所分类分级管理，利用市场调控资金加大示范店建设，探索销售渠道分类型、分层次与其他行业跨界融合的新模式。完善视频型彩票发展政策，合理配置资源，优化销售厅布局，提高投注终端机使用效率效益和销售厅管理服务水平。

4. 加速业务创新，抓准发展机遇。

基本建成电话销售福利彩票技术系统，加快电话和互联网销售彩票制度规范体系建设，力争年内“锦绣中华”新游戏获批并开展试点，为推进福利彩票业务创新做出有益探索。加快综合体验中心标准化形象设计工作，逐步建立健全规章制度和工作流程，推动专属游戏研发和审批，制定整体营销计划，推进试点工作有序开展。

5. 把握市场需求，提高营销效果。

研究激发市场活力的营销形式，形成专业化的营销队伍、模式和品牌，加强营销活动的效益评估。创新形式和内容，继续组织开展好“走近刮刮乐”、“走近双色球”系列活动。创新开展双色球游戏亿元派奖，探索在重要节点开展彩票与其他行业相融合的跨界、跨行业营销。各地对本区域内销售游戏特别是快开游戏，要充分把握派奖审批权下放的有利政策，使用好调节基金积极开展游戏派奖促销。

6. 启动标准建设，提升技术水平。

启动技术安全和运行管理标准规范建设工作，加快建设标准化技术委员会，逐步构建福彩行业技术标准体系。运用“云计算、虚拟化”等技术，建设完善中福彩中心技术基础支撑环境，推进数据中心灾备系统建设和即开票技术系统升级，加快民政部重点实验室和全国销售数据监控平台建设进度。持续加强日常技术维护和服务，实现技术系统稳定运行，保障各项工作安全有序开展。

7. 完善运行机制，增强队伍能力。

一是推进两个机制建设。争取有关部门支持，积极推动出台建立福利彩票系统激励约束机制的指导意见；加强调查研究，借鉴其他行业经验，探索建立福彩系统监督管理机制。二是提升创新发展能力。加强技术研发和管理人才培养和使用，充分调动发挥技术人才积极性创造性。推进创新成果转化，形成鼓励创新、支持创新的良好氛围。三是提高资金管理使用水平。落实发行费比例下调政策，中福彩中心向省级倾斜，省级机构要重点向基层和销售一线倾斜；提高预算编报水平，提升预算执行效率，加强预决算衔接；优化调整市场调控指标体系，提高调控资金使用效率效益。四是持续强化培训。组织开展第三期福彩系统工作人员合作培养，以新业务发展需求为重点开展国际交流合作；精选师资力量，积极开展针对系统员工、市场管理员和一线销售人员的综合培训。五是继续推进责任福彩建设。大力推动中国福利彩票通过世界彩票协会责任彩票二级认证，编制发布《中国福利彩票2015年社会责任报告》，地方福彩机构也要积极编制发布本地区社会责任报告。

8. 狠抓宣传工作，树立品牌形象。

一是发挥联动效应。出台全国福利彩票宣传工作指导意见，建立宣传智库，试点开展发行机构、销售机构相互配合、步调一致的宣传活动，逐步建立健全全国联动、分工协作的宣传工作机制。二是持续拓展渠道。注重拓展央视、央广、《人民日报》等实体媒体渠道，坚持运用好网站、微信、微博等新渠道，加大对移动互联网宣传渠道的开拓力度，占领阵地，持续发声。三是积极主动维护发展与媒体联系。经常性举行媒体座谈会，听取媒体意见和建议，巩固发展良好工作联系；积极开展福彩公益行，邀请记者参观福彩公益金资助项目，以福彩的社会贡献、福彩人的真诚善意感动媒体。四是推动业务宣传与公益宣传相互促进。通过举办“福彩有爱·康复援助”、福彩进社区等公益活动，加大对福彩游戏产品的宣传力度，全方位、广渠道、多形式彰显福彩公益宗旨，突出宣传彩民的爱心奉献，提高彩民对福彩的价值认同。五是高度重视舆情管理。要完善福彩舆情信息服务平台功能，提高舆情监控水平；建立福彩系统舆情管理和危机处置协作机制，提高舆情处置能力；主动引导舆论导向，营造和谐健康的福彩舆论环境。

关于印发《福利彩票机构重大事项报告暂行规定》的通知

（2016年3月28日　中国福利彩票发行管理中心　中彩发字〔2016〕38号）

各省、自治区、直辖市福利彩票发行中心：

《福利彩票机构重大事项报告暂行规定》已经中心领导班子会议研究通过，现印发给你们，请遵照执行。

附件：福利彩票机构重大事项报告暂行规定

附件

福利彩票机构重大事项报告暂行规定

一、为了规范重大事项报告工作，确保及时准确掌握并快速处置各类重大事项，防范和化解福利彩票发行销售风险，根据《彩票管理条例》和《彩票管理条例实施细则》，结合福利彩票工作实际，制定本规定。

二、本规定所称福利彩票机构，包括国务院民政部门依法设立的福利彩票发行机构，即中国福利彩票发行管理中心（以下简称“中福彩中心”）；各省、自治区、直辖市人民政府民政部门依法设立的福利彩票销售机构，即各省级福利彩票发行中心（以下简称“省级销售机构”）。

三、本规定所称重大事项是指可能对福利彩票发行销售、区域彩票市场稳定或全国彩票市场稳定造成重大影响的事项。包括但不限于：

（一）突发性重大事件或事故情况，包括因自然灾害、事故灾难、公共卫生事件、社会安全事件等引发福利彩票机构及福利彩票销售场所无法正常运转的事件；

（二）聚众上访、围攻或冲击福利彩票机构或福利彩票销售场所等产生重大社会影响的群体性事件；

（三）在媒体（含网络等方式）出现负面舆情，对福利彩票工作产生重大影响的事件；

（四）福利彩票销售系统的设施设备、数据管理、技术服务等出现重大异常和故障的事件；

（五）福利彩票机构开奖活动出现异常，无法正常完成开奖的事件；

（六）福利彩票资金归集管理出现重大异常的事件；

（七）福利彩票机构进行违法违规操作，已经或可能导致重大损失和影响的事件；

（八）其他对福利彩票机构和福利彩票市场有重大影响的事件。

四、福利彩票发行机构、销售机构应建立健全重大事项报告制度，明确报告的具体要求和责任人员、联络人员。重大事项报告的归口管理部门为各级福利彩票机构办公室（综合部）。中福彩中心办公室负责重大事项报告工作的总协调。

五、省级销售机构及本区域内发生重大事项的，应于事项发生之时起 12 小时内同时向省级民政部门和中福彩中心报告，并抄报省级财政部门；情况紧急的，应于事项发生之时起 1 小时内同时向省级民政部门和中福彩中心报告，并抄报省级财政部门。

六、省级销售机构报告重大事项，原则上应以正式文件形式报告。情况紧急时应先通过电话、传真等方式第一时间报告，并于 2 个工作日内书面报告。性质复杂且处置时间长的重大事项，根据要求实行日报制度，必要时增加报告频次。

七、重大事项要一事一报，报告内容须要素完整、重点突出，基本要素包括但不限于：事件概况、简要经过、原因背景、后果影响、发展趋势、处置情况及下一步措施等。做到真实、准确、全面、及时，并根据事件进展报告后续情况。

八、重大事项报告实行主要负责人责任制，重大事项报告由所涉省级销售机构主要负责人签发。主要负责人因特殊原因无法签发的，应及时授权其他负责同志签发。

九、中福彩中心根据工作需要，可要求福利彩票销售机构相关负责人就重大事项情况做出说明，并可对重大事项报告执行情况进行现场核查或提出指导意见。

十、中福彩中心将对重大事项报告工作进行监督检查，不定期通报重大事项报告制度的执行情况，并将其结果纳入全国民政工作综合评估和福利彩票销售工作绩效考核。违反本规定迟报、漏报、瞒报、误报重大事项，造成严重后果的，中福彩中心将进行内部通报并视情况向社会公告。

十一、福利彩票销售机构可根据本规定，结合辖区福利彩票工作需要，制定辖区福利彩票机构重大事项报告相关办法。

十二、本规定自发布之日起施行，由中福彩中心负责解释。

关于印发《中国福利彩票乐透数字型彩票游戏专家库管理暂行办法》的通知

（2016 年 5 月 18 日　中国福利彩票发行管理中心　中彩发字〔2016〕70 号）

各省、自治区、直辖市福利彩票发行中心：

为加强中国福利彩票乐透数字型彩票游戏研发、评审和申报以及上市后的调整工作，提高游戏全流程管理的工作效率和科学性，我们制定了《中国福利彩票乐透数字型彩票游戏专家库管理暂行办法》，已经中国福利彩票管理中心领导班子会议研究通过，现印发给你们，请遵照执行。执行中发现的问题请及时反馈中国福利彩票发行管理中心。

附件：中国福利彩票乐透数字型彩票游戏专家库管理暂行办法

附件

中国福利彩票乐透数字型彩票游戏专家库管理暂行办法

第一条　为提高中国福利彩票乐透数字型彩票游戏研发、评审和申报以及上市后调整的科学性，提高游戏全流程管理的工作效率，建立管理决策与专业研究的互补机制，特制定本办法。

第二条　本办法适用于中国福利彩票乐透数字型彩票游戏专家库的建设和专家团队的管理。

第三条　本办法所称“乐透数字型彩票游戏”指以乐透型游戏、数字型游戏为基本概念，并随市场发展、技术进步、游戏渠道拓展和游戏理论研究深入而不断挖掘的所有相关游戏产品集合。本办法所称乐透数字型彩票游戏专家库（以下简称“专家库”）指按照规定的程序评选入库，能为中国福利彩票乐透数字型彩票游戏研发、评审和申报以及上市后调整等工作提供咨询、研讨、调研、评审和培训等服务和支持的专业人士组成的智囊团队。

第四条　专家库建设和管理的基本原则：

（一）全面性原则。专家库的建设和入库专家的人选应涵盖游戏、技术、市场、政策等各个领域，并充分考虑入库专家的工作经历、知识背景、年龄结构等，兼顾全面性和互补性。

（二）实用原则。专家库的建设和入库专家的遴选，以能切实对游戏研发、评审和申报以及上市后调整等工作提供智力支持、发挥实际作用为原则。

（三）动态管理原则。专家库管理遵循自愿、流动的原则，即根据业务发展需要，适时增减入库专家。

第五条 中福彩中心负责乐透数字型彩票管理的部门负责组织专家库入库专家的遴选、使用和日常服务管理。

第六条 中福彩中心参与乐透数字型彩票相关业务的部门、各省级福彩销售机构应各确定一名工作人员为专家库联络人。

第七条 专家库的入库专家遴选范围主要有以下几种：

（一）与彩票行业有相关关系的政府机关工作人员；

（二）在福利彩票和体育彩票发行及销售机构工作十年以上（含十年）并掌握相关专业技术的工作人员；

（三）专业彩票、游戏、市场研究公司的高级专业技术管理人员；

（四）高校或科研机构在彩票研究、游戏研究方面有副教授及以上职称的学者；

（五）传统主流媒体、彩票行业媒体、大型门户网站、彩票类专业网站的资深从业者；

（六）国外彩票行业专家；

（七）中福彩中心有特殊需要的其他专家。

第八条 专家库入库专家的遴选途径主要包括：

（一）中福彩中心参与乐透数字型彩票相关业务的部门推荐；

（二）省级福彩销售机构的推荐；

（三）已入库专家的推荐。

专家库名单暂时不对外公开，现阶段不接受个人申请。

第九条 专家库入库的程序：

（一）收集专家推荐名单及相关证明材料；

（二）确定入库专家人选；

（三）发出邀请函，内附专家相应权利、义务和报酬标准；

（四）专家如接受邀请，则提供书面回复；

（五）中福彩中心收取回复，建立档案，并发放聘书。

具体工作由乐透数字型游戏管理部门负责，并按照中福彩中心业务流程报中心分管领导批准后组织实施。

第十条 专家库的入库专家按照擅长领域分为五类，使用时参照对应工作侧重决定各领域专家比例：

（一）游戏研发领域：主要职责是研究福利彩票乐透数字型游戏机理、游戏画面表现形式、设奖合理性、销售周期和超额赔付风险等，为游戏研发、评审和申报提供专业支持。

（二）市场分析领域：主要职责是对游戏上市、调整、停销和派奖前后的市场影响作出分析、预判，指出游戏投放的最佳渠道、时间节点、投注方式等，为游戏研发、评审和申报提供可行性咨询。

（三）营销宣传领域：主要职责是从

购彩者角度，对游戏的人性化设计、地域化差异、营销宣传的模式、方案提供可行性咨询。

（四）政策法律领域：主要职责是对游戏上市、调整、停销和派奖方案寻找政策依据、指出社会责任和风险点，并提出解决方案。

（五）技术安全领域：主要职责是对游戏上市、调整和派奖的计算机系统及软件可行性、可靠性、扩展性、安全性和合理性进行评估，保障技术系统安全稳定运行。

第十一条 中福彩中心乐透数字型彩票游戏专家库入库专家的使用方式主要有电话及书面咨询、出席研讨、参与调研、出席评审、培训、接受研究课题等。

第十二条 中福彩中心乐透数字型彩票游戏专家库入库专家的权利：

（一）从中福彩中心获取不违背有关法律法规规定的有关资料，包含但不限于相关数据、文字材料等；

（二）自主或受中福彩中心委托，围绕福利彩票游戏研发、评审和申报、游戏派奖、游戏市场策略制定等重点、难点工作开展前瞻性、战略性、可行性、关键性研究，为中福彩中心的相关工作提供智力支持、提出建设性意见和建议；

（三）可以所在单位或部门名义，承接中福彩中心发布的研究课题；

（四）受中福彩中心邀请，在中福彩中心内部或福利彩票系统开展相关培训；

（五）参与中福彩中心组织的相关活动；

（六）经书面通知，可自愿退出专家库。

第十三条 专家库入库专家的义务：

（一）如中福彩中心提出需求，应响应中福彩中心组织的咨询、研讨、调研、评审和培训等活动。对中福彩中心的邀请响应次数，要高于三分之二。

（二）除中福彩中心已经公开或允许公开的信息，未经中福彩中心同意，从中福彩中心获取的任何资料和数据不得以任何方式公开；

（三）需在入库之初提交本人相关资料，包括学历（学位）证书、职称证书、职业资格证书、相关研究领域及相关工作经历证明材料复印件，以便中福彩中心建档；

（四）接受中福彩中心的合理管理。

第十四条 劳务报酬。

专家库入库专家的劳务报酬标准因使用方式而异，其中：

（一）以通讯及书面形式参与工作。

以通讯形式参与工作的专家，每人次每半小时 100 元，不足半小时的以半小时计，此时间为实质性业务洽谈的时间，一般的常规联络时间不包含在内；

以书面形式参与工作的专家，书面材料少于 5 000 字的，高级专业技术职称人员 1 000 元/人次，副高级专业技术职称者 800 元/人次，其他人员 600 元/人次；书面材料多于 5 000 字的，高级专业技术职称人员 2 000 元/人次，副高级专业技术职称者 1 500 元/人次，其他人员 1 000 元/人次。

（二）以调研、研讨及评审会议形式参与工作。

参与调研、研讨及评审会议专家，高级专业技术职称及以上者 800 元/人天，副高级专业技术职称者 600 元/人天，其他人员 500 元/人天；调研、研讨及评审会议时间超过两天的，第三天及以后的咨询费用分别按 400 元/人天、350 元/人天和 300 元/人天执行；调研、研讨及评审会议参与专家尽量按照本地化原则进行选择，如专家因参与调研、研讨及评审会议产生交通、食宿等费用的，福利彩票发行及销售机构工作人员由所属单位承担，其他人员由研讨及评审发起方承担，交通、食宿等标准参照国家有关差旅费标准执行。

（三）培训。参照《中央国家机关培训费管理办法》执行，院士、全国知名专家每半天一般不超过 3 000 元/人；正高级技术职称专业人员每半天最高不超过 2 000 元/人；副高级技术职称专业人员每半天最高不超过 1 000 元/人。其他人员参照此执行。

同时以多种方式使用专家时不重复支付费用，以主要使用方式支付。

以上金额均为税后金额，相关税项由费用承担单位代为缴纳。

（四）接受委托进行相关课题研究的。按照国家和中福彩中心有关采购、招标规定执行。

第十五条 本办法由中国福利彩票发行管理中心负责解释，自发布之日起实施。

关于印发《全国福利彩票资金风险评估操作指南》及风险评价表的通知

（2016年6月20日　中国福利彩票发行管理中心　中彩发字〔2016〕90号）

各省、自治区、直辖市福利彩票发行中心：

根据建立全国福利彩票资金风险防控机制的总体要求，为进一步完善全国福利彩票资金风险防控体系，保障全国福利彩票现有业务和渠道的资金安全，我们通过访谈和调研等形式，在广泛征求中福彩中心、各省级销售机构意见的基础上，拟定了《全国福利彩票资金风险评估操作指南》，现印发给你们，请参照执行。

同时，我们结合彩票专项审计及建设“阳光福彩”专项整治方案，在征求收集有效样本数据的基础上，对梳理出的风险点进行了评级，形成了福利彩票系统资金风险评价表。其中，风险影响力较大、风险评级较高的剩余风险点主要包括以下几个方面：

一、资金归集环节

（一）大额销售管理缺少规范化管理措施，可能导致非法洗钱风险。

（二）购彩者非理性投注，累计金额过大，可能导致负面情绪产生，增加突发事件发生的风险。

二、资金分配和结算环节

（一）违规减免发行费，可能导致挤占、挪用发行费风险。

（二）销售机构上缴中央级业务费不及时、不足额，可能导致挤占挪用中央级业务费风险。

（三）部分省级销售机构通过服务商提供的终端机售卖彩票和兑奖，未兑付的奖金沉淀在服务商的账户内，可能导致资金滞留或挪用风险。

（四）奖池资金未按规定或未及时进行核算，可能导致奖池资金账面数与实际数不一致风险。

（五）制度设计本身的缺陷主要体现在：1. 代销费比例过低，可能导致投注站点经营困难或亏损风险。2. 由于彩票游戏玩法设计、奖金、奖池设置不合理，可能导致奖池资金超兑、游戏出现亏损等风险。个别在销游戏目前仍然出现亏损，如3D游戏。

三、资金管理和使用环节

（一）预算管理方面，主要体现在：

1. 因监管漏洞，可能导致违规发放

津补贴，职工人数虚报，冒领奖金、吃空饷、弄虚作假等风险。

2. 对预算执行情况考核不严，可能导致预算管理流于形式等风险。

（二）采购管理方面，主要体现在：

1. 未经政府采购或公开招标程序，或者在招标公告中设置不合理条件，如：签订彩票销售系统应用软件、终端设备及维护合同，且合同期限较长，并按销售额的一定比例支付合作费用，可能导致采购不合规及资金损失等风险。

2. 采购验收不规范，付款审核不严，可能导致采购物资、资金损失或信用受损等风险。

3. 营销活动的监管评估制度不完善导致的活动后期效果难以衡量等风险。

（三）合同管理方面，主要体现在合同订立程序不合法合规，合同专用章未妥善保管，合同订立形式不规范，合同未全面履行或监控不当，可能导致诉讼失败、经济利益受损等风险。

（四）资产管理方面，主要体现在一些销售场所租赁成本和人力成本增加，导致运营成本提升的风险。

（五）对外投资管理方面，主要体现在投资合同或协议的签订不合理合法，可能导致承担资金损失或法律责任等风险。

（六）会计电算化控制方面，主要体现在缺乏有效的会计数据和软件的安全保密措施，可能导致数据和软件遭非法修改和删除等风险。

上述风险点将是我们以后一段时期防控的重点。请你们认真对照资金风险评价表，对本地区存在的较高级别的风险点及其剩余风险，及时采取防控措施；同时，定期梳理资金风险点，重点关注新增事项，合理评级，有效防控，确保福利彩票“安全运行、健康发展”。

附件：全国福利彩票资金风险评估操作指南

附件

全国福利彩票资金风险评估操作指南

第一章　总　　则

第一条　评估目的。为进一步完善全国福利彩票资金风险防控体系，保障全国福利彩票现有业务和渠道的资金安全，积极应对新技术、新业务和新渠道的资金结算模式可能产生的资金风险和挑战，确保福利彩票事业“安全运行、健康发展”，根据国务院发布的《彩票管理条例》（国务院令第 554 号）、《彩票管理条例实施细则》（财政部、民政部、国家体育总局令第 67 号），财政部发布的《行政事业单位内部控制规范（试行）》（财会〔2012〕21 号）、《关于全面推进行政事业单位内部控制建设的指导意见》（财会〔2015〕24 号）及其他有关制度规定，结合福利彩票系统（以下简称“福彩系统”）实际业务需求，制定本操作指南。

第二条 评估范围。基于目前福彩系统的实际业务，确定本操作指南适用于福彩系统（发行机构、销售机构及投注站点）相关资金业务流程，包括业务费、奖金及公益金，涉及业务环节包括资金的归集、分配和结算、管理及使用。

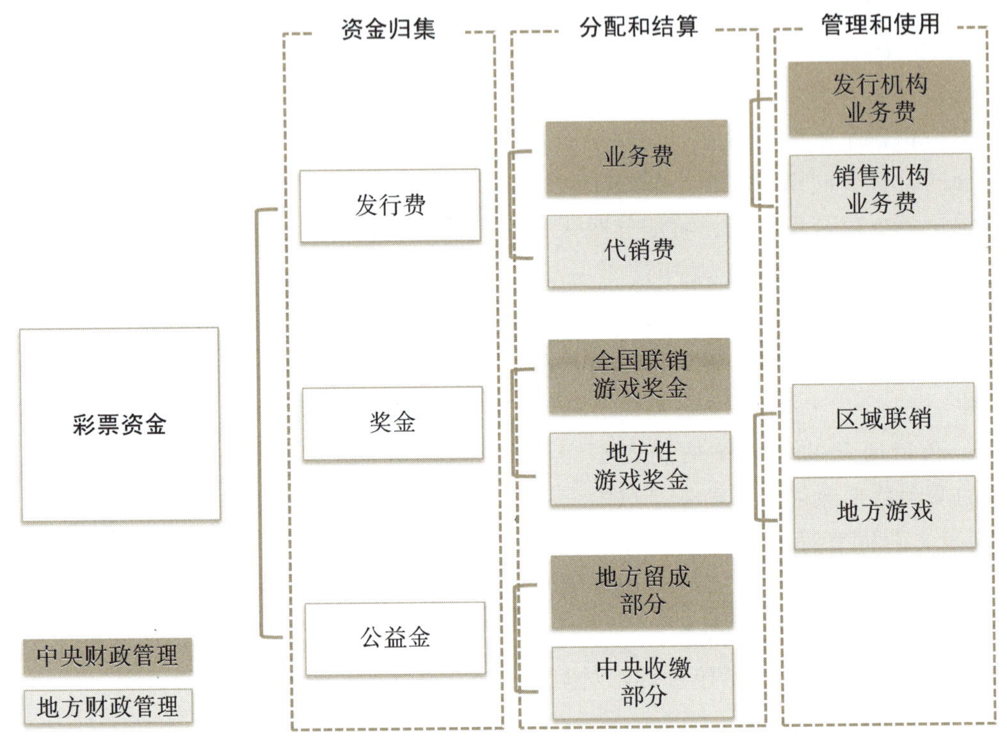

彩票资金种类及业务环节总视图

彩票资金是指彩票销售实现后取得的资金，包括彩票奖金、彩票发行费、彩票公益金。

（一）发行费

彩票发行费是指专项用于彩票发行机构、彩票销售机构的业务费用支出以及彩票代销者的销售费用支出。

1. 业务费是指彩票发行机构、彩票销售机构按照彩票销售额一定比例提取的，专项用于彩票发行销售活动的经费。彩票发行机构、彩票销售机构的业务费由彩票发行机构、彩票销售机构按规定分别按月缴入中央财政专户和省级财政专户，实行收支两条线管理。

财政部和省级财政部门按照国家有关规定审核批准彩票发行机构、彩票销售机构的年度预算，并根据其业务开支需要和业务费缴纳情况及时拨付资金。彩票销售机构的业务费实行省级集中统一管理，由彩票销售机构按照省级财政部门审核批准的年度预算，分别统筹安排用于本行政区域内彩票的销售工作。

2. 彩票代销者的销售费用，由彩票发行机构、彩票销售机构与彩票代销者按照彩票代销合同的约定进行结算。

彩票发行费中的业务费涉及资金归

集、分配及结算、管理及使用全业务环节，资金风险事项较多，需予以重点关注。代销费由代销者按合同约定直接扣除，资金风险事项较少。

（二）奖金

彩票奖金是指彩票机构按彩票游戏规则确定的比例从彩票销售额中提取，用于支付给彩票中奖者的资金，包括当期返奖奖金和调节基金。

彩票奖金根据不同种类游戏的具体规则，由彩票发行机构和彩票销售机构分别管理。彩票机构应将彩票奖金存放到指定的银行账户中。奖金涉及资金业务环节包括归集、分配及结算、管理和使用。由于涉及金额较大，且为社会舆论关注重点，在彩票奖金归集、管理和兑奖等环节需着重关注。

（三）公益金

彩票公益金按照政府性基金管理办法纳入预算，实行收支两条线管理，由彩票销售机构分别上缴中央财政和省级财政。

上缴中央财政的彩票公益金，由财政部驻各省、自治区、直辖市财政监察专员办事处就地征收；上缴省级财政的彩票公益金，由省级财政部门负责征收。

在公益金风险管理中主要涉及资金归集和缴交环节。

第三条 评估原则。本操作指南坚持以下原则：

（一）合法合规原则。合法合规是本操作指南的首要原则，一切风险评估管理工作都将基于合法合规原则展开。

（二）客观公允原则。客观公允是风险评估的基础与保障，是正确做出评估工作的标尺。

（三）科学全面原则。科学全面是本操作指南的依据，旨在对于所有涉及资金的环节进行全面覆盖，科学评估。

（四）权责明确原则。确定风险责任主体和管理主体是风险评估及管理的最终落脚点，要求所有资金风险事项做到权责明确。

第二章 风险评估方法

第四条 评估流程。风险评估是依据组织发展目标，围绕运营管理活动和业务开展的风险识别、分析和评价工作。风险评估是一个持续反复的、动态的过程，旨在提高实体实现其目标的能力。

本操作指南所指风险评估是在梳理相关业务流程和识别风险点的基础上，对固有风险、控制有效性水平进行评估，进而得出剩余风险的过程，其最终目的是对评估对象风险等级的划分和排序，形成风险矩阵，从而实现对关键风险点的全面实时监控。

下图是以风险评价为基础，并以风险评估体系为支柱建立的整合性风险管理架构。本操作指南将重点关注风险与控制自我评估及合规自评阶段，其中包括固有风险评估、控制措施有效性评估以及剩余风险评估。

第五条 评估方法。资金风险评估是指明确资金风险评估对象，分析资金风险产生原因，采取定性和定量相结合的方法，对风险的危害进行评估，确定风险等级，建立资金风险矩阵。

（一）明确评估对象

在开展风险评价前，首先应确定评价机构、业务流程和评价重点，并据此识别

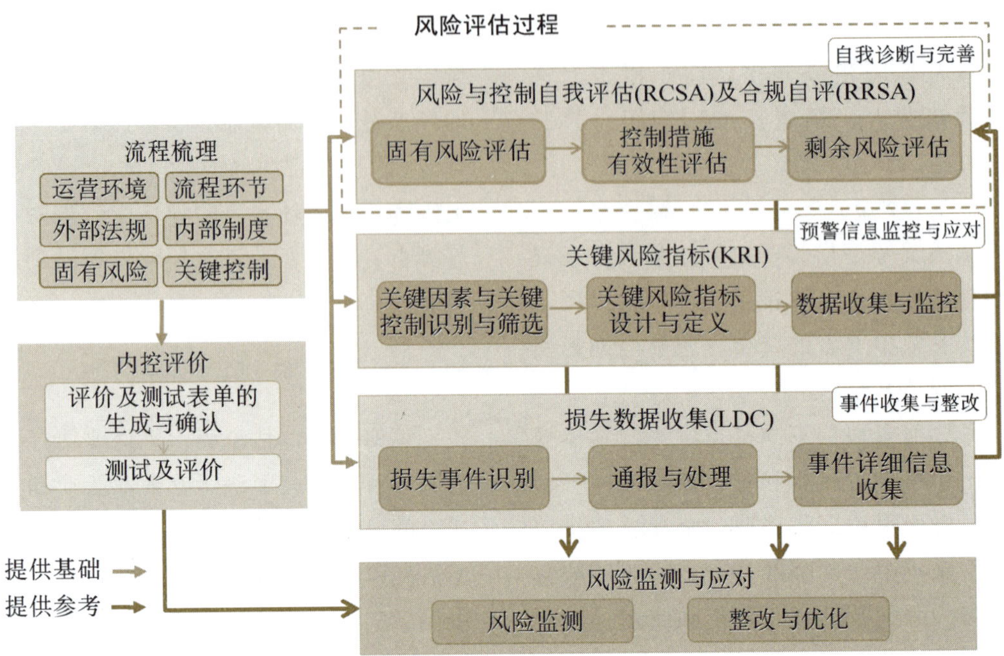

风险管理架构图

出对机构目标足以造成实质性影响的重大风险，即明确风险评估的对象。

本操作指南根据资金业务各环节不同的业务特点及各业务之间的相关性，将资金归集、分配和结算、管理及使用等环节所涉及的资金业务进行归类，进一步细分为评价单元：

资金业务评价单元

资金归集	资金分配及结算	资金管理及使用
确保彩票资金能够及时足额归集至彩票机构指定账户。	规范资金结算及分配制度，确保资金安全性的同时，保障资金顺畅流转。	科学规划资金使用计划，提升资金使用效率、节约经营成本。
销售及收款	分配管理	预算管理
（1）健全投注站点培训体系，确保彩票资金安全、完整。	（1）科学规划彩票资金分配比例，严格把控彩票奖金、公益金及发行费的分配原则，保障资金分配合理合规。	（1）完善资金预算编制、调整及执行等相关管理制度，避免由于资金冗余或短缺造成的调度不合理和营运不顺畅。
资金上缴	结算管理	资金支出管理
（2）规范资金归集管理流程，确保彩票资金及时、准确上缴至指定账户。	（2）完善资金结算管理体系，确保结算及时、准确，保障资金顺畅流转。	（2）规范资金管理及使用相关流程及审核制度，包括采购管理、对外投资管理、合同管理、货币资金管理、建设项目管理等。

续表

资金保管		会计电算化管理
(3) 完善彩票资金管理制度，确保福彩系统各层级资金保管安全性。		(3) 规范会计电算化工作，普及福彩系统会计电算化水平，提高会计核算和财务管理水平。
		资产管理
		(4) 加强机构实物资产和无形资产管理，保证资产的安全、完整，合理进行资产配置，充分发挥资产效能。

通过明确细分评价单元，可以明晰资金业务的架构、业务管控重点，从而充分全面识别风险。

（二）识别固有风险

固有风险是指组织管理层没有采取任何行动来改变风险发生的可能性或影响的风险，即组织面临的已发生的和潜在发生的所有风险。风险识别即识别对风险管控目标有影响的所有风险。常用的风险识别方法主要有头脑风暴方法、德尔菲法、蒙特卡洛模拟法等。结合福彩系统业务特点及各类风险识别方法的优劣势，建议采用头脑风暴法和德尔菲法相结合的方式进行风险识别：

1. 头脑风暴法。即组织内部人员开展讨论会，主要依据历史风险数据和相关经营和管理经验，通过激励内部人员参与讨论，共同识别风险、评价决策、提出应对措施的方法。该方法有助于进行系统、全面沟通，快速识别风险并解决问题。主要局限是相关人员可能缺乏必要的风险管控技术、知识及能力，可能无法提出建设性的建议，过程的科学性难以保证，可能影响决策的效率和质量。

2. 德尔菲法。即专家背对背开展风险评估，通过收集、汇总、分析专家意见，得出评估结论。该操作指南借助外部人员的专业知识和风险管理技术，采用统一的标准，避免管理层意见主导，有助于客观评估风险，获得预期结果。主要局限是过程设计要得当、工作量较大、所需时间长，同时参与者行业专业度会影响对风险的全面性识别。

（三）建立风险集合

在识别出已发生风险点和潜在风险点后，对风险点以集合的方式归集、整理，有助于清晰展示风险的定义、风险描述等基本要素，使业务人员了解业务风险。在定义风险集合时，首先要确定评估主体面临哪些风险，即风险类别。根据福彩系统资金业务风险点分析，资金风险分类分级框架可归纳如下：

一级风险领域	二级风险领域
操作风险	业务操作风险
	内部欺诈风险
	流程风险
	人员的诚信道德、稳定性、胜任性风险
	外部欺诈风险

续表

一级风险领域	二级风险领域
合规风险	合规监管风险
	合同风险
	授权风险
	违约风险
系统风险	业务中断与系统失败风险
	数据风险
	外包风险
	研发风险
战略风险	人力资源战略风险
	财务战略风险
信用风险	信息不对称风险
声誉风险	负面的公众舆论风险
市场风险	竞争环境、供需环境变化风险

（四）建立评价单元和风险集合的对应关系

评价单元和风险集合共同构成了风险评估的基础。开展风险评估工作，需要将风险集合中包含的风险类别、风险因素、风险指标等等，对应到具体的评价单元中，与具体的机构、产品、管理、流程相结合，从而形成具体的风险点。

从福彩系统业务特点及评价情况来看，资金业务主要风险如下：

1. 操作风险。超额销售、吃票、赊销、盗销、废票销售等引起的销售资金无法回收的风险；资金盗抢、资金扣划不成功、资金挪用、资金上缴数额有误导致的资金上缴不准确或不及时的风险；奖金错兑、资金结转及结余不准确、现金盘点错误、银行账户管理不规范、专用基金管理不规范等引起的资金损失；预算管理、投资管理及资金违规使用等引起的资金无效使用和浪费的风险；人员配置或任职能力不够导致的人力资源稳定性和胜任力不足风险等。

2. 合规风险。未按相关制度实施管理引发的资金盗抢、遗失等风险；违规使用临时额度或拖欠彩票款引发的赊销风险；合同管理不当、资金使用不当引发的资金损失；对外投资管理不规范和资金使用不当引发的资金无效使用和资金损失风险；未按资金分配原则执行导致发行费、公益金、奖金被挤占或挪用的风险等。

3. 系统风险。由于系统监控不到位导致的超额销售、赊销、吃票、盗销等引起彩票款回收困难的风险；由于第三方通讯服务商出现故障导致的销售风险；由于系统数据不准确导致的资金上缴数额不准确或重复兑奖风险；由于系统开发或设置问题导致的奖金超兑损失风险等。

4. 战略风险。预决算管理制度不合理和资金分配不合理导致的资金短缺或无效使用风险；市场拓展战略不合理所引发的恶性竞争、服务质量下降、运营成本增加的风险等。

5. 信用风险。由于销售方和管理方信息不对称所导致的资金损失风险，包括收款金额不准确、销售资金未如实上缴；在采购服务或产品时未按相关制度执行所导致的资金挤占或挪用风险等。

6. 声誉风险。由于过度购彩、开兑奖不及时、纠纷处理不当等引起的负面社会舆论风险。

7. 市场风险。由于宏观经济波动引起竞争环境、供需环境变化等，从而导致彩票经营状况恶化的风险。

（五）评估控制有效性

在开始进行风险分析前，首先需建立风险评估模型，评估风险控制有效性，明确组织所面临的剩余风险，即管理层对固有风险采取应对措施后仍然留下的风险。对控制有效性的判定可以参考以往年度的专业检查成果和评价成果。在已实施控制的情况下，可以得出尚存在的风险，即“剩余风险”。

控制有效性评估指标

风险所对应的控制措施的实施程度	控制有效性评估
完全实施	控制有效
部分实施（基本可以控制相关风险）	控制基本有效
部分实施（但没有防控相关风险）	控制无效
没有实施	控制无效

（六）分析风险危害性

风险分析首先适用于固有风险，即通过对固有风险的评估，确定哪些风险是机构面临的重要风险，以及这些风险分布在哪些业务领域和环节。采取定性与定量相结合的方式，分析风险发生的可能性、影响程度，从而确定风险重要性级别。同时，还应考虑剩余风险大小，从而能够帮助组织理解所需要的风险应对的范围。

“可能性”代表某一特定事件发生的可能程度，“影响”是代表该事件带来的结果。有时这些术语侧重不同的方面，“可能性”一般用定性术语，例如“高”、“中”、“低”来显示特定风险发生的可能程度，而“概率”则使用量化的衡量方法，例如百分比、发生的频率或者其他数字形式。具体判定可能性和影响程度时，可以采取上述的头脑风暴法、德尔菲法等方法。

风险影响力评估标准

风险影响力	威胁或直接导致损失金额（元）	定义与说明
高	50 万以上	一旦风险事件发生，将产生巨大资金威胁或直接导致巨额资金损失。
较高	10 万—50 万	一旦风险事件发生，将导致一定资金的损失或致使相关项目失败。
中	5 万—10 万	一旦风险事件发生，将导致一定的资金损失，相关项目受到一般性影响。
较低	5 千—5 万	一旦风险事件发生，将导致相关项目受到一般性影响。
低	5 000 以内	一旦风险发生，将产生微小影响或没有影响。

风险可能性评估标准

等级	过去一年风险事件发生	风险控制措施现状
可能性极大	20 起及以上	- 基础管理制度不健全； - 没有可执行的流程或程序； - 未明确风险管理职责； - 风险管控措施执行效果差。
可能性较大	10—19 起	- 重要业务及关键管理环节的基础管理制度存在缺失； - 重要业务及关键管理环节没有可执行的流程或程序； - 未明确风险管控职责； - 风险管控措施施行成效不清或无法衡量。
有可能	5—9 起	- 基础管理制度基本完备； - 部分业务具备可执行的流程或程序； - 风险管控职责不清晰或未落实； - 风险管控措施执行成效尚可，但偶然性大，难以持续。
可能性很小	2—4 起	- 基础管理制度比较完备； - 重要业务和关键管理环节具备可执行的流程或程序； - 风险管控职责清晰，分工比较合理； - 风险管控成效较好并可持续。
不太可能	2 起以下	- 基础管理制度健全； -9 成以上的业务具备可执行的流程或程序； - 风险管控职责清晰，分工合理； - 风险管控成效优，持续程度高。

影响力 \ 可能性	不太可能	可能性很小	有可能	可能性较大	几乎肯定发生
高	中	较高	较高	高	高
较高	较低	中	较高	较高	高
中	较低	较低	中	较高	较高
较低	低	较低	较低	中	较高
低	低	低	较低	较低	中

风险评估框架

从风险影响力和可能性两个层面对剩余风险进行评估后，可以对风险进行排序，形成风险矩阵，使风险评估更好的服务于管理决策。

第三章　风险矩阵

第六条　风险矩阵搭建。资金风险矩阵将从资金风险事项描述、相关主体分析、风险归类、防控措施有效性分析、风险评估及剩余风险分析几个角度对资金风险点进行全面展示，是资金风险评估的最终表现形式。通过搭建资金风险矩阵能够全面展示资金风险点，从而更好地服务于资金风险管理决策。

基于调研访谈及历史风险分析归纳形成的风险矩阵（请见 Excel 附件）。风险相关部门可在此基础上，完成对固有风险、风险防控措施有效性及剩余风险进行分析评价。

示例——资金风险评估表

风险发生环节	风险发生二级环节	风险描述	风险责任主体	风险类别							防控措施	风险评估		控制有效性评估	剩余风险	风险评级
				战略风险	合规风险	声誉风险	信用风险	市场风险	操作风险	信息系统风险		风险影响力	风险可能性			

第七条　风险矩阵维护。风险矩阵的搭建是长期连续性的工作，风险责任主体需要根据业务发展情况、组织架构调整情况、管理职责分配情况的变化进行实时更新、不断完善。各相关主体应依照其风险管理职责，按照本操作指南规定收集风险事件，对风险数据和信息进行分析整理，不断补充、完善风险矩阵，最终形成风险管理的长效机制。

第四章　附　　则

第八条　各省级销售机构可以参照本操作指南完善本地区相关管理制度。

第九条　本操作指南自发布之日起执行。

关于印发《中国福利彩票官方网站直播开奖应急预案》的通知

（2016 年 8 月 10 日　中国福利彩票发行管理中心　中彩发字〔2016〕117 号）

各部（室）、直属单位，中福乐彩科技有限责任公司：

《中国福利彩票官方网站直播开奖应急预案》已经中心领导班子会议研究通过，现印发给你们，请遵照执行。

附件：中国福利彩票官方网站直播开奖应急预案

附件

中国福利彩票官方网站直播开奖应急预案

第一章　总　　则

第一条　为了确保中国福利彩票官方网站（以下简称“福彩官网”）直播开奖系统运行稳定、安全，提高对突发事件的应急处置能力，降低风险，特制定本规定。

第二条　福彩官网直播开奖涉及的主要部门或单位包括：宣传部、开奖管理部、技术管理部、北京中福乐彩科技有限责任公司（以下简称“中福乐彩公司”），CDN 服务商，职责如下：

1. 宣传部：负责福彩官网直播开奖的全面工作。

2. 开奖管理部、中福乐彩公司：负责与福彩开奖机房、直播信号相关工作；

若非官网系统原因导致开奖延迟或开奖直播节目未能按时播出等情况，由开奖管理部使用宣传部提供的网站内容发布平台账号，在福彩官网发布通知公告。

3. 技术管理部：负责互联网专线、光纤等线路相关工作，以及与电信永丰机房的沟通协调工作。

4. CDN 服务商：负责福彩官网直播开奖系统的相关服务工作，包括直播前的信号测试、直播过程中的技术支持和服务、直播后的数据汇总、CDN 平台的所有工作，以及应急处理相关工作。

5. 福彩官网直播开奖联系人员表附后（内容见附1）。

第三条 本应急预案按照“直播开奖前”、“直播开奖中”、“直播开奖后”三个工作环节，针对可能会发生的不同性质的事故做出应急处置。

第二章 开奖前应急处理工作流程

第四条 在双色球、七乐彩开奖日，每天19：00，开奖管理部、中福乐彩公司技术人员在设备开启后发送彩条信号，CDN服务商确认主备两条链路视频信号是否能够顺利发送、接收。

每天20：45前，开奖管理部、中福乐彩公司技术人员将彩条信号切换至直播信号，20：45，CDN服务商应拨打电话与开奖现场确认直播信号是否正常。

1. 若信号正常，不需拨打开奖管理部、中福乐彩公司的信号核对电话；若信号不正常，必须拨打信号核对电话，查明原因。

2. 若主链路视频信号发送、接收传输失败，备用链路视频信号传输正常，CDN服务商立即启用备用链路，确保一条链路能够正常直播开奖，并电话告知宣传部主任或副主任有关事故情况及处理结果。

开奖次日，宣传部协调开奖管理部、中福乐彩公司、技术管理部，协助CDN服务商排查故障原因，尽快恢复主链路运行。同时，CDN服务商应提交详细事故报告。

3. 若主备两条链路视频信号发送、接收传输均失败，CDN服务商立刻联系技术管理部和开奖管理部、中福乐彩公司技术值班人员，若联系失败则联系开奖管理部、中福乐彩公司紧急联系人。由开奖管理部、中福乐彩公司技术值班人员或紧急联系人协助检查中心开奖机房的光端设备及SDI信源线是否正常；技术管理部联系永丰机房，CDN服务商安排技术人员到永丰机房现场操作，排查问题原因并解决。

若在直播开奖前半小时（20：45），两条链路均未恢复，福彩官网不能按时直播开奖，CDN服务商立即报告宣传部主任或副主任。宣传部工作人员在官网首页发布今日暂停网上直播开奖的公告（内容见附2）。

直播开奖结束后第二天，CDN服务商应向宣传部提交《福彩官网直播开奖突发事件处理记录登记表》、详细的事故报告以及解决方案，尽快解决问题，恢复网上直播开奖。宣传部主任或副主任应向分管领导汇报相关情况。

第五条 在双色球、七乐彩开奖日，CDN服务商的软硬件平台中心务必检查两条链路的视频流是否正常输出。

1. 若主链路的视频流无法正常输出，立即切换到备用链路，确保一条链路能够正常直播开奖。

2. 若主链路的视频流输出正常，备用链路出现故障，CDN服务商的软硬件平台中心技术负责人务必立即通知宣传部主任或副主任，并进行故障排查，保证主链路能够完成网上直播开奖。

若在当天20：00，仍未解决故障，立即告知宣传部主任或副主任。保证事故第二天，由技术管理部联系永丰电信机房，CDN服务商安排技术人员到永丰机房现场操作，解决备用链路故障，提交详细的事故报告。

3. 若主备两条链路的视频输出均出现故障，CDN 服务商的软硬件平台中心技术负责人务必立即通知宣传部主任或副主任及技术管理部联系人。由技术管理部通知永丰机房，CDN 服务商技术人员到永丰机房现场操作，排除故障。若在开奖当天 20：45，仍未解决故障，立即告知宣传部主任或副主任。宣传部工作人员在官网首页发布今日暂停网上直播开奖的公告（内容见附2）。

直播开奖结束后第二天，CDN 服务商必须向宣传部提交《福彩官网直播开奖突发事件处理记录登记表》、详细的事故报告以及解决方案，尽快解决问题，恢复网上直播开奖。宣传部主任或副主任应向分管领导汇报相关情况。

第六条 在双色球、七乐彩开奖日，CDN 服务商的 CDN 平台维护人员，务必查看视频流是否能够正常给出、对所有 CDN 设备进行轮询。若出现故障，应急工作流程同“第五条”。

第三章 开奖过程中应急处理工作流程

第七条 在福彩官网直播开奖过程中，CDN 服务商必须保证流媒体平台技术负责人、CDN 运维负责人、CDN 客服负责人共同值守，并且做到每岗双人备份，确保福彩官网直播开奖期间监控不间断。

第八条 在福彩官网直播开奖过程中，若出现以下问题，应急工作流程为：

1. 在直播过程中，若源站出现问题，立即停止网上直播，并且按照“第二章”规定进行故障排查和处理。

2. 在直播过程中，若因恶性攻击导致 CDN 服务商的全网出现问题，CDN 平台负责人应立即通知软硬件平台技术负责人，若在短时间内无法解决，立即开启切播功能或暂停直播，并立即告知宣传部主任或副主任。

3. 在直播过程中，监测到访问量突发性增长情况，CDN 服务商立即启用为用户常规预留的超过 3G 的带宽，确保应对访问量突发情况。若有必要，CDN 服务商必须关闭与福彩官网直播业务在同一个设备组上的其他客户的服务，或是关闭同一节点上的其他设备，并及时增加新的设备，保证福彩官网直播服务的顺利进行。

另外，CDN 服务商 24 小时监测带宽情况，若出现异常，及时反馈给宣传部主任或副主任。

4. 在直播过程中，若有部分网民无法观看网上直播开奖，请网民拨打 CDN 服务商的 24 小时直播电话，给予解决。

第四章 开奖后应急处理工作流程

第九条 福彩官网直播开奖结束后，CDN 服务商完成开奖视频的收录、封装。福彩官网开奖值班人员进行视频点播收录并发布，若在收录过程中出现异常，可手工收录，若手工收录失败，联系 CDN 服务软硬件平台技术负责人，紧急情况下可拨打软硬件平台中心 24 小时服务电话，通过远程指导解决故障。

第十条 福彩官网直播开奖结束后，CDN 服务商向宣传部主任或副主任汇报本次直播效果和直播、点播出现的问题，并制定解决方案。

第五章　定期巡检做好保障

第十一条　为了做好福彩官网直播开奖工作的保障工作，减少突发事件的发生，必须加强福彩官网直播开奖设备、线路等的定期巡检和日常保障工作。

第十二条　每周定期检查一次中福彩中心开奖机房的发光设备是否正常，SDI信源线两端连接是否正常。

巡检前一天，CDN服务商技术人员通知开奖管理部、中福乐彩公司紧急联系人，巡检时间、巡检人姓名、联系方式。开奖管理部、中福乐彩公司紧急联系人负责协调，协助CDN服务商完成巡检工作。

第十三条　每月定期检查一次电信永丰机房的网络、流媒体服务器、收光设备、编码器等所有设备的运行情况。

巡检前一天，CDN服务商技术人员应提前通知技术管理部联系人，告知巡检时间、巡检人姓名、联系方式、身份证号码。技术管理部联系人负责协调，协助CDN服务商完成巡检工作。

第六章　视频点播应急处理

第十四条　在点播视频获取前，若网站后台视频发布操作界面打不开，或者后台内容管理系统出现问题，福彩官网开奖值班人员立即联系宣传部福彩官网联系人。由宣传部福彩联系人通知内容管理系统技术人员解决问题。

第十五条　在点播视频获取、预览、发布过程中，若出现：视频获取过程中视频获取失败，并且在当期开奖公告发布完成后，经多次尝试后，视频获取仍旧失败等其他情况；在视频获取成功后，预览过程中出现只读秒、没有声音和画面，或者缺少片头、片尾，出现卡顿、声音模糊等情况；视频获取成功，预览正常，但无法完成发布工作。福彩官网开奖值班人员立即联系宣传部福彩官网联系人。由宣传部福彩联系人通知内容管理系统技术人员，必要时紧急联系CDN服务商技术人员解决问题。

第十六条　在点播视频发布完成后，但是在检查页面时，发现点播视频无法正常播放，或者出现播出视频与当期彩票游戏、期号不一致等问题，福彩官网开奖值班人员立即联系宣传部福彩官网联系人。由宣传部福彩官网联系人通知内容管理系统技术人员，必要时紧急联系CDN服务商技术人员解决问题。

第十七条　若因突然停电或其他不可抗力而突发事件，福彩官网无法完成视频点播工作，官网开奖值班人员立即通知宣传部福彩官网联系人，并于停电或其他不可抗力事件结束后尽快补发视频点播内容。

附 1

福彩官网直播开奖联系人员表

单位	部门	姓名	职务	联系方式	职责
中福彩中心	宣传部	杨建平	主任	13911868830	福彩官网直播开奖总负责人
		刘英涛	副主任	13810373922	福彩官网直播开奖第二负责人
		耿丽品		13520784508	项目联系及协调人
	技术管理部	赵鹏	工程师	13811498516	负责协调与永丰机房相关的事宜
	开奖管理部、中福乐彩公司	信号核对电话	20：45 核对信号电话	56547300 56547301	负责协调与开奖现场、开奖机房相关事宜
		开奖办公室	20：45 前信号故障播打此电话，并告知接听人找技术值班员	56547313	
		王红涛	紧急联系人	13581636973	
CDN 服务商	总体事项	涂天华	项目经理	13522822063	项目总负责人
		晏情	销售经理	13810262759	总联系人
		郭建辉	技术负责人	18600619442	技术售后总负责人
	软硬件平台	张增杰	运维经理	13810863364	软硬件平台技术运维负责人
		24 小时服务热线	NOC 值班中心	15699909951	非工作时间的报障热线
	CDN 平台	王艳	客服经理	15110036860	专属 CDN 技术工程师
		张小丰	运维经理	15971977643	福彩项目 CDN 平台运维负责人
		24 小时服务方式	NOC 值班中心	010－64373366 support@ chinacache.com	24 小时技术运维

附 2

关于福彩官网今日暂停网上直播开奖的公告

由于网站网络直播设备（链路）发生故障，今日暂停网上直播开奖。设备故障解决后，我们将在福彩官网发布恢复网上直播开奖的通知，敬请关注。给大家带来不便，请谅解。

福彩官网网上直播未恢复之前，您可

通过中国福利彩票发行管理中心授权的其他播出渠道观看开奖节目。

播出平台	播出内容	播出时间	播出方式
中国教育电视一台	双色球/七乐彩开奖	周日至周五 21：15	直播
中央电视台财经频道	双色球/七乐彩、3D 开奖	周日至周五 21：35—21：50	字幕
福建东南卫视	双色球/七乐彩开奖	周日至周五 22：55	重播
山东卫视	双色球/七乐彩开奖	周日至周五 22：55	重播
中央人民广播电台	3D 开奖	每日 20：30	直播
中国福彩网（福利彩票官网）	双色球/七乐彩开奖	周日至周五 21：15	直播
中彩网	双色球/七乐彩开奖	周日至周五 21：15	直播

中国福利彩票发行管理中心

××××年××月××日

全国福利彩票 2016 年年中市场形势分析及“十三五”规划研讨会有关材料

材料 1

在全国福利彩票 2016 年市场形势分析及“十三五”规划研讨会议上的总结讲话

一、上半年福彩市场运行和工作情况总结

我用三个词来概况上半年市场运行情况和工作特点，分别是：降中企稳、稳中有变、变中图进。

第一，降中企稳。上半年，全国福利彩票销量达 1 022.85 亿元，再次突破 1 000 亿元；比去年同期减少 5.59 亿元，微降 0.5%；筹集公益金约 286 亿元。如扣除去年 1—2 月互联网销售影响，则今年上半年全国销量实现了正增长。3 月以来，环比波动幅度明显小于去年，特别是 6 月最后 3 周销量同比、环比均实现连续增长，全国福彩市场“降中企稳”、“稳步前进”的走势十分明显。截至 7 月 24 日，全国福彩年累计销量达到 1 152.85 亿元，同比增长 0.2%。预计在没有大的政策调整和经济波动前提下，全年销量可以实现正增长。

第二，稳中有变。安全平稳运行是上半年福彩市场走势的基本特点。除了“稳”之外，我们还要关注“变”，重点要关注福彩发展的环境和自身的一些变化。第一，彩票管理制度体系更加完善。财政部制定出台了《财政部彩票品种和游戏审批内控办法》，进一步规范和加强了彩票品种和游戏审批工作，是彩票管理政策中的重要变化。彩票机构业务费全面纳入政府性基金预算管理，对彩票机构财务管理水平提出了更高要求。中福彩中心制定出台了《关于对中国福利彩票销售场所实行分类分级管理的指导意见》等制度规范 10 多项。各地也结合工作实际不断完善制度体系，进一步提高各项工作的规范化管理水平。第二，福彩舆情环境显著改善。据有关资料显示，在上半年对彩票 437 篇的报道中，正面报道为 340 篇，占 78%；中性报道为 58 篇，占 13%；负面报道为 39 篇，占 9%，福彩系统长期坚持扩大宣传、改善形象的努力效果初步显现。第三，福彩面临的竞争压力进一步增大。上半年，体彩增速和增量显著高于福彩。相比之下，福彩市场份额

从去年同期的54.8%下降到今年的52.7%，下降了2.1百分点。第四，福彩整体销量增长乏力问题进一步凸显。困扰福彩市场发展多年的游戏老化、渠道创新受阻、营销促销力度不足等问题，尚未得到根本改观，全国福彩上半年销量出现了自2009年以来的首次下降。第五，主力票种和游戏增长动力明显不足。上半年，视频型彩票成为福彩三大类型中唯一保持增长的票种，但同比增速显著下降。即开型彩票销量同比降幅显著缩小，但实现正增长仍然面临较大压力。乐透数字型彩票同比小幅下降，不同游戏表现差别较大：快开游戏整体上已经进入下降通道，同比增速降低近17个百分点；双色球游戏和3D游戏市场表现有所好转，降幅明显缩小但仍未实现正增长；地方游戏和基诺型游戏销量下降明显，市场进一步萎缩。第六，福彩地区销量走势分化，东中西部销量增速产生显著差异。东部地区销量同比下降明显，销量大省普遍增长乏力；中部地区分化较为严重，湖南、湖北等地实现较快增长，江西等地下降明显。西部地区增长较快，西藏、青海、贵州、云南、四川、陕西等地增速位居全国前列。我们要客观、理性地看待这些变化，既要抓住变化给我们工作带来的新机遇，更要面对变化给我们带来的新挑战，正视差距和挑战，找准原因和突破口，变被动为主动，将差距变成前行的动力。

第三个词，变中图进。面对环境和市场的变化，全国福彩系统扎实工作，推动业务工作取得新突破、实现新进展。一是市场分析和调研工作得到加强。中福彩中心开展了全国福彩市场销售趋势调研，深入了解基层市场情况；针对即开票、双色球、快开游戏等重点票种和游戏市场发展情况，多次召开专题性市场研讨会，制定出台针对性措施；在开奖、宣传等工作上，福彩系统上下联动、相互配合的工作机制也在逐步形成。二是“阳光福彩”建设深入推进。信息公开力度进一步加大，中福彩中心和一些省市中心首次进行了预算和决算公开，社会反响良好；“阳光开奖”持续推进，开奖节目制作和播出更上一层楼；《福彩演播室》改版播出，内容丰富、形式新颖、契合观众需求，获得广泛关注和好评。三是市场开发效果显著。完成14款即开票游戏申报工作，上市销售10款即开票新游戏；开展“红宝石·蓝宝石”上市促销、七乐彩亿元大派奖活动，取得良好效果；持续开展“走近双色球”“走近刮刮乐”活动；继续推进手机互联网业务和综合体验中心渠道建设，探索开拓烟草行业渠道，中福在线游戏和销售厅管理不断加强。四是有效夯实队伍建设、形象宣传、安全保障等基础工作。继续开展福彩系统员工双向任职交流，结合“两学一做”要求，持续开展多层次员工培训。积极开展“福彩有爱·康复援助”等公益活动前期准备工作，扩大公益捐赠，组织中国福利彩票吉祥物征集、福利彩票发行30周年纪念系列摄影作品征集等活动，充分利用官网、官方微信等渠道进行宣传，福利彩票社会形象有效改善和提升。顺利完成3D游戏开奖迁移工作，持续规范开奖管理，强化摇奖设备管理与更新，有效控制风险，妥善应对突发情况。提升开奖节目制作水平和强化开奖信息播出渠道建设并重，打造阳光开奖品牌，助力福彩形象建设，福彩公信力和美誉度不断提升。

上半年福彩工作中面临的困难和压力前所未有，福彩系统的全体同志奋发图进的努力程度也是前所未有。通过全系统的共同努力，市场发展趋势正在逐步向好，但保持稳定增长仍有不小的困难，甚至稍有松动，就会出现下滑。保持来之不易的增长，下半年任务仍然十分艰巨。

二、下半年的工作安排

（一）实施组合政策

1. 争取游戏审批上市。持续加强即开票新品种研发和申报审批，丰富在销游戏种类。推动双色球规则调整，论证推动各地快开游戏优化调整创新；总结七乐彩派奖情况，研究七乐彩游戏规则调整。积极推动视频型新游戏的审批上市和“连环夺宝”游戏规则调整。继续推进“锦绣中华”系列新游戏的上报审批工作。

2. 争取渠道创新有成果。在电话、互联网销售和福彩综合体验中心建设工作上，中彩中心一直在积极努力推进。去年，中彩中心专门成立了业务发展部负责推进新渠道开发工作，同时积极研究制定电话、互联网销售彩票发展规划。下一步，将重点推进对现有公司进行改制转型，发挥公司机制效益。在获得正式批准之前，我们将继续做好基础工作，在游戏、营销等方面进行积极准备。

3. 派奖促销上下联动，决战下半年。按照多年经验，进入 9 月将迎来彩票消费旺季。中福彩中心已经开展了七乐彩亿元派奖活动，下半年将力争在即开票、双色球、视频票上全面开展派奖活动，特别是双色球亿元派奖和视频票派奖上，预期将受到彩民高度关注。各销售机构除了要配合做好全国联销游戏和票种的派奖之外，还要结合地方实际特点，积极开展快开游戏派奖促销，运用奖上奖、旅游奖、汽车奖等多种方式，持续激发市场热点，保持市场热度，确保下半年市场平稳向上发展。

4. 通过公益宣传营造良好发展环境。我们不仅要做好市场发展工作，更要做好公益活动和公益宣传。中彩中心要组织好“福彩有爱·康复援助”“福彩有爱·点亮未来”等公益活动的组织和开展，将“福彩有爱”系列打造成为全国知名的公益活动品牌。要广泛发动各层级、各类型媒体开展公益宣传，扩大提升福彩影响力。各地也要积极争取民政等部门支持，利用公益金、发行费捐赠支出等经费大力开展公益活动，加强公益宣传，彰显福彩宗旨。

5. 提高站点精细化管理水平。一是加强对站点的服务，帮助站点解决实际困难，提高站点经营发展能力。二是强化在有条件的农村市场和新城镇布点，占领市场盲区，开发新市场，产生新增量。三是强化培训。既要培训销售员，提高他们的市场开发和彩民服务能力，又要培训彩民，加强证明引导，关注问题彩民，履行社会责任。

（二）引导发展预期

无论是短期的工作还是长期的发展，都要制定科学合理的发展目标引领发展。一要有发展的理念和信心。福彩事业目前面临的很多困难和挑战是在发展过程中出现的，也只有在继续发展中才能加以解决，发展仍然是解决福彩面临问题的关键，发展的决心和信心不能松懈。二要以政策引导带动发展。政策是促进事业发展的有效保障，好的政策能够起到事半功倍的效果。例如，湖南省出台将新增公益金都留存地市用于发展公益事业的政策之后，各地市支持福彩事业发展的积极性极大提升，湖南福彩的销量也实现了稳定增长，反过来又促进了地方留存公益金的增加，形成良性循环。其他地区要学习借鉴类似经验和做法，推动有关部门出台政策支持福彩发展。三要加强指导，强化检查落实。工作既要靠自己抓，还要有上级的督促检查。云南福彩近几年实现了较快增长，与民政厅、福彩中心逐个市州抓、认认真真抓工作落实的精神是分不开的。各地要强化对市场的开发管理力度，强化基层的执行能力，补短板、保优势，促进本地区市场实现均衡、协调、稳定发展。

（三）研究结构性改革思路

长期以来，福彩在自身管理体制、运行机制、游戏体系、渠道体系、品牌体系、队伍建设等方面积累下来的一些矛盾和问题愈发突出，很多方面到了需要做认真全面研究的时间节点。今后一段时间，中彩中心将就大家共同关心的问题进行专门研讨，力争提出有建设性、切实可行的解决方案。与此同时，上半年中彩中心开展的市场趋势调研取得了不错效果，今后力争能够继续开展。中彩中心制定的三年发展规划和下半年派奖营销宣传的有关计划，会后也将发给大家，以提高全系统上下协同配合的工作能力。

（四）树立大安全意识

新形势下，福彩事业发展的容错空间越来越小，确保运行安全显得越来越重要。我们一直强调，安全是福利彩票工作的底线，任何时候、任何情况下都要把安全运行摆在各项工作的首要位置。一要牢固树立大安全观。不仅要确保技术系统安全、数据安全、资金安全，还要在舆情和社会形象、人员队伍、机构运行、开奖管理等方面确保安全，构筑起福利彩票整体安全工作体系。二要强化安全管理。要主动查找工作各个环节、所有方面存在的风险隐患，重点加强机构运行、市场管理、宣传舆情方面的日常安全管理。要加快制定完善标准体系，推行 ISO9000 管理质量体系认证，全面提高技术安全保障能力。三要完善应急处置。制定完善应急处理预案，适时开展演练。安全事件一旦发生，要坚守岗位，及时报告，积极应对，在最短时间内解决问题，将损失降低到最低限度。四要重点保障开奖安全。这方面的工作请各省要特别重视，主动配合中彩中心有关工作。首先，开奖数据的封存和上传要确保及时无延误。其次，万一出现突发事件要及时报告，以便中彩中心采取应对措施，及时向社会发布公告，消除信息盲区可能带来的误解。最后，持续提高开奖工作的安全性和稳定性，也是顺利在央视 2 套播出开奖节目的基础，请大家务必高度重视。

（五）自觉履行社会责任

最近几年，福彩社会责任体系建设取得了显著进步。今年年初，中国福利彩票通过了世界彩票协会责任彩票二级认证，下一步将向三级认证迈进；中福彩中心开展了社会责任福彩行活动，获得广泛关注和好评。浙江、湖北、湖南、甘肃等 11

个省份发布了社会责任报告，特别是今年浙江省以民政厅名义正式发布了社会责任报告，详细披露了2015年浙江省福彩销售、公益金筹集、公益金使用、大奖中出情况等公众关心的内容。这表明，对社会责任体系建设的重视程度在提高、发布主体的层级和权威性在提高，编制水平在提高，社会影响有效扩大。持续建设社会责任，要做到四要。第一要说，口不离社会责任；第二要做，自觉履行社会责任；第三要宣传，不仅自己说，还要向别人说，向党政领导、向社会公众、向新闻媒体广泛宣传福彩的社会责任理论和实践；第四要发布报告。编制和发布社会责任报告是系统总结、展示、宣传福彩系统社会责任的有效方式，在“十三五”末，各省都要编制和发布社会责任报告，这是一个硬任务。

（六）出台“十三五”发展规划

这次会议，大家对中彩中心起草的《中国福利彩票“十三五”发展规划（讨论稿）》有关内容提出了很多具有启发性、建设性的意见和建议。下一步，中彩中心将继续深入研究，充分吸收大家的意见建议，进一步明确发展目标和主要任务，在征求专家学者意见的基础上，早日报请财政部提出意见，再报民政部审批，争取以民政部名义发布实施。

材料2

中国福利彩票发行管理中心2017—2019年发展规划

2017—2019年是推进福利彩票事业实现安全运行、健康发展的重要时期。为充分发挥发行机构彩票发行和市场管理调控职能，进一步适应彩票资金管理方式改革，推动主要业务工作和重点项目顺利开展，根据福利彩票整体工作部署和财政部有关通知精神，制定本规划。

一、指导思想和基本原则

（一）指导思想

聚焦福利彩票事业发展中的重点和难点问题，推动主要业务工作特别是重点项目顺利实施，夯实发展基础，实现安全运行，履行社会责任，促进福利彩票事业健康平稳发展。

（二）基本原则

一是确保安全。始终将安全作为事业发展的生命线，确保福利彩票发行销售管理各个环节安全运行。二是问题导向。全面查找梳理制约事业安全健康发展的重点难点问题，深入分析问题成因，制定有针对性的工作计划和措施并部署实施。三是力求实效。加大资源投入和工作力度，加快工作进程，完成一批重点工作和重点项目，夯实事业持续健康发展基础。

二、发展目标

一是保证安全平稳运行。市场调控能

力逐步提高，制度规范体系更加健全，福利彩票标准化建设取得长足进步，技术研发和安全保障能力显著提升，人才队伍能力素质进一步提高，实现福彩事业健康稳定发展。二是主要业务工作取得明显进展，游戏研发、渠道建设、市场营销、技术研发等主要业务工作实现重要突破，制约事业发展的重点难点问题逐步破解。三是资金使用与工作推进更加紧密。预算编制、申报等工作水平明显提高，财政批复支持力度不断加大，业务工作开展与资金使用管理之间更加契合，资金使用效率效益不断提升。

三、主要任务

（一）强化顶层设计

1. 推进激励约束机制建设。在前期“中国福彩系统实施绩效工资指导意见课题”研究成果的基础上，积极争取民政、财政、人社等部门支持，持续推进福彩行业绩效工资指导意见出台。

2. 发挥市场调控机制功能。制定出台市场调控机制有关制度规范，积极争取财政拨付市场调控资金并合理安排使用，促进区域、游戏、渠道等方面协调发展。

3. 推进监督管理机制建设。全面强化信息公开，自觉接受社会监督。对贯彻落实《彩票管理条例》《彩票管理条例实施细则》和中心有关规定情况进行监督检查。开展福彩机构廉政风险防控机制建设研究，出台指导意见并贯彻落实。探索第三方参与的社会监督评价机制，持续开展福彩品牌形象客户满意度调查，引入“神秘顾客”调查。完善中心内部审计制度，开展专项审计。

4. 完善资金风险防控机制。根据建立全国福利彩票资金风险防控机制的总体方案及相关配套制度，定期梳理风险点并评级，指导各地建立相应的防控措施并对进行考核。

5. 优化完善机构运行机制。进一步明确中心与下属公司的权责关系，在强化中心领导决策和宏观管理职能的基础上，充分发挥公司优化资源配置、调动人员积极性的优势。整合现有资源，建立完善新的市场化运营模式。强化对销售机构的业务指导和市场调控管理，支持地方在运营机制上进行有益探索和创新尝试。

6. 积极开展综合性调查研究工作。以福利彩票发展的理念与实践、彩票管理政策环境和法制建设、彩票产业研究、彩票市场研究、彩票行业从业者队伍研究等主题为重点，全面加强福利彩票宏观性基础理论研究。以市场销售趋势调研、彩民基本情况调查、游戏研发整体规划调研、渠道整体布局调研等课题为重点，全面加强基础性市场调研。加强常规性、专题性市场分析研究，准确及时分析市场变化情况，为决策提供参考。吸收民政系统、高校和科研机构等领域专家参与理论和课题研究，建设维护好福利彩票智库。

（二）加强标准化和制度规范体系建设

7. 加快推进福利彩票标准化技术委员会成立工作。积极推动标准化技术委员会建设相关工作，作为秘书处承担单位保障标准委高效运转。

8. 组织开展福利彩票标准的制定修订和发布执行工作。制定福利彩票“十三五”标准化工作发展计划。通过课题研究、实地调研等多种方式，组织协调福利彩票标准的制定修订和发布工作，重点制定摇奖设备专用标准、即开票印制标准、即开票自助销售终端行业标准、福彩综合体验中心标准化形象设计手册、中国福利彩票游戏技术检测标准、中国福利彩票社会责任报告考评标准等。加强监督检查力度，推动福利彩票标准贯彻实施。

9. 提高依法办公、依法从业能力。落实中央《关于推行法律顾问制度和公职律师公司律师制度的意见》，继续征召律师事务所并聘请法律顾问，加强中心法务力量。以合同合规性审核及重大事件、突发性事件法律论证等工作为重点，提升中心常年法律服务水平，保障中心各项业务顺利开展。积极运用法律武器，以知识产权保护为重点，积极维护中心及福彩系统的合法权益。

10. 完善行业管理制度体系。围绕中心发行管理机构核心职能，根据业务发展需求，抓紧制定出台互联网销售彩票、福彩综合体验中心、视频型彩票专用投注卡、终端机采购、销售厅管理、自助销售终端管理等方面的规章制度并发布实施。

11. 完善中心内部管理制度体系。全面梳理完善各项内部管理制度，重点围绕党的建设、人事管理、财务和资金管理、政府采购、对外合作、资产管理、行政办公、调查研究等工作，修订完善、制定出台各项制度并严格落实。

（三）加强游戏研发和管理

12. 推进福利彩票游戏库建设。在游戏产品的需求提出、研发、采购、申报、上市模式上积极进行探索和尝试，逐步建立适应和满足市场需求、涵盖彩票全系列游戏产品、可根据市场情况动态调整的福利彩票游戏库，提升游戏产品管理水平，完善福利彩票游戏产品体系。

13. 加强即开型游戏研发和管理。创新即开型游戏研发方式，继续通过游戏征集、游戏设计论坛等方式推动即开票游戏研发工作。培育即开票品牌游戏，研发功能多样的游戏品种，探索与专业化公司合作研发适合特定渠道、具有特色功能的即开票游戏。积极推进二次开奖游戏、新概念游戏等与其他游戏、技术、渠道相结合的游戏研发与申报工作。根据市场变化，扎实推进即开票游戏停销和尾票废票销毁工作。

14. 加强乐透数字型游戏研发和管理。依托专家库资源，编制乐透数字基诺型游戏研发规划、乐透数字型游戏分类研发标准和需求方案。建立游戏市场监测和反馈采集机制，建设游戏线上试玩平台和市场测试基地，建立完善游戏专家评审和第三方技术检测机制，开发乐透数字型游戏数据分析系统，逐步丰富游戏产品储备，提高游戏动态管理能力。

15. 逐步优化视频型游戏结构。优化游戏结构，根据不同目标群体，开发不同游戏，推动实现多款有效游戏上线；探索实施新游戏试销后再正式上线制度。

16. 积极研发适合新渠道特点的新游戏。结合电话、互联网、综合体验中心等新渠道特点研究开发特定的彩票游戏，实现渠道与游戏的优化配置，推进市场实现可持续发展。

（四）强化渠道建设和开发管理

17. 创新开发即开票销售渠道。依托巩固即开票专营店，积极推进兼营渠道建设，探索适合县乡渠道即开票销售方式。充分利用市场调控资金，推进各地即开票户外销售亭建设。探索借助互联网渠道进行即开票展示和配送，形成线上线下相互补充、协调发展的格局。

18. 提升传统销售场所发展能力。指导各销售机构贯彻落实《中国福利彩票销售场所管理办法》等相关制度，强化销售场所进行分类分级管理，推动销售场所合理布局、科学发展。落实《中国福利彩票销售场所标准化建设手册》，推进销售场所规范化建设，开发建设销售场所信息管理系统，加强市场和销售管理培训，深化销售场所管理。积极探索新的销售方式，推进销售场所同其他行业融合发展，探索开展面向社会机构而非自然人的彩票销售业务，通过与不同行业进行渠道合作，实现渠道规模扩展，填补彩票销售市场空白。

19. 强化视频票销售渠道管理。优化视频票销售厅布局，盘活存量，提升效益。督促指导各省因地制宜，提高单机销量和有效开机率，调整淘汰低效益销售厅，提升管理质量。稳妥组织开发新市场，争取销售厅开发和销售量保持稳步增长。加强销售厅日常管理，加强对销售厅工作人员的心理辅导培训及销售厅工作人员对彩民的心理辅导。以海南为试点，推进福彩视频票综合试验区工作。

20. 加快电话、互联网渠道建设与拓展。推进电话销售福利彩票业务，拓展电话销售业务范围，探索O2O业务试点，适时开展互联网销售彩票试点工作，构建电话、互联网等新型彩票销售渠道与传统销售网点协调发展、相互补充的渠道发展格局。

21. 加快建设福彩综合体验中心。健全完善管理制度规范，高标准开展标准化形象建设工作，将福彩综合体验中心打造成为福彩渠道新品牌。加大对地方扶持和指导力度，总结经验，逐步扩大试点，完善综合体验中心全国布局。

22. 探索建设自助销售渠道。统筹考虑即开票、乐透数字型彩票等技术特点和市场需求等实际情况，制定完善研发标准，开发自助销售渠道并逐步试点推广。

（五）强化市场营销，提升营销效果

23. 建立完善市场营销工作机制。树立整体营销观念，把握各票种、各游戏特点，抓住关键时间节点，通过开展主次有序、点面结合、上下联动的营销活动，逐步建立完善发行机构与销售机构、代销者之间的分工协作机制，锻炼形成专业化的营销队伍。建立营销工作经验交流平台，推动省市营销工作取长补短、相互借鉴，产生更好效益和效果。

24. 创新市场营销方式内容。加强即开票营销，建成以“走近刮刮乐”活动为主线、以定时重点营销为热点的即开票统一营销平台，积极开展工艺品设计、特色票发布等活动。改进乐透数字型彩票营销，继续开展“走近双色球”营销宣传活动；积极策划、筹备与实施娱乐秀类节目，扩展双色球品牌的社会影响力；积极开展双色球主题营销活动，将双色球“为爱而行”活动打造成新的营销品牌；改进双色球亿元派奖促销，提升游戏表现；充分挖掘七乐彩、3D、基诺等其他联销游戏娱乐属性，通过跨界营销等新型营销手段的运用，打造营销闭环，提升游戏的认知度和影响力。建立完善视频票营销机制，力争实现所有游戏上线前都应有完善的派奖方案；加强视频票品牌和公益宣传，实现有原则、有口号、有标准、有要求。

25. 加强营销效果评估。针对各类营销活动，聘请第三方专业机构，对营销宣传活动进行系统专业评估，提升营销工作实效。

（六）全面加强技术建设

26. 建设完善福利彩票技术基础支撑环境。以网络安全平台、云计算平台、同城备份系统、异地灾备中心、互联网彩票基础设施服务平台、视频会议系统、远程培训平台等为重点，全面推进福利彩票技术基础支撑环境建设。

27. 加强福利彩票业务系统建设。以销售数据监控稽核系统、即开票发行管理系统、电话互联网发行销售管理系统、福利彩票决策支持系统、人力资源管理信息系统等为重点，全面加强福利彩票业务系统建设。

28. 加强技术安全和运营保障。以安全评估、基础设施运维、IT 资源管理服务、办公设备报废更新及维护保养、机房硬件设备维护、中福在线相关技术系统的对接、升级以及基础设施扩容等工作为重点，扎实做好技术安全和运营保障工作。

29. 强化官网维护和技术研究工作。以开奖信息及有关视频发布、彩民互动信息处理、网页安全维护等方面为重点，扎实做好中福彩中心官网维护工作。以彩票技术系统安全风险评估技术应用和彩票行业关键信息技术研究为重点，扎实推进民政部福利彩票信息安全和系统检测重点实验室建设。

（七）提升开奖工作水平

30. 实现开奖安全。加强开奖管理，梳理和完善开奖操作规程，强化应急处置演练；提高开奖专业化水平，加强开奖信息化、智能化和自动化建设，科学防控开奖风险；加强摇奖设备购置管理，强化开奖演播大厅改造升级，提高开奖演播大厅运维水平。

31. 打造“阳光开奖”。扩大公众参与度，提升社会公众观摩开奖接待服务水平；加强第三方公证监督，提升开奖透明度；完善开奖信息发布机制，规范开奖信息传播，确保开奖信息公开权威。

32. 提升开奖公信力。实现 3D 游戏开奖电视直播，提高《福彩开奖》节目制作播出水平；拓展开奖节目播出渠道，建立多媒体、全覆盖、有序互补的开奖节目播出体系；丰富《福彩演播室》栏目内容，打造福彩开奖体验区，探索制作大型互动类开奖节目，提升开奖公信力。

（八）加强人才队伍建设

33. 提升机构人才队伍能力素质。持续完善中心人事管理制度，加快中心本级专业技术人才管理制度建设，指导销售机构加强技术人才队伍建设和管理。加强系统人员交流锻炼。

34. 加强国际彩票交流与合作。根据业务发展需要组织外事出访团组，参与国际彩票协会事务，加强国际彩票业务交流，展示传播中国福利彩票理论与实践，提升福利彩票国际影响力。

35. 完善福彩系统培训体系。加快组建福彩系统培训师队伍，适时组织培训师大赛。继续推进即开票培训教材编写工作，拟定乐透数字票市场管理和销售培训大纲。通过积极灵活开展小型业务培训、举办福彩系统管理人员综合能力提升研修班、常态化举办专题讲座等方式，推动开展针对机构工作人员、市场管理员、彩票销售员等多层次的培训工作，逐步建立完善层次合理、形式多样、内容丰富的培训体系。

36. 推进福利彩票创新平台建设。举办全国福彩系统创新竞赛，选拔创新作品，整合各级福彩机构政策资源和市场资源，培育大众创新的积极性，打造福利彩票创新发展的新引擎。建设创新作品项目库，实现创新竞赛作品到申报财政部项目库的“预转化”，搭建创新作品“孵化器”，保证创新作品的有效转化。

37. 全面提高服务水平。进一步牢固树立为基层服务、为彩民服务的工作理念，提高服务响应效率。中心对省市提出的业务需求、管理服务等，要及时提供解决方案；探索采用召开现场业务分析会等方式，有针对性地研究问题并采取有效措施解决问题。指导销售机构进一步贴近彩民、服务彩民，提升全系统服务彩民、开发市场的能力。

（九）提高资金和财务管理水平

38. 建设预算管理系统。根据财政部要求，完善项目库，增加指标、管理等模块，建成能够满足预算编报、项目评审、绩效评价和执行分析等需求的预算管理系统。

39. 建设资金信息管理系统。借助不同票种的销售数据统计平台，完善现有的财务月报、决算汇总等软件，整合福利彩票销售数据资源，建成能够全面反映彩票资金构成的信息管理系统。

40. 建设财务管理系统。分阶段建成网上报销管理系统，实现与预算管理系统和账务系统的有效衔接，推进财务办公自动化，提高工作效率。

41. 实现分票种资金精细化管理。在全国联销游戏传统结算模式的基础上，做好中福在线视频票资金归集职责移交的后续管理，研究电话、互联网等新销售渠道的资金管理模式，与合作银行或第三方探索建立新的资金结算体系，全面实现分票种资金精细化管理。

（十）加强和改进宣传工作

42. 加强品牌建设。致力于扩大福彩知名度，提高福彩形象。打造具有一定社会知名度的大型品牌公益活动，树立福利彩票公益慈善形象；整合各省宣传资源，围绕“扶老、助残、救孤、济困”宗旨，策划开展品牌主题月活动；开展福利彩票发行三十周年纪念活动。

43. 构建全方位立体化宣传渠道。持续深入发挥《中国福利彩票》、官网、官微、手机客户端等的传播作用，积极以自有宣传渠道为载体，完善内容，策划各类新媒体活动；加强与社会媒体尤其是与中央级媒体的合作，充分发挥专业媒体的作用，力争形成中央媒体与地方媒体、传统媒体与新媒体、一般媒体与行业媒体相呼应的立体化全媒体传播平台。

44. 维护与媒体良好合作关系。多种方式争取媒体了解、理解和支持，优化舆论环境。定期举办媒体座谈会，加强与媒体的沟通联络；组织媒体记者走访公益金资助项目。

45. 强化舆情管理。加强日常舆情监

测，改进监测手段、提高监测质量；提高舆情应对能力。妥善应对舆情突发事件，营造有利于福利彩票发展的外部环境。

46. 加强宣传工作保障支持。强化系统内宣传力量联动，推进资源共享，完善制度建设，增强对宣传工作的保障力量依托云盘，建立宣传资源共享平台。推进系统宣传队伍建设，通过开展培训等手段，提高宣传队伍素质和能力。

（十一）自觉践行社会责任

47. 强化责任彩票建设。完成向世界彩票协会申报“责任彩票”三级认证，适时启动四级认证前期准备工作。继续发布年度社会责任报告，开展全系统社会责任培训，加强对非理性购彩行为的防治工作，推动所有省级福彩机构发布年度社会责任报告，实现社会责任报告发布全覆盖。编制《中国福利彩票慈善发展蓝皮书》，推动中国福利彩票慈善发展理论研究，扩大福利彩票公益慈善影响力。

48. 开展系列公益捐赠活动。突出“福彩有爱”系列品牌，巩固发展“点亮未来”“为爱而行”“福彩急难救助金”等公益项目。向残疾人、孤困儿童、贫困老年人等提供物资捐赠，提供关怀和慰藉服务。配合国家扶贫计划，资助扶贫项目，打造福彩扶贫品牌，向遭受自然灾害的单位和个人进行慰问。建设捐赠项目档案系统工程，量化追踪捐赠效果。设立“福彩杯”公益项目创意大赛，对公益创意项目进行征集和遴选，扩大福彩品牌影响力。

（十二）强化基础保障工作

49. 优化中心工作流程，完善 OA 系统功能，推进福彩系统协同办公系统建设，开展行政能力培训，提升系统综合行政和信息服务能力。积极推进全国福彩系统档案工作规范化建设。加强图书资料采购，逐步打造突出彩票专业、馆藏丰富的中心图书资料库。

50. 强化后勤能力建设，持续完善业务楼运营管理、会议服务保障等工作，确保后勤保障安全高效。加强安全管理工作，保障培训中心安全平稳运行。落实有关政策规定，做好老干部服务工作，支持中心工青妇组织积极开展群众性活动，打造积极向上、团结拼搏的团队文化。

（十三）全面加强党的建设

51. 深入学习贯彻习近平总书记系列重要讲话精神，着力加强理论武装，培育践行福彩核心价值，自觉弘扬福彩文化，全面推进思想政治建设。完善党委工作制度，加强支部建设，深入开展“走进福彩一线”活动，全面加强组织建设。坚持党委中心组学习制度和中心领导讲党课制度，加强党员学习培训，全面推进学习型党组织建设。全面加强作风建设和廉政建设，推进系统行风建设，适时召开全国福彩系统党风廉政暨行风建设会议。

关于印发《中国福利彩票视频型彩票发行销售系统停机工作流程》的通知

（2016年9月18日　中国福利彩票发行管理中心　中彩发字〔2016〕140号）

各部（室）、北京中彩在线科技有限责任公司：

《中国福利彩票视频型彩票发行销售系统停机工作流程》已经中心领导班子会议研究通过，现印发给你们，请遵照执行。

附件：中国福利彩票视频型彩票发行销售系统停机工作流程

附件

中国福利彩票视频型彩票发行销售系统停机工作流程

第一条　为规范中国福利彩票视频型彩票发行销售系统（以下简称“视频票系统”）的重大安全事件管理，提高应对的综合管理水平和处置能力，有效防范视频票系统风险，根据民政部、财政部对中国福利彩票发行管理中心（以下简称“中福彩中心”）管理工作要求以及国家相关法律法规，制定本预案。

第二条　视频票系统停机工作是指当视频票系统出现重大安全事件时，为做好应对处置，中福彩中心有权根据情况终止视频票系统运行，确保系统数据和资金安全。

第三条　重大安全事件是指当出现以下严重影响全国范围视频票正常发行销售情况时，应立即启动视频票系统停机工作流程：

1. 视频票系统受到恶意攻击，导致系统瘫痪；

2. 视频票系统出现游戏中奖数据重大异常；

3. 视频票系统出现不可抗力的自然灾害；

4. 视频票系统出现有可能影响销售数据和开兑奖机制的违规操作。

第四条　中福彩中心技术管理部、市场三部和视频票系统运维单位中彩在线公司在视频票系统日常管理、运维和工作中，一旦发现视频票系统出现上述重大安全事件，应立即报告本部室主任，及时采取应对措施，排除重大安全事件，并同时报告中福彩中心分管主任。

第五条 中福彩中心分管主任根据具体情况确定是否报告中福彩中心主任，中福彩中心主任根据具体情况确定是否提交中福彩中心班子会紧急研究。中彩在线公司填写《视频型彩票发行销售系统重大安全事件情况报告》（附件1）报中福彩中心。

第六条 中福彩中心相关部室人员根据中心班子会决定执行停机程序。

第七条 视频票系统停机后，中福彩中心应及时通告各省级福彩销售机构（附件2），向销售厅发出暂停福彩视频票销售公告（附件3）。

第八条 视频票系统重大安全事件排除后，中福彩中心应及时通告各省级福彩销售机构（附件4），向销售厅发出恢复福彩视频票销售公告（附件5）。

第九条 视频票系统停机工作流程执行后，中福彩中心应及时向民政部报告视频票系统停机及处理报告。

附件：1. 视频型彩票发行销售系统重大安全事件情况报告
2. 暂停福彩视频票销售通告
3. 暂停福彩视频票销售公告
4. 恢复福彩视频票销售通告
5. 恢复福彩视频票销售公告

附件1

视频型彩票发行销售系统重大安全事件情况报告

事件情况	
事件情况 具体说明	
事件情况范围	□单市□单省□部分省□全国范围
事件情况范围 具体说明	
报告单位	
报告时间	年　　月　　日
分管领导审批	年　　月　　日
中福彩中心 领导审批	年　　月　　日

附件 2

通 告

各省、自治区（直辖市）福利彩票发行中心：

因福彩视频型彩票销售系统出现故障，中国福利彩票发行管理中心决定，自年月日起，暂停福彩视频型彩票的销售。恢复销售的时间将另行通告。请各省级福彩销售机构通告所辖福彩视频型彩票销售厅发布暂停销售视频型彩票的公告。

中国福利彩票发行管理中心

201×年××月××日

附件 3

公 告

因福彩视频型彩票销售系统故障原因，影响销售的正常进行。中国福利彩票发行管理中心决定，自年月日起，暂停福彩视频型彩票的销售。恢复销售时间将另行公告。

对于以上情况给广大彩民带来的不便，在此表达深深的歉意，望广大彩民谅解！再次感谢彩民一直以来对彩票业务的大力支持！

中国福利彩票发行管理中心

201×年××月××日

附件 4

通 告

各省、自治区（直辖市）福利彩票发行中心：

因福彩视频型彩票销售系统出现的故障已经排除，中国福利彩票发行管理中心决定，自年月日起，恢复福彩视频型彩票的正常销售。请各省级福彩销售机构通告所辖福彩视频型彩票销售厅发布恢复正常销售视频型彩票的公告。

中国福利彩票发行管理中心
201×年××月××日

附件 5

公　告

福彩视频型彩票销售系统故障已经排除，中国福利彩票发行管理中心决定，自年月日起，恢复福彩视频型彩票的正常销售。

感谢广大彩民的理解与支持！

中国福利彩票发行管理中心
201×年××月××日

关于印发《福利彩票省级销售机构内部控制指南》的通知

（2016年11月24日　中国福利彩票发行管理中心　中彩发字〔2016〕170号）

各省、自治区、直辖市福利彩票发行中心：

为有效指导福利彩票系统内部控制建设，根据财政部《关于全面推进行政事业单位内部控制建设的指导意见》（财会〔2015〕24号）的有关规定，结合中福彩中心《建立全国福利彩票资金风险防控机制的总体方案》的相关要求，我们形成了《福利彩票省级销售机构内部控制指南》，现印发给你们，请参考使用。

附件：福利彩票省级销售机构内部控制指南（略）

关于印发《关于加强福利彩票宣传工作的指导意见》的通知

(2016年12月2日　中国福利彩票发行管理中心　中彩发字〔2016〕176号)

各省、自治区、直辖市福利彩票发行中心：

为更好地适应传播渠道日益多元、传播渠道不断丰富的新形势，应对当前福利彩票进入新发展阶段后面临的新机遇、新挑战，进一步强化福利彩票宣传工作，我们制定了《关于加强福利彩票宣传工作的指导意见》，现印发给你们，请遵照执行。

附件：关于加强福利彩票宣传工作的指导意见

附件

关于加强福利彩票宣传工作的指导意见

中国福利彩票自创立以来，始终秉持“扶老、助残、救孤、济困”发行宗旨，履行社会责任，坚守公益使命，为社会福利和社会慈善事业做出了积极贡献。做好福利彩票宣传工作，对于弘扬福利彩票价值理念，传播社会正能量，促进发行销售工作，推动福利彩票健康可持续发展具有积极意义。

为此，制定本指导意见。

一、指导思想

贯彻习近平总书记有关宣传思想工作、媒体融合发展、舆论引导、互联网思维等内容的系列重要讲话精神，落实《彩票管理条例》及其实施细则，根据民政部建设“阳光福彩”和加强福彩宣传工作等方面的要求，确保福利彩票宣传工作方向正确、引导有力、影响广泛、公众欢迎、作用持久，提高社会公众对福利彩票的认知度、美誉度，进一步推动福利彩票健康稳定可持续发展。

二、基本原则

（一）正确导向。福利彩票宣传工作

要始终坚持高举社会公益旗帜，“扶老、助残、救孤、济困”的发行宗旨，“公平、公正、公开、公信”的发行原则，“安全运行、健康发展”的指导方针，“公益、慈善、健康、快乐、创新”的福彩文化，始终坚持宣传建设“阳光福彩”和履行社会责任的实践，始终坚持传播富有时代感、具有代表性的内容，传递福彩正能量。

（二）统筹推进。福利彩票宣传工作要统筹好和其他业务工作的关系，既紧密围绕重点业务工作宣传新成果、新做法，服务市场，确保有的放矢；又要始终如一，打造品牌宣传项目，创造性地开展活动，确保宣传工作有抓手，使两者相辅相成、相互促进。

（三）务求实效。福利彩票宣传工作要紧扣传播力和到达率，争取切实对公众和彩民认知、评价福利彩票产生正向作用，切实有助于塑造品牌、提升福利彩票形象。

（四）严守纪律。福利彩票宣传工作要始终严格执行党和国家关于新闻宣传方面的有关规定和纪律，自觉遵守有关保密规定，确保新闻宣传准确、严谨、科学。

三、主要目标

要把握和适应福利彩票事业发展的规律和特点，与福利彩票的重点工作有机结合，以宣传福利彩票的公益性、娱乐性为着力点，传导福利彩票社会贡献，传递福利彩票社会责任，传扬彩民爱心故事，传播福利彩票知识，塑造福利彩票品牌形象，提升福利彩票品牌价值，扩展福利彩票社会影响，营造良好发展环境，增强社会对福利彩票的认知度和美誉度。

（一）宣传平台立体多样。各级福利彩票机构要完善覆盖多媒体的立体化宣传渠道，针对不同内容、方式、受众，因地制宜地采用不同渠道，尤其要用好主流媒体和新兴媒体。每年应与本行政区域内的主流媒体合作开展一次或一系列节点性宣传；应开通官方微信并做好维护和运营，每季度至少开展一次非产品营销类主题宣传。

（二）品牌宣传持续开展。要广泛整合资源，树立品牌，自 2017 年起，各地每年至少打造一个独立的、或具有延续性的、或系列化的具有较强影响力、较广影响面的品牌宣传活动或项目。

（三）宣传队伍专业高效。福彩销售机构要建立专门负责宣传工作的职能部门，已经建立的要完善职能；建立一支专职化、专业化的宣传队伍，并通过加强培训和实践锻炼，不断提升其专业素养和业务能力。

（四）公益形象显著提升。福彩销售机构要深入研究宣传工作规律，强化宣传规划和策划，不断创新宣传工作要素、提升舆情应对能力，以改善福利彩票的舆论环境，提升福彩公益品牌形象。

四、工作要求

（一）加强领导，确保宣传工作组织有力

要强化职能部门建设。省级机构要有专职部门负责福利彩票宣传工作，职能健全，职责清晰，岗位明确。宣传部门负责人，要具备较高的政策水平，有创新精神和专业素质，有亲和力和包容性，有原则性和敏感性。机构主要负责人要定期研究宣传工作，并跟踪检查落实。

要强化宣传队伍建设。强化本行政区域内的宣传队伍建设，每个地市福彩机构要配备至少一名责任心强、文字基础好、善于思考、乐于奉献的同志作为宣传员或信息员；加强调研和业务指导，实现上下联动、上传下达；建立健全培训教育制度，多开展专题业务培训，加强对宣传队伍的锻炼和培养，每年至少一次。

（二）高度重视，确保宣传工作保障到位

要加大资源投入。保障宣传工作的人财物投入，尤其要保障资金投入，自2018年起，每年在编制预算时，应确保用于宣传工作的投入不少于本级机构年度业务费的10%。中福彩中心将探索建立宣传工作考核标准，对福彩销售机构宣传资源投入及产出效果进行考评。

要加强宣传策划。福彩销售机构要根据中福彩中心和自身的“十三五”规划，制定三到五年的宣传工作规划，确保宣传工作的延续性、连贯性；结合预算，编制年度宣传工作计划，确保宣传工作质优量大；做好重大宣传活动的策划，主动设置议题，确保宣传工作主动活跃、层次丰富。

要善用外部力量。聘请主流媒体记者、宣传专家、专业咨询公司、第三方、在网络中拥有强大影响力的个人和团体，建立覆盖策划、咨询、培训、舆情应对等方面的智库，并妥善使用。

（三）完善机制，确保宣传工作规范有序

要完善宣传机制。完善并优化宣传工作决策机制，做好舆论环境、受众需求的调查研究；完善机构内、机构间的协作机制，增进联动互通，协同工作，尤其是全国及跨区域的协作联动；完善媒体联络机制，包括日常沟通机制、舆情会商机制、舆情处置联动机制等，争取媒体支持；完善智库管理使用机制，充分发挥外脑作用；强化宣传工作考评机制，综合采用量化考评、等级评价等办法，检查工作落实情况。同时，借助第三方专业力量考评宣传工作，定期聘请专业公司开展覆盖本行政区域的普调性宣传效果评估，并根据评估结果不断完善宣传工作。

要完善宣传制度。不断完善自有宣传渠道管理制度和新闻发布制度，规范新闻发布流程；完善信息报送制度，做好宣传信息上报，尤其要切实加强具有预兆性、敏感性信息的报送，加强宣传信息共享；完善自有宣传渠道的管理使用，提高运行效率。

（四）用好资源，确保宣传工作取得实效

在宣传主体上，要用好政府有关部门资源，发挥其权威性强、传播率高的优势，借势宣传福彩。福彩机构要充分借用主管部门、监管部门资源，争取政策性支持；做好公益金管理使用宣传，能参与公益金使用的，应做好项目过程和效果的宣传，不参与公益金使用的，要充分借助公益金管理使用部门资源，搜集宣传素材，增强宣传工作的吸引力、说服力和感染力；充分借用媒体、公司等专业力量，增强宣传工作的专业性。

在宣传方式上，要坚持客观、理性、准确、适度，用好个案资源，包括福彩公益金受助者的、从业者的、彩民的，贴近受众，讲好福彩故事。

在宣传节点上，要紧密结合党和政府工作重点、政策走向和公众关注的热点焦点问题、重要节庆日、重点活动，做好搭车宣传、借势宣传。

在宣传载体上，要打造在本行政区域内有影响力、延续性的品牌宣传活动或项目，以此作为宣传工作抓手。

在宣传渠道上，要探索融合、共享。坚持通过开展活动、座谈等方式，深化与主流媒体的沟通，争取其了解、理解和支持；高度重视发挥互联网尤其是微信等基于移动互联网技术的新兴媒体的作用。加强自有宣传平台尤其是官方网站、微信、客户端建设，发挥其权威信息发布平台的作用，开展主题宣传、营销、互动等各类活动，扩大彩民群体；充分发挥销售场所宣传前沿阵地的作用，因地制宜、因时制宜地布设网点视频系统，借助其开展宣传、培训、促销等工作。

（五）疏导舆情，确保宣传工作环境良好

要完善舆情监测预警机制。完善并充分运用多层次、全方位、全屏全网全时段全天候的舆情信息监测、采集和报告平台和机制，建立“人工＋技术”的立体化监测、预警体系，建立重点对象的不间断重点监测制度；完善舆情预警机制，重大信息发布、重大活动开展前要充分考虑可能引发舆情的风险，突发事件发生后第一时间发现并预警，健全分类处置机制，根据舆情的发布载体、传播速度、网评数量、舆论反响等对舆情分级预警；建立福彩机构与深度合作媒体和智库成员共同参与的舆情研判机制，增强舆情应对的及时性、可靠性，提高舆情应对能力。

要完善舆情应对处置机制。建立或完善快速决策机制，根据舆情的性质、类型、规模，建立职责明确、组织有力、运行灵活、统一高效的舆情处置指挥机制，协调配合，靠前指挥、果断决策、高效处置；畅通宣传渠道，打造立体化发声阵地；建立接访机制，规范接访流程；建立权威信息发布制度，把握“时、度、效”回应舆情诉求；建立评论和联动机制，争取和团结意见领袖，做好舆情引导。

完善舆情应对处置善后机制。强化舆情应对处置总结，做好文档管理，为改进工作提供借鉴；建立考核激励机制，对表现突出的单位或个人给予正向激励。

中国福利彩票对构建和谐社会、丰富公众娱乐文化生活发挥着重要作用。各级福利彩票机构要不断增强责任意识、主体意识、主动意识和创新意识，把做好宣传工作作为重要内容纳入工作视野、摆上议事日程，营造更好的发展环境，使福利彩票为实现“中国梦”做出积极贡献。

关于印发《中国福利彩票舆情应对工作规程》的通知

（2016 年 12 月 5 日　中国福利彩票发行管理中心　中彩发字〔2016〕178 号）

各省、自治区、直辖市福利彩票发行中心，中国福利彩票发行管理中心各部（室）、直属单位：

《中国福利彩票舆情应对工作规程》修订后已经中心领导班子会议研究通过，现印发给你们，请遵照执行。

附件：中国福利彩票舆情应对工作规程

附件

中国福利彩票舆情应对工作规程

第一章　总　　则

第一条　编制目的

为建立健全全国福彩系统舆情应对工作机制，实现舆情应对工作的流程化、规范化和制度化，进一步提高舆情应对能力，最大程度地预防和减少舆情及其造成的损害，维护福利彩票的社会声誉和品牌形象，为福彩事业的发展营造良好的舆论环境，特制定本规程。

第二条　概念界定

本规程所称之舆情主要指已经或可能发生的事件、报道或言论，且该事件、报道或言论通过公共媒体、自媒体等渠道传播后，会对福利彩票事业的社会声誉、品牌形象造成或可能造成危害。

本规程所称之福彩系统主要指中国福利彩票发行管理中心（以下简称“中福彩中心”）和各省级福利彩票销售机构（以下简称“销售机构”）。

第三条　工作原则

坚持及时发现、快速预警原则；坚持准确研判、主动应对原则；坚持统一领导、分工合作原则；坚持信息共享、协同联动原则；坚持积极负责、严守纪律原则。

第四条　舆情分级

依据性质及严重程度、所涉主体、可

控性、传播范围等，将福彩舆情划分为一级（特别重大）、二级（重大）、三级（较大）和四级（一般）共四个级别，并分级响应。

第二章 组织体系及职责

第五条 发行机构

中福彩中心设立舆情应对工作领导小组（以下简称“应对领导小组”），负责应对一级舆情。应对领导小组由中心主任任组长，分管宣传工作的中心领导任副组长，成员由其他中心领导和有关部（室）负责人等组成。

中福彩中心宣传部负责舆情日常工作，包括舆情工作归口管理、舆情应对组织协调及舆情联络员管理等。

中福彩中心各业务部（室）配备舆情联络员，负责本部（室）舆情信息的报送和反馈工作。

第六条 销售机构

销售机构应结合工作实际，建立舆情应对组织指挥机构，配备舆情联络员，并建立健全应急联动机制，以妥善处理相应行政区域内的舆情工作。

第七条 外部支持

中福彩中心及销售机构应聘请舆情、媒体等领域相关专家组建舆情专家组，负责为福彩舆情应对工作提供技术咨询和决策建议支持，必要时可直接参与舆情应对工作。

第三章 舆情监测、研判与预警

第八条 舆情监测

各级福彩机构均应建立健全舆情监测网络，并通过中国福利彩票舆情应急处置数据服务平台加强对福利彩票重大舆情的信息共享。

中福彩中心业务部（室）及销售机构舆情联络员在获知舆情信息后，需告知中福彩中心宣传部，并明确分级建议。

第九条 研判预警

中福彩中心宣传部收到舆情信息后，综合各方面建议，确定舆情事件危机等级（“福彩舆情分级指标表”见附1）、启动相应响应程序（“福彩舆情分级响应程序表”见附2），并填写“舆情预警办理单”（见附3），报送中福彩中心分管宣传工作的中心领导。

舆情发生后，可视发展趋势调整级别，避免响应不足或响应过度。

第十条 监测报告

舆情出现后，中福彩中心宣传部负责根据舆情发展情况，及时编制舆情监测报告，报送中心领导和（或）民政部相关司局、分送相关部（室）或销售机构负责人参阅。

第四章 舆情处置

第十一条 主要原则

（一）对尚未发生的舆情，密切监测其发展动态，同时筹备应对方案；

（二）对已经发生的不实舆情，及时协调应对主体澄清事实；

（三）对已经发生的部分属实的舆情，及时回应，对不实部分加以澄清，对属实部分督促应对主体及时采取改正措施，提出具体解决方案；

（四）对已经发生的属实舆情，督促应对主体及时采取措施，提出具体解决方案，及时、主动、准确地发布权威信息。

第十二条　动态报告

应对过程中，中福彩中心宣传部负责沟通协调，掌握一手资料，把握舆情动态和处理进程，及时将相关信息报送中心领导和（或）民政部相关司局。

舆情监测过程中，如发现严重危害社会秩序和国家利益的造谣传谣行为，中福彩中心宣传部需将情况及时报告应对领导小组，必要时将有关情况和线索移交公安机关、网络监管部门依法依规进行查处。

第十三条　舆情应对方案

根据不同分级，由相应主体编制舆情应对方案。舆情应对方案包括但不限于预设问题及应对口径、发布时间、发布方式、媒体和专家联络建议等内容。

第十四条　应对主体

舆情事件所涉中福彩中心部（室）或销售机构为舆情应对工作主体。

应对主体联络员收到“舆情预警办理单”后，应在指定时间内将“舆情事件调查表”（见附4）和“新闻口径答复单”（见附5）提交中福彩中心宣传部。

中福彩中心宣传部根据舆情特点对新闻口径提出意见，并报分管领导审定，必要时提交应对领导小组组长审定。涉及法律事务的新闻口径，需由政策法律部提出法律意见。

涉及中福彩中心彩票发行销售业务的调查材料和新闻口径，由业务归口部（室）负责；涉及中福彩中心综合情况的调查材料和新闻口径，由战略发展部牵头拟定，各相关业务部（室）提供素材；涉及销售机构的调查材料和新闻口径，由相关销售机构负责。

第十五条　信息发布

中福彩中心宣传部是中福彩中心新闻发布的唯一出口部门。中福彩中心有关舆情信息发布工作参照中心新闻发布相关规程执行。各销售机构也应指定部门发布相关信息。

第十六条　新闻接访

中福彩中心宣传部是中福彩中心新闻接访工作的归口管理部门。除分级响应的特别规定外，中福彩中心其他舆情接访工作参照中心新闻接访相关规程执行。各销售机构也应指定部门负责接访应对工作。

第十七条　结束应对

中福彩中心宣传部负责舆情态势的研判工作，并根据研判结果提出结束舆情应对程序的建议，经分管领导或应对领导小组组长同意后结束舆情应对程序。

第五章　舆情资料管理

第十八条　舆情资料归档

舆情资料主要包括工作预案、应对方案、口径、案例、舆情报告等内容。中福彩中心相关部（室）和销售机构负责提供资料；中福彩中心宣传部负责舆情资料的整理和归档工作。

第十九条　建立舆情口径库

针对福彩系统容易引发舆情的领域和风险点，中福彩中心宣传部协调有关部（室）和销售机构，建立和充实福彩舆情口径库，报应对领导小组审定。

第六章　工作评价

第二十条　每年年底，中福彩中心对各部（室）和销售机构舆情应对工作情况进行汇总。对在舆情应对工作中有显著成绩或贡献的部门、机构和个人进行通报表扬，对先进典型以适当方式进行推广交流，发挥好示范引导作用；对未及时报送舆情信息，未经授权擅自发布相关消息或者接受媒体采访，工作消极、不作为，造成不良后果的，给予口头或通报批评。

第七章　附　则

第二十一条　各销售机构参照本规程，制定相应实施细则，报中福彩中心宣传部备案。

第二十二条　本规程自发布之日起实施。

附 1

福彩舆情分级指标表

级别	性质及严重程度	所涉主体	可控性	传播范围及数量 *
一级	舆情对福利彩票的社会声誉、品牌形象造成或可能造成特别重大的危害	监管部门、主管部门、中福彩中心等机构或其工作人员	难	中央级媒体或外媒进行报道或评论；相关内容可见于主要商业门户网站或重点新闻网站双首要闻区；监测到相关源发内容 20 篇以上
二级	舆情对福利彩票的社会声誉、品牌形象造成或可能造成重大危害	中福彩中心、多个销售机构或其工作人员	较难	全国性媒体进行报道或评论；相关内容可见于主要商业门户网站或重点新闻网站；监测到相关源发内容 10 篇以上
三级	舆情对福利彩票的社会声誉、品牌形象造成或可能造成较大危害	某一销售机构或销售机构工作人员	一般	在当地具有较大影响的纸媒、新闻网站、论坛、微信、微博等地方媒体进行报道或评论；监测到相关源发内容 5 篇以上
四级	舆情可能或已经小范围传播，若持续发酵，会对福利彩票的社会声誉、品牌形象造成一定危害	省级以下销售机构或其工作人员	可控	在地方非重点媒体、一般网站、微信、微博、论坛上可见零星报道或评论

* 仅针对已发生舆情，可能发生的舆情不适用此指标。

附 2

福彩舆情分级响应程序表

响应级别	是否启动应对领导小组	舆情应对方案			媒体接访
		制定主体	审核主体	实施主体	
一级响应	是	应对领导小组	民政部	应对领导小组牵头，并协调民政部相关司局等力量共同应对	中福彩中心宣传部将媒体采访请求上报应对领导小组，经组长同意后做好联络协调工作
二级响应	否	中福彩中心宣传部	中心主任或领导班子会	中福彩中心宣传部牵头，相关部（室）或销售机构配合	中福彩中心宣传部批转相关部（室）或销售机构办理
三级响应	否	涉事销售机构	中福彩中心宣传部	涉事销售机构	接到中央级媒体（包括其地方分社或记者站等分支机构）采访请求，应立即报送中福彩中心宣传部
四级响应	否	密切关注舆情发展态势，同时筹备应对方案；必要时升级响应级别，避免舆情发酵扩大			

附 3

舆情预警办理单

□一级 □二级 □三级 □四级　　　　办理号：〔　　〕　　号

消息来源：	领导批示：
内容描述：	
传播情况（尚未传播可不填写）：	
宣传部意见：	

办理日期：　　　　办理人：　　　　联系电话：

附 4

舆情事件调查表

□一级 □二级 □三级 □四级　　　　办理号：〔　　〕　号

舆情是否属实	□属实　　□部分属实　　□不属实
事件经过 及现状	
已采取措施	
拟采取措施	
部（室）或 销售机构 负责人意见	
部（室） 分管领导意见	

办理日期：　　　　办理人：　　　　联系电话：

附 5

新闻口径答复单

办理时限：　年　月　日　时前　　　　　　　　　　　　　　办理号：〔　　〕　号

<table>
<tr><td>答复部（室）
或销售机构</td><td></td><td>联系人</td><td></td></tr>
<tr><td></td><td></td><td>联系电话</td><td></td></tr>
<tr><td>口径题目</td><td colspan="3"></td></tr>
<tr><td>答复内容</td><td colspan="3"></td></tr>
<tr><td>部（室）或
销售机构
负责人意见</td><td colspan="3"></td></tr>
<tr><td>部（室）
分管领导意见</td><td colspan="3"></td></tr>
</table>

关于印发《全国福利彩票资金风险报告管理办法》的通知

（2016 年 12 月 15 日　中国福利彩票发行管理中心　中彩发字〔2016〕181 号）

各省、自治区、直辖市福利彩票发行中心，中国福利彩票发行管理中心各部（室）、直属单位：

根据《彩票管理条例》的有关要求，结合建立全国福利彩票资金风险防控机制的总体情况，我们制定了《全国福利彩票资金风险报告管理办法》。现印发给你们，请遵照执行。

附件：全国福利彩票资金风险报告管理办法

附件

全国福利彩票资金风险报告管理办法

第一章　总　　则

第一条　报告目的

资金风险报告是加强资金风险管理的重要步骤，根据全国福利彩票资金风险管理工作的有关要求及特点，为使中国福利彩票发行管理中心（以下简称“中福彩中心”）本级、省级销售机构及时发现并准确反映福利彩票系统资金风险状况，使管理层及时掌握当前所面临的及以后可能面临的各类资金风险事项及其危害性，特制定本管理办法。

第二条　报告范围

本管理办法适用于编制福利彩票系统内部各类资金风险报告。

第三条　报告原则

（一）全面性。资金风险识别须全面覆盖福利彩票资金归集、分配和结算、管理及使用等环节涉及的所有资金风险。

（二）及时性。在事前和事中反映资金风险状况，在规定的时限内履行报告责任。

（三）准确性。在分类科学、标准规范的前提下客观、准确反映资金风险状况。

（四）保密性。资金风险报告是福利彩票系统内部报告，信息传递应限制在一定范围内，并遵守有关保密管理和信息披露的规定。

第四条 报告要求

（一）指定专人负责资金风险报告管理事宜。

（二）遵守报告制度，按要求履行报告职责。

（三）强化资金风险意识，不断提高报告质量和水平。

（四）积极探索实践，提出合理化的改进建议。

第二章 资金风险定期分析报告

用于福利彩票系统内各层级相关部门，通过定期风险自查分析，对发现的资金风险及资金风险隐患进行报告。

第五条 报告主体和流程

（一）基层销售机构层级：基层销售机构业务职能部门对其所属业务的各类资金风险信息进行归集，进行风险评估后编制资金风险分析报告。已完成的报告需经过基层销售机构负责人审核签字后上报省级销售机构各业务职能部门。

（二）省级销售机构层级：省级销售机构各业务职能部门归集基层销售机构业务部门的资金风险分析报告，并与本部门内部的资金风险分析报告汇总后上报省级销售机构资金风险控制部门。省级销售机构资金风险控制部门归集各部门资金风险分析报告并进行全面评估，对风险影响力为较高以下的资金风险事项，负责拟定相关整改或防控措施；对风险影响力为较高及高的资金风险事项向中福彩中心报告。

（三）中福彩中心层级：财务部是中福彩中心资金风险控制部门，负责归集、审核中福彩中心本级和各省级销售机构上报的资金风险分析报告，并拟定相关整改或防控措施。

第六条 报告形式和内容

资金风险定期分析报告按年度、以纸质报告形式编报（见附 1）。具体内容包括：

（一）报告职责信息。编制人员、职务、编制时间、职能部门、报送部门。

（二）资金风险事项说明。风险事项描述、风险危害性评估、控制有效性评估及剩余风险评估。

（三）拟定措施或整改意见。对于控制有效性较低或剩余风险较大的资金风险，提出相关整改建议。

第七条 报告审批和时限

（一）分级审批：各层级资金风险控制部门对资金风险报告进行审核，并报机构负责人签字；所有资金风险报告需加盖部门或机构公章。

（二）上报时限：各层级资金风险分析报告应在资金风险分析结束后的 7 天内向同级或上级资金风险控制部门以及相关负责人汇报。

第三章 资金风险突发事件报告

对突发的资金风险事件的经过、发生原因、损失影响以及采取的措施等进行报告，分为首次报告和后续报告。

第八条 报告主体和流程

（一）销售机构层级上报流程。

1. 事件发生单位按规定对事件进行处理，并向基层销售机构业务职能部门进行报告，基层销售机构业务职能部门应对事件进展进行跟踪监控并准备后续报告。

2. 基层销售机构业务职能部门向机构负责人汇报，经机构负责人审核后上报省级销售机构资金风险控制部门。

3. 省级销售机构资金风险控制部门接到事件首次报告后，应初步核实事件情况及开展风险评估，对风险影响力为较高以下的资金风险突发事件，负责拟定整改或防控措施，做出相应处理；对评估后风险影响力为较高及高的资金风险突发事件，经机构负责人审核签字后立即向中福彩中心报告。

4. 事件发生单位在已报告的事件发生重要变化、事件处理取得重要进展以及事件处理完毕时，应及时主动按初次报告程序进行后续报告。

（二）中福彩中心层级上报流程。

中福彩中心财务部对上报的资金风险突发事件进行分析判断，并拟定相关整改或防控措施。

第九条 报告形式和内容

资金风险突发事件报告为不定期报告，采用纸质报告形式（见附2）。具体内容包括：

（一）报告职责信息。编制人员、职务、编制时间、职能部门、报送部门、上报时间。

（二）首次报告。事件发生单位（部门）、环节、时间、事件类别、事件经过、原因、涉及人员和财产情况和资金风险影响力评估、拟采取措施等。

（三）后续报告。跟踪事件发生重要变化、事件处理取得重要进展，以及事件处理完毕时应在首次报告的基础上进行分析评价。

第十条 报告审批和时限

（一）分级审批：资金风险突发事件报告需经各层级机构负责人审核签字，并加盖机构公章。

（二）上报时限：各层级资金风险突发事件报告应在突发事件发生或接收当日向同级或上级资金风险控制部门以及相关负责人汇报。

第四章　附　　则

第十一条 本办法由中福彩中心负责解释

第十二条 本办法自印发之日起执行

附 1

《资金风险定期分析报告》模板

一、报告职责信息

编制人员：		职务：	
职能部门：		编制时间：	年/月/日
风险控制部门：		上报时间：	年/月/日

二、重大资金风险事项说明

资金风险描述	资金风险类型	固有风险评估			控制有效性评估		剩余风险评估			整改建议
		影响力	可能性	危害性	资金风险防控措施	控制有效性	影响力	可能性	危害性	

备注：填报信息参照《全国福利彩票资金风险评估操作指南》及风险评价表

编制人员签字：　　　　　风险控制部门签字：

部门领导签字：　　　　　机构负责人签字：

附 2

《资金风险突发事件报告》模板

一、报告职责信息

编制人员：		职务：	
职能部门：		编制时间：	年/月/日
风险控制部门：		上报时间：	年/月/日

二、重大资金风险事件说明

事件发生单位：		职能部门：	
事件发生环节：		事件发生时间：	年/月/日
事件经过：			
事件原因：			
涉及人员和财产情况：			
已采取措施：			
拟采取措施或整改建议：			
资金风险事件影响力评估（由资金风险控制部门填写）：			

编制人员签字：　　　　　风险控制部门签字：

部门领导签字：　　　　　机构负责人签字：

关于印发《中国福利彩票业务档案管理办法（试行）》的通知

（2016 年 12 月 27 日　中国福利彩票发行管理中心　中彩发字〔2016〕198 号）

各省、自治区、直辖市福利彩票发行中心，中国福利彩票发行管理中心各部（室）、直属单位：

为进一步规范全国福彩系统业务档案管理工作，建立健全福彩业务档案管理体系，根据《中华人民共和国档案法》《彩票管理条例》《彩票管理条例实施细则》和《彩票发行销售管理办法》等法律法规和有关规定，我中心制定了《中国福利彩票业务档案管理办法（试行）》，现印发给你们，请遵照执行。

附件：中国福利彩票业务档案管理办法（试行）

附件

中国福利彩票业务档案管理办法（试行）

第一条　为了规范中国福利彩票业务档案（以下简称“福彩档案”）管理，确保福彩档案的完整、准确、系统和有效利用，根据《中华人民共和国档案法》《彩票管理条例》《彩票管理条例实施细则》和《彩票发行销售管理办法》等法律法规和有关规定，制定本办法。

第二条　本办法所称福彩档案是指国务院民政部门依法设立的福利彩票发行机构（以下简称“福彩发行机构”）和省、自治区、直辖市人民政府民政部门依法设立的福利彩票销售机构（以下简称“福彩销售机构”），在福利彩票的发行和销售管理过程中形成的具有保存价值的文字、图表、声像、电子等不同形式和载体的历史记录，按内容分为游戏类、渠道类和宣传类三类。

第三条　福彩发行机构的福彩档案工作接受同级民政部门和档案行政管理部门的业务指导和监督。

福彩销售机构的福彩档案工作接受福彩发行机构、同级和上级民政部门及档案行政管理部门的业务指导和监督。

第四条 福彩发行机构和福彩销售机构应当履行下列档案工作职责：

（一）贯彻落实有关档案工作的规章制度，保证福彩档案工作有序开展；

（二）明确负责福彩档案工作的机构和人员，确保本单位福彩档案集中统一管理；

（三）保证福彩档案保管所必需的经费、场所、设施，为福彩档案的安全保管和合理利用创造条件。

第五条 福彩发行机构和福彩销售机构应当分别按照各自的归档范围开展归档工作（归档范围分别见附1、附2）。

福彩销售机构应当自行规定所在行政区域范围内其他福彩机构福彩业务文件材料的归档范围和整理方法。

第六条 福彩业务文件材料的归档应当符合下列要求：

（一）归档的文件材料应当齐全完整；

（二）应归档文件材料应当在办理完毕后20个工作日内进行收集整理；

（三）福彩发行机构和福彩销售机构业务部门应当于每年6月30日以前，将上一年度整理完毕的文件材料移交到本单位综合部门集中统一管理。

第七条 福彩发行机构整理归档文件材料时应当遵守下列规定：

（一）游戏类文件材料按照游戏—年度—问题进行整理。问题分为审批、销售、开（兑）奖和销毁四小类。各小类内归档文件材料按照材料形成时间顺序排列，从1开始编制件号。各游戏档案之间按照游戏批准开设的时间顺序排列。

（二）渠道类文件材料中，销售厅文件材料以销售厅为单位整理，按照形成时间顺序排列，从1开始编制件号。各销售厅档案之间按照行政区划结合批准设立的时间顺序排列。

电话售彩文件材料以代销者为单位整理，按照形成时间顺序排列，从1开始编制件号。各代销者档案之间按照行政区划结合批准开展电话销售彩票业务的时间顺序排列。

互联网售彩文件材料以合作单位或者代销者为单位整理，按照形成时间顺序排列，从1开始编制件号。合作单位或者代销者档案之间按照批准开展互联网销售彩票业务的时间顺序排列。

（三）宣传类文件材料按照年度—问题进行整理。问题分为产品促销、品牌营销、公益活动和捐赠项目四小类。各小类内归档文件材料按照形成时间顺序排列，从1开始编制件号。

（四）每件归档文件一律用阿拉伯数字逐页连续编写页号，页号编写在有文字页面的正面右上角。图表等正面难以编写页号的，可以编在背面左上角。

（五）在每件归档文件首页上端的空白处加盖归档章（式样见附3），并填写有关内容。

（六）归档文件应当以无酸纸封套或者不锈钢钉等有利于保管和利用的方式加以固定。

（七）按照游戏类、渠道类、宣传类分别编制归档文件目录（式样见附4）以及归档文件目录封面（式样见附5）。

（八）按照盒内归档文件目录（式样同附4）、归档文件件号顺序依次装入档案盒，并填写档案盒封面、盒脊项目（式样分别见附6、附7）。填写备考表（式样见附8），置于盒内所有归档文件材料之后。

游戏类福彩档案不同游戏、不同年度、不同问题的归档文件材料不应放入同一档案盒。宣传类福彩档案不同年度、不同问题的归档文件材料不应放入同一档案盒。

（九）声像、电子、实物文件材料按照相应的规定进行整理，单独保管存放，并建立与纸质文件材料的互见号。

第八条 福彩销售机构整理归档文件材料时应当遵守下列规定：

（一）游戏类文件材料按照游戏—年度—问题进行整理。问题分为审批、销售、开（兑）奖和销毁四小类。各小类内归档文件材料按照形成时间顺序排列，从1开始编制件号。各游戏档案之间按照游戏批准开设的时间顺序排列。

（二）渠道类文件材料中，福彩销售场所、销售厅文件材料分别以福彩销售场所、销售厅为单位整理，按照形成时间顺序排列，从1开始编制件号。各福彩销售场所档案之间、销售厅档案之间分别按照区域结合批准设立的时间顺序排列。区域范围的界定由各省（自治区、直辖市）自行决定。

电话售彩文件材料以代销者为单位整理，按照形成时间顺序排列，从1开始编制件号。各代销者档案之间按照批准开展电话销售彩票业务的时间顺序排列。

（三）宣传类文件材料按照年度—问题进行整理。问题分为产品促销、品牌营销、公益活动和捐赠项目四小类。各小类内归档文件材料按照形成时间顺序排列，从1开始编制件号。

（四）其他整理方法同本办法第七条第（四）项至第（九）项的规定。

第九条 福彩发行机构和福彩销售机构应当逐步提高福彩档案的信息化管理水平，推进传统载体档案的数字化和增量档案的电子化，加强电子档案管理，实现档案信息资源共享。

第十条 福彩发行机构游戏类福彩档案中，审批、销毁档案永久保存；销售、开（兑）奖档案自形成年度起，保存10年。渠道类福彩档案自形成年度起，保存至销售厅终止运营后或者电话、互联网售彩代销合作业务终止后满10年为止。宣传类福彩档案自形成年度起，保存10年，其中照片、视频永久保存。

第十一条 福彩销售机构游戏类福彩档案中，审批、销毁档案永久保存；销售、开（兑）奖档案自形成年度起，保存10年。渠道类福彩档案自形成年度起，保存至福彩销售场所、销售厅撤销、终止运营后或者电话售彩代销合作业务终止后满10年为止。宣传类福彩档案自形成年度起，保存10年，其中照片、视频永久保存。

第十二条 福彩档案应当有专门的存放地点。有条件的单位应当设置专用的档案库房，做好防盗、防火、防虫、防鼠、防潮、防尘、防磁、防高温等各项工作，确保档案的安全。

第十三条 福彩档案主要供福彩发行机构和福彩销售机构以及主管机关使用。

其他需要利用福彩档案的，应当征得福彩发行机构或者福彩销售机构的事先书面同意并履行相应的查借阅手续。

严禁对福彩档案进行涂改、抽换、圈画、批注或者造成污染、损毁。对于上述行为，福彩发行机构或者福彩销售机构可以依照国家相关规定要求行为人承担相应的法律责任。

利用福彩档案必须遵守有关彩票购买者和中奖人个人信息以及其他涉密信息保密的规定。

第十四条 对于保管期满的福彩档案，应当依据国家相关规定由主管部门会同同级档案行政管理部门进行价值再鉴定，有继续保存价值的，可适当延长其保管期限，无保存价值的予以销毁。

福彩发行机构和福彩销售机构对需要销毁的福彩档案应当建立销毁清册，载明销毁档案的时间、种类和数量，确保应当销毁的档案没有漏销和流失。相关负责人员应当在销毁清册上签字。

销毁清册和福彩档案目录永久保存。

第十五条 本办法由中国福利彩票发行管理中心制定并负责解释和修订。

第十六条 本办法自 2017 年 1 月 1 日起执行。

附 1

福彩发行机构福彩业务文件材料归档范围

一、游戏类

（一）审批文件。

1. 申请开设彩票游戏形成的文件材料：

1.1 福彩销售机构书面申请建议（附省级财政部门意见）；

1.2 福彩发行机构申请材料；

1.3 民政部审核意见；

1.4 财政部受理或者不予受理意见书；

1.5 财政部书面决定；

1.6 其他文件材料（福彩机构游戏引进需求书、内部审批材料、销售合同等）。

2. 申请变更彩票游戏审批事项形成的文件材料：

2.1 福彩销售机构书面申请建议（附省级财政部门意见）；

2.2 福彩发行机构申请材料；

2.3 民政部审核意见；

2.4 财政部受理或者不予受理意见书；

2.5 财政部书面决定；

2.6 其他文件材料。

3. 申请停止彩票游戏形成的文件材料：

3.1 福彩销售机构书面申请建议（附省级财政部门意见）；

3.2 福彩发行机构申请材料；

3.3 民政部审核意见；

3.4 财政部受理或者不予受理意见书；

3.5 财政部书面决定；

3.6 其他文件材料。

（二）销售文件。

1. 福彩发行机构编制的彩票销售实

施方案；

2. 福彩发行（销售）机构的派奖方案；

3. 福彩发行机构制定的即开票的样票、资金结算通知单；

4. 刻录于不可改写的储存介质的彩票销售数据；

5. 销售情况分析、总结；

6. 福彩发行机构向财政部提交的彩票上市销售情况的书面报告；

7. 兑奖期结束后福彩发行机构向财政部提交的书面报告；

8. 福彩发行机构关于彩票销售中遇有重大风险和重大安全事件的报告；

9. 福彩发行机构设立服务热线受理的重要咨询及投诉记录；

10. 其他文件材料。

（三）开（兑）奖文件。

1. 摇奖通知单；

2. 原始销售数据封存单；

3. 福彩发行机构负责摇奖的工作人员对摇奖结果的签字确认文件；

4. 通过专用摇奖设备进行摇奖的全程录像；

5. 开奖公证书；

6. 中奖明细表；

7. 开奖公告；

8. 其他文件材料。

（四）销毁文件。

纸质即开型彩票的废票、尾票、超过使用期限的彩票和已经停止销售的彩票销毁过程中形成的文件材料：

1. 福彩发行机构向财政部提出的书面申请；

2. 财政部书面决定；

3. 销毁确认单；

4. 销毁情况报告；

5. 其他文件材料。

二、渠道类

（一）福彩视频型彩票销售厅文件材料。

1. 申请设立销售厅形成的文件材料：

1.1 福彩销售机构申请材料；

1.2 福彩发行机构审批意见；

1.3 其他文件材料。

2. 销售厅变更重要经营事项形成的文件材料：

2.1 福彩销售机构变更申请材料；

2.2 福彩发行机构审批意见；

2.3 其他文件材料。

3. 销售厅终止运营形成的文件材料：

3.1 地市福彩机构申请材料；

3.2 福彩销售机构审核意见；

3.3 收回的《福彩视频型彩票销售许可证》；

3.4 其他文件材料。

（二）电话售彩文件材料。

1. 申请开展电话销售彩票业务形成的文件材料：

1.1 福彩销售机构书面申请建议（附省级财政部门意见）；

1.2 福彩发行机构申请材料；

1.3 民政部审核意见；

1.4 财政部书面决定；

1.5 其他文件材料。

2. 申请调整电话销售彩票业务形成的文件材料：

2.1 福彩销售机构书面申请建议（附省级财政部门意见）；

2.2 福彩发行机构向财政部提交与调整事项有关的材料；

2.3 民政部审核意见；

2.4 财政部书面决定；

2.5 其他文件材料。

3. 申请停止电话销售彩票业务形成的文件材料：

3.1 福彩销售机构书面申请建议（附省级财政部门意见）；

3.2 福彩发行机构申请材料；

3.3 民政部审核意见；

3.4 财政部书面决定；

3.5 其他文件材料。

（三）互联网售彩文件材料。

1. 申请开展互联网销售彩票业务形成的文件材料：

1.1 福彩发行机构申请材料；

1.2 民政部审核意见；

1.3 财政部书面决定；

1.4 其他文件材料。

2. 申请调整互联网销售彩票业务形成的文件材料：

2.1 福彩发行机构向财政部提交调整申请书及有关材料；

2.2 民政部审核意见；

2.3 财政部书面决定；

2.4 其他文件材料。

3. 申请停止互联网销售彩票业务形成的文件材料：

3.1 福彩发行机构申请材料；

3.2 民政部审核意见；

3.3 财政部书面决定；

3.4 其他文件材料。

三、宣传类

（一）产品促销文件材料。

1. 福彩发行机构关于开展促销活动的审批材料；

2. 产品促销方案；

3. 开展促销活动形成的相关新闻稿、照片、视频等宣传材料；

4. 其他文件材料。

（二）品牌营销文件材料。

1. 福彩发行机构关于开展品牌营销活动的审批材料；

2. 品牌营销方案；

3. 开展品牌营销活动形成的相关新闻稿、照片、视频等宣传材料；

4. 其他文件材料。

（三）公益活动文件材料。

1. 福彩发行机构关于开展公益活动的审批材料；

2. 公益活动方案；

3. 开展公益活动形成的相关新闻稿、照片、视频等宣传材料；

4. 其他文件材料。

（四）捐赠项目文件材料。

1. 福彩发行机构关于开展捐赠活动的年度实施计划；

2. 受赠方提交的捐赠申请材料；

3. 开展捐赠项目的内部审批材料；

4. 捐赠协议；

5. 开展捐赠项目形成的相关新闻稿、照片、视频等材料；

6. 其他文件材料。

附 2

福彩销售机构福彩业务文件材料归档范围

一、游戏类

（一）审批文件。

1. 申请开设彩票游戏形成的文件材料：

1.1 福彩销售机构书面申请材料；

1.2 福彩发行机构批复意见；

1.3 其他文件材料。

2. 申请变更彩票游戏审批事项形成的文件材料：

2.1 福彩销售机构书面申请材料；

2.2 省级财政部门审核意见；

2.3 福彩发行机构批复意见；

2.4 其他文件材料。

3. 申请停止彩票游戏形成的文件材料：

3.1 福彩销售机构书面申请材料；

3.2 省级财政部门审核意见；

3.3 福彩发行机构批复意见；

3.4 其他文件材料。

（二）销售文件。

1. 福彩销售机构关于本行政区域彩票销售网络的方案及省级民政部门审批意见；

2. 福彩销售机构编制的彩票销售实施方案；

3. 福彩销售机构的派奖方案；

4. 即开票资金结算通知单；

5. 电话销售形成的重要录音文件；

6. 刻录于不可改写的储存介质的本省（自治区、直辖市）彩票销售数据；

7. 销售情况分析、总结；

8. 福彩销售机构向省级财政部门提交的彩票上市销售情况年度书面报告；

9. 兑奖期结束后福彩销售机构向省级财政部门提交的书面报告；

10. 福彩销售机构关于彩票销售中遇有重大风险和重大安全事件的报告；

11. 福彩销售机构设立服务热线受理的重要咨询及投诉记录；

12. 其他文件材料。

（三）开（兑）奖文件。

1. 摇奖通知单；

2. 原始销售数据封存单；

3. 福彩销售机构负责摇奖的工作人员对摇奖结果的签字确认文件；

4. 通过专用摇奖设备进行摇奖的全程录像；

5. 开奖公证书；

6. 开奖公告；

7. 单注奖金在 1 万元以上（不含 1 万元）的中奖彩票或者投注记录凭证、彩票中奖者的有效身份证件复印件、奖金兑付登记表；

8. 本省（自治区、直辖市）中奖报告单；

9. 本省（自治区、直辖市）弃奖报告单；

10. 其他文件材料。

（四）销毁文件。

纸质即开型彩票的废票、尾票、超过使用期限的彩票和已经停止销售的彩票销毁过程中形成的文件材料：

1. 福彩销售机构向发行机构提出的书面申请；

2. 福彩发行机构转发的财政部书面决定；

3. 销毁确认单；

4. 其他文件材料。

二、渠道类

（一）福彩销售场所文件材料。

1. 申请设立福彩销售场所形成的文件材料：

1.1 申请者书面申请材料；

1.2 福彩销售机构审批意见；

1.3 福彩销售机构与获批申请者签订的代销合同。

2. 福彩销售场所迁址形成的文件材料：

2.1 代销者书面申请材料；

2.2 福彩销售机构审批意见。

3. 代销者自愿放弃代销资格形成的文件材料：

3.1 代销者书面申请材料；

3.2 福彩销售机构书面答复；

3.3 收回的福利彩票代销证。

4. 代销者被福彩销售机构取消代销资格形成的文件材料：

4.1 福彩销售机构向代销者发出的书面通知；

4.2 收回的福利彩票代销证。

（二）福彩视频型彩票销售厅文件材料。

1. 申请设立销售厅形成的文件材料：

1.1 福彩销售机构申请材料；

1.2 福彩发行机构审批意见；

1.3 其他文件材料。

2. 销售厅变更重要经营事项形成的文件材料：

2.1 福彩销售机构变更申请材料；

2.2 福彩发行机构审批意见；

2.3 其他文件材料。

3. 销售厅终止运营形成的文件材料：

3.1 地市福彩机构申请材料；

3.2 福彩销售机构审核意见；

3.3 其他文件材料。

（三）电话售彩文件材料。

1. 申请开展电话销售彩票业务形成的文件材料：

1.1 福彩销售机构书面申请建议（附省级财政部门意见）；

1.2 福彩发行机构批复意见；

1.3 其他文件材料。

2. 申请调整电话销售彩票业务形成的文件材料：

2.1 福彩销售机构书面申请建议（附省级财政部门意见）；

2.2 福彩销售机构向发行机构提交与调整事项有关的材料；

2.3 福彩发行机构批复意见；

2.4 其他文件材料。

3. 申请停止电话销售彩票业务形成的文件材料：

3.1 福彩销售机构书面申请建议（附省级财政部门意见）；

3.2 彩票参与者合法权益保障方案；

3.3 停止后的相关处理方案；

3.4 福彩发行机构批复意见；

3.5 其他文件材料。

三、宣传类

（一）产品促销文件材料。

1. 福彩销售机构关于开展促销活动的审批材料；

2. 产品促销方案；

3. 开展促销活动形成的相关新闻稿、照片、视频等宣传材料；

4. 其他文件材料。

（二）品牌营销文件材料。

1. 福彩销售机构关于开展品牌营销活动的审批材料；

2. 品牌营销方案；

3. 开展品牌营销活动形成的相关新闻稿、照片、视频等宣传材料；

4. 其他文件材料。

（三）公益活动文件材料。

1. 福彩销售机构关于开展公益活动的审批材料；

2. 公益活动方案；

3. 开展公益活动形成的相关新闻稿、照片、视频等宣传材料；

4. 其他文件材料。

（四）捐赠项目文件材料。

1. 福彩销售机构关于开展捐赠活动的年度实施计划；

2. 受赠方提交的捐赠申请材料；

3. 开展捐赠项目的内部审批材料；

4. 捐赠协议；

5. 开展捐赠项目形成的相关新闻稿、照片、视频等材料；

6. 其他文件材料。

附 3

归档章式样

全宗号	类别	年度
问题	保管期限	件号

填写说明：

1. 全宗号：填写国家综合档案馆给立档单位编制的代码。

2. 类别：填写归档文件的所属具体类别，可填写任一游戏、渠道名称或者“宣传”。

3. 年度：游戏类、宣传类福彩档案须填写。填写文件的形成年度，以 4 位阿拉伯数字表示。

4. 问题：游戏类、宣传类福彩档案须填写。游戏类可选填“审批”、“销售”、“开（兑）奖”或者“销毁”；宣传类可选填“产品促销”、“品牌营销”、“公益活动”或者“捐赠项目”。

5. 保管期限：填写归档文件的保管期限。

6. 件号：填写归档文件的排列顺序号，从 1 开始编制。

附 4

归档文件目录式样

归档文件目录

件号	责任者	题名	日期	页数	备注

填写说明：

1. 件号：填写归档文件的排列顺序号，从 1 开始编制。
2. 责任者：填写文件的发文机关或者署名者。
3. 题名：填写文件标题。
4. 日期：填写文件的形成时间，以 8 位阿拉伯数字表示。
5. 页数：填写一件文件的总页数。
6. 备注：填写归档文件需要补充和说明的情况。

附 5

归档文件目录封面式样

归档文件目录

全 宗 号

全宗名称

类　　别

年　　度

问　　题

保管期限

填写说明：

1. 全宗号：填写国家综合档案馆给立档单位编制的代码。
2. 全宗名称：填写立档单位的名称。
3. 类别：填写归档文件的所属具体类别，可填写任一游戏、渠道名称或者“宣传”。
4. 年度：游戏类、宣传类福彩档案须填写。填写文件的形成年度，以 4 位阿拉伯数字表示。
5. 问题：游戏类、宣传类福彩档案须填写。游戏类可选填“审批”、“销售”、“开（兑）奖”或者“销毁”；宣传类可选填“产品促销”、“品牌营销”、“公益活动”或者“捐赠项目”。
6. 保管期限：填写归档文件的保管期限。

附 6

档案盒封面式样

填写说明：

全宗名称：填写立档单位的名称。

附 7

档案盒盒脊式样

填写说明：

1. 全宗号：填写国家综合档案馆给立档单位编制的代码。

2. 类别：填写归档文件的所属具体类别，可填写任一游戏、渠道名称或者“宣传”。

3. 年度：游戏类、宣传类福彩档案须填写。填写文件的形成年度，以 4 位阿拉伯数字表示。

4. 问题：游戏类、宣传类福彩档案须填写。游戏类可选填“审批”、“销售”、“开（兑）奖”或者“销毁”；宣传类可选填“产品促销”、“品牌营销”、“公益活动”或者“捐赠项目”。

5. 保管期限：填写归档文件的保管期限。

6. 起止件号：填写盒内排列最前和排列最后的归档文件的件号。起件号填写在上格，止件号填写在下格。

7. 盒号：填写档案盒的排列顺序号。

附 8

备考表式样

备考表

盒内文件情况说明   整理人：　　　年　月　日 检查人：　　　年　月　日

填写说明：

1. 盒内文件情况说明：填写盒内归档文件需要说明的情况，包括文件缺损、修改、补充、移出、销毁等情况。
2. 整理人：负责整理归档文件的人员签名或者签章。
3. 整理日期：填写归档文件整理完毕的日期。
4. 检查人：负责检查归档文件整理质量的人员签名或者签章。
5. 检查日期：填写归档文件检查完毕的日期。

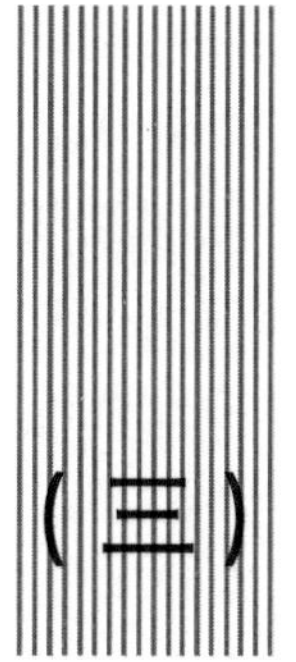

（三）体育彩票管理制度和文献

深入学习贯彻党的十八届五中全会精神 努力开拓体育彩票发展新境界

——国家体育总局局长刘鹏在2016年全国体育彩票工作会议上的讲话

（2016年1月7日）

同志们：

在全国体育战线深入学习贯彻党的十八届五中全会精神、深入巩固“三严三实”教育活动成果、深入贯彻落实习近平总书记关于体育工作的重要讲话精神，按照全国体育局长会议的部署，科学规划“十三五”时期体育事业新发展、全力推动新一年各项体育工作之际，2016年全国体育彩票工作会议今天召开，具有重要意义。

2015年，是中国体育彩票“十二五”的收官之年，在党中央、国务院的正确领导下，在财政部门的大力支持和体育部门的有效管理下，在体彩机构和体彩工作者的不懈努力下，体育彩票全年销售1 664亿元，筹集公益金415亿元，实现了安全、健康发展。“十二五”时期，在各级体育行政部门的领导和支持下，全国体彩系统深入贯彻《彩票管理条例》及《彩票管理条例实施细则》，紧紧围绕体育彩票发展“十二五”规划，巩固发展基础、转变发展方式、拓展发展空间，各项工作迈上了新台阶。体育彩票事业所取得的成绩，为构建公共体育服务体系、加快体育强国建设提供了重要保障，为服务和改善民生、推动经济社会发展提供了有力支持、做出了重要贡献。在此，我向财政、体育等各有关部门和全国体彩工作者表示崇高的敬意和衷心的感谢！

本次会议的主题是：深入学习贯彻党的十八大和十八届三中、四中、五中全会精神，坚持和拓展体育彩票发展的成功经验，以科学谋划、扎实推进体育彩票“十三五”发展为契机，以敢于担当、奋发有为的精神状态，认清形势、坚定信心，团结一致、艰苦奋斗，努力开拓体育彩票事业发展新境界。

下面，我着重从两个方面讲些意见。

一、坚持体育彩票发展的重要经验，更好地履行国家公益彩票的光荣使命。

我记得，2005 年，我第一次参加在山东召开的全国体彩工作会议，我们认真总结前 10 年体育彩票发行和管理的经验教训，深刻认识并首次明确体育彩票作为“国家公益彩票”的地位，贯彻落实科学发展观，科学规划、严格管理，扎扎实实做好体育彩票各项工作。十年后的今天，我们欣喜地看到，十年来，体育彩票实现了高效安全运行和平稳健康发展，作为国家公益彩票的地位更加显著，承担社会责任的基础更加坚实，体育彩票市场更加和谐，体育彩票事业在实践中探索、在创新中进取、在发展中完善，取得了显著的成效，获得了重要的发展经验：

一是坚持以人为本，服务民生。“十二五”期间，体育彩票牢牢把握国家公益彩票的基本定位，已成为国家为体育事业在内的各项社会公益事业筹集资金的重要渠道，体育彩票公益金已广泛用于社会保障、医疗卫生、教育助学、扶贫救灾等社会公益事业，且规模和范围逐年扩大。体育彩票作为体育事业“生命线”的作用愈加凸显，已成为体育事业发展特别是全民健身公共服务体系建设的重要支撑。同时，体育彩票在促进就业、带动多行业发展、满足人民群众需求等方面都发挥了积极作用，是中国特色社会主义体育事业的重要发展成果，体现了体育工作的多元社会价值和综合功能。

二是坚持科学发展，强化改革创新。过去的十年，体育彩票以科学发展为核心，以改革创新为牵引力，发行销售规模不断扩大，“十一五”期间共发行 2 428 亿元，累计筹集公益金 728 亿元，总销量比“十五”期间翻了一番；“十二五”期间，累计发行 6 799 亿元，比“十一五”期间增长 180%，累计筹集公益金 1 762 亿元，比“十一五”期间增长 142%。我们不断深化对中国特色体育彩票发展规律的认识，坚持顶层设计与基层创新相结合，不断推进理论创新、制度创新、实践创新，不断破解发展难题，不断优化产品结构，不断完善渠道布局，不断加强技术体系建设，奠定了持续发展的坚实基础，树立了良好的公益形象。

三是坚持依法治理，确保规范运行。各级体彩机构牢固树立依法治彩的观念，着力提升依法履职的能力，牢记安全运行生命线，深入贯彻落实《彩票管理条例》和《彩票管理条例实施细则》，进一步梳理职责，强化制度建设，加强市场监管，承担社会责任，构建安全管理体系，实施廉政风险防控，保障了体育彩票有序健康安全发展。

四是坚持锤炼队伍，弘扬体彩精神。面对改革攻坚期的挑战和机遇，体育彩票锤炼了一支遵纪守法、吃苦耐劳、作风过硬的战斗团队，大力弘扬了“责任、诚信、团结、创新”的体彩精神，为事业健康持续发展提供了可靠的组织保障和可贵的精神力量。全国体彩工作者不计个人得失，不论一时成败，以对党忠诚、个人干净、敢于担当为己任，始终脚踏实地，求真务实，不断为事业发展贡献力量。

实践证明，体育彩票要履行好国家公

益彩票筹集社会公益金、不断满足社会公益事业和体育事业发展需求的光荣使命，必须坚持服务民生的出发点和立足点；必须坚持科学发展的正确方向；必须坚持向深化改革、勇于创新要发展动力；必须坚持把依法治理、规范运行作为重要根基；必须坚持以体彩精神凝聚团队力量作为组织保障。始终坚持这些体育彩票经过多年磨砺取得的宝贵经验，是我们站在新的历史起点上迎接机遇与挑战、实现健康持续发展的源泉和动力。

二、深入学习贯彻党的十八届五中全会和习近平总书记一系列重要讲话精神，在新的历史条件下开拓体育彩票发展新境界。

党的十八届五中全会精神集中体现在习近平总书记《关于“十三五”规划建议的说明》和全会审议通过的《“十三五”规划建议》中，是党在新的历史起点上，分析当前形势和任务，团结带领全国各族人民协调推进“四个全面”战略布局，为如期完成全面建成小康社会的战略任务、实现中华民族伟大复兴中国梦奠定坚实基础提出的科学指南和行动纲领。

党的十八大以来，以习近平同志为总书记的党中央高度重视、坚强领导体育事业的发展。习近平总书记多次发表重要讲话、批示、指示，对体育工作进行了一系列精辟论述，为新时期体育事业的持续发展确定了方向、纲领和根本遵循。

全国体彩系统一定要认真学习、深刻领会、坚决贯彻十八届五中全会和习近平总书记重要讲话精神，坚定信心，坚持目标导向，厚植发展优势，牢固树立并切实贯彻创新、协调、绿色、开放、共享的发展理念，紧密联系体育彩票发展的实际，团结一致，艰苦奋斗，把《“十三五”规划建议》确定的各项决策部署和工作要求落到实处，开拓体育彩票事业发展新境界。

（一）认清形势，把握机遇，为开拓发展新境界强化共识

“十三五”时期，是我国全面建成小康社会的决胜阶段。到2020年全面建成小康社会，是我们党对人民、对历史做出的庄严承诺，是“两个一百年”奋斗目标的第一个百年奋斗目标，是“十三五”时期必须完成的任务。同时，我国经济发展进入新常态，深化供给侧结构性改革，增速换挡，调结构，转方式，经济增长动力转换，我国经济正在向形态更高级、布局更科学、结构更合理的阶段进展。体育事业的发展改革，迎来新一轮可以大有作为的战略机遇期，我们既要抓住机遇，乘势而上，又要坚持问题导向，着力解决发展中不协调、不平衡、不可持续的问题。

2015年12月26日下午，全国人大常委会第十八次会议举行联组会议，就国务院关于2014年度中央预算执行和其他财政收支审计查出问题整改情况的报告进行专题询问，其中涉及彩票资金审计问题由民政部领导和我进行了回答。这充分体现了全国人大常委会监督工作制度的不断加强，审计查出问题整改工作进一步制度化、长效化，监督的针对性和实效性增强；也体现了全国人民对于查出的彩票资金问题和整改落实的高度关注。全国体彩系统一定要根据整改要求，坚持问题导向，完善改进措施，切实推动审计查出问

题的整改工作落实到位。

因此，谋划“十三五”时期体育彩票发展，必须坚决贯彻党中央、国务院的各项要求，准确把握战略机遇期内涵的深刻变化，深刻认识我们面临的阶段特征和目标要求，坚定发展信心，用新理念引领新行动，努力满足广大人民对彩票发展的期望和需求。面临改革机遇、市场机遇的体育彩票，就要坚持目标导向和问题导向相结合，着力解决目前存在的制约体育彩票向更高境界发展的问题。如销售渠道建设和服务不能充分满足彩票购买者的需求，品牌和公信力建设与社会公众的要求还有一定距离，管理运营还存在一些薄弱环节和漏洞，事业的快速发展还需要队伍能力持续提升等。尤其具有挑战性的是，有些老办法失灵、而新办法还在摸索中，一些创新性做法还要通过实践检验去完善，这就要求我们要以更加坚定的改革创新的决心与定力，落实新的发展理念，坚持实事求是，坚持在发展中解决问题。还要加强与国家有关部门的沟通，积极遵循彩票发展规律，共同参与到彩票事业的改革发展中来。

发展赢在“创新”。“创新发展”才能增添发展动力，着力点是增强培育新要素、打造新模式、开辟新市场等创新能力。

发展稳在“协调”。“协调发展”才能解决发展不平衡、发展方式粗放问题，着力点是优化现有游戏产品结构和渠道布局，不断缩小区域和城乡差距。

发展优在“绿色”。“绿色发展”才能促进解决发展方式的转变，着力点是积极推进责任彩票建设工作，塑造传播积极健康的体育彩票文化，不断提升体育彩票公信力。

发展活在“开放”。“开放发展”才能形成内外联动共同推进，着力点是发挥我们的体制机制优势，各级机构联动，合理利用外部资源，积极参与行业建设和治理，更加公开透明，彰显社会责任。

发展益在“共享”。“共享发展”才能实现发展的目标，着力点是强化体育彩票服务民生、贡献社会的使命和责任，持续为社会公益事业和公共体育服务体系建设提供有力支持，始终坚持“发展为了人民，人民共享发展。”

（二）要增强担当，保持韧劲，为开拓发展新境界凝聚力量

22 年来，体育彩票走过了起步创业、奋进超越、砥砺前行、创新发展的历程，在不断实现新发展、取得新成绩的同时，体育彩票的发行规模逐步扩大、监管法规不断完善、社会关注逐年升温，市场情况变化迅速、彩票公信力和责任彩票形象还有待提升等也对发展提出了更高的要求。但近年来，个别地方的体育部门和体彩机构出现了这样一些倾向：有的认为监管严了、关注度高了，有畏难情绪，工作中避重就轻；有的认为政绩主要看销量，忽视中长期利益、无视客观发展规律盲目刺激销量；有的认为工作做了很多，但没有得到领导和群众的理解和认可，有委屈情绪，不想作为等。以上这些问题，归根结底是没有科学的发展观、政绩观。我们常说，不忘初心。就是说不要因为已走过一些路，就忘记为什么出发。站在新的发展起跑线上，无论是刚刚加入体彩队伍的新同志，还是具有丰富体彩工作经验的老同

志，都要想想自己为什么出发的问题。

凿井者，起于三寸之坎，以就万仞之深。多年来，体育彩票在发展中形成的“责任、诚信、团结、创新”的体彩精神，凝练了体育彩票多年发展实践的宝贵经验，也是全国体彩战线精神面貌的集中体现。多年来，无论顺境还是逆境，全国体彩人始终以责任和使命为担当，团结拼搏、自我超越，在为国家公益事业做出贡献的同时，也在践行着“乐善人生”的公益精神。

站在发展新地点，全国体彩系统要继续以体彩精神为指引，增强担当，保持韧劲，坚持依法依规，坚持自我完善，保持战略定力，把握发展机遇，以提高发展质量和效益为中心，结合体育彩票工作实际，加快形成适应发展新常态的体制机制和发展方式，从战略上、重点上、布局上、举措上、指标上进行细化，统筹推进各项工作。要更加注重提高发展质量和效益，优化现有存量、做优增量；要更加注重引导市场行为和社会认同，彰显社会责任；要更加注重使市场在资源配置中起决定性作用，盘活资源要素；要更加有效地应对各种风险和挑战，“蹄疾而步稳”地打牢发展基础、提升发展质量、加快培育新的发展动能，增强持续增长动力。总之，开拓发展新境界，就是要扭住发展这个中心不放松，不为复杂情况所扰；开拓发展新境界，就是要扭住补齐发展短板不放松，不为发展难题所惧；开拓发展新境界，就是要扭住改革转型不放松，不为传统发展方式所困；开拓发展新境界，就是要扭住发展质量和效益不放松，不为议论纷纷所动。

坚持发挥好体育彩票“一把手”工程的作用，是体育彩票得以发展的重要保障。各级体育行政部门要从实现“两个一百年”奋斗目标的高度来认识体育彩票所肩负的使命与责任，加强领导与统筹，切实重视并支持体育彩票发行销售工作，为体育彩票事业发展创造条件；要按照审计署有关彩票资金专项审计的意见，依法依规使用好公益金，提升公益金使用效率，并要按照《体育彩票公益金资助项目宣传管理办法》的要求，做好体育彩票公益金分配、使用、管理等环节的信息公开工作和宣传工作，使社会公众知晓体育彩票的公益本色。

（三）要忠诚干净，安全廉洁，为开拓发展新境界筑牢防线

责任重于泰山，安全才能发展。体育彩票发行关系亿万人民群众的切身利益，关系社会和谐稳定，关系体育事业和社会公益事业发展，使命光荣，责任重大。多年来，正是全国体育部门和体彩系统对安全生命线的牢牢把握，对廉洁从业的坚定坚守，才有了今天的成就和局面。我们务必要以对国家、对事业、对人民高度负责的态度，时刻绷紧安全这根弦，居安思危，警钟长鸣。

当前我国正在深入推进“四个全面”战略布局，党中央提出，在新形势下，党员领导干部必须有发现问题的敏锐、正视问题的清醒、解决问题的自觉。新修订施行的《中国共产党廉洁自律准则》和《中国共产党纪律处分条例》，是落实党的十八大和十八届三中、四中、五中全会精神，贯彻习近平总书记系列重要讲话精神，加强党内法规制度建设的重要制度。

贯彻实施好两项党内规则，对于坚持全面从严治党、加强党的建设、强化党内监督，为协调推进“四个全面”战略布局提供坚强纪律保证，具有十分重要的意义。

全国体彩系统要以学习贯彻《准则》《条例》为根本，紧扣廉洁自律主题，坚定党的理想信念宗旨、发扬党的优良传统作风，坚守阵地、重在立德、巩固成果。要清醒地认识到，新形势下，我们面临的依法履职能力考验、市场经济考验、外部环境考验是长期的、复杂的、严峻的，精神懈怠危险、能力不足危险、脱离群众危险、消极腐败危险更加尖锐。天下难事，必作于易；天下大事，必作于细。面对严峻复杂的形势、艰巨繁重的任务和社会关注的期盼，必须要靠理想、信念、宗旨的引领，要靠严明纪律作保障。约束也是导向，严管方为厚爱。体彩工作者要把纪律和规矩挺在前面，把维护体育彩票公信力和彰显社会责任作为主线，以认真贯彻落实《彩票管理条例》和《彩票管理条例实施细则》为遵循，毫不放松地加强安全和廉政建设，为体育彩票开拓发展新境界提供强有力的保障。

同志们，2016 年是“十三五”规划开局之年，是年轻的中国体育彩票事业再次出发的新起点，我们要以新理念引领新发展，以新目标带动新实践，以新面貌展现新实力，为开拓体育彩票发展新境界扎实工作，再立新功。

2016年全国体育彩票工作报告

一、2015年体育彩票工作情况

在国家体育总局党组正确领导和财政部大力支持下，全国体彩系统深入学习贯彻党的十八大，十八届三中、四中、五中全会精神，紧紧围绕“十二五”规划的发展目标，狠抓依法治彩，不断夯实基础，圆满完成了2015年各项工作任务。全年共销售1 664亿元，筹集公益金415亿元。

乐透型彩票继续以做强超级大乐透和确保高频游戏可持续发展为重点，持续强化各项基础工作。各级体彩机构更加重视超级大乐透，以品牌推广为主线，以派奖和促销活动为抓手，狠抓网点“五个一”等基础工作，工作质量不断提升，品牌认知持续提高，购彩人群进一步扩大。高频游戏的重点是抓日常维护，各地按照《高频游戏市场日常维护工作指导意见》有序开展，集中实施了一轮市场精耕计划，着力提升网点质量，不断加大培训力度，逐步加强营销宣传，市场基础不断夯实。乐透型彩票全年共销售935亿元。

竞猜型彩票以基础建设为核心，坚持游戏政策的稳步推进，坚持扩大购彩群体，提升渠道工作质量，提升运营管理水平。各级体彩机构按照总局中心的部署，围绕竞彩游戏单场固定奖金投注，组织开展了“竞彩普及日”“超级竞彩季”等品牌营销宣传活动；通过传统媒体与微信营销持续推广重点赛事，巩固、扩大了购彩人群；创新生动化培训内容和方式，强化基层队伍和网点业主的业务能力，网点的服务水平和经营能力持续提升。通过这些工作，进一步挖掘了单场固定奖金投注的潜力，化解了市场不稳定因素，增强了基层工作的针对性和有效性。竞猜型彩票全年共销售589亿元。

即开型彩票以渠道建设为主线，进一步加强电彩渠道的精细化管理，重点推进电彩渠道“5要素”的落实，规范化水平有所提升。各地根据总局中心下发的指导意见，细化工作计划和方案，大力拓展行业渠道，取得了一定成效，全国新增行业网点10 379个。总局中心继续加强即开游戏管理，进一步完善了新票种设计中的测评机制，全年共上市28款新票种；完成了品牌规划，制定了品牌发展策略。省市中心结合重点新游戏上市，开展了多种形式的营销宣传活动。在总局领导大力支持下，即开票自主生产建设取得阶段性成果，新的印制服务管理模式正在建立。即开型彩票全年共销售140亿元。

渠道建设稳步推进。过去的一年，各级体彩机构狠抓网点规范化管理，网点代销证使用和警示标语展示进一步规范，网点星级管理工作扎实推进，99.9%的网点完成了星级评定，三星级及以上网点比例进一步提高，达到 49.6%。在财政部统一部署下，总局中心积极稳妥地推进互联网销售试点准备工作。开展了内部销售测试，对互联网销售技术系统和业务流程进行了全面检验；并委托第三方机构，对互联网销售技术系统和制度规范进行了更深一步论证，形成了论证报告。实现了江苏手机即开试点。

品牌建设工作不断加强。围绕塑造公益公信的品牌形象，统筹协调全国和省市力量，共同推进危机管理、媒体传播、公益推广等工作。各级体彩机构主动适应社会舆论监督的新常态，不断完善公共信息发布机制，加强了对审计公告等各类舆情的监测，快速反应、主动发声，有效维护了体彩形象。围绕体育彩票的公益成就、责任理念、公信力建设以及体彩文化，开展了形式多样的传播活动，持续提升了体育彩票的社会认知。继续开展“快乐操场”等公益品牌传播活动，进一步扩大了公益宣传范围。各地结合《体育彩票公益金资助项目宣传管理办法》的实施，以及《体育彩票公益金使用情况研究报告（1994—2013 年）》的发布，密切与体育行政部门和公益金使用部门的联系，强化了公益金的使用宣传。

技术体系建设成效显著。在各级体彩机构的共同努力下，顺利完成了乐透二代终端升级和即开二代系统切换工作，为乐透和即开彩票可持续发展提供了坚实的技术支撑。国家第二数据中心建设稳步推进。技术管理和数据管理规范化水平进一步提升。各级体彩机构对日常业务安全管理的意识不断增强，加强了对终端机、通信线路等风险点的监控，确保了系统安全稳定运行。开奖工作实现零事故。

队伍建设工作扎实开展。培训工作持续推进，网络培训平台实现了业务全覆盖，培训内容更加丰富，各类培训课程达 48 种。培训力度进一步加大，全国共开展各类培训 4 万余场次，103 万人次接受了培训。结合彩票特点和工作实际，认真开展了“三严三实”专题教育活动，不断推进行业廉政教育和思想作风建设，增强了队伍的责任感和使命感。

依法依规观念和意识进一步增强。针对专项审计发现的问题，全国体彩系统高度重视，逐事逐项制定整改措施，狠抓整改落实。按照体育总局、财政部等部委的部署和要求，坚决杜绝违规网络代购。严格执行各项法律法规和政策要求，加强了对项目采购、对外合作、资金使用、委托销售等关键环节的管理，确保了安全运营。通过落实审计整改，完善了内部控制体系，梳理了运行管理制度，细化了流程规定，进一步完善了体育彩票持续发展的制度基础。

体育彩票“十三五”规划编制基本完成。规划包括 1 个总体规划和 6 个专项规划，总局中心先后开展了 10 余个专题研究，发放问卷 6 000 余份，组织各类座谈 40 余场，充分听取、汇总了各级体彩机构、专家学者、社会媒体、彩票购买者及社会各界对体育彩票发展的意见和建议。同时，认真学习贯彻国家制定“十三五”规划的指导思想和理念，借鉴国际彩票业先进发展经验，为规划的制定提供有益参考。各省区市中心全力配合、积极参与，对规划内容进行了研究、讨论，明确了“十三五”时期体育彩票发展的指导思想、总体目标和主要任务。

二、“十二五”体育彩票工作回顾

“十二五”是体育彩票事业快速发展，取得巨大成绩的5年。“十二五”期间，全国体彩系统大力弘扬“责任、诚信、团结、创新”的体彩精神，团结一心、自我加压、主动作为、勇于担当，体育彩票事业呈现出蓬勃发展的良好局面。销售规模实现快速增长。年销量从2010年的694亿元增加至2015年的1 664亿元。自2012年以来，年销量均超过千亿元，最高达到1 764亿元。5年累计发行销售6 799亿元，比“十一五”期间的总销量增长180%，累计筹集公益金1 762亿元，为体育事业和国家公益事业的发展做出了重要贡献。

“十二五”期间，全国体彩系统始终坚持科学发展，巩固发展基础、转变发展方式、拓展发展空间，各项工作迈上了新台阶。不断完善发行销售管理制度和工作规范，理顺发行机构与销售机构职责，进一步提升了体育彩票的管理运营水平。不断加强市场培育，打造核心产品，过去的5年，在超级大乐透和高频游戏的拉动下，进一步巩固了乐透型彩票的主力地位；在竞彩的带动下，竞猜型彩票的贡献日益凸显；即开型彩票游戏票种进一步丰富，不断满足市场需求。努力推进渠道建设，打造多层次的渠道体系，到“十二五”末，网点规模进一步扩大，达到14.6万个，网点质量显著改善，87%的网点形象实现了统一。实现了江苏手机即开试点，互联网销售试点准备工作积极稳妥推进。不断提升公益公信的品牌形象，建立了集品牌传播、舆情监测、危机管理、公益推广为一体的、上下联动的日常管理和监测机制，实现了全国联网游戏摇奖节目的网络直播，进一步提升了社会影响和公信力。不断完善技术体系，完成了国家主数据中心的建设，初步建成发行销售管理平台，实现了自主知识产权的乐透二代系统、竞猜二代系统、即开二代系统的全国上线运行，建立了统一运维管理体系，实现了销售数据统一管理和定期审核，系统运行平稳，技术支撑能力逐步增强。不断加强人才队伍建设和组织建设，各级体彩机构的队伍规模达到12 896人，比2010年底增长169%，34.4%的区、县设立了体彩机构；建立了高效实用、覆盖各级管理人员的培训体系，远程培训平台开始发挥作用，为体育彩票事业提供了坚实保障。

“十二五”期间，各级体彩机构围绕体育彩票发展总目标，加强自身建设，把握市场规律，积极开拓创新，不断超越自我。各省市的销售规模实现大幅增长，年销量过百亿元的省份达到5个，涌现出一大批年销量超过十亿元的地市以及亿元县。不少地区在产品培育、网点管理、营销宣传等基础工作上积极创新，积累了宝贵经验。

当前，我国经济社会已进入发展新常态，国家正在协调推进“四个全面”战略布局，体育彩票发展既面临难得的机遇，也存在一些问题与挑战，发展理念与方式不能适应新形势的需要，发展质量与效益有待进一步提高，主要表现在：游戏产品、销售渠道建设和服务还不能充分满足购彩者的需求，技术体系建设和队伍的管理能力还不能完全适应事业快速发展的需要，品牌和公信力建设与社会公众对彩票的认识提升还有一定距离，各级体彩机构的法治观念和规矩意识有待进一步增强。

面对这些问题，我们要充分发挥体育彩票统一管理的优势，继续弘扬体彩精神，以更高的站位、更宽的视野深入分析形势，以拓展购彩人群为重点，以服务彩票市场、提升购彩体验为导向，平心静气、保持定力，毫不松懈地继续抓基础、补短板、强管理、提质量。

三、2016 年体育彩票工作重点

2016 年是“十三五”规划的开局之年，体育彩票工作要以党的十八大和十八届三中、四中、五中全会精神为统领，贯彻落实全国体育局长会议精神，紧紧围绕“十三五”规划，坚持走中国特色的体育彩票发展之路，稳中求进、抓住机遇、乘势而上，持续夯实发展基础，更加注重能力建设，进一步强化责任意识，切实保障安全运营，为“十三五”谋好篇、开好局、起好步。

重点抓好以下 5 个方面的工作：

（一）以依法治彩为保障，稳步落实“十三五”规划

体育彩票“十三五”规划的实施是一项系统工程。总局中心将加强对规划实施的战略管理，开展市场调研，制定有利于规划实施的政策措施，进行分类指导，充分发挥彩票市场调控资金的作用，加大对困难地区的帮扶。省市中心要紧紧围绕规划确定的目标与任务，立足本区域实际，制定形成本地区实施规划的路线图、时间表及具体措施；要开展针对市场运营、队伍建设、渠道管理等方面的调查研究，抓住工作中的重点区域和薄弱环节，切实发挥主体作用，持续夯实发展基础，不断增强适应和服务市场的能力。

要把依法治彩作为落实“十三五”规划的重要保障。各级体彩机构要进一步完善制度体系，全面回顾、认真梳理、查漏补缺，增强制度、流程的针对性和有效性，不断适应业务发展需要。要进一步提升法治观念和规矩意识，强化法规、制度的刚性约束，切实做到按法规、政策和制度做决策、开展工作；继续落实总局、财政部等相关部委的部署和要求，自觉抵制、坚决杜绝违规网络代购；严格遵守对外采购、资金管理、网点代销等环节的有关规定，防范风险隐患。

（二）统筹产品培育工作，促进三大类游戏平稳发展

在乐透型彩票方面，抓好大乐透系统培育和高频游戏市场精耕两个重点，实现销量稳步提升。其中，超级大乐透要贯彻“一个着重、两个坚持”的工作思路。一是要着重抓好“改善购彩体验”，力争在产品介绍、卖点提炼、彩票票面、数据展示等方面更加适应新人群的需求。二是要继续坚持“系统推进”的工作方法，强化品牌推广，重点提升媒体投放效益，强化媒体投放与销售的衔接；要抓好新规则申报上市和全国派奖促销，集中开展省市自主促销活动，不断拓展购彩人群；要巩固和提升“五个一”的工作质量，加强依托网点对新人群的推广。三是要继续坚持“高度重视”，进一步强化对大乐透基础性地位的认识，不断增强市场培育能

力，推进大乐透再上一个新台阶。高频游戏要围绕扩大购彩人群，优化宣传素材和展示视频，加大媒体投放，强化面向新人群的营销推广工作；要以派奖活动为抓手，实施高频游戏市场精耕计划，进一步夯实基础。同时，要持续优化在售游戏规则，加强新游戏的研发储备和申报工作。

在竞猜型彩票方面，以重大体育赛事为契机，进一步扩大购彩群体，增加销售规模。总局中心将进一步丰富游戏种类，配合互联网销售试点准备工作，做好相应的游戏研发与储备；落实配套风控策略，适时调整竞猜难度和奖金；在风险可控的前提下，稳步推进竞猜国内足球联赛的相关准备；加强储备游戏的研发，进一步深化对网球、CBA 等运动项目的研究。实施竞猜网点的分类分级管理，制定相应标准和建设规范，逐步增加销售竞彩的网点数量，进一步细化对“赛事出门”工作落实情况的分级分类考核。要拓宽微信、微博、移动客户端等新媒体营销的领域，不断提高营销工作和品牌推广工作效率。要以体育赛事为主线，借助欧洲杯、奥运会、欧洲五大联赛等重点赛事，开展形式多样的促销活动，不断提高竞彩知名度，确保竞猜销量稳步增长。进一步深化竞猜培训体系建设，做好培训师的选拔和培养工作，丰富培训课程，加大培训力度，不断提升竞猜从业人员的业务素质和运营管理能力。

在即开型彩票方面，进一步巩固发展基础，深挖市场潜力。继续推进电彩渠道的精细化管理，狠抓“5 要素”的落实，进一步提升达标率。对于行业渠道的拓展，总局中心将加强对省市的指导，制定操作指导手册，同时加大对全国性行业渠道发展的协调力度。省市中心要从战略高度认识行业渠道拓展的重要性，加大资源投入，组建专职队伍，加强激励和考核。要充分挖掘和引入社会资源，建立第三方拓展行业渠道模式，不断提升行业渠道拓展成效。要进一步完善产品管理机制，优化新产品的测评和推介工作；针对细分市场、细分渠道、细分人群，做好新产品的开发，在票面主题、奖金奖级设计、游戏玩法、包装规格等方面力求出新。要根据“顶呱刮”品牌规划，落实品牌规范，加大广告投放，提升品牌知名度。统筹全国和地方营销资源，兼顾现有购买群体和潜在购买群体，合理安排营销节奏，开展多节点、多样化的营销宣传活动，不断提升营销效果。

（三）继续夯实网点基础，做好互联网销售试点准备

要进一步巩固网点发展基础，不断提高网点质量。一是要大力拓展网点规模，以提高购彩便利性为目标，在技术、政策等方面采取措施，加大资金、人员和物资投入，继续填补城乡空白区域，不断提高网点覆盖率。二是要积极主动与其他行业和社会资源联合，因地制宜创新实体网点业态，不断满足市场需要，拓展发展空间。三是要依法加强网点管理，规范代销证使用和警示标语展示，及时发现和处理网点违规行为，保障网点健康发展。四是要完善网点的形象和服务规范，深入推进网点星级管理工作，提升网点形象和服务水平。

总局中心将积极推进互联网销售试点准备工作，进一步完善各项管理制度和工

作流程，做好游戏产品、技术系统、运营和营销等各项准备。

（四）塑造公益公信的品牌形象，进一步提升体彩公信力

依照品牌发展规划，打造良好的品牌形象是体育彩票长期的工作重点。2016年，总局中心将统筹品牌管理体系建设与品牌传播工作，加强对合作媒体的资源整合与业务指导，深化与主流媒体的深层次合作，不断提高媒体传播效果；积极打造宣传资料共享平台，持续提升各级体彩机构的宣传工作水平。要继续开展优质的公益品牌传播活动，创新品牌传播活动的主题和形式，调动省市力量，实现全国联动。2016 年，总局中心还将配合总局做好公益金使用情况数据库的建立，我们要抓住契机，对公益金的筹集、分配、使用等方面进行广泛宣传，省市中心要配合落实《体育彩票公益金资助项目宣传管理办法》，做好公益金使用项目的日常规范化展示和重点宣传，不断提升公益公信的体彩形象。要把握全媒体时代下资讯传播的规律特点，完善舆论危机的预控管理与应对体系，强化风险识别与评估的前瞻性，从被动应对向有效预防转变，不断增强舆论引导的驾驭力。

要把公信力建设摆在更加突出的位置。严格执行开奖和计奖工作流程，继续推进阳光开奖，提升开奖管理水平。加强对开奖计奖工作的宣传，多媒体、多渠道地解读和展示开奖计奖工作所体现的“公开、公平、公正”原则。要进一步强化体育彩票的社会责任意识，切实发挥好95 086 客服热线作用，及时回应社会关切；在前期社会责任研究的基础上，明确体彩机构的社会责任框架；加强对购彩行为的研究，逐步推进社会责任建设。通过多种形式的体彩文化传播，传递体彩系统正能量。加大信息主动公开力度，继续做好信访工作。

（五）强化技术和队伍保障，不断增强发展动力

2016 年，总局中心将按照修订后的技术规划，进一步完善体育彩票的发行销售管理平台，面向实体网点和电话、互联网渠道，发挥统一管理和基础公共服务作用。积极推进第二数据中心和信息系统安全合规性建设，确保各应用系统安全平稳运行。组建体彩测试中心，加强接入测试和用户接收测试，严把测试质量关。推进数据集成平台建设，加强数据监控，确保数据安全管理和有效利用。整合内、外部技术力量前瞻性地开展技术储备，为业务发展和提升管理水平提供服务。

人才队伍是落实“十三五”规划的关键。各级体彩机构要按照队伍发展规划的要求，发挥人力资源的基础性、保障性作用，努力打造一支符合体彩特点、思想过硬、德才兼备、具有竞争能力的发行销售队伍。2016 年，总局中心将进一步健全培训体系，以远程培训平台为抓手，整合全国培训资源，启动资源共享平台、精品课程库及专业人才库的建设，不断提高队伍素质，增强核心竞争力。继续弘扬“责任、诚信、团结、创新”的体彩精神，推进体彩文化建设。以落实全面从严治党要求为主线，进一步强化党风廉政建设党委主体责任和纪委监督责任，大力弘扬严的精神和实的品格，把作风建设不断引向深入。

四、彩票统计资料

（一）历年综合统计资料

Statistical Data of Past Years

1987—2016 年全国彩票销售统计表（分系统）

Statistical Table of Lottery Sales in Different Organizations in China from 1987 to 2016

单位：万元

Unit：Ten Thousand Yuan

年份 Year	福利彩票 Welfare Lottery	体育彩票 Sports Lottery	合 计 Total	增长率（%） Rate of Increment
1987	1 739. 50	—	1 739. 50	—
1988	37 627. 76	—	37 627. 76	2 063. 14
1989	38 315. 65	—	38 315. 65	1. 83
1990	64 731. 22	—	64 731. 22	68. 94
1991	77 388. 04	—	77 388. 04	19. 55
1992	137 550. 03	—	137 550. 03	77. 74
1993	184 288. 52	—	184 288. 52	33. 98
1994	179 823. 77	—	179 823. 77	-2. 42
1995	573 023. 46	100 000. 00	673 023. 46	274. 27
1996	647 521. 50	120 000. 00	767 521. 50	14. 04
1997	363 751. 40	150 000. 00	513 751. 40	-33. 06
1998	631 990. 40	250 000. 00	881 990. 40	71. 68
1999	1 044 448. 50	403 551. 00	1 447 999. 50	64. 17
2000	898 847. 26	911 400. 40	1 810 247. 66	25. 02
2001	1 395 735. 16	1 492 928. 39	2 888 663. 55	59. 57
2002	1 679 925. 25	2 177 313. 99	3 857 239. 24	33. 53
2003	2 000 569. 58	2 013 453. 28	4 014 022. 86	4. 06
2004	2 263 753. 30	1 541 963. 48	3 805 716. 78	-5. 19
2005	4 112 077. 66	3 026 557. 94	7 138 635. 60	87. 58
2006	4 956 759. 24	3 236 292. 90	8 193 052. 14	14. 77
2007	6 315 902. 51	3 851 370. 97	10 167 273. 49	24. 10
2008	6 039 795. 23	4 561 530. 35	10 601 325. 58	4. 27
2009	7 560 580. 05	5 687 306. 97	13 247 887. 02	24. 96
2010	9 680 238. 56	6 944 604. 20	16 624 842. 76	25. 49
2011	12 779 719. 93	9 378 464. 56	22 158 184. 49	33. 28
2012	15 103 223. 19	11 049 195. 92	26 152 419. 11	18. 03
2013	17 652 846. 37	13 279 658. 55	30 932 504. 92	18. 28
2014	20 596 815. 22	17 640 993. 36	38 237 808. 57	23. 62
2015	20 151 098. 97	16 637 325. 74	36 788 424. 71	-3. 79
2016	20 649 163. 80	18 814 963. 71	39 464 127. 51	7. 27
合 计 **Total**	**157 819 251. 03**	**123 268 875. 71**	**281 088 126. 75**	—

1987—2016 年全国彩票销售统计表（分类型）

Statistical Table of Lottery Sales in Different Lottery Games in China from 1987 to 2016

单位：万元

Unit：Ten Thousand Yuan

年份 Year	传统型 Traditional Games	即开型 Instant Games	乐透数字型 Lotto Games	竞猜型 Sports Betting	视频型 Online Instant Win	基诺型 Keno	合　计 Total
1987	1 739. 50	—	—	—	—		1 739. 50
1988	14 446. 35	23 181. 41	—	—	—	—	37 627. 76
1989	4 265. 32	34 050. 33	—	—	—	—	38 315. 65
1990	4 333. 22	60 398. 00	—	—	—	—	64 731. 22
1991	5 697. 45	71 690. 59	—	—	—	—	77 388. 04
1992	6 196. 90	131 353. 13	—	—	—	—	137 550. 03
1993	3 831. 52	180 457. 00	—	—	—	—	184 288. 52
1994	2 843. 45	176 980. 32	—	—	—	—	179 823. 77
1995	1 487. 00	646 150. 53	25 385. 93	—	—	—	673 023. 46
1996	—	696 208. 80	71 312. 70	—	—	—	767 521. 50
1997	—	401 779. 40	111 972. 00	—	—	—	513 751. 40
1998	—	682 207. 00	199 783. 40	—	—	—	881 990. 40
1999	—	1 042 575. 00	405 424. 50	—	—	—	1 447 999. 50
2000	—	568 023. 49	1 242 224. 17	—	—	—	1 810 247. 66
2001	—	289 993. 93	2 465 206. 91	133 462. 71	—	—	2 888 663. 55
2002	—	308 266. 49	2 842 639. 72	706 333. 03	—	—	3 857 239. 24
2003	—	404 405. 42	2 818 291. 62	791 112. 78	213. 04	—	4 014 022. 86
2004	—	122 576. 45	3 198 995. 66	483 891. 25	253. 42	—	3 805 716. 78
2005	—	26 447. 48	6 653 117. 10	391 897. 83	67 173. 19	—	7 138 635. 60
2006	—	125 359. 91	7 050 408. 47	560 723. 13	456 560. 63	—	8 193 052. 14
2007	—	366 038. 84	7 901 932. 76	579 335. 85	1 319 966. 04	—	10 167 273. 49
2008	—	1 798 686. 42	8 057 835. 60	538 722. 52	206 081. 04	—	10 601 325. 58
2009	—	2 447 161. 08	10 024 861. 15	659 663. 40	116 201. 39	—	13 247 887. 02
2010	—	3 089 504. 13	11 129 658. 88	1 473 623. 11	932 056. 64	—	16 624 842. 76
2011	—	4 000 574. 46	14 275 680. 65	2 180 541. 40	1 701 387. 99	—	22 158 184. 49
2012	—	3 822 368. 16	17 404 801. 51	2 682 919. 12	2 242 330. 32	—	26 152 419. 11
2013	—	3 519 179. 54	21 135 200. 81	3 384 239. 04	2 893 885. 10		30 932 504. 92
2014	—	3 434 286. 79	24 880 896. 59	6 148 008. 51	3 774 636. 67	—	38 237 808. 57
2015	—	3 025 199. 88	23 580 003. 97	5 892 454. 97	4 247 309. 48	43 456. 41	36 788 424. 71
2016	—	2 847 706. 58	24 486 440. 33	7 649 011. 66	4 454 349. 01	26 619. 94	39 464 127. 51
合　计 Total	**44 840. 71**	**34 342 810. 55**	**189 962 074. 43**	**34 255 940. 30**	**22 412 403. 96**	**70 076. 35**	**281 088 126. 75**

注：自 2015 年起基诺型彩票销量单独统计。

1987—2016 年全国彩票销量折线图

Statistical Line Chart of Lottery Sales in China from 1987 to 2016

单位：亿元
Unit：Billion

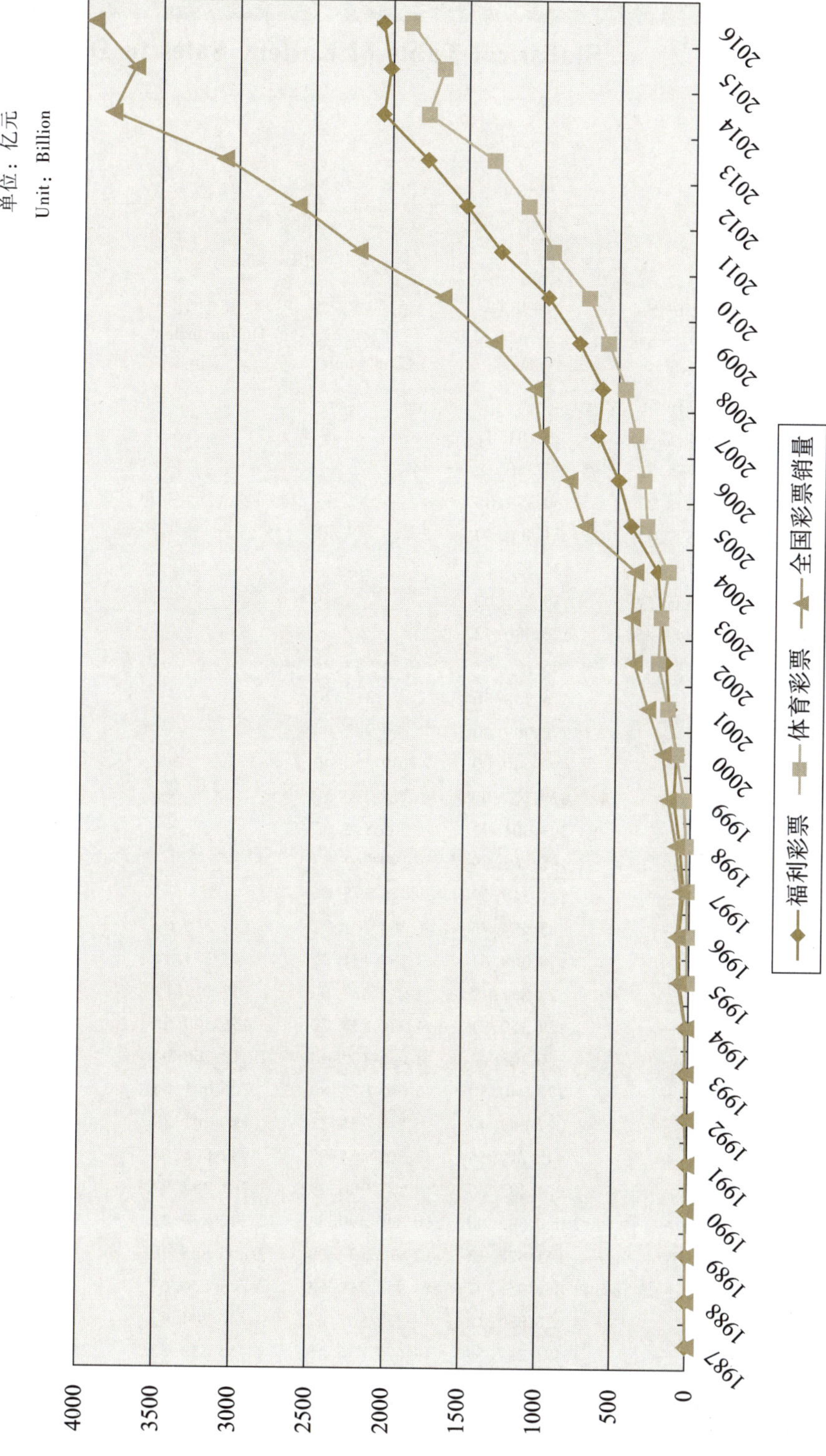

1987—2016 年全国彩票

Statistical Table of Lottery Sales in Different Organizations

			福利彩票 Welfare Lottery			
年份 Year	传统型 Traditional Games	即开型 Instant Games	乐透数字型 Lotto Games	视频型 Online Instant Win	基诺型 Keno	小计 Subtotal
1987	1 739. 50	—	—	—	—	1 739. 50
1988	14 446. 35	23 181. 41	—	—	—	37 627. 76
1989	4 265. 32	34 050. 33	—	—	—	38 315. 65
1990	4 333. 22	60 398. 00	—	—	—	64 731. 22
1991	5 697. 45	71 690. 59	—	—	—	77 388. 04
1992	6 196. 90	131 353. 13	—	—	—	137 550. 03
1993	3 831. 52	180 457. 00	—	—	—	184 288. 52
1994	2 843. 45	176 980. 32	—	—	—	179 823. 77
1995	1 487. 00	546 150. 53	25 385. 93	—	—	573 023. 46
1996	—	576 208. 80	71 312. 70	—	—	647 521. 50
1997	—	276 969. 40	86 782. 00	—	—	363 751. 40
1998	—	492 640. 00	139 350. 40	—	—	631 990. 40
1999	—	829 178. 00	215 270. 50	—	—	1 044 448. 50
2000	—	393 001. 91	505 845. 35	—	—	898 847. 26
2001	—	196 467. 99	1 199 267. 17	—	—	1 395 735. 16
2002	—	201 349. 59	1 478 575. 66	—	—	1 679 925. 25
2003	—	335 654. 76	1 664 701. 78	213. 04	—	2 000 569. 58
2004	—	79 068. 61	2 184 431. 27	253. 42	—	2 263 753. 30
2005	—	22 567. 47	4 022 337. 00	67 173. 19	—	4 112 077. 66
2006	—	129 359. 91	4 370 838. 70	456 560. 63	—	4 956 759. 24
2007	—	350 803. 03	4 645 133. 44	1 319 966. 04	—	6 315 902. 51
2008	—	770 040. 30	5 063 673. 89	206 081. 04	—	6 039 795. 23
2009	—	927 657. 45	6 516 721. 21	116 201. 39	—	7 560 580. 05
2010	—	1 445 717. 55	7 302 464. 37	932 056. 64	—	9 680 238. 56
2011	—	2 004 425. 65	9 073 906. 29	1 701 387. 99	—	12 779 719. 93
2012	—	2 020 302. 00	10 840 590. 87	2 242 330. 32	—	15 103 223. 19
2013		1 855 828. 18	12 903 133. 09	2 893 885. 10	—	17 652 846. 37
2014		1 858 958. 92	14 963 219. 63	3 774 636. 67	—	20 596 815. 22
2015		1 628 034. 12	14 232 867. 01	4 246 741. 43	43 456. 41	20 151 098. 97
2016	—	1 491 247. 58	14 677 736. 45	4 453 559. 83	26 619. 94	20 649 163. 80
合 计 Total	**44 840. 71**	**19 109 742. 53**	**116 183 544. 71**	**22 411 046. 74**	**70 076. 35**	**157 819 251. 03**

注：自 2015 年起福彩基诺型彩票销量单独统计，体彩视频型彩票单独统计。

销售统计表（分系统分类型）

and Different Lottery Games in China from 1987 to 2016

单位：万元

Unit: Ten Thousand Yuan

体育彩票 Sports Lottery					
即开型 Instant Games	乐透数字型 Lotto Games	竞猜型 Sports Betting	视频型 Online Instant Win	小计 Subtotal	合 计 Total
—	—	—	—	—	1 739. 50
—	—	—	—	—	37 627. 76
—	—	—	—	—	38 315. 65
—	—	—	—	—	64 731. 22
—	—	—	—	—	77 388. 04
—	—	—	—	—	137 550. 03
—	—	—	—	—	184 288. 52
—	—	—	—	—	179 823. 77
100 000. 00	—	—	—	100 000. 00	673 023. 46
120 000. 00	—	—	—	120 000. 00	767 521. 50
124 810. 00	25 190. 00	—	—	150 000. 00	513 751. 40
189 567. 00	60 433. 00	—	—	250 000. 00	881 990. 40
213 397. 00	190 154. 00	—	—	403 551. 00	1 447 999. 50
175 021. 58	736 378. 82	—	—	911 400. 40	1 810 247. 66
93 525. 94	1 265 939. 74	133 462. 71	—	1 492 928. 39	2 888 663. 55
106 916. 90	1 364 064. 06	706 333. 03	—	2 177 313. 99	3 857 239. 24
68 750. 66	1 153 589. 84	791 112. 78	—	2 013 453. 28	4 014 022. 86
43 507. 84	1 014 564. 39	483 891. 25	—	1 541 963. 48	3 805 716. 78
3 880. 01	2 630 780. 10	391 897. 83	—	3 026 557. 94	7 138 635. 60
—	2 675 569. 77	560 723. 13	—	3 236 292. 90	8 193 052. 14
15 236. 17	3 256 798. 96	579 335. 85	—	3 851 370. 97	10 167 273. 49
1 028 646. 12	2 994 161. 71	538 722. 52	—	4 561 530. 35	10 601 325. 58
1 519 503. 63	3 508 139. 94	659 663. 40	—	5 687 306. 97	13 247 887. 02
1 643 786. 58	3 827 194. 51	1 473 623. 11	—	6 944 604. 20	16 624 842. 76
1 996 148. 81	5 201 774. 36	2 180 541. 40	—	9 378 464. 56	22 158 184. 49
1 802 066. 16	6 564 210. 65	2 682 919. 12	—	11 049 195. 92	26 152 419. 11
1 663 351. 36	8 232 068. 14	3 384 239. 04	—	13 279 658. 55	30 932 504. 92
1 575 327. 81	9 917 676. 88	6 147 988. 66	—	17 640 993. 36	38 237 808. 57
1 397 163. 72	9 347 136. 60	5 892 454. 97	570. 46	16 637 325. 74	36 788 424. 71
1 356 459. 00	9 808 703. 87	7 649 011. 66	789. 17	18 814 963. 71	39 464 127. 51
15 237 066. 28	**73 774 529. 34**	**34 255 920. 46**	**1 359. 63**	**123 268 875. 70**	**281 088 126. 75**

1987—2016 年全国各

Statistical Table of Lottery Sales in Different

地 区 Region	1987	1988	1989	1990	1991	1992	1993
北 京	—	1 136.68	940.07	2 077.00	2 765.00	3 220.00	5 404.00
天 津	396.60	328.48	1 166.29	1 995.38	1 209.00	769.62	2 474.35
河 北	100.00	1 505.00	1 295.00	2 082.00	2 579.00	3 204.66	3 010.00
山 西	—	1 211.74	826.17	1 136.16	1 516.00	4 175.00	3 300.00
内蒙古	—	14.00	484.68	924.90	549.56	1 766.58	1 293.00
辽 宁	—	3 073.04	2 397.14	6 587.00	3 530.41	3 598.52	4 825.17
吉 林	—	997.98	1 577.14	4 617.10	1 683.33	2 388.21	4 262.68
黑龙江	—	1 550.48	1 463.44	2 214.32	1 417.00	1 650.38	3 185.00
上 海	373.71	701.80	833.99	2 371.89	2 724.00	2 841.00	1 496.60
江 苏	100.00	2 659.00	3 304.65	3 110.30	2 299.87	4 607.66	17 173.00
浙 江	193.90	2 757.89	2 615.25	2 431.00	3 921.82	19 642.22	16 724.97
安 徽	—	1 123.99	1 068.75	1 693.08	2 251.00	2 711.00	8 214.07
福 建	242.84	1 269.65	1 537.63	1 060.00	4 527.96	7 038.50	4 512.05
江 西	—	195.00	300.00	890.21	1 827.72	4 287.92	9 145.99
山 东	—	1 259.19	1 393.80	1 908.46	3 598.37	6 596.13	11 061.04
河 南	198.64	1 130.00	2 041.38	2 540.00	3 230.00	4 220.00	8 000.00
湖 北	133.81	867.40	650.41	787.09	1 107.17	7 962.42	10 882.76
湖 南	—	855.52	950.00	2 010.00	5 625.00	9 117.43	5 009.00
广 东	—	7 396.80	8 271.03	11 278.52	14 275.24	15 554.45	23 138.20
广 西	—	68.88	467.16	4 536.77	6 203.60	7 255.33	12 493.11
海 南	—	512.75	34.87	2 514.53	405.57	227.96	26.21
重 庆	—	816.18	339.61	1 140.00	733.00	1 463.00	3 444.00
四 川	—	1 795.63	912.58	1 405.59	2 356.00	5 907.00	4 857.81
贵 州	—	290.00	547.87	803.18	527.55	3 117.00	6 394.87
云 南	—	1 910.33	1 329.93	612.46	1 270.00	5 781.07	6 958.58
西 藏	—	—	—	—	—	—	60.00
陕 西	—	1 296.68	990.05	1 071.72	2 778.89	1 931.26	871.06
甘 肃	—	636.26	406.40	654.59	1 003.00	2 591.75	2 365.60
青 海	—	207.41	30.36	177.97	171.99	467.37	629.40
宁 夏	—	60.00	140.00	100.00	110.00	74.00	96.00
新 疆	—	—	—	—	1 190.99	3 382.59	2 980.00
中彩中心	**—**	**—**	**—**	**—**	**—**	**—**	**—**
合 计 Total	**1 739.50**	**37 627.76**	**38 315.65**	**64 731.22**	**77 388.04**	**137 550.03**	**184 288.52**

地区彩票销售统计表

Regions in China from 1987 to 2016

单位：万元

Unit：Ten Thousand Yuan

1994	1995	1996	1997	1998	1999	2000	2001
6 395.71	13 485.78	5 452.40	10 003.40	12 722.30	43 131.50	63 118.20	183 426.03
1 799.00	14 313.00	7 259.90	5 843.00	9 717.30	11 712.30	55 439.48	62 878.15
11 255.82	28 411.00	16 559.40	13 528.40	12 499.50	26 277.40	35 183.56	78 277.90
5 010.00	13 801.43	30 227.10	12 877.40	17 973.10	15 337.30	7 556.82	59 527.70
3 838.71	18 800.00	26 400.00	12 846.20	4 318.50	14 977.00	6 523.15	6 461.29
14 719.11	27 107.97	27 892.50	13 833.00	11 716.10	39 806.60	46 842.62	111 621.48
5 499.95	15 885.96	24 455.60	8 507.40	5 647.70	16 878.70	8 027.99	48 248.19
7 313.00	16 879.00	22 697.80	12 155.70	9 568.90	21 969.70	42 058.77	85 260.30
1 523.00	15 992.00	22 770.00	24 833.70	40 900.90	131 004.10	177 625.55	157 562.63
11 860.76	33 711.20	33 926.80	34 324.60	76 061.60	177 922.00	251 908.42	248 549.71
5 445.48	14 629.72	11 622.80	10 609.40	81 921.20	151 933.90	121 948.65	137 212.28
12 155.09	22 188.18	20 129.00	14 650.20	18 902.20	31 695.40	24 559.70	59 261.08
4 245.70	16 785.62	22 663.90	24 925.00	47 528.80	108 638.40	100 047.75	262 631.42
4 687.03	17 297.56	16 776.80	16 508.20	16 970.00	26 132.80	11 690.15	49 749.19
9 075.51	40 488.45	28 738.00	17 257.30	35 253.20	45 327.30	88 189.99	227 938.13
7 040.00	40 850.00	24 649.70	13 207.30	17 302.20	22 013.30	23 157.14	154 390.98
12 679.81	34 767.00	42 408.40	29 090.00	26 587.60	29 308.80	74 845.08	100 171.69
6 454.50	27 172.70	47 291.40	18 565.10	15 684.70	35 218.90	36 432.86	37 239.45
10 582.25	72 291.31	139 585.20	118 132.00	264 180.10	293 098.20	224 923.94	315 492.94
8 631.07	26 174.75	39 601.50	19 799.60	34 670.30	33 950.20	54 054.78	72 449.87
—	—	5 420.00	2 680.00	8 644.00	11 536.80	4 855.42	8 374.90
1 051.26	11 727.14	8 648.00	6 857.30	17 589.00	15 456.40	51 301.08	41 999.61
3 978.24	33 252.38	53 626.70	21 683.90	30 833.10	67 514.10	222 815.23	144 497.28
2 115.00	15 096.05	16 560.50	11 769.60	11 216.10	16 439.20	22 314.81	33 481.67
2 875.51	10 825.06	13 228.90	12 084.40	19 255.10	23 888.00	13 832.37	87 714.63
—	100.00	800.00	400.00	820.00	1 147.00	1 930.54	717.70
4 507.64	41 419.93	18 630.40	10 472.70	8 803.10	9 221.60	15 296.50	64 606.28
3 006.80	13 986.53	18 866.60	8 057.90	7 201.20	5 181.90	4 646.90	24 580.28
304.00	3 851.00	3 766.20	1 764.00	630.70	689.10	1 210.01	2 036.49
108.00	3 232.34	5 586.60	406.00	2 566.00	3 254.40	1 190.38	4 395.50
11 665.82	28 500.40	11 279.40	6 078.70	14 305.90	17 337.20	16 719.82	17 908.80
—	—	—	—	—	—	—	—
179 823.77	**673 023.46**	**767 521.50**	**513 751.40**	**881 990.40**	**1 447 999.50**	**1 810 247.66**	**2 888 663.55**

续表

地 区 Region	2002	2003	2004	2005	2006	2007	2008	2009
北 京	186 984. 23	212 481. 94	231 696. 76	296 639. 31	348 667. 43	364 205. 94	418 725. 52	482 920. 73
天 津	72 439. 67	74 972. 27	69 962. 76	119 600. 62	132 753. 21	154 765. 02	156 352. 53	195 867. 86
河 北	123 133. 92	126 060. 59	129 222. 49	316 761. 76	366 048. 84	444 533. 31	422 358. 46	445 502. 21
山 西	43 995. 89	43 391. 10	52 268. 78	122 840. 62	187 467. 71	208 250. 04	218 230. 57	229 328. 74
内蒙古	17 007. 15	29 466. 86	36 534. 14	93 438. 86	134 849. 96	184 002. 56	269 102. 99	319 953. 66
辽 宁	206 723. 54	203 604. 56	206 744. 28	400 758. 06	573 853. 54	693 544. 08	591 826. 33	669 570. 30
吉 林	58 025. 93	90 297. 35	81 510. 56	168 178. 60	246 662. 33	335 385. 86	272 217. 64	282 356. 77
黑龙江	117 798. 85	139 917. 21	145 173. 76	544 557. 78	332 262. 63	349 002. 33	334 752. 57	380 371. 88
上 海	182 801. 32	178 651. 20	151 761. 70	177 276. 14	240 564. 33	306 813. 42	292 498. 07	412 311. 39
江 苏	255 104. 13	228 805. 79	209 357. 33	332 088. 42	536 258. 76	754 634. 01	835 014. 45	1 162 346. 09
浙 江	196 464. 30	252 183. 56	229 524. 97	396 910. 77	569 548. 38	806 654. 80	809 606. 24	946 078. 70
安 徽	57 630. 47	72 671. 55	76 483. 46	196 571. 39	202 123. 17	303 947. 95	264 403. 83	342 026. 91
福 建	385 834. 77	249 397. 58	193 359. 61	244 091. 53	310 985. 40	384 498. 77	429 791. 83	508 755. 03
江 西	47 804. 77	64 517. 88	55 083. 25	133 705. 01	118 903. 07	153 782. 75	174 729. 67	234 050. 56
山 东	333 516. 51	330 205. 30	318 519. 65	738 111. 38	624 819. 75	784 817. 95	746 670. 95	1 144 753. 59
河 南	176 796. 70	159 270. 29	161 142. 88	329 627. 50	338 440. 79	361 520. 90	429 574. 90	505 308. 29
湖 北	141 856. 34	192 607. 05	215 459. 97	517 317. 41	421 096. 47	491 046. 51	442 788. 63	482 768. 24
湖 南	62 677. 66	78 911. 74	80 893. 66	222 888. 69	236 245. 07	291 164. 37	237 953. 54	319 854. 46
广 东	628 070. 76	612 706. 20	496 055. 70	601 556. 63	729 761. 78	865 872. 21	1 026 148. 02	1 377 659. 96
广 西	107 097. 48	136 795. 58	126 466. 13	155 693. 50	157 681. 10	178 265. 19	161 348. 57	187 847. 42
海 南	9 509. 17	12 092. 93	17 888. 68	18 420. 22	19 030. 45	34 514. 72	57 590. 20	49 504. 07
重 庆	40 775. 48	50 373. 34	51 979. 64	85 626. 17	116 315. 65	164 078. 78	162 061. 62	204 168. 77
四 川	116 733. 32	122 764. 54	107 251. 73	202 844. 03	312 249. 70	353 850. 78	416 268. 59	561 413. 98
贵 州	18 622. 06	33 560. 19	33 953. 12	55 320. 95	92 637. 38	126 307. 91	172 817. 77	227 136. 03
云 南	87 157. 57	98 595. 84	111 534. 98	184 731. 70	263 843. 48	312 308. 21	435 224. 78	597 272. 40
西 藏	1 234. 39	2 583. 28	4 579. 57	5 693. 45	9 709. 00	13 525. 92	33 477. 56	47 719. 77
陕 西	69 762. 04	67 625. 38	64 902. 44	169 249. 10	175 146. 14	274 124. 27	277 894. 21	322 963. 02
甘 肃	42 040. 26	43 143. 79	35 752. 11	68 986. 63	105 921. 73	154 676. 04	175 918. 73	192 774. 96
青 海	4 663. 22	9 295. 74	11 987. 66	25 418. 13	30 760. 42	38 665. 04	53 448. 93	61 622. 99
宁 夏	18 189. 21	20 095. 16	17 591. 70	31 839. 21	54 559. 75	67 651. 55	74 704. 95	84 137. 64
新 疆	46 471. 02	76 977. 07	81 073. 31	181 892. 02	203 884. 71	210 862. 32	207 822. 93	269 540. 60
中彩中心	317. 11	—	—	—	—	—	—	—
合 计 Total	**3 857 239. 24**	**4 014 022. 86**	**3 805 716. 78**	**7 138 635. 60**	**8 193 052. 14**	**10 167 273. 49**	**10 601 325. 58**	**13 247 887. 02**

2010	2011	2012	2013	2014	2015	2016	1987—2016
689 761.37	889 971.87	890 313.24	1 048 245.07	1 157 819.29	1 006 506.00	1 074 595.33	9 652 812.11
286 469.37	418 625.19	529 342.17	652 865.30	1 038 002.08	742 322.79	682 635.41	5 504 278.11
539 471.42	717 542.81	852 389.50	1 268 715.78	1 667 174.67	1 652 130.00	1 698 237.66	11 005 052.06
241 974.19	309 903.51	356 372.51	449 367.91	598 187.78	632 183.47	669 292.53	4 537 531.27
316 556.99	404 819.59	443 079.49	614 430.65	789 785.68	918 710.05	1 030 633.83	5 701 570.02
777 782.54	986 035.55	1 320 996.78	1 426 089.70	1 565 837.71	1 599 074.33	1 647 960.37	13 187 952.33
310 482.61	369 346.58	490 751.36	747 339.35	828 214.44	732 169.49	739 604.32	5 901 221.12
399 893.63	555 524.82	741 169.01	867 065.92	1 220 489.07	1 087 229.00	1 043 580.67	8 488 172.92
450 127.54	590 816.19	646 935.65	833 034.07	1 344 496.41	811 002.00	755 117.34	7 957 761.63
1 656 617.14	2 596 181.24	2 958 408.79	2 842 859.90	3 180 151.94	3 143 049.22	3 274 919.87	24 867 316.65
1 261 175.46	1 533 861.39	1 757 255.10	2 107 540.33	2 449 383.64	2 557 023.00	2 756 723.28	19 213 544.41
421 931.18	585 611.50	672 592.45	954 914.87	1 154 388.99	1 163 405.73	1 202 620.57	7 891 926.76
619 002.03	805 928.17	893 882.57	1 078 215.00	1 147 591.91	1 279 358.74	1 307 488.36	10 445 836.53
368 174.85	523 225.50	713 257.43	993 725.35	1 292 660.52	779 278.00	610 496.50	6 439 853.67
1 436 484.52	2 049 366.12	2 283 427.69	2 568 489.21	3 066 707.88	3 023 723.17	3 192 410.81	23 160 109.36
607 782.42	841 837.09	1 085 215.79	1 234 812.98	1 478 137.76	1 647 280.89	1 861 462.30	11 542 182.10
602 493.22	711 836.86	870 990.19	1 092 247.60	1 301 352.28	1 306 217.45	1 683 396.63	10 845 724.30
428 111.17	645 303.73	849 948.13	971 903.23	1 328 346.85	1 183 756.01	1 454 473.38	8 640 058.27
1 886 537.75	2 354 381.63	2 723 203.86	3 078 771.53	3 680 111.56	3 574 919.55	3 963 268.77	29 117 226.08
263 226.87	354 741.63	461 099.04	564 752.43	829 315.78	699 111.00	757 706.58	5 461 505.22
99 040.75	145 996.78	190 335.91	211 361.98	252 261.57	304 558.86	311 900.93	1 779 240.23
320 375.10	491 887.88	531 924.09	626 087.19	902 158.31	762 273.56	800 329.25	5 472 980.41
660 079.25	819 856.12	974 965.46	1 039 204.03	1 183 931.31	1 288 934.03	1 325 651.05	10 081 433.48
259 770.61	277 968.68	315 059.71	382 704.18	438 063.31	508 143.33	591 941.38	3 674 680.02
614 818.06	738 866.59	865 044.73	980 746.14	1 155 058.06	1 271 658.65	1 478 980.25	9 397 407.79
39 099.13	57 271.24	57 340.02	72 233.10	111 395.53	158 819.29	228 934.00	849 590.48
390 700.63	561 822.71	684 210.58	855 169.33	1 167 960.90	1 260 783.64	1 416 528.29	7 940 740.51
211 623.10	260 378.55	343 119.30	549 525.28	739 278.86	676 931.00	712 480.46	4 405 736.50
69 425.66	90 663.43	108 675.63	158 741.01	217 361.27	171 495.44	217 531.55	1 285 692.12
101 578.48	122 954.85	132 749.93	170 921.74	297 360.82	240 102.01	272 324.64	1 728 080.85
294 275.71	345 656.70	408 363.01	490 424.77	654 822.39	606 275.00	700 901.17	4 910 592.34
—	—	—	—	—	—	—	317.11
16 624 842.76	**22 158 184.49**	**26 152 419.11**	**30 932 504.92**	**38 237 808.57**	**36 788 424.71**	**39 464 127.51**	**281 088 126.75**

1987—2016 年全国彩票

Statistical Table of Lottery Sales in Different Regions and

地区 Region	1987 福利彩票 Welfare Lottery	1988 福利彩票 Welfare Lottery	1989 福利彩票 Welfare Lottery	1990 福利彩票 Welfare Lottery	1991 福利彩票 Welfare Lottery	1992 福利彩票 Welfare Lottery	1993 福利彩票 Welfare Lottery	1994 福利彩票 Welfare Lottery
北京	—	1 136.68	940.07	2 077.00	2 765.00	3 220.00	5 404.00	6 395.71
天津	396.60	328.48	1 166.29	1 995.38	1 209.00	769.62	2 474.35	1 799.00
河北	100.00	1 505.00	1 295.00	2 082.00	2 579.00	3 204.66	3 010.00	11 255.82
山西	—	1 211.74	826.17	1 136.16	1 516.00	4 175.00	3 300.00	5 010.00
内蒙古	—	14.00	484.68	924.90	549.56	1 766.58	1 293.00	3 838.71
辽宁	—	3 073.04	2 397.14	6 587.00	3 530.41	3 598.52	4 825.17	14 719.11
吉林	—	997.98	1 577.14	4 617.10	1 683.33	2 388.21	4 262.68	5 499.95
黑龙江	—	1 550.48	1 463.44	2 214.32	1 417.00	1 650.38	3 185.00	7 313.00
上海	373.71	701.80	833.99	2 371.89	2 724.00	2 841.00	1 496.60	1 523.00
江苏	100.00	2 659.00	3 304.65	3 110.30	2 299.87	4 607.66	17 173.00	11 860.76
浙江	193.90	2 757.89	2 615.25	2 431.00	3 921.82	19 642.22	16 724.97	5 445.48
安徽	—	1 123.99	1 068.75	1 693.08	2 251.00	2 711.00	8 214.07	12 155.09
福建	242.84	1 269.65	1 537.63	1 060.00	4 527.96	7 038.50	4 512.05	4 245.70
江西	—	195.00	300.00	890.21	1 827.72	4 287.92	9 145.99	4 687.03
山东	—	1 259.19	1 393.80	1 908.46	3 598.37	6 596.13	11 061.04	9 075.51
河南	198.64	1 130.00	2 041.38	2 540.00	3 230.00	4 220.00	8 000.00	7 040.00
湖北	133.81	867.40	650.41	787.09	1 107.17	7 962.42	10 882.76	12 679.81
湖南	—	855.52	950.00	2 010.00	5 625.00	9 117.43	5 009.00	6 454.50
广东	—	7 396.80	8 271.03	11 278.52	14 275.24	15 554.45	23 138.20	10 582.25
广西	—	68.88	467.16	4 536.77	6 203.60	7 255.33	12 493.11	8 631.07
海南	—	512.75	34.87	2 514.53	405.57	227.96	26.21	—
重庆	—	816.18	339.61	1 140.00	733.00	1 463.00	3 444.00	1 051.26
四川	—	1 795.63	912.58	1 405.59	2 356.00	5 907.00	4 857.81	3 978.24
贵州	—	290.00	547.87	803.18	527.55	3 117.00	6 394.87	2 115.00
云南	—	1 910.33	1 329.93	612.46	1 270.00	5 781.07	6 958.58	2 875.51
西藏	—	—	—	—	—	—	60.00	—
陕西	—	1 296.68	990.05	1 071.72	2 778.89	1 931.26	871.06	4 507.64
甘肃	—	636.26	406.40	654.59	1 003.00	2 591.75	2 365.60	3 006.80
青海	—	60.00	140.00	100.00	110.00	74.00	96.00	108.00
宁夏	—	207.41	30.36	177.97	171.99	467.37	629.40	304.00
新疆	—	—	—	—	1 190.99	3 382.59	2 980.00	11 665.82
中彩中心	—	—	—	—	—	—	—	—
合计 Total	**1 739.50**	**37 627.76**	**38 315.65**	**64 731.22**	**77 388.04**	**137 550.03**	**184 288.52**	**179 823.77**

销售统计表（分地区分系统）

Different Organizations in China from 1987 to 2016

单位：万元

Unit: Ten Thousand Yuan

1995			1996			1997		
福利彩票 Welfare Lottery	体育彩票 Sports Lottery	小　计 Subtotal	福利彩票 Welfare Lottery	体育彩票 Sports Lottery	小　计 Subtotal	福利彩票 Welfare Lottery	体育彩票 Sports Lottery	小　计 Subtotal
11 485.78	2 000.00	13 485.78	5 452.40	—	5 452.40	8 003.40	2 000.00	10 003.40
6 113.00	8 200.00	14 313.00	4 159.90	3 100.00	7 259.90	4 043.00	1 800.00	5 843.00
20 611.00	7 800.00	28 411.00	11 559.40	5 000.00	16 559.40	7 928.40	5 600.00	13 528.40
13 001.43	800.00	13 801.43	28 227.10	2 000.00	30 227.10	10 877.40	2 000.00	12 877.40
18 400.00	400.00	18 800.00	24 200.00	2 200.00	26 400.00	8 446.20	4 400.00	12 846.20
23 007.97	4 100.00	27 107.97	21 992.50	5 900.00	27 892.50	11 033.00	2 800.00	13 833.00
14 005.96	1 880.00	15 885.96	19 355.60	5 100.00	24 455.60	5 507.40	3 000.00	8 507.40
9 565.00	7 314.00	16 879.00	18 797.80	3 900.00	22 697.80	7 155.70	5 000.00	12 155.70
9 492.00	6 500.00	15 992.00	11 770.00	11 000.00	22 770.00	5 833.70	19 000.00	24 833.70
21 711.20	12 000.00	33 711.20	29 126.80	4 800.00	33 926.80	27 524.60	6 800.00	34 324.60
12 209.72	2 420.00	14 629.72	8 102.80	3 520.00	11 622.80	4 609.40	6 000.00	10 609.40
19 088.18	3 100.00	22 188.18	15 729.00	4 400.00	20 129.00	10 050.20	4 600.00	14 650.20
14 985.62	1 800.00	16 785.62	18 663.90	4 000.00	22 663.90	10 925.00	14 000.00	24 925.00
15 797.56	1 500.00	17 297.56	13 376.80	3 400.00	16 776.80	12 508.20	4 000.00	16 508.20
39 488.45	1 000.00	40 488.45	23 718.00	5 020.00	28 738.00	12 257.30	5 000.00	17 257.30
39 550.00	1 300.00	40 850.00	21 849.70	2 800.00	24 649.70	10 207.30	3 000.00	13 207.30
30 067.00	4 700.00	34 767.00	36 888.40	5 520.00	42 408.40	23 730.00	5 360.00	29 090.00
22 672.70	4 500.00	27 172.70	42 271.40	5 020.00	47 291.40	13 565.10	5 000.00	18 565.10
61 005.31	11 286.00	72 291.31	130 585.20	9 000.00	139 585.20	105 132.00	13 000.00	118 132.00
23 774.75	2 400.00	26 174.75	34 601.50	5 000.00	39 601.50	13 799.60	6 000.00	19 799.60
—	—	—	2 920.00	2 500.00	5 420.00	680.00	2 000.00	2 680.00
11 727.14	—	11 727.14	8 648.00	—	8 648.00	4 857.30	2 000.00	6 857.30
29 952.38	3 300.00	33 252.38	47 906.70	5 720.00	53 626.70	15 683.90	6 000.00	21 683.90
14 096.05	1 000.00	15 096.05	12 760.50	3 800.00	16 560.50	7 769.60	4 000.00	11 769.60
7 825.06	3 000.00	10 825.06	10 828.90	2 400.00	13 228.90	8 084.40	4 000.00	12 084.40
—	100.00	100.00	—	800.00	800.00	—	400.00	400.00
38 099.93	3 320.00	41 419.93	14 530.40	4 100.00	18 630.40	5 472.70	5 000.00	10 472.70
13 006.53	980.00	13 986.53	15 866.60	3 000.00	18 866.60	5 057.90	3 000.00	8 057.90
3 232.34	—	3 232.34	3 586.60	2 000.00	5 586.60	764.00	1 000.00	1 764.00
3 551.00	300.00	3 851.00	1 766.20	2 000.00	3 766.20	166.00	240.00	406.00
25 500.40	3 000.00	28 500.40	8 279.40	3 000.00	11 279.40	2 078.70	4 000.00	6 078.70
—	—	—	—	—	—	—	—	—
573 023.46	**100 000.00**	**673 023.46**	**647 521.50**	**120 000.00**	**767 521.50**	**363 751.40**	**150 000.00**	**513 751.40**

续表

地　区 Region	1998 福利彩票 Welfare Lottery	1998 体育彩票 Sports Lottery	1998 小　计 Subtotal	1999 福利彩票 Welfare Lottery	1999 体育彩票 Sports Lottery	1999 小　计 Subtotal	2000 福利彩票 Welfare Lottery	2000 体育彩票 Sports Lottery	2000 小　计 Subtotal
北　京	9 442.30	3 280.00	12 722.30	37 931.50	5 200.00	43 131.50	14 439.53	48 678.67	63 118.20
天　津	4 717.30	5 000.00	9 717.30	4 302.30	7 410.00	11 712.30	7 329.81	48 109.67	55 439.48
河　北	6 559.50	5 940.00	12 499.50	23 306.40	2 971.00	26 277.40	9 915.50	25 268.06	35 183.56
山　西	11 973.10	6 000.00	17 973.10	15 137.30	200.00	15 337.30	5 663.91	1 892.91	7 556.82
内蒙古	3 388.50	930.00	4 318.50	12 203.00	2 774.00	14 977.00	4 410.29	2 112.86	6 523.15
辽　宁	7 716.10	4 000.00	11 716.10	38 092.60	1 714.00	39 806.60	40 451.11	6 391.51	46 842.62
吉　林	3 647.70	2 000.00	5 647.70	15 166.70	1 712.00	16 878.70	7 027.99	1 000.00	8 027.99
黑龙江	5 568.90	4 000.00	9 568.90	15 389.70	6 580.00	21 969.70	14 793.15	27 265.62	42 058.77
上　海	30 900.90	10 000.00	40 900.90	87 778.10	43 226.00	131 004.10	127 451.61	50 173.94	177 625.55
江　苏	59 061.60	17 000.00	76 061.60	111 465.00	66 457.00	177 922.00	69 646.57	182 261.85	251 908.42
浙　江	57 921.20	24 000.00	81 921.20	106 897.90	45 036.00	151 933.90	60 531.70	61 416.95	121 948.65
安　徽	13 862.20	5 040.00	18 902.20	25 035.40	6 660.00	31 695.40	16 397.84	8 161.86	24 559.70
福　建	17 528.80	30 000.00	47 528.80	65 630.40	43 008.00	108 638.40	28 880.51	71 167.24	100 047.75
江　西	12 770.00	4 200.00	16 970.00	20 766.80	5 366.00	26 132.80	8 441.16	3 248.99	11 690.15
山　东	29 253.20	6 000.00	35 253.20	36 476.30	8 851.00	45 327.30	75 387.02	12 802.97	88 189.99
河　南	13 302.20	4 000.00	17 302.20	19 731.30	2 282.00	22 013.30	17 382.00	5 775.14	23 157.14
湖　北	17 227.60	9 360.00	26 587.60	23 651.80	5 657.00	29 308.80	31 098.02	43 747.06	74 845.08
湖　南	10 684.70	5 000.00	15 684.70	28 507.90	6 711.00	35 218.90	21 268.46	15 164.40	36 432.86
广　东	215 180.10	49 000.00	264 180.10	211 035.20	82 063.00	293 098.20	133 754.80	91 169.14	224 923.94
广　西	22 670.30	12 000.00	34 670.30	30 539.20	3 411.00	33 950.20	51 230.75	2 824.03	54 054.78
海　南	2 644.00	6 000.00	8 644.00	8 002.80	3 534.00	11 536.80	1 300.67	3 554.75	4 855.42
重　庆	14 589.00	3 000.00	17 589.00	13 131.40	2 325.00	15 456.40	45 989.14	5 311.94	51 301.08
四　川	17 793.10	13 040.00	30 833.10	31 239.10	36 275.00	67 514.10	55 473.45	167 341.78	222 815.23
贵　州	6 796.10	4 420.00	11 216.10	12 335.20	4 104.00	16 439.20	8 437.27	13 877.54	22 314.81
云　南	14 255.10	5 000.00	19 255.10	20 115.00	3 773.00	23 888.00	12 244.00	1 588.37	13 832.37
西　藏	—	820.00	820.00	—	1 147.00	1 147.00	1 186.54	744.00	1 930.54
陕　西	5 803.10	3 000.00	8 803.10	8 740.60	481.00	9 221.60	10 232.62	5 063.88	15 296.50
甘　肃	4 201.20	3 000.00	7 201.20	4 081.90	1 100.00	5 181.90	3 657.95	988.95	4 646.90
青　海	260.70	370.00	630.70	689.10	—	689.10	1 030.38	160.00	1 190.38
宁　夏	2 166.00	400.00	2 566.00	2 754.40	500.00	3 254.40	627.74	582.27	1 210.01
新　疆	10 105.90	4 200.00	14 305.90	14 314.20	3 023.00	17 337.20	13 165.77	3 554.05	16 719.82
中彩中心	—	—	—	—	—	—	—	—	—
合　计 Total	**631 990.40**	**250 000.00**	**881 990.40**	**1 044 448.50**	**403 551.00**	**1 447 999.50**	**898 847.26**	**911 400.40**	**1 810 247.66**

2001			2002			2003		
福利彩票 Welfare Lottery	体育彩票 Sports Lottery	小　计 Subtotal	福利彩票 Welfare Lottery	体育彩票 Sports Lottery	小　计 Subtotal	福利彩票 Welfare Lottery	体育彩票 Sports Lottery	小　计 Subtotal
33 179.03	150 247.00	183 426.03	56 126.23	130 858.00	186 984.23	100 520.93	111 961.01	212 481.94
12 100.15	50 778.00	62 878.15	8 159.23	64 280.44	72 439.67	10 763.39	64 208.88	74 972.27
25 530.36	52 747.54	78 277.90	48 987.11	74 146.81	123 133.92	58 907.49	67 153.10	126 060.59
53 207.86	6 319.84	59 527.70	34 870.99	9 124.90	43 995.89	27 644.61	15 746.49	43 391.10
5 473.39	987.90	6 461.29	10 824.25	6 182.90	17 007.15	16 957.45	12 509.41	29 466.86
75 896.56	35 724.92	111 621.48	105 933.26	100 790.28	206 723.54	126 814.59	76 789.97	203 604.56
33 078.01	15 170.18	48 248.19	25 229.36	32 796.57	58 025.93	46 783.59	43 513.76	90 297.35
41 780.52	43 479.78	85 260.30	67 728.98	50 069.87	117 798.85	84 072.82	55 844.39	139 917.21
100 356.05	57 206.58	157 562.63	80 032.30	102 769.02	182 801.32	102 551.43	76 099.77	178 651.20
71 973.80	176 575.91	248 549.71	72 515.36	182 588.77	255 104.13	68 803.36	160 002.43	228 805.79
54 559.50	82 652.78	137 212.28	53 042.52	143 421.78	196 464.30	84 922.35	167 261.21	252 183.56
35 054.75	24 206.33	59 261.08	23 206.75	34 423.72	57 630.47	27 413.74	45 257.81	72 671.55
81 017.90	181 613.52	262 631.42	67 481.65	318 353.12	385 834.77	29 091.19	220 306.39	249 397.58
39 602.89	10 146.30	49 749.19	30 992.83	16 811.94	47 804.77	34 426.37	30 091.51	64 517.88
185 322.67	42 615.46	227 938.13	265 900.88	67 615.63	333 516.51	288 136.42	42 068.88	330 205.30
71 436.07	82 954.91	154 390.98	68 094.52	108 702.18	176 796.70	73 635.77	85 634.52	159 270.29
32 817.84	67 353.85	100 171.69	40 236.65	101 619.69	141 856.34	78 832.09	113 774.96	192 607.05
24 411.12	12 828.33	37 239.45	42 815.92	19 861.74	62 677.66	55 828.97	23 082.77	78 911.74
172 421.81	143 071.13	315 492.94	287 606.13	340 464.63	628 070.76	314 331.30	298 374.90	612 706.20
58 162.23	14 287.64	72 449.87	84 519.87	22 577.61	107 097.48	111 382.99	25 412.59	136 795.58
3 575.51	4 799.39	8 374.90	3 296.49	6 212.68	9 509.17	2 068.59	10 024.34	12 092.93
29 524.27	12 475.34	41 999.61	22 350.63	18 424.85	40 775.48	31 040.63	19 332.71	50 373.34
19 000.56	125 496.72	144 497.28	13 806.77	102 926.55	116 733.32	28 635.87	94 128.67	122 764.54
12 220.15	21 261.52	33 481.67	6 032.89	12 589.17	18 622.06	18 790.79	14 769.40	33 560.19
25 311.57	62 403.06	87 714.63	24 168.39	62 989.18	87 157.57	27 504.37	71 091.47	98 595.84
550.70	167.00	717.70	572.85	661.54	1 234.39	628.59	1 954.69	2 583.28
52 690.49	11 915.79	64 606.28	42 608.99	27 153.05	69 762.04	37 829.76	29 795.62	67 625.38
23 019.63	1 560.65	24 580.28	32 861.07	9 179.19	42 040.26	30 073.74	13 070.05	43 143.79
1 717.27	319.22	2 036.49	15 110.71	3 078.50	18 189.21	6 992.77	2 302.97	9 295.74
4 395.50	—	4 395.50	3 545.14	1 118.08	4 663.22	13 723.54	6 371.62	20 095.16
16 347.00	1 561.80	17 908.80	41 266.53	5 204.49	46 471.02	61 460.08	15 516.99	76 977.07
—	—	—	—	317.11	317.11	—	—	—
1 395 735.16	**1 492 928.39**	**2 888 663.55**	**1 679 925.25**	**2 177 313.99**	**3 857 239.24**	**2 000 569.58**	**2 013 453.28**	**4 014 022.86**

续表

地　区 Region	2004			2005			2006		
	福利彩票 Welfare Lottery	体育彩票 Sports Lottery	小　计 Subtotal	福利彩票 Welfare Lottery	体育彩票 Sports Lottery	小　计 Subtotal	福利彩票 Welfare Lottery	体育彩票 Sports Lottery	小　计 Subtotal
北　京	157 995. 61	73 701. 15	231 696. 76	207 187. 56	89 451. 75	296 639. 31	229 001. 22	119 666. 21	348 667. 43
天　津	19 589. 60	50 373. 16	69 962. 76	40 174. 97	79 425. 65	119 600. 62	54 531. 44	78 221. 77	132 753. 21
河　北	80 013. 37	49 209. 12	129 222. 49	176 551. 16	140 210. 60	316 761. 76	233 993. 59	132 055. 25	366 048. 84
山　西	37 431. 99	14 836. 79	52 268. 78	83 938. 78	38 901. 84	122 840. 62	131 537. 22	55 930. 49	187 467. 71
内蒙古	23 363. 02	13 171. 12	36 534. 14	55 135. 96	38 302. 91	93 438. 86	80 375. 24	54 474. 73	134 849. 96
辽　宁	152 600. 09	54 144. 19	206 744. 28	266 384. 46	134 373. 60	400 758. 06	399 046. 63	174 806. 91	573 853. 54
吉　林	49 510. 98	31 999. 58	81 510. 56	96 075. 33	72 103. 27	168 178. 60	132 208. 30	114 454. 03	246 662. 33
黑龙江	95 629. 70	49 544. 06	145 173. 76	302 950. 17	241 607. 61	544 557. 78	235 808. 29	96 454. 34	332 262. 63
上　海	100 273. 42	51 488. 28	151 761. 70	123 528. 65	53 747. 48	177 276. 14	167 850. 45	72 713. 88	240 564. 33
江　苏	75 014. 61	134 342. 72	209 357. 33	136 391. 95	195 696. 48	332 088. 42	210 184. 33	326 074. 44	536 258. 76
浙　江	82 221. 07	147 303. 90	229 524. 97	160 436. 76	236 474. 01	396 910. 77	244 239. 10	325 309. 28	569 548. 38
安　徽	41 476. 63	35 006. 83	76 483. 46	100 089. 03	96 482. 37	196 571. 39	128 081. 78	74 041. 39	202 123. 17
福　建	21 336. 50	172 023. 11	193 359. 61	45 162. 07	198 929. 46	244 091. 53	100 104. 26	210 881. 14	310 985. 40
江　西	30 510. 91	24 572. 34	55 083. 25	51 637. 78	82 067. 23	133 705. 01	52 859. 06	66 044. 01	118 903. 07
山　东	284 915. 79	33 603. 86	318 519. 65	539 046. 67	199 064. 71	738 111. 38	468 047. 68	156 772. 06	624 819. 75
河　南	91 656. 07	69 486. 81	161 142. 88	157 659. 30	171 968. 20	329 627. 50	177 670. 69	160 770. 10	338 440. 79
湖　北	123 910. 17	91 549. 80	215 459. 97	278 119. 79	239 197. 62	517 317. 41	265 749. 02	155 347. 45	421 096. 47
湖　南	60 041. 08	20 852. 58	80 893. 66	118 344. 02	104 544. 68	222 888. 69	147 414. 49	88 830. 59	236 245. 07
广　东	306 563. 04	189 492. 66	496 055. 70	391 173. 93	210 382. 70	601 556. 63	487 050. 04	242 711. 74	729 761. 78
广　西	111 488. 44	14 977. 69	126 466. 13	136 391. 95	19 301. 55	155 693. 50	136 514. 05	21 167. 05	157 681. 10
海　南	12 918. 82	4 969. 86	17 888. 68	13 857. 37	4 562. 85	18 420. 22	13 112. 29	5 918. 16	19 030. 45
重　庆	37 457. 36	14 522. 28	51 979. 64	62 666. 48	22 959. 69	85 626. 17	90 646. 02	25 669. 64	116 315. 65
四　川	45 672. 66	61 579. 07	107 251. 73	106 713. 86	96 130. 18	202 844. 03	173 020. 19	139 229. 52	312 249. 70
贵　州	23 482. 24	10 470. 88	33 953. 12	39 630. 18	15 690. 77	55 320. 95	61 166. 11	31 471. 27	92 637. 38
云　南	52 379. 05	59 155. 93	111 534. 98	105 475. 42	79 256. 28	184 731. 70	149 057. 25	114 786. 23	263 843. 48
西　藏	3 651. 32	928. 25	4 579. 57	4 334. 58	1 358. 87	5 693. 45	7 691. 78	2 017. 22	9 709. 00
陕　西	35 969. 80	28 932. 64	64 902. 44	106 804. 71	62 444. 39	169 249. 10	116 610. 58	58 535. 56	175 146. 14
甘　肃	22 782. 61	12 969. 50	35 752. 11	43 373. 18	25 613. 45	68 986. 63	67 309. 07	38 612. 66	105 921. 73
青　海	8 826. 95	3 160. 71	11 987. 66	16 054. 81	6 729. 68	22 784. 49	22 232. 30	8 528. 13	30 760. 42
宁　夏	10 684. 80	6 906. 90	17 591. 70	18 688. 45	15 784. 40	34 472. 85	31 646. 79	22 912. 96	54 559. 75
新　疆	64 385. 60	16 687. 71	81 073. 31	128 098. 35	53 793. 67	181 892. 02	142 000. 00	61 884. 71	203 884. 71
中彩中心	—	—	—	—	—	—	—	—	—
合　计 Total	**2 263 753. 30**	**1 541 963. 48**	**3 805 716. 78**	**4 112 077. 66**	**3 026 557. 94**	**7 138 635. 60**	**4 956 759. 24**	**3 236 292. 90**	**8 193 052. 14**

2007			2008		
福利彩票 Welfare Lottery	体育彩票 Sports Lottery	小　计 Subtotal	福利彩票 Welfare Lottery	体育彩票 Sports Lottery	小　计 Subtotal
238 198.87	126 007.06	364 205.94	264 760.76	153 964.77	418 725.52
72 412.81	82 352.20	154 765.02	64 095.76	92 256.78	156 352.53
272 316.12	172 217.19	444 533.31	260 128.67	162 229.79	422 358.46
157 469.17	50 780.87	208 250.04	125 853.49	92 377.08	218 230.57
110 442.21	73 560.35	184 002.56	165 259.42	103 843.57	269 102.99
493 266.48	200 277.60	693 544.08	400 885.63	190 940.70	591 826.33
214 700.40	120 685.46	335 385.86	159 023.07	113 194.58	272 217.64
224 301.91	124 700.41	349 002.33	212 956.64	121 795.93	334 752.57
221 109.64	85 703.78	306 813.42	195 329.31	97 168.76	292 498.07
320 308.22	434 325.79	754 634.01	334 282.22	500 732.23	835 014.45
444 633.66	362 021.14	806 654.80	407 120.26	402 485.98	809 606.24
188 383.13	115 564.82	303 947.95	157 284.48	107 119.35	264 403.83
146 417.77	238 081.00	384 498.77	125 404.77	304 387.06	429 791.83
65 072.47	88 710.28	153 782.75	81 403.05	93 326.62	174 729.67
592 654.30	192 163.66	784 817.95	510 118.51	236 552.44	746 670.95
207 361.08	154 159.82	361 520.90	191 362.83	238 212.07	429 574.90
305 241.68	185 804.83	491 046.51	280 791.48	161 997.15	442 788.63
191 915.75	99 248.63	291 164.37	151 375.73	86 577.80	237 953.54
565 821.16	300 051.05	865 872.21	633 992.91	392 155.11	1 026 148.02
155 515.47	22 749.72	178 265.19	136 672.69	24 675.88	161 348.57
25 544.39	8 970.32	34 514.72	47 368.49	10 221.71	57 590.20
127 322.18	36 756.60	164 078.78	111 486.31	50 575.31	162 061.62
196 865.49	156 985.30	353 850.78	244 593.94	171 674.65	416 268.59
78 969.03	47 338.89	126 307.91	103 451.21	69 366.56	172 817.77
188 850.64	123 457.57	312 308.21	202 386.33	232 838.45	435 224.78
11 116.17	2 409.76	13 525.92	17 889.68	15 587.88	33 477.56
186 680.07	87 444.20	274 124.27	159 361.70	118 532.51	277 894.21
107 355.26	47 320.78	154 676.04	100 122.40	75 796.32	175 918.73
28 816.76	9 848.28	38 665.04	30 548.01	22 900.92	53 448.93
42 365.13	25 286.42	67 651.55	35 768.60	38 936.36	74 704.95
134 475.11	76 387.21	210 862.32	128 716.89	79 106.04	207 822.93
—	—	—	—	—	—
6 315 902.51	**3 851 370.97**	**10 167 273.49**	**6 039 795.23**	**4 561 530.35**	**10 601 325.58**

续表

地 区 Region	2009 福利彩票 Welfare Lottery	2009 体育彩票 Sports Lottery	2009 小 计 Subtotal	2010 福利彩票 Welfare Lottery	2010 体育彩票 Sports Lottery	2010 小 计 Subtotal
北 京	311 890.56	171 030.17	482 920.73	382 292.54	307 468.83	689 761.37
天 津	83 173.48	112 694.38	195 867.86	123 844.76	162 624.61	286 469.37
河 北	279 639.11	165 863.10	445 502.21	347 006.56	192 464.86	539 471.42
山 西	148 620.24	80 708.50	229 328.74	159 719.43	82 254.76	241 974.19
内蒙古	193 675.40	126 278.26	319 953.66	200 553.74	116 003.25	316 556.99
辽 宁	474 376.30	195 194.00	669 570.30	543 791.57	233 990.98	777 782.54
吉 林	156 052.32	126 304.45	282 356.77	176 023.10	134 459.51	310 482.61
黑龙江	233 872.57	146 499.31	380 371.88	243 383.48	156 510.15	399 893.63
上 海	291 953.43	120 357.96	412 311.39	295 040.81	155 086.73	450 127.54
江 苏	478 358.21	683 987.88	1 162 346.09	723 258.10	933 359.04	1 656 617.14
浙 江	493 209.76	452 868.94	946 078.70	733 942.15	527 233.31	1 261 175.46
安 徽	201 035.41	140 991.50	342 026.91	251 627.30	170 303.88	421 931.18
福 建	160 594.20	348 160.83	508 755.03	241 186.14	377 815.89	619 002.03
江 西	107 444.82	126 605.74	234 050.56	144 329.17	223 845.68	368 174.85
山 东	690 475.14	454 278.45	1 144 753.59	898 454.89	538 029.63	1 436 484.52
河 南	227 658.45	277 649.84	505 308.29	321 660.36	286 122.06	607 782.42
湖 北	318 822.18	163 946.06	482 768.24	407 074.95	195 418.27	602 493.22
湖 南	203 959.50	115 894.96	319 854.46	263 449.03	164 662.14	428 111.17
广 东	833 977.73	543 682.23	1 377 659.96	1 135 538.64	750 999.12	1 886 537.75
广 西	159 526.95	28 320.47	187 847.42	209 737.98	53 488.89	263 226.87
海 南	38 184.09	11 319.98	49 504.07	84 036.38	15 004.37	99 040.75
重 庆	140 283.50	63 885.27	204 168.77	218 964.71	101 410.39	320 375.10
四 川	311 716.13	249 697.85	561 413.98	367 863.16	292 216.09	660 079.25
贵 州	135 172.12	91 963.91	227 136.03	144 454.78	115 315.83	259 770.61
云 南	286 596.57	310 675.83	597 272.40	330 270.78	284 547.28	614 818.06
西 藏	27 808.32	19 911.45	47 719.77	25 139.88	13 959.25	39 099.13
陕 西	203 278.41	119 684.61	322 963.02	257 242.51	133 458.12	390 700.63
甘 肃	129 457.73	63 317.23	192 774.96	147 863.66	63 759.44	211 623.10
青 海	37 355.34	24 267.65	61 622.99	45 868.17	23 557.49	69 425.66
宁 夏	44 247.36	39 890.28	84 137.64	63 665.31	37 913.17	101 578.48
新 疆	158 164.72	111 375.88	269 540.60	192 954.54	101 321.17	294 275.71
中彩中心	—	—	—	—	—	—
合 计 Total	**7 560 580.05**	**5 687 306.97**	**13 247 887.02**	**9 680 238.56**	**6 944 604.20**	**16 624 842.76**

2011			2012		
福利彩票 Welfare Lottery	体育彩票 Sports Lottery	小　计 Subtotal	福利彩票 Welfare Lottery	体育彩票 Sports Lottery	小　计 Subtotal
503 554. 26	386 417. 61	889 971. 87	507 317. 39	382 995. 85	890 313. 24
160 714. 27	257 910. 92	418 625. 19	228 000. 86	301 341. 31	529 342. 17
471 188. 65	246 354. 16	717 542. 81	546 386. 83	306 002. 67	852 389. 50
213 702. 01	96 201. 50	309 903. 51	254 806. 03	101 566. 48	356 372. 51
258 553. 80	146 265. 79	404 819. 59	281 124. 50	161 954. 99	443 079. 49
627 739. 73	358 295. 82	986 035. 55	798 047. 23	522 949. 55	1 320 996. 78
208 013. 56	161 333. 02	369 346. 58	256 357. 13	234 394. 23	490 751. 36
285 501. 27	270 023. 55	555 524. 82	358 206. 36	382 962. 65	741 169. 01
383 409. 73	207 406. 46	590 816. 19	384 025. 82	262 909. 83	646 935. 65
1 178 830. 30	1 417 350. 94	2 596 181. 24	1 340 066. 74	1 618 342. 05	2 958 408. 79
927 216. 13	606 645. 26	1 533 861. 39	1 023 967. 93	733 287. 17	1 757 255. 10
355 627. 04	229 984. 46	585 611. 50	436 558. 35	236 034. 10	672 592. 45
329 024. 52	476 903. 65	805 928. 17	371 984. 26	521 898. 31	893 882. 57
231 094. 96	292 130. 54	523 225. 50	352 383. 78	360 873. 65	713 257. 43
1 097 297. 13	952 068. 99	2 049 366. 12	1 223 637. 80	1 059 789. 89	2 283 427. 69
452 936. 10	388 900. 99	841 837. 09	568 890. 93	516 324. 86	1 085 215. 79
510 549. 41	201 287. 45	711 836. 86	607 789. 85	263 200. 34	870 990. 19
409 434. 94	235 868. 79	645 303. 73	529 189. 21	320 758. 92	849 948. 13
1 407 034. 45	947 347. 17	2 354 381. 63	1 695 551. 18	1 027 652. 68	2 723 203. 86
282 296. 16	72 445. 47	354 741. 63	384 769. 57	76 329. 47	461 099. 04
118 814. 54	27 182. 24	145 996. 78	143 251. 44	47 084. 47	190 335. 91
345 860. 20	146 027. 68	491 887. 88	381 540. 93	150 383. 16	531 924. 09
486 887. 44	332 968. 68	819 856. 12	595 148. 22	379 817. 24	974 965. 46
160 217. 70	117 750. 99	277 968. 68	181 386. 47	133 673. 24	315 059. 71
396 464. 71	342 401. 88	738 866. 59	448 759. 71	416 285. 02	865 044. 73
33 106. 41	24 164. 83	57 271. 24	30 752. 25	26 587. 77	57 340. 02
401 325. 86	160 496. 85	561 822. 71	502 854. 75	181 355. 83	684 210. 58
182 711. 20	77 667. 35	260 378. 55	228 036. 40	115 082. 90	343 119. 30
58 201. 79	32 461. 64	90 663. 43	74 962. 26	33 713. 37	108 675. 63
77 054. 53	45 900. 32	122 954. 85	90 801. 09	41 948. 84	132 749. 93
225 357. 13	120 299. 56	345 656. 70	276 667. 92	131 695. 09	408 363. 01
—	—	—	—	—	—
12 779 719. 93	**9 378 464. 56**	**22 158 184. 49**	**15 103 223. 19**	**11 049 195. 92**	**26 152 419. 11**

续表

地　区 Region	2013 福利彩票 Welfare Lottery	2013 体育彩票 Sports Lottery	2013 小　计 Subtotal	2014 福利彩票 Welfare Lottery	2014 体育彩票 Sports Lottery	2014 小　计 Subtotal
北　京	509 368.74	538 876.33	1 048 245.07	533 561.05	624 258.25	1 157 819.29
天　津	300 405.71	352 459.59	652 865.30	426 338.61	611 663.47	1 038 002.08
河　北	703 776.51	564 939.27	1 268 715.78	800 886.64	866 288.03	1 667 174.67
山　西	293 196.41	156 171.50	449 367.91	408 477.29	189 710.49	598 187.78
内蒙古	395 704.85	218 725.80	614 430.65	496 141.50	293 644.19	789 785.68
辽　宁	929 441.33	496 648.37	1 426 089.70	1 065 603.03	500 234.68	1 565 837.71
吉　林	416 052.71	331 286.64	747 339.35	462 690.96	365 523.48	828 214.44
黑龙江	440 035.04	427 030.88	867 065.92	517 108.71	703 380.36	1 220 489.07
上　海	375 293.73	457 740.34	833 034.07	482 149.32	862 347.09	1 344 496.41
江　苏	1 285 029.01	1 557 830.89	2 842 859.90	1 390 860.66	1 789 291.28	3 180 151.94
浙　江	1 244 851.59	862 688.74	2 107 540.33	1 377 688.33	1 071 695.30	2 449 383.64
安　徽	590 768.95	364 145.92	954 914.87	693 312.85	461 076.14	1 154 388.99
福　建	479 583.00	598 632.00	1 078 215.00	500 083.70	647 508.21	1 147 591.91
江　西	487 034.84	506 690.51	993 725.35	614 656.18	678 004.34	1 292 660.52
山　东	1 344 280.28	1 224 208.93	2 568 489.21	1 478 072.70	1 588 635.18	3 066 707.88
河　南	617 988.22	616 824.76	1 234 812.98	651 909.83	826 227.93	1 478 137.76
湖　北	738 288.79	353 958.81	1 092 247.60	892 645.33	408 706.95	1 301 352.28
湖　南	603 054.26	368 848.97	971 903.23	729 030.42	599 316.43	1 328 346.85
广　东	1 899 419.72	1 179 351.81	3 078 771.53	2 068 064.18	1 612 047.38	3 680 111.56
广　西	477 437.00	87 315.43	564 752.43	708 822.47	120 493.31	829 315.78
海　南	160 175.92	51 186.06	211 361.98	165 704.59	86 556.98	252 261.57
重　庆	435 129.47	190 957.72	626 087.19	619 904.19	282 254.12	902 158.31
四　川	678 348.28	360 855.75	1 039 204.03	781 527.11	402 404.19	1 183 931.31
贵　州	202 467.37	180 236.81	382 704.18	215 145.52	222 917.79	438 063.31
云　南	499 102.20	481 643.94	980 746.14	583 215.48	571 842.58	1 155 058.06
西　藏	42 693.91	29 539.19	72 233.10	72 678.17	38 717.36	111 395.53
陕　西	631 348.13	223 821.20	855 169.33	757 205.80	410 755.10	1 167 960.90
甘　肃	330 035.41	219 489.87	549 525.28	465 377.65	273 901.21	739 278.86
青　海	95 625.92	63 115.09	158 741.01	113 710.75	103 650.52	217 361.27
宁　夏	107 387.08	63 534.66	170 921.74	154 022.67	143 338.15	297 360.82
新　疆	339 521.99	150 902.78	490 424.77	370 219.54	284 602.85	654 822.39
中彩中心	—	—	—	—	—	—
合计 Total	**17 652 846.37**	**13 279 658.55**	**30 932 504.92**	**20 596 815.22**	**17 640 993.36**	**38 237 808.57**

2015			2016			1987—2016		
福利彩票 Welfare Lottery	体育彩票 Sports Lottery	小计 Subtotal	福利彩票 Welfare Lottery	体育彩票 Sports Lottery	小计 Subtotal	福利彩票 Welfare Lottery	体育彩票 Sports Lottery	小计 Subtotal
503 524.50	502 980.97	1 006 505.47	470 842.43	603 752.90	1 074 595.33	5 118 015.05	4 534 796.53	9 652 811.57
378 401.65	363 921.14	742 322.79	380 821.94	301 813.47	682 635.41	2 404 332.66	3 099 945.45	5 504 278.11
763 716.70	888 412.68	1 652 129.38	626 591.67	1 071 645.99	1 698 237.66	5 800 532.21	5 204 519.24	11 005 051.45
423 735.15	208 448.33	632 183.48	436 420.83	232 871.70	669 292.53	3 092 686.81	1 444 844.47	4 537 531.28
535 893.87	382 816.18	918 710.05	579 730.12	450 903.71	1 030 633.83	3 489 128.13	2 212 441.89	5 701 570.02
1 095 785.72	503 289.33	1 599 075.05	1 095 417.28	552 543.09	1 647 960.37	8 832 053.56	4 355 899.50	13 187 953.05
349 870.46	382 299.03	732 169.49	356 845.77	382 758.55	739 604.32	3 224 252.80	2 676 968.32	5 901 221.12
500 557.37	586 672.34	1 087 229.71	505 207.23	538 373.44	1 043 580.67	4 439 164.93	4 049 008.70	8 488 173.63
428 851.76	382 149.56	811 001.32	449 770.02	305 347.32	755 117.34	4 467 618.18	3 490 142.78	7 957 760.96
1 444 830.57	1 698 220.70	3 143 051.27	1 487 625.99	1 787 293.88	3 274 919.87	10 981 984.43	13 885 334.27	24 867 318.70
1 468 661.70	1 088 360.78	2 557 022.48	1 513 054.59	1 243 668.69	2 756 723.28	10 617 772.66	8 595 771.22	19 213 543.88
656 254.60	507 151.13	1 163 405.73	681 577.19	521 043.38	1 202 620.57	4 697 131.76	3 194 795.00	7 891 926.76
508 783.03	770 575.71	1 279 358.74	501 645.17	805 843.19	1 307 488.36	3 889 948.70	6 555 887.82	10 445 836.52
323 469.70	455 808.30	779 278.00	296 444.47	314 052.03	610 496.50	3 048 357.66	3 391 496.02	6 439 853.67
1 448 689.14	1 575 034.63	3 023 723.77	1 468 684.45	1 723 726.36	3 192 410.81	13 035 207.22	10 124 902.74	23 160 109.96
626 568.06	1 020 712.83	1 647 280.89	661 935.53	1 199 526.77	1 861 462.30	5 318 846.32	6 223 335.78	11 542 182.10
939 140.52	367 076.93	1 306 217.45	1 013 843.03	669 553.60	1 683 396.63	7 031 586.47	3 814 137.82	10 845 724.30
777 265.40	406 490.61	1 183 756.01	854 052.11	600 421.27	1 454 473.38	5 330 573.65	3 309 484.61	8 640 058.27
2 050 534.55	1 524 384.20	3 574 918.75	2 112 967.72	1 850 301.05	3 963 268.77	17 309 237.59	11 807 987.70	29 117 225.29
507 303.86	191 806.59	699 110.45	476 749.03	280 957.55	757 706.58	4 353 562.71	1 107 941.96	5 461 504.67
174 374.73	130 184.13	304 558.86	167 183.56	144 717.37	311 900.93	1 192 736.56	586 503.67	1 779 240.23
456 499.56	305 774.57	762 274.13	449 407.98	350 921.27	800 329.25	3 668 013.46	1 804 967.52	5 472 980.97
834 518.02	454 416.01	1 288 934.03	849 549.42	476 101.63	1 325 651.05	5 953 128.59	4 128 304.89	10 081 433.47
249 779.74	258 364.33	508 144.07	269 068.03	322 873.35	591 941.38	1 977 424.51	1 697 256.25	3 674 680.77
648 740.69	622 917.96	1 271 658.65	728 835.04	750 145.21	1 478 980.25	4 791 208.53	4 606 199.26	9 397 407.79
106 564.02	52 255.27	158 819.29	157 978.07	70 955.93	228 934.00	544 403.24	305 187.24	849 590.48
827 307.58	433 474.64	1 260 782.22	862 320.26	554 208.03	1 416 528.29	5 277 766.05	2 662 973.03	7 940 739.09
453 227.88	223 703.34	676 931.22	450 303.85	262 176.61	712 480.46	2 870 447.23	1 535 289.50	4 405 736.73
116 817.19	54 678.25	171 495.44	153 535.26	63 996.29	217 531.55	836 627.37	459 838.71	1 296 466.08
153 316.56	86 785.19	240 101.75	171 165.15	101 159.49	272 324.64	1 035 497.52	681 809.11	1 717 306.64
398 114.69	208 160.06	606 274.75	419 590.61	281 310.56	700 901.17	3 190 004.47	1 720 587.62	4 910 592.09
—	—	—	—	—	—	—	317.11	317.11
20 151 098.97	**16 637 325.74**	**36 788 424.71**	**20 649 163.80**	**18 814 963.71**	**39 464 127.51**	**157 819 251.03**	**123 268 875.71**	**281 088 126.75**

1987—2016 年全国福利

Statistical Table of Public Welfare Funds of Welfare

地 区 Region	1987—1988	1989	1990	1991	1992	1993
北 京	331.66	279.23	549.80	606.20	770.60	1 332.50
天 津	242.28	322.41	392.60	302.70	191.70	567.60
河 北	516.60	390.40	578.80	708.90	767.30	753.00
山 西	485.32	248.28	320.40	380.70	1 001.40	641.40
内蒙古	—	134.66	312.00	146.00	439.30	323.20
辽 宁	1 065.78	676.35	1 510.80	878.10	870.70	1 191.20
吉 林	407.55	616.26	1 114.60	429.60	647.90	1 037.10
黑龙江	239.73	443.32	567.00	375.31	412.20	800.40
上 海	170.24	249.69	615.63	680.90	710.20	374.10
江 苏	395.41	919.78	662.49	1 007.02	1 382.20	4 524.80
浙 江	443.59	762.12	777.98	1 218.64	5 062.80	4 069.60
安 徽	256.00	238.60	478.10	605.30	675.50	1 912.80
福 建	282.01	447.74	264.70	1 078.12	1 759.60	1 124.80
江 西	58.72	98.40	236.00	475.96	1 014.40	2 252.00
山 东	391.67	381.34	466.20	798.00	1 657.90	2 672.10
河 南	643.20	640.00	842.56	966.70	1 055.00	2 000.00
湖 北	346.47	193.35	281.18	267.40	2 046.10	2 745.70
湖 南	206.80	232.66	691.30	1 127.93	2 027.60	1 252.30
广 东	1 325.72	1 339.04	2 064.60	4 467.14	3 463.00	5 248.80
广 西	—	135.72	1 217.97	1 542.70	1 825.50	3 131.40
海 南	154.94	9.27	668.80	100.20	35.40	5.00
重 庆	269.64	88.77	278.20	173.25	359.60	861.00
四 川	816.55	277.96	165.22	586.45	1 476.70	1 214.50
贵 州	185.03	149.30	230.50	129.20	779.30	1 598.70
云 南	543.58	422.43	194.50	314.90	1 432.80	1 740.60
西 藏	—	—	—	—	—	—
陕 西	479.89	279.00	293.17	701.65	480.60	206.50
甘 肃	206.15	145.03	196.00	252.00	637.00	591.40
青 海	37.92	8.46	43.00	41.00	117.00	155.60
宁 夏	24.00	49.44	18.80	27.40	18.50	24.00
新 疆	—	—	—	256.00	963.60	732.00
小 计 Subtotal	10 526.45	10 179.01	16 032.90	20 645.37	34 081.40	45 084.10
中央集中 Central Government	2 754.52	2 445.82	3 994.94	4 326.92	6 517.90	9 459.20
合 计 Total	**13 280.97**	**12 624.83**	**20 027.84**	**24 972.29**	**40 599.30**	**54 543.30**

注：本统计表为按福利彩票销量计算的福利彩票公益金筹集数，未包括弃奖奖金。

彩票公益金统计表

Lottery in China from 1987 to 2016

单位：万元

Unit：Ten Thousand Yuan

1994	1995	1996	1997	1998	1999	2000
1 550.40	2 780.40	1 265.60	1 813.00	2 300.20	9 662.40	1 219.80
460.00	1 528.30	1 033.10	1 012.90	1 180.70	1 252.20	1 849.00
2 810.00	5 152.70	3 154.40	1 729.90	1 764.00	6 128.60	2 005.40
1 168.00	3 187.20	6 756.40	2 779.40	2 551.60	3 292.70	1 146.80
959.60	4 600.00	5 747.50	1 408.30	1 017.60	1 545.00	988.40
3 642.50	5 681.10	5 636.30	2 502.90	1 862.00	9 795.50	10 562.40
1 372.00	3 504.80	4 996.00	1 184.50	930.60	1 813.50	1 553.00
1 829.00	2 392.70	4 772.90	1 920.40	1 309.50	3 492.60	3 371.60
386.80	2 373.00	2 970.00	1 605.60	7 627.00	21 922.30	26 506.90
2 925.60	5 454.00	6 853.50	6 684.90	14 827.50	27 539.70	14 346.80
1 358.00	2 926.00	1 942.70	917.60	14 481.70	25 784.90	11 646.40
2 849.70	4 723.70	3 962.30	2 457.40	3 321.60	6 251.10	4 472.20
1 061.70	3 731.10	4 642.30	2 645.50	4 541.10	16 505.70	5 334.20
1 171.50	3 912.80	3 537.40	3 315.30	3 108.90	5 131.00	1 723.00
2 206.00	9 733.70	5 916.30	2 762.50	7 847.90	7 190.30	16 878.10
1 760.00	9 850.80	5 516.40	2 551.80	3 414.70	4 451.70	4 717.80
3 100.70	7 443.20	8 980.10	5 629.40	4 277.00	5 950.60	6 613.50
1 613.60	5 716.50	10 615.70	3 404.00	2 278.20	5 811.10	4 217.30
2 035.70	14 882.40	31 719.80	25 403.70	53 784.00	52 758.70	28 912.90
2 157.80	5 943.70	8 248.60	3 446.90	5 659.60	8 536.80	9 231.50
		730.00	170.00	661.00	2 000.70	291.40
237.80	2 931.80	2 121.90	1 214.30	3 684.00	3 219.10	10 030.60
990.60	7 436.20	11 919.10	3 777.40	4 384.90	7 809.80	16 300.60
528.70	3 524.00	3 190.10	1 262.70	1 826.50	3 083.80	1 637.00
654.60	1 898.90	2 582.80	1 888.10	3 568.20	4 990.60	2 657.50
	—	—	—	—	—	—
913.20	8 819.40	3 530.30	1 186.50	1 480.30	2 041.10	2 109.10
751.70	3 251.60	3 948.10	1 212.20	1 062.40	945.60	792.30
76.00	887.70	437.10	191.00	55.00	160.00	130.40
27.00	808.10	902.30	41.50	541.50	691.20	205.30
1 576.80	6 445.10	2 090.50	487.20	2 445.80	3 244.80	2 071.40
42 175.00	141 520.90	159 719.50	86 606.80	157 795.00	253 003.10	193 522.60
11 266.60	27 828.40	31 348.90	14 519.90	38 101.20	51 493.80	48 749.90
53 441.60	**169 349.30**	**191 068.40**	**101 126.70**	**195 896.20**	**304 496.90**	**242 272.50**

续表

地　区 Region	2001	2002	2003	2004	2005	2006	2007	2008
北　京	5 480.47	8 418.93	15 125.01	23 846.42	36 257.82	40 075.21	41 684.80	46 169.80
天　津	2 056.17	1 223.88	1 689.67	3 009.68	7 030.62	9 530.61	12 672.20	10 466.53
河　北	4 316.92	7 348.07	9 191.86	12 043.49	30 895.16	40 948.88	46 849.16	42 529.15
山　西	8 653.94	5 230.65	4 547.58	6 106.91	14 689.29	23 019.02	27 454.42	21 464.47
内蒙古	977.31	1 623.64	2 674.52	3 571.25	9 648.79	14 059.47	19 253.18	25 479.13
辽　宁	12 543.96	15 889.99	19 197.34	23 047.29	46 306.91	68 123.77	82 550.02	66 626.69
吉　林	5 508.87	3 784.41	7 151.71	7 496.73	16 813.18	23 136.45	35 488.97	26 445.23
黑龙江	6 866.66	10 159.34	12 812.95	14 380.24	53 016.28	40 720.57	38 311.01	35 766.60
上　海	16 712.70	12 004.84	16 603.34	15 227.70	21 572.47	28 580.21	37 737.18	33 097.73
江　苏	11 888.38	10 877.31	11 653.50	11 674.64	23 702.90	36 407.25	54 908.28	54 825.79
浙　江	9 926.85	7 956.38	15 355.76	12 562.01	28 076.43	42 236.66	75 587.26	66 877.86
安　徽	5 785.92	3 481.01	4 390.16	6 235.43	17 485.58	21 841.56	31 613.33	26 337.35
福　建	13 992.24	10 122.25	4 776.13	3 200.48	7 903.36	17 480.75	25 451.51	20 239.45
江　西	6 568.38	4 648.93	5 653.09	4 585.05	9 036.61	9 065.37	11 282.90	13 862.57
山　东	30 797.28	39 885.13	44 120.98	43 466.53	94 333.17	81 397.99	101 406.39	81 333.60
河　南	11 673.44	10 214.18	11 363.33	13 848.48	27 590.38	31 092.37	36 456.85	32 170.44
湖　北	5 402.41	6 035.50	12 575.80	18 586.53	48 390.26	45 870.45	52 531.85	47 452.26
湖　南	4 027.84	6 422.39	8 699.57	9 112.68	20 524.15	25 292.25	32 645.77	25 449.41
广　东	27 862.23	43 140.93	51 235.63	46 643.02	68 426.12	83 241.16	95 294.74	101 914.62
广　西	10 190.26	12 677.98	17 259.95	16 850.17	23 791.02	23 274.97	25 867.56	22 768.27
海　南	1 072.64	494.47	322.07	1 938.82	2 410.12	2 270.38	4 057.07	5 965.34
重　庆	4 872.59	3 352.59	4 906.19	5 622.92	10 966.63	15 724.25	21 401.43	18 566.09
四　川	3 148.34	2 071.02	4 896.20	6 899.19	18 674.93	30 278.53	34 405.76	38 986.96
贵　州	2 004.59	904.93	3 194.07	3 522.34	6 864.54	10 514.34	13 316.06	16 919.49
云　南	4 496.99	3 625.26	4 301.16	7 882.40	18 458.20	26 055.58	32 667.88	34 615.37
西　藏	212.74	85.93	101.79	568.87	758.55	1 346.07	1 945.33	3 089.56
陕　西	8 860.98	6 391.35	5 876.35	5 421.98	18 690.82	20 296.65	31 075.13	25 641.13
甘　肃	3 796.64	4 929.16	4 533.76	3 446.34	7 590.31	11 747.58	18 783.42	16 880.79
青　海	303.49	531.77	1 055.36	1 331.57	2 809.59	3 869.52	4 997.42	5 101.56
宁　夏	725.26	2 266.61	2 144.76	1 656.92	3 270.48	5 538.19	7 358.48	6 026.10
新　疆	2 201.74	6 189.98	9 469.27	9 743.03	22 417.21	24 711.22	23 485.57	22 007.45
小计 Subtotal	232 928.23	251 988.78	316 878.83	343 529.11	718 401.90	857 747.28	1 078 540.93	995 076.79
中央集中 Central Government	186 276.48	335 985.06	383 320.53	448 784.56	718 401.90	857 747.28	1 078 540.93	995 076.79
合　计 Total	**419 204.71**	**587 973.84**	**700 199.35**	**792 313.67**	**1 436 803.80**	**1 715 494.56**	**2 157 081.86**	**1 990 153.58**

2009	2010	2011	2012	2013	2014	2015	2016	1987—2016
53 321.25	62 758.89	80 253.82	81 297.16	81 416.45	86 111.02	77 736.83	74 234.02	838 649.69
13 339.66	18 893.37	23 951.07	33 190.78	43 486.63	62 799.49	52 955.04	53 505.62	360 136.48
46 337.35	54 763.92	71 949.28	83 086.61	102 570.29	113 751.22	107 803.82	91 346.86	892 192.03
25 224.57	26 077.44	33 203.91	38 897.58	43 990.72	58 449.16	59 938.58	62 864.59	483 772.42
32 288.45	31 711.11	40 233.26	43 175.30	60 012.01	73 728.94	75 913.92	82 983.88	534 955.72
77 452.55	84 539.25	95 591.86	118 755.49	134 779.26	150 949.37	153 218.81	155 766.58	1 351 214.78
26 343.85	28 063.93	31 657.88	37 707.30	58 895.90	64 575.16	48 999.23	51 313.22	492 989.41
39 301.21	40 499.32	45 939.11	55 810.22	66 865.14	77 410.43	73 776.22	75 284.23	708 846.19
49 539.94	48 478.65	62 206.07	60 725.59	58 939.14	75 354.15	64 579.78	68 990.45	736 542.28
77 178.98	107 255.56	168 363.91	190 044.87	178 760.89	191 168.67	197 823.40	209 275.12	1 623 333.13
80 029.63	108 563.76	134 755.72	147 740.95	173 237.40	187 865.41	200 575.91	213 077.06	1 575 817.09
33 310.21	39 377.60	52 544.92	63 259.94	82 572.69	95 681.16	88 740.48	94 930.76	699 792.40
25 331.11	35 272.14	47 376.55	53 585.90	67 832.48	69 125.35	70 894.67	72 571.57	588 574.51
17 582.82	23 351.29	36 170.17	55 368.17	75 014.99	92 831.96	45 867.71	42 393.67	479 319.04
105 963.96	127 961.10	153 636.15	170 438.23	185 807.34	201 912.06	196 831.82	205 107.74	1 923 301.48
37 351.38	49 766.78	67 552.55	83 251.53	88 223.30	92 048.36	88 139.81	95 818.83	814 972.68
52 720.12	62 857.32	76 430.12	89 384.31	105 108.65	124 678.43	129 441.02	141 974.48	1 067 314.18
34 272.85	42 127.11	60 554.61	75 987.30	84 539.85	98 790.24	103 922.81	117 888.57	789 452.40
132 438.73	169 057.84	207 638.59	246 642.15	272 618.59	292 414.25	288 671.58	302 521.93	2 657 167.59
26 308.23	32 681.03	41 820.99	57 214.67	71 180.02	101 056.51	72 221.94	71 186.92	677 428.68
5 320.61	10 254.99	14 466.55	17 252.67	18 951.12	19 289.95	20 148.01	19 933.40	148 974.91
23 472.16	33 928.07	51 113.44	55 260.24	65 103.46	92 709.74	63 146.03	64 443.89	560 059.68
50 645.27	58 732.50	75 192.53	89 834.05	98 866.84	110 715.75	117 033.00	122 693.95	920 230.80
22 544.53	24 108.00	26 524.26	29 818.35	32 527.45	33 811.87	37 690.87	41 450.76	323 841.28
46 884.01	54 415.67	63 720.46	71 337.39	77 679.09	87 426.99	93 898.72	107 959.69	758 314.35
4 339.29	4 084.50	5 172.87	4 826.50	6 411.05	10 422.58	15 013.05	22 281.50	80 660.17
32 901.19	39 994.23	61 028.64	77 350.03	91 867.19	107 217.37	116 101.64	123 386.54	794 621.92
21 426.09	23 156.97	27 561.77	33 544.44	47 042.22	64 624.23	62 275.25	63 813.61	429 144.07
6 357.28	7 403.66	8 994.68	11 505.57	14 252.51	16 488.21	16 814.89	22 264.25	126 421.49
7 260.51	9 759.27	11 614.77	13 662.63	16 085.11	22 202.09	21 470.61	24 471.94	158 892.77
24 656.34	28 281.25	32 979.64	40 305.87	48 712.85	52 895.87	57 071.84	61 528.56	486 970.87
1 231 444.12	1 488 176.51	1 910 200.15	2 230 261.73	2 553 350.65	2 928 506.00	2 818 717.22	2 957 264.14	24 083 904.49
1 231 444.12	1 488 176.51	1 910 200.15	2 230 261.73	2 553 350.65	2 928 506.00	2 818 717.22	2 957 264.14	23 374 862.04
2 462 888.24	**2 976 353.01**	**3 820 400.30**	**4 460 523.45**	**5 106 701.31**	**5 857 012.01**	**5 637 434.44**	**5 914 528.27**	**47 458 766.53**

1994—2016 年全国体育

Statistical Table of Public Welfare Funds of Sports

地　区 Region	1994—1995	1996	1997	1998	1999
北　京	—	—	477.20	887.00	1 279.00
天　津	4 000.00	431.35	748.50	1 320.00	2 256.00
河　北	1 510.30	1 280.60	1 057.48	1 545.60	810.00
山　西	117.00	313.80	676.40	1 560.00	54.00
内蒙古	51.00	370.00	1 019.00	251.10	724.00
辽　宁	785.00	1 518.60	745.20	1 080.00	189.00
吉　林	223.00	661.00	869.00	540.00	459.00
黑龙江	—	—	1 169.70	1 130.00	1 734.20
上　海	1 725.00	3 300.00	5 700.00	2 465.00	10 497.80
江　苏	1 131.20	917.90	1 314.00	4 234.30	16 270.00
浙　江	653.40	909.60	1 539.20	5 868.60	11 967.20
安　徽	465.00	800.10	1 256.40	1 329.60	1 728.00
福　建	230.00	1 050.00	2 970.00	7 320.00	10 452.00
江　西	300.00	530.40	995.76	1 156.00	1 419.00
山　东	200.00	1 069.56	1 063.80	1 560.00	2 229.00
河　南	—	575.40	975.50	1 096.10	634.70
湖　北	1 131.20	917.90	1 314.00	2 328.30	1 469.00
湖　南	1 263.60	1 213.40	1 134.00	1 320.00	1 736.10
广　东	3 385.80	2 160.00	2 940.00	12 352.30	18 534.00
广　西	240.00	1 085.70	1 808.40	2 959.00	918.00
海　南	—	577.00	985.00	1 560.00	945.00
重　庆	—	—	—	820.00	621.30
四　川	990.00	1 373.00	1 533.00	3 169.60	8 740.00
贵　州	153.70	987.30	1 039.70	1 230.10	1 109.30
云　南	—	—	928.00	1 284.30	1 042.00
西　藏	—	302.00	—	239.00	297.00
陕　西	996.53	763.82	777.94	850.20	136.70
甘　肃	192.00	636.00	630.00	810.00	297.00
青　海	—	—	—	108.00	147.00
宁　夏	—	360.00	310.00	78.20	—
新　疆	743.00	661.00	869.00	1 128.00	868.30
小计 Subtotal	20 486.73	24 765.43	36 846.18	63 580.30	99 563.60
中央集中	2 055.60	3 981.63	5 872.61	12 371.40	21 549.00
合　计 Total	**22 542.33**	**28 747.06**	**42 718.79**	**75 951.70**	**121 112.60**

注：本统计表为按体育彩票销量计算的体育彩票公益金筹集数，未包括弃奖奖金。

彩票公益金统计表

Lottery in China from 1994 to 2016

单位：万元

Unit: Ten Thousand Yuan

2000	2001	2002	2003	2004
10 305.00	22 044.00	19 270.95	16 807.15	12 540.46
10 268.60	7 525.00	9 525.58	9 659.63	8 563.44
5 567.90	8 315.00	10 969.88	10 114.67	8 417.15
530.00	1 079.00	1 470.20	2 381.54	2 524.74
622.30	281.00	1 025.40	1 930.55	2 245.48
1 705.80	5 183.00	15 155.98	11 568.50	9 278.84
280.00	2 202.00	5 055.05	6 633.41	5 452.18
5 694.20	6 596.00	7 866.24	8 492.94	8 427.07
11 006.20	8 863.00	16 481.75	11 574.66	8 799.54
38 174.10	26 428.00	29 672.42	24 440.00	23 096.14
13 524.50	13 833.00	24 042.50	26 083.72	25 347.46
2 056.20	3 918.00	5 499.60	6 863.52	5 997.67
15 276.30	26 981.00	46 316.72	33 045.96	29 243.93
607.90	1 716.00	2 858.00	4 728.78	4 177.30
1 931.00	6 563.00	10 204.15	6 367.65	5 830.56
1 432.70	12 529.00	16 254.46	12 854.47	11 812.88
9 386.00	9 819.00	15 104.85	17 131.32	15 567.66
3 922.00	3 010.00	3 619.95	3 542.53	3 566.01
22 323.00	22 703.00	52 852.91	44 904.98	32 347.58
660.30	2 206.00	3 447.13	3 869.12	2 588.57
872.10	789.00	943.11	1 503.65	847.46
1 358.40	1 891.00	3 210.49	2 980.90	2 479.69
34 145.30	18 896.00	15 954.31	14 394.61	10 487.21
3 374.70	3 346.00	1 996.61	2 269.82	1 809.64
466.00	9 253.00	9 483.14	10 708.42	10 075.02
208.30	55.00	118.22	293.20	157.80
1 417.00	2 201.00	4 052.82	4 575.59	4 992.91
277.00	265.00	1 507.97	1 995.76	2 220.99
123.70	76.00	193.45	348.28	538.41
61.60	15.00	468.39	982.79	1 179.71
1 093.20	1 040.00	874.23	2 407.43	2 882.95
198 671.30	229 621.00	335 496.46	305 455.53	263 496.45
75 920.50	218 342.59	426 563.44	399 253.12	276 291.20
274 591.80	**447 963.59**	**762 059.90**	**704 708.65**	**539 787.65**

续表

地 区 Region	2005	2006	2007	2008	2009
北 京	14 577.38	17 311.61	18 450.80	20 868.27	22 266.67
天 津	13 613.06	12 826.11	13 150.80	13 923.17	16 972.12
河 北	24 355.88	22 527.80	28 792.20	25 421.02	25 865.80
山 西	6 680.63	9 408.59	8 555.43	12 170.10	12 546.46
内蒙古	6 616.53	9 224.03	12 527.34	15 320.74	18 872.89
辽 宁	22 749.68	28 415.28	33 175.01	29 286.82	28 252.15
吉 林	12 412.01	19 392.87	20 527.82	17 636.05	19 471.22
黑龙江	42 084.64	16 324.82	21 293.00	18 611.17	21 659.29
上 海	8 728.42	10 632.21	12 891.50	14 091.26	16 770.38
江 苏	33 755.13	55 477.24	74 404.85	79 483.70	101 430.89
浙 江	40 776.75	54 980.98	61 427.92	63 575.33	68 961.92
安 徽	16 764.94	12 381.02	19 106.43	16 443.49	20 940.92
福 建	34 518.53	35 920.23	40 689.22	48 447.34	53 412.05
江 西	14 047.15	9 999.38	13 139.03	13 314.38	17 331.11
山 东	34 378.90	26 095.62	32 176.29	34 318.00	62 658.98
河 南	29 879.91	27 494.57	26 367.60	35 993.55	43 809.38
湖 北	41 347.27	25 586.21	30 827.41	25 757.44	25 993.78
湖 南	17 931.89	14 390.18	16 564.89	13 870.02	17 255.75
广 东	34 114.82	34 609.00	43 875.47	54 103.19	71 246.81
广 西	3 121.31	2 935.62	3 244.76	3 458.48	3 857.35
海 南	746.67	856.91	1 278.15	1 498.71	1 689.86
重 庆	3 795.62	3 789.04	5 673.11	7 122.22	8 847.75
四 川	16 362.51	23 108.33	26 249.51	26 804.51	36 335.70
贵 州	2 591.75	5 032.65	7 839.09	10 643.93	13 653.59
云 南	13 633.75	19 308.22	20 886.48	32 691.46	42 471.83
西 藏	227.36	328.17	400.72	1 794.99	2 210.75
陕 西	10 745.31	9 704.32	14 795.20	17 381.61	16 910.87
甘 肃	4 400.91	6 516.10	8 059.23	10 514.67	9 522.04
青 海	1 159.60	1 447.21	1 676.43	3 013.88	3 213.24
宁 夏	2 722.53	3 877.04	4 307.16	5 934.47	6 172.89
新 疆	9 242.92	10 389.26	12 951.04	11 595.10	15 438.45
小计 Subtotal	518 083.71	530 290.62	635 303.89	685 089.07	826 042.87
中央集中	518 083.71	530 290.62	635 303.89	685 089.07	826 042.87
合计 Total	**1 036 167.42**	**1 060 581.24**	**1 270 607.78**	**1 370 178.14**	**1 652 085.75**

2010	2011	2012	2013	2014	2015	2016	1994—2016
37 550.11	47 230.81	46 349.01	65 211.99	76 808.55	66 601.97	79 480.75	596 318.67
22 771.77	31 113.56	36 407.29	42 590.95	70 452.18	40 412.73	34 971.62	403 503.46
28 343.35	35 176.53	42 697.10	78 396.51	112 158.34	116 222.98	135 478.09	725 024.19
11 607.32	12 700.79	13 282.21	21 298.16	25 734.64	27 176.43	28 724.30	200 591.74
16 275.81	19 965.56	21 505.33	29 877.51	40 477.88	52 172.50	60 656.43	312 012.37
30 800.57	47 598.49	69 732.04	66 164.09	65 301.73	62 953.55	67 280.73	598 920.06
20 052.83	23 377.10	32 395.76	45 169.47	49 812.83	51 234.00	51 883.05	385 739.67
22 057.55	37 156.82	52 396.60	58 300.00	89 296.55	76 137.85	73 687.76	570 116.40
20 293.35	26 857.63	32 079.73	51 912.26	92 973.64	45 139.06	39 826.77	452 609.15
127 297.04	191 956.12	217 581.40	208 559.09	227 609.30	217 249.30	234 817.94	1 935 300.04
77 052.09	87 763.25	104 476.35	122 111.66	140 552.25	139 908.95	160 476.78	1 245 833.40
24 459.98	30 449.02	31 083.51	46 948.81	55 529.85	57 256.30	63 080.08	424 358.45
55 701.97	69 267.89	74 349.86	85 121.94	92 023.21	104 522.85	111 903.51	978 764.50
29 624.22	37 891.18	43 630.07	61 849.71	84 829.05	51 821.50	38 874.64	434 840.55
72 239.77	123 049.18	137 002.36	158 411.60	204 698.91	184 189.98	210 593.29	1 316 831.61
43 057.32	54 963.41	72 464.59	85 893.28	114 739.06	127 670.50	152 038.87	872 537.25
29 978.24	30 156.80	37 883.80	48 623.14	52 211.53	48 835.28	79 786.05	551 156.19
22 535.57	31 923.77	41 695.31	46 764.63	70 437.76	45 794.66	66 068.31	429 560.32
96 927.51	120 285.13	129 005.08	149 395.62	203 742.25	180 214.00	224 298.33	1 556 320.76
6 367.41	8 944.47	8 953.75	10 377.34	14 014.70	20 367.68	30 487.84	135 912.94
2 149.31	3 728.83	5 615.39	6 203.66	10 240.53	14 124.10	16 207.58	73 362.00
12 830.96	18 863.42	18 653.05	23 539.55	32 871.39	31 256.41	37 437.73	218 042.02
41 798.61	47 534.61	53 096.75	51 147.39	57 996.15	62 306.00	66 148.73	618 571.85
17 208.63	16 994.01	19 006.63	25 234.79	31 438.29	35 752.19	44 337.97	247 050.39
39 387.38	47 521.83	57 120.77	66 770.81	79 131.42	82 751.94	98 468.18	643 383.94
1 661.67	2 962.93	3 220.74	3 608.05	4 915.01	6 839.36	9 579.62	39 419.88
18 459.20	21 728.31	24 846.20	30 420.44	49 404.45	51 095.19	65 014.64	351 270.24
9 214.04	10 931.32	15 001.18	29 397.20	36 376.98	30 698.14	35 060.02	214 523.53
3 158.42	4 064.31	4 422.71	7 262.73	11 115.44	6 991.69	8 576.67	57 637.15
5 528.88	6 885.16	6 356.97	8 731.40	16 544.43	11 723.00	14 102.44	96 342.05
13 323.40	15 088.27	16 509.24	18 882.26	31 870.68	25 699.69	36 109.80	229 667.22
959 714.29	1 264 130.52	1 468 820.80	1 754 176.05	2 245 308.99	2 075 119.72	2 375 458.53	16 915 522.03
959 714.29	1 264 130.52	1 468 820.80	1 754 176.05	2 245 308.99	2 075 119.72	2 375 458.53	16 779 740.15
1 919 428.58	**2 528 261.03**	**2 937 641.59**	**3 508 352.10**	**4 490 617.98**	**4 150 239.43**	**4 750 917.07**	**33 695 262.17**

1987—2016 年全国彩票公益金统计表

Statistical Table of Public Welfare Funds of Lottery in China from 1987 to 2016

单位：万元

Unit：Ten Thousand Yuan

年 份 Year	福利彩票 Welfare Lottery	体育彩票 Sports Lottery	合 计 Total
1987	855. 00	—	855. 00
1988	12 425. 97	—	12 425. 97
1989	12 624. 83	—	12 624. 83
1990	20 027. 84	—	20 027. 84
1991	24 972. 29	—	24 972. 29
1992	40 599. 30	—	40 599. 30
1993	54 543. 30	—	54 543. 30
1994	53 441. 60	—	53 441. 60
1995	169 349. 30	22 542. 33	191 891. 63
1996	191 068. 40	28 747. 06	219 815. 46
1997	101 126. 70	42 718. 79	143 845. 49
1998	195 896. 20	75 951. 70	271 847. 90
1999	304 496. 90	121 112. 60	425 609. 50
2000	242 272. 50	274 591. 80	516 864. 30
2001	419 204. 71	447 963. 59	867 168. 30
2002	587 973. 84	762 059. 90	1 350 033. 74
2003	700 199. 35	704 708. 65	1 404 908. 00
2004	792 313. 67	539 787. 65	1 332 101. 32
2005	1 436 803. 80	1 036 167. 42	2 472 971. 22
2006	1 715 494. 56	1 060 581. 24	2 776 075. 80
2007	2 157 081. 86	1 270 607. 78	3 427 689. 64
2008	1 990 153. 58	1 370 178. 14	3 360 331. 72
2009	2 462 888. 24	1 652 085. 75	4 114 973. 99
2010	2 976 353. 01	1 919 428. 58	4 895 781. 59
2011	3 820 400. 30	2 528 261. 03	6 348 661. 33
2012	4 460 523. 45	2 937 641. 59	7 398 165. 04
2013	5 106 701. 31	3 508 352. 10	8 615 053. 41
2014	5 857 012. 01	4 490 617. 98	10 347 629. 99
2015	5 637 434. 44	4 150 239. 43	9 787 673. 87
2016	5 914 528. 27	4 750 917. 07	10 665 445. 34
合计 Total	**47 458 766. 53**	**33 695 262. 18**	**81 154 028. 71**

注：本统计表为按彩票销量计算的彩票公益金筹集数，未包括弃奖奖金。

1987—2016年全国彩票公益金中央与地方分配表

Statistical Table of the Allocation of Public Welfare Funds of Lottery Between Central and Local Governments from 1987 to 2016

单位：万元
Unit: Ten Thousand Yuan

年 份 Year	合 计 Total	中央集中 Central Government	地方留成 Local Government	分成比例（%）Percentage	
				中央 Central	地方 Local
1987—1988	13 280.97	2 754.52	10 526.45	20.70	79.30
1989	12 624.83	2 445.82	10 179.01	19.40	80.60
1990	20 027.84	3 994.94	16 032.90	19.90	80.10
1991	24 972.29	4 326.92	20 645.37	17.30	82.70
1992	40 599.30	6 517.90	34 081.40	16.10	83.90
1993	54 543.30	9 459.20	45 084.10	17.30	82.70
1994	53 441.60	11 266.60	42 175.00	21.10	78.90
1995	191 891.63	29 884.00	162 007.63	15.60	88.40
1996	219 815.46	35 330.53	184 484.93	16.10	83.90
1997	143 845.49	20 392.51	123 452.98	14.10	85.90
1998	271 847.90	50 472.60	221 375.30	18.60	81.40
1999	425 609.50	73 042.80	352 566.70	17.20	82.80
2000	516 864.30	124 670.40	392 193.90	24.10	75.90
2001	867 168.30	404 619.07	462 549.23	46.70	53.30
2002	1 350 033.74	762 548.50	587 485.24	56.50	43.50
2003	1 404 908.00	782 573.65	622 334.35	55.70	44.30
2004	1 332 101.32	725 075.81	607 025.51	54.40	45.60
2005	2 472 971.22	1 236 485.61	1 236 485.61	50.00	50.00
2006	2 776 075.80	1 388 037.90	1 388 037.90	50.00	50.00
2007	3 427 689.64	1 713 844.82	1 713 844.82	50.00	50.00
2008	3 360 331.72	1 680 165.86	1 680 165.86	50.00	50.00
2009	4 114 973.99	2 057 486.99	2 057 486.99	50.00	50.00
2010	4 895 781.59	2 447 890.80	2 447 890.80	50.00	50.00
2011	6 348 661.33	3 174 330.66	3 174 330.66	50.00	50.00
2012	7 398 165.04	3 699 082.52	3 699 082.52	50.00	50.00
2013	1 388 037.90	694 018.95	694 018.95	50.00	50.00
2014	10 347 629. 99	5 173 814. 99	5 173 814. 99	50. 00	50. 00
2015	9 787 673.87	4 893 836.94	4 893 836.94	50.00	50.00
2016	10 665 445.34	5 332 722.67	5 332 722.67	50.00	50.00
合 计 Total	**73 927 013.20**	**36 541 094.48**	**37 385 918.71**	**49.43**	**50.57**

注：本统计表为按彩票销量计算的彩票公益金筹集数，未包括弃奖奖金。

（二）2016 年综合统计资料
Statistical Data of 2016

2016 年全国彩票
Statistical Table of Lottery

月 份 Month	福利彩票 Welfare Lottery 乐透数字型 Lotto Games	即开型 Instant Games	视频型 Online Instant Win	基诺型 Keno	小 计 Subtotal
1 月	129.05	12.73	39.26	0.23	181.27
2 月	81.37	12.32	29.56	0.15	123.41
3 月	135.22	14.50	41.06	0.35	191.12
4 月	126.41	14.53	38.25	0.30	179.50
5 月	131.82	14.39	37.29	0.25	183.74
6 月	117.31	10.58	35.72	0.20	163.81
7 月	120.61	9.56	35.87	0.18	166.22
8 月	112.71	9.64	36.28	0.26	158.89
9 月	116.78	12.59	35.86	0.21	165.44
10 月	122.90	12.26	37.73	0.18	173.07
11 月	129.63	11.43	37.37	0.18	178.61
12 月	143.96	14.59	41.12	0.17	199.84
合 计 Total	**1 467.77**	**149.12**	**445.36**	**2.66**	**2 064.92**

销售情况表

Sales in China in 2016

单位：亿元

Unit：Billion

体育彩票 Sports Lottery					
乐透数字型 Lotto Games	竞猜型 Sports Betting Lottery	视频型 Online Instant Win	即开型 Instant Games	小　计 Subtotal	合　计 Total
84.01	49.38	0.00	11.74	145.14	326.41
54.92	35.95	0.01	10.26	101.14	224.54
91.67	59.01	0.01	15.07	165.76	356.88
93.41	64.21	0.01	11.76	169.39	348.89
89.36	60.96	0.01	12.13	162.45	346.19
79.17	84.32	0.00	12.31	175.80	339.61
77.60	70.78	0.01	9.42	157.81	324.03
77.93	63.76	0.01	9.54	151.23	310.12
74.07	69.66	0.00	11.54	155.27	320.71
81.45	73.84	0.01	9.91	165.20	338.27
87.33	69.03	0.01	9.85	166.21	344.82
89.93	64.02	0.01	12.13	166.10	365.94
980.87	**764.90**	**0.08**	**135.65**	**1 881.50**	**3 946.41**

2016 年全国彩票销售情况图

Diagram of Lottery Sales in China in 2016

单位：亿元
Unit：Billion

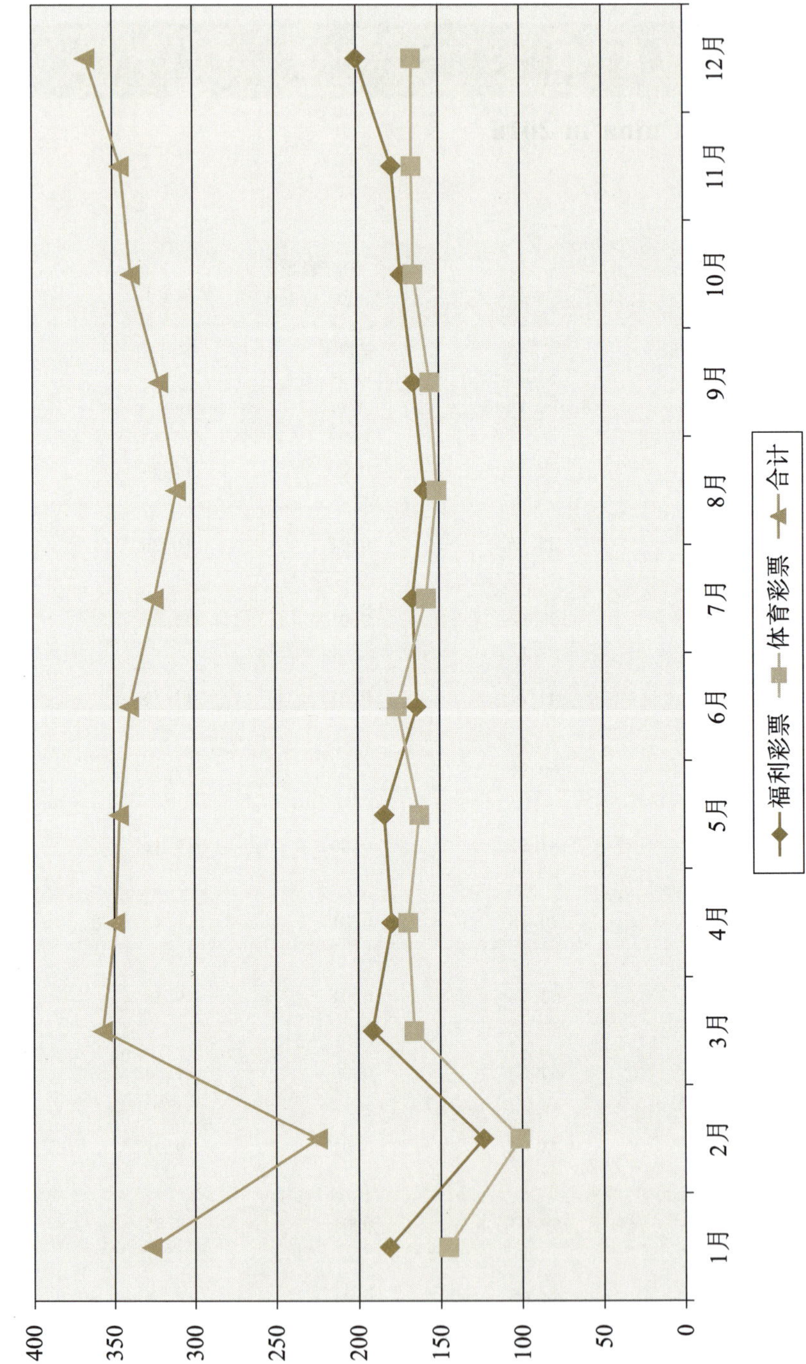

2016 年全国各地区彩票销售量排名表

Ranking of Lottery Sales in Different Regions in China in 2016

单位：万元
Unit：Ten Thousand Yuan

名 次 Ranking	地 区 Region	销售额 Sales Volume
1	广　东	3 963 268. 77
2	江　苏	3 274 919. 87
3	山　东	3 192 410. 81
4	浙　江	2 756 723. 28
5	河　南	1 861 462. 30
6	河　北	1 698 237. 66
7	湖　北	1 683 396. 63
8	辽　宁	1 647 960. 37
9	云　南	1 478 980. 25
10	湖　南	1 454 473. 38
11	陕　西	1 416 528. 29
12	四　川	1 325 651. 05
13	福　建	1 307 488. 36
14	安　徽	1 202 620. 57
15	北　京	1 074 595. 33
16	黑龙江	1 043 580. 67
17	内蒙古	1 030 633. 83
18	重　庆	800 329. 25
19	广　西	757 706. 58
20	上　海	755 117. 34
21	吉　林	739 604. 32
22	甘　肃	712 480. 46
23	新　疆	700 901. 17
24	天　津	682 635. 41
25	山　西	669 292. 53
26	江　西	610 496. 50
27	贵　州	591 941. 38
28	海　南	311 900. 93
29	宁　夏	272 324. 64
30	西　藏	228 933. 99
31	青　海	217 531. 55
合计 Total		**39 464 127. 51**

2016 年全国各地区彩票

Statistical Table of Lottery Monthly Sales in

地 区 Region	1 月 Jan.	2 月 Feb.	3 月 Mar.	4 月 Apr.	5 月 May	6 月 June
北 京	83 640. 67	53 381. 17	93 902. 79	97 671. 67	99 249. 58	90 014. 52
天 津	55 872. 40	36 196. 44	66 325. 33	68 885. 45	69 868. 35	59 425. 03
河 北	138 894. 48	106 601. 46	163 104. 87	168 047. 34	149 123. 19	153 676. 63
山 西	57 655. 88	34 628. 30	57 378. 04	54 859. 54	55 638. 40	55 060. 65
内蒙古	86 775. 76	59 604. 13	123 491. 57	95 951. 56	90 941. 84	82 230. 14
辽 宁	148 847. 08	109 601. 32	158 817. 19	158 591. 81	148 625. 73	140 985. 66
吉 林	65 803. 49	47 197. 84	71 598. 65	66 857. 20	64 353. 64	60 934. 43
黑龙江	92 358. 25	66 650. 30	105 219. 36	105 248. 43	91 268. 20	85 197. 32
上 海	62 049. 03	41 768. 41	66 238. 34	65 170. 14	70 516. 30	61 018. 79
江 苏	262 461. 45	177 945. 76	279 027. 30	277 500. 51	271 809. 58	279 838. 71
浙 江	241 463. 78	144 385. 85	228 678. 57	235 019. 67	227 014. 55	280 154. 41
安 徽	98 049. 34	69 477. 97	120 139. 24	109 894. 15	101 484. 23	98 613. 60
福 建	113 058. 69	75 276. 75	139 080. 66	112 206. 35	108 725. 69	113 273. 23
江 西	44 656. 62	32 718. 38	49 782. 18	57 602. 18	51 588. 94	49 451. 60
山 东	257 363. 24	181 357. 21	290 609. 22	275 672. 54	291 161. 63	278 254. 80
河 南	146 340. 24	99 532. 35	171 978. 73	176 564. 50	157 863. 00	146 968. 87
湖 北	127 433. 23	92 199. 61	143 796. 90	131 439. 73	138 702. 48	153 242. 46
湖 南	110 644. 27	78 982. 48	116 997. 73	127 405. 32	114 838. 35	118 014. 24
广 东	327 789. 48	213 771. 65	365 508. 55	348 639. 71	395 345. 72	326 357. 90
广 西	59 558. 32	46 835. 51	62 897. 32	58 272. 26	63 349. 38	71 114. 10
海 南	25 289. 96	19 453. 98	25 405. 95	23 864. 65	27 891. 81	25 106. 00
重 庆	61 269. 62	59 687. 71	73 412. 84	66 823. 15	66 985. 83	60 974. 02
四 川	123 072. 67	94 763. 68	124 423. 88	117 037. 59	120 566. 01	111 492. 36
贵 州	46 787. 19	32 815. 05	54 048. 83	50 576. 11	50 550. 75	57 942. 93
云 南	121 660. 41	84 616. 55	124 952. 32	135 482. 79	131 682. 16	141 564. 80
西 藏	16 655. 19	7 837. 53	14 926. 19	19 040. 11	19 185. 21	23 735. 28
陕 西	122 592. 04	74 480. 51	117 715. 19	124 792. 32	119 963. 95	115 200. 86
甘 肃	60 638. 60	34 886. 82	59 240. 79	56 669. 33	57 847. 90	58 999. 42
青 海	17 244. 58	9 261. 28	16 554. 39	17 608. 73	19 854. 87	19 046. 73
宁 夏	21 636. 48	14 302. 17	23 877. 81	22 583. 97	23 330. 17	22 714. 13
新 疆	66 564. 36	45 220. 70	59 670. 12	62 915. 22	62 597. 70	55 499. 22
合 计 Total	**3 264 126. 79**	**2 245 438. 87**	**3 568 800. 88**	**3 488 894. 04**	**3 461 925. 12**	**3 396 102. 85**

销售情况表（分地区按月统计）

Different Regions in China in 2016

单位：万元
Unit：Ten Thousand Yuan

7月 July	8月 Aug.	9月 Sept.	10月 Oct.	11月 Nov.	12月 Dec.	合计 Total
90 635.75	92 575.97	90 643.75	94 389.84	94 305.85	94 183.75	1 074 595.33
55 581.04	54 266.70	54 926.09	52 804.17	52 390.98	56 093.44	682 635.41
136 351.13	136 299.78	132 966.14	133 027.08	134 136.86	146 008.70	1 698 237.66
55 094.16	53 267.77	54 557.42	60 254.51	62 832.61	68 065.24	669 292.53
78 225.37	70 669.72	73 139.48	76 183.81	83 774.00	109 646.45	1 030 633.83
126 670.71	120 355.32	122 509.30	143 277.05	133 427.20	136 252.02	1 647 960.37
59 802.90	54 483.75	54 034.00	56 112.91	70 971.78	67 453.70	739 604.32
77 233.72	77 124.28	77 883.23	76 452.41	89 470.85	99 474.34	1 043 580.67
61 138.93	61 788.66	61 660.48	65 839.66	69 251.75	68 676.84	755 117.34
296 365.16	264 654.27	265 380.67	282 024.09	285 771.99	332 140.38	3 274 919.87
224 611.05	217 220.66	208 746.19	220 393.74	241 145.86	287 888.95	2 756 723.28
110 186.19	106 470.17	95 811.01	96 900.28	98 229.82	97 364.59	1 202 620.57
102 277.28	99 645.20	98 148.20	111 536.35	112 332.45	121 927.53	1 307 488.36
49 493.18	46 784.02	49 733.26	57 952.68	61 295.37	59 438.09	610 496.50
250 845.54	251 002.59	269 464.74	267 289.86	290 341.55	289 047.88	3 192 410.87
137 732.09	143 654.52	150 981.00	172 367.82	174 043.03	183 436.15	1 861 462.30
158 187.00	132 354.18	149 934.44	165 461.03	145 466.85	145 178.70	1 683 396.63
125 676.80	130 215.32	136 098.63	144 854.07	132 662.93	118 083.26	1 454 473.38
302 226.52	301 300.21	321 587.11	337 644.10	351 499.30	371 598.49	3 963 268.77
71 683.08	58 934.23	55 599.75	68 653.37	67 144.62	73 664.64	757 706.58
24 253.93	23 506.14	22 087.10	24 315.05	35 258.65	35 467.70	311 900.93
55 011.11	60 176.38	67 065.56	65 409.61	75 134.86	88 378.56	800 329.25
102 361.45	97 577.84	105 909.12	107 457.72	109 157.20	111 831.53	1 325 651.05
54 673.61	45 283.52	43 012.83	46 476.17	52 084.14	57 690.24	591 941.38
136 138.82	118 450.80	119 934.77	123 260.31	118 899.87	122 336.64	1 478 980.25
22 171.22	19 791.05	18 674.21	19 293.19	21 823.87	25 800.95	228 933.99
113 257.00	114 395.69	138 132.01	146 775.25	114 586.26	114 637.21	1 416 528.29
65 478.19	56 118.11	69 934.91	62 541.09	62 799.11	67 326.19	712 480.46
18 407.00	17 688.01	18 076.34	19 442.86	23 449.45	20 897.31	217 531.55
22 492.33	21 842.92	23 538.78	25 462.71	24 448.76	26 094.43	272 324.64
55 988.29	53 280.49	56 953.15	58 838.64	60 091.67	63 281.61	700 901.17
3 240 250.55	**3 101 178.31**	**3 207 123.67**	**3 382 691.42**	**3 448 229.49**	**3 659 365.51**	**39 464 127.51**

2016 年全国各地区彩票销售额比重图

Diagram of Lottery Sales Proportion in Different Regions in China in 2016

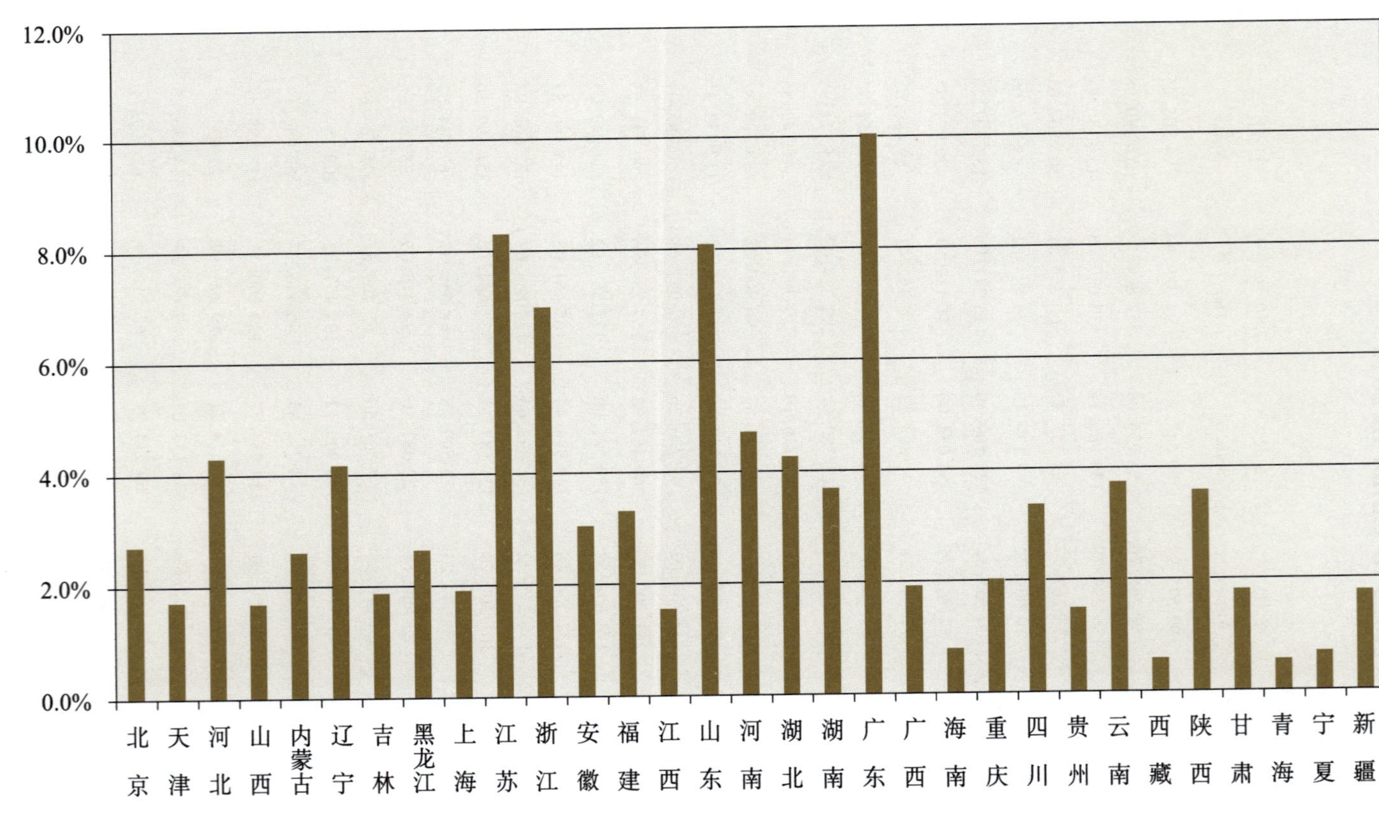

2016 年全国彩票分类型销售情况图

Diagram of Lottery Sales in Different Lottery Games in China in 2016

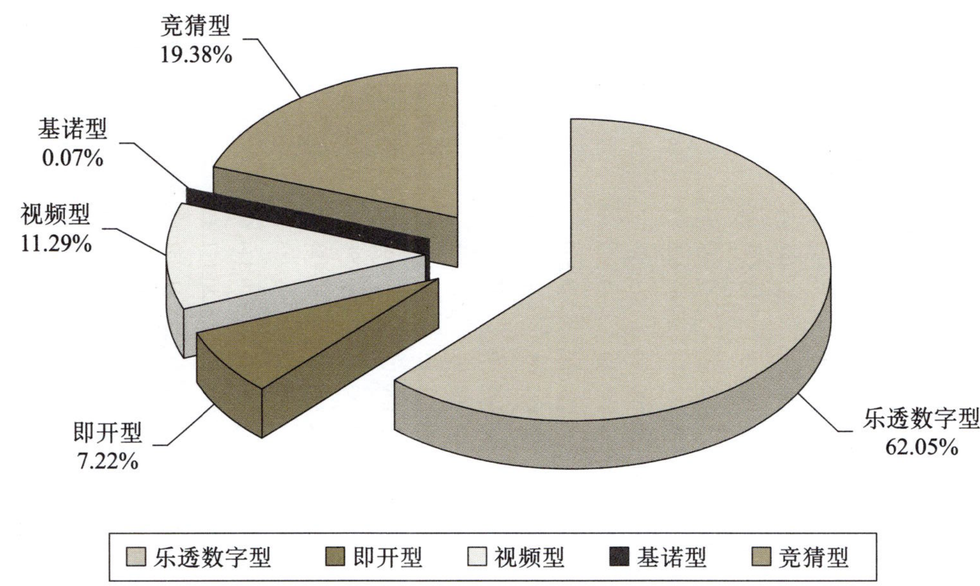

2016 年全国彩票销售

Statistical Table of Lottery Sales in Different

地 区 Region	福利彩票 Welfare Lottery					体育 Sports	
	乐透数字型 Lotto Games	即开型 Instant Games	视频型 Online Instant Win	基诺型 Keno	小计 Subtotal	乐透数字型 Lotto Games	即开型 Instant Games
北 京	395 629.44	50 743.14	0.00	24 469.86	470 842.43	337 001.30	41 001.51
天 津	291 350.19	20 335.60	69 136.16	0.00	380 821.94	101 279.56	13 623.48
河 北	449 393.72	46 157.28	130 697.65	343.02	626 591.67	618 704.51	73 899.78
山 西	354 244.83	19 677.03	62 486.84	12.13	436 420.83	117 323.19	11 729.70
内蒙古	455 763.49	40 430.75	83 535.88	0.00	579 730.12	323 665.06	52 459.32
辽 宁	817 967.51	58 208.20	219 159.92	81.65	1 095 417.28	249 531.34	48 977.90
吉 林	272 286.79	20 114.45	64 428.53	16.01	356 845.77	273 847.05	46 920.58
黑龙江	450 777.52	30 400.19	24 029.53	0.00	505 207.23	409 622.82	47 402.90
上 海	333 061.96	33 353.40	83 352.40	2.26	449 770.02	146 074.51	18 103.27
江 苏	1 058 542.03	75 684.80	353 399.17	0.00	1 487 625.99	1 025 362.12	188 152.11
浙 江	969 720.66	93 852.69	449 481.24	0.00	1 513 054.59	695 955.44	72 273.09
安 徽	387 973.33	27 208.96	266 394.90	0.00	681 577.19	223 855.72	17 556.25
福 建	334 858.44	41 508.01	125 278.73	0.00	501 645.17	541 314.84	62 118.75
江 西	169 150.23	28 315.12	98 979.12	0.00	296 444.47	148 910.46	9 640.00
山 东	951 881.34	117 199.01	399 504.23	99.88	1 468 684.45	911 551.41	124 299.83
河 南	412 291.77	63 553.64	186 090.11	0.00	661 935.53	653 980.51	80 996.81
湖 北	665 759.24	62 328.23	285 755.55	0.00	1 013 843.03	254 112.00	14 584.46
湖 南	483 599.78	75 207.14	295 245.19	0.00	854 052.11	138 341.11	10 238.19
广 东	1 539 344.82	241 599.43	330 544.62	1 478.85	2 112 967.72	792 900.78	142 753.89
广 西	323 786.88	32 791.03	120 171.12	0.00	476 749.03	61 344.82	10 067.95
海 南	124 123.25	1 178.64	41 881.66	0.00	167 183.56	72 863.09	8 589.75
重 庆	312 545.80	35 886.47	100 975.72	0.00	449 407.98	64 839.54	7 442.92
四 川	584 030.26	90 094.21	175 424.95	0.00	849 549.42	271 360.28	38 265.24
贵 州	217 733.19	10 056.18	41 278.65	0.00	269 068.03	223 296.88	21 464.47
云 南	529 354.91	25 062.17	174 417.95	0.00	728 835.04	428 565.76	78 072.75
西 藏	145 678.77	12 299.30	0.00	0.00	157 978.07	53 756.09	14 540.58
陕 西	690 187.99	49 775.75	122 356.52	0.00	862 320.26	215 344.01	28 781.10
甘 肃	336 199.05	19 825.78	94 162.75	116.27	450 303.85	182 142.36	23 924.77
青 海	126 197.85	8 116.65	19 220.76	0.00	153 535.26	41 383.70	5 433.01
宁 夏	125 648.07	9 347.07	36 170.01	0.00	171 165.15	73 608.61	10 352.75
新 疆	368 653.32	50 937.29	0.00	0.00	419 590.61	156 864.98	32 791.92
合 计 Total	**14 677 736.45**	**1 491 247.57**	**4 453 559.86**	**26 619.92**	**20 649 163.80**	**9 808 703.87**	**1 356 459.00**

情况表（分地区分系统）

Regions and Different Organizations in China in 2016

单位：万元

Unit：Ten Thousand Yuan

彩票 Lottery			销售合计 Sales Total					
视频型 Online Instant Win	竞猜型 Sports Betting	小计 Subtotal	乐透数字型 Lotto Games	即开型 Instant Games	视频型 Online Instant Win	基诺型 Keno	竞猜型 Sports Betting	小计 Subtotal
	225 750.09	603 752.90	732 630.74	91 744.65	0.00	24 469.86	225 750.09	1 074 595.33
	186 910.43	301 813.47	392 629.75	33 959.08	69 136.16	0.00	186 910.43	682 635.41
	379 041.70	1 071 645.99	1 068 098.23	120 057.06	130 697.65	343.02	379 041.70	1 698 237.66
	103 818.81	232 871.70	471 568.02	31 406.73	62 486.84	12.13	103 818.81	669 292.53
	74 779.33	450 903.71	779 428.55	92 890.07	83 535.88	0.00	74 779.33	1 030 633.83
	254 033.85	552 543.09	1 067 498.85	107 186.10	219 159.92	81.65	254 033.85	1 647 960.37
	61 990.92	382 758.55	546 133.84	67 035.03	64 428.53	16.01	61 990.92	739 604.32
	81 347.71	538 373.44	860 400.34	77 803.09	24 029.53	0.00	81 347.71	1 043 580.67
	141 169.54	305 347.32	479 136.47	51 456.67	83 352.40	2.26	141 169.54	755 117.34
	573 779.65	1 787 293.88	2 083 904.15	263 836.91	353 399.17	0.00	573 779.65	3 274 919.87
	475 440.16	1 243 668.69	1 665 676.10	166 125.78	449 481.24	0.00	475 440.16	2 756 723.28
	279 631.41	521 043.38	611 829.05	44 765.21	266 394.90	0.00	279 631.41	1 202 620.57
	202 409.60	805 843.19	876 173.28	103 626.76	125 278.73	0.00	202 409.60	1 307 488.36
	155 501.57	314 052.03	318 060.69	37 955.12	98 979.12	0.00	155 501.57	610 496.50
	687 875.13	1 723 726.36	1 863 432.75	241 498.84	399 504.23	99.88	687 875.13	3 192 410.81
	464 549.45	1 199 526.77	1 066 272.28	144 550.45	186 090.11	0.00	464 549.45	1 861 462.30
	400 857.14	669 553.60	919 871.24	76 912.69	285 755.55	0.00	400 857.14	1 683 396.63
	451 841.98	600 421.27	621 940.89	85 445.33	295 245.19	0.00	451 841.98	1 454 473.38
	914 646.38	1 850 301.05	2 332 245.60	384 353.32	330 544.62	1 478.85	914 646.38	3 963 268.77
	209 544.78	280 957.55	385 131.70	42 858.98	120 171.12	0.00	209 544.78	757 706.58
789.17	62 475.36	144 717.37	196 986.34	9 768.39	42 670.83	0.00	62 475.36	311 900.93
	278 638.81	350 921.27	377 385.34	43 329.39	100 975.72	0.00	278 638.81	800 329.25
	166 476.11	476 101.63	855 390.54	128 359.45	175 424.95	0.00	166 476.11	1 325 651.05
	78 112.00	322 873.35	441 030.07	31 520.65	41 278.65	0.00	78 112.00	591 941.38
	243 506.71	750 145.21	957 920.67	103 134.92	174 417.95	0.00	243 506.71	1 478 980.25
	2 659.26	70 955.93	199 434.86	26 839.88	0.00	0.00	2 659.26	228 934.00
	310 082.92	554 208.03	905 532.00	78 556.85	122 356.52	0.00	310 082.92	1 416 528.29
	56 109.49	262 176.61	518 341.41	43 750.55	94 162.75	116.27	56 109.49	712 480.46
	17 179.58	63 996.29	167 581.55	13 549.66	19 220.76	0.00	17 179.58	217 531.55
	17 198.13	101 159.49	199 256.68	19 699.82	36 170.01	0.00	17 198.13	272 324.64
	91 653.66	281 310.56	525 518.30	83 729.21	0.00	0.00	91 653.66	700 901.17
789.17	**7 649 011.66**	**18 814 963.71**	**24 486 440.32**	**2 847 706.57**	**4 454 349.03**	**26 619.92**	**7 649 011.66**	**39 464 127.51**

2016 年全国彩票

Statistical Table of the Public Welfare Funds Raised

地 区 Region	福利彩票 Welfare Lottery 小 计 Subtotal	 中央集中 Central Gov.	 地方留成 Local Gov.
北京	148 468.04	74 234.02	74 234.02
天津	107 011.24	53 505.62	53 505.62
河北	182 693.72	91 346.86	91 346.86
山西	125 729.18	62 864.59	62 864.59
内蒙古	165 967.76	82 983.88	82 983.88
辽宁	311 533.16	155 766.58	155 766.58
吉林	102 626.44	51 313.22	51 313.22
黑龙江	150 568.46	75 284.23	75 284.23
上海	137 980.90	68 990.45	68 990.45
江苏	418 550.24	209 275.12	209 275.12
浙江	426 154.12	213 077.06	213 077.06
安徽	189 861.52	94 930.76	94 930.76
福建	145 143.14	72 571.57	72 571.57
江西	84 787.34	42 393.67	42 393.67
山东	410 215.48	205 107.74	205 107.74
河南	191 637.66	95 818.83	95 818.83
湖北	283 948.96	141 974.48	141 974.48
湖南	235 777.14	117 888.57	117 888.57
广东	605 043.86	302 521.93	302 521.93
广西	142 373.84	71 186.92	71 186.92
海南	39 866.80	19 933.40	19 933.40
重庆	128 887.78	64 443.89	64 443.89
四川	245 387.90	122 693.95	122 693.95
贵州	82 901.52	41 450.76	41 450.76
云南	215 919.38	107 959.69	107 959.69
西藏	44 563.00	22 281.50	22 281.50
陕西	246 773.08	123 386.54	123 386.54
甘肃	127 627.22	63 813.61	63 813.61
青海	44 528.50	22 264.25	22 264.25
宁夏	48 943.88	24 471.94	24 471.94
新疆	123 057.12	61 528.56	61 528.56
合 计 Total	**5 914 528.28**	**2 957 264.14**	**2 957 264.14**

注：本统计表为按彩票销量计算的彩票公益金筹集数，未包括弃奖奖金。

公益金筹集情况表

from Lottery Sales in China in 2016

单位：万元

Unit：Ten Thousand Yuan

体育彩票 Sports Lottery			两种彩票汇总 Total		
小 计 Subtotal	中央集中 Central Gov.	地方留成 Local Gov.	合 计 Total	中央集中 Central Gov.	地方留成 Local Gov.
158 961.50	79 480.75	79 480.75	307 429.54	153 714.77	153 714.77
69 943.24	34 971.62	34 971.62	176 954.48	88 477.24	88 477.24
270 956.18	135 478.09	135 478.09	453 649.90	226 824.95	226 824.95
57 448.60	28 724.30	28 724.30	183 177.78	91 588.89	91 588.89
121 312.86	60 656.43	60 656.43	287 280.62	143 640.31	143 640.31
134 561.46	67 280.73	67 280.73	446 094.62	223 047.31	223 047.31
103 766.10	51 883.05	51 883.05	206 392.54	103 196.27	103 196.27
147 375.52	73 687.76	73 687.76	297 943.98	148 971.99	148 971.99
79 653.54	39 826.77	39 826.77	217 634.44	108 817.22	108 817.22
469 635.88	234 817.94	234 817.94	888 186.12	444 093.06	444 093.06
320 953.56	160 476.78	160 476.78	747 107.68	373 553.84	373 553.84
126 160.16	63 080.08	63 080.08	316 021.68	158 010.84	158 010.84
223 807.02	111 903.51	111 903.51	368 950.16	184 475.08	184 475.08
77 749.28	38 874.64	38 874.64	162 536.62	81 268.31	81 268.31
421 186.58	210 593.29	210 593.29	831 402.06	415 701.03	415 701.03
304 077.74	152 038.87	152 038.87	495 715.40	247 857.70	247 857.70
159 572.10	79 786.05	79 786.05	443 521.06	221 760.53	221 760.53
132 136.62	66 068.31	66 068.31	367 913.76	183 956.88	183 956.88
448 596.66	224 298.33	224 298.33	1 053 640.52	526 820.26	526 820.26
60 975.68	30 487.84	30 487.84	203 349.52	101 674.76	101 674.76
32 415.16	16 207.58	16 207.58	72 281.96	36 140.98	36 140.98
74 875.46	37 437.73	37 437.73	203 763.24	101 881.62	101 881.62
132 297.46	66 148.73	66 148.73	377 685.36	188 842.68	188 842.68
88 675.94	44 337.97	44 337.97	171 577.46	85 788.73	85 788.73
196 936.36	98 468.18	98 468.18	412 855.74	206 427.87	206 427.87
19 159.24	9 579.62	9 579.62	63 722.24	31 861.12	31 861.12
130 029.28	65 014.64	65 014.64	376 802.36	188 401.18	188 401.18
70 120.04	35 060.02	35 060.02	197 747.26	98 873.63	98 873.63
17 153.34	8 576.67	8 576.67	61 681.84	30 840.92	30 840.92
28 204.88	14 102.44	14 102.44	77 148.76	38 574.38	38 574.38
72 219.60	36 109.80	36 109.80	195 276.72	97 638.36	97 638.36
4 750 917.06	**2 375 458.53**	**2 375 458.53**	**10 665 445.34**	**5 332 722.67**	**5 332 722.67**

2016 年全国福利彩票销售情况图

Diagram of Sales of Welfare Lottery in China in 2016

单位：万元

Unit：Ten Thousand Yuan

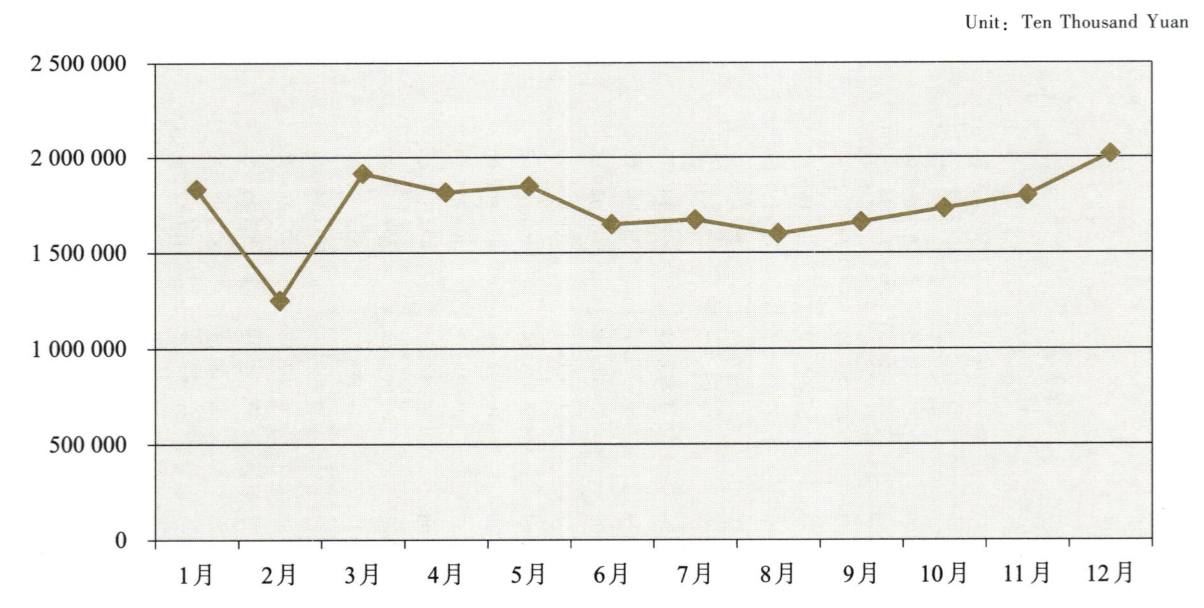

（中国福利彩票发行管理中心供稿）

2016 年全国福利彩票各地区销售量排名表

Ranking of Sales of Welfare Lottery in Different Regions in China in 2016

单位：万元
Unit：Ten Thousand Yuan

名 次 Ranking	地 区 Region	销售量 Sales Amounts
1	广 东	2 112 967. 72
2	浙 江	1 513 054. 59
3	江 苏	1 487 625. 99
4	山 东	1 468 684. 45
5	辽 宁	1 095 417. 28
6	湖 北	1 013 843. 03
7	陕 西	862 320. 26
8	湖 南	854 052. 11
9	四 川	849 549. 42
10	云 南	728 835. 04
11	安 徽	681 577. 19
12	河 南	661 935. 53
13	河 北	626 591. 67
14	内蒙古	579 730. 12
15	黑龙江	505 207. 23
16	福 建	501 645. 17
17	广 西	476 749. 03
18	北 京	470 842. 43
19	甘 肃	450 303. 85
20	上 海	449 770. 02
21	重 庆	449 407. 98
22	山 西	436 420. 83
23	新 疆	419 590. 61
24	天 津	380 821. 94
25	吉 林	356 845. 77
26	江 西	296 444. 47
27	贵 州	269 068. 03
28	宁 夏	171 165. 15
29	海 南	167 183. 56
30	西 藏	157 978. 07
31	青 海	153 535. 26
合计 Total		**20 649 163. 80**

（中国福利彩票发行管理中心供稿）

2016 年全国福利彩票各地区销售额比重图

Diagram of Sales Proportion of Welfare Lottery in Different Regions in China in 2016

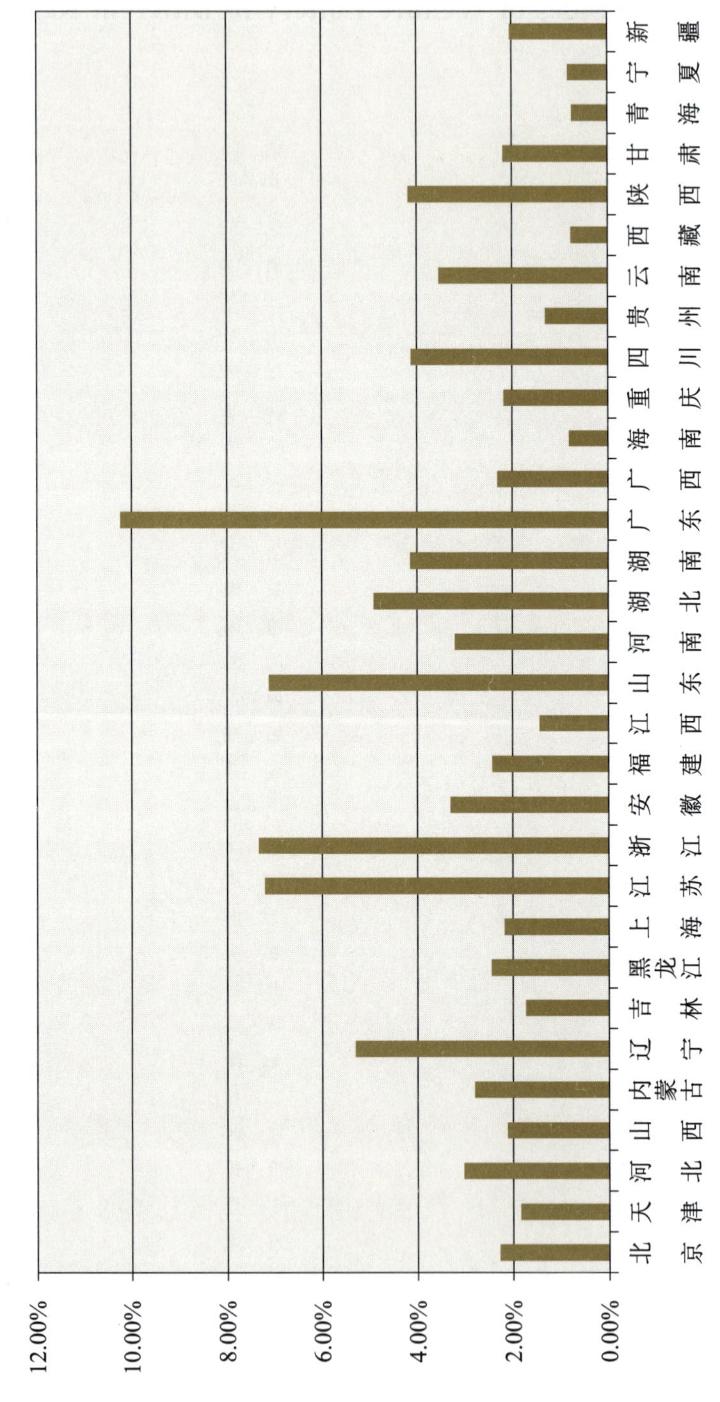

（中国福利彩票发行管理中心供稿）

2016 年全国福利彩票分类型销售情况图

Diagram of Welfare Lottery Sales in Different Lottery Games in China in 2016

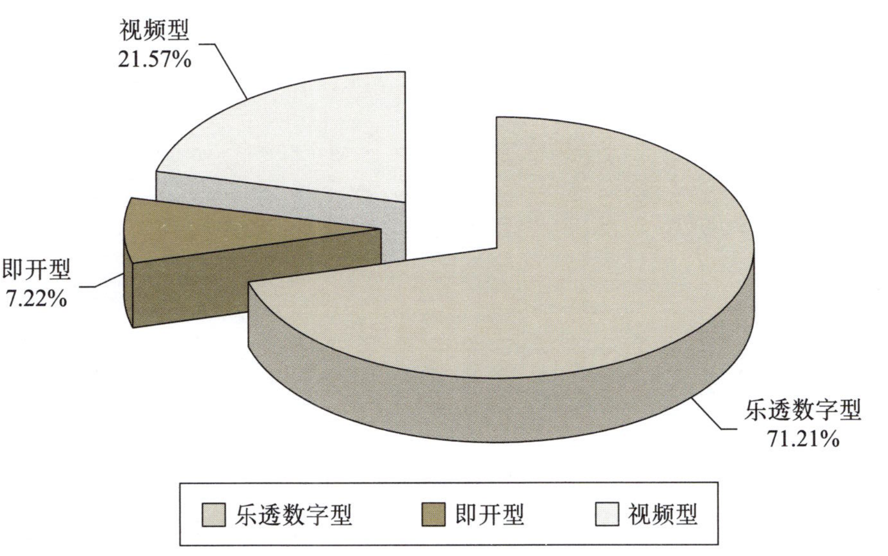

（中国福利彩票发行管理中心供稿）

2016 年全国福利彩票（分

Statistical Table of Welfare Lottery Sales in Different Regions

地区 Region	1月 Jan.				
	乐透数字型 Lotto Games	即开型 Instant Games	视频型 Online Instant Win	基诺型 Keno	小计 Subtotal
北　京	34 628.41	5 746.25	—	2 082.61	42 457.26
天　津	25 706.16	1 704.53	5 917.06	—	33 327.74
河　北	44 938.90	2 904.96	10 860.66	36.96	58 741.48
山　西	34 012.03	1 534.18	5 747.28	0.80	41 294.29
内蒙古	39 059.24	4 097.56	7 414.39	—	50 571.18
辽　宁	76 057.76	5 392.55	19 685.44	8.73	101 144.48
吉　林	24 189.94	1 070.43	6 162.29	0.99	31 423.64
黑龙江	42 002.23	3 281.52	2 261.38	—	47 545.13
上　海	26 394.87	2 972.30	7 317.47	—	36 684.64
江　苏	86 797.38	7 350.04	30 510.80	—	124 658.22
浙　江	86 774.96	6 474.55	39 278.58	—	132 528.09
安　徽	30 641.37	2 246.55	23 534.29	—	56 422.20
福　建	26 507.68	3 423.55	11 335.70	—	41 266.92
江　西	13 972.81	933.69	8 165.13	—	23 071.63
山　东	84 865.17	12 202.74	35 083.34	9.26	132 160.51
河　南	35 028.08	3 222.20	15 688.24	—	53 938.53
湖　北	52 916.23	11 061.85	24 704.75	—	88 682.82
湖　南	43 388.77	6 419.27	26 221.13	—	76 029.18
广　东	134 974.09	14 947.16	27 842.35	182.86	177 946.46
广　西	27 686.43	2 864.25	10 898.91	—	41 449.59
海　南	11 567.88	22.53	3 680.02	—	15 270.42
重　庆	25 862.14	2 866.75	9 662.94	—	38 391.83
四　川	58 239.46	9 036.28	16 369.99	—	83 645.73
贵　州	18 536.07	900.28	3 735.25	—	23 171.59
云　南	45 091.73	2 600.40	14 836.35	—	62 528.49
西　藏	11 790.21	870.09	—	—	12 660.30
陕　西	61 472.30	4 730.77	11 402.97	—	77 606.04
甘　肃	28 777.83	1 660.34	9 305.45	22.73	39 766.34
青　海	10 609.67	565.86	1 605.64	—	12 781.17
宁　夏	9 989.67	776.28	3 330.76	—	14 096.72
新　疆	38 021.29	3 408.38	—	—	41 429.67
合　计 Total	**1 290 500.72**	**127 288.07**	**392 558.54**	**2 344.95**	**1 812 692.29**

注：广东省销量含深圳市。

地区分类型）销售情况表

and Different Lottery Games in China in 2016

单位：万元

Unit：Ten Thousand Yuan

2月 Feb.				
乐透数字型 Lotto Games	即开型 Instant Games	视频型 Online Instant Win	基诺型 Keno	小计 Subtotal
20 550. 88	3 363. 52	0. 00	1 364. 82	25 279. 22
15 826. 65	1 461. 07	4 256. 94	—	21 544. 66
26 750. 79	2 661. 15	7 873. 64	21. 12	37 306. 69
19 345. 23	1 220. 22	3 858. 44	2. 87	24 426. 76
27 194. 42	2 845. 14	5 232. 43	—	35 271. 99
52 090. 58	4 847. 23	14 626. 65	8. 65	71 573. 10
16 817. 83	1 450. 32	4 459. 46	1. 54	22 729. 14
29 603. 74	2 556. 36	1 657. 96	—	33 818. 06
16 592. 70	1 967. 90	5 033. 92	—	23 594. 52
49 614. 87	6 499. 94	23 922. 13	—	80 036. 94
50 889. 98	5 427. 59	30 017. 16	—	86 334. 73
20 300. 43	1 809. 75	18 396. 24	—	40 506. 42
16 690. 20	3 097. 66	8 812. 23	—	28 600. 09
9 042. 39	1 916. 44	6 286. 84	—	17 245. 67
53 461. 42	10 659. 07	26 301. 70	5. 31	90 427. 49
21 958. 21	6 746. 98	11 631. 39	—	40 336. 58
39 900. 69	3 147. 53	18 969. 64	—	62 017. 86
28 421. 94	5 392. 30	21 328. 03	—	55 142. 27
82 624. 74	15 757. 16	20 440. 62	105. 41	118 927. 93
17 938. 24	4 077. 73	8 595. 00	—	30 610. 97
9 440. 70	131. 25	2 919. 61	—	12 491. 56
17 563. 69	9 362. 33	7 685. 06	—	34 611. 08
35 897. 54	14 170. 55	12 457. 16	—	62 525. 25
12 161. 81	718. 66	2 600. 60	—	15 481. 06
28 359. 33	2 695. 57	10 840. 22	—	41 895. 12
5 005. 92	493. 10	0. 00	—	5 499. 02
35 563. 99	3 833. 39	7 880. 21	—	47 277. 59
15 824. 70	1 045. 74	6 181. 88	7. 60	23 059. 92
5 436. 63	325. 88	1 055. 79	—	6 818. 30
6 455. 88	653. 19	2 277. 95	—	9 387. 02
26 398. 92	2 900. 42	0. 00	—	29 299. 34
813 725. 04	**123 235. 09**	**295 598. 90**	**1 517. 32**	**1 234 076. 35**

续表

地区 Region	3月 Mar. 乐透数字型 Lotto Games	即开型 Instant Games	视频型 Online Instant Win	基诺型 Keno	小计 Subtotal
北 京	35 914.01	5 858.51	0.00	3 241.72	45 014.24
天 津	32 915.87	1 865.33	6 123.82	—	40 905.02
河 北	43 076.39	4 302.30	11 784.61	57.74	59 221.04
山 西	30 671.56	1 777.83	5 720.75	1.18	38 171.31
内蒙古	63 202.40	3 594.99	7 728.67	—	74 526.05
辽 宁	78 268.70	7 031.24	20 400.13	7.19	105 707.26
吉 林	26 382.61	1 572.88	6 459.42	3.07	34 417.99
黑龙江	50 161.76	3 070.41	2 367.64	—	55 599.80
上 海	28 828.89	3 364.60	7 140.83	—	39 334.32
江 苏	82 732.00	9 027.28	32 712.63	—	124 471.91
浙 江	84 961.95	9 275.70	41 597.98	—	135 835.63
安 徽	42 035.61	2 977.40	25 045.39	—	70 058.40
福 建	39 989.27	3 657.93	11 798.92	—	55 446.12
江 西	13 697.84	1 474.82	8 589.72	—	23 762.38
山 东	84 100.24	11 769.95	35 760.11	7.83	131 638.13
河 南	36 031.63	2 862.13	17 242.90	—	56 136.66
湖 北	57 635.72	6 632.00	25 190.61	—	89 458.34
湖 南	45 933.29	6 790.01	29 111.68	—	81 834.98
广 东	134 790.39	23 050.13	29 039.91	172.42	187 052.86
广 西	31 264.78	3 345.65	10 509.70	—	45 120.13
海 南	11 684.13	118.19	3 836.43	—	15 638.75
重 庆	27 082.85	3 195.38	10 208.72	—	40 486.95
四 川	54 805.14	11 065.83	17 076.96	—	82 947.93
贵 州	19 908.43	1 032.82	4 074.25	—	25 015.50
云 南	46 320.84	2 427.09	15 388.91	—	64 136.84
西 藏	9 334.28	1 088.30	0.00	—	10 422.58
陕 西	61 063.83	4 805.28	11 575.74	—	77 444.84
甘 肃	25 556.15	1 855.72	9 091.03	14.61	36 517.51
青 海	9 753.49	681.12	1 637.11	—	12 071.71
宁 夏	10 857.79	862.57	3 358.83	—	15 079.19
新 疆	33 200.04	4 573.12	0.00	—	37 773.16
合 计 Total	**1 352 161.87**	**145 006.49**	**410 573.40**	**3 505.77**	**1 911 247.53**

4月 Apr.				
乐透数字型 Lotto Games	即开型 Instant Games	视频型 Online Instant Win	基诺型 Keno	小计 Subtotal
37 902.42	5 103.85	0.00	2 840.70	45 846.96
26 247.91	2 138.32	6 029.42	—	34 415.65
51 609.80	3 278.18	11 778.82	30.13	66 696.93
28 708.22	1 639.82	5 501.02	0.58	35 849.64
42 741.37	3 578.73	7 124.24	—	53 444.34
82 103.66	4 678.91	19 693.71	5.73	106 482.01
23 517.83	1 378.11	5 786.58	1.12	30 683.64
41 094.94	2 692.34	2 333.13	—	46 120.41
26 319.74	3 407.80	6 812.19	—	36 539.73
74 684.70	7 827.90	30 564.06	—	113 076.66
80 379.95	9 276.17	38 983.11	—	128 639.23
32 690.25	3 670.61	23 011.85	—	59 372.71
30 266.39	3 909.56	10 719.66	—	44 895.61
12 709.92	1 510.15	7 718.79	—	21 938.86
77 932.17	11 005.21	33 712.12	7.33	122 656.83
41 636.85	5 073.21	15 910.29	—	62 620.35
49 710.36	7 560.49	23 352.73	—	80 623.59
47 332.92	8 533.99	26 660.76	—	82 527.67
127 191.57	23 958.60	27 098.94	153.15	178 402.25
25 232.26	3 199.85	9 585.65	—	38 017.75
10 413.34	92.05	3 375.62	—	13 881.00
25 431.71	3 508.41	8 883.23	—	37 823.35
48 259.84	9 676.04	15 532.67	—	73 468.55
17 771.99	921.94	3 930.40	—	22 624.33
46 911.47	2 309.57	14 409.95	—	63 630.99
10 119.95	1 009.35	0.00	—	11 129.30
70 485.42	4 456.48	10 811.73	—	85 753.62
24 675.42	1 848.18	8 393.37	8.94	34 925.91
9 702.13	707.67	1 674.42	—	12 084.22
9 739.49	842.54	3 112.38	—	13 694.41
30 581.02	6 530.77	0.00	—	37 111.79
1 264 105.00	**145 324.77**	**382 500.85**	**3 047.67**	**1 794 978.29**

续表

地区 Region	5月 May 乐透数字型 Lotto Games	即开型 Instant Games	视频型 Online Instant Win	基诺型 Keno	小计 Subtotal
北　京	39 079.74	6 202.72	—	2 197.06	47 479.52
天　津	26 175.31	1 949.23	5 728.43	—	33 852.97
河　北	43 693.78	6 365.69	11 235.90	28.43	61 323.80
山　西	29 205.43	1 894.63	5 408.08	0.84	36 508.98
内蒙古	40 621.03	3 208.07	6 797.01	—	50 626.11
辽　宁	75 239.30	4 844.88	19 309.53	7.08	99 400.79
吉　林	23 411.36	1 472.13	5 719.50	1.61	30 604.60
黑龙江	38 972.50	2 552.95	2 002.64	—	43 528.09
上　海	33 087.37	3 228.50	7 996.83	—	44 312.69
江　苏	80 415.13	6 901.06	29 733.08	—	117 049.27
浙　江	86 859.30	8 490.37	37 750.90	—	133 100.57
安　徽	32 467.33	2 883.10	22 173.48	—	57 523.91
福　建	28 553.05	3 807.91	10 125.19	—	42 486.15
江　西	14 551.91	2 860.37	7 525.25	—	24 937.53
山　东	103 144.58	11 260.77	32 654.96	9.49	147 069.81
河　南	37 821.82	3 191.54	15 639.22	—	56 652.58
湖　北	56 938.18	6 426.48	22 929.20	—	86 293.86
湖　南	44 293.64	7 678.78	25 221.98	—	77 194.40
广　东	136 710.03	27 718.08	26 763.98	197.06	191 389.14
广　西	32 390.15	2 436.38	9 343.88	—	44 170.41
海　南	11 819.95	101.20	3 344.76	—	15 265.90
重　庆	26 896.26	1 515.88	8 694.25	—	37 106.40
四　川	52 603.97	8 690.41	14 746.82	—	76 041.20
贵　州	18 223.61	966.22	3 712.44	—	22 902.27
云　南	46 169.79	1 855.51	14 790.14	—	62 815.44
西　藏	11 375.56	1 045.91	—	—	12 421.47
陕　西	65 666.80	5 238.97	10 458.24	—	81 364.01
甘　肃	26 801.13	1 717.03	8 303.95	10.19	36 832.30
青　海	12 131.59	776.42	1 770.87	—	14 678.88
宁　夏	10 405.51	830.74	3 026.58	—	14 262.82
新　疆	32 471.20	5 747.52	—	—	38 218.72
合　计 Total	**1 318 196.31**	**143 859.43**	**372 907.09**	**2 451.76**	**1 837 414.59**

6月 June				
乐透数字型 Lotto Games	即开型 Instant Games	视频型 Online Instant Win	基诺型 Keno	小计 Subtotal
33 121. 54	3 474. 07	—	1 766. 47	38 362. 08
23 407. 62	1 748. 76	5 614. 49	—	30 770. 87
34 314. 15	2 998. 98	10 887. 89	30. 46	48 231. 48
28 490. 66	1 622. 78	5 154. 54	2. 65	35 270. 63
33 144. 47	3 110. 50	6 351. 31	—	42 606. 28
63 870. 07	5 727. 09	17 155. 07	14. 89	86 767. 13
21 587. 04	1 242. 12	5 169. 56	1. 85	28 000. 56
34 444. 84	2 199. 21	1 751. 23	—	38 395. 28
26 372. 36	2 775. 00	6 442. 37	—	35 589. 73
89 074. 40	6 339. 31	28 038. 62	—	123 452. 33
76 485. 41	6 925. 34	35 909. 36	—	119 320. 10
28 845. 42	1 963. 52	21 222. 50	—	52 031. 44
27 208. 10	3 058. 59	9 555. 00	—	39 821. 69
12 524. 37	1 066. 38	7 731. 33	—	21 322. 07
78 803. 46	9 466. 90	30 968. 33	8. 31	119 247. 01
30 731. 03	3 372. 67	14 902. 34	—	49 006. 03
54 455. 19	2 989. 94	23 559. 03	—	81 004. 16
38 221. 38	3 944. 75	23 849. 14	—	66 015. 27
118 061. 65	15 657. 81	28 383. 44	150. 10	162 253. 00
25 129. 13	2 279. 36	9 638. 57	—	37 047. 06
9 639. 08	65. 06	3 312. 71	—	13 016. 86
25 474. 83	1 458. 93	8 036. 87	—	34 970. 63
47 033. 08	7 391. 72	13 592. 58	—	68 017. 39
19 636. 19	891. 21	3 304. 51	—	23 831. 91
43 238. 48	1 863. 07	14 982. 16	—	60 083. 70
16 374. 44	976. 39	—	—	17 350. 83
57 836. 12	4 144. 81	9 774. 72	—	71 755. 65
25 400. 90	1 578. 83	7 527. 62	16. 09	34 523. 45
11 899. 15	712. 41	1 565. 13	—	14 176. 69
9 442. 04	809. 17	2 802. 99	—	13 054. 20
28 868. 25	3 914. 20	—	—	32 782. 45
1 173 134. 86	**105 768. 86**	**357 183. 42**	**1 990. 82**	**1 638 077. 95**

续表

地区 Region	7月 July				
	乐透数字型 Lotto Games	即开型 Instant Games	视频型 Online Instant Win	基诺型 Keno	小计 Subtotal
北　京	32 236. 56	3 301. 57	—	1 578. 25	37 116. 37
天　津	22 246. 25	1 531. 74	5 688. 38	—	29 466. 36
河　北	30 303. 44	2 495. 49	10 922. 02	26. 26	43 747. 21
山　西	30 747. 60	1 312. 52	5 095. 99	0. 54	37 156. 65
内蒙古	32 000. 27	2 783. 09	6 560. 89	—	41 344. 25
辽　宁	59 629. 41	3 070. 98	17 000. 33	5. 97	79 706. 69
吉　林	22 620. 78	1 166. 97	5 123. 94	0. 95	28 912. 64
黑龙江	32 890. 90	2 027. 48	1 821. 61	—	36 739. 99
上　海	27 103. 64	2 260. 50	7 415. 16	—	36 779. 30
江　苏	119 562. 38	4 686. 45	27 775. 47	—	152 024. 30
浙　江	87 790. 33	5 474. 26	36 935. 29	—	130 199. 87
安　徽	37 663. 95	1 385. 15	20 720. 03	—	59 769. 13
福　建	27 550. 25	3 204. 84	9 832. 25	—	40 587. 34
江　西	13 288. 30	519. 44	8 169. 85	—	21 977. 59
山　东	70 931. 52	7 741. 50	33 228. 06	7. 28	111 908. 35
河　南	29 899. 16	5 161. 90	15 150. 76	—	50 211. 82
湖　北	51 750. 81	2 816. 70	23 122. 15	—	77 689. 65
湖　南	36 827. 69	5 135. 93	22 478. 78	—	64 442. 40
广　东	118 655. 91	15 792. 73	27 831. 34	154. 86	162 434. 83
广　西	25 069. 73	2 067. 97	9 760. 00	—	36 897. 70
海　南	10 718. 54	27. 82	3 672. 05	—	14 418. 41
重　庆	23 031. 44	1 301. 67	7 694. 76	—	32 027. 88
四　川	44 728. 19	4 693. 26	13 454. 49	—	62 875. 94
贵　州	20 313. 67	712. 60	3 219. 91	—	24 246. 19
云　南	43 528. 17	2 454. 05	14 696. 78	—	60 679. 00
西　藏	14 948. 67	937. 18	—	—	15 885. 85
陕　西	57 861. 55	3 195. 80	9 638. 49	—	70 695. 83
甘　肃	32 841. 99	1 594. 95	7 361. 18	12. 32	41 810. 43
青　海	10 933. 53	711. 21	1 569. 05	—	13 213. 79
宁　夏	9 314. 65	974. 75	2 802. 96	—	13 092. 36
新　疆	29 099. 11	5 028. 29	—	—	34 127. 41
合　计 Total	**1 206 088. 39**	**95 568. 76**	**358 741. 95**	**1 786. 43**	**1 662 185. 53**

8月 Aug.				
乐透数字型 Lotto Games	即开型 Instant Games	视频型 Online Instant Win	基诺型 Keno	小计 Subtotal
30 701.40	3 151.08	—	2 373.07	36 225.55
22 068.26	1 547.84	5 684.90	—	29 301.00
28 984.93	4 578.40	11 791.75	21.32	45 376.39
29 163.61	1 275.91	5 072.09	0.60	35 512.21
28 644.77	2 751.25	6 723.78	—	38 119.80
56 458.85	4 159.45	16 937.59	5.24	77 561.13
20 742.63	1 477.34	5 296.99	1.10	27 518.05
32 871.49	2 056.51	1 874.74	—	36 802.74
27 169.43	2 416.00	6 099.81	—	35 685.24
88 462.32	4 703.98	29 016.45	—	122 182.75
80 179.76	6 116.80	37 679.72	—	123 976.28
40 766.66	1 324.46	21 531.30	—	63 622.42
24 975.23	2 579.73	10 307.58	—	37 862.54
13 587.46	912.43	8 705.86	—	23 205.75
69 783.78	7 292.62	33 609.61	11.44	110 697.45
31 783.90	4 679.50	16 288.71	—	52 752.11
44 156.63	3 043.51	22 862.48	—	70 062.62
36 135.39	4 098.35	22 649.02	—	62 882.76
122 441.07	15 860.36	27 330.53	173.85	165 805.81
23 847.82	2 038.90	9 889.96	—	35 776.68
9 988.49	78.69	3 423.39	—	13 490.57
21 436.62	1 458.11	7 337.67	—	30 232.40
43 135.05	4 660.20	13 292.70	—	61 087.96
16 766.53	791.67	3 166.53	—	20 724.73
43 356.81	1 523.45	14 534.29	—	59 414.55
12 144.06	1 262.50	—	—	13 406.56
52 915.65	3 147.62	9 950.46	—	66 013.73
26 525.29	1 575.30	7 452.40	7.44	35 560.43
10 401.78	675.47	1 623.77	—	12 701.02
9 743.15	839.21	2 677.67	—	13 260.03
27 723.16	4 361.32	—	—	32 084.48
1 127 061.98	**96 437.96**	**362 811.74**	**2 594.06**	**1 588 905.74**

续表

地区 Region	9月 Sept.				
	乐透数字型 Lotto Games	即开型 Instant Games	视频型 Online Instant Win	基诺型 Keno	小计 Subtotal
北　京	32 772.60	3 072.40	—	1 953.33	37 798.33
天　津	22 508.64	1 775.98	5 690.15	—	29 974.77
河　北	29 441.52	7 579.57	11 066.19	26.74	48 114.01
山　西	28 751.19	1 649.11	5 138.28	0.20	35 538.78
内蒙古	29 819.57	3 151.88	7 076.61	—	40 048.06
辽　宁	56 725.21	4 712.31	17 021.84	4.85	78 464.20
吉　林	19 372.71	1 320.26	4 978.45	0.90	25 672.32
黑龙江	33 125.16	3 206.12	1 963.19	—	38 294.48
上　海	26 700.69	2 607.70	6 124.39	—	35 432.78
江　苏	87 249.69	7 458.90	29 245.58	—	123 954.18
浙　江	76 281.92	6 255.51	35 846.92	—	118 384.35
安　徽	29 737.32	1 784.03	21 365.57	—	52 886.92
福　建	23 069.96	5 130.86	9 833.36	—	38 034.19
江　西	13 534.42	4 643.58	8 271.92	—	26 449.93
山　东	68 182.64	8 218.64	33 534.33	14.40	109 950.00
河　南	37 728.33	3 572.01	15 441.61	—	56 741.95
湖　北	61 921.36	4 115.84	22 977.11	—	89 014.32
湖　南	41 003.84	4 707.14	23 347.52	—	69 058.50
广　东	131 655.16	23 907.20	26 294.35	67.92	181 924.64
广　西	23 357.15	2 543.41	9 816.69	—	35 717.25
海　南	9 209.92	47.61	3 331.68	—	12 589.20
重　庆	24 267.85	2 204.82	7 495.91	—	33 968.58
四　川	45 756.27	6 349.37	13 239.58	—	65 345.23
贵　州	15 941.50	719.41	3 198.65	—	19 859.56
云　南	46 769.01	1 986.22	14 642.16	—	63 397.39
西　藏	11 191.98	1 220.93	—	—	12 412.91
陕　西	53 602.18	3 660.29	9 733.42	—	66 995.89
甘　肃	39 364.84	1 563.81	7 332.10	5.47	48 266.22
青　海	10 167.69	775.87	1 622.24	—	12 565.80
宁　夏	11 458.36	801.34	2 925.39	—	15 185.08
新　疆	27 174.57	5 179.89	—	—	32 354.46
合　计 Total	**1 167 843.25**	**125 922.01**	**358 555.20**	**2 073.82**	**1 654 394.28**

10月 Oct.				
乐透数字型 Lotto Games	即开型 Instant Games	视频型 Online Instant Win	基诺型 Keno	小计 Subtotal
30 885. 84	5 096. 13	—	1 691. 07	37 673. 04
22 221. 31	1 509. 37	5 945. 10	—	29 675. 78
30 001. 04	3 184. 29	10 736. 12	28. 40	43 949. 85
30 396. 04	1 616. 20	5 322. 15	0. 25	37 334. 64
32 681. 79	2 824. 38	7 404. 77	—	42 910. 94
76 608. 28	5 296. 09	18 546. 67	4. 16	100 455. 20
18 648. 58	1 546. 73	5 155. 04	0. 85	25 351. 20
32 116. 16	1 818. 60	2 072. 94	—	36 007. 70
28 491. 37	2 285. 50	7 931. 48	—	38 708. 35
93 907. 75	4 017. 92	29 493. 22	—	127 418. 89
80 627. 00	8 127. 50	38 138. 01	—	126 892. 51
29 082. 71	1 691. 01	22 123. 42	—	52 897. 14
29 294. 07	3 730. 80	10 264. 00	—	43 288. 87
14 071. 15	5 376. 00	8 422. 80	—	27 869. 95
72 344. 87	10 692. 00	33 853. 49	7. 71	116 898. 07
32 644. 66	3 988. 19	15 455. 38	—	52 088. 23
74 243. 23	5 680. 19	24 133. 58	—	104 057. 00
39 912. 45	10 764. 69	23 677. 86	—	74 355. 00
137 980. 41	18 338. 23	32 968. 37	40. 13	189 327. 14
27 019. 63	3 448. 26	10 149. 93	—	40 617. 82
9 161. 90	166. 20	3 584. 47	—	12 912. 57
26 854. 13	1 914. 87	7 478. 54	—	36 247. 54
48 942. 92	4 642. 23	13 894. 28	—	67 479. 43
15 362. 38	744. 52	3 218. 43	—	19 325. 33
45 987. 12	1 627. 47	15 166. 68	—	62 781. 27
11 447. 16	1 130. 75	—	—	12 577. 91
55 452. 78	3 694. 21	10 396. 59	—	69 543. 58
29 831. 10	1 601. 41	7 185. 12	2. 49	38 620. 12
10 736. 62	627. 75	1 713. 10	—	13 077. 47
13 546. 96	860. 81	2 866. 74	—	17 274. 51
28 494. 61	4 580. 12	—	—	33 074. 73
1 228 996. 02	**122 622. 42**	**377 298. 28**	**1 775. 06**	**1 730 691. 78**

续表

地区 Region	11月 Nov. 乐透数字型 Lotto Games	即开型 Instant Games	视频型 Online Instant Win	基诺型 Keno	小计 Subtotal	12月 乐透数字型 Lotto Games	即开型 Instant Games
北　京	33 542.17	2 866.46	—	1 741.46	38 150.09	34 293.87	3 506.59
天　津	22 737.81	1 568.70	5 993.99	—	30 300.50	29 288.41	1 534.74
河　北	33 960.72	2 405.26	10 676.24	22.08	47 064.30	52 318.26	3 403.04
山　西	30 983.94	1 605.47	5 001.46	0.78	37 591.65	33 769.32	2 528.37
内蒙古	34 466.91	2 999.15	7 368.21	—	44 834.27	52 187.26	5 486.03
辽　宁	69 335.35	3 918.07	18 940.01	5.27	92 198.70	71 580.34	4 529.41
吉　林	30 308.49	1 426.99	4 773.22	0.74	36 509.44	24 687.02	4 990.17
黑龙江	40 764.19	2 485.91	1 879.25	—	45 129.35	42 729.61	2 452.79
上　海	33 284.64	3 842.00	6 683.28	—	43 809.93	32 716.25	2 225.60
江　苏	84 237.65	5 256.18	29 639.35	—	119 133.18	121 803.76	5 615.85
浙　江	84 218.17	10 431.49	36 880.31	—	131 529.97	94 271.94	11 577.40
安　徽	31 526.22	3 069.54	22 158.63	—	56 754.39	32 216.06	2 403.83
福　建	28 111.92	2 227.72	9 857.05	—	40 196.69	32 642.32	3 678.86
江　西	18 510.42	3 951.45	9 073.25	—	31 535.12	19 659.23	3 150.37
山　东	98 255.29	7 443.53	34 192.30	3.50	139 894.62	90 076.21	9 446.08
河　南	36 736.77	4 949.40	15 231.59	—	56 917.77	40 291.32	16 733.94
湖　北	62 517.22	3 649.42	25 471.67	—	91 638.31	59 613.61	5 204.27
湖　南	40 823.44	6 740.97	24 106.73	—	71 671.14	41 305.03	5 000.98
广　东	140 295.40	18 177.18	27 568.26	52.49	186 093.33	153 964.40	28 434.78
广　西	30 511.57	1 986.78	10 063.49	—	42 561.84	34 340.01	2 502.48
海　南	9 717.46	301.02	3 607.29	—	13 625.76	10 761.87	27.04
重　庆	30 969.17	3 384.31	8 423.67	—	42 777.14	37 675.11	3 715.00
四　川	51 873.57	5 058.65	15 308.74	—	72 240.96	52 755.23	4 659.67
贵　州	18 316.51	1 102.13	3 430.23	—	22 848.87	24 794.51	554.73
云　南	45 847.97	1 835.53	14 572.35	—	62 255.86	47 774.19	1 884.24
西　藏	14 081.89	1 160.55	—	—	15 242.44	17 864.64	1 104.25
陕　西	56 039.46	5 256.68	10 111.97	—	71 408.10	62 227.91	3 611.48
甘　肃	28 446.97	1 475.99	7 605.31	5.11	37 533.38	32 152.75	2 308.47
青　海	11 995.06	744.77	1 625.65	—	14 365.48	12 430.51	812.24
宁　夏	12 206.10	582.83	3 421.23	—	16 210.16	12 488.48	513.66
新　疆	31 658.23	2 427.73	—	—	34 085.96	34 962.92	2 285.53
合　计 Total	**1 296 280.68**	**114 331.86**	**373 664.73**	**1 831.43**	**1 786 108.70**	**1 439 642.33**	**145 881.86**

Dec.			合计 Total				
视频型 Online Instant Win	基诺型 Keno	小计 Subtotal	乐透数字型 Lotto Games	即开型 Instant Games	视频型 Online Instant Win	基诺型 Keno	小计 Subtotal
—	1 639. 31	39 439. 76	395 629. 44	50 743. 14	—	24 469. 86	470 842. 43
6 463. 49	—	37 286. 64	291 350. 19	20 335. 60	69 136. 16	—	380 821. 94
11 083. 80	13. 37	66 818. 47	449 393. 72	46 157. 28	130 697. 65	343. 02	626 591. 67
5 466. 75	0. 84	41 765. 28	354 244. 83	19 677. 03	62 486. 84	12. 13	436 420. 83
7 753. 57	—	65 426. 86	455 763. 49	40 430. 75	83 535. 88	—	579 730. 12
19 842. 96	3. 90	95 956. 61	817 967. 51	58 208. 20	219 159. 92	81. 65	1 095 417. 28
5 344. 07	1. 29	35 022. 54	272 286. 79	20 114. 45	64 428. 53	16. 01	356 845. 77
2 043. 81	—	47 226. 21	450 777. 52	30 400. 19	24 029. 53	—	505 207. 23
8 354. 69	2. 26	43 298. 79	333 061. 96	33 353. 40	83 352. 40	2. 26	449 770. 02
32 747. 77	—	160 167. 37	1 058 542. 03	75 684. 80	353 399. 17	—	1 487 625. 99
40 463. 91	—	146 313. 25	969 720. 66	93 852. 69	449 481. 24	—	1 513 054. 59
25 112. 21	—	59 732. 10	387 973. 33	27 208. 96	266 394. 90	—	681 577. 19
12 837. 80	—	49 158. 98	334 858. 44	41 508. 01	125 278. 73	—	501 645. 17
10 318. 38	—	33 127. 98	169 150. 23	28 315. 12	98 979. 12	—	296 444. 47
36 605. 87	8. 01	136 136. 18	951 881. 34	117 199. 01	399 504. 23	99. 88	1 468 684. 45
17 507. 68	—	74 532. 94	412 291. 77	63 553. 64	186 090. 11	—	661 935. 53
28 482. 61	—	93 300. 49	665 759. 24	62 328. 23	285 755. 55	—	1 013 843. 03
26 592. 55	—	72 898. 56	483 599. 78	75 207. 14	295 245. 19	—	854 052. 11
28 982. 54	28. 60	211 410. 31	1 539 344. 82	241 599. 43	330 544. 62	1 478. 85	2 112 967. 72
11 919. 34	—	48 761. 83	323 786. 88	32 791. 03	120 171. 12	—	476 749. 03
3 793. 64	—	14 582. 55	124 123. 25	1 178. 64	41 881. 66	—	167 183. 56
9 374. 08	—	50 764. 20	312 545. 80	35 886. 47	100 975. 72	—	449 407. 98
16 458. 96	—	73 873. 86	584 030. 26	90 094. 21	175 424. 95	—	849 549. 42
3 687. 45	—	29 036. 68	217 733. 19	10 056. 18	41 278. 65	—	269 068. 03
15 557. 96	—	65 216. 38	529 354. 91	25 062. 17	174 417. 95	—	728 835. 04
—	—	18 968. 89	145 678. 77	12 299. 30	—	—	157 978. 07
10 621. 98	—	76 461. 36	690 187. 99	49 775. 75	122 356. 52	—	862 320. 26
8 423. 35	3. 26	42 887. 83	336 199. 05	19 825. 78	94 162. 75	116. 27	450 303. 85
1 757. 99	—	15 000. 75	126 197. 85	8 116. 65	19 220. 76	—	153 535. 26
3 566. 53	—	16 568. 67	125 648. 07	9 347. 07	36 170. 01	—	171 165. 15
—	—	37 248. 44	368 653. 32	50 937. 29	—	—	419 590. 61
411 165. 73	**1 700. 84**	**1 998 390. 77**	**14 677 736. 45**	**1 491 247. 57**	**4 453 559. 86**	**26 619. 92**	**20 649 163. 80**

（中国福利彩票发行管理中心供稿）

2016 年全国体育彩票销售情况图

Diagram of Sales of Sports Lottery in China in 2016

单位：万元

Unit：Ten Thousand Yuan

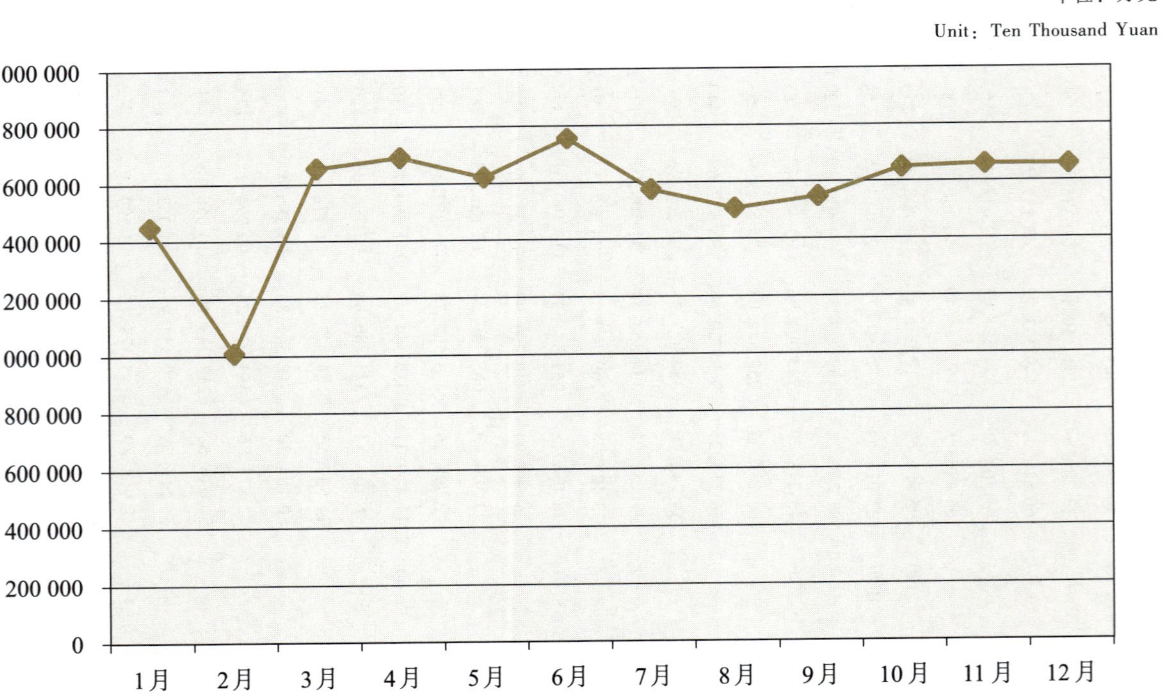

（国家体育总局体育彩票管理中心供稿）

2016 年全国体育彩票各地区销售量排名表

Ranking of Sales of Sports Lottery in Different Regions in China in 2016

单位：万元

Unit：Ten Thousand Yuan

名次 Ranking	地区 Region	销售量 Sales Amounts
1	广　东	1 850 301. 05
2	江　苏	1 787 293. 88
3	山　东	1 723 726. 36
4	浙　江	1 243 668. 69
5	河　南	1 199 526. 77
6	河　北	1 071 645. 99
7	福　建	805 843. 19
8	云　南	750 145. 21
9	湖　北	669 553. 60
10	北　京	603 752. 90
11	湖　南	600 421. 27
12	陕　西	554 208. 03
13	辽　宁	552 543. 09
14	黑龙江	538 373. 44
15	安　徽	521 043. 38
16	四　川	476 101. 63
17	内蒙古	450 903. 71
18	吉　林	382 758. 55
19	重　庆	350 921. 27
20	贵　州	322 873. 35
21	江　西	314 052. 03
22	上　海	305 347. 32
23	天　津	301 813. 47
24	新　疆	281 310. 56
25	广　西	280 957. 55
26	甘　肃	262 176. 61
27	山　西	232 871. 70
28	海　南	144 717. 37
29	宁　夏	101 159. 49
30	西　藏	70 955. 93
31	青　海	63 996. 29
合计 Total		**18 814 963. 71**

（国家体育总局体育彩票管理中心供稿）

2016 年全国体育彩票各地区销售额比重图

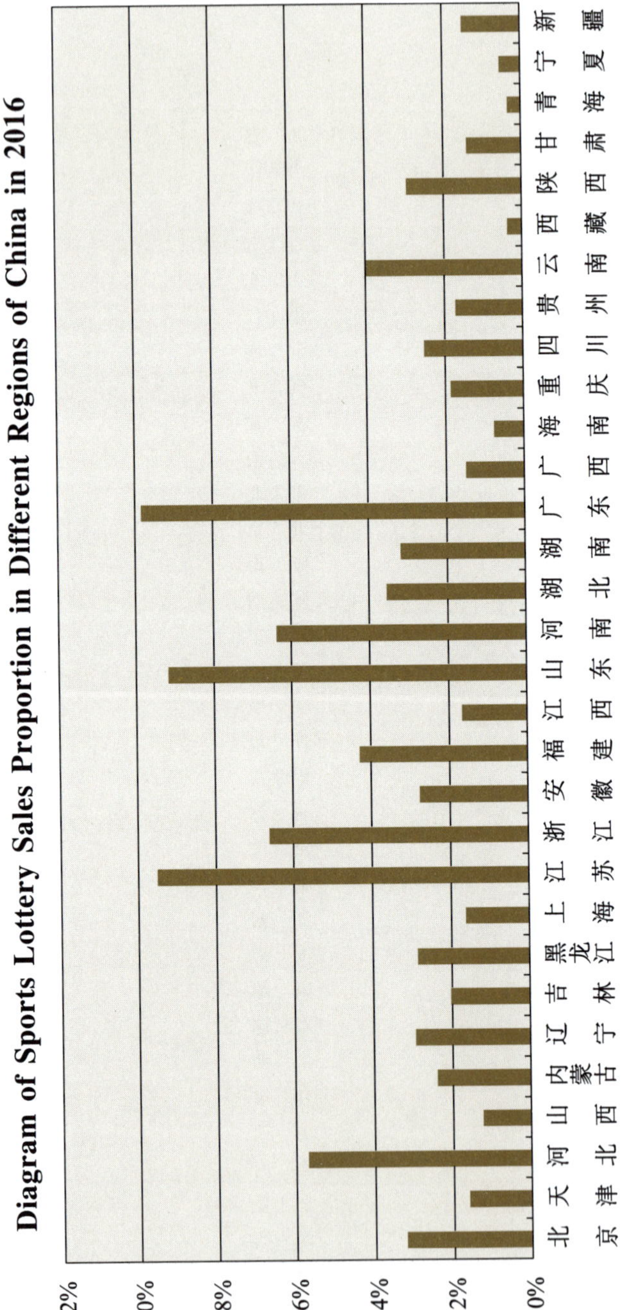

（国家体育总局体育彩票管理中心供稿）

2016 年全国体育彩票分类型销售情况图

Diagram of Sports Lottery Sales in Different Lottery Games in China in 2016

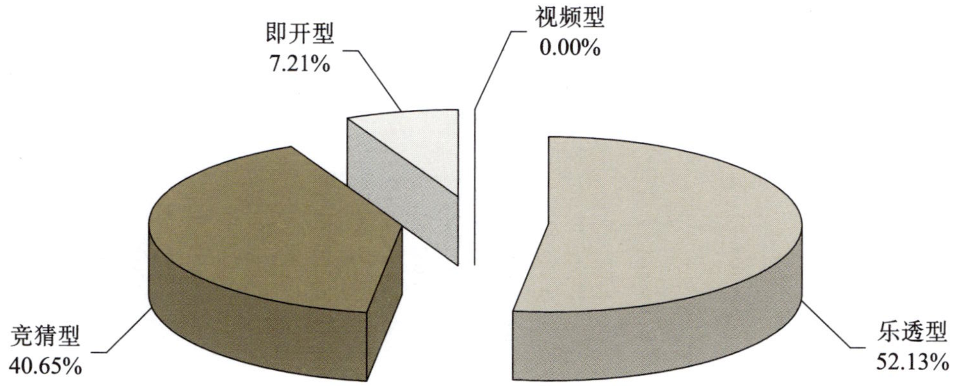

（国家体育总局体育彩票管理中心供稿）

2016 年全国体育彩票（分地区分类型）销售情况表

Statistical Table of Sports Lottery Sales in Different Regions and Different Lottery Games in China in 2016

单位：万元

Unit：Ten Thousand Yuan

地区 Region	1 月 Jan.				
	乐透数字型 Lotto Games	竞猜型 Sports Betting	视频型 Video Game	即开型 Instant Games	小计 Subtotal
北京	27 423.43	11 034.75	—	2 725.23	41 183.41
天津	8 916.21	10 765.23	—	2 863.23	22 544.66
河北	54 399.83	17 747.56	—	8 005.61	80 153.00
山西	10 567.24	5 260.98	—	533.37	16 361.59
内蒙古	26 634.45	4 054.78	—	5 515.35	36 204.58
辽宁	25 068.48	18 563.03	—	4 071.09	47 702.60
吉林	24 743.75	5 124.65	—	4 511.46	34 379.85
黑龙江	36 103.94	4 848.99	—	3 860.19	44 813.12
上海	12 347.23	11 506.85	—	1 510.31	25 364.39
江苏	86 754.85	37 821.15	—	13 227.22	137 803.23
浙江	62 115.33	40 637.62	—	6 182.73	108 935.69
安徽	19 044.85	20 499.63	—	2 082.66	41 627.14
福建	46 898.26	20 025.59	—	4 867.92	71 791.77
江西	11 646.61	9 361.39	—	576.99	21 584.99
山东	79 587.71	36 888.10	—	8 726.92	125 202.73
河南	52 671.25	31 847.64	—	7 882.83	92 401.71
湖北	19 924.82	18 174.13	—	651.47	38 750.41
湖南	11 136.09	22 944.56	—	534.44	34 615.09
广东	69 456.47	66 275.63	—	14 110.92	149 843.02
广西	4 921.76	11 897.60	—	1 289.37	18 108.73
海南	7 696.89	1 608.59	38.54	675.53	10 019.54
重庆	5 446.05	17 152.91	—	278.82	22 877.79
四川	24 149.25	10 575.82	—	4 701.87	39 426.94
贵州	18 311.14	3 952.60	—	1 351.86	23 615.60
云南	36 090.04	15 129.18	—	7 912.70	59 131.92
西藏	2 792.21	194.19	—	1 008.48	3 994.89
陕西	18 768.98	23 863.34	—	2 353.68	44 986.00
甘肃	15 881.25	2 621.97	—	2 369.04	20 872.26
青海	3 531.48	679.45	—	252.48	4 463.41
宁夏	6 000.23	835.16	—	704.37	7 539.76
新疆	11 119.39	11 946.44	—	2 068.86	25 134.69
合计 Total	**840 149.45**	**493 839.53**	**38.54**	**117 406.98**	**1 451 434.50**

续表

地　区 Region	2月 Feb.				
	乐透数字型 Lotto Games	竞猜型 Sports Betting	视频型 Video Game	即开型 Instant Games	小　计 Subtotal
北　京	16 362.04	9 461.85	—	2 278.05	28 101.95
天　津	5 752.81	8 471.68	—	427.29	14 651.78
河　北	34 120.38	28 811.81	—	6 362.58	69 294.77
山　西	5 913.37	3 514.47	—	773.70	10 201.54
内蒙古	17 768.15	2 979.23	—	3 584.76	24 332.14
辽　宁	16 580.25	18 046.75	—	3 401.22	38 028.22
吉　林	17 127.26	3 876.06	—	3 465.39	24 468.70
黑龙江	25 508.51	3 573.37	—	3 750.36	32 832.24
上　海	8 298.96	8 797.94	—	1 077.00	18 173.89
江　苏	59 912.58	25 136.44	—	12 859.81	97 908.82
浙　江	37 591.83	15 692.53	—	4 766.76	58 051.12
安　徽	14 182.15	13 220.57	—	1 568.82	28 971.55
福　建	33 801.09	7 453.70	—	5 421.87	46 676.66
江　西	7 731.29	7 122.63	—	618.79	15 472.71
山　东	49 244.38	34 441.69	—	7 243.66	90 929.72
河　南	34 529.62	20 185.20	—	4 480.95	59 195.77
湖　北	14 792.15	13 786.06	—	1 603.55	30 181.75
湖　南	8 249.30	15 053.53	—	537.38	23 840.21
广　东	40 419.78	45 232.60	—	9 191.34	94 843.72
广　西	3 545.64	8 822.56	—	3 856.35	16 224.54
海　南	5 018.00	1 244.30	54.74	645.38	6 962.42
重　庆	4 046.54	19 255.84	—	1 774.26	25 076.63
四　川	17 502.25	8 709.06	—	6 027.12	32 238.43
贵　州	12 333.33	3 043.76	—	1 956.90	17 333.99
云　南	23 538.11	11 431.53	—	7 751.79	42 721.43
西　藏	1 570.61	84.53	—	683.37	2 338.51
陕　西	11 441.72	12 495.01	—	3 266.19	27 202.92
甘　肃	8 979.62	1 639.99	—	1 207.29	11 826.90
青　海	1 745.52	473.69	—	223.77	2 442.98
宁　夏	3 872.55	616.39	—	426.21	4 915.15
新　疆	7 716.80	6 838.41	—	1 366.14	15 921.36
合　计 Total	**549 196.56**	**359 513.18**	**54.74**	**102 598.04**	**1 011 362.52**

续表

地 区 Region	3 月 Mar.				
	乐透数字型 Lotto Games	竞猜型 Sports Betting	视频型 Video Game	即开型 Instant Games	小 计 Subtotal
北 京	28 432.11	16 011.17	—	4 445.28	48 888.55
天 津	8 593.13	15 834.58	—	992.61	25 420.31
河 北	60 979.41	33 601.74	—	9 302.68	103 883.83
山 西	11 725.98	6 074.20	—	1 406.55	19 206.73
内蒙古	39 013.04	4 295.20	—	5 657.28	48 965.52
辽 宁	23 805.91	24 115.52	—	5 188.50	53 109.93
吉 林	24 942.14	6 260.20	—	5 978.33	37 180.66
黑龙江	38 971.52	5 381.93	—	5 266.11	49 619.56
上 海	12 272.04	12 436.35	—	2 195.64	26 904.02
江 苏	97 225.71	37 460.75	—	19 868.92	154 555.39
浙 江	58 550.08	26 722.84	—	7 570.02	92 842.94
安 徽	19 101.85	28 507.53	—	2 471.46	50 080.84
福 建	52 548.33	23 852.58	—	7 233.63	83 634.54
江 西	12 513.22	12 561.67	—	944.91	26 019.80
山 东	87 758.33	57 391.03	—	13 821.72	158 971.09
河 南	60 424.76	45 737.36	—	9 679.95	115 842.07
湖 北	22 194.22	29 452.67	—	2 691.67	54 338.56
湖 南	10 837.41	23 750.12	—	575.22	35 162.75
广 东	86 032.17	77 307.89	—	15 115.64	178 455.69
广 西	4 764.97	12 367.98	—	644.25	17 777.19
海 南	6 532.65	2 299.72	59.41	875.43	9 767.20
重 庆	5 318.59	26 659.88	—	947.43	32 925.89
四 川	23 586.69	12 955.53	—	4 933.74	41 475.95
贵 州	22 067.75	4 455.36	—	2 510.22	29 033.33
云 南	35 606.86	16 641.91	—	8 566.71	60 815.48
西 藏	3 086.93	186.14	—	1 230.54	4 503.61
陕 西	19 593.65	16 777.18	—	3 899.52	40 270.35
甘 肃	18 130.12	2 408.71	—	2 184.45	22 723.28
青 海	3 347.48	753.36	—	381.84	4 482.68
宁 夏	6 513.65	1 037.70	—	1 247.28	8 798.62
新 疆	12 231.30	6 803.87	—	2 861.79	21 896.96
合 计 Total	**916 701.99**	**590 102.64**	**59.41**	**150 689.31**	**1 657 553.35**

续表

地　区 Region	4 月 Apr.				
	乐透数字型 Lotto Games	竞猜型 Sports Betting	视频型 Video Game	即开型 Instant Games	小　计 Subtotal
北　京	30 454. 51	16 522. 77	—	4 847. 43	51 824. 71
天　津	10 374. 96	23 239. 98	—	854. 85	34 469. 80
河　北	67 335. 85	26 754. 15	—	7 260. 41	101 350. 41
山　西	10 655. 39	7 341. 89	—	1 012. 62	19 009. 90
内蒙古	33 099. 76	5 006. 43	—	4 401. 03	42 507. 22
辽　宁	23 864. 34	24 014. 80	—	4 230. 66	52 109. 80
吉　林	26 016. 37	6 124. 45	—	4 032. 75	36 173. 56
黑龙江	47 697. 46	7 295. 18	—	4 135. 38	59 128. 02
上　海	12 997. 19	13 794. 67	—	1 838. 55	28 630. 41
江　苏	100 512. 66	48 641. 00	—	15 270. 19	164 423. 85
浙　江	64 400. 11	35 566. 21	—	6 414. 12	106 380. 44
安　徽	19 469. 92	30 324. 02	—	727. 50	50 521. 44
福　建	49 152. 09	12 662. 74	—	5 495. 91	67 310. 74
江　西	16 890. 85	18 248. 19	—	524. 28	35 663. 32
山　东	79 739. 34	62 719. 69	—	10 556. 68	153 015. 71
河　南	65 825. 53	41 563. 02	—	6 555. 60	113 944. 15
湖　北	21 548. 51	28 108. 62	—	1 159. 01	50 816. 14
湖　南	11 775. 06	32 521. 16	—	581. 43	44 877. 65
广　东	71 775. 35	85 093. 72	—	13 368. 39	170 237. 46
广　西	4 780. 19	15 008. 99	—	465. 33	20 254. 51
海　南	6 173. 61	2 925. 75	106. 68	777. 62	9 983. 65
重　庆	5 864. 44	22 710. 32	—	425. 04	28 999. 80
四　川	23 933. 60	16 209. 81	—	3 425. 64	43 569. 04
贵　州	20 638. 26	5 537. 97	—	1 775. 55	27 951. 78
云　南	41 373. 98	23 686. 28	—	6 791. 55	71 851. 80
西　藏	6 426. 86	212. 84	—	1 271. 10	7 910. 81
陕　西	19 276. 52	17 224. 06	—	2 538. 12	39 038. 70
甘　肃	16 864. 71	2 917. 44	—	1 961. 28	21 743. 42
青　海	4 243. 95	869. 56	—	411. 00	5 524. 51
宁　夏	6 911. 85	1 138. 61	—	839. 10	8 889. 56
新　疆	14 075. 83	8 079. 72	—	3 647. 88	25 803. 43
合　计 Total	**934 149. 03**	**642 064. 04**	**106. 68**	**117 596. 01**	**1 693 915. 75**

续表

地 区 Region	5 月 May				
	乐透数字型 Lotto Games	竞猜型 Sports Betting	视频型 Video Game	即开型 Instant Games	小 计 Subtotal
北 京	31 213.59	17 546.09	—	3 010.38	51 770.06
天 津	9 583.43	25 612.80	—	819.15	36 015.38
河 北	57 777.55	22 537.17	—	7 484.67	87 799.39
山 西	10 298.42	7 233.86	—	1 597.14	19 129.42
内蒙古	30 793.90	4 723.03	—	4 798.80	40 315.73
辽 宁	23 449.73	21 457.64	—	4 317.58	49 224.94
吉 林	24 852.01	5 018.93	—	3 878.10	33 749.04
黑龙江	37 877.28	5 804.99	—	4 057.84	47 740.11
上 海	13 258.80	11 342.10	—	1 602.72	26 203.61
江 苏	99 723.93	36 876.47	—	18 159.91	154 760.31
浙 江	62 211.69	24 649.05	—	7 053.24	93 913.98
安 徽	19 605.53	23 378.86	—	975.93	43 960.32
福 建	49 161.88	10 162.42	—	6 915.24	66 239.54
江 西	13 376.28	12 442.41	—	832.71	26 651.41
山 东	77 635.73	55 506.21	—	10 949.88	144 091.82
河 南	57 003.02	36 883.78	—	7 323.63	101 210.42
湖 北	21 843.40	29 371.91	—	1 193.32	52 408.62
湖 南	11 362.73	25 581.31	—	699.90	37 643.95
广 东	67 222.73	125 682.80	—	11 051.04	203 956.58
广 西	5 054.34	13 555.77	—	568.86	19 178.97
海 南	6 804.92	4 886.53	65.04	869.42	12 625.91
重 庆	6 065.57	23 167.86	—	645.99	29 879.43
四 川	27 235.67	14 488.52	—	2 800.62	44 524.81
贵 州	20 586.03	5 216.15	—	1 846.29	27 648.48
云 南	41 543.81	20 707.86	—	6 615.05	68 866.72
西 藏	5 209.53	197.34	—	1 356.87	6 763.74
陕 西	20 267.09	15 919.67	—	2 413.19	38 599.94
甘 肃	16 728.23	2 100.91	—	2 186.46	21 015.60
青 海	3 853.54	752.87	—	569.58	5 175.99
宁 夏	6 940.74	1 029.48	—	1 097.13	9 067.35
新 疆	15 090.72	5 723.99	—	3 564.27	24 378.98
合 计 Total	**893 631.82**	**609 558.76**	**65.04**	**121 254.91**	**1 624 510.53**

续表

地 区 Region	6月 June				
	乐透数字型 Lotto Games	竞猜型 Sports Betting	视频型 Video Game	即开型 Instant Games	小 计 Subtotal
北 京	27 910. 51	20 581. 85	—	3 160. 08	51 652. 44
天 津	8 402. 09	18 612. 37	—	1 639. 71	28 654. 16
河 北	48 885. 79	48 307. 05	—	8 252. 31	105 445. 15
山 西	9 663. 63	9 403. 30	—	723. 09	19 790. 02
内蒙古	26 700. 80	9 046. 86	—	3 876. 21	39 623. 86
辽 宁	20 727. 81	29 037. 37	—	4 453. 35	54 218. 53
吉 林	21 862. 15	7 467. 31	—	3 604. 41	32 933. 87
黑龙江	32 578. 93	8 541. 41	—	5 681. 70	46 802. 04
上 海	11 676. 62	12 194. 51	—	1 557. 93	25 429. 06
江 苏	83 862. 23	57 396. 39	—	15 127. 76	156 386. 38
浙 江	56 807. 60	97 170. 45	—	6 856. 26	160 834. 31
安 徽	17 975. 20	27 609. 77	—	997. 19	46 582. 16
福 建	43 467. 03	24 783. 35	—	5 201. 16	73 451. 54
江 西	11 037. 48	16 155. 55	—	936. 50	28 129. 53
山 东	73 188. 15	72 687. 02	—	13 132. 62	159 007. 79
河 南	50 395. 24	40 621. 64	—	6 945. 96	97 962. 84
湖 北	19 460. 16	51 683. 06	—	1 095. 08	72 238. 30
湖 南	10 263. 28	41 094. 19	—	641. 50	51 998. 97
广 东	61 542. 83	86 441. 23	—	16 120. 85	164 104. 90
广 西	5 438. 32	28 240. 05	—	388. 68	34 067. 04
海 南	5 849. 54	5 393. 24	46. 14	800. 23	12 089. 14
重 庆	5 160. 89	20 327. 43	—	515. 07	26 003. 39
四 川	23 231. 72	17 611. 64	—	2 631. 60	43 474. 97
贵 州	17 772. 61	14 825. 48	—	1 512. 93	34 111. 02
云 南	37 027. 53	38 263. 33	—	6 190. 24	81 481. 10
西 藏	4 863. 77	323. 89	—	1 196. 79	6 384. 45
陕 西	17 733. 57	23 228. 76	—	2 482. 87	43 445. 21
甘 肃	15 125. 20	7 093. 00	—	2 257. 77	24 475. 97
青 海	3 439. 58	807. 04	—	623. 43	4 870. 04
宁 夏	6 514. 52	2 221. 11	—	924. 30	9 659. 93
新 疆	13 177. 40	5 984. 79	—	3 554. 58	22 716. 77
合 计 Total	**791 742. 17**	**843 154. 45**	**46. 14**	**123 082. 15**	**1 758 024. 90**

续表

地　区 Region	7月 July 乐透数字型 Lotto Games	竞猜型 Sports Betting	视频型 Video Game	即开型 Instant Games	小　计 Subtotal
北　京	28 067.05	22 665.80	—	2 786.52	53 519.38
天　津	8 227.10	15 825.86	—	2 061.72	26 114.68
河　北	48 247.46	39 747.64	—	4 608.82	92 603.92
山　西	8 959.86	8 131.66	—	846.00	17 937.51
内蒙古	24 465.59	8 608.89	—	3 806.64	36 881.12
辽　宁	19 582.46	22 713.41	—	4 668.15	46 964.02
吉　林	21 442.73	5 932.66	—	3 514.87	30 890.26
黑龙江	29 508.35	7 431.39	—	3 553.99	40 493.73
上　海	11 621.59	11 409.46	—	1 328.58	24 359.63
江　苏	78 727.70	52 457.31	—	13 155.84	144 340.86
浙　江	56 649.39	33 641.81	—	4 119.99	94 411.18
安　徽	17 258.42	29 739.93	—	3 418.71	50 417.06
福　建	42 379.87	15 959.08	—	3 350.99	61 689.94
江　西	10 549.96	16 475.79	—	489.84	27 515.59
山　东	74 423.06	55 867.20	—	8 646.93	138 937.19
河　南	49 957.23	32 374.33	—	5 188.71	87 520.27
湖　北	20 201.50	59 662.21	—	633.64	80 497.35
湖　南	11 491.66	49 205.16	—	537.59	61 234.40
广　东	61 755.49	71 951.12	—	6 085.08	139 791.69
广　西	5 308.81	29 083.30	—	393.27	34 785.38
海　南	6 221.45	2 891.99	63.80	658.28	9 835.52
重　庆	4 928.18	17 710.03	—	345.03	22 983.23
四　川	21 823.12	14 960.89	—	2 701.50	39 485.51
贵　州	17 371.96	11 519.34	—	1 536.12	30 427.42
云　南	36 777.36	32 877.10	—	5 805.36	75 459.82
西　藏	4 769.15	273.62	—	1 242.60	6 285.37
陕　西	17 659.60	22 857.23	—	2 044.34	42 561.17
甘　肃	14 847.36	6 791.77	—	2 028.63	23 667.76
青　海	3 412.53	1 134.78	—	645.90	5 193.21
宁　夏	6 269.45	2 346.71	—	783.81	9 399.97
新　疆	13 119.96	5 552.00	—	3 188.91	21 860.88
合　计 Total	**776 025.40**	**707 799.46**	**63.80**	**94 176.36**	**1 578 065.02**

续表

地　区 Region	8月 Aug.				
	乐透数字型 Lotto Games	竞猜型 Sports Betting	视频型 Video Game	即开型 Instant Games	小　计 Subtotal
北　京	28 584.96	23 261.62	—	4 503.84	56 350.42
天　津	7 912.82	16 590.35	—	462.54	24 965.70
河　北	46 468.39	39 072.52	—	5 382.48	90 923.39
山　西	9 077.19	7 796.77	—	881.61	17 755.56
内蒙古	23 357.34	5 561.15	—	3 631.44	32 549.92
辽　宁	18 382.08	21 205.69	—	3 206.42	42 794.19
吉　林	19 564.46	4 128.83	—	3 272.41	26 965.70
黑龙江	29 006.67	7 432.03	—	3 882.85	40 321.54
上　海	13 276.92	11 569.50	—	1 257.00	26 103.42
江　苏	80 052.83	48 456.82	—	13 961.88	142 471.52
浙　江	60 379.47	27 260.67	—	5 604.24	93 244.38
安　徽	17 288.79	25 134.27	—	424.69	42 847.75
福　建	46 637.42	10 864.57	—	4 280.68	61 782.66
江　西	10 465.37	12 685.13	—	427.77	23 578.27
山　东	76 485.59	55 646.94	—	8 172.62	140 305.14
河　南	48 856.50	36 737.19	—	5 308.72	90 902.41
湖　北	22 047.94	39 532.99	—	710.62	62 291.56
湖　南	12 537.53	54 343.38	—	451.65	67 332.56
广　东	60 692.82	66 337.78	—	8 463.81	135 494.40
广　西	6 202.31	16 564.87	—	390.36	23 157.55
海　南	5 747.20	3 727.40	59.44	481.53	10 015.57
重　庆	5 180.49	24 430.31	—	333.18	29 943.98
四　川	21 381.82	13 124.35	—	1 983.72	36 489.88
贵　州	16 972.94	5 952.83	—	1 633.02	24 558.79
云　南	35 934.17	17 177.30	—	5 924.78	59 036.25
西　藏	4 803.82	225.12	—	1 355.55	6 384.49
陕　西	16 418.18	29 986.85	—	1 976.93	48 381.96
甘　肃	13 754.23	4 687.19	—	2 116.26	20 557.68
青　海	3 293.84	1 109.14	—	584.01	4 986.99
宁　夏	5 824.36	1 683.48	—	1 075.05	8 582.89
新　疆	12 710.27	5 266.59	—	3 219.15	21 196.01
合　计 Total	**779 298.73**	**637 553.60**	**59.44**	**95 360.80**	**1 512 272.57**

续表

地　区 Region	9 月 Sept. 乐透数字型 Lotto Games	竞猜型 Sports Betting	视频型 Video Game	即开型 Instant Games	小　计 Subtotal
北　京	26 875.81	22 824.62	—	3 144.99	52 845.42
天　津	7 622.21	16 348.12	—	981.00	24 951.32
河　北	43 796.81	36 006.83	—	5 048.49	84 852.13
山　西	9 820.23	8 140.91	—	1 057.50	19 018.64
内蒙古	23 377.99	5 970.93	—	3 742.50	33 091.42
辽　宁	17 572.18	22 704.23	—	3 768.69	44 045.10
吉　林	19 239.77	4 825.58	—	4 296.33	28 361.68
黑龙江	29 569.25	6 876.13	—	3 143.37	39 588.75
上　海	11 766.06	13 008.47	—	1 453.17	26 227.70
江　苏	75 064.23	50 788.15	—	15 574.11	141 426.49
浙　江	52 856.75	32 585.54	—	4 919.55	90 361.84
安　徽	16 033.82	25 257.63	—	1 632.64	42 924.09
福　建	43 278.35	10 835.65	—	6 000.02	60 114.01
江　西	9 898.12	12 642.63	—	742.58	23 283.33
山　东	71 378.70	74 771.92	—	13 364.12	159 514.74
河　南	50 663.00	35 801.14	—	7 774.92	94 239.05
湖　北	21 275.98	38 712.35	—	931.79	60 920.12
湖　南	11 907.68	54 655.62	—	476.82	67 040.13
广　东	57 841.39	67 399.33	—	14 421.75	139 662.47
广　西	5 081.44	14 371.76	—	429.30	19 882.50
海　南	5 455.99	3 392.04	46.41	603.46	9 497.90
重　庆	4 730.61	27 803.51	—	562.86	33 096.98
四　川	22 298.38	16 019.29	—	2 246.22	40 563.89
贵　州	15 280.68	6 054.32	—	1 818.27	23 153.27
云　南	32 886.33	17 166.88	—	6 484.17	56 537.38
西　藏	4 668.14	291.70	—	1 301.46	6 261.30
陕　西	16 007.92	52 690.02	—	2 438.17	71 136.12
甘　肃	13 332.99	6 140.21	—	2 195.49	21 668.69
青　海	3 012.92	1 954.09	—	543.54	5 510.54
宁　夏	5 515.72	1 704.88	—	1 133.10	8 353.70
新　疆	12 562.16	8 818.16	—	3 218.37	24 598.69
合　计 Total	**740 671.60**	**696 562.63**	**46.41**	**115 448.75**	**1 552 729.39**

续表

地　区 Region	10月 Oct.				
	乐透数字型 Lotto Games	竞猜型 Sports Betting	视频型 Video Game	即开型 Instant Games	小　计 Subtotal
北　京	29 270.06	22 970.41	—	4 476.33	56 716.80
天　津	8 203.29	13 718.08	—	1 207.02	23 128.39
河　北	46 950.80	38 033.58	—	4 092.84	89 077.23
山　西	9 748.77	12 417.41	—	753.69	22 919.87
内蒙古	24 085.74	5 999.26	—	3 187.86	33 272.87
辽　宁	18 977.94	20 519.94	—	3 323.97	42 821.85
吉　林	23 081.74	4 711.34	—	2 968.63	30 761.71
黑龙江	29 619.84	7 942.55	—	2 882.32	40 444.71
上　海	12 853.09	13 032.80	—	1 245.42	27 131.31
江　苏	79 904.02	58 531.37	—	16 169.81	154 605.20
浙　江	58 388.98	29 681.68	—	5 430.57	93 501.23
安　徽	21 566.78	21 175.38	—	1 260.98	44 003.14
福　建	42 831.98	20 876.00	—	4 539.50	68 247.48
江　西	14 477.59	14 036.79	—	1 568.35	30 082.73
山　东	76 773.90	63 819.64	—	9 798.25	150 391.79
河　南	61 225.79	52 923.95	—	6 129.85	120 279.59
湖　北	22 708.83	37 236.50	—	1 458.70	61 404.03
湖　南	13 168.22	56 783.74	—	547.11	70 499.07
广　东	64 001.56	75 725.22	—	8 590.19	148 316.96
广　西	4 946.38	22 182.03	—	907.14	28 035.55
海　南	5 998.45	4 780.74	86.81	536.49	11 402.48
重　庆	5 832.12	22 795.41	—	534.54	29 162.07
四　川	21 780.63	15 927.89	—	2 269.77	39 978.29
贵　州	19 261.61	6 707.23	—	1 182.00	27 150.84
云　南	35 292.69	19 414.27	—	5 772.08	60 479.04
西　藏	5 187.83	279.06	—	1 248.39	6 715.28
陕　西	20 270.04	55 025.20	—	1 936.43	77 231.67
甘　肃	14 640.67	7 535.35	—	1 744.95	23 920.97
青　海	3 805.89	2 142.86	—	416.64	6 365.39
宁　夏	5 797.81	1 609.51	—	780.87	8 188.20
新　疆	13 841.51	9 832.28	—	2 090.13	25 763.91
合　计 Total	**814 494.56**	**738 367.46**	**86.81**	**99 050.81**	**1 651 999.64**

续表

地 区 Region	11 月 Nov.				
	乐透数字型 Lotto Games	竞猜型 Sports Betting	视频型 Video Game	即开型 Instant Games	小 计 Subtotal
北 京	30 815.39	23 144.25	—	2 196.12	56 155.76
天 津	8 192.18	13 369.16	—	529.14	22 090.48
河 北	55 561.81	26 964.63	—	4 546.13	87 072.56
山 西	10 217.63	14 036.53	—	986.80	25 240.96
内蒙古	25 724.53	7 517.27	—	5 697.93	38 939.73
辽 宁	19 903.76	17 121.21	—	4 203.54	41 228.50
吉 林	27 002.62	4 375.63	—	3 084.09	34 462.34
黑龙江	32 851.58	8 305.95	—	3 183.97	44 341.50
上 海	12 468.79	11 731.39	—	1 241.64	25 441.82
江 苏	91 218.00	60 133.77	—	15 287.04	166 638.81
浙 江	57 895.10	46 275.07	—	5 445.72	109 615.89
安 徽	22 005.74	18 615.41	—	854.28	41 475.43
福 建	42 833.94	25 435.86	—	3 865.96	72 135.76
江 西	16 092.68	12 684.25	—	983.32	29 760.25
山 东	82 204.19	58 700.46	—	9 542.27	150 446.93
河 南	62 863.26	46 591.35	—	7 670.66	117 125.26
湖 北	23 351.21	29 403.81	—	1 073.53	53 828.54
湖 南	12 500.31	46 784.44	—	1 707.04	60 991.79
广 东	78 760.62	78 674.77	—	7 970.58	165 405.97
广 西	5 036.38	19 297.39	—	249.00	24 582.78
海 南	5 610.00	15 275.60	71.41	675.88	21 632.89
重 庆	6 432.44	25 507.25	—	418.03	32 357.72
四 川	21 175.15	13 619.70	—	2 121.39	36 916.24
贵 州	21 779.01	6 057.93	—	1 398.33	29 235.27
云 南	34 849.80	16 484.54	—	5 309.67	56 644.01
西 藏	5 048.05	195.11	—	1 338.27	6 581.43
陕 西	18 601.08	22 760.02	—	1 817.06	43 178.16
甘 肃	17 217.72	6 105.48	—	1 942.53	25 265.73
青 海	4 048.50	4 692.79	—	342.69	9 083.97
宁 夏	6 083.52	1 510.05	—	645.04	8 238.60
新 疆	14 961.06	8 894.43	—	2 150.22	26 005.71
合 计 Total	**873 306.04**	**690 265.47**	**71.41**	**98 477.87**	**1 662 120.79**

续表

地　区 Region	12 月 Dec. 乐透数字型 Lotto Games	竞猜型 Sports Betting	视频型 Video Game	即开型 Instant Games	小　计 Subtotal
北　京	31 591. 84	19 724. 90	—	3 427. 26	54 743. 99
天　津	9 499. 36	8 522. 22	—	785. 22	18 806. 80
河　北	54 180. 44	21 457. 03	—	3 552. 76	79 190. 23
山　西	10 675. 49	14 466. 83	—	1 157. 63	26 299. 96
内蒙古	28 643. 77	11 016. 30	—	4 559. 52	44 219. 59
辽　宁	21 616. 41	14 534. 27	—	4 144. 73	40 295. 41
吉　林	23 972. 05	4 145. 30	—	4 313. 81	32 431. 16
黑龙江	40 329. 50	7 913. 81	—	4 004. 82	52 248. 13
上　海	13 237. 23	10 345. 50	—	1 795. 31	25 378. 05
江　苏	92 403. 37	60 080. 03	—	19 489. 61	171 973. 01
浙　江	68 109. 12	65 556. 69	—	7 909. 89	141 575. 70
安　徽	20 322. 69	16 168. 41	—	1 141. 39	37 632. 49
福　建	48 324. 63	19 498. 05	—	4 945. 87	72 768. 55
江　西	14 231. 01	11 085. 14	—	993. 97	26 310. 11
山　东	83 132. 33	59 435. 23	—	10 344. 15	152 911. 70
河　南	59 565. 32	43 282. 86	—	6 055. 03	108 903. 21
湖　北	24 763. 30	25 732. 83	—	1 382. 08	51 878. 21
湖　南	13 111. 83	29 124. 75	—	2 948. 12	45 184. 70
广　东	73 399. 57	68 524. 29	—	18 264. 32	160 188. 18
广　西	6 264. 27	18 152. 50	—	486. 04	24 902. 81
海　南	5 754. 40	14 049. 48	90. 76	990. 51	20 885. 15
重　庆	5 833. 62	31 118. 07	—	662. 67	37 614. 36
四　川	23 262. 01	12 273. 61	—	2 422. 05	37 957. 67
贵　州	20 921. 56	4 789. 02	—	2 942. 98	28 653. 56
云　南	37 645. 08	14 526. 53	—	4 948. 65	57 120. 26
西　藏	5 329. 18	195. 72	—	1 307. 16	6 832. 06
陕　西	19 305. 65	17 255. 59	—	1 614. 60	38 175. 85
甘　肃	16 640. 26	6 067. 47	—	1 730. 62	24 438. 36
青　海	3 648. 47	1 809. 97	—	438. 13	5 896. 56
宁　夏	7 364. 20	1 465. 07	—	696. 49	9 525. 76
新　疆	16 258. 57	7 912. 97	—	1 861. 62	26 033. 17
合　计 Total	**899 336. 54**	**640 230. 44**	**90. 76**	**121 317. 00**	**1 660 974. 74**

续表

地 区 Region	合计 Total				
	乐透数字型 Lotto Games	竞猜型 Sports Betting	视频型 Video Game	即开型 Instant Games	小 计 Subtotal
北 京	337 001.30	225 750.09	—	41 001.51	603 752.90
天 津	101 279.56	186 910.43	—	13 623.48	301 813.47
河 北	618 704.51	379 041.70	—	73 899.78	1 071 645.99
山 西	117 323.19	103 818.81	—	11 729.70	232 871.70
内蒙古	323 665.06	74 779.33	—	52 459.32	450 903.71
辽 宁	249 531.34	254 033.85	—	48 977.90	552 543.09
吉 林	273 847.05	61 990.92	—	46 920.58	382 758.55
黑龙江	409 622.82	81 347.71	—	47 402.90	538 373.44
上 海	146 074.51	141 169.54	—	18 103.27	305 347.32
江 苏	1 025 362.12	573 779.65	—	188 152.11	1 787 293.88
浙 江	695 955.44	475 440.16	—	72 273.09	1 243 668.69
安 徽	223 855.72	279 631.41	—	17 556.25	521 043.38
福 建	541 314.84	202 409.60	—	62 118.75	805 843.19
江 西	148 910.46	155 501.57	—	9 640.00	314 052.03
山 东	911 551.41	687 875.13	—	124 299.83	1 723 726.36
河 南	653 980.51	464 549.45	—	80 996.81	1 199 526.77
湖 北	254 112.00	400 857.14	—	14 584.46	669 553.60
湖 南	138 341.11	451 841.98	—	10 238.19	600 421.27
广 东	792 900.78	914 646.38	—	142 753.89	1 850 301.05
广 西	61 344.82	209 544.78	—	10 067.95	280 957.55
海 南	72 863.09	62 475.36	789.17	8 589.75	144 717.37
重 庆	64 839.54	278 638.81	—	7 442.92	350 921.27
四 川	271 360.28	166 476.11	—	38 265.24	476 101.63
贵 州	223 296.88	78 112.00	—	21 464.47	322 873.35
云 南	428 565.76	243 506.71	—	78 072.75	750 145.21
西 藏	53 756.09	2 659.26	—	14 540.58	70 955.93
陕 西	215 344.01	310 082.92	—	28 781.10	554 208.03
甘 肃	182 142.36	56 109.49	—	23 924.77	262 176.61
青 海	41 383.70	17 179.58	—	5 433.01	63 996.29
宁 夏	73 608.61	17 198.13	—	10 352.75	101 159.49
新 疆	156 864.98	91 653.66	—	32 791.92	281 310.56
合 计 Total	**9 808 703.87**	**7 649 011.66**	**789.17**	**1 356 459.00**	**18 814 963.71**

（国家体育总局体育彩票管理中心供稿）

（三）历年彩票销售统计资料

Sales Statistics of Different Lottery Games in Past Years

2007—2016 年中国福利彩票全国联网游戏销售统计

Sales Statistics of National Games of Welfare Lottery from 2007 to 2016

双　色　球

单位：万元

Unit：Ten Thousand Yuan

地　区 Region	游戏类型 Game Type	2007	2008	2009	2010	2011	2012	2013	2014	2015	2016	合　计 Total
北　京	乐透组合	121 983.94	141 372.33	168 462.42	178 801.92	230 925.86	238 395.99	237 406.52	262 458.65	187 337.75	182 144.69	1 949 290.08
天　津		18 256.88	23 242.80	34 065.25	43 636.24	59 399.76	70 071.30	77 893.73	143 334.58	79 195.45	62 614.97	611 710.95
河　北		69 247.26	92 853.92	117 992.31	136 215.68	168 394.71	195 276.81	182 447.25	178 571.18	180 201.05	183 119.22	1 504 319.39
山　西		38 441.17	47 650.23	61 558.69	69 938.13	85 420.43	99 458.58	98 957.24	92 833.87	87 249.08	84 653.57	766 160.98
内蒙古		30 865.80	43 650.33	63 811.62	70 031.43	97 907.70	103 460.99	135 945.07	181 132.94	104 015.16	92 153.30	922 974.34
辽　宁		109 338.81	131 922.53	161 044.89	171 705.99	197 180.75	218 378.50	211 457.08	203 203.98	195 462.76	188 132.28	1 787 827.56
吉　林		37 708.89	47 557.79	56 839.80	61 695.14	70 706.95	77 273.73	74 966.47	73 205.06	71 903.60	74 949.11	646 806.54
黑龙江		62 305.64	74 180.94	93 819.37	103 975.88	127 721.11	144 972.14	144 879.09	161 038.84	129 308.46	120 361.38	1 162 562.86
上　海		98 862.56	123 213.40	188 408.81	192 229.62	241 310.52	233 197.98	218 818.35	281 866.52	219 068.93	206 553.86	2 003 530.56
江　苏		100 073.00	159 735.40	253 779.53	291 829.58	340 082.64	351 933.00	317 509.11	304 314.23	301 615.11	306 815.10	2 727 686.69
浙　江		143 384.73	190 433.79	259 375.38	294 976.29	375 033.35	412 498.37	363 720.60	356 724.46	377 925.63	394 420.76	3 168 493.36
安　徽		61 623.54	80 779.67	116 068.96	128 606.87	163 358.00	193 282.55	187 267.00	199 809.57	174 316.68	175 299.71	1 480 412.55
福　建		26 971.04	42 545.09	72 199.63	102 147.11	145 015.80	172 277.03	163 427.18	162 554.45	164 525.36	169 100.32	1 220 763.02
江　西		35 158.14	42 790.63	55 797.83	92 889.30	137 545.35	190 187.28	219 449.72	239 477.97	117 467.42	108 412.71	1 239 176.35
山　东		108 343.93	146 225.90	182 798.76	205 906.02	262 365.35	305 181.48	304 495.64	298 940.88	293 389.44	302 780.37	2 410 427.77
河　南		59 493.30	79 346.18	106 352.44	138 751.93	181 662.29	204 973.61	213 547.92	215 518.04	214 773.43	221 794.57	1 636 213.71
湖　北		89 310.01	112 970.18	140 695.69	162 260.32	200 032.90	217 305.29	189 729.99	210 993.24	208 606.19	205 160.09	1 737 063.89
湖　南		54 773.01	73 875.56	106 621.61	129 860.88	166 256.30	182 660.22	183 450.02	186 376.27	187 406.95	196 703.60	1 467 984.40
广　东		268 663.26	325 540.15	467 958.40	506 980.22	621 004.43	678 920.66	696 569.12	674 812.59	621 536.53	598 483.42	5 460 468.78
广　西		31 950.26	44 596.78	65 205.45	76 686.99	104 264.50	159 605.65	195 205.93	154 533.68	143 101.65	151 343.29	1 126 494.16
海　南		12 084.13	14 733.09	19 201.44	23 577.82	33 091.62	37 542.26	37 602.07	34 628.84	34 284.69	33 258.46	280 004.41
重　庆		47 326.09	58 489.26	79 840.08	101 495.58	130 859.92	131 434.60	170 041.16	253 706.52	126 938.92	125 101.77	1 225 233.89
四　川		71 446.92	92 726.32	139 858.26	160 410.58	197 137.45	235 593.15	223 847.84	224 604.45	231 376.83	239 947.42	1 816 949.24
贵　州		34 487.85	45 570.02	63 452.85	68 532.10	79 511.53	93 051.89	91 846.02	94 089.63	95 075.96	101 203.18	766 821.03
云　南		68 644.21	84 258.41	113 938.92	134 587.99	156 448.85	179 021.02	178 597.60	171 578.06	168 792.57	182 561.75	1 438 429.37
西　藏		5 399.78	7 149.40	8 026.07	8 087.59	8 825.15	9 638.93	9 190.98	9 216.46	9 878.00	10 705.43	86 117.78
陕　西		50 154.30	61 870.10	87 252.80	98 374.34	127 637.94	149 198.61	150 812.66	147 986.45	146 268.33	146 850.86	1 166 406.40
甘　肃		25 715.95	36 497.07	45 863.75	50 448.61	59 127.88	68 552.56	71 202.28	69 680.73	72 437.14	76 286.95	575 812.92
青　海		8 855.61	12 022.74	15 594.35	17 104.75	20 755.18	27 455.78	27 591.21	24 625.08	24 571.55	25 963.89	204 540.14
宁　夏		11 912.30	14 897.33	19 760.47	24 149.07	29 574.41	37 821.20	39 742.79	44 446.60	34 864.18	34 172.45	291 340.81
新　疆		—	20 334.82	35 782.51	42 126.28	55 996.12	69 063.66	72 239.84	75 784.20	80 517.25	88 537.52	540 382.20
合　计 Total		1 902 782.29	2 473 032.15	3 401 428.34	3 888 020.25	4 874 554.74	5 487 684.78	5 489 857.48	5 732 048.01	5 083 412.04	5 089 586.03	43 422 406.11

3D

单位：万元

Unit：Ten Thousand Yuan

地 区 Region	游戏类型 Game Type	2007	2008	2009	2010	2011	2012	2013	2014	2015	2016	合 计 Total
北 京	乐透排列	50 773. 22	58 620. 44	67 563. 38	70 528. 36	73 366. 04	79 817. 34	84 192. 20	85 845. 31	62 597. 75	58 882. 13	692 186. 18
天 津		19 065. 93	18 629. 93	22 075. 03	19 932. 51	23 943. 26	23 428. 81	24 100. 57	27 537. 38	18 243. 80	16 811. 90	213 769. 12
河 北		102 882. 70	92 657. 60	99 457. 98	99 447. 40	118 440. 89	125 711. 11	79 484. 22	63 017. 53	54 113. 76	52 002. 40	887 215. 59
山 西		62 239. 40	59 066. 95	66 191. 82	57 444. 15	64 809. 07	71 940. 27	67 611. 23	48 039. 65	36 913. 50	32 178. 17	566 434. 21
内蒙古		59 999. 29	68 275. 45	62 496. 00	60 001. 39	66 299. 21	68 224. 92	68 737. 13	60 635. 56	53 693. 50	56 907. 56	625 269. 99
辽 宁		204 638. 75	186 067. 43	213 762. 57	204 822. 49	206 665. 91	167 495. 66	142 218. 06	128 636. 60	119 135. 97	115 911. 85	1 689 355. 28
吉 林		101 734. 65	84 929. 08	81 420. 75	65 272. 46	62 204. 88	59 640. 23	41 022. 57	36 668. 28	33 179. 72	33 356. 26	599 428. 89
黑龙江		112 391. 71	93 312. 41	96 536. 96	86 369. 24	77 759. 57	64 180. 59	57 848. 81	54 700. 02	47 239. 07	46 192. 18	736 530. 55
上 海		8 946. 44	10 858. 39	27 688. 30	24 644. 13	44 302. 89	30 524. 48	32 610. 83	44 000. 39	29 390. 97	27 050. 55	280 017. 36
江 苏		90 647. 56	72 346. 32	100 552. 00	130 318. 64	122 016. 45	75 125. 92	61 594. 33	54 102. 77	54 730. 46	56 316. 07	817 750. 52
浙 江		86 195. 04	83 077. 70	108 908. 91	122 306. 19	147 070. 83	150 172. 30	104 786. 26	91 371. 38	96 137. 68	93 797. 47	1 083 823. 76
安 徽		40 912. 82	33 817. 09	43 573. 70	38 800. 63	45 416. 95	50 505. 45	42 045. 73	36 489. 94	37 281. 42	37 247. 63	406 091. 35
福 建		23 314. 71	22 315. 25	15 420. 90	14 135. 07	14 202. 02	15 021. 35	13 446. 61	12 584. 58	15 263. 00	13 456. 79	159 160. 29
江 西		12 128. 73	10 940. 92	8 065. 24	11 315. 61	14 423. 04	35 814. 51	50 979. 31	71 958. 62	25 077. 54	15 518. 93	256 222. 44
山 东		136 967. 97	135 690. 63	125 917. 34	109 038. 82	119 249. 08	115 197. 71	104 325. 82	90 376. 86	85 305. 28	84 438. 39	1 106 507. 91
河 南		56 144. 55	54 380. 81	55 575. 93	59 936. 71	81 885. 75	71 101. 52	61 029. 13	57 366. 00	49 095. 97	50 439. 96	596 956. 33
湖 北		124 983. 64	112 884. 61	113 666. 96	112 603. 18	119 620. 47	115 633. 97	87 000. 04	83 071. 26	76 229. 94	78 235. 89	1 023 929. 96
湖 南		63 621. 34	46 855. 90	56 371. 96	65 786. 96	79 799. 44	73 093. 51	70 957. 50	68 034. 58	67 426. 73	72 053. 29	664 001. 20
广 东		73 822. 73	68 102. 31	70 378. 25	64 589. 03	67 844. 54	67 040. 34	70 215. 61	66 684. 41	67 797. 07	67 664. 10	684 138. 40
广 西		12 210. 87	9 365. 12	10 143. 09	12 074. 32	14 476. 50	23 599. 60	24 171. 79	16 499. 60	17 538. 98	22 009. 89	162 089. 76
海 南		809. 69	577. 52	650. 72	898. 93	1 159. 33	1 260. 13	1 306. 15	1 437. 94	1 707. 25	1 530. 65	11 338. 31
重 庆		8 336. 02	9 230. 94	14 997. 04	16 257. 46	17 632. 30	23 019. 03	28 187. 57	28 784. 06	22 831. 50	27 239. 98	196 515. 89
四 川		99 869. 05	93 896. 10	110 421. 94	110 453. 14	105 227. 98	103 434. 38	93 153. 96	84 703. 03	91 468. 41	96 755. 91	989 383. 90
贵 州		32 111. 51	39 283. 02	54 340. 58	54 288. 76	53 388. 61	54 969. 99	43 498. 61	40 216. 22	41 043. 94	44 566. 50	457 707. 74
云 南		90 217. 10	94 127. 09	119 872. 54	131 470. 11	152 492. 30	157 386. 73	151 479. 12	146 459. 19	142 927. 67	157 391. 73	1 343 823. 58
西 藏		5 212. 15	9 827. 72	12 485. 66	12 627. 80	13 119. 29	11 897. 53	10 181. 88	7 819. 11	7 328. 74	7 399. 25	97 899. 12
陕 西		56 477. 79	56 621. 20	77 060. 40	88 404. 20	116 946. 95	119 227. 47	100 173. 66	88 177. 66	78 376. 03	77 461. 95	858 927. 31
甘 肃		45 548. 90	48 339. 10	59 369. 90	56 533. 39	60 888. 95	68 976. 83	65 340. 26	42 589. 62	42 522. 75	42 360. 86	532 470. 55
青 海		11 850. 65	13 777. 31	18 917. 54	18 094. 22	19 082. 98	23 051. 53	23 436. 09	20 653. 15	19 554. 10	20 443. 38	188 860. 94
宁 夏		16 485. 81	15 427. 87	17 378. 26	19 108. 92	20 584. 83	22 202. 96	25 770. 24	21 237. 17	18 986. 47	19 125. 46	196 307. 99
新 疆		74 559. 75	48 131. 01	43 229. 49	29 924. 07	27 772. 93	27 445. 40	26 176. 38	25 654. 33	26 276. 63	28 059. 83	357 229. 82
合 计 Total		**1 885 100. 50**	**1 751 433. 19**	**1 974 491. 14**	**1 967 428. 28**	**2 152 093. 26**	**2 096 141. 53**	**1 857 081. 67**	**1 705 352. 18**	**1 539 415. 58**	**1 552 806. 90**	**18 481 344. 23**

七 乐 彩

单位：万元

Unit：Ten Thousand Yuan

地 区 Region	游戏类型 Game Type	2007	2008	2009	2010	2011	2012	2013	2014	2015	2016	合 计 Total
北 京	乐透组合	6 195.80	4 598.97	3 665.01	2 918.19	2 633.29	2 860.00	2 754.66	2 370.65	2 384.55	2 435.75	32 816.87
天 津		2 093.08	1 561.49	1 336.81	1 465.84	1 453.03	1 933.53	2 045.59	2 844.95	1 408.01	1 459.63	17 601.97
河 北		11 764.55	8 432.33	6 741.50	6 255.66	6 609.88	7 232.28	6 018.38	5 385.88	5 694.21	5 422.70	69 557.37
山 西		3 630.53	2 464.45	2 151.89	2 188.33	2 412.91	2 492.58	2 235.86	1 888.59	1 711.49	1 673.75	22 850.37
内蒙古		4 159.35	3 182.57	2 689.14	2 578.68	3 163.43	3 036.58	3 977.80	4 853.68	2 625.78	2 304.81	32 571.81
辽 宁		18 195.38	10 650.42	8 180.76	7 256.76	6 745.75	6 461.57	5 486.83	5 071.01	5 013.36	4 855.64	77 917.48
吉 林		4 342.96	2 891.50	2 309.95	2 227.75	2 121.05	2 185.37	1 763.28	1 680.48	1 757.32	1 835.16	23 114.81
黑龙江		7 071.05	4 267.15	3 416.59	3 249.35	3 319.26	2 918.83	2 578.66	2 426.67	1 965.11	1 781.25	32 993.92
上 海		8 840.49	7 193.97	7 847.61	5 876.99	6 831.20	4 940.63	4 209.70	4 213.73	3 667.52	3 842.91	57 464.76
江 苏		10 746.53	8 982.49	9 262.45	8 702.89	7 942.04	7 240.98	5 970.43	5 498.77	5 733.91	5 777.07	75 857.56
浙 江		17 094.06	12 061.12	11 134.48	10 360.89	10 233.02	10 636.78	8 118.16	6 608.44	7 558.97	8 039.22	101 845.14
安 徽		7 161.18	5 214.58	4 871.34	4 543.61	4 603.43	4 769.62	4 322.74	4 206.79	4 405.52	4 680.77	48 779.59
福 建		7 064.27	6 879.29	7 183.50	7 979.42	8 702.84	11 274.51	9 259.04	8 489.33	9 225.50	9 591.58	85 649.28
江 西		3 292.44	2 509.81	2 064.19	2 640.43	3 374.67	6 860.28	8 603.40	11 355.65	4 597.23	2 853.23	48 151.32
山 东		68 376.78	61 669.28	52 837.19	47 189.44	46 848.29	46 944.93	40 084.33	35 977.62	33 611.82	33 691.96	467 231.64
河 南		7 529.15	5 024.93	4 475.58	4 447.76	4 618.29	4 768.94	4 390.95	3 979.13	3 747.30	3 811.95	46 793.99
湖 北		8 697.49	4 855.00	4 055.43	3 626.09	3 691.44	4 209.59	3 173.90	3 524.70	3 118.58	3 135.33	42 087.56
湖 南		7 243.25	4 280.12	3 907.47	3 629.22	3 580.87	3 811.86	3 346.50	3 169.35	3 193.65	3 492.73	39 655.01
广 东		3 302.54	2 427.12	2 311.72	2 041.79	1 676.70	1 823.84	1 669.94	1 330.08	1 283.32	1 257.29	19 124.33
广 西		9 688.98	6 835.01	6 633.58	6 552.52	6 458.83	8 232.64	8 891.54	6 291.06	6 212.26	6 765.16	72 561.58
海 南		508.33	198.83	177.17	207.90	217.00	231.27	205.45	226.91	262.39	274.39	2 509.64
重 庆		2 594.25	1 429.45	1 650.78	1 900.64	1 944.86	1 647.89	2 079.23	1 422.43	1 121.78	1 494.33	17 285.65
四 川		5 032.72	2 978.63	2 889.56	2 775.71	2 649.96	2 911.80	2 664.89	2 485.52	2 516.32	2 732.81	29 637.90
贵 州		1 750.34	1 012.63	986.20	924.15	879.60	988.63	874.74	750.81	779.49	815.98	9 762.57
云 南		4 862.70	3 681.18	3 373.05	3 306.51	3 228.50	3 615.41	4 133.89	3 221.16	2 729.68	2 892.45	35 044.52
西 藏		504.24	364.11	267.74	224.73	181.73	166.57	139.43	119.25	118.43	114.44	2 200.67
陕 西		5 454.57	3 460.90	3 322.20	3 422.77	3 526.64	3 894.29	3 639.87	3 283.24	3 014.67	2 789.32	35 808.48
甘 肃		3 006.68	2 020.15	1 678.97	1 504.27	1 569.82	1 667.87	1 618.37	1 351.92	1 309.87	1 365.62	17 093.53
青 海		708.11	453.60	364.27	316.16	351.40	653.67	468.80	384.27	392.10	416.46	4 508.83
宁 夏		1 133.40	731.45	670.27	699.88	773.79	874.69	920.69	748.32	602.25	603.07	7 757.80
新 疆		7 083.04	3 705.04	2 479.89	2 258.76	2 375.20	2 636.91	2 146.50	1 931.74	2 065.26	2 550.86	29 233.19
合 计 Total		**249 128.24**	**186 017.55**	**164 936.29**	**153 273.05**	**154 718.74**	**163 924.35**	**147 793.55**	**137 092.11**	**123 827.65**	**124 757.63**	**1 605 469.15**

开 乐 彩

单位：万元

Unit：Ten Thousand Yuan

地区 Region	游戏类型 Game Type	2007	2008	2009	2010	2011	2012	2013	2014	2015	2016	合计 Total
天津	乐透组合	—	—	125.85	9.27	—	3.50	—	—	—	—	138.62
河北		—	—	4 613.50	11 564.56	—	25 168.17	7 045.93	2 794.59	960.63	343.02	52 490.40
山西		—	—	5 346.27	3 061.68	—	1 860.68	972.94	313.05	82.39	12.13	11 649.14
内蒙古		—	—	9.95	17.62	—	—	—	—	—	—	27.57
辽宁		—	—	6 944.54	8 695.43	—	7 182.33	1 539.71	573.24	171.15	81.65	25 188.05
吉林		441.82	1 653.93	2 611.05	4 700.55	2 357.74	1 966.15	474.44	143.77	59.44	16.01	14 424.89
安徽		—	—	—	—	—	—	—	—	—	—	—
福建		—	—	5.63	1.92	—	—	—	—	—	—	7.55
山东		—	—	2 968.78	1 948.62	—	1 029.85	277.18	122.65	88.34	99.88	6 535.30
河南		—	—	10.21	6.47	—	0.43	—	—	—	—	17.11
湖北		—	—	5.22	—	—	—	—	—	—	—	5.22
湖南		—	—	13 050.60	4 391.30	—	448.21	89.99	55.16	—	—	18 035.26
广东		—	—	52.82	39.99	—	4.52	0.83	0.64	—	—	98.80
四川		—	—	5 049.93	3 861.22	—	348.82	37.86	9.27	—	—	9 307.10
云南		—	—	14.73	4.12	—	—	—	—	—	—	18.85
陕西		—	—	9.32	64.99	—	215.79	56.90	17.74	0.65	—	365.38
甘肃		—	—	6 158.34	3 121.79	—	4 013.41	4 486.00	3 968.98	971.07	116.27	22 835.85
宁夏		—	—	1.29	0.08	—	—	—	—	—	—	1.37
合计 Total		**—**	**—**	**46 978.03**	**41 489.61**	**—**	**42 241.87**	**14 981.78**	**7 999.06**	**2 333.68**	**668.96**	**156 692.98**

2007—2016 年中国福利彩票区域联网游戏销售统计

Sales Statistics of Inter-Regional Games of Welfare Lottery from 2007 to 2016

15 选 5

单位：万元

Unit：Ten Thousand Yuan

地 区 Region	游戏类型 Game Type	2007	2008	2009	2010	2011	2012	2013	2014	2015	2016	合 计 Total
上 海	乐透组合	1 444.10	5 131.33	4 521.69	6 186.19	4 848.79	3 810.64	4 294.76	6 069.99	3 403.39	2 439.91	42 150.80
江 苏		2 183.53	17 900.75	20 099.60	28 162.62	19 335.61	9 531.71	8 942.62	8 292.09	7 192.68	6 337.28	127 978.49
浙 江		2 630.39	20 819.45	17 383.63	28 431.11	19 045.94	14 615.74	8 634.76	6 245.00	4 578.22	3 837.12	126 221.36
安 徽		1 314.02	8 135.29	7 752.67	8 316.42	6 591.48	8 966.47	10 910.74	11 859.21	5 580.02	3 664.66	73 090.98
福 建		1 721.67	10 356.48	6 734.67	9 664.92	5 846.83	4 674.47	4 858.22	3 812.12	2 944.91	2 500.73	53 115.02
江 西		713.29	3 089.47	1 876.01	2 369.75	1 649.01	1 708.42	3 020.05	1 969.05	1 438.84	1 239.81	19 073.69
合 计 Total		**10 007.00**	**65 432.77**	**58 368.27**	**83 131.01**	**57 317.66**	**43 307.44**	**40 661.15**	**38 247.46**	**25 138.07**	**20 019.51**	**441 630.34**

22 选 5

单位：万元

Unit：Ten Thousand Yuan

地 区 Region	游戏类型 Game Type	2007	2008	2009	2010	2011	2012	2013	2014	2015	2016	合 计 Total
四 川	乐透组合	1 742.09	1 595.58	1 429.03	1 051.87	739.03	620.50	523.01	491.85	195.65	—	8 388.62
贵 州		2 127.38	1 755.21	1 584.63	940.17	673.33	562.16	403.80	308.05	105.58	—	8 460.32
云 南		7 314.51	6 960.35	5 691.07	4 297.53	3 312.18	2 664.96	2 054.93	1 631.38	532.19	—	34 459.12
合 计 Total		**11 183.98**	**10 311.14**	**8 704.73**	**6 289.58**	**4 724.54**	**3 847.62**	**2 981.74**	**2 431.29**	**833.42**	—	**51 308.06**

37 选 7（华东六省）

单位：万元

Unit：Ten Thousand Yuan

地 区 Region	游戏类型 Game Type	2007	2008	2009	2010	2011	2012	2013	2014	2015	2016	合 计 Total
上 海	乐透组合	15 028.07	1 263.00	—	—	—	—	—	—	—	—	16 291.07
江 苏		3 974.76	331.07	—	—	—	—	—	—	—	—	4 305.83
浙 江		6 020.21	494.35	—	—	—	—	—	—	—	—	6 514.57
安 徽		1 101.49	81.91	—	—	—	—	—	—	—	—	1 183.40
福 建		2 528.15	301.30	—	—	—	—	—	—	—	—	2 829.45
江 西		454.35	32.94	—	—	—	—	—	—	—	—	487.29
合 计 Total		**29 107.03**	**2 504.59**	—	—	—	—	—	—	—	—	**31 611.62**

数 字 6

单位：万元

Unit：Ten Thousand Yuan

地 区 Region	游戏类型 Game Type	2007	2008	2009	2010	2011	2012	2013	2014	2015	2016	合 计 Total
辽 宁	乐透排列	—	1 547.96	—	—	—	—	—	—	—	—	1 547.96
上 海		—	7 619.75	—	—	—	—	—	—	—	—	7 619.75
江 苏		—	12 308.24	—	—	—	—	—	—	—	—	12 308.24
浙 江		—	17 968.09	—	—	—	—	—	—	—	—	17 968.09
安 徽		—	3 277.75	—	—	—	—	—	—	—	—	3 277.75
福 建		—	2 617.53	—	—	—	—	—	—	—	—	2 617.53
江 西		—	817.08	—	—	—	—	—	—	—	—	817.08
合 计 Total		—	**46 156.40**	—	—	—	—	—	—	—	—	**46 156.40**

东 方 6+1

单位：万元

Unit：Ten Thousand Yuan

地 区 Region	游戏类型 Game Type	2007	2008	2009	2010	2011	2012	2013	2014	2015	2016	合 计 Total
辽 宁	乐透排列	—	—	1 471.30	1 177.44	770.88	613.07	507.36	447.60	373.57	329.53	5 690.74
上 海		—	—	5 184.69	4 093.72	2 974.22	2 119.44	2 010.29	1 881.44	1 527.03	1 450.30	21 241.13
江 苏		—	—	7 548.52	6 716.30	4 847.66	3 944.65	4 091.24	3 767.99	3 249.04	2 879.57	37 044.96
浙 江		—	—	12 646.29	12 852.76	9 071.56	6 736.76	5 860.07	5 639.92	5 058.06	4 580.32	62 445.75
安 徽		—	—	2 469.85	2 415.85	1 666.74	1 319.66	1 398.62	1 321.91	1 113.24	1 063.67	12 769.55
福 建		—	—	1 677.67	2 236.18	1 608.66	1 370.32	1 347.43	1 261.68	1 118.74	1 067.90	11 688.58
江 西		—	—	324.68	393.80	232.20	229.02	364.65	463.21	203.76	157.47	2 368.79
合 计 Total		—	—	**31 323.00**	**29 886.05**	**21 171.92**	**16 332.90**	**15 579.66**	**14 783.74**	**12 643.44**	**11 528.77**	**153 249.50**

2007—2016 年中国福利彩票地方游戏销售情况表

Sales Statistics of Regional Games of Welfare Lottery from 2006 to 2015

单位：万元

Unit：Ten Thousand Yuan

地　区 Region	游戏类型 Game Type	游戏名称 Game Name	2007	2008	2009	2010	2011	2012	2013	2014	2015	2016	合计 Total
北京	乐透组合	北京快 3	—	—	—	—	—	—	—	7 066.49	141 054.66	150 326.77	298 447.93
		北京快乐 8	55 903.36	55 190.44	50 259.81	66 741.55	81 016.53	75 802.35	71 896.71	73 637.15	38 326.34	24 469.86	593 244.09
		北京两步彩	3 164.00	1 111.16	625.78	431.97	1 244.78	426.88	75.50	—	—	—	7 080.07
	乐透排列	北京 PK 拾	178.55	1 689.52	4 519.53	7 639.85	9 458.80	10 236.33	10 068.72	11 122.10	3 408.81	1 838.20	60 160.42
天津	乐透组合	天津 15 选 5	4 439.97	5 359.79	5 275.47	2 640.22	2 029.82	675.35	—	—	—	—	20 420.63
		天津 15 选 5 好运 2	—	—	69.22	31.89	18.76	6.04	—	—	—	—	125.92
		天津 15 选 5 好运 3	1 119.39	1 305.08	1 145.36	596.60	419.61	131.18	—	—	—	—	4 717.22
		天津 15 选 5 好运 4	—	—	588.16	462.06	350.25	119.88	—	—	—	—	1 520.35
		天津快乐十分	—	—	—	—	14 286.01	75 069.75	139 553.40	179 315.54	194 627.49	210 387.80	813 239.99
	乐透排列	天津时时彩	—	—	2 282.94	18 010.57	9 780.32	2 218.24	1 157.27	180.76	93.95	75.86	33 799.90
河北	乐透组合	河北 20 选 5	14 863.63	15 086.61	13 237.92	11 445.67	10 792.28	9 860.42	6 331.00	5 455.10	4 421.14	4 476.10	95 969.86
		河北 20 选 5 好运 2	780.78	439.45	255.15	131.52	129.93	107.25	49.05	28.40	34.59	24.80	1 980.93
		河北 20 选 5 好运 3	1 266.96	789.01	560.79	539.01	343.34	327.69	247.03	188.01	98.16	101.92	4 461.91
		河北快 3	—	—	—	—	—	26 234.26	274 326.79	363 081.53	330 378.43	203 361.69	1 197 382.70
	乐透排列	河北数字 5	616.65	2 230.80	372.38	317.53	301.96	302.92	189.79	174.65	136.28	142.00	4 784.96
		河北数字 7	2 693.65	495.58	1 747.69	1 593.11	1 454.58	1 327.47	1 114.88	991.47	841.19	742.85	13 002.47

续表

地　区 Region	游戏类型 Game Type	游戏名称 Game Name	2007	2008	2009	2010	2011	2012	2013	2014	2015	2016	合计 Total
山西	乐透组合	山西 21 选 5	2 622.61	2 724.23	1 962.70	1 388.06	1 294.99	1 078.41	951.93	—	—	—	12 022.93
		山西 21 选 5 好运 2	196.73	179.32	123.97	91.46	81.99	74.48	56.66	—	—	—	804.61
		山西 21 选 5 好运 3	907.67	928.19	641.21	479.88	424.37	371.54	290.72	—	—	—	4 043.58
		山西 21 选 5 好运 4	242.84	260.97	190.75	145.53	136.74	117.51	93.68	—	—	—	1 188.02
		山西快乐十分	—	—	—	—	—	—	19 512.71	166 605.69	207 179.62	235 739.27	629 037.29
	乐透排列	山西时时彩	—	—	—	2.78	1 263.95	1 498.95	14 037.34	3 800.64	183.36	—	20 787.02
内蒙古	乐透组合	内蒙古 22 选 5	1 233.68	932.38	279.74	—	—	—	—	—	—	—	2 445.80
		内蒙古 22 选 5 好运 2	112.93	55.60	15.48	—	—	—	—	—	—	—	184.01
		内蒙古 22 选 5 好运 3	345.03	223.08	67.14	—	—	—	—	—	—	—	635.24
		内蒙古 22 选 5 好运 4	83.50	30.09	8.21	—	—	—	—	—	—	—	121.79
		内蒙古快 3	—	—	—	—	—	—	76 243.07	109 026.04	242 642.33	294 444.55	722 355.99
	乐透排列	内蒙古时时彩	—	1 246.40	42 901.54	22 780.67	24 333.26	26 115.70	23 230.63	18 188.98	11 496.21	9 953.28	180 246.68
辽宁	乐透组合	辽宁 35 选 7	8 298.47	7 862.53	6 144.35	4 620.83	3 668.89	2 608.17	2 130.71	1 695.08	1 358.15	1 101.43	39 488.62
		辽宁 35 选 7 好运 1	—	37.21	43.64	1 004.19	49.93	28.69	22.28	14.07	10.82	8.98	1 219.81
		辽宁 35 选 7 好运 2	—	135.03	198.21	147.86	119.68	74.46	63.39	53.95	41.24	36.16	869.97
		辽宁 35 选 7 好运 3	—	353.46	644.24	528.84	429.83	286.34	240.86	202.84	161.87	141.98	2 990.26
		辽宁 35 选 7 好运 4	—	942.02	1 764.53	2 174.73	1 382.72	832.28	637.84	497.14	376.47	303.18	8 910.92
		辽宁快乐十二	—	—	—	—	—	216 342.34	362 808.11	476 946.68	501 950.09	507 146.44	2 065 193.66
吉林	乐透组合	吉林 21 选 5	2 246.02	—	—	—	—	—	—	—	—	—	2 246.02
		吉林快 3	—	—	—	—	—	30 185.18	209 673.23	249 048.28	153 288.69	161 917.46	804 112.85
	乐透排列	吉林时时彩	—	—	—	5 592.40	7 362.97	3 790.22	489.30	387.02	376.53	228.77	18 227.21

续表

地　区 Region	游戏类型 Game Type	游戏名称 Game Name	2007	2008	2009	2010	2011	2012	2013	2014	2015	2016	合计 Total
黑龙江	乐透组合	黑龙江 22 选 5	9 165.80	6 503.34	4 948.82	3 930.90	2 738.49	2 164.59	1 741.12	1 701.93	—	1 116.40	34 011.39
		黑龙江 36 选 7	7 457.35	5 075.47	3 782.90	3 859.98	1 926.18	1 418.16	1 064.75	662.83	548.10	430.58	26 226.30
		黑龙江快乐十分	—	—	—	—	14 264.63	85 746.70	168 761.70	223 956.50	255 386.19	277 737.39	1 025 853.11
	乐透排列	黑龙江 S62	10 665.66	—	—	—	—	—	—	—	—	—	10 665.66
		黑龙江数字 6	—	8 479.01	4 935.50	5 556.45	5 232.80	4 357.44	5 616.03	2 963.47	2 475.66	3 141.09	42 757.45
		黑龙江时时彩	—	—	4 745.96	8 537.79	5 547.82	784.49	1 087.17	1 020.86	167.04	17.24	21 908.36
上海	乐透组合	上海 35 选 7	108.58	—	—	—	—	—	—	—	—	—	108.58
		上海基诺（KENO）	8 734.34	6 620.46	5 299.14	4 661.58	2 947.09	4 850.55	3 335.34	3 113.72	732.51	2.26	40 296.98
		上海快 3	—	—	—	—	—	4 617.10	19 112.27	24 057.32	46 014.95	82 044.71	175 846.35
	乐透排列	上海 4 位数（天天彩 4）	8 441.43	7 219.10	7 332.31	7 538.85	7 967.52	5 751.36	5 525.34	5 696.37	5 636.83	5 900.60	67 009.71
		上海天天彩选 3（时时乐）	25 044.22	7 062.95	24 979.47	7 696.28	6 695.19	9 910.11	4 465.72	3 219.75	3 235.01	3 778.59	96 087.29
		上海时时彩	—	—	—	66.83	323.92	72.44	—	—	—	—	463.19
江苏	乐透组合	江苏 15 选 5	11 229.58	—	—	—	—	—	—	—	—	—	11 229.58
		江苏快 3	—	—	—	—	335 351.32	561 374.33	509 997.83	599 497.06	641 861.62	680 416.29	3 328 498.46
浙江	乐透组合	浙江 15 选 5	17 759.76	—	—	—	—	—	—	—	—	—	17 759.76
		浙江快乐十二	—	—	—	—	—	18 616.42	297 956.50	381 608.72	433 646.62	443 962.04	1 575 790.30
		浙江快 2	—	—	—	—	—	—	—	—	6 741.30	21 083.60	27 824.90
	乐透排列	浙江 5 位数	789.18	—	—	—	—	—	—	—	—	—	789.18
		浙江 6 位数	2 087.08	131.57	—	—	—	—	—	—	—	—	2 218.65

续表

地　区 Region	游戏类型 Game Type	游戏名称 Game Name	2007	2008	2009	2010	2011	2012	2013	2014	2015	2016	合计 Total
安徽	乐透组合	安徽 15 选 5	7 728. 08	—	—	—	—	—	—	—	—	—	7 728. 08
		安徽 25 选 5	1 915. 37	1 359. 26	1 352. 46	1 042. 55	1 020. 51	879. 74	783. 92	896. 31	857. 49	829. 32	10 936. 92
		安徽快 3	—	—	—	—	—	—	124 778. 48	183 016. 35	163 341. 18	165 187. 58	636 323. 59
	乐透排列	安徽 5 位数	1 173. 23	77. 14	—	—	—	—	—	—	—	—	1 250. 37
		安徽时时彩	—	—	—	5 805. 67	3 772. 52	1 664. 55	—	—	—	—	11 242. 73
福建	乐透组合	福建 20 选 5	3 123. 30	—	—	—	—	—	—	—	—	—	3 123. 30
		福建快 3	—	—	—	—	—	—	128 415. 57	124 670. 92	140 258. 35	139 141. 11	532 485. 95
	乐透排列	福建时时乐	—	6 244. 71	—	—	—	—	—	—	—	—	6 244. 71
		福建时时彩	—	—	23 318. 52	23 537. 88	33 022. 16	26 028. 60	7 804. 37	—	—	—	113 711. 53
江西	乐透组合	江西 21 选 5	973. 88	—	—	—	—	—	—	—	—	—	973. 88
		江西 21 选 5 好运 2	60. 44	—	—	—	—	—	—	—	—	—	60. 44
		江西 21 选 5 好运 3	384. 74	—	—	—	—	—	—	—	—	—	384. 74
		江西 21 选 5 好运 4	116. 12	—	—	—	—	—	—	—	—	—	116. 12
		江西快 3	—	—	—	—	—	—	—	—	—	36 271. 30	36 271. 30
	乐透排列	江西时时彩	—	14 087. 99	24 608. 67	17 442. 59	31 721. 26	62 995. 59	128 255. 51	177 666. 68	62 167. 46	4 695. 20	523 640. 94
山东	乐透组合	山东 23 选 5	32 424. 52	32 147. 45	19 226. 29	12 052. 08	12 427. 16	9 707. 91	7 533. 14	5 749. 77	—	—	131 268. 31
		山东群英会	—	—	203 383. 02	256 162. 44	266 804. 15	305 495. 14	428 140. 07	548 123. 11	536 494. 79	530 970. 53	3 075 573. 25
河南	乐透组合	河南 22 选 5	18 152. 94	—	18 869. 77	19 899. 85	18 811. 12	15 995. 42	14 066. 80	12 242. 68	9 834. 59	9 540. 24	137 413. 42
		河南 22 选 5 好运 2	823. 02	832. 78	847. 39	865. 69	611. 32	697. 04	792. 51	689. 60	500. 26	570. 48	7 230. 09
		河南 22 选 5 好运 3	5 417. 04	5 906. 63	5 726. 69	6 024. 12	5 375. 34	4 772. 03	4 405. 72	4 234. 26	3 317. 83	3 440. 91	48 620. 58
		河南 22 选 5 好运 4	1 871. 11	2 112. 22	2 244. 00	2 438. 23	2 483. 74	2 274. 90	2 498. 63	2 594. 79	2 336. 02	2 363. 71	23 217. 35
		河南 22 选 6	—	19 336. 05	—	—	—	—	—	—	—	—	19 336. 05
		河南快 3	—	—	—	—	—	—	—	25 062. 94	50 232. 63	75 137. 37	150 432. 94

续表

地区 Region	游戏类型 Game Type	游戏名称 Game Name	2007	2008	2009	2010	2011	2012	2013	2014	2015	2016	合计 Total
河南	乐透排列	河南幸运彩	—	—	—	—	—	—	96 740.22	92 625.85	61 134.91	45 192.58	295 693.55
		河南幸运武林	—	—	371.83	2 305.88	2 294.42	87 966.17	—	—	—	—	92 938.30
湖北	乐透组合	湖北21选7	—	12 679.51	—	—	—	—	—	—	—	—	12 679.51
		湖北22选5	12 858.87	—	13 847.04	10 826.83	9 021.02	7 255.35	5 672.21	4 158.84	3 634.16	1 902.26	69 176.56
		湖北22选5好运1	67.62	70.62	62.78	44.83	36.97	26.02	15.87	14.33	11.97	5.59	356.61
		湖北22选5好运2	268.04	305.91	274.35	204.10	194.33	159.59	114.07	103.00	94.55	41.94	1 759.88
		湖北22选5好运3	3 682.53	3 527.64	3 370.97	2 892.22	2 644.72	2 293.44	1 575.60	1 415.35	1 257.60	615.07	23 275.15
		湖北22选5好运4	1 896.16	1 808.84	1 860.21	1 538.22	1 503.45	1 409.49	1 061.89	985.37	882.11	463.22	13 408.96
		湖北30选5	—	—	—	—	—	—	—	—	—	2 377.09	2 377.09
		湖北快3	—	—	—	—	—	59 639.26	238 582.87	312 778.32	339 977.83	370 168.64	1 321 146.92
	乐透排列	湖北时时彩	—	—	—	1 335.13	1 590.36	1 303.91	1 475.86	3 072.82	3 595.86	3 654.05	16 027.99
湖南	乐透组合	湖南22选5	3 869.54	—	3 645.83	2 285.63	—	—	—	—	—	—	9 801.00
		湖南22选5好运1	—	—	—	5.28	—	—	—	—	—	—	5.28
		湖南22选5好运2	—	—	—	50.28	—	—	—	—	—	—	50.28
		湖南22选5好运3	—	—	—	453.80	—	—	—	—	—	—	453.80
		湖南22选5好运4	—	—	—	324.10	—	—	—	—	—	—	324.10
		湖南22选5好运彩	1 887.22	1 628.36	1 427.79	52.80	—	—	—	—	—	—	4 996.16
		湖南22选7	—	4 642.04	—	—	—	—	—	—	—	—	4 642.04
		湖南快乐十分	—	—	—	—	17 880.40	89 183.62	122 403.19	167 092.79	179 501.28	211 350.00	787 411.26
	乐透排列	湖南时时彩	—	—	—	3 589.27	972.51	—	—	—	—	—	4 561.77

续表

地　区 Region	游戏类型 Game Type	游戏名称 Game Name	2007	2008	2009	2010	2011	2012	2013	2014	2015	2016	合计 Total
广东	乐透组合	广东26选5	5 840.64	4 873.29	3 493.11	2 738.01	2 085.97	1 526.80	1 522.15	1 511.83	1 317.18	1 083.23	25 992.21
		广东26选5好彩2	1 954.81	997.66	437.53	256.19	213.19	194.38	176.63	163.88	152.21	145.24	4 691.71
		广东26选5好彩3	8 507.35	6 710.07	3 059.51	1 940.51	1 622.14	1 560.69	1 428.99	1 330.35	1 277.63	1 163.77	28 601.00
		广东36选7	43 649.42	54 002.53	54 140.24	33 644.38	32 600.39	25 519.26	29 404.37	28 663.42	24 016.26	21 166.36	346 806.63
		广东36选7好彩1	6 367.17	17 988.36	61 183.28	63 701.36	35 935.17	28 955.02	38 209.26	49 555.59	21 339.62	15 709.75	338 944.59
		广东36选7好彩2	1 575.51	1 482.58	2 189.56	1 778.20	1 558.71	1 477.26	1 417.33	1 327.91	1 252.11	1 123.37	15 182.53
		广东36选7好彩3	15 648.33	16 396.25	27 133.79	23 676.10	22 735.67	21 301.13	21 087.46	20 331.02	19 158.73	17 859.60	205 328.07
		广东快乐十分	880.39	5 972.97	6 629.41	166 062.81	247 387.38	410 750.19	503 038.86	630 406.75	704 534.05	780 844.54	3 456 507.36
深圳	乐透组合	深圳35选7	8 984.23	6 400.25	4 303.62	2 821.58	2 004.43	1 623.51	1 493.97	1 276.43	972.13	765.17	30 645.33
		深圳快乐彩	—	—	—	—	14.77	252.86	705.16	1 861.29	2 565.69	32 078.60	37 478.38
		深圳快乐8	4 662.19	4 594.74	3 981.64	2 579.92	2 375.84	3 772.40	3 563.81	2 635.04	2 066.30	1 478.85	31 710.71
广西	乐透组合	广西快乐十分	49 655.08	48 784.13	51 358.74	56 188.94	51 234.68	52 480.81	41 816.13	43 692.87	44 038.12	47 349.35	486 598.85
		广西快3	—	—	—	—	—	—	69 985.67	332 615.59	135 675.50	91 660.40	629 937.16
		广西快乐双彩	2 223.69	5 290.50	4 732.93	4 593.62	4 783.79	4 391.20	4 928.08	4 292.73	4 444.69	4 658.79	44 340.02
		广西跑跑彩	—	—	—	—	—	1 526.24	145.06	—	—	—	1 671.29
海南	乐透组合	海南快乐三宝	—	—	—	—	—	—	—	188.13	402.82	1 130.39	1 721.34
		海南快2	4 999.75	28 658.85	17 697.98	55 466.65	76 207.17	88 652.79	99 042.04	100 700.17	98 640.95	87 929.36	657 995.72
重庆	乐透组合	重庆20选5	512.26	385.36	288.30	58.09	—	—	—	—	—	—	1 244.01
		重庆20选5好运3	98.65	93.25	84.72	14.45	—	—	—	—	—	—	291.07
		重庆快乐十分	—	—	—	13 209.11	56 883.03	81 736.62	103 161.81	155 649.26	141 037.68	156 421.30	708 098.82
	乐透排列	重庆时时彩	42 200.04	25 343.66	29 056.57	33 650.27	39 590.94	28 387.57	32 545.94	43 368.12	8 690.80	2 288.41	285 122.31
四川	乐透组合	四川快乐十二	—	—	—	14 063.32	67 463.77	115 027.06	175 373.77	232 310.80	240 543.53	244 594.11	1 089 376.37

续表

地　区 Region	游戏类型 Game Type	游戏名称 Game Name	2007	2008	2009	2010	2011	2012	2013	2014	2015	2016	合计 Total
贵州	乐透组合	贵州十二生肖	—	—	—	4 148.45	5 580.08	2 042.72	205.42	132.16	—	—	12 108.84
		贵州快 3	—	—	—	—	—	7 713.80	50 643.99	55 151.65	65 937.63	71 147.53	250 594.61
云南	乐透组合	云南快乐十分	—	—	—	—	4 978.28	18 598.16	63 196.70	128 563.82	152 682.91	186 432.72	554 452.58
	乐透排列	云南时时彩	—	—	101.01	11 514.92	2 846.24	211.63	281.10	206.59	110.68	76.26	15 348.43
西藏	乐透组合	西藏生肖时时彩	—	—	—	—	2 703.56	1 647.27	917.99	111.34	59.39	26.53	5 466.06
		西藏快 3	—	—	—	—	—	—	15 307.18	46 843.61	77 236.11	127 433.12	266 820.02
陕西	乐透组合	陕西快乐十分	—	—	—	—	30 202.32	99 819.78	240 778.55	342 203.53	417 182.42	463 085.80	1 593 272.40
甘肃	乐透组合	甘肃快 3	—	—	—	—	—	—	83 504.03	231 678.55	209 300.25	216 185.63	740 668.46
青海	乐透组合	青海快 3	—	—	—	—	—	—	18 464.90	43 206.28	47 297.22	79 374.12	188 342.53
	乐透排列	青海时时彩	—	—	80.46	2 042.79	2 137.19	2 296.95	1 188.21	—	—	—	7 745.60
宁夏	乐透组合	宁夏快 3	—	—	—	—	—	—	9 005.73	46 344.26	53 748.02	71 747.09	180 845.10
	乐透排列	宁夏时时彩	—	—	—	1 278.62	1 191.20	201.39	91.28	—	—	—	2 762.48
新疆	乐透组合	新疆 18 选 7	1 421.66	901.42	641.90	411.80	357.51	318.72	266.11	297.87	248.92	244.83	5 110.73
		新疆 25 选 7	5 211.42	3 090.46	1 852.98	1 186.16	1 412.66	2 448.30	1 058.76	1 175.06	2 530.05	1 273.64	21 239.48
		新疆 35 选 7	30 601.93	21 584.51	16 014.56	10 074.08	8 092.51	7 292.09	7 273.76	6 845.60	5 819.54	5 378.72	118 977.29
		新疆 35 选 7 偶数彩中彩	453.92	308.02	248.79	172.43	126.77	73.45	—	—	—	—	1 383.37
		新疆喜乐彩	—	—	—	—	—	1 635.45	738.25	419.42	367.04	331.20	3 491.35
	乐透排列	新疆时时乐	14 509.09	23 754.85	—	—	—	—	—	—	—	—	38 263.94
		新疆时时彩	—	—	25 392.95	63 106.95	80 847.45	108 013.20	162 954.73	187 841.89	213 872.63	242 276.72	1 084 306.52
合计 Total			**551 450.68**	**525 080.70**	**830 491.21**	**1 132 946.61**	**1 752 531.55**	**2 987 110.38**	**5 334 196.03**	**7 325 303.05**	**7 486 881.90**	**7 904 982.81**	**35 830 974.91**

2007—2016 年中国福利彩票视频型彩票销售情况表（分游戏）

Sales Statistics of Online Instant Win Games of Welfare Lottery in Different Lottery Games from 2007 to 2016

单位：万元

Unit：Ten Thousand Yuan

序号	游戏品种	2007	2008	2009	2010	2011	2012	2013	2014	2015	2016	合计 Total
1	四花选五	685.43	8481.60	399.20	549.53	646.99	527.07	633.29	795.25	686.37	489.37	13894.10
2	小猫钓鱼	—	—	—	—	—	—	—	—	—	—	—
3	洞穴寻宝	—	—	—	—	—	—	—	—	—	—	—
4	幸运七彩	—	—	—	—	—	—	—	—	—	—	—
5	开心一刻	338.59	700.78	64.05	57.37	78.68	60.22	58.23	64.66	62.60	50.92	1536.10
6	幸运五彩	616.93	2278.04	361.47	783.32	815.34	809.16	921.76	990.36	957.26	685.71	9219.35
7	幸运扑克	81016.15	7714.89	—	—	—	—	—	—	—	—	88731.04
8	西游夺彩	1170665.26	177585.81	—	—	—	—	—	—	—	—	1348251.07
9	多级扑克	66642.58	9319.93	—	—	—	—	—	—	—	—	75962.51
10	三江风光	—	—	8582.96	1645.76	1556.68	1194.77	1078.01	954.68	720.48	505.39	16238.73
11	连环夺宝	—	—	106385.92	926921.80	1694888.30	2235373.54	2884955.30	3762037.82	4234298.77	4443250.99	20288112.44
12	趣味高尔夫	—	—	335.98	1933.58	3155.41	4120.94	5965.59	9420.77	9667.70	8294.64	42894.61
13	好运射击	—	—	71.82	165.28	246.60	244.63	272.92	373.13	345.85	282.85	2003.08
合计 Total		1319964.94	206081.05	116201.40	932056.64	1701388.00	2242330.33	2893885.10	3774636.67	4246739.03	4453559.87	21886843.03

（中国福利彩票发行管理中心供稿）

2007—2016 年中国福利彩票即开型彩票销售情况表（分游戏）

Sales Statistics of Terminal – Sale Instant Win Tickets of Welfare Lottery in Different Lottery Games from 2007 to 2016

单位：万元

Unit：Ten Thousand Yuan

序号	游戏品种	2007	2008	2009	2010	2011	2012	2013	2014	2015	2016	合计 Total
1	人工销售统计游戏	61 580.66	3 586.23	8 224.23	2 810.60	289.90	—	—	—	—	—	76 491.63
2	神秘骨牌	—	—	—	—	—	—	—	—	—	—	—
3	勇士闯关	—	—	—	—	—	—	—	—	—	—	—
4	请您开奖	—	—	—	—	—	—	—	—	—	—	—
5	勇士闯关 2	—	—	1.18	—	—	—	—	—	—	—	1.18
6	小猫钓鱼 3	—	—	—	—	—	—	—	—	—	—	—
7	五子登科	—	—	—	—	—	—	—	—	—	—	—
8	幸运八	—	—	—	—	—	—	—	—	—	—	—
9	金鸡唱晓	—	—	—	—	—	—	—	—	—	—	—
10	即刻乐透	—	—	—	—	—	—	—	—	—	—	—
11	一条龙	—	—	—	—	—	—	—	—	—	—	—
12	勇士闯关 4	5 834.41	5 217.97	345.51	65.33	24.07	1.94	0.64	34.03	—	—	11 523.90
13	开心宾果	198.98	126.69	2.14	9.67	7.19	0.73	2.35	0.42	—	—	348.17
14	百变扑克	595.66	235.87	22.63	12.68	5.42	0.38	—	—	—	—	872.64
15	点石成金	349.31	364.24	123.34	85.07	122.01	2.79	—	—	—	—	1 046.76
16	喜庆吉祥	284.80	61.83	61.11	23.50	14.19	3.75	—	—	—	—	449.18
17	趣味麻将	101.67	76.34	34.00	12.00	16.00	—	—	—	—	—	240.01
18	F1 赛车	—	20.55	-2.85	—	47.05	0.60	—	—	—	—	65.35
19	即开 3D	398.08	800.30	94.03	84.90	269.65	4.85	0.24	-3.08	—	—	1 648.96
20	棒球小子	190.10	233.01	14.56	22.84	15.14	0.01	—	0.02	—	—	475.67
21	趣味麻将一	1 926.42	6 603.13	2 158.72	663.82	837.40	310.00	101.16	24.95	—	0.01	12 625.61
22	F1 赛车（一）	0.35	—	—	—	—	—	—	—	—	—	0.35
23	喜庆吉祥 2	14 922.26	36 875.74	14 711.93	3 435.86	410.33	21.28	11.84	-2.29	—	0.11	70 387.07
24	比大小	5 281.12	3 535.36	4 459.51	337.26	645.43	83.14	17.73	5.82	—	—	14 365.36
25	66 顺	4 264.58	1 500.90	286.97	35.03	20.05	1.39	0.12	0.21	—	—	6 109.26
26	幸运宝贝	2 358.49	368.78	51.03	4.24	8.87	0.30	0.02	6.00	—	—	2 797.72

续表

序号	游戏品种	2007	2008	2009	2010	2011	2012	2013	2014	2015	2016	合计 Total
27	吉星高照	10 756.38	24 880.35	11 219.03	930.96	284.35	29.22	-5.07	-0.75	—	0.02	48 094.50
28	鉴宝	1 100.02	773.84	151.93	60.82	70.20	10.08	-1.11	0.04	—	—	2 165.83
29	清一色	2 587.34	3 297.66	4 008.06	567.38	357.86	19.59	5.42	1.15	—	0.03	10 844.48
30	游乐场	382.76	1 023.02	301.17	119.74	64.02	7.83	3.10	0.32	—	—	1 901.96
31	棒球小子2	842.99	57.80	1.78	—	0.64	—	—	—	—	—	903.21
32	快乐生肖	4 316.78	882.09	64.93	11.43	1.90	0.07	0.06	1.17	—	—	5 278.43
33	和气生财	585.18	129.14	245.65	15.02	-191.37	1.76	0.38	0.24	—	—	786.00
34	大富翁	526.12	13.19	7.95	1.51	4.26	0.11	—	—	—	—	553.14
35	发奖金	49 572.86	141 840.02	88 358.01	50 271.60	57 471.74	60 457.29	48 162.31	46 173.91	40 658.19	33 948.44	616 914.38
36	生肖	321.49	809.35	755.86	69.78	2.96	2.27	0.08	—	—	—	1 961.78
37	硕果累累	2 382.85	2 695.17	438.72	53.75	15.27	1.34	2.42	1.21	—	0.01	5 590.74
38	多彩扑克	3 677.69	9 941.76	1 443.52	227.86	43.01	1.74	0.25	-1.68	—	0.02	15 334.17
39	幸运宝藏	22 778.94	49 798.04	22 482.14	9 446.22	2 034.29	104.25	40.10	10.11	—	0.20	106 694.30
40	富贵有余	-32.30	22.11	9.58	2.08	28.64	5.84	—	—	—	—	35.95
41	勇士闯关5	103 689.70	232 644.85	161 476.89	128 429.65	99 814.22	53 100.04	24 562.27	12 159.79	1 759.98	294.74	817 932.14
42	大富翁2	22 383.25	33 427.09	26 410.95	2 689.54	750.42	220.73	108.64	-5.49	—	0.02	85 985.17
43	幸运宝贝2	4 007.70	7 564.56	354.53	16.73	53.01	0.02	0.01	0.05	—	—	11 996.60
44	和气生财2	333.48	2 188.67	464.98	186.49	591.17	76.03	98.00	-2.59	—	—	3 936.24
45	四季发	3 045.73	8 048.02	3 173.88	870.01	757.09	57.37	13.21	-1.93	—	0.06	15 963.44
46	农家乐	2 121.30	3 013.06	691.29	64.96	37.89	14.05	0.15	0.19	—	0.22	5 943.10
47	富贵有余2	8 425.08	44 181.66	67 163.29	53 386.07	41 800.13	39 736.37	27 902.56	25 461.38	18 984.01	17 163.12	344 203.69
48	吉林硕果	1 147.37	577.05	133.94	70.65	37.76	4.79	—	—	—	—	1 971.56
49	对对和	1 287.68	5 455.87	1 323.53	768.43	1 518.59	12.71	10.07	0.06	—	—	10 376.93
50	金花	2 262.15	9 650.26	1 322.27	982.21	1 815.64	180.01	41.19	10.24	—	—	16 263.97
51	扑克比大小	—	1 968.33	586.54	466.04	182.20	28.29	13.55	0.04	—	—	3 244.99
52	对对碰	148.87	2 863.51	2 674.56	672.48	86.64	14.21	0.05	—	—	—	6 460.33
53	见缝插金	2 847.73	10 290.08	3 320.23	746.85	627.61	45.62	11.07	3.14	—	—	17 892.32
54	双喜临门	894.49	19.20	—	—	0.12	—	—	—	—	—	913.81
55	66顺2	—	11 475.26	7 402.55	2 025.81	1 943.25	112.09	25.15	5.47	—	0.11	22 989.68
56	翱翔海航	61.45	755.71	107.00	12.10	7.64	1.75	—	—	—	—	945.65
57	昌盛海航	116.00	1 684.00	—	—	—	—	—	—	—	—	1 800.00
58	双喜临门2	—	116.04	—	—	0.01	—	—	—	—	—	116.05
59	幸运宝贝3	—	5 592.34	13 255.00	2 736.85	299.24	29.90	6.48	-2.98	—	0.05	21 916.89
60	数字魔方	—	1 958.50	471.07	117.71	394.45	56.36	11.42	0.40	—	—	3 009.92

续表

序号	游戏品种	2007	2008	2009	2010	2011	2012	2013	2014	2015	2016	合计 Total
61	海底寻宝	—	8 335.12	21 980.59	13 959.22	2 493.12	81.29	-1.28	-6.19	—	0.19	46 842.04
62	红楼十二钗	—	10 973.14	25 906.81	5 210.98	1 413.73	661.63	9.81	7.00	—	—	44 183.11
63	点石成金2	—	871.75	3 042.75	78.70	6.67	—	—	—	—	0.13	4 000.00
64	幸运宝藏2	—	1 130.52	4 373.22	1 728.50	253.92	80.45	40.03	4.79	—	—	7 611.42
65	主场2元	—	1 133.40	1 266.60	—	—	—	—	—	—	—	2 400.00
66	主场5元	—	944.50	974.86	53.28	77.36	—	—	—	—	—	2 050.00
67	赛车	—	5 102.31	576.29	182.30	787.55	48.10	11.70	1.35	—	—	6 709.60
68	宁夏票5元	—	—	5.00	7.66	—	—	0.80	5.00	—	—	18.46
69	宁夏票2元	—	79.64	115.60	—	85.24	15.04	52.21	8.00	—	—	355.73
70	齐鲁古车	—	3 059.72	2 874.22	66.05	0.01	—	—	—	—	—	6 000.00
71	西游探宝	—	11 695.71	42 587.23	6 888.46	2 635.35	180.22	—	-0.20	—	2.79	63 989.56
72	游乐场	—	6 658.06	5 797.24	639.64	827.78	15.78	0.09	—	—	0.02	13 938.61
73	节大欢喜	—	8 446.55	4 947.95	306.20	1 064.45	37.65	60.10	-74.48	—	5.08	14 793.50
74	硕果累累2	—	508.00	659.52	92.86	42.64	2.96	10.02	—	—	—	1 316.00
75	金花2	—	152.00	1 241.98	265.21	122.62	5.97	2.04	0.08	—	—	1 789.89
76	重建家园	—	8 044.32	6 471.36	2 998.82	953.03	32.01	15.13	0.15	—	—	18 514.82
77	同舟共济	—	5 566.57	7 997.52	5 356.55	959.34	59.28	10.70	-37.82	—	0.10	19 912.24
78	众志成城	—	7 079.12	6 429.17	2 964.89	243.35	54.25	6.52	0.65	—	—	16 777.95
79	扶危济困	—	5 692.44	7 439.79	3 354.15	772.76	66.48	35.21	-7.19	—	—	17 353.63
80	阖家欢乐	—	497.60	2 291.00	552.88	425.01	67.87	20.85	-7.89	—	—	3 847.33
81	孕前关爱	—	480.00	—	—	—	—	—	—	—	—	480.00
82	09上海风采-牛	—	921.00	484.00	—	—	—	—	—	—	—	1 405.00
83	万众一心	—	1 959.81	2 885.21	905.07	128.09	—	—	—	—	—	5 878.18
84	福牛乐乐	—	220.33	875.68	111.12	214.03	35.16	3.58	1.30	—	—	1 461.20
85	超越自我	—	134.10	361.90	126.65	109.98	27.17	0.30	—	—	—	760.10
86	欢聚北京	—	123.70	232.20	213.06	155.95	37.81	3.29	0.15	—	—	766.16
87	节大欢喜2	—	987.10	23 516.59	1 903.77	2 172.74	112.59	52.62	8.38	—	0.05	28 753.84
88	牛年2元	—	—	8 928.62	285.66	291.55	2.02	0.38	—	—	0.01	9 508.24
89	牛年5元	—	—	3 036.59	411.25	716.34	63.34	63.95	12.15	—	—	4 303.61
90	喜庆吉祥3	—	—	8 073.14	4 837.82	2 927.10	234.72	34.07	34.54	—	—	16 141.40
91	阖家欢乐3	—	—	19 422.92	3 053.76	1 661.93	7.89	5.68	2.09	—	—	24 154.28
92	阖家欢乐2	—	—	10 789.59	2 094.42	1 245.39	165.99	16.83	18.09	—	0.03	14 330.34
93	富贵有余3	—	—	3 916.41	82.44	0.15	1.00	—	—	—	—	4 000.00
94	富贵有余4	—	—	908.35	72.10	15.90	2.13	—	—	—	—	998.48

续表

序号	游戏品种	2007	2008	2009	2010	2011	2012	2013	2014	2015	2016	合计 Total
95	富贵有余5	—	—	696.75	63.25	206.75	43.55	21.65	—	—	—	1 031.95
96	争分夺秒	—	—	46 110.39	105 470.35	153 721.60	129 226.87	88 898.94	70 582.57	52 260.78	37 605.47	683 876.98
97	星座	—	—	2 681.03	1 097.41	1 936.04	222.94	16.78	0.82	—	0.01	5 955.02
98	放飞梦想	—	—	3 997.00	3 967.14	3 035.86	—	—	—	—	—	11 000.00
99	万事如意	—	—	3 308.18	3 016.27	2 184.97	17.81	5.37	1.42	—	—	8 534.02
100	美丽辽宁	—	—	3 810.33	1 219.15	0.91	0.08	0.94	0.60	—	—	5 032.00
101	和谐辽宁	—	—	2 400.25	422.95	112.89	24.46	28.80	0.65	—	—	2 990.00
102	好运辽宁	—	—	1 397.40	604.04	453.90	214.18	113.22	30.30	—	—	2 813.04
103	欢乐碰碰碰	—	—	1 345.18	174.63	328.23	32.24	-0.30	0.07	—	—	1 880.04
104	开心时刻	—	—	3 324.18	1 324.93	979.42	75.55	9.19	-1.40	—	—	5 711.87
105	淘宝商城	—	—	24 265.19	11 102.89	6 924.97	347.23	62.29	8.20	—	—	42 710.78
106	节大欢喜3	—	—	2 118.88	1 261.14	774.91	2 755.81	1 045.97	25.05	—	—	7 981.75
107	主场2	—	—	1 194.56	784.44	21.00	—	—	—	—	—	2 000.00
108	万众一心2	—	—	704.66	239.94	255.40	—	—	—	—	—	1 200.00
109	爱满人间	—	—	4 906.15	730.10	65.30	0.45	—	—	—	—	5 702.00
110	美梦成真	—	—	11 262.95	76 343.28	86 799.16	76 104.77	50 448.75	43 857.36	34 164.38	22 300.31	401 280.96
111	水浒108将	—	—	16 364.82	4 603.18	2 211.37	254.01	81.50	5.32	—	—	23 520.19
112	一刮一乐	—	—	6 928.12	3 790.34	865.16	108.77	55.55	-1.28	—	—	11 746.65
113	财源滚滚	—	—	3 322.46	1 292.22	278.16	61.73	22.06	1.02	—	0.01	4 977.66
114	齐鲁古车2	—	—	2 600.64	1 399.35	0.01	—	—	—	—	—	4 000.00
115	梁祝	—	—	6 338.02	2 876.48	3 602.12	267.68	16.28	9.71	—	—	13 110.29
116	节大欢喜4	—	—	9 007.01	31 429.40	23 306.48	12 937.51	18 800.90	20 727.29	13 405.18	8 712.76	138 326.53
117	五福临门	—	—	13 364.65	49 484.07	33 040.92	29 166.32	23 126.18	16 348.01	5 783.99	8 101.24	178 415.38
118	游乐场2	—	—	2 392.68	2 804.56	632.48	152.94	17.35	—	—	—	6 000.00
119	祝福	—	—	579.73	782.17	434.65	117.95	32.85	4.60	—	—	1 951.94
120	锦绣中华	—	—	25 822.88	22 568.97	2 712.16	662.14	80.04	17.30	—	—	51 863.49
121	缤纷世博	—	—	9 076.56	4 635.98	599.11	-228.66	5.30	0.30	—	—	14 088.58
122	奇妙世博	—	—	7 159.19	3 502.18	228.84	16.47	0.40	0.23	—	—	10 907.30
123	海宝风情	—	—	8 992.79	4 968.83	253.82	19.48	1.59	—	—	—	14 236.51
124	吉祥海宝	—	—	7 422.77	4 101.31	2 250.75	367.10	211.12	8.56	—	—	14 361.61
125	美丽辽宁2	—	—	825.25	4 978.17	4 877.38	650.39	0.25	0.56	—	—	11 332.00
126	和谐辽宁2	—	—	440.50	1 364.04	1 168.02	4.29	0.25	0.40	—	—	2 977.50
127	水浒108将2	—	—	3 134.07	5 836.35	817.55	25.90	1.75	—	—	—	9 815.61
128	放飞梦想2	—	—	1 333.25	2 521.19	145.56	—	—	—	—	—	4 000.00
129	融入城市	—	—	3.00	477.00	—	—	—	—	—	—	480.00
130	圣诞快乐	—	—	6 995.56	11 340.73	14 108.30	3 315.61	322.96	191.93	53.26	—	36 328.33
131	爱情密码	—	—	907.60	21 402.61	1 572.64	72.88	0.07	1.45	—	—	23 957.25
132	奇妙世博2	—	—	244.55	6 746.97	623.67	15.11	11.45	—	—	—	7 641.75

续表

序号	游戏品种	2007	2008	2009	2010	2011	2012	2013	2014	2015	2016	合 计 Total
133	游乐场3	—	—	25.00	8 600.00	5 331.15	2 394.05	966.50	1 990.05	115.20	55.00	19 476.95
134	彩运天天有	—	—	34.54	14 953.88	876.02	81.25	15.51	10.42	0.10	0.06	15 971.77
135	指动金来	—	—	—	53 364.02	66 552.73	61 119.78	9 968.43	235.19	1 163.49	2 399.29	194 802.94
136	欢天喜地	—	—	—	21 075.38	2 808.04	91.31	3.14	1.02	0.10	—	23 979.00
137	阖家欢乐4	—	—	—	13 023.72	1 868.37	55.87	4.45	1.32	—	—	14 953.73
138	中华名人	—	—	—	1 594.70	166.05	95.50	1.25	5.00	—	—	1 862.50
139	中华泰山	—	—	—	801.50	136.40	31.00	71.40	4.30	—	—	1 044.60
140	楚天2元	—	—	—	596.44	635.14	92.10	6.46	2.16	—	—	1 332.30
141	楚天5元	—	—	—	402.90	346.35	33.40	3.75	1.80	—	—	788.20
142	节大欢喜5	—	—	—	87 802.70	61 005.37	25 270.88	11 532.29	8 285.01	3 977.40	2 463.83	200 337.48
143	上海风采虎	—	—	—	1 600.00	—	—	—	—	—	—	1 600.00
144	畅游天下	—	—	—	1 227.50	295.00	297.30	125.20	5.00	—	—	1 950.00
145	苏州园林5元	—	—	—	1 306.85	484.35	132.30	236.35	65.20	11.95	8.65	2 245.65
146	苏州园林10元	—	—	—	1 538.60	526.25	200.15	206.75	93.15	4.45	0.30	2 569.65
147	寻宝乐	—	—	—	22 737.82	246.43	6.90	1.25	2.00	—	—	22 994.40
148	海宝赛车	—	—	—	10 412.86	488.55	3.45	0.04	—	0.05	—	10 904.95
149	海宝魔术师	—	—	—	10 167.35	866.71	253.42	80.95	2.95	—	—	11 371.38
150	海底大寻宝	—	—	—	7 070.72	1 934.67	557.84	204.47	27.57	22.02	—	9 817.29
151	红楼探秘	—	—	—	89 931.05	5 885.01	131.28	24.78	1.42	0.10	—	95 973.63
152	虎门销烟	—	—	—	12 234.43	11 667.47	5 760.50	5 667.64	6 225.09	4 475.61	3 362.69	49 393.43
153	羊城八景	—	—	—	697.96	283.85	559.74	15.85	6.20	—	—	1 563.60
154	桂林山水	—	—	—	709.31	214.11	78.93	27.88	32.53	6.64	—	1 069.40
155	岩洞寻宝	—	—	—	352.56	115.61	547.09	9.31	23.50	1.89	—	1 049.96
156	长春雕塑	—	—	—	206.41	433.12	187.56	83.13	10.74	5.85	0.78	927.60
157	秀美吉林	—	—	—	471.20	164.36	54.25	10.65	2.20	16.85	1.01	720.52
158	足球之源	—	—	—	6 701.37	1 964.28	128.72	29.48	10.90	0.10	0.01	8 834.85
159	欢乐谷	—	—	—	1 000.00	—	—	—	—	—	—	1 000.00
160	星耀世博	—	—	—	11 874.74	99.16	12.04	3.09	0.05	—	—	11 989.07
161	金山银山	—	—	—	14 271.15	126.13	2.67	—	—	—	0.05	14 400.00
162	欢乐彩	—	—	—	13 130.85	2 744.39	695.56	494.47	214.77	28.55	0.18	17 308.77
163	羊城新八景	—	—	—	221.45	26.75	207.65	65.55	—	—	—	521.40
164	吉星高照2	—	—	—	16 287.92	13 168.39	4 490.68	31.13	0.35	—	—	33 978.46
165	开奖啦	—	—	—	5 305.09	511.51	151.90	24.12	0.08	—	—	5 992.70
166	福寿有余	—	—	—	16 490.12	24 873.07	9 716.63	1 324.42	62.22	8.42	0.16	52 475.04
167	乐翻天	—	—	—	14 128.74	777.27	10 623.36	903.85	181.76	111.75	0.05	26 726.79
168	中华名人2	—	—	—	9 189.21	2 512.02	187.10	7.29	5.86	—	—	11 901.47

续表

序号	游戏品种	2007	2008	2009	2010	2011	2012	2013	2014	2015	2016	合计 Total
169	淘金者	—	—	—	25 901.02	9 033.33	2 343.55	1 059.10	220.30	154.58	—	38 711.88
170	畅游天下 2	—	—	—	1 587.20	922.35	194.10	24.55	33.60	1.60	—	2 763.40
171	我爱电影—唐山大地震	—	—	—	8 168.37	736.53	95.00	0.05	—	—	0.05	9 000.00
172	大熊猫 2 元	—	—	—	398.00	2 580.76	21.23	0.01	—	—	—	3 000.00
173	大熊猫 5 元	—	—	—	1 000.00	1 479.09	20.85	—	—	0.06	—	2 500.00
174	大熊猫 10 元	—	—	—	2 606.10	393.90	—	—	—	—	—	3 000.00
175	大熊猫 20 元	—	—	—	11 778.72	4 185.10	34.77	1.30	—	—	—	15 999.90
176	缘定金生	—	—	—	11 768.68	11 779.34	417.40	17.89	5.04	0.02	—	23 988.38
177	王牌高手	—	—	—	16 564.14	16 704.46	1 563.46	82.00	22.57	4.60	0.03	34 941.25
178	好运气	—	—	—	346.20	642.57	2.50	757.50	1 389.20	512.50	35.00	3 685.47
179	世博熊猫	—	—	—	13 358.29	2 225.87	199.39	104.00	8.10	—	—	15 895.65
180	百发百中	—	—	—	44 645.98	145 338.16	181 815.25	176 320.60	156 850.85	132 454.90	126 511.79	963 937.53
181	魅力新疆	—	—	—	2 569.30	2 618.71	0.10	—	—	—	—	5 188.11
182	和谐中华	—	—	—	9 963.63	4 498.68	1 423.29	86.40	11.05	0.05	—	15 983.10
183	高山流水	—	—	—	158.80	506.74	92.50	49.90	9.00	6.20	0.01	823.15
184	荷包满满	—	—	—	8 573.13	1 261.54	22.02	0.70	2.35	—	—	9 859.75
185	紫荆花开	—	—	—	8 032.45	1 581.12	111.33	25.35	3.55	—	—	9 753.81
186	宝岛风情	—	—	—	8 063.72	1 539.51	186.82	23.73	8.55	—	—	9 822.34
187	畅游天下 3	—	—	—	1 535.05	655.15	164.80	15.00	30.00	—	—	2 400.00
188	东方之冠 1	—	—	—	5 100.47	1 265.42	74.45	39.65	5.69	—	—	6 485.67
189	东方之冠 2	—	—	—	2 425.05	2 272.47	623.04	145.85	5.30	0.06	—	5 471.77
190	漫游世博	—	—	—	9 287.51	2 494.28	80.57	28.45	0.75	—	—	11 891.55
191	中华名人 3	—	—	—	5 048.10	29 876.20	25 270.95	8 112.34	3 273.32	288.42	53.54	71 922.88
192	锦绣中华 2	—	—	—	1 939.42	3 059.98	—	0.60	—	—	—	5 000.00
193	红楼探秘 2	—	—	—	22 572.80	80 000.29	39 813.13	42 360.76	39 103.32	32 283.00	18 702.36	274 835.65
194	筑美世博	—	—	—	2 415.91	1 024.14	53.30	0.15	0.05	—	—	3 493.55
195	筑美（套票）	—	—	—	1 043.71	214.78	27.46	3.48	0.69	—	—	1 290.12
196	水浒 108 将 3	—	—	—	5 523.29	8 307.87	157.85	10.46	0.49	—	—	13 999.95
197	灌篮高手	—	—	—	9 849.91	10 617.45	483.45	32.45	1.99	—	—	20 985.25
198	超越梦想	—	—	—	3 964.52	978.55	49.03	2.95	0.55	—	—	4 995.60
199	上海风采兔	—	—	—	526.00	916.00	—	—	—	—	—	1 442.00
200	京彩京韵 2 元	—	—	—	296.26	1 103.74	—	—	—	—	—	1 400.00
201	京彩京韵 5 元	—	—	—	799.75	3 600.00	600.35	—	—	—	—	5 000.10
202	关爱家庭，祝您好“孕”	—	—	—	180.00	300.00	—	—	—	—	—	480.00

续表

序号	游戏品种	2007	2008	2009	2010	2011	2012	2013	2014	2015	2016	合计 Total
203	惊喜夺金	—	—	—	851.41	12 881.95	13 014.20	6 000.71	1 203.41	1 049.47	146.30	35 147.46
204	领奖台	—	—	—	2 239.20	28 517.89	2 497.90	458.36	47.93	79.71	—	33 841.00
205	大满贯	—	—	—	—	11 927.53	69.62	2.50	—	—	0.30	11 999.95
206	欢乐嘉年华	—	—	—	—	88 231.88	81 334.84	20 027.40	265.30	45.23	0.66	189 905.31
207	上海风采-过年啦	—	—	—	—	460.60	139.40	—	—	—	—	600.00
208	上海风采-闹新春	—	—	—	—	600.00	—	—	—	—	—	600.00
209	上海风采-童子乐	—	—	—	—	350.00	150.00	—	—	—	—	500.00
210	恭贺新春	—	—	—	—	22 889.47	91.17	8.49	0.76	—	—	22 989.89
211	玉兔迎春	—	—	—	—	96 330.32	1 109.92	34.53	2.26	—	—	97 477.03
212	爱情密码2	—	—	—	—	17 450.02	141.39	8.24	0.35	—	—	17 600.00
213	淘金者2	—	—	—	—	15 344.50	6 795.40	4 607.90	2 758.10	339.00	19.30	29 864.20
214	吉祥如意	—	—	—	—	9 496.64	466.05	13.53	7.72	—	—	9 983.94
215	发奖金5元	—	—	—	—	47 405.97	37 470.49	32 708.00	29 040.17	19 687.24	15 687.39	181 999.26
216	年年有余	—	—	—	—	46 400.93	2 570.85	971.57	26.70	8.95	0.90	49 979.90
217	欢乐园	—	—	—	—	33 443.08	540.68	5.51	7.45	—	—	33 996.72
218	中华故事-2元-老子	—	—	—	—	1 385.18	14.82	—	—	—	—	1 400.00
219	中华故事5元上善若水	—	—	—	—	1 494.15	1 813.60	154.55	16.40	—	—	3 478.70
220	中华故事5元2-老子说	—	—	—	—	474.65	13.30	1.70	1.75	—	—	491.40
221	中华故事10元-老子经典	—	—	—	—	1 992.50	1 684.45	296.40	6.40	1.50	—	3 981.25
222	环游世界	—	—	—	—	45 384.83	6 727.50	1 526.07	156.10	29.74	13.85	53 838.09
223	连连看	—	—	—	—	13 733.22	242.33	12.39	2.68	—	—	13 990.62
224	神笔马良	—	—	—	—	18 576.93	1 332.68	66.11	4.61	—	—	19 980.33
225	上海风采-外滩	—	—	—	—	1 950.00	1 927.50	805.00	102.50	—	—	4 785.00
226	富贵有余6	—	—	—	—	791.81	721.97	219.14	30.24	8.36	1.00	1 772.52
227	富贵有余7	—	—	—	—	987.50	11.25	—	—	—	—	998.75
228	富贵有余8	—	—	—	—	1 981.15	1 188.25	255.70	50.46	—	—	3 475.56

续表

序号	游戏品种	2007	2008	2009	2010	2011	2012	2013	2014	2015	2016	合 计 Total
229	畅游天下4-文明深圳	—	—	—	—	997.50	2.50	—	—	—	—	1 000.00
230	和谐中华2	—	—	—	—	7 986.05	13.95	—	—	—	—	8 000.00
231	好运十倍	—	—	—	—	23 076.90	205 463.28	257 183.78	287 395.74	255 372.83	236 192.66	1 264 685.19
232	普天同庆	—	—	—	—	1 808.60	179.95	11.35	—	—	0.10	2 000.00
233	金色土地	—	—	—	—	40 333.59	9 936.94	418.63	98.51	66.16	6.90	50 860.72
234	美好生活-永结同心	—	—	—	—	35 561.21	15 551.97	5 349.90	2 527.64	2 007.91	474.05	61 472.69
235	财富之旅	—	—	—	—	39 077.72	14 943.58	4 717.89	919.91	91.62	81.15	59 831.86
236	中状元	—	—	—	—	51 578.64	20 764.30	1 944.18	703.07	312.66	125.42	75 428.27
237	中华故事5元天津风采	—	—	—	—	1 000.00	—	—	—	—	—	1 000.00
238	中华瑰宝10元-天津风采	—	—	—	—	600.00	—	—	—	—	—	600.00
239	数字达人2元	—	—	—	—	12 837.21	2 974.29	141.17	8.83	8.05	11.02	15 980.57
240	奇兵夺宝	—	—	—	—	499.90	20 434.02	-229.01	-5.26	—	—	20 699.66
241	中秋送福	—	—	—	—	22 460.42	7 488.77	2 097.73	707.82	523.16	228.07	33 505.97
242	九九重阳	—	—	—	—	21 965.11	4 158.24	174.90	53.35	0.70	0.20	26 352.50
243	灌篮高手20元	—	—	—	—	13 593.16	23 036.72	6 346.74	1 661.86	328.38	12.10	44 978.96
244	中华故事10元	—	—	—	—	1 637.25	1 342.40	20.35	—	—	—	3 000.00
245	富贵有余20元	—	—	—	—	1 570.70	2 339.50	87.30	—	—	2.50	4 000.00
246	国泰民安	—	—	—	—	25 651.00	67 148.22	32 909.99	33 941.34	31 792.78	19 331.69	210 775.02
247	马到功成	—	—	—	—	12 015.41	8 818.87	1 785.34	687.66	232.75	52.40	23 592.43
248	对对碰5元	—	—	—	—	8 942.64	17 798.41	3 213.75	29.40	5.15	1.40	29 990.75
249	我爱电影-龙门飞甲10元	—	—	—	—	1 270.65	717.30	4.80	7.25	—	—	2 000.00
250	上海风采5元-龙	—	—	—	—	704.00	496.00	—	—	—	—	1 200.00
251	生态鄱阳2元	—	—	—	—	116.92	1 039.18	139.66	25.38	39.88	15.16	1 376.17
252	大吉大利	—	—	—	—	273.65	79 689.68	37 457.84	25 110.01	16 019.29	4 494.37	163 044.83
253	企鹅探宝	—	—	—	—	2 342.75	62 748.93	21 575.70	12 362.00	2 238.68	215.50	101 483.57
254	金龙贺岁	—	—	—	—	3 222.70	63 231.19	3 148.63	213.55	55.97	15.15	69 887.19

续表

序号	游戏品种	2007	2008	2009	2010	2011	2012	2013	2014	2015	2016	合计 Total
255	三国争雄	—	—	—	—	—	4 496.10	-147.84	-100.55	—	—	4 247.72
256	金钥匙	—	—	—	—	—	55 863.47	10 118.95	1 904.91	256.04	28.70	68 172.06
257	2012 龙	—	—	—	—	—	23 515.35	992.20	248.50	32.40	41.20	24 829.65
258	江门风光	—	—	—	—	—	6 477.80	5 100.71	4 638.17	3 077.68	1 465.23	20 759.59
259	2012 龙	—	—	—	—	—	3 095.61	1 091.60	274.66	48.89	40.40	4 551.16
260	2012 龙四联张	—	—	—	—	—	10 595.70	2 138.14	576.06	300.40	108.90	13 719.20
261	2012 龙小本票	—	—	—	—	—	7 154.98	1 315.17	736.53	134.34	83.50	9 424.52
262	魅力丹霞	—	—	—	—	—	1 785.75	189.24	12.07	2.60	0.40	1 990.05
263	张家界风光 5 元	—	—	—	—	—	1 192.01	5.69	1.20	1.00	—	1 199.90
264	张家界风光 10 元	—	—	—	—	—	1 461.05	79.68	16.51	40.32	—	1 597.57
265	心连心	—	—	—	—	—	28 588.53	10 735.24	592.19	47.77	6.04	39 969.78
266	招财猫	—	—	—	—	—	35 417.75	9 270.05	3 859.12	1 471.91	719.24	50 738.07
267	美好生活	—	—	—	—	—	37 157.34	11 076.36	3 330.86	613.39	188.83	52 366.78
268	大赢家	—	—	—	—	—	13 080.05	11 793.14	3 143.06	1 088.31	436.82	29 541.37
269	夺宝嘉年华	—	—	—	—	—	26 433.15	7 927.37	2 299.16	963.23	554.12	38 177.03
270	倍给力	—	—	—	—	—	35 159.72	16 842.99	1 596.50	197.78	33.05	53 830.05
271	存钱罐	—	—	—	—	—	9 297.40	22 255.33	4 390.50	419.60	12.24	36 375.07
272	欢乐嘉年华 20 元	—	—	—	—	—	14 242.51	11 970.45	4 019.72	1 725.57	525.77	32 484.02
273	荷塘月色	—	—	—	—	—	4 571.45	34 740.10	3 653.17	749.65	154.25	43 868.63
274	蚂蚁搬家	—	—	—	—	—	3 418.06	10 682.90	5 626.57	966.32	99.48	20 793.32
275	七彩盛世	—	—	—	—	—	950.95	869.80	668.70	581.62	25.55	3 096.62
276	黄河魂	—	—	—	—	—	6 575.45	2 818.79	546.55	106.20	40.35	10 087.33
277	敦煌韵	—	—	—	—	—	5 897.35	2 803.95	531.10	376.30	312.12	9 920.82
278	花好月圆	—	—	—	—	—	29 946.33	8 425.28	754.00	172.14	50.10	39 347.85
279	巍巍井冈	—	—	—	—	—	3 342.92	8 738.32	8 884.30	717.50	2.80	21 685.84
280	跷跷板	—	—	—	—	—	10 937.78	11 768.71	1 079.37	126.32	11.66	23 923.85
281	幸运扑克	—	—	—	—	—	14 336.80	9 894.63	1 254.31	248.77	114.55	25 849.07
282	喜从天降	—	—	—	—	—	7 947.89	24 980.58	16 610.13	9 958.80	6 156.66	65 654.06
283	龙腾盛世	—	—	—	—	—	5 281.84	32 910.79	20 340.95	18 972.83	9 774.31	87 280.72
284	打地鼠	—	—	—	—	—	—	26 693.15	4 170.01	3 084.21	1 308.74	35 256.10
285	招财纳福	—	—	—	—	—	8 821.10	35 989.57	17 121.81	7 316.08	1 520.14	70 768.71
286	网鱼高手	—	—	—	—	—	7 657.90	54 763.85	29 609.58	6 466.59	688.78	99 186.71

续表

序号	游戏品种	2007	2008	2009	2010	2011	2012	2013	2014	2015	2016	合计 Total
287	圣诞快乐 2	—	—	—	—	—	7 156.14	6 325.72	1 229.11	301.88	273.45	15 286.30
288	生肖 - 蛇	—	—	—	—	—	884.00	316.00	—	—	—	1 200.00
289	群岛之彩	—	—	—	—	—	—	1 471.75	187.10	6.35	—	1 665.20
290	伏羲定姓氏	—	—	—	—	—	1 064.70	615.75	37.75	43.00	11.15	1 772.35
291	中国节	—	—	—	—	—	—	29 416.83	5 347.32	2 121.39	842.49	37 728.02
292	闹新春	—	—	—	—	—	—	21 375.72	1 777.17	472.68	309.95	23 935.52
293	跳房子	—	—	—	—	—	—	7 991.59	5 787.86	986.18	351.53	15 117.16
294	博爱中山	—	—	—	—	—	—	3 587.93	442.22	78.45	30.86	4 139.46
295	中华名人 - 孟子	—	—	—	—	—	—	14 171.40	4 752.45	2 350.60	1 193.78	22 468.23
296	昆曲	—	—	—	—	—	—	9 499.56	4 476.21	1 117.57	1 181.60	16 274.94
297	民俗文化	—	—	—	—	—	—	2 143.90	1 174.75	681.30	—	3 999.95
298	快乐生肖 10 元 - 祥蛇献瑞	—	—	—	—	—	—	34 755.03	4 122.35	500.42	103.56	39 481.36
299	金鹊报喜	—	—	—	—	—	—	15 009.34	2 833.16	132.01	9.52	17 984.02
300	幸运殿堂	—	—	—	—	—	—	24 928.96	12 340.70	1 264.49	172.69	38 706.83
301	黄山风光	—	—	—	—	—	—	5 482.43	713.36	154.24	38.62	6 388.64
302	巅峰对决	—	—	—	—	—	—	22 105.65	5 259.17	1 528.82	532.08	29 425.72
303	7 乐无穷	—	—	—	—	—	—	54 555.28	59 307.27	43 153.47	36 958.15	193 974.16
304	好彩头	—	—	—	—	—	—	7 371.42	1 951.28	184.29	31.18	9 538.18
305	小鸡快跑	—	—	—	—	—	—	20 569.78	3 600.84	496.66	31.98	24 699.25
306	花神	—	—	—	—	—	—	23 257.16	13 119.78	1 939.41	245.39	38 561.74
307	幸运双色球	—	—	—	—	—	—	24 165.33	10 600.73	4 176.50	1 493.90	40 436.46
308	幸福来电	—	—	—	—	—	—	26 703.47	18 408.61	3 571.56	493.46	49 177.09
309	爱我家园	—	—	—	—	—	—	8 919.65	7 412.10	1 847.67	594.93	18 774.35
310	探险家	—	—	—	—	—	—	15 364.92	6 235.03	995.92	395.95	22 991.82
311	柿柿如意	—	—	—	—	—	—	4 962.54	4 727.52	167.82	27.56	9 885.45
312	甜蜜连连	—	—	—	—	—	—	3 438.07	6 084.66	338.14	56.90	9 917.77
313	福运连连	—	—	—	—	—	—	7 283.13	14 427.90	2 139.87	405.40	24 256.29
314	金蜂巢	—	—	—	—	—	—	12 051.76	12 351.92	489.61	43.15	24 936.45
315	7 喜	—	—	—	—	—	—	4 430.08	3 466.73	97.09	5.45	7 999.35
316	欢乐马戏团	—	—	—	—	—	—	10 704.15	34 447.37	3 701.53	507.37	49 360.42
317	好日子	—	—	—	—	—	—	7 338.40	6 971.05	640.70	19.50	14 969.65
318	冰激凌	—	—	—	—	—	—	3 900.58	12 278.10	2 929.87	1 386.46	20 495.00
319	福气 8	—	—	—	—	—	—	8 453.62	22 655.84	3 988.95	377.00	35 475.40
320	百万财富	—	—	—	—	—	—	6 902.80	4 931.85	3 061.55	57.35	14 953.55

续表

序号	游戏品种	2007	2008	2009	2010	2011	2012	2013	2014	2015	2016	合计 Total
321	放飞梦想5元	—	—	—	—	—	—	2 087.40	908.50	639.63	694.19	4 329.72
322	财神到	—	—	—	—	—	—	1 376.74	1 619.80	3.42	—	2 999.96
323	欢乐购	—	—	—	—	—	—	1 321.15	453.95	22.50	2.30	1 799.90
324	印象中国	—	—	—	—	—	—	744.45	491.10	97.05	23.85	1 356.45
325	时空瑰宝	—	—	—	—	—	—	983.80	805.35	419.60	72.75	2 281.50
326	沪塔	—	—	—	—	—	—	4.00	—	-4.00	184.00	184.00
327	幸福汕头-宜居之城	—	—	—	—	—	—	615.16	885.47	228.68	81.51	1 810.83
328	幸福汕头-百载商埠	—	—	—	—	—	—	785.12	533.25	70.34	19.98	1 408.69
329	幸福汕头-潮人之都	—	—	—	—	—	—	511.92	474.56	66.79	14.82	1 068.08
330	幸福汕头-潮菜之乡	—	—	—	—	—	—	356.03	1 340.90	226.48	39.01	1 962.43
331	春夏秋冬	—	—	—	—	—	—	2 049.00	15 797.02	3 808.91	1 235.41	22 890.34
332	蝌蚪找妈妈	—	—	—	—	—	—	1 972.35	8 533.39	1 383.42	157.83	12 047.00
333	水果连连看	—	—	—	—	—	—	872.25	530.85	99.35	55.05	1 557.50
334	幸运抽奖	—	—	—	—	—	—	2 020.15	23 439.26	7 119.21	1 237.28	33 815.89
335	淘宝乐	—	—	—	—	—	—	681.95	888.40	649.10	437.50	2 656.95
336	生日快乐	—	—	—	—	—	—	1 676.10	2 267.45	54.75	1.20	3 999.50
337	大满贯10元	—	—	—	—	—	—	1 658.50	2 059.87	521.20	267.10	4 506.67
338	步步高	—	—	—	—	—	—	3 790.16	11 386.53	3 903.61	445.15	19 525.45
339	日出东方韶山	—	—	—	—	—	—	357.40	3 060.86	343.75	265.10	4 027.11
340	5倍惊喜	—	—	—	—	—	—	—	66 159.73	64 413.51	57 158.68	187 731.92
341	俏佳人	—	—	—	—	—	—	—	17 518.47	4 057.97	1 336.45	22 912.89
342	马到成功10元	—	—	—	—	—	—	—	20 404.78	2 262.49	615.12	23 282.38
343	成语故事	—	—	—	—	—	—	—	385.80	626.20	187.90	1 199.90
344	赣南苏区-荣光	—	—	—	—	—	—	—	3 539.79	1 656.27	443.75	5 639.81
345	挖金豆	—	—	—	—	—	—	—	2 750.10	249.05	0.60	2 999.75
346	圣地延安	—	—	—	—	—	—	—	3 656.01	1 326.59	791.25	5 773.85
347	七星瓢虫	—	—	—	—	—	—	—	12 567.12	3 020.99	323.61	15 911.72
348	太极	—	—	—	—	—	—	—	4 291.40	2 885.32	1 557.19	8 733.90

续表

序号	游戏品种	2007	2008	2009	2010	2011	2012	2013	2014	2015	2016	合计 Total
349	宝石奇缘	—	—	—	—	—	—	—	33 515.29	6 092.37	249.96	39 857.62
350	神秘好礼	—	—	—	—	—	—	—	18 537.39	10 452.56	4 810.70	33 800.65
351	吉祥草原	—	—	—	—	—	—	—	923.80	167.25	114.75	1 205.80
352	牛 7 冲天	—	—	—	—	—	—	—	10 882.65	5 431.60	2 599.51	18 913.76
353	熊出没	—	—	—	—	—	—	—	16 250.54	3 048.68	333.62	19 632.83
354	空战赢家	—	—	—	—	—	—	—	14 493.90	6 524.06	2 357.74	23 375.70
355	赛马	—	—	—	—	—	—	—	14 630.79	6 104.37	1 982.54	22 717.69
356	好运加倍	—	—	—	—	—	—	—	13 093.05	5 680.25	694.86	19 468.15
357	相约咖啡	—	—	—	—	—	—	—	12 071.42	8 123.90	2 418.71	22 614.03
358	加油加油	—	—	—	—	—	—	—	15 130.75	13 062.22	4 652.57	32 845.54
359	10 来运转	—	—	—	—	—	—	—	26 075.58	20 525.66	6 127.91	52 729.14
360	足球盛宴5元	—	—	—	—	—	—	—	20 349.20	8 344.69	3 035.67	31 729.56
361	黄金盛典	—	—	—	—	—	—	—	80 088.91	26 565.27	6 398.75	113 052.93
362	“粽”奖	—	—	—	—	—	—	—	11 474.31	2 333.49	716.31	14 524.11
363	足球盛宴10元	—	—	—	—	—	—	—	15 660.76	5 295.35	1 567.14	22 523.25
364	魅力安徽－九华仙境	—	—	—	—	—	—	—	252.00	102.07	135.06	489.13
365	天降好礼	—	—	—	—	—	—	—	4 528.12	3 885.41	680.81	9 094.34
366	砸金蛋	—	—	—	—	—	—	—	11 375.15	8 160.10	376.57	19 911.82
367	多彩假日	—	—	—	—	—	—	—	9 201.54	5 833.72	1 196.19	16 231.46
368	幸运星	—	—	—	—	—	—	—	5 215.57	4 004.88	536.80	9 757.25
369	好运百万	—	—	—	—	—	—	—	11 237.03	26 429.18	27 257.67	64 923.88
370	莲乡意蕴	—	—	—	—	—	—	—	3 021.95	19 761.65	70 919.25	93 702.85
371	美丽嘉兴	—	—	—	—	—	—	—	—	1 774.30	163.30	1 937.60
372	天长地久	—	—	—	—	—	—	—	2 962.75	9 334.18	1 126.35	13 423.28
373	钻石联盟	—	—	—	—	—	—	—	3 320.37	7 707.33	1 956.46	12 984.16
374	冰 VS 火	—	—	—	—	—	—	—	4 062.76	14 676.74	951.35	19 690.85
375	我爱电影－一步之遥	—	—	—	—	—	—	—	2 765.31	7 109.45	1 672.61	11 547.38
376	雪人	—	—	—	—	—	—	—	893.35	8 950.60	751.90	10 595.85
377	陕西名胜（一）	—	—	—	—	—	—	—	—	1 816.00	649.10	2 465.10
378	羊票 5 元	—	—	—	—	—	—	—	—	21 277.98	575.75	21 853.72

续表

序号	游戏品种	2007	2008	2009	2010	2011	2012	2013	2014	2015	2016	合计 Total
379	羊票10元	—	—	—	—	—	—	—	—	25 122.32	1 571.59	26 693.92
380	羊票20元	—	—	—	—	—	—	—	—	6 988.20	806.35	7 794.55
381	连环夺宝	—	—	—	—	—	—	—	—	26 347.10	4 602.79	30 949.89
382	博饼嘉年华	—	—	—	—	—	—	—	—	1 512.20	729.00	2 241.20
383	天下名楼岳阳楼	—	—	—	—	—	—	—	—	1 982.20	294.90	2 277.10
384	醉美婺源	—	—	—	—	—	—	—	—	1 732.50	0.75	1 733.25
385	喜气羊羊	—	—	—	—	—	—	—	—	20 940.53	3 361.45	24 301.98
386	蘑菇大战	—	—	—	—	—	—	—	—	28 331.26	6 643.51	34 974.77
387	财高8斗	—	—	—	—	—	—	—	—	19 568.09	6 076.11	25 644.20
388	金冠	—	—	—	—	—	—	—	—	13 990.46	4 153.21	18 143.68
389	喜上加喜	—	—	—	—	—	—	—	—	23 845.72	23 139.93	46 985.65
390	彩运亨通	—	—	—	—	—	—	—	—	91 009.82	28 370.27	119 380.10
391	龟兔赛跑	—	—	—	—	—	—	—	—	15 766.05	6 319.14	22 085.19
392	动物乐园	—	—	—	—	—	—	—	—	8 827.76	7 202.25	16 030.02
393	扑克王	—	—	—	—	—	—	—	—	6 066.79	2 295.45	8 362.23
394	幸运投篮机	—	—	—	—	—	—	—	—	7 217.87	6 362.64	13 580.51
395	幸运草	—	—	—	—	—	—	—	—	15 727.93	8 220.45	23 948.38
396	幸福温州	—	—	—	—	—	—	—	—	8 595.00	3 434.00	12 029.00
397	流星雨	—	—	—	—	—	—	—	—	12 335.27	9 784.73	22 119.99
398	和平是福	—	—	—	—	—	—	—	—	14 825.65	3 157.90	17 983.55
399	幸福宝藏	—	—	—	—	—	—	—	—	8 863.88	13 401.25	22 265.13
400	满堂彩	—	—	—	—	—	—	—	—	49 018.62	28 763.46	77 782.08
401	招财进宝	—	—	—	—	—	—	—	—	8 129.09	22 670.65	30 799.74
402	一刮千金	—	—	—	—	—	—	—	—	3 273.00	5 972.53	9 245.53
403	太极拳	—	—	—	—	—	—	—	—	2 218.20	493.70	2 711.90
404	大闹天宫	—	—	—	—	—	—	—	—	8 136.73	17 203.10	25 339.83
405	购彩乐	—	—	—	—	—	—	—	—	4 990.05	12 891.07	17 881.12
406	中华武圣	—	—	—	—	—	—	—	—	167.60	1 213.58	1 381.18
407	向阳花	—	—	—	—	—	—	—	—	302.78	8 585.16	8 887.94
408	点赞	—	—	—	—	—	—	—	—	2 892.05	15 065.75	17 957.81
409	水果联盟	—	—	—	—	—	—	—	—	1 585.95	8 512.92	10 098.87
410	魔幻21	—	—	—	—	—	—	—	—	—	14 204.46	14 204.46
411	最佳阵容	—	—	—	—	—	—	—	—	—	10 756.16	10 756.16
412	丝路寻梦	—	—	—	—	—	—	—	—	—	11 473.42	11 473.42
413	丙申猴5元	—	—	—	—	—	—	—	—	—	22 532.46	22 532.46
414	丙申猴10元	—	—	—	—	—	—	—	—	—	33 515.17	33 515.17

续表

序号	游戏品种	2007	2008	2009	2010	2011	2012	2013	2014	2015	2016	合计 Total
415	丙申猴20元	—	—	—	—	—	—	—	—	—	29 562.48	29 562.48
416	中国结	—	—	—	—	—	—	—	—	—	14 884.33	14 884.33
417	开门红	—	—	—	—	—	—	—	—	—	25 676.36	25 676.36
418	欢乐钓鱼	—	—	—	—	—	—	—	—	—	15 987.62	15 987.62
419	吉庆有余	—	—	—	—	—	—	—	—	—	13 013.45	13 013.45
420	天下凤凰	—	—	—	—	—	—	—	—	—	4 031.75	4 031.75
421	红宝石蓝宝石	—	—	—	—	—	—	—	—	—	54 572.66	54 572.66
422	旺旺彩	—	—	—	—	—	—	—	—	—	10 927.44	10 927.44
423	桃花源寻宝	—	—	—	—	—	—	—	—	—	9 000.32	9 000.32
424	黑桃KING	—	—	—	—	—	—	—	—	—	4 830.79	4 830.79
425	孔雀美	—	—	—	—	—	—	—	—	—	8 509.61	8 509.61
426	好运9	—	—	—	—	—	—	—	—	—	18 446.88	18 446.88
427	快乐高尔夫	—	—	—	—	—	—	—	—	—	4 850.81	4 850.81
428	魅力香吻	—	—	—	—	—	—	—	—	—	7 303.74	7 303.74
429	一刮千金10元	—	—	—	—	—	—	—	—	—	60 289.94	60 289.94
430	金钥匙5元	—	—	—	—	—	—	—	—	—	3 665.17	3 665.17
431	天下为公	—	—	—	—	—	—	—	—	—	291.37	291.37
432	美丽衢州	—	—	—	—	—	—	—	—	—	—	—
433	幸运双星	—	—	—	—	—	—	—	—	—	1 122.07	1 122.07
434	森林探宝	—	—	—	—	—	—	—	—	—	—	—
435	码上有奖	—	—	—	—	—	—	—	—	—	—	—
436	以茶会友	—	—	—	—	—	—	—	—	—	1 318.78	1 318.78
437	青花瓷	—	—	—	—	—	—	—	—	—	286.95	286.95
438	闪耀钻石5元	—	—	—	—	—	—	—	—	—	—	—
439	闪耀钻石10元	—	—	—	—	—	—	—	—	—	—	—
440	闪耀钻石20元	—	—	—	—	—	—	—	—	—	—	—
441	丁酉鸡-金鸡银鸡5元	—	—	—	—	—	—	—	—	—	692.65	692.65
442	丁酉鸡10元	—	—	—	—	—	—	—	—	—	1 422.80	1 422.80
443	丁酉鸡20元	—	—	—	—	—	—	—	—	—	573.85	573.85
合计 Total		350 858.00	770 041.06	927 657.43	1 445 717.53	2 004 425.62	2 020 302.00	1 855 448.62	1 858 958.92	1 628 034.12	1 491 247.57	14 352 690.86

（中国福利彩票发行管理中心供稿）

2007—2016 年中国体育彩票全国联网游戏销售统计

Sales Statistics of National Games of Sports Lottery from 2007 to 2016

篮球单场

单位：万元

Unit：Ten Thousand Yuan

地区 Region	游戏类型 Game Type	2007	2008	2009	2010	2011	2012	2013	2014	2015	2016	合计 Total
北京	竞猜	146.68	—	—	—	—	—	—	—	—	—	146.68
天津		41.49	—	—	—	—	—	—	—	—	—	41.49
河北		162.81	—	—	—	—	—	—	—	—	—	162.81
山西		46.65	—	—	—	—	—	—	—	—	—	46.65
辽宁		122.33	—	—	—	—	—	—	—	—	—	122.33
吉林		110.73	—	—	—	—	—	—	—	—	—	110.73
黑龙江		60.81	—	—	—	—	—	—	—	—	—	60.81
上海		12.72	—	—	—	—	—	—	—	—	—	12.72
江苏		93.48	—	—	—	—	—	—	—	—	—	93.48
安徽		48.01	—	—	—	—	—	—	—	—	—	48.01
福建		28.04	—	—	—	—	—	—	—	—	—	28.04
江西		15.08	—	—	—	—	—	—	—	—	—	15.08
山东		133.07	—	—	—	—	—	—	—	—	—	133.07
河南		73.67	—	—	—	—	—	—	—	—	—	73.67
湖北		134.08	—	—	—	—	—	—	—	—	—	134.08
湖南		29.94	—	—	—	—	—	—	—	—	—	29.94
广东		—	—	—	—	—	—	—	—	—	—	—
广西		15.13	—	—	—	—	—	—	—	—	—	15.13
海南		2.12	—	—	—	—	—	—	—	—	—	2.12
重庆		17.89	—	—	—	—	—	—	—	—	—	17.89
四川		75.61	—	—	—	—	—	—	—	—	—	75.61
贵州		43.23	—	—	—	—	—	—	—	—	—	43.23
云南		49.58	—	—	—	—	—	—	—	—	—	49.58
西藏		4.04	—	—	—	—	—	—	—	—	—	4.04
陕西		41.98	—	—	—	—	—	—	—	—	—	41.98
甘肃		28.05	—	—	—	—	—	—	—	—	—	28.05
青海		7.50	—	—	—	—	—	—	—	—	—	7.50
新疆		135.20	—	—	—	—	—	—	—	—	—	135.20
合计 Total		**1 679.93**	—	—	—	—	—	—	—	—	—	**1 679.93**

胜平负任选 9 场

单位：万元

Unit：Ten Thousand Yuan

地　区 Region	游戏类型 Game Type	2007	2008	2009	2010	2011	2012	2013	2014	2015	2016	合　计 Total
北　京	竞猜	10 572.32	10 230.83	14 423.39	15 118.80	16 555.33	17 511.38	27 390.66	25 602.76	17 509.34	15 395.35	170 310.15
天　津		2 948.14	2 927.16	4 781.40	11 565.18	16 228.52	17 462.76	16 156.36	14 360.38	8 734.05	5 745.69	100 909.64
河　北		2 905.41	3 153.90	4 330.94	4 771.54	4 674.19	4 766.65	4 466.20	8 094.69	8 003.81	20 411.05	65 578.38
山　西		1 806.36	1 932.18	2 683.27	2 521.35	2 389.25	3 206.72	2 441.41	2 414.58	2 829.74	2 737.37	24 962.24
内蒙古		725.27	1 455.41	2 144.17	2 222.50	2 033.68	2 275.94	2 347.75	3 011.16	3 833.05	2 937.62	22 986.55
辽　宁		9 135.89	9 568.45	12 866.22	12 596.89	11 447.85	11 635.61	11 465.65	11 878.91	12 604.16	12 453.34	115 652.96
吉　林		2 964.88	2 806.07	3 619.05	3 618.22	3 263.66	3 481.19	3 089.91	3 189.53	3 358.43	3 212.59	32 603.53
黑龙江		2 382.83	2 377.83	3 272.69	3 142.17	2 722.30	3 180.06	3 421.09	3 769.23	3 508.30	3 420.57	31 197.08
上　海		9 160.14	9 225.74	12 493.21	12 804.33	12 067.58	14 496.04	19 135.38	39 135.91	16 721.78	14 341.37	159 581.48
江　苏		7 415.66	8 084.04	11 166.40	12 345.33	11 246.57	11 479.84	14 320.24	22 304.1354	14 239.2672	14 616.3578	127 217.84
浙　江		7 765.39	8 890.41	12 609.77	13 536.14	12 861.38	13 895.31	13 303.85	14 875.587	19 643.5358	20 293.1566	137 674.53
安　徽		5 091.77	3 437.91	5 596.98	6 813.71	11 757.70	8 698.96	12 067.93	9 255.18	6 287.68	5 570.36	74 578.18
福　建		3 869.57	4 267.31	6 560.24	6 148.80	5 554.93	6 442.17	6 224.20	6 266.35	8 291.78	8 671.25	62 296.60
江　西		7 999.25	10 282.50	18 823.51	23 064.60	23 665.09	22 802.95	30 976.66	37 418.59	13 748.59	7 822.75	196 604.48
山　东		6 494.93	7 483.62	8 878.50	8 880.89	9 487.21	9 890.81	10 995.72	8 791.64	11 783.72	12 669.08	95 356.11
河　南		2 876.41	3 045.59	4 328.54	4 848.49	3 845.13	4 157.62	4 203.63	4 292.99	4 952.34	5 014.56	41 565.31
湖　北		8 003.32	8 339.79	11 591.43	10 883.07	10 407.10	11 382.36	10 913.54	12 457.38	14 840.61	15 406.32	114 224.91
湖　南		4 041.91	4 897.90	11 638.65	13 980.61	9 982.26	14 266.40	19 135.54	28 928.24	14 447.00	12 157.31	133 475.82
广　东		28 328.82	27 791.23	37 679.21	38 788.98	38 657.11	41 512.36	41 523.25	43 226.42	49 614.25	53 170.77	400 292.40
广　西		3 874.05	4 324.82	6 139.33	7 009.26	6 949.88	7 987.01	8 546.76	9 426.42	10 602.20	10 730.65	75 590.37
海　南		578.68	540.65	731.42	802.98	808.58	917.11	911.33	843.96	1 091.07	1 260.18	8 485.96
重　庆		3 771.08	3 768.91	6 155.20	5 882.03	4 994.37	8 691.50	10 126.34	11 814.24	6 756.59	6 233.84	68 194.09
四　川		6 151.21	6 844.68	9 485.34	10 283.70	9 773.75	11 080.76	11 633.56	11 053.15	12 705.91	12 706.03	101 718.08
贵　州		1 958.77	2 233.24	3 259.81	3 437.88	3 203.19	3 248.55	3 132.00	3 256.23	4 002.79	3 902.06	31 634.52
云　南		3 027.39	3 284.74	4 802.14	5 179.88	4 488.97	4 904.37	4 522.01	4 776.71	5 185.82	5 661.97	45 834.01
西　藏		89.45	97.92	174.03	—	139.00	160.93	177.00	149.58	214.62	150.55	1 353.06
陕　西		2 393.32	2 609.43	3 705.23	3 761.81	3 604.39	4 017.32	3 969.32	5 529.16	6 975.96	8 041.16	44 607.10
甘　肃		1 300.91	1 161.40	1 424.26	1 420.60	1 365.63	1 721.89	1 387.86	1 516.23	1 757.02	1 773.41	14 829.23
青　海		243.29	267.26	347.14	344.78	276.78	308.57	295.21	507.44	617.27	808.95	4 016.69
宁　夏		140.19	526.08	656.88	660.88	568.45	574.97	578.54	1 019.91	760.50	732.17	6 218.58
新　疆		2 213.55	2 210.58	2 814.08	2 943.68	4 020.13	3 404.09	4 211.72	8 499.47	5 336.90	4 510.73	40 164.93
合计 Total		**150 230.16**	**158 067.58**	**229 182.43**	**249 379.07**	**249 039.95**	**269 562.21**	**303 070.62**	**357 666.15**	**290 958.09**	**292 558.55**	**2 549 714.81**

足球 4 场进球

单位：万元

Unit: Ten Thousand Yuan

地　区 Region	游戏类型 Game Type	2007	2008	2009	2010	2011	2012	2013	2014	2005	2016	合　计 Total
北　京	竞猜	3 749.87	2 410.04	1 420.16	1 670.98	1 379.78	1 314.74	959.88	1 459.45	848.78	749.06	15 962.74
天　津		730.69	669.94	475.24	601.69	1 158.64	1 376.56	962.49	1 079.52	333.66	215.87	7 604.29
河　北		634.66	582.10	481.84	491.92	373.09	306.78	277.25	590.98	504.77	607.16	4 850.53
山　西		292.15	318.61	261.02	278.01	161.23	239.80	129.23	158.16	199.93	102.75	2 140.89
内蒙古		132.90	319.73	265.42	337.77	239.14	170.33	115.54	207.92	152.56	130.58	2 071.90
辽　宁		2 034.71	1 958.98	1 674.48	1 170.27	686.85	717.88	386.14	458.94	381.67	321.58	9 791.51
吉　林		747.12	415.92	313.55	357.78	184.06	154.57	134.09	205.95	151.99	97.62	2 762.66
黑龙江		834.26	593.55	427.24	444.21	292.21	262.93	295.72	443.53	232.26	195.00	4 020.92
上　海		2 801.48	2 352.87	1 598.21	1 495.42	937.10	927.42	914.81	2 862.87	781.76	540.34	15 212.27
江　苏		2 141.14	1 732.05	1 001.38	1 123.41	590.29	574.54	726.44	1 614.39	579.95	551.53	10 635.12
浙　江		2 590.60	2 212.40	2 505.71	2 512.68	1 264.22	986.13	659.44	1 049.75	929.27	721.99	15 432.18
安　徽		2 259.82	725.05	964.55	678.73	1 014.78	520.00	663.75	546.33	417.81	423.20	8 214.02
福　建		1 480.93	1 537.41	845.68	753.72	416.83	516.96	283.36	422.89	492.48	539.85	7 290.11
江　西		5 181.90	3 523.79	3 205.45	3 459.46	2 706.85	2 018.69	2 076.06	2 948.53	758.26	370.69	26 249.69
山　东		2 202.28	1 878.60	1 032.69	1 026.78	668.88	650.17	659.81	792.16	785.28	812.94	10 509.59
河　南		821.21	796.75	469.21	612.98	366.51	281.14	249.49	315.88	392.18	246.27	4 551.63
湖　北		1 961.54	1 384.06	1 124.02	1 142.82	709.91	842.96	520.35	967.60	801.21	584.61	10 039.08
湖　南		1 105.48	1 010.51	1 954.91	3 190.37	1 382.93	1 783.74	2 147.32	2 844.30	659.09	462.35	16 540.99
广　东		8 318.35	5 744.07	3 743.63	4 165.41	3 136.30	2 816.81	2 197.98	2 618.00	2 050.90	1 823.95	36 615.41
广　西		869.11	695.10	522.73	764.05	536.95	573.96	494.77	731.26	624.09	477.96	6 289.99
海　南		164.07	121.69	79.61	114.85	72.47	55.35	52.86	74.55	133.86	78.39	947.69
重　庆		1 051.13	1 045.92	448.77	908.16	537.89	1 170.41	1 010.49	1 301.83	413.73	445.98	8 334.30
四　川		1 522.38	1 108.09	815.53	1 211.03	827.13	735.60	540.58	699.48	519.96	403.09	8 382.87
贵　州		615.29	454.87	351.91	511.27	241.01	206.76	170.16	204.19	215.02	199.11	3 169.59
云　南		962.00	656.82	391.10	536.14	327.89	349.69	256.39	322.69	359.85	416.62	4 579.19
西　藏		23.52	16.75	14.03	—	25.39	9.31	5.25	14.97	13.36	6.04	128.61
陕　西		568.78	456.21	427.26	479.92	442.06	414.81	247.31	380.63	298.53	257.19	3 972.70
甘　肃		374.23	202.45	141.05	171.00	165.33	169.01	104.88	113.45	80.01	113.61	1 635.02
青　海		66.96	76.36	40.14	26.08	14.68	14.25	11.10	52.58	24.88	94.80	421.83
宁　夏		7.08	41.75	33.68	73.69	45.38	75.74	22.48	78.53	33.00	29.34	440.68
新　疆		598.83	379.73	295.59	296.20	204.88	229.12	174.91	531.90	270.88	271.81	3 253.86
合计 Total		**46 844.46**	**35 422.17**	**27 325.79**	**30 606.80**	**21 110.65**	**20 466.17**	**17 450.35**	**26 093.22**	**14 440.99**	**12 291.28**	**252 051.87**

足球 6 场半全场

单位：万元

Unit：Ten Thousand Yuan

地 区 Region	游戏类型 Game Type	2007	2008	2009	2010	2011	2012	2013	2014	2015	2016	合 计 Total
北 京		1 259. 30	—	—	—	—	—	—	—	—	—	1 259. 30
河 北	竞	274. 77	—	—	—	—	—	—	—	—	—	274. 77
吉 林		351. 80	—	—	—	—	—	—	—	—	—	351. 80
黑龙江	猜	313. 35	—	—	—	—	—	—	—	—	—	313. 35
福 建		613. 89	—	—	—	—	—	—	—	—	—	613. 89
合计 Total		**2 813. 11**	—	—	—	—	—	—	—	—	—	**2 813. 11**

足球 6 场半全场胜平负

单位：万元

Unit：Ten Thousand Yuan

地 区 Region	游戏类型 Game Type	2007	2008	2009	2010	2011	2012	2013	2014	2015	2016	合 计 Total
北 京		—	666. 51	335. 09	398. 89	262. 71	257. 62	197. 14	241. 19	117. 71	49. 01	2 525. 87
天 津		279. 99	242. 72	142. 87	170. 82	402. 43	436. 46	220. 50	197. 89	96. 62	26. 62	2 216. 92
河 北		—	193. 46	104. 96	182. 55	134. 01	121. 17	75. 70	87. 42	60. 30	59. 86	1 019. 42
山 西		152. 39	121. 20	55. 76	66. 29	38. 50	64. 57	25. 85	27. 00	22. 70	11. 72	585. 97
内蒙古		62. 42	183. 66	104. 07	105. 37	69. 78	47. 51	26. 90	41. 31	26. 06	19. 07	686. 15
辽 宁		945. 18	802. 73	289. 92	345. 86	188. 52	204. 64	110. 64	92. 63	100. 73	49. 46	3 130. 31
吉 林		—	234. 12	82. 27	140. 21	68. 50	54. 80	24. 24	22. 56	17. 61	10. 83	655. 14
黑龙江		—	251. 96	113. 66	133. 94	86. 17	82. 12	50. 36	82. 26	62. 88	15. 38	878. 72
上 海		1 295. 31	855. 98	350. 45	340. 42	274. 29	248. 36	257. 27	720. 77	184. 05	81. 01	4 607. 91
江 苏		1 039. 86	699. 50	285. 10	290. 84	174. 33	217. 74	196. 62	282. 21	103. 69	61. 94	3 351. 83
浙 江		1 356. 15	1 014. 08	452. 61	530. 79	319. 81	294. 20	156. 35	185. 61	166. 87	90. 46	4 566. 93
安 徽		978. 16	291. 73	234. 22	180. 88	308. 50	141. 61	202. 55	149. 85	154. 03	52. 79	2 694. 31
福 建		—	477. 49	202. 92	185. 20	131. 90	186. 51	134. 56	100. 81	108. 67	75. 72	1 603. 78
江 西		2 313. 77	1 592. 53	1 002. 47	1 204. 90	896. 41	867. 62	675. 26	771. 64	260. 09	34. 51	9 619. 20
山 东	竞	721. 49	606. 68	249. 17	206. 15	163. 22	185. 41	157. 35	95. 29	129. 91	75. 74	2 590. 42
河 南		330. 68	251. 08	103. 70	138. 81	93. 78	71. 37	56. 13	53. 08	61. 40	39. 56	1 199. 59
湖 北		1 132. 06	634. 39	237. 82	221. 88	182. 10	167. 10	88. 48	100. 06	178. 47	144. 32	3 086. 68
湖 南	猜	486. 51	375. 67	573. 05	776. 10	347. 84	754. 21	749. 35	543. 61	224. 81	63. 30	4 894. 45
广 东		4 506. 05	3 131. 87	1 408. 03	1 401. 82	1 109. 65	882. 23	630. 58	574. 38	470. 82	258. 66	14 374. 09
广 西		492. 52	352. 97	167. 95	193. 81	143. 55	146. 87	118. 62	112. 70	112. 10	56. 26	1 897. 35
海 南		125. 14	54. 12	23. 56	35. 55	28. 68	26. 82	28. 06	23. 29	33. 04	21. 56	399. 83
重 庆		487. 75	596. 98	112. 38	152. 86	84. 44	194. 37	192. 84	228. 04	117. 83	22. 29	2 189. 77
四 川		637. 96	514. 87	198. 78	304. 16	151. 23	192. 50	133. 88	121. 37	77. 48	48. 71	2 380. 95
贵 州		310. 72	185. 36	81. 85	110. 40	68. 31	65. 74	35. 98	35. 71	33. 34	16. 96	944. 37
云 南		458. 35	286. 14	125. 05	172. 44	85. 57	96. 02	81. 80	77. 20	53. 19	30. 97	1 466. 73
西 藏		14. 27	7. 84	3. 22	—	2. 37	1. 75	1. 01	8. 04	2. 72	1. 13	42. 37
陕 西		335. 09	232. 24	113. 43	166. 23	123. 98	108. 41	45. 35	43. 29	76. 61	25. 34	1 269. 98
甘 肃		161. 41	133. 20	51. 22	50. 90	31. 65	41. 89	28. 71	14. 81	15. 90	12. 85	542. 54
青 海		39. 56	24. 72	8. 78	7. 02	5. 55	7. 30	2. 29	6. 99	8. 41	5. 58	116. 20
宁 夏		5. 22	28. 32	9. 92	22. 64	10. 07	12. 17	8. 81	24. 92	6. 93	2. 24	131. 24
新 疆		204. 08	161. 13	69. 92	78. 62	54. 26	61. 26	48. 19	131. 57	77. 69	38. 95	925. 66
合计 Total		**18 872. 10**	**15 205. 25**	**7 294. 20**	**8 316. 36**	**6 042. 13**	**6 240. 35**	**4 761. 35**	**5 197. 47**	**3 162. 68**	**1 502. 78**	**76 594. 66**

足球胜平负

单位：万元

Unit：Ten Thousand Yuan

地 区 Region	游戏类型 Game Type	2007	2008	2009	2010	2011	2012	2013	2014	2015	2016	合 计 Total
北 京		—	15 798.50	16 636.15	20 458.92	22 342.93	25 364.66	47 737.22	31 887.00	20 150.00	18 619.13	218 994.50
天 津		6 495.31	5 774.97	6 470.61	12 740.14	25 766.13	22 630.13	16 816.20	15 294.77	8 659.87	6 069.40	126 717.53
河 北		—	3 157.74	4 528.09	6 392.90	6 029.60	6 198.13	5 922.14	8 602.03	8 495.85	23 779.24	73 105.72
山 西		2 844.82	2 398.50	2 966.44	2 977.24	3 493.80	4 926.18	2 977.24	3 070.18	3 943.13	3 054.86	32 652.38
内蒙古		1 443.69	2 301.84	2 849.60	3 325.63	3 438.70	3 628.28	3 748.95	3 313.52	5 137.07	4 528.60	33 715.88
辽 宁		16 636.27	13 661.16	15 687.21	18 979.06	17 494.63	14 813.40	13 746.55	14 349.18	14 086.53	14 253.19	153 707.18
吉 林		—	3 919.57	3 726.25	4 838.99	4 525.06	4 857.17	3 951.23	3 528.18	3 712.14	3 300.38	36 358.98
黑龙江		—	3 703.00	3 764.22	4 166.00	3 978.09	3 926.16	4 573.93	5 124.31	5 301.28	4 983.79	39 520.78
上 海		19 084.14	14 004.05	13 889.28	15 138.34	15 125.24	15 024.07	32 318.98	46 393.85	19 571.16	15 897.69	206 446.79
江 苏		14 051.96	11 224.38	12 409.64	15 595.25	15 006.10	14 410.67	19 822.41	29 174.40	16 866.60	16 832.63	165 394.04
浙 江		17 915.23	16 164.16	17 222.23	20 831.98	19 823.84	20 337.84	18 961.48	19 570.36	26 183.32	24 974.31	201 984.76
安 徽		8 861.25	3 113.44	5 172.65	8 169.07	22 137.01	10 820.18	15 741.71	10 854.12	6 956.55	5 911.18	97 737.15
福 建		—	8 833.00	9 920.70	9 610.38	8 817.69	9 338.96	9 736.71	9 098.52	11 288.40	12 400.23	89 044.58
江 西		19 680.25	21 090.10	24 662.16	37 158.94	48 869.46	40 462.13	42 518.17	53 150.81	17 911.21	8 844.20	314 347.43
山 东	竞猜	10 593.27	10 466.75	9 976.62	12 412.21	12 236.90	12 699.13	14 953.58	11 681.03	15 676.90	18 812.96	129 509.34
河 南		5 362.02	4 587.89	5 300.84	7 091.83	7 659.98	6 289.54	6 159.46	6 671.45	6 881.83	7 128.95	63 133.79
湖 北		14 878.95	11 213.96	11 024.36	11 174.69	11 335.69	11 306.80	11 670.46	12 536.96	14 760.99	14 962.91	124 865.77
湖 南		6 729.43	5 297.38	13 715.13	26 245.69	21 718.67	26 972.44	27 455.23	48 521.01	26 076.24	19 921.46	222 652.69
广 东		58 815.15	46 725.09	49 583.73	52 979.76	56 238.15	48 657.11	52 023.44	53 605.65	60 520.12	63 563.91	542 712.11
广 西		6 094.21	4 943.02	5 657.23	7 124.06	8 123.96	8 922.36	9 985.73	10 135.35	11 294.02	10 606.41	82 886.34
海 南		3 619.07	912.06	960.10	1 111.18	1 100.41	1 090.74	1 256.01	1 188.73	1 568.76	1 669.45	14 476.52
重 庆		6 371.69	7 400.36	5 571.86	4 815.72	5 283.20	8 010.70	10 986.04	11 772.46	7 140.02	7 665.26	75 017.31
四 川		9 547.11	8 097.60	10 410.02	12 948.77	12 145.65	13 395.35	14 281.95	13 199.94	14 109.02	13 556.06	121 691.47
贵 州		3 964.72	3 275.75	3 900.87	4 562.08	4 022.89	4 046.64	4 455.43	4 327.97	4 784.08	4 580.47	41 920.88
云 南		6 607.57	4 951.73	5 823.14	6 709.84	6 338.70	6 219.51	7 119.16	7 335.18	7 903.86	7 948.94	66 957.63
西 藏		195.60	170.84	204.88	—	192.97	202.34	254.86	275.35	410.39	269.50	2 176.73
陕 西		4 511.15	4 193.61	4 623.49	5 626.91	7 596.90	7 662.41	7 022.20	8 435.09	10 472.20	9 897.62	70 041.59
甘 肃		2 135.89	1 452.31	1 450.56	1 428.40	1 609.78	2 021.83	2 258.76	1 863.83	1 913.98	2 065.32	18 200.65
青 海		373.51	447.18	475.58	458.05	457.37	718.04	494.78	523.03	802.33	1 031.39	5 781.25
宁 夏		299.59	995.67	978.80	955.27	979.94	903.10	1 223.74	1 804.36	1 235.25	1 590.29	10 966.01
新 疆		3 394.67	2 617.65	2 486.90	3 527.19	4 862.04	3 726.14	4 745.96	8 228.53	6 366.37	5 396.39	45 351.83
合计 Total		**250 506.51**	**242 893.26**	**272 049.34**	**339 554.47**	**378 751.47**	**359 582.10**	**414 919.71**	**455 517.14**	**360 179.47**	**354 116.11**	**3 428 069.58**

足彩胜平负

单位：万元

Unit：Ten Thousand Yuan

地　区 Region	游戏类型 Game Type	2007	2008	2009	2010	2011	2012	2013	2014	2015	2016	合　计 Total
北　京	竞猜	22 750. 80	—	—	—	—	—	—	—	—	—	22 750. 80
河　北		4 183. 49	—	—	—	—	—	—	—	—	—	4 183. 49
吉　林		5 046. 00	—	—	—	—	—	—	—	—	—	5 046. 00
黑龙江		4 616. 80	—	—	—	—	—	—	—	—	—	4 616. 80
福　建		9 019. 71	—	—	—	—	—	—	—	—	—	9 019. 71
合计 Total		**45 616. 79**	**—**	**—**	**—**	**—**	**—**	**—**	**—**	**—**	**—**	**45 616. 79**

竞 彩 玩 法

单位：万元

Unit：Ten Thousand Yuan

地　区 Region	游戏类型 Game Type	2007	2008	2009	2010	2011	2012	2013	2014	2015	2016	合　计 Total
北　京	竞猜	—	—	—	—	0. 20	9 627. 25	85 154. 41	55 115. 37	44 165. 09	81 999. 26	276 061. 58
天　津		—	—	—	9 965. 63	91 622. 31	82 597. 16	130 952. 30	241 155. 13	175 677. 78	172 186. 34	904 156. 64
河　北		—	—	—	9 104. 67	10 248. 86	16 400. 46	21 452. 45	176 474. 28	155 056. 97	334 184. 40	722 922. 10
山　西		—	—	—	4 930. 26	20 000. 65	21 167. 75	11 344. 40	18 295. 80	44 010. 39	97 912. 11	217 661. 36
内蒙古		—	—	—	1 107. 15	2 965. 22	7 779. 79	7 754. 74	9 150. 49	28 791. 97	67 163. 46	124 712. 80
辽　宁		—	—	—	49 026. 16	54 434. 33	62 591. 83	52 104. 57	87 099. 61	133 618. 39	226 956. 27	665 831. 15
吉　林		—	—	—	9 433. 61	14 374. 57	26 578. 36	20 767. 57	24 034. 12	42 816. 54	55 369. 50	193 374. 27
黑龙江		—	—	—	11 369. 53	27 002. 62	21 765. 19	28 222. 10	195 242. 29	119 601. 61	72 732. 97	475 936. 32
上　海		—	—	—	17 770. 37	39 389. 89	99 412. 91	238 408. 27	545 425. 71	170 140. 82	110 309. 13	1 220 857. 10
江　苏		—	—	—	156 212. 19	244 760. 64	301 023. 51	304 647. 44	497 742. 32	444 033. 03	431 892. 83	2 380 311. 97
浙　江		—	—	—	44 993. 12	71 343. 87	89 621. 04	73 746. 11	274 172. 51	296 079. 89	429 360. 24	1 279 316. 79
安　徽		—	—	—	16 774. 21	46 540. 84	64 599. 41	105 028. 84	199 551. 33	275 997. 40	267 673. 89	976 165. 91
福　建		—	—	—	10 344. 93	17 572. 83	35 441. 21	31 198. 60	51 189. 80	137 877. 31	180 722. 55	464 347. 23
江　西		—	—	—	13 298. 25	48 588. 78	132 996. 44	180 798. 99	243 599. 50	226 024. 95	138 429. 43	983 736. 34
山　东		—	—	—	34 839. 03	163 459. 05	151 848. 62	200 492. 52	316 877. 07	599 185. 59	655 504. 42	2 122 206. 31
河　南		—	—	—	18 337. 25	39 199. 23	34 604. 28	65 913. 73	103 218. 98	336 809. 28	452 120. 10	1 050 202. 85
湖　北		—	—	—	20 638. 12	27 092. 52	39 232. 00	81 204. 09	151 111. 02	99 938. 16	369 758. 97	788 974. 88
湖　南		—	—	—	23 903. 61	38 270. 03	75 304. 69	121 282. 89	153 640. 57	219 635. 44	419 237. 56	1 051 274. 79
广　东		—	—	—	48 085. 33	108 613. 65	188 228. 16	186 470. 11	204 545. 31	526 358. 53	728 996. 58	1 991 297. 66
广　西		—	—	—	16 879. 33	23 078. 17	30 860. 07	32 473. 59	52 758. 16	110 345. 26	187 673. 50	454 068. 08
海　南		—	—	—	1 974. 51	2 414. 64	6 585. 13	5 927. 10	2 103. 17	38 176. 43	59 445. 78	116 626. 76
重　庆		—	—	—	18 813. 97	32 209. 38	42 832. 04	77 788. 72	152 347. 45	210 616. 69	264 271. 44	798 879. 69
四　川		—	—	—	23 560. 78	26 233. 10	40 891. 72	32 280. 24	44 669. 12	101 082. 90	139 762. 22	408 480. 09
贵　州		—	—	—	7 972. 83	9 285. 48	18 913. 08	19 574. 03	25 385. 73	37 114. 79	69 413. 41	187 659. 35
云　南		—	—	—	25 474. 81	30 370. 30	42 732. 76	37 214. 99	60 711. 00	122 941. 42	229 448. 21	548 893. 49
西　藏		—	—	—	—	689. 80	1 254. 77	1 020. 52	1 221. 67	2 175. 93	2 232. 04	8 594. 74
陕　西		—	—	—	8 112. 87	12 452. 02	20 294. 26	16 293. 38	166 594. 62	177 405. 77	291 861. 62	693 014. 54
甘　肃		—	—	—	1 811. 45	6 811. 61	27 846. 71	40 382. 58	55 020. 54	18 730. 70	52 144. 30	202 747. 88
青　海		—	—	—	712. 15	7 477. 53	7 811. 01	33 169. 32	68 642. 44	15 240. 21	15 238. 86	148 291. 52
宁　夏		—	—	—	562. 92	938. 69	1 985. 73	12 071. 44	76 121. 51	11 887. 12	14 844. 09	118 411. 51
新　疆		—	—	—	3 594. 08	24 794. 92	28 763. 10	32 825. 61	151 102. 32	61 018. 81	81 435. 77	383 534. 61
合计 Total		**—**	**—**	**—**	**609 603. 13**	**1 242 235. 71**	**1 731 590. 45**	**2 287 965. 67**	**4 404 318. 94**	**4 982 555. 14**	**6 700 281. 27**	**21 958 550. 32**

欧锦赛四强

单位：万元

Unit：Ten Thousand Yuan

地　区 Region	游戏类型 Game Type	2007	2008	2009	2010	2011	2012	2013	2014	2015	2016	合　计 Total
北　京	竞猜	—	41.06	—	—	—	—	—	—	—	—	41.06
天　津		—	10.62	—	—	—	—	—	—	—	—	10.62
河　北		—	19.51	—	—	—	—	—	—	—	—	19.51
山　西		—	8.11	—	—	—	—	—	—	—	—	8.11
内蒙古		—	13.15	—	—	—	—	—	—	—	—	13.15
辽　宁		—	55.91	—	—	—	—	—	—	—	—	55.91
吉　林		—	20.18	—	—	—	—	—	—	—	—	20.18
黑龙江		—	35.29	—	—	—	—	—	—	—	—	35.29
上　海		—	33.92	—	—	—	—	—	—	—	—	33.92
江　苏		—	43.57	—	—	—	—	—	—	—	—	43.57
浙　江		—	37.14	—	—	—	—	—	—	—	—	37.14
安　徽		—	16.03	—	—	—	—	—	—	—	—	16.03
福　建		—	23.95	—	—	—	—	—	—	—	—	23.95
江　西		—	47.12	—	—	—	—	—	—	—	—	47.12
山　东		—	48.82	—	—	—	—	—	—	—	—	48.82
河　南		—	22.46	—	—	—	—	—	—	—	—	22.46
湖　北		—	25.05	—	—	—	—	—	—	—	—	25.05
湖　南		—	35.50	—	—	—	—	—	—	—	—	35.50
广　东		—	139.41	—	—	—	—	—	—	—	—	139.41
广　西		—	20.80	—	—	—	—	—	—	—	—	20.80
海　南		—	5.12	—	—	—	—	—	—	—	—	5.12
重　庆		—	15.82	—	—	—	—	—	—	—	—	15.82
四　川		—	24.54	—	—	—	—	—	—	—	—	24.54
贵　州		—	11.70	—	—	—	—	—	—	—	—	11.70
云　南		—	22.87	—	—	—	—	—	—	—	—	22.87
西　藏		—	0.58	—	—	—	—	—	—	—	—	0.58
陕　西		—	23.90	—	—	—	—	—	—	—	—	23.90
甘　肃		—	7.68	—	—	—	—	—	—	—	—	7.68
青　海		—	1.42	—	—	—	—	—	—	—	—	1.42
宁　夏		—	2.19	—	—	—	—	—	—	—	—	2.19
新　疆		—	8.87	—	—	—	—	—	—	—	—	8.87
合计 Total		**—**	**822.29**	**—**	**—**	**—**	**—**	**—**	**—**	**—**	**—**	**822.29**

欧锦赛八强

单位：万元

Unit：Ten Thousand Yuan

地 区 Region	游戏类型 Game Type	2007	2008	2009	2010	2011	2012	2013	2014	2015	2016	合 计 Total
北 京	竞猜	—	46.45	—	—	—	—	—	—	—	—	46.45
天 津		—	16.85	—	—	—	—	—	—	—	—	16.85
河 北		—	21.51	—	—	—	—	—	—	—	—	21.51
山 西		—	10.95	—	—	—	—	—	—	—	—	10.95
内蒙古		—	13.22	—	—	—	—	—	—	—	—	13.22
辽 宁		—	59.17	—	—	—	—	—	—	—	—	59.17
吉 林		—	24.36	—	—	—	—	—	—	—	—	24.36
黑龙江		—	21.57	—	—	—	—	—	—	—	—	21.57
上 海		—	41.45	—	—	—	—	—	—	—	—	41.45
江 苏		—	50.70	—	—	—	—	—	—	—	—	50.70
浙 江		—	42.70	—	—	—	—	—	—	—	—	42.70
安 徽		—	16.33	—	—	—	—	—	—	—	—	16.33
福 建		—	23.33	—	—	—	—	—	—	—	—	23.33
江 西		—	38.54	—	—	—	—	—	—	—	—	38.54
山 东		—	58.69	—	—	—	—	—	—	—	—	58.69
河 南		—	18.31	—	—	—	—	—	—	—	—	18.31
湖 北		—	26.99	—	—	—	—	—	—	—	—	26.99
湖 南		—	27.03	—	—	—	—	—	—	—	—	27.03
广 东		—	145.31	—	—	—	—	—	—	—	—	145.31
广 西		—	28.52	—	—	—	—	—	—	—	—	28.52
海 南		—	5.33	—	—	—	—	—	—	—	—	5.33
重 庆		—	15.34	—	—	—	—	—	—	—	—	15.34
四 川		—	29.78	—	—	—	—	—	—	—	—	29.78
贵 州		—	12.49	—	—	—	—	—	—	—	—	12.49
云 南		—	19.15	—	—	—	—	—	—	—	—	19.15
西 藏		—	0.54	—	—	—	—	—	—	—	—	0.54
陕 西		—	20.20	—	—	—	—	—	—	—	—	20.20
甘 肃		—	7.58	—	—	—	—	—	—	—	—	7.58
青 海		—	1.68	—	—	—	—	—	—	—	—	1.68
宁 夏		—	3.24	—	—	—	—	—	—	—	—	3.24
新 疆		—	10.91	—	—	—	—	—	—	—	—	10.91
合计 Total		**—**	**858.22**	**—**	**—**	**—**	**—**	**—**	**—**	**—**	**—**	**858.22**

奥运连连猜资格奖

单位：万元

Unit：Ten Thousand Yuan

地区 Region	游戏类型 Game Type	2007	2008	2009	2010	2011	2012	2013	2014	2015	2016	合计 Total
北京	竞猜	—	121.73	—	—	—	—	—	—	—	—	121.73
天津		—	45.02	—	—	—	—	—	—	—	—	45.02
河北		—	136.18	—	—	—	—	—	—	—	—	136.18
山西		—	195.66	—	—	—	—	—	—	—	—	195.66
内蒙古		—	160.73	—	—	—	—	—	—	—	—	160.73
辽宁		—	123.85	—	—	—	—	—	—	—	—	123.85
吉林		—	163.44	—	—	—	—	—	—	—	—	163.44
黑龙江		—	163.29	—	—	—	—	—	—	—	—	163.29
上海		—	77.47	—	—	—	—	—	—	—	—	77.47
江苏		—	107.50	—	—	—	—	—	—	—	—	107.50
浙江		—	105.36	—	—	—	—	—	—	—	—	105.36
安徽		—	101.47	—	—	—	—	—	—	—	—	101.47
福建		—	288.65	—	—	—	—	—	—	—	—	288.65
江西		—	107.51	—	—	—	—	—	—	—	—	107.51
山东		—	218.82	—	—	—	—	—	—	—	—	218.82
河南		—	989.61	—	—	—	—	—	—	—	—	989.61
湖北		—	127.30	—	—	—	—	—	—	—	—	127.30
湖南		—	184.30	—	—	—	—	—	—	—	—	184.30
广东		—	1 123.02	—	—	—	—	—	—	—	—	1 123.02
广西		—	58.60	—	—	—	—	—	—	—	—	58.60
海南		—	4.48	—	—	—	—	—	—	—	—	4.48
重庆		—	40.33	—	—	—	—	—	—	—	—	40.33
四川		—	72.41	—	—	—	—	—	—	—	—	72.41
贵州		—	91.23	—	—	—	—	—	—	—	—	91.23
云南		—	285.50	—	—	—	—	—	—	—	—	285.50
西藏		—	2.66	—	—	—	—	—	—	—	—	2.66
陕西		—	64.40	—	—	—	—	—	—	—	—	64.40
甘肃		—	74.51	—	—	—	—	—	—	—	—	74.51
青海		—	21.61	—	—	—	—	—	—	—	—	21.61
宁夏		—	34.04	—	—	—	—	—	—	—	—	34.04
新疆		—	42.19	—	—	—	—	—	—	—	—	42.19
合计 Total		**—**	**5 332.87**	**—**	**—**	**—**	**—**	**—**	**—**	**—**	**—**	**5 332.87**

奥运赛事天天彩

单位：万元

Unit：Ten Thousand Yuan

地 区 Region	游戏类型 Game Type	2007	2008	2009	2010	2011	2012	2013	2014	2015	2016	合 计 Total
北 京	竞猜	—	28.83	—	—	—	—	—	—	—	—	28.83
天 津		—	6.68	—	—	—	—	—	—	—	—	6.68
河 北		—	18.29	—	—	—	—	—	—	—	—	18.29
山 西		—	9.01	—	—	—	—	—	—	—	—	9.01
内蒙古		—	14.97	—	—	—	—	—	—	—	—	14.97
辽 宁		—	18.31	—	—	—	—	—	—	—	—	18.31
吉 林		—	11.62	—	—	—	—	—	—	—	—	11.62
黑龙江		—	21.75	—	—	—	—	—	—	—	—	21.75
上 海		—	20.40	—	—	—	—	—	—	—	—	20.40
江 苏		—	30.34	—	—	—	—	—	—	—	—	30.34
浙 江		—	32.75	—	—	—	—	—	—	—	—	32.75
安 徽		—	17.30	—	—	—	—	—	—	—	—	17.30
福 建		—	43.57	—	—	—	—	—	—	—	—	43.57
江 西		—	20.31	—	—	—	—	—	—	—	—	20.31
山 东		—	33.17	—	—	—	—	—	—	—	—	33.17
河 南		—	28.28	—	—	—	—	—	—	—	—	28.28
湖 北		—	36.56	—	—	—	—	—	—	—	—	36.56
湖 南		—	16.32	—	—	—	—	—	—	—	—	16.32
广 东		—	105.49	—	—	—	—	—	—	—	—	105.49
广 西		—	10.15	—	—	—	—	—	—	—	—	10.15
海 南		—	3.15	—	—	—	—	—	—	—	—	3.15
重 庆		—	7.49	—	—	—	—	—	—	—	—	7.49
四 川		—	22.68	—	—	—	—	—	—	—	—	22.68
贵 州		—	10.42	—	—	—	—	—	—	—	—	10.42
云 南		—	33.65	—	—	—	—	—	—	—	—	33.65
西 藏		—	0.86	—	—	—	—	—	—	—	—	0.86
陕 西		—	10.41	—	—	—	—	—	—	—	—	10.41
甘 肃		—	4.92	—	—	—	—	—	—	—	—	4.92
青 海		—	1.10	—	—	—	—	—	—	—	—	1.10
宁 夏		—	5.11	—	—	—	—	—	—	—	—	5.11
新 疆		—	5.32	—	—	—	—	—	—	—	—	5.32
合计 Total		**—**	**629.21**	**—**	**—**	**—**	**—**	**—**	**—**	**—**	**—**	**629.21**

奥运女足四强

单位：万元

Unit：Ten Thousand Yuan

地 区 Region	游戏类型 Game Type	2007	2008	2009	2010	2011	2012	2013	2014	2015	2016	合 计 Total
北 京	竞猜	—	10. 77	—	—	—	—	—	—	—	—	10. 77
天 津		—	1. 35	—	—	—	—	—	—	—	—	1. 35
河 北		—	3. 67	—	—	—	—	—	—	—	—	3. 67
山 西		—	1. 75	—	—	—	—	—	—	—	—	1. 75
内蒙古		—	1. 89	—	—	—	—	—	—	—	—	1. 89
辽 宁		—	11. 81	—	—	—	—	—	—	—	—	11. 81
吉 林		—	5. 40	—	—	—	—	—	—	—	—	5. 40
黑龙江		—	6. 81	—	—	—	—	—	—	—	—	6. 81
上 海		—	6. 51	—	—	—	—	—	—	—	—	6. 51
江 苏		—	4. 37	—	—	—	—	—	—	—	—	4. 37
浙 江		—	6. 68	—	—	—	—	—	—	—	—	6. 68
安 徽		—	2. 27	—	—	—	—	—	—	—	—	2. 27
福 建		—	5. 38	—	—	—	—	—	—	—	—	5. 38
江 西		—	10. 18	—	—	—	—	—	—	—	—	10. 18
山 东		—	11. 66	—	—	—	—	—	—	—	—	11. 66
河 南		—	23. 01	—	—	—	—	—	—	—	—	23. 01
湖 北		—	5. 20	—	—	—	—	—	—	—	—	5. 20
湖 南		—	2. 68	—	—	—	—	—	—	—	—	2. 68
广 东		—	26. 80	—	—	—	—	—	—	—	—	26. 80
广 西		—	4. 37	—	—	—	—	—	—	—	—	4. 37
海 南		—	0. 29	—	—	—	—	—	—	—	—	0. 29
重 庆		—	3. 47	—	—	—	—	—	—	—	—	3. 47
四 川		—	4. 19	—	—	—	—	—	—	—	—	4. 19
贵 州		—	1. 38	—	—	—	—	—	—	—	—	1. 38
云 南		—	2. 81	—	—	—	—	—	—	—	—	2. 81
西 藏		—	0. 07	—	—	—	—	—	—	—	—	0. 07
陕 西		—	2. 22	—	—	—	—	—	—	—	—	2. 22
甘 肃		—	1. 09	—	—	—	—	—	—	—	—	1. 09
青 海		—	0. 40	—	—	—	—	—	—	—	—	0. 40
宁 夏		—	0. 34	—	—	—	—	—	—	—	—	0. 34
新 疆		—	1. 38	—	—	—	—	—	—	—	—	1. 38
合计 Total		**—**	**170. 20**	**—**	**—**	**—**	**—**	**—**	**—**	**—**	**—**	**170. 20**

奥运男足四强

单位：万元

Unit：Ten Thousand Yuan

地　区 Region	游戏类型 Game Type	2007	2008	2009	2010	2011	2012	2013	2014	2015	2016	合　计 Total
北　京	竞猜	—	21.70	—	—	—	—	—	—	—	—	21.70
天　津		—	2.89	—	—	—	—	—	—	—	—	2.89
河　北		—	5.45	—	—	—	—	—	—	—	—	5.45
山　西		—	4.81	—	—	—	—	—	—	—	—	4.81
内蒙古		—	3.96	—	—	—	—	—	—	—	—	3.96
辽　宁		—	24.18	—	—	—	—	—	—	—	—	24.18
吉　林		—	7.25	—	—	—	—	—	—	—	—	7.25
黑龙江		—	15.42	—	—	—	—	—	—	—	—	15.42
上　海		—	12.04	—	—	—	—	—	—	—	—	12.04
江　苏		—	10.14	—	—	—	—	—	—	—	—	10.14
浙　江		—	14.39	—	—	—	—	—	—	—	—	14.39
安　徽		—	3.36	—	—	—	—	—	—	—	—	3.36
福　建		—	9.30	—	—	—	—	—	—	—	—	9.30
江　西		—	17.66	—	—	—	—	—	—	—	—	17.66
山　东		—	17.55	—	—	—	—	—	—	—	—	17.55
河　南		—	24.71	—	—	—	—	—	—	—	—	24.71
湖　北		—	11.09	—	—	—	—	—	—	—	—	11.09
湖　南		—	5.32	—	—	—	—	—	—	—	—	5.32
广　东		—	47.78	—	—	—	—	—	—	—	—	47.78
广　西		—	7.49	—	—	—	—	—	—	—	—	7.49
海　南		—	0.54	—	—	—	—	—	—	—	—	0.54
重　庆		—	7.20	—	—	—	—	—	—	—	—	7.20
四　川		—	6.59	—	—	—	—	—	—	—	—	6.59
贵　州		—	2.58	—	—	—	—	—	—	—	—	2.58
云　南		—	5.00	—	—	—	—	—	—	—	—	5.00
西　藏		—	0.10	—	—	—	—	—	—	—	—	0.10
陕　西		—	4.25	—	—	—	—	—	—	—	—	4.25
甘　肃		—	3.16	—	—	—	—	—	—	—	—	3.16
青　海		—	0.58	—	—	—	—	—	—	—	—	0.58
宁　夏		—	0.58	—	—	—	—	—	—	—	—	0.58
新　疆		—	3.15	—	—	—	—	—	—	—	—	3.15
合计 Total		**—**	**300.22**	**—**	**—**	**—**	**—**	**—**	**—**	**—**	**—**	**300.22**

奥运男足八强

单位：万元

Unit：Ten Thousand Yuan

地　区 Region	游戏类型 Game Type	2007	2008	2009	2010	2011	2012	2013	2014	2015	2016	合　计 Total
北　京	竞猜	—	7.65	—	—	—	—	—	—	—	—	7.65
天　津		—	2.64	—	—	—	—	—	—	—	—	2.64
河　北		—	4.76	—	—	—	—	—	—	—	—	4.76
山　西		—	1.82	—	—	—	—	—	—	—	—	1.82
内蒙古		—	2.87	—	—	—	—	—	—	—	—	2.87
辽　宁		—	12.44	—	—	—	—	—	—	—	—	12.44
吉　林		—	3.37	—	—	—	—	—	—	—	—	3.37
黑龙江		—	5.39	—	—	—	—	—	—	—	—	5.39
上　海		—	9.10	—	—	—	—	—	—	—	—	9.10
江　苏		—	9.18	—	—	—	—	—	—	—	—	9.18
浙　江		—	7.10	—	—	—	—	—	—	—	—	7.10
安　徽		—	2.67	—	—	—	—	—	—	—	—	2.67
福　建		—	5.38	—	—	—	—	—	—	—	—	5.38
江　西		—	8.96	—	—	—	—	—	—	—	—	8.96
山　东		—	10.67	—	—	—	—	—	—	—	—	10.67
河　南		—	4.83	—	—	—	—	—	—	—	—	4.83
湖　北		—	4.47	—	—	—	—	—	—	—	—	4.47
湖　南		—	3.61	—	—	—	—	—	—	—	—	3.61
广　东		—	21.52	—	—	—	—	—	—	—	—	21.52
广　西		—	5.41	—	—	—	—	—	—	—	—	5.41
海　南		—	0.49	—	—	—	—	—	—	—	—	0.49
重　庆		—	3.12	—	—	—	—	—	—	—	—	3.12
四　川		—	5.86	—	—	—	—	—	—	—	—	5.86
贵　州		—	2.07	—	—	—	—	—	—	—	—	2.07
云　南		—	2.97	—	—	—	—	—	—	—	—	2.97
西　藏		—	0.22	—	—	—	—	—	—	—	—	0.22
陕　西		—	2.97	—	—	—	—	—	—	—	—	2.97
甘　肃		—	1.67	—	—	—	—	—	—	—	—	1.67
青　海		—	0.30	—	—	—	—	—	—	—	—	0.30
宁　夏		—	0.51	—	—	—	—	—	—	—	—	0.51
新　疆		—	1.81	—	—	—	—	—	—	—	—	1.81
合计 Total		**—**	**155.83**	**—**	**—**	**—**	**—**	**—**	**—**	**—**	**—**	**155.83**

排　列　3

单位：万元

Unit：Ten Thousand Yuan

地　区 Region	游戏类型 Game Type	2007	2008	2009	2010	2011	2012	2013	2014	2015	2016	合　计 Total
北　京	乐透排列	40 721.18	30 218.51	25 621.76	26 313.93	28 861.90	29 927.98	34 343.96	28 097.75	20 312.72	19 168.85	283 588.53
天　津		31 805.05	24 883.35	23 685.67	18 989.80	17 776.55	17 936.51	21 006.01	20 957.42	14 406.01	12 890.14	204 336.51
河　北		87 569.52	43 528.84	43 987.35	39 048.68	44 315.26	45 473.11	30 005.89	24 904.60	21 320.25	19 650.04	399 803.54
山　西		34 035.01	23 592.26	16 188.99	10 811.18	10 051.95	9 660.32	7 543.86	6 161.14	5 782.17	5 515.05	129 341.94
内蒙古		12 674.68	40 603.71	32 533.25	25 800.37	28 858.51	28 360.81	25 734.56	22 166.01	19 385.25	16 026.62	252 143.76
辽　宁		108 485.93	60 308.61	47 568.89	40 896.52	38 926.55	27 157.74	26 067.11	24 060.29	22 617.68	19 556.20	415 645.53
吉　林		80 587.62	42 912.99	31 764.25	23 530.10	21 462.24	18 405.58	14 422.82	13 040.63	11 924.86	10 610.46	268 661.54
黑龙江		46 850.01	25 508.06	21 362.62	18 232.69	17 920.01	14 669.19	14 687.82	14 049.93	12 468.04	12 182.44	197 930.81
上　海		24 846.02	15 173.45	14 981.81	14 037.39	14 066.54	13 027.44	12 514.00	19 218.14	12 649.55	11 460.63	151 974.96
江　苏		212 543.95	123 502.01	142 330.77	154 703.67	134 656.18	84 667.31	68 395.69	60 985.28	61 628.75	58 142.94	1 101 556.56
浙　江		102 107.33	61 851.24	74 094.45	80 113.47	93 862.49	84 787.67	54 631.99	48 189.76	50 525.81	45 120.11	695 284.31
安　徽		51 748.66	24 830.18	25 524.55	18 746.16	19 998.70	19 213.51	16 667.07	14 502.31	13 926.63	13 310.45	218 468.22
福　建		35 274.99	24 352.26	14 680.29	10 600.65	10 541.54	8 421.99	7 771.61	6 971.65	7 221.52	7 184.57	133 021.06
江　西		29 882.90	16 875.11	16 631.44	10 456.40	12 322.66	11 179.95	12 504.29	13 694.72	8 693.77	7 436.02	139 677.25
山　东		105 126.18	47 292.28	28 474.15	22 955.26	26 771.98	17 110.35	16 352.58	15 964.86	14 087.50	16 299.29	310 434.43
河　南		78 209.75	64 718.69	49 731.22	43 122.04	45 970.56	36 642.85	36 996.19	34 313.33	34 288.57	31 093.15	455 086.34
湖　北		80 197.08	46 338.14	47 441.81	38 226.84	40 916.83	38 435.03	32 271.79	27 151.60	27 863.13	27 274.41	406 116.67
湖　南		62 519.34	33 771.47	32 452.33	27 683.09	28 836.65	21 667.16	21 291.74	20 515.78	18 125.49	17 358.86	284 221.91
广　东		53 963.39	32 315.40	28 346.54	21 496.94	20 935.61	19 048.09	18 453.78	17 790.18	18 515.65	20 239.40	251 104.98
广　西		5 344.33	3 382.03	2 538.03	3 041.86	2 749.75	2 309.89	2 291.31	2 391.06	2 447.09	2 274.33	28 769.67
海　南		536.30	299.50	215.00	306.38	393.74	400.34	343.71	317.87	477.88	612.59	3 903.31
重　庆		12 506.73	5 226.21	3 488.22	3 620.68	3 946.44	4 336.80	6 927.38	7 961.08	4 000.94	3 632.02	55 646.50
四　川		66 734.11	44 467.74	50 159.63	50 779.24	46 395.28	39 826.00	37 456.23	35 100.37	33 627.68	30 854.39	435 400.67
贵　州		22 780.65	15 765.31	17 687.83	13 891.96	14 392.34	15 007.63	11 793.69	10 871.44	10 754.70	11 004.18	143 949.74
云　南		60 938.83	48 192.57	45 437.22	41 257.60	42 046.72	38 970.41	35 482.91	33 829.90	31 150.91	30 813.90	408 120.96
西　藏		1 218.11	1 428.26	1 092.18	—	1 159.02	1 237.98	1 265.46	1 485.60	959.68	995.07	10 841.36
陕　西		39 087.31	28 120.15	24 647.62	20 646.65	23 122.28	19 728.31	14 507.15	12 231.05	11 533.67	11 118.82	204 743.01
甘　肃		33 115.40	22 893.76	18 365.63	14 794.25	17 108.86	17 573.11	15 403.48	11 299.48	10 266.25	9 471.83	170 292.04
青　海		5 771.28	4 490.00	4 044.75	2 738.02	3 021.63	2 844.96	2 707.43	2 293.42	2 347.52	2 283.87	32 542.87
宁　夏		2 383.18	13 961.94	10 933.10	9 625.36	8 351.50	9 255.44	9 865.67	8 038.55	7 068.73	7 184.20	86 667.67
新　疆		46 463.43	21 264.55	14 819.17	10 206.64	10 043.75	10 350.99	10 132.63	9 733.65	10 411.22	9 900.67	153 326.70
合计 Total		**1 576 028.25**	**992 068.58**	**910 830.52**	**816 673.78**	**829 784.00**	**707 634.45**	**619 839.81**	**568 288.82**	**520 789.62**	**490 665.50**	**8 032 603.33**

排 列 5

单位：万元

Unit：Ten Thousand Yuan

地 区 Region	游戏类型 Game Type	2007	2008	2009	2010	2011	2012	2013	2014	2015	2016	合 计 Total
北 京	乐透排列	9 787.73	7 030.17	7 622.76	8 486.77	8 554.08	9 021.63	11 097.37	10 132.77	8 774.74	8 901.11	89 409.13
天 津		7 319.36	6 767.49	6 958.66	5 785.86	5 853.91	6 383.69	9 697.67	10 551.00	5 813.91	4 747.69	69 879.24
河 北		9 896.83	9 276.76	10 863.67	11 494.80	13 552.68	14 359.45	11 982.56	12 399.10	12 680.84	13 293.55	119 800.24
山 西		4 504.64	4 341.69	4 147.78	4 113.90	4 117.84	4 068.35	3 903.59	3 820.72	3 977.05	3 653.13	40 648.69
内蒙古		2 973.24	8 696.95	8 533.33	8 946.25	9 698.99	10 718.91	12 009.52	11 780.35	11 421.54	11 013.60	95 792.69
辽 宁		14 921.82	15 017.70	13 408.22	13 716.55	14 315.66	11 857.94	11 714.44	11 193.46	11 234.14	11 068.90	128 448.83
吉 林		8 129.37	8 395.81	8 292.16	7 855.01	7 784.58	7 024.29	6 656.02	7 030.01	7 106.59	7 032.51	75 306.35
黑龙江		5 680.17	4 797.41	5 312.74	6 006.13	7 028.79	6 471.92	6 894.35	7 747.42	6 568.18	6 276.92	62 784.03
上 海		3 779.47	3 551.10	4 138.71	4 430.34	4 823.89	4 827.54	5 385.74	9 132.74	5 440.19	5 070.12	50 579.85
江 苏		23 347.10	27 260.81	33 610.07	36 690.76	35 562.41	28 424.55	27 800.52	27 098.40	27 675.99	26 881.88	294 352.49
浙 江		20 143.04	21 589.81	25 692.03	30 859.35	30 133.66	29 473.83	24 377.64	22 803.06	23 323.12	23 681.19	252 076.72
安 徽		6 723.92	6 735.28	9 746.94	9 338.61	9 779.56	10 320.04	10 204.98	9 605.93	9 798.34	9 925.24	92 178.83
福 建		4 494.39	5 086.16	4 392.67	4 091.41	4 093.93	3 831.13	4 030.19	3 876.45	4 290.49	4 281.23	42 468.04
江 西		3 756.54	3 304.83	2 851.00	3 562.16	3 862.49	4 094.47	4 951.82	5 129.42	3 672.63	3 258.90	38 444.25
山 东		7 184.38	6 929.63	6 383.87	7 151.46	9 592.59	7 520.59	8 583.26	7 595.80	7 906.34	9 495.50	78 343.42
河 南		18 090.01	20 307.41	19 776.52	19 865.39	21 733.22	19 928.90	21 526.35	23 154.23	24 786.62	23 092.17	212 260.83
湖 北		19 522.27	16 530.15	19 420.71	19 491.97	20 528.57	20 373.75	21 013.68	21 259.69	20 766.96	20 768.77	199 676.53
湖 南		7 698.20	7 724.84	9 031.79	9 852.03	10 703.71	10 558.13	11 493.85	11 408.25	10 021.12	10 515.88	99 007.79
广 东		11 399.45	11 647.04	13 491.15	12 651.58	13 103.65	12 595.10	13 548.15	13 248.93	14 490.39	15 877.43	132 052.86
广 西		587.47	685.91	884.88	1 194.73	1 310.44	1 391.06	1 895.11	2 050.01	1 551.94	1 643.29	13 194.82
海 南		346.44	335.36	348.68	399.49	449.73	481.80	530.00	495.41	624.39	829.46	4 840.75
重 庆		846.05	819.95	879.66	1 204.96	1 644.15	1 943.63	3 370.33	3 556.52	2 180.71	2 118.45	18 564.42
四 川		12 826.29	12 843.99	17 015.10	19 459.69	19 363.82	19 563.10	19 872.54	20 045.74	20 962.09	20 031.36	181 983.72
贵 州		5 472.55	6 631.66	9 563.19	9 551.65	9 672.87	10 311.49	10 031.90	10 268.58	10 512.88	10 600.46	92 617.23
云 南		11 993.94	14 826.01	18 276.06	19 990.01	23 520.67	24 244.39	28 356.95	30 086.01	30 826.40	29 494.00	231 614.44
西 藏		270.42	531.06	668.67	—	1 106.37	1 132.02	1 178.79	1 286.10	1 423.98	1 544.34	9 141.75
陕 西		4 772.40	4 440.25	5 893.67	6 519.46	8 054.14	7 814.02	7 057.33	7 016.54	7 580.47	7 789.97	66 938.24
甘 肃		3 815.23	4 667.17	4 824.73	4 970.93	6 337.56	7 752.02	8 677.33	8 141.40	7 944.05	8 344.95	65 475.36
青 海		1 039.21	1 318.44	1 680.31	1 455.44	1 715.23	2 054.11	2 101.45	1 912.85	2 264.48	2 556.40	18 097.92
宁 夏		620.03	3 308.18	3 217.28	3 279.46	3 368.78	3 807.58	4 376.29	4 329.11	4 447.48	4 622.67	35 376.87
新 疆		7 280.81	5 976.50	4 695.57	3 805.41	4 090.50	4 236.38	4 624.95	4 800.74	5 097.76	5 278.17	49 886.78
合计 Total		**239 222.78**	**251 375.52**	**281 622.58**	**296 221.56**	**315 458.46**	**306 585.96**	**318 944.65**	**322 956.74**	**315 165.79**	**313 689.22**	**2 961 243.27**

七 星 彩

单位：万元

Unit：Ten Thousand Yuan

地 区 Region	游戏类型 Game Type	2007	2008	2009	2010	2011	2012	2013	2014	2015	2016	合 计 Total
北 京	乐透排列	8 087.63	7 501.93	6 634.86	7 249.06	7 250.17	6 124.20	10 473.67	10 914.48	5 469.43	4 837.03	74 542.46
天 津		14 118.87	13 651.40	14 293.51	13 210.31	11 369.00	11 014.43	12 775.81	12 828.89	8 496.93	7 190.66	118 949.80
河 北		19 917.10	20 110.45	19 987.25	19 287.75	19 252.54	18 324.62	18 307.98	18 062.71	16 083.35	15 178.90	184 512.65
山 西		1 868.86	1 982.12	1 908.10	1 903.48	1 988.13	1 865.16	1 837.93	1 727.30	1 526.67	1 353.40	17 961.15
内蒙古		1 051.89	2 561.85	2 287.06	2 202.89	2 401.11	2 394.74	2 653.98	2 587.03	2 290.51	2 273.36	22 704.43
辽 宁		5 261.96	4 988.56	4 177.51	4 043.27	4 075.30	3 501.88	3 536.65	3 273.85	2 989.65	2 749.41	38 598.04
吉 林		9 705.35	10 043.14	9 735.66	9 326.57	9 291.99	8 803.65	8 608.94	7 944.23	7 263.29	6 637.23	87 360.05
黑龙江		5 582.33	5 665.06	5 509.83	5 601.94	6 205.70	5 796.39	6 214.93	6 851.34	5 072.98	4 427.79	56 928.30
上 海		7 605.47	7 204.28	6 530.03	6 063.01	5 910.51	5 368.69	6 008.06	8 194.20	4 886.57	4 360.09	62 130.91
安 徽		13 348.67	13 622.15	14 701.69	13 882.70	13 025.23	11 453.31	11 523.73	10 435.41	9 290.49	8 757.19	120 040.57
福 建		5 280.31	5 780.10	5 811.75	5 791.22	6 077.68	5 233.19	5 754.82	5 438.80	4 985.41	4 627.40	54 780.67
江 西		4 099.93	3 571.21	3 822.79	4 153.41	4 218.54	4 322.92	5 870.55	8 114.68	3 303.65	2 255.51	43 733.20
山 东		6 113.90	6 463.99	6 956.64	7 618.23	12 741.96	7 915.57	9 343.54	7 959.57	7 056.64	7 523.93	79 693.97
河 南		31 868.61	35 383.70	36 062.87	36 246.55	36 104.90	33 702.21	36 276.35	35 079.49	32 022.07	29 588.29	342 335.04
湖 北		26 696.61	25 690.64	24 400.88	22 833.53	21 288.00	19 303.49	19 925.53	19 315.26	17 340.57	16 354.98	213 149.50
湖 南		4 245.30	4 486.22	4 987.02	4 952.60	4 892.96	4 652.02	5 047.80	5 466.63	3 690.54	3 547.19	45 968.29
广 东		28 814.49	28 311.09	28 371.56	27 545.92	26 444.23	23 483.97	25 145.45	22 953.82	21 076.73	20 304.49	252 451.77
广 西		1 011.70	1 150.87	1 221.11	1 389.48	1 561.89	1 466.82	1 684.67	1 669.20	1 505.23	1 472.12	14 133.08
海 南		2 141.75	2 878.46	3 637.74	4 405.03	5 498.51	6 027.51	7 064.10	7 435.52	8 490.99	8 800.24	56 379.85
重 庆		1 816.14	1 648.70	1 602.27	1 744.67	2 012.30	2 269.74	3 502.01	3 647.53	1 752.21	1 557.46	21 553.04
四 川		34 979.20	36 688.25	42 376.28	42 605.69	41 950.59	37 741.93	37 632.60	35 200.73	31 298.42	27 902.77	368 376.46
贵 州		4 544.10	4 867.81	5 079.03	5 205.87	4 915.22	4 590.50	4 812.37	4 825.59	4 405.13	4 313.39	47 559.02
云 南		23 365.77	25 316.16	26 888.36	25 548.97	24 334.15	21 550.88	22 971.89	22 559.88	20 506.55	19 910.89	232 953.50
西 藏		325.10	370.80	369.37	—	452.45	452.18	480.73	481.32	471.28	445.91	3 849.14
陕 西		3 042.65	2 684.04	2 740.07	2 587.83	2 678.03	2 459.46	2 787.41	2 770.87	2 491.59	2 674.90	26 916.85
甘 肃		1 674.17	1 554.72	1 472.80	1 412.21	1 602.21	1 841.06	2 756.89	2 724.52	1 445.76	1 422.61	17 906.94
青 海		698.41	752.07	800.76	670.68	757.39	973.14	909.57	779.68	722.17	712.94	7 776.81
宁 夏		282.03	1 180.08	1 070.52	978.22	926.96	838.58	910.58	937.88	851.05	902.30	8 878.19
新 疆		6 721.09	5 568.52	4 680.44	4 003.69	3 849.64	3 520.00	3 843.95	3 733.38	3 655.46	3 279.38	42 855.54
合计 Total		274 269.39	281 678.37	288 117.76	282 464.80	283 077.30	256 992.24	278 662.51	273 913.79	230 441.31	215 361.77	2 664 979.23

22 选 5

单位：万元

Unit：Ten Thousand Yuan

地　区 Region	游戏类型 Game Type	2007	2008	2009	2010	2011	2012	2013	2014	2015	2016	合　计 Total
天　津	乐透组合	1 739.98	1 639.59	1 801.47	1 452.63	1 604.34	1 591.49	938.19	—	—	—	10 767.68
河　北		5 819.44	5 332.92	5 889.63	5 566.58	6 113.31	5 906.18	2 085.37	—	—	—	36 713.43
山　西		2 188.95	1 792.06	1 470.75	1 310.75	1 206.59	1 035.79	471.94	—	—	—	9 476.83
内蒙古		1 153.81	2 963.49	2 466.34	2 742.41	2 898.85	2 809.35	1 330.02	—	—	—	16 364.27
辽　宁		4 262.37	3 709.79	2 821.01	2 575.24	2 312.87	1 702.01	784.29	—	—	—	18 167.58
吉　林		3 893.84	4 683.19	4 459.64	3 541.83	3 291.36	2 881.40	1 121.30	—	—	—	23 872.56
黑龙江		3 412.94	3 108.51	2 906.08	2 887.41	2 645.96	2 160.43	960.65	—	—	—	18 081.98
上　海		4 813.42	3 951.63	3 925.70	3 583.69	3 404.98	3 048.80	1 375.08	—	—	—	24 103.29
江　苏		3 558.58	12 177.48	13 869.36	14 621.85	13 065.04	8 881.90	3 963.98	—	—	—	70 138.18
安　徽		4 775.77	5 069.41	5 620.68	5 173.22	5 208.99	5 068.64	2 256.93	—	—	—	33 173.65
江　西		4 710.24	4 868.93	4 823.26	4 612.90	4 635.17	4 036.52	1 941.91	—	—	—	29 628.93
山　东		5 216.79	5 040.23	3 590.16	2 927.20	2 796.49	2 334.27	1 112.98	—	—	—	23 018.12
湖　北		2 302.72	2 094.82	2 120.85	1 627.78	1 506.03	1 405.58	540.89	—	—	—	11 598.67
湖　南		2 236.53	2 251.95	2 389.49	2 166.41	2 733.86	2 563.07	1 061.79	—	—	—	15 403.10
广　东		13 427.27	10 384.49	10 751.35	8 859.86	8 243.39	7 278.53	3 197.15	—	—	—	62 142.03
广　西		890.63	868.99	916.36	982.85	874.25	811.43	416.56	—	—	—	5 761.08
海　南		102.69	113.71	113.35	150.29	147.89	126.49	54.88	—	—	—	809.29
重　庆		1 170.59	991.19	795.42	809.99	711.46	736.99	534.84	—	—	—	5 750.48
四　川		1 315.24	1 291.84	1 672.79	1 885.49	1 450.81	1 262.57	554.76	—	—	—	9 433.50
西　藏		58.42	111.11	100.65	—	80.76	57.06	26.97	—	—	—	434.97
陕　西		5 835.05	4 759.41	4 438.52	3 032.44	2 967.89	2 400.20	973.92	—	—	—	24 407.43
甘　肃		2 931.59	2 640.28	1 845.89	1 409.20	1 461.84	1 588.42	725.00	—	—	—	12 602.21
青　海		711.12	866.10	843.52	587.76	670.92	572.46	253.59	—	—	—	4 505.48
宁　夏		414.51	2 023.50	1 813.60	1 637.96	1 368.57	1 123.95	529.68	—	—	—	8 911.77
新　疆		2 212.63	1 775.56	1 411.04	1 045.68	987.86	974.85	454.42	—	—	—	8 862.04
合计 Total		**79 155.12**	**84 510.18**	**82 856.91**	**75 191.40**	**72 389.46**	**62 358.49**	**27 667.08**	**—**	**—**	**—**	**484 128.65**

29 选 7

单位：万元

Unit：Ten Thousand Yuan

地 区 Region	游戏类型 Game Type	2007	2008	2009	2010	2011	2012	2013	2014	2015	2016	合 计 Total
河 北	乐透组合	3 177.29	1 799.83	1 049.60	—	—	—	—	—	—	—	6 026.72
山 西		522.67	278.64	121.07	—	—	—	—	—	—	—	922.38
内蒙古		589.39	995.00	518.14	—	—	—	—	—	—	—	2 102.53
辽 宁		2 386.97	1 402.21	718.24	—	—	—	—	—	—	—	4 507.42
吉 林		1 930.05	959.50	517.55	—	—	—	—	—	—	—	3 407.10
黑龙江		1 164.23	694.07	389.40	—	—	—	—	—	—	—	2 247.70
安 徽		1 575.85	877.05	552.00	—	—	—	—	—	—	—	3 004.90
江 西		1 148.63	578.73	368.72	—	—	—	—	—	—	—	2 096.08
山 东		2 905.90	1 841.13	839.32	—	—	—	—	—	—	—	5 586.35
湖 南		709.36	313.22	167.77	—	—	—	—	—	—	—	1 190.35
广 西		460.90	232.22	158.83	—	—	—	—	—	—	—	851.95
重 庆		243.20	112.53	45.97	—	—	—	—	—	—	—	401.70
四 川		205.90	113.24	67.57	—	—	—	—	—	—	—	386.71
西 藏		5.99	5.63	1.81	—	—	—	—	—	—	—	13.43
陕 西		1 185.68	612.02	285.37	—	—	—	—	—	—	—	2 083.07
甘 肃		550.61	253.29	121.39	—	—	—	—	—	—	—	925.29
青 海		70.70	47.49	16.84	—	—	—	—	—	—	—	135.03
宁 夏		49.47	191.77	87.73	—	—	—	—	—	—	—	328.97
新 疆		1 027.42	573.21	264.40	—	—	—	—	—	—	—	1 865.03
合计 Total		**19 910.19**	**11 880.78**	**6 291.72**	**—**	**—**	**—**	**—**	**—**	**—**	**—**	**38 082.69**

超级大乐透

单位：万元

Unit：Ten Thousand Yuan

地　区 Region	游戏类型 Game Type	2007	2008	2009	2010	2011	2012	2013	2014	2015	2016	合　计 Total
北　京	乐透组合	8 379.74	18 229.29	19 293.13	27 236.58	39 467.80	36 947.78	70 687.06	94 075.23	83 559.83	95 333.84	493 210.27
天　津		4 201.67	11 088.92	21 249.99	43 718.44	26 863.60	31 775.07	49 624.95	72 419.87	42 746.43	34 727.84	338 416.77
河　北		7 962.91	19 690.21	23 583.52	3 328.81	39 315.34	42 364.17	45 975.41	77 112.20	98 582.62	114 430.34	472 345.54
山　西		2 431.41	6 250.88	6 859.00	39 264.45	12 422.70	12 580.58	13 824.88	23 924.82	32 749.81	31 389.72	181 698.24
内蒙古		2 599.77	9 148.41	9 657.77	23 022.27	16 941.91	19 558.39	24 137.00	41 158.72	48 550.50	52 786.87	247 561.61
辽　宁		11 399.69	21 120.45	20 409.13	25 012.24	32 876.04	31 816.74	33 935.54	52 148.05	64 923.89	70 829.73	364 471.51
吉　林		6 992.21	15 748.57	16 737.76	24 653.65	26 330.99	27 971.17	29 993.36	43 624.54	50 625.44	55 183.52	297 861.20
黑龙江		5 779.50	13 216.90	15 103.20	53 117.84	32 010.74	33 355.52	42 032.44	73 068.66	74 604.67	79 586.79	421 876.27
上　海		7 295.22	19 311.69	23 688.96	19 881.26	41 696.95	44 477.67	50 907.26	70 974.47	87 297.49	86 884.15	452 415.12
江　苏		21 340.30	72 437.98	113 330.77	18 922.79	215 374.28	184 445.06	181 875.77	242 653.95	274 021.00	294 453.34	1 618 855.24
浙　江		21 550.10	51 891.12	66 012.82	40 756.97	120 469.16	118 680.10	118 842.08	185 171.09	219 139.24	239 547.48	1 182 060.17
安　徽		8 787.90	21 100.84	23 606.60	952 017.96	41 615.16	41 087.95	48 917.19	68 549.26	75 983.69	83 466.32	1 365 132.87
福　建		19 372.01	45 264.85	49 641.07	23 749.18	83 785.16	82 988.92	91 364.59	131 561.76	164 858.92	185 591.08	878 177.54
江　西		7 584.92	17 791.87	20 193.83	150 426.97	37 356.94	40 289.46	51 483.85	140 211.78	72 534.84	56 384.14	594 258.60
山　东		9 962.29	26 802.01	30 021.67	2 606.84	80 478.23	65 649.36	78 122.33	127 524.58	139 036.11	168 377.12	728 580.52
河　南		15 415.97	39 340.55	48 650.83	26 432.75	72 962.41	72 516.40	86 227.42	135 332.88	154 362.78	174 127.59	825 369.58
湖　北		15 532.43	27 872.94	27 574.19	18 520.34	36 870.49	37 284.64	44 526.00	64 281.94	76 987.65	89 100.38	438 551.01
湖　南		8 179.46	18 019.28	20 680.49	27 516.62	34 756.96	34 205.00	51 338.13	230 613.83	72 902.78	80 131.60	578 344.15
广　东		36 075.42	81 273.90	89 470.52	7 095.07	129 215.92	121 343.82	143 436.34	199 256.59	229 569.89	268 474.63	1 305 212.11
广　西		2 308.86	4 884.26	5 583.55	92 432.57	10 946.34	11 360.46	13 738.35	22 984.61	29 379.60	34 697.35	228 315.93
海　南		1 284.51	2 498.14	2 816.29	24 106.87	5 914.47	5 475.08	6 778.11	11 971.60	14 703.19	17 646.06	93 194.33
重　庆		8 094.96	16 798.26	18 318.62	82 599.41	29 640.21	30 184.60	41 242.59	55 987.45	46 599.67	49 417.21	378 882.98
四　川		12 233.86	28 506.79	36 157.45	28 630.71	61 735.50	64 814.79	69 402.37	111 621.08	131 976.83	143 299.32	688 378.70
贵　州		7 293.31	20 892.64	23 909.83	6 667.08	29 446.00	29 085.24	32 377.92	52 467.39	58 756.66	68 116.55	329 012.63
云　南		14 585.17	35 066.22	37 792.95	12 724.70	56 610.42	56 687.49	64 178.01	93 636.96	108 849.87	132 733.94	612 865.71
西　藏		186.04	634.61	630.00	24 796.18	1 344.98	1 734.93	1 814.84	3 209.65	4 980.96	5 810.46	45 142.65
陕　西		9 526.56	18 877.76	18 535.07	8 053.94	28 881.18	28 045.11	31 626.76	52 547.55	65 989.22	72 712.13	334 795.27
甘　肃		3 816.23	6 392.16	6 700.46	59 604.23	11 360.78	14 923.73	29 477.53	33 823.14	26 935.91	32 509.22	225 543.39
青　海		802.44	2 024.83	2 638.13	6 643.22	4 054.68	6 699.91	7 159.72	8 187.72	9 565.19	10 974.34	58 750.19
宁　夏		1 021.13	6 154.70	6 178.97	11 078.26	7 799.46	8 235.70	8 948.18	13 310.96	15 383.37	17 572.39	95 683.12
新　疆		5 990.09	13 026.10	12 098.87	—	16 289.63	16 570.57	18 674.13	28 619.52	35 732.53	43 355.39	190 356.83
合计 Total		**287 986.08**	**691 357.13**	**817 125.44**	**1 884 618.21**	**1 384 834.40**	**1 353 155.41**	**1 582 670.12**	**2 562 031.84**	**2 611 890.60**	**2 889 650.84**	**16 065 320.07**

大乐透·幸运彩

单位：万元

Unit: Ten Thousand Yuan

地 区 Region	游戏类型 Game Type	2007	2008	2009	2010	2011	2012	2013	2014	2015	2016	合 计 Total
北 京	乐透组合	202.72	361.87	374.92	460.05	559.23	719.56	333.86	—	—	—	3 012.22
天 津		241.79	315.77	364.15	410.95	333.61	422.56	196.47	—	—	—	2 285.30
河 北		413.07	674.61	657.46	699.97	701.77	1 124.50	243.11	—	—	—	4 514.49
山 西		124.31	193.94	201.29	182.73	166.76	204.10	63.92	—	—	—	1 137.05
内蒙古		117.08	252.82	172.23	175.91	202.87	210.41	81.72	—	—	—	1 213.05
辽 宁		466.80	599.38	483.48	514.55	542.41	408.51	144.46	—	—	—	3 159.59
吉 林		226.48	463.17	431.64	384.02	362.48	404.97	129.00	—	—	—	2 401.76
黑龙江		115.04	256.96	381.04	342.85	411.71	389.13	171.20	—	—	—	2 067.93
上 海		287.62	560.93	817.61	897.94	898.51	1 082.33	368.41	—	—	—	4 913.36
江 苏		644.70	1 108.27	2 389.49	2 717.89	2 767.29	1 572.25	446.55	—	—	—	11 646.44
浙 江		594.10	795.15	1 065.82	1 468.82	1 577.99	1 521.99	408.82	—	—	—	7 432.69
安 徽		154.13	270.06	340.46	422.85	509.34	464.15	156.54	—	—	—	2 317.54
福 建		1 169.46	1 874.45	2 174.07	2 526.08	2 311.13	2 194.81	646.17	—	—	—	12 896.17
江 西		348.02	737.68	796.89	684.17	1 261.68	897.90	360.18	—	—	—	5 086.51
山 东		659.25	2 365.81	1 244.52	1 147.47	1 205.84	938.58	324.87	—	—	—	7 886.34
河 南		608.96	1 241.96	1 159.28	1 145.45	1 064.43	1 003.69	335.23	—	—	—	6 559.00
湖 北		311.46	435.57	499.81	428.07	366.12	376.64	103.33	—	—	—	2 521.00
湖 南		536.46	1 032.20	816.46	627.21	881.65	771.59	179.68	—	—	—	4 845.25
广 东		1 847.28	2 417.97	2 057.01	1 747.28	1 686.45	1 649.91	531.98	—	—	—	11 937.88
广 西		171.29	234.29	251.39	248.76	214.02	237.74	87.97	—	—	—	1 445.45
海 南		9.82	9.00	13.00	16.03	20.65	29.27	10.42	—	—	—	108.19
重 庆		131.25	118.10	172.68	233.96	256.75	304.42	142.52	—	—	—	1 359.67
四 川		110.90	297.35	612.53	611.09	561.77	480.62	154.12	—	—	—	2 828.38
贵 州		150.89	351.90	427.54	393.97	359.67	295.31	94.51	—	—	—	2 073.79
云 南		343.32	760.44	682.49	733.41	730.93	861.94	263.86	—	—	—	4 376.39
西 藏		1.72	16.87	4.41	—	7.34	6.68	2.83	—	—	—	39.85
陕 西		270.72	298.03	352.20	362.71	361.52	364.70	141.37	—	—	—	2 151.25
甘 肃		166.29	325.81	182.91	137.19	150.35	278.52	82.87	—	—	—	1 323.93
青 海		24.29	39.29	132.53	81.69	55.00	56.60	13.98	—	—	—	403.37
宁 夏		40.10	172.59	193.95	157.57	136.60	137.78	43.81	—	—	—	882.39
新 疆		145.41	216.49	144.85	114.76	117.65	147.08	76.84	—	—	—	963.08
合计 Total		**10 634.72**	**18 798.73**	**19 598.11**	**20 075.39**	**20 783.53**	**19 558.38**	**6 340.59**	**—**	**—**	**—**	**115 789.45**

2007—2016 年中国体育彩票区域联网游戏销售统计

Sales Statistics of Inter-Regional Games of Sports Lottery from 2007 to 2016

31 选 7

单位：万元

Unit：Ten Thousand Yuan

地区 Region	游戏类型 Game Type	2007	2008	2009	2010	2011	2012	2013	2014	2015	2016	合计 Total
河北	乐透组合	—	—	992.74	1 148.43	—	—	—	—	—	—	2 141.17
山西		—	—	129.29	127.39	—	—	—	—	—	—	256.68
辽宁		—	—	526.49	620.97	—	—	—	—	—	—	1 147.46
内蒙古		—	—	358.39	428.80	—	—	—	—	—	—	787.19
吉林		—	—	417.82	496.33	—	—	—	—	—	—	914.15
黑龙江		—	—	369.00	424.38	—	—	—	—	—	—	793.38
安徽		—	—	600.98	555.16	—	—	—	—	—	—	1 156.14
江西		—	—	297.90	329.65	—	—	—	—	—	—	627.55
山东		—	—	906.50	950.86	—	—	—	—	—	—	1 857.36
湖南		—	—	183.87	230.79	—	—	—	—	—	—	414.66
广西		—	—	219.77	288.88	—	—	—	—	—	—	508.65
重庆		—	—	69.37	83.07	—	—	—	—	—	—	152.44
陕西		—	—	398.96	321.56	—	—	—	—	—	—	720.52
甘肃		—	—	193.98	124.46	—	—	—	—	—	—	318.44
宁夏		—	—	93.75	92.17	—	—	—	—	—	—	185.92
青海		—	—	27.78	19.67	—	—	—	—	—	—	47.45
新疆		—	—	296.01	315.09	—	—	—	—	—	—	611.10
合计 Total		**—**	**—**	**6 082.60**	**6 557.68**	**—**	**—**	**—**	**—**	**—**	**—**	**12 640.28**

注：31 选 7 于 2010 年 10 月 10 日起停售。

36 选 7

单位：万元

Unit：Ten Thousand Yuan

地区 Region	游戏类型 Game Type	2007	2008	2009	2010	2011	2012	2013	2014	2015	2016	合计 Total
黑龙江	乐透组合	1 260.14	715.72	349.45	—	—	—	—	—	—	—	2 325.31
上海		3 910.15	2 626.62	1264.59	—	—	—	—	—	—	—	7 801.36
江西		670.48	462.59	271.34	—	—	—	—	—	—	—	1 404.41
湖北		476.30	—	—	—	—	—	—	—	—	—	476.30
湖南		647.61	316.56	162.89	—	—	—	—	—	—	—	1 127.06
广东		16 377.80	8 577.11	4686.39	—	—	—	—	—	—	—	29 641.30
广西		629.54	379.86	233.32	—	—	—	—	—	—	—	1 242.72
海南		59.73	—	—	—	—	—	—	—	—	—	59.73
重庆		248.14	93.59	36.91	—	—	—	—	—	—	—	378.64
四川		421.39	184.96	96.45	—	—	—	—	—	—	—	702.80
贵州		165.87	83.47	54.89	—	—	—	—	—	—	—	304.23
云南		760.74	—	—	—	—	—	—	—	—	—	760.74
西藏		17.07	11.28	8.11	—	—	—	—	—	—	—	36.46
合计 Total		**25 644.96**	**13 451.76**	**7 164.34**	**—**	**—**	**—**	**—**	**—**	**—**	**—**	**46 261.06**

千　喜　乐

单位：万元

Unit：Ten Thousand Yuan

地　区 Region	游戏类型 Game Type	2007	2008	2009	2010	2011	2012	2013	2014	2015	2016	合　计 Total
湖　南	乐透组合	73. 69	—	—	—	—	—	—	—	—	—	73. 69
广　西		—	—	—	—	—	—	—	—	—	—	—
海　南		—	—	—	—	—	—	—	—	—	—	—
重　庆		—	—	—	—	—	—	—	—	—	—	—
贵　州		22. 80	—	—	—	—	—	—	—	—	—	22. 80
云　南		134. 00	—	—	—	—	—	—	—	—	—	134. 00
合计 Total		**230. 49**	**—**	**—**	**—**	**—**	**—**	**—**	**—**	**—**	**—**	**230. 49**

同　花　5

单位：万元

Unit：Ten Thousand Yuan

地　区 Region	游戏类型 Game Type	2007	2008	2009	2010	2011	2012	2013	2014	2015	2016	合　计 Total
湖　南	乐透组合	9. 39	—	—	—	—	—	—	—	—	—	9. 39
广　西		—	—	—	—	—	—	—	—	—	—	—
海　南		—	—	—	—	—	—	—	—	—	—	—
重　庆		—	—	—	—	—	—	—	—	—	—	—
贵　州		15. 98	—	—	—	—	—	—	—	—	—	15. 98
云　南		62. 97	—	—	—	—	—	—	—	—	—	62. 97
合计 Total		**88. 34**	**—**	**—**	**—**	**—**	**—**	**—**	**—**	**—**	**—**	**88. 34**

传　统　单　场

单位：万元

Unit：Ten Thousand Yuan

地　区 Region	游戏类型 Game Type	2007	2008	2009	2010	2011	2012	2013	2014	2015	2016	合　计 Total
北　京	竞猜	—	—	—	—	—	138 301. 07	—	—	—	—	138 301. 07
天　津		—	—	—	—	—	84 294. 68	—	—	—	—	84 294. 68
广　东		—	—	—	—	—	72 882. 09	—	—	—	—	72 882. 09
合计 Total		**—**	**—**	**—**	**—**	**—**	**295 477. 84**	**—**	**—**	**—**	**—**	**295 477. 84**

快　中　彩

单位：万元

Unit：Ten Thousand Yuan

地　区 Region	游戏类型 Game Type	2007	2008	2009	2010	2011	2012	2013	2014	2015	2016	合　计 Total
北　京	乐透组合	—	—	—	—	—	227. 04	—	—	—	—	227. 04
天　津		—	—	—	—	—	110. 39	—	—	—	—	110. 39
广　东		—	—	—	—	—	234. 72	—	—	—	—	234. 72
合计 Total		**—**	**—**	**—**	**—**	**—**	**572. 16**	**—**	**—**	**—**	**—**	**572. 16**

2007—2016 年中国体育彩票地方游戏销售情况表

Sales Statistics of Regional Games of Sports Lottery in China from 2007 to 2016

单位：万元

Unit：Ten Thousand Yuan

地区 Region	游戏类型 GameType	游戏名称 GameName	2007	2008	2009	2010	2011	2012	2013	2014	2015	2016	合计 Total
北京	乐透组合	北京 11 选 5	—	—	—	—	—	—	—	23478.00	182609.74	208732.53	414 820.27
		北京 33 选 7	—	—	808.60	2 272.72	1567.51	1274.44	1346.38	679.51	—	—	7 949.16
		北京 36 选 7	4 368.42	2 969.43	1 635.61	—	—	—	—	—	—	—	8 973.46
天津	乐透组合	天津 11 选 5	—	—	—	513.11	658.89	260.57	269.13	29062.10	40737.44	41708.45	113 209.68
		天津四选乐	—	—	139.61	138.95	—	—	—	—	—	—	278.56
		天津泳坛夺金	—	—	2 922.50	15 178.56	12614.07	18478.66	14342.95	2708.99	—	—	66 245.73
	乐透排列	天津 6 + 1	—	—	171.55	121.27	—	—	—	—	—	—	292.82
		天津 6 + 1(停用 2)	1 839.73	751.00	385.59	—	—	—	—	—	—	—	2 976.32
河北	乐透组合	河北 11 选 5	—	—	—	—	—	32695.32	—	443855.49	481026.27	455915.89	1 413 492.98
		河北快乐扑克	18 137.88	21 254.02	12 590.82	6 886.17	6818.40	5664.07	345490.08	479.85	370.96	235.78	417 928.02
		河北运动生肖	—	—	2 875.36	10 360.28	10348.32	11305.21	600.90	—	—	—	35 490.07
山西	乐透组合	山西 11 选 5	—	—	—	4 607.62	5851.23	6634.48	82358.83	103824.61	95271.54	75013.63	373 561.94
		山西泳坛夺金	—	—	27 867.88	13 857.77	7104.89	7322.77	4101.52	1517.47	762.94	398.27	62 933.50
内蒙古	乐透组合	内蒙古 11 选 5	—	—	—	—	4257.98	5109.21	70711.36	131721.89	207205.00	241014.67	660 020.12
		内蒙古泳坛夺金	—	—	25 679.01	9 308.24	5474.01	4241.26	2434.93	1324.41	801.27	549.95	49 813.07
		内蒙古运动生肖	—	—	347.02	1 004.92	—	—	—	—	—	—	1 351.94

续表

地区 Region	游戏类型 GameType	游戏名称 GameName	2007	2008	2009	2010	2011	2012	2013	2014	2015	2016	合计 Total
辽宁	乐透组合	辽宁11选5	—	—	—	—	106205.09	301219.47	276209.94	234538.74	187638.84	145277.00	1 251 089.08
		辽宁快乐扑克	24 145.66	25 250.36	11 911.06	9 172.15	5861.22	95.3	14.94	17.49	5.16	50.10	76 523.44
		辽宁即乐彩	—	—	10 948.51	6 244.25	—	—	—	—	—	—	17 192.76
吉林	乐透组合	吉林11选5	—	—	2 383.54	23 329.70	28627.83	81805.89	190165.73	203069.49	201965.65	194383.34	925 731.17
		吉林快乐扑克	—	—	15 452.68	765.77	272.09	45.25	—	—	—	—	16 535.80
黑龙江	乐透组合	黑龙江11选5	—	—	—	—	90072.14	231428.25	256674.97	336293.20	307193.02	305459.24	1 527 120.84
		黑龙江快乐扑克	39 491.94	24 187.92	20 368.01	21 651.09	10698.72	794.95	308.07	218.36	133.27	77.63	117 929.96
		黑龙江运动生肖	—	—	14 891.84	7 461.24	—	—	—	—	—	—	22 353.08
	乐透排列	黑龙江6位数	7 156.07	6 644.32	5 691.45	4 754.69	3762.25	2847.02	2446.80	2171.65	1769.16	1612.00	38 855.41
上海	乐透组合	上海11选5	—	—	—	—	10327.53	18800.59	56353.86	93135.97	43676.10	38299.54	260 593.59
		上海36选7	—	—	931.94	949.88	663.82	424.71	—	—	—	—	2 970.35
		上海即乐彩	752.61	2 393.53	3 070.95	3 596.35	—	—	—	—	—	—	9 813.44
江苏	乐透组合	江苏体彩11选5	—	—	—	—	378128.74	715652.02	662801.69	595589.10	590759.55	565123.70	3 508 054.80
		江苏体彩22选5	7 158.24	—	—	—	—	—	—	—	—	—	7 158.24
		江苏快乐扑克	5 986.33	23 178.20	3 096.28	2 581.03	—	—	—	—	—	—	34 841.84
	乐透排列	江苏体彩7位数	130 965.41	128 144.05	127 737.80	107 495.94	94838.43	90202.53	104231.84	86801.05	75168.56	80760.26	1 026 345.87
		江苏5+1	4 039.08	1 398.10	928.80	435.59	—	—	—	—	—	—	6 801.57

续表

地区 Region	游戏类型 GameType	游戏名称 GameName	2007	2008	2009	2010	2011	2012	2013	2014	2015	2016	合计 Total
浙江	乐透组合	浙江 11 选 5	—	—	—	—	—	159377.06	383200.98	314985.79	274348.59	296624.25	1 428 536.66
		浙江 20 选 5	17 636.38	17 440.47	17 143.32	17 783.91	18907.76	16611.74	10166.86	8214.89	8358.82	7230.87	139 495.02
		浙江 29 选 7(停用)	8 283.31	3 880.16	2 122.89	—	—	—	—	—	—	—	14 286.36
		浙江 31 选 7	—	—	2 915.69	1 862.99	—	—	—	—	—	—	4 778.68
		浙江快乐扑克	24 954.58	20 261.94	4 971.43	—	—	—	—	—	—	—	50 187.95
		浙江飞鱼	—	—	—	—	—	—	—	42544.10	49526.39	36705.00	128 775.49
		浙江泳坛夺金	—	—	4 349.17	9 658.17	8636.39	7229.57	305.23	215.32	139.29	46951.44	77 484.58
	乐透排列	浙江 6+1	137 124.93	129 509.63	113 110.10	101 037.33	92632.97	79210.1	70219.29	50404.01	42566.05	95.10	815 909.51
安徽	乐透组合	安徽 11 选 5	—	—	7 723.17	23 816.68	10688.51	24817.41	114206.68	114596.54	95443.53	108396.53	499 689.05
		安徽快乐扑克	11 210.91	2 885.46	1 220.72	—	—	—	—	—	—	—	15 317.09
福建	乐透组合	福建 11 选 5	—	—	—	34 980.83	149861.63	187243.17	252021.38	256970.18	276427.41	259871.71	1 417 376.30
		福建 22 选 5	21 414.46	22 041.84	16 165.36	11 211.08	9070.39	7989.25	7203.60	6325.25	7660.42	5306.31	114 387.97
		福建 31 选 7	70 385.42	66 634.95	60 987.38	54 138.59	46867.82	45336.18	44074.54	42675.61	32475.60	38424.69	502 000.77
		福建 31 选 7 附加	—	—	—	—	—	—	—	—	—	10099.08	10 099.08
		福建 36 选 7	65 662.56	67 011.87	63 567.49	46 112.59	45378.65	42136.09	43502.27	37193.39	31841.30	25928.78	468 334.99
		福建即乐彩	—	—	35 110.86	4 111.27	—	—	—	—	—	—	39 222.13
江西	乐透组合	江西多乐彩	—	—	10 815.60	76 557.06	90646.64	83739.13	161068.52	159881.68	96560.53	79575.88	758 845.04

续表

地区 Region	游戏类型 GameType	游戏名称 GameName	2007	2008	2009	2010	2011	2012	2013	2014	2015	2016	合计 Total
山东	乐透组合	山东快乐扑克	32 828.90	27 214.14	306.99	89.65	94.21	33.63	16.30	1.61	—	—	60 585.42
		山东快乐扑克 3	—	—	—	—	—	—	—	94142.31	74942.20	108910.46	277 994.97
		山东十一运夺金	—	28 951.89	278 456.51	309 981.23	480579.65	617373.05	729719.58	851224.58	571318.07	600945.11	4 468 549.68
河南	乐透组合	河南 9 选 9	502.53	—	—	—	—	—	—	—	—	—	502.53
		河南 11 选 5	—	—	—	9 648.62	6444.70	772.53	880.12	1079.52	1303.01	1230.31	21 358.81
		河南泳坛夺金	—	—	57 184.26	30 203.45	55018.27	218191.35	277378.31	402009.72	346918.22	394849.00	1 781 752.58
湖北	乐透组合	湖北 11 选 5	—	—	2 736.81	28 590.79	12799.92	66247.33	123219.53	86600.67	80961.55	100613.45	501 770.05
		湖北四花选四	14 656.01	5 566.24	741.81	60.90	18.91	2.97	—	—	—	—	21 046.84
湖南	乐透组合	湖南幸运赛车	—	—	—	—	50743.63	108700.79	95411.34	85096.07	33983.32	26787.49	400 722.64
		湖南即乐彩	—	—	962.75	8 046.54	1925.40	71.84	3.43	1.22	0.37	0.09	11 011.63
广东	乐透组合	广东 11 选 5	—	—	31 553.12	189 862.66	229211.44	300400.39	397433.14	533034.35	382968.66	467753.56	2 532 217.31
		广东 36 选 7	—	—	3 678.25	6 902.30	7565.25	5358.54	—	—	—	—	23 504.35
广西	乐透组合	广西 11 选 5	—	—	—	—	5978.62	1797.28	6360.86	8474.08	14089.74	21257.73	57 958.32
海南	乐透组合	海南环岛赛	—	—	—	—	—	—	524.14	4761.54	15976.82	14577.71	35 840.21
	乐透排列	海南飞鱼	—	—	—	—	5148.05	20731.38	21239.70	49745.28	39440.96	28100.32	164 405.68
		海南 4 + 1	—	—	411.38	247.62	1103.24	1135.59	1324.63	1291.51	1763.30	2296.72	9 573.99

续表

地区 Region	游戏类型 GameType	游戏名称 GameName	2007	2008	2009	2010	2011	2012	2013	2014	2015	2016	合计 Total
重庆	乐透组合	重庆 11 选 5	—	—	—	10 379. 28	40171. 80	21979. 12	20488. 44	23432. 00	4760. 53	—	121 211. 17
		重庆百变王牌	—	—	—	—	—	—	—	—	12164. 18	8114. 39	20 278. 57
		重庆快乐 123	—	—	6 984. 80	7 783. 86	—	—	—	—	—	—	14 768. 66
四川	乐透组合	四川 11 选 5	—	—	—	11 672. 24	27814. 76	74830. 66	68456. 86	74106. 87	61000. 82	16910. 19	334 792. 41
		四川金 7 乐	—	—	—	—	—	—	—	—	—	32362. 25	32362. 25
		四川 4 项 13 选 1	15. 88	—	—	—	—	—	—	—	—	—	15. 88
		四川扑克十分乐	9 380. 25	1 868. 97	759. 15	336. 44	—	—	—	—	—	—	12 344. 81
贵州	乐透组合	贵州 11 选 5	—	—	1 694. 46	22 455. 63	11030. 51	24195. 19	72390. 93	87179. 64	107231. 82	129262. 29	455 440. 47
云南	乐透组合	云南 11 选 5	—	—	—	10 489. 69	50302. 59	126728. 74	186965. 25	226478. 76	214324. 66	215436. 84	1 030 726. 52
		云南 30 选 7	165. 95	—	—	—	—	—	—	—	—	—	165. 95
		云南快乐 123	—	—	21 494. 05	8 704. 93	2188. 16	814. 81	481. 86	351. 47	222. 38	176. 20	34 433. 86
西藏	乐透组合	西藏 11 选 5	—	—	—	—	2669. 71	2989. 28	6395. 07	14265. 07	26701. 11	44960. 31	97 980. 54
陕西	乐透组合	陕西 11 选 5	—	—	—	—	—	37656. 02	—	113954. 80	114902. 64	120970. 24	387 483. 70
		陕西即乐彩	—	—	3 252. 48	10 770. 07	5987. 58	1666. 53	94702. 09	—	—	—	116 378. 75
		陕西快乐扑克	15 873. 50	12 903. 87	4 199. 16	—	—	—	—	—	—	—	32 976. 53
		陕西泳坛夺金	—	—	—	3 798. 76	3749. 13	976. 13	243. 82	148. 59	127. 31	77. 95	9 121. 68

续表

地区 Region	游戏类型 GameType	游戏名称 GameName	2007	2008	2009	2010	2011	2012	2013	2014	2015	2016	合计 Total
甘肃	乐透组合	甘肃 11 选 5	—	—	—	47 536.53	4354.26	5328.96	85496.94	132669.85	129892.41	130073.95	535 352.91
		甘肃即乐彩	—	—	7 425.71	1 133.32	—	—	—	—	—	—	8 559.03
		甘肃泳坛夺金	—	—	1 001.05	2 485.10	300.85	471.66	566.08	406.31	346.85	319.81	5 897.70
青海	乐透组合	青海 11 选 5	—	—	—	—	1393.44	1700.82	6865.42	14174.24	17721.14	24854.71	66 709.77
		青海快乐扑克	—	—	185.53	2 523.90	137.73	17.98	3.51	2.74	3.50	1.43	2 876.32
宁夏	乐透组合	宁夏 11 选 5	—	—	—	—	8434.73	5482.15	13830.69	27089.86	35089.08	43327.05	133 253.56
		宁夏快乐扑克	—	—	5 305.32	600.12	126.02	2.52	—	—	—	—	6 033.98
新疆	乐透组合	新疆 11 选 5	—	—	—	6 805.43	13964.26	21704.18	29822.68	33595.11	47958.61	95051.37	248 901.64
		新疆泳坛夺金	—	—	21 806.75	11 757.81	—	—	—	—	—	—	33 564.56
合计 Total			**674 136.96**	**642 342.36**	**1 083 179.93**	**1 376 824.67**	**2 286 100.74**	**3 857 353.09**	**5 397 053.98**	**6 189 811.87**	**5 668 555.66**	**5 899 042.55**	**33 074 401.79**

2007—2016年中国体育彩票即开型彩票销售情况表（分地区）

Sales Statistics of Terminal – Sales Instant Win Tickets of Sports Lottery in Different Regions in China from 2007 to 2016

单位：万元

Unit: Ten Thousand Yuan

序号	地区	2007	2008	2009	2010	2011	2012	2013	2014	2015	2016	合计 Total
1	北　京	—	44 542.98	61 402.44	75 104.70	90 118.46	106 376.49	73 137.96	73 602.84	45 934.64	41 001.51	570 220.50
2	天　津	—	13 941.00	18 132.18	17 505.30	19 198.92	15 982.80	13 978.89	13 747.29	14 474.97	13 623.48	126 961.35
3	河　北	11 000.00	33 265.54	33 431.88	50 607.66	84 494.21	100 992.81	78 054.23	95 624.68	86 226.68	73 899.78	573 697.68
4	山　西	—	48 942.90	15 736.68	26 518.92	27 364.32	28 589.85	25 146.90	24 768.72	17 372.28	11 729.70	214 440.57
5	内蒙古	—	34 149.96	38 360.76	47 221.26	66 714.00	74 650.02	65 638.83	67 181.37	55 221.39	52 459.32	449 137.59
6	辽　宁	—	32 246.70	47 167.44	51 105.24	64 382.69	55 226.57	66 127.44	61 123.53	53 088.51	48 977.90	430 468.11
7	吉　林	—	22 376.94	28 262.16	27 928.50	41 529.98	51 925.92	52 222.44	59 834.24	53 356.49	46 920.58	337 436.66
8	黑龙江	—	29 805.12	44 885.16	51 387.30	63 437.57	55 833.36	60 076.46	58 318.17	50 156.67	47 402.90	413 899.80
9	上　海	60.00	15 756.06	32 284.50	45 387.84	56 498.36	41 743.22	33 609.12	27 152.46	20 800.10	18 103.27	273 291.65
10	江　苏	—	89 529.60	220 479.54	278 536.74	270 683.30	176 790.09	164 222.69	131 752.07	111 178.62	87 241.77	1 443 172.64
11	浙　江	—	66 739.32	107 230.08	119 526.60	134 865.47	111 260.55	93 708.62	89 313.48	77 430.57	72 273.09	800 074.68
12	安　徽	—	24 001.38	39 310.38	38 616.54	47 589.39	38 828.90	26 508.02	23 029.88	12 894.99	17 556.25	250 779.47
13	福　建	—	50 825.82	77 998.26	74 226.30	86 431.59	84 597.74	94 685.40	89 416.77	82 756.01	62 118.75	640 937.88
14	江　西	1 318.39	8 396.42	18 036.96	20 356.68	13 345.95	13 165.58	11 463.89	13 082.99	12 339.79	9 640.00	111 506.63
15	山　东	2 021.00	62 814.52	75 037.68	88 862.70	151 995.90	165 640.32	153 374.52	143 335.49	128 633.81	114 224.95	971 715.94
16	河　南	—	67 427.28	54 882.60	61 779.78	98 461.14	88 162.94	80 622.35	80 706.39	77 934.51	80 996.81	609 976.98
17	湖　北	—	15 659.76	13 945.14	12 614.46	17 317.05	16 839.66	7 961.15	12 924.77	12 637.64	14 584.46	109 899.62
18	湖　南	—	6 805.86	16 160.76	18 407.40	28 760.87	18 487.82	12 250.88	11 736.93	6 724.41	10 238.19	119 334.92
19	广　东	—	69 908.04	148 549.56	160 940.70	212 683.77	169 868.31	182 717.16	160 890.29	152 517.56	142 753.89	1 258 075.38
20	广　西	—	2 406.24	3 814.92	7 742.40	10 029.15	8 464.49	9 221.13	9 760.47	9 855.35	10 067.95	61 294.14
21	海　南	—	2 439.66	1 969.80	2 115.96	4 084.35	4 001.82	5 141.01	6 298.83	7 029.84	8 006.61	33 081.27
22	重　庆	—	11 861.94	19 034.34	25 591.44	24 637.70	27 728.82	14 645.18	10 205.52	9 271.47	7 442.92	142 976.40
23	四　川	828.00	28 680.19	78 649.50	77 206.14	85 081.38	75 001.61	68 456.06	56 586.35	47 054.90	38 265.24	517 544.11
24	贵　州	—	14 492.70	25 952.70	23 126.58	31 129.61	23 707.07	21 367.91	24 095.33	20 553.12	21 464.47	184 425.00
25	云　南	—	99 125.70	148 963.32	99 022.62	101 117.31	92 123.97	93 748.85	91 676.84	80 593.07	78 072.75	806 371.67
26	西　藏	—	12 179.88	16 640.10	9 668.70	15 789.57	17 348.49	16 915.86	16 320.03	14 901.24	14 540.58	119 763.87
27	陕　西	—	38 217.18	45 869.76	47 401.26	60 510.27	47 748.09	44 203.80	41 102.91	35 620.68	28 781.10	360 673.95
28	甘　肃	—	34 019.16	18 070.62	21 206.52	25 029.14	33 524.04	32 140.97	26 307.65	24 374.51	23 924.77	214 672.59
29	青　海	—	12 520.08	13 025.04	11 338.98	12 416.51	9 934.17	9 127.74	6 567.41	5 361.15	5 433.01	80 291.07
30	宁　夏	—	10 305.78	9 316.74	12 625.02	12 848.03	9 513.39	11 124.74	10 582.56	10 022.66	10 352.75	86 338.91
31	新　疆	—	25 262.40	45 407.34	40 106.34	37 305.02	38 007.30	41 266.79	35 626.68	32 233.83	32 791.92	295 215.69
合计 Total		**15 227.39**	**1 028 646.11**	**1 518 008.34**	**1 643 786.58**	**1 995 850.91**	**1 802 066.16**	**1 662 866.91**	**1 572 672.88**	**1 368 551.40**	**1 244 890.64**	**12 607 676.67**

（国家体育总局体育彩票管理中心供稿）

（四）2016 年彩票销售统计资料

Sales Statistics of Different Lottery Games in 2016

2016 年中国福利彩票全国联网游戏

Monthly Sales Statistics of National Games

双 色 球

地 区 Region	游戏类型 Game Type	1 月 Jan.	2 月 Feb.	3 月 Mar.	4 月 Apr.	5 月 May	6 月 June
北 京	乐透组合	16 978. 60	9 944. 22	17 907. 76	15 082. 31	16 879. 89	14 369. 29
天 津		5 852. 48	3 813. 41	6 895. 81	5 150. 50	5 805. 15	4 966. 49
河 北		17 401. 15	11 001. 60	17 875. 26	14 721. 81	16 218. 07	14 197. 41
山 西		7 981. 64	4 754. 52	8 288. 45	6 824. 93	7 630. 79	6 602. 06
内蒙古		8 644. 53	5 450. 13	9 345. 35	7 793. 47	8 498. 25	7 131. 86
辽 宁		17 814. 08	11 827. 46	18 887. 18	15 445. 33	16 817. 44	14 527. 23
吉 林		6 723. 42	4 623. 36	7 407. 18	6 269. 11	6 979. 86	5 954. 36
黑龙江		11 536. 74	8 068. 06	12 416. 69	10 049. 37	10 761. 52	9 170. 21
上 海		17 777. 58	11 314. 09	19 640. 67	16 366. 37	18 911. 65	16 359. 98
江 苏		27 752. 51	17 924. 54	29 972. 27	24 645. 71	28 134. 11	24 321. 38
浙 江		35 749. 71	21 517. 63	37 901. 26	31 791. 84	35 992. 14	31 148. 77
安 徽		16 214. 64	11 043. 71	17 117. 03	14 072. 88	15 808. 04	13 583. 33
福 建		15 682. 74	10 195. 87	16 106. 65	13 530. 11	15 187. 58	13 347. 13
江 西		9 001. 66	5 961. 30	9 763. 38	8 783. 24	9 743. 53	8 402. 77
山 东		27 358. 40	17 848. 78	29 191. 60	24 515. 44	27 554. 93	23 551. 65
河 南		20 598. 48	13 477. 57	21 687. 15	17 924. 46	20 479. 20	16 749. 71
湖 北		19 103. 06	12 689. 24	20 079. 36	16 295. 46	18 325. 03	15 516. 54
湖 南		17 929. 33	11 805. 99	18 814. 67	15 746. 72	17 667. 26	15 132. 41
广 东		54 773. 04	33 247. 40	58 176. 15	48 110. 47	54 756. 52	47 320. 62
广 西		13 542. 01	9 374. 94	14 589. 20	11 866. 23	13 505. 06	12 173. 92
海 南		3 244. 67	2 086. 68	3 302. 78	2 702. 63	2 939. 55	2 560. 28
重 庆		10 282. 69	6 828. 50	10 623. 24	8 865. 56	10 024. 85	8 559. 36
四 川		22 500. 16	14 875. 52	23 174. 88	19 176. 23	21 437. 89	18 403. 06
贵 州		9 291. 24	5 761. 70	9 949. 81	8 270. 23	9 334. 46	8 043. 22
云 南		16 798. 00	10 189. 27	17 230. 07	14 408. 77	16 599. 42	14 792. 11
西 藏		755. 27	319. 88	857. 47	851. 09	1 019. 97	892. 60
陕 西		14 177. 46	8 512. 45	14 587. 12	12 125. 87	13 358. 10	11 236. 85
甘 肃		6 979. 75	4 173. 81	7 457. 36	6 234. 07	6 935. 65	5 982. 39
青 海		2 306. 28	1 236. 46	2 430. 83	2 115. 51	2 381. 79	2 104. 10
宁 夏		3 116. 25	1 902. 05	3 334. 41	2 733. 26	3 035. 76	2 645. 58
新 疆		8 020. 53	4 985. 27	8 432. 59	7 197. 64	8 206. 15	6 811. 43
合计 Total		**465 888. 07**	**296 755. 43**	**493 443. 64**	**409 666. 62**	**460 929. 60**	**396 558. 12**

品种销售统计（分地区按月统计）

of Welfare Lottery in Different Regions in 2016

单位：万元

Unit: Ten Thousand Yuan

7月 July	8月 Aug.	9月 Sept.	10月 Oct.	11月 Nov.	12月 Dec.	合 计 Total
14 297.24	14 353.99	14 593.87	14 437.37	16 749.21	16 550.94	182 144.69
4 912.73	4 768.74	5 029.18	4 847.91	5 267.17	5 305.40	62 614.97
13 851.27	14 029.09	14 291.49	14 948.78	17 331.83	17 251.46	183 119.22
6 614.33	6 697.60	6 755.62	6 830.79	7 688.57	7 984.28	84 653.57
6 930.97	6 899.65	7 052.43	7 217.15	8 517.62	8 671.87	92 153.30
14 426.11	14 378.51	14 733.77	15 240.13	17 346.99	16 688.05	188 132.28
6 126.90	5 982.46	5 983.85	6 117.23	6 400.05	6 381.34	74 949.11
9 004.02	9 124.93	9 381.32	9 308.04	10 599.54	10 940.94	120 361.38
16 752.84	17 477.29	16 920.59	17 262.33	19 022.64	18 747.81	206 553.86
23 727.74	24 491.53	24 745.04	25 265.09	28 088.43	27 746.76	306 815.10
30 646.72	31 127.13	30 694.19	33 240.60	37 116.75	37 494.01	394 420.76
13 287.24	13 601.06	13 798.36	14 255.72	16 302.64	16 215.06	175 299.71
13 202.93	13 569.28	13 181.29	13 832.77	15 765.31	15 498.67	169 100.32
8 849.27	8 948.68	8 921.31	9 114.57	10 778.11	10 144.90	108 412.71
23 397.65	23 914.39	24 211.14	25 813.04	27 710.78	27 712.56	302 780.37
16 750.76	17 395.39	17 551.99	18 470.89	20 039.64	20 669.33	221 794.57
15 075.58	15 521.03	16 453.49	17 056.79	19 503.04	19 541.45	205 160.09
14 959.17	15 286.97	15 720.60	16 558.75	18 742.97	18 338.78	196 703.60
47 639.27	47 547.92	48 645.87	49 475.19	53 763.34	55 027.62	598 483.42
12 567.56	12 325.33	12 199.24	12 389.69	13 478.33	13 331.78	151 343.29
2 578.57	2 540.05	2 582.77	2 554.54	2 979.55	3 186.38	33 258.46
8 367.36	8 558.84	9 888.84	11 601.12	15 336.22	16 165.19	125 101.77
18 236.18	18 226.77	18 775.55	19 698.55	22 732.07	22 710.56	239 947.42
7 972.49	8 034.92	8 100.82	8 207.30	9 048.63	9 188.36	101 203.18
14 691.60	14 543.81	14 677.07	15 062.98	16 722.62	16 846.02	182 561.75
905.63	957.34	951.63	1 003.81	1 154.10	1 036.63	10 705.43
11 125.46	11 168.39	11 569.02	11 949.67	13 449.25	13 591.22	146 850.86
5 921.59	5 970.78	6 049.94	6 129.99	7 218.35	7 233.28	76 286.95
2 057.43	2 073.48	2 135.73	2 149.20	2 500.18	2 472.90	25 963.89
2 627.05	2 692.48	2 642.31	2 729.80	3 271.87	3 441.64	34 172.45
6 773.32	6 938.87	6 758.98	7 228.78	8 616.35	8 567.63	88 537.52
394 277.00	**399 146.71**	**404 997.31**	**419 998.57**	**473 242.14**	**474 682.84**	**5 089 586.03**

3D

地 区 Region	游戏类型 Game Type	1 月 Jan.	2 月 Feb.	3 月 Mar.	4 月 Apr.	5 月 May	6 月 June
北 京	乐透排列	5 444.80	3 241.98	5 341.89	5 048.57	5 575.20	5 287.43
天 津		1 607.93	1 156.21	1 674.36	1 287.29	1 421.06	1 345.31
河 北		5 176.27	3 256.20	4 927.35	4 489.13	4 803.05	4 434.77
山 西		3 333.47	1 930.91	3 060.74	2 812.08	2 885.04	2 677.38
内蒙古		8 023.99	3 826.93	5 503.94	4 752.88	4 952.33	4 274.40
辽 宁		11 306.93	7 500.31	11 526.21	10 284.74	10 538.96	9 649.76
吉 林		3 285.16	2 229.56	3 281.45	2 949.81	3 133.06	2 784.55
黑龙江		4 555.24	3 046.92	4 433.45	3 976.98	4 093.35	3 589.10
上 海		2 229.80	1 468.14	2 278.19	2 207.23	2 585.40	2 327.34
江 苏		5 221.50	3 287.79	5 035.13	4 621.67	5 361.25	4 831.72
浙 江		8 429.29	5 027.33	8 164.98	7 828.22	8 592.98	7 957.79
安 徽		3 472.28	2 281.79	3 361.42	3 149.80	3 497.14	3 125.35
福 建		1 270.95	786.33	1 196.49	1 143.03	1 281.18	1 154.14
江 西		1 327.85	870.88	1 339.99	1 172.42	1 306.18	1 168.86
山 东		7 952.44	5 100.61	7 768.41	7 176.51	7 711.28	7 029.14
河 南		4 488.81	2 853.69	4 312.98	3 988.01	4 189.25	3 939.79
湖 北		7 479.25	4 752.98	7 183.80	6 476.98	7 189.83	6 394.40
湖 南		6 804.00	4 162.74	6 424.38	5 902.34	6 630.98	5 874.21
广 东		6 220.01	3 879.86	6 108.12	5 602.12	6 120.66	5 614.77
广 西		1 768.90	1 228.34	1 896.73	1 770.73	2 010.77	1 903.80
海 南		154.44	95.18	148.28	126.77	119.18	115.60
重 庆		2 060.72	1 347.45	2 066.14	1 939.64	2 035.63	1 950.62
四 川		8 261.94	5 405.76	7 881.24	7 512.67	10 624.21	9 361.21
贵 州		4 299.20	2 757.57	4 258.24	3 775.24	4 212.09	3 753.90
云 南		13 742.35	8 705.35	13 289.87	12 198.68	13 465.44	12 754.19
西 藏		640.96	314.59	611.84	622.59	704.85	666.20
陕 西		7 751.21	4 563.34	7 302.63	6 716.83	6 884.26	6 437.33
甘 肃		4 126.63	2 409.75	3 864.85	3 577.66	3 830.71	3 619.37
青 海		1 902.27	1 064.74	1 845.25	1 769.27	1 850.64	1 744.94
宁 夏		1 897.37	1 224.07	1 854.21	1 639.22	1 745.80	1 601.31
新 疆		2 668.37	1 751.41	2 564.33	2 374.36	2 610.64	2 312.71
合计 **Total**		**146 904.33**	**91 528.68**	**140 506.89**	**128 893.44**	**141 962.40**	**129 681.37**

单位：万元

Unit：Ten Thousand Yuan

7月 July	8月 Aug.	9月 Sept.	10月 Oct.	11月 Nov.	12月 Dec.	合计 Total
5 007.71	4 880.67	4 798.11	4 537.71	4 681.32	5 036.75	58 882.13
1 285.58	1 665.58	1 373.39	1 312.29	1 318.61	1 364.30	16 811.90
4 255.29	4 195.29	4 021.47	3 925.02	4 034.52	4 484.04	52 002.40
2 678.69	2 624.13	2 527.18	2 462.60	2 466.10	2 719.87	32 178.17
4 060.34	4 047.79	4 143.96	4 042.83	4 368.72	4 909.44	56 907.56
9 341.64	8 980.97	9 045.59	8 725.46	8 986.72	10 024.56	115 911.85
2 817.81	2 818.02	2 588.49	2 415.49	2 424.22	2 628.66	33 356.26
3 814.99	3 967.17	3 802.56	3 458.60	3 510.54	3 943.28	46 192.18
2 502.11	2 497.80	2 189.09	2 296.65	2 255.25	2 213.56	27 050.55
4 712.75	4 692.90	4 593.94	4 531.14	4 601.69	4 824.60	56 316.07
7 850.00	7 888.81	7 880.65	7 807.15	7 825.64	8 544.63	93 797.47
3 118.92	3 055.07	2 995.05	2 960.53	2 945.21	3 285.08	37 247.63
1 111.61	1 133.15	1 095.67	1 033.93	1 034.22	1 216.10	13 456.79
1 268.10	1 291.30	1 404.90	1 383.71	1 456.64	1 528.11	15 518.93
7 001.73	6 875.85	6 849.16	6 733.84	6 803.77	7 435.66	84 438.39
3 961.63	4 986.69	4 771.31	4 313.05	4 110.51	4 524.23	50 439.96
6 291.50	6 238.56	6 539.97	6 376.99	6 384.71	6 926.90	78 235.89
5 969.17	6 315.22	6 189.99	5 798.45	5 738.45	6 243.35	72 053.29
5 775.65	5 637.99	5 491.58	5 437.69	5 603.04	6 172.62	67 664.10
1 964.00	1 958.19	2 111.51	2 001.22	1 640.61	1 755.10	22 009.89
124.65	135.44	116.90	111.72	131.06	151.43	1 530.65
1 919.84	1 905.02	3 052.39	2 439.89	2 794.27	3 728.37	27 239.98
8 153.80	7 718.74	7 874.60	7 321.05	7 952.80	8 687.88	96 755.91
3 784.45	3 600.39	3 570.08	3 370.86	3 415.48	3 768.98	44 566.50
13 381.20	14 288.67	15 239.11	13 452.88	13 007.33	13 866.66	157 391.73
651.97	628.32	609.49	627.72	648.21	672.52	7 399.25
6 401.87	6 270.18	6 230.15	5 933.90	6 205.24	6 765.00	77 461.95
3 419.90	3 318.10	3 414.40	3 234.18	3 444.22	4 101.10	42 360.86
1 707.92	1 667.15	1 608.27	1 651.25	1 743.32	1 888.35	20 443.38
1 569.88	1 561.48	1 461.35	1 403.37	1 481.19	1 686.21	19 125.46
2 292.45	2 260.71	2 179.48	2 193.73	2 299.46	2 552.17	28 059.83
128 197.13	**129 105.36**	**129 769.79**	**123 294.90**	**125 313.09**	**137 649.50**	**1 552 806.90**

七乐彩

地 区 Region	游戏类型 Game Type	1 月 Jan.	2 月 Feb.	3 月 Mar.	4 月 Apr.	5 月 May	6 月 June
北 京	乐透组合	217.83	145.63	193.59	180.06	199.09	234.09
天 津		107.09	79.30	108.44	117.45	113.74	190.16
河 北		462.28	340.22	412.13	380.13	413.55	568.76
山 西		136.74	97.40	126.16	122.60	116.68	170.65
内蒙古		185.49	138.70	180.89	181.48	172.55	278.51
辽 宁		423.09	323.12	391.12	362.22	339.00	520.39
吉 林		162.30	120.70	145.22	131.29	125.25	188.02
黑龙江		165.04	126.10	146.67	141.59	123.84	181.02
上 海		310.25	229.06	300.90	289.99	277.85	395.25
江 苏		483.60	353.50	449.76	415.24	397.24	611.57
浙 江		624.05	439.79	564.30	556.20	501.80	923.09
安 徽		381.31	288.09	363.20	329.02	303.88	513.13
福 建		729.73	574.19	725.17	665.33	600.03	1 037.38
江 西		249.52	171.40	213.00	190.03	171.20	306.15
山 东		2 915.34	2 221.19	2 808.17	2 637.74	2 478.08	3 162.58
河 南		338.02	242.65	298.83	294.49	267.23	375.76
湖 北		281.42	214.57	275.39	253.50	248.52	327.68
湖 南		279.62	205.29	259.00	243.46	230.45	421.66
广 东		111.87	73.62	102.78	95.10	94.52	128.66
广 西		547.53	411.71	531.39	461.90	449.74	714.36
海 南		27.23	19.64	21.70	20.65	20.02	25.23
重 庆		95.87	73.27	91.52	85.14	82.09	123.78
四 川		220.20	165.09	209.22	194.87	183.17	313.58
贵 州		76.31	52.96	68.39	64.07	58.02	70.01
云 南		228.45	160.57	207.02	213.18	203.86	327.61
西 藏		8.24	4.16	9.43	10.40	9.16	10.56
陕 西		262.82	190.68	237.52	218.50	209.45	276.54
甘 肃		119.14	82.67	107.15	104.99	101.32	141.04
青 海		36.36	21.07	31.52	30.40	30.51	42.97
宁 夏		56.32	43.30	50.63	47.28	45.14	56.77
新 疆		171.03	125.52	157.66	151.57	154.24	445.38
合计 Total		**10 414.10**	**7 735.16**	**9 787.87**	**9 189.86**	**8 721.22**	**13 082.33**

单位：万元

Unit: Ten Thousand Yuan

7月 July	8月 Aug.	9月 Sept.	10月 Oct.	11月 Nov.	12月 Dec.	合计 Total
226.31	247.94	188.65	198.35	207.93	196.28	2 435.75
190.44	167.93	115.86	97.67	88.01	83.55	1 459.63
500.23	548.07	426.36	453.43	464.20	453.34	5 422.70
176.22	176.90	133.12	132.91	140.33	144.03	1 673.75
232.73	225.81	170.72	174.42	177.59	185.94	2 304.81
472.66	504.00	377.08	374.19	386.57	382.22	4 855.64
175.17	205.91	148.96	154.18	147.37	130.79	1 835.16
160.37	169.55	136.47	145.98	143.94	140.68	1 781.25
375.39	410.50	310.92	323.02	309.52	310.28	3 842.91
561.26	627.80	463.81	482.08	473.22	457.99	5 777.07
863.85	1 015.62	627.13	666.72	643.14	613.52	8 039.22
443.22	497.08	364.54	404.43	405.92	386.95	4 680.77
961.58	1 290.88	654.24	833.83	859.86	659.37	9 591.58
293.93	358.88	210.91	234.28	239.05	214.88	2 853.23
2 944.04	3 317.21	2 731.37	2 803.94	2 835.93	2 836.38	33 691.96
352.00	380.90	315.25	317.50	315.32	314.01	3 811.95
245.95	278.12	258.42	244.87	254.06	252.82	3 135.33
381.73	398.36	273.12	275.27	270.17	254.60	3 492.73
120.46	127.70	101.48	98.27	104.22	98.63	1 257.29
702.69	837.54	528.78	555.80	522.92	500.80	6 765.16
23.21	23.82	19.80	21.70	25.11	26.27	274.39
120.00	128.09	121.29	174.65	195.22	203.39	1 494.33
281.32	303.80	215.24	215.56	219.42	211.34	2 732.81
74.53	81.48	66.65	69.53	66.39	67.64	815.98
280.32	346.10	218.80	243.45	239.49	223.60	2 892.45
11.52	11.32	10.73	9.63	9.95	9.34	114.44
252.83	257.33	212.01	221.64	230.72	219.26	2 789.32
126.64	126.71	110.49	111.24	117.27	116.95	1 365.62
40.21	40.94	35.36	33.35	35.53	38.24	416.46
52.51	54.94	46.63	49.09	48.68	51.78	603.07
344.41	351.19	157.94	170.04	165.46	156.42	2 550.86
11 987.72	**13 512.43**	**9 752.12**	**10 291.03**	**10 342.49**	**9 941.29**	**124 757.63**

开 乐 彩

单位：万元

Unit：Ten Thousand Yuan

地 区 Region	游戏类型 Game Type	1月 Jan.	2月 Feb.	3月 Mar.	4月 Apr.	5月 May	6月 June	7月 July	8月 Aug.	9月 Sept.	10月 Oct.	11月 Nov.	12月 Dec.	合 计 Total
河 北	乐透组合	58. 72	21. 12	35. 98	30. 13	28. 43	30. 46	26. 26	21. 32	26. 74	28. 40	22. 08	13. 37	343. 02
山 西		2. 51	1. 16	1. 18	0. 58	0. 84	2. 65	0. 54	0. 60	0. 20	0. 25	0. 78	0. 84	12. 13
辽 宁		8. 73	8. 65	7. 19	5. 73	7. 08	14. 89	5. 97	5. 24	4. 85	4. 16	5. 27	3. 90	81. 65
吉 林		2. 33	1. 54	1. 73	1. 12	1. 61	1. 85	0. 95	1. 10	0. 90	0. 85	0. 74	1. 29	16. 01
山 东		9. 26	5. 31	7. 83	7. 33	9. 49	8. 31	7. 28	11. 44	14. 40	7. 71	3. 50	8. 01	99. 88
湖 南		—	—	—	—	—	—	—	—	—	—	—	—	—
广 东		—	—	—	—	—	—	—	—	—	—	—	—	—
四 川		—	—	—	—	—	—	—	—	—	—	—	—	—
陕 西		—	—	—	—	—	—	—	—	—	—	—	—	—
甘 肃		22. 73	7. 60	14. 61	8. 94	10. 19	16. 09	12. 32	7. 44	5. 47	2. 49	5. 11	3. 26	116. 27
合计 Total		**104. 29**	**45. 38**	**68. 52**	**53. 83**	**57. 64**	**74. 25**	**53. 32**	**47. 14**	**52. 56**	**43. 86**	**37. 48**	**30. 68**	**668. 96**

2016 年中国福利彩票区域联网游戏销售统计（分地区按月统计）

Monthly Sales Statistics of Inter – Regional Games of Welfare Lottery in Different Regions in 2016

15 选 5

单位：万元

Unit：Ten Thousand Yuan

地区 Region	游戏类型 Game Type	1月 Jan.	2月 Feb.	3月 Mar.	4月 Apr.	5月 May	6月 June	7月 July	8月 Aug.	9月 Sept.	10月 Oct.	11月 Nov.	12月 Dec.	合计 Total
上海	乐透组合	217.01	142.77	235.16	203.58	215.03	196.75	182.42	181.57	183.66	186.62	205.11	290.23	2 439.91
江苏		560.83	413.57	625.55	568.64	569.65	500.71	474.15	465.41	471.09	496.04	547.37	644.27	6 337.28
浙江		324.24	239.28	388.43	337.83	357.61	309.69	267.70	257.04	263.27	296.36	356.97	438.69	3 837.12
安徽		336.28	243.76	355.17	330.44	330.01	296.28	269.20	268.00	270.99	292.86	305.10	366.58	3 664.66
福建		215.87	163.01	271.96	230.05	228.89	186.12	168.34	163.92	170.39	182.34	227.68	292.15	2 500.73
江西		102.58	82.14	124.54	111.54	108.53	96.92	86.99	85.35	94.64	97.62	112.53	136.44	1 239.81
合计 Total		**1 756.79**	**1 284.54**	**2 000.81**	**1 782.08**	**1 809.72**	**1 586.47**	**1 448.81**	**1 421.28**	**1 454.04**	**1 551.84**	**1 754.76**	**2 168.37**	**20 019.51**

东 方 6+1

单位：万元

Unit：Ten Thousand Yuan

地 区 Region	游戏类型 Game Type	1月 Jan.	2月 Feb.	3月 Mar.	4月 Apr.	5月 May	6月 June	7月 July	8月 Aug.	9月 Sept.	10月 Oct.	11月 Nov.	12月 Dec.	合 计 Total
辽 宁	乐透排列	31.45	24.84	30.48	28.60	27.43	26.65	26.35	28.05	24.79	28.67	25.99	26.23	329.53
上 海		131.09	100.48	128.21	121.88	120.08	117.97	116.99	126.23	111.58	129.27	122.52	124.01	1 450.30
江 苏		271.85	214.74	269.72	246.66	233.73	229.74	225.34	242.44	217.61	255.85	233.80	238.09	2 879.57
浙 江		427.39	329.99	433.10	407.73	375.76	352.55	354.90	382.26	347.80	405.27	376.13	387.44	4 580.32
安 徽		98.63	78.06	94.59	89.84	87.09	84.97	83.56	89.48	81.38	95.43	88.28	92.37	1 063.67
福 建		96.44	80.35	95.47	89.10	83.14	85.38	86.72	93.80	81.91	96.18	88.14	91.27	1 067.90
江 西		14.72	11.66	13.75	12.99	12.11	11.66	11.38	13.13	11.82	16.01	13.97	14.28	157.47
合计 Total		**1 071.57**	**840.11**	**1 065.31**	**996.81**	**939.34**	**908.91**	**905.24**	**975.38**	**876.90**	**1 026.69**	**948.83**	**973.68**	**11 528.77**

2016年中国福利彩票地方游戏销售情况表（分地区按月统计）

Monthly Sales Statistics of Regional Games of Welfare Lottery in 2016

单位：万元

Unit: Ten Thousand Yuan

地区 Region	游戏类型 Game Type	游戏名称 Game Name	1月 Jan.	2月 Feb.	3月 Mar.	4月 Apr.	5月 May	6月 June	7月 July	8月 Aug.	9月 Sept.	10月 Oct.	11月 Nov.	12月 Dec.	合计 Total
北京	乐透组合	北京快乐8	2 082.61	1 364.82	3 241.72	2 840.70	2 197.06	1 766.47	1 578.25	2 373.07	1 953.33	1 691.07	1 741.46	1 639.31	24 469.86
		北京快3	11 801.49	7 105.54	12 290.39	17 300.63	16 249.62	13 107.51	12 595.23	11 088.87	13 071.21	11 565.71	11 752.98	12 397.59	150 326.77
	乐透排列	北京PK拾	185.54	113.42	180.24	290.74	175.82	123.12	109.97	129.74	120.69	146.60	150.72	111.62	1 838.20
天津	乐透组合	天津快乐十分	18 129.69	10 772.61	24 228.99	19 686.68	18 830.50	16 900.14	15 850.23	15 460.31	15 984.84	15 957.38	16 058.07	22 528.37	210 387.80
	乐透排列	天津时时彩	8.97	5.13	8.27	6.00	4.85	5.51	7.27	5.70	5.36	6.06	5.95	6.80	75.86
河北	乐透组合	河北20选5	403.22	286.79	393.94	357.16	522.26	429.78	331.17	327.86	323.38	359.66	345.29	395.58	4 476.10
		河北20选5好运2	2.13	1.45	2.10	1.99	2.05	2.17	1.88	1.77	2.06	2.24	2.33	2.63	24.80
		河北20选5好运3	8.41	6.80	9.62	9.40	10.39	8.90	8.61	7.16	7.05	7.97	8.29	9.30	101.92
		河北快3	21 404.20	11 795.25	19 379.09	31 575.48	21 652.60	14 599.94	11 279.83	9 803.37	10 300.08	10 232.20	11 698.70	29 640.95	203 361.69
	乐透排列	河北数字5	11.40	8.16	10.45	9.78	10.46	12.91	16.65	8.41	9.84	11.55	14.26	18.13	142.00
		河北数字7	69.83	54.31	66.45	64.94	61.33	59.51	58.50	63.90	59.78	60.18	61.30	62.81	742.85
山西	乐透组合	山西快乐十分	22 560.18	12 562.41	19 196.16	18 948.61	18 572.92	19 040.57	21 278.36	19 664.97	19 335.28	20 969.74	20 688.94	22 921.14	235 739.27
内蒙古	乐透组合	内蒙古快3	21 134.96	17 092.37	47 041.18	28 933.77	26 009.79	20 688.60	20 071.87	16 815.10	17 839.76	20 601.63	20 678.16	37 537.36	294 444.55
	乐透排列	内蒙古时时彩	1 070.26	686.29	1 131.05	1 079.77	988.12	771.10	704.36	656.42	612.71	645.75	724.82	882.65	9 953.28
辽宁	乐透组合	辽宁35选7	108.47	86.90	103.08	96.72	90.16	88.35	86.77	90.89	80.59	92.37	86.76	90.37	1 101.43
		辽宁35选7好运1	0.88	0.55	0.89	0.74	0.62	0.69	0.72	0.83	0.65	0.85	0.75	0.80	8.98
		辽宁35选7好运2	3.59	2.65	3.47	3.09	2.87	2.74	2.84	3.06	2.65	3.12	3.03	3.07	36.16

续表

地区 Region	游戏类型 Game Type	游戏名称 Game Name	1月 Jan.	2月 Feb.	3月 Mar.	4月 Apr.	5月 May	6月 June	7月 July	8月 Aug.	9月 Sept.	10月 Oct.	11月 Nov.	12月 Dec.	合计 Total
辽宁	乐透组合	辽宁35选7好运3	14.59	10.49	13.53	12.97	12.44	11.61	11.21	10.96	9.83	11.36	11.08	11.90	141.98
		辽宁35选7好运4	31.43	23.26	30.44	27.09	24.94	23.89	23.05	22.95	20.36	24.77	24.37	26.64	303.18
		辽宁快乐十二	46 323.26	32 291.01	47 282.31	55 842.16	47 385.45	39 018.76	35 238.07	32 438.63	32 429.90	52 107.35	42 463.08	44 326.47	507 146.44
吉林	乐透组合	吉林快3	13 991.32	9 823.53	15 521.81	14 140.35	13 153.05	12 644.26	13 485.30	11 723.20	10 634.43	9 949.43	21 319.86	15 530.94	161 917.46
	乐透排列	吉林时时彩	27.73	20.68	26.95	27.26	20.14	15.85	15.61	13.04	16.98	12.24	16.99	15.29	228.77
黑龙江	乐透组合	黑龙江22选5	106.26	86.15	116.70	105.65	93.82	89.89	79.12	93.33	88.37	84.55	82.32	90.23	1 116.40
		黑龙江36选7	46.72	38.03	46.49	43.53	35.50	30.15	29.80	31.08	30.20	34.41	30.83	33.83	430.58
		黑龙江快乐十分	25 390.88	18 046.99	32 625.72	26 446.79	23 681.84	21 170.21	19 523.19	19 070.74	19 307.52	18 938.71	26 212.98	27 321.83	277 737.39
	乐透排列	黑龙江数字6	199.34	189.54	374.78	329.78	181.85	213.89	277.99	414.23	377.86	143.84	181.72	256.26	3 141.09
		黑龙江时时彩	2.00	1.95	1.26	1.25	0.77	0.39	1.41	0.45	0.86	2.04	2.30	2.55	17.24
上海	乐透组合	上海基诺	—	—	—	—	—	—	—	—	—	—	—	2.26	2.26
		上海快3	4 934.81	2 782.62	5 399.27	6 290.04	10 113.88	6 134.54	6 313.44	5 716.55	6 207.24	7 460.64	10 552.40	10 139.29	82 044.71
	乐透排列	上海选4	497.31	345.38	499.99	497.81	508.58	494.12	491.87	489.94	482.43	527.38	514.45	551.34	5 900.60
		上海时时乐	297.01	210.15	346.50	342.83	354.90	346.41	368.33	269.46	295.16	305.43	302.74	339.68	3 778.59
江苏	乐透组合	江苏快3	52 506.96	27 420.60	46 379.43	44 186.61	45 719.13	58 579.28	89 861.14	57 942.25	56 758.18	62 877.54	50 293.15	87 892.04	680 416.29
浙江	乐透组合	浙江快乐十二	39 822.79	22 533.26	36 301.92	37 477.59	38 933.25	34 053.38	46 027.79	37 306.65	34 022.98	36 274.85	36 313.37	44 894.21	443 962.04
	乐透组合	浙江快2	1 397.48	802.69	1 207.95	1 980.53	2 105.73	1 740.12	1 779.36	2 202.24	2 445.87	1 936.03	1 586.17	1 899.44	21 083.60
安徽	乐透组合	安徽25选5	67.25	56.88	61.67	64.66	74.73	56.64	55.79	91.30	85.53	55.75	98.07	61.06	829.32
		安徽快3	10 070.99	6 308.14	20 682.52	14 653.61	12 366.45	11 185.73	20 406.03	23 164.67	12 141.48	11 017.99	11 381.00	11 808.97	165 187.58
福建	乐透组合	福建快3	8 511.96	4 890.45	21 593.53	14 608.77	11 172.23	11 397.95	12 019.06	8 724.21	7 886.46	13 315.01	10 136.71	14 884.77	139 141.11
江西	乐透排列	江西时时彩	3 276.47	1 418.73	—	—	—	—	—	—	—	—	—	—	4 695.20
	乐透组合	江西快3	—	526.23	2 242.93	2 438.45	3 210.36	2 538.01	2 778.64	2 890.12	2 890.83	3 224.97	5 910.14	7 620.62	36 271.30

续表

地区 Region	游戏类型 Game Type	游戏名称 Game Name	1月 Jan.	2月 Feb.	3月 Mar.	4月 Apr.	5月 May	6月 June	7月 July	8月 Aug.	9月 Sept.	10月 Oct.	11月 Nov.	12月 Dec.	合计 Total
山东	乐透组合	山东群英会	46 638.99	28 290.83	44 332.04	43 602.47	65 400.28	45 060.08	37 588.09	35 676.32	34 390.96	36 994.04	60 904.81	52 091.61	530 970.53
河南	乐透组合	河南22选5	853.06	573.90	1 241.73	853.26	783.02	733.57	730.75	722.98	717.68	742.84	771.59	815.87	9 540.24
		河南22选5好运2	41.32	28.73	122.87	49.61	43.65	39.65	37.54	35.77	37.46	41.99	42.92	48.97	570.48
		河南22选5好运3	279.62	183.49	507.68	293.31	274.65	259.38	253.89	254.00	263.88	288.89	294.02	288.10	3 440.91
		河南22选5好运4	191.42	130.34	316.91	196.23	186.08	177.32	183.15	178.47	184.67	206.78	202.43	209.90	2 363.71
		河南快3	2 500.25	1 268.68	2 951.75	13 861.56	7 657.51	5 027.98	4 322.86	4 567.12	11 057.85	5 524.33	7 782.36	8 615.10	75 137.37
	乐透排列	河南幸运彩	5 737.10	3 199.14	4 591.74	4 175.93	3 941.24	3 427.87	3 306.57	3 262.57	2 828.23	2 738.40	3 177.99	4 805.79	45 192.58
湖北	乐透组合	湖北22选5	314.46	203.82	278.33	286.74	274.97	418.79	125.15	—	—	—	—	—	1 902.26
		湖北22选5好运1	0.97	0.62	1.06	0.94	0.88	0.73	0.40	—	—	—	—	—	5.59
		湖北22选5好运2	7.39	4.93	7.28	6.83	6.57	5.91	3.03	—	—	—	—	—	41.94
		湖北22选5好运3	106.12	70.51	104.39	99.80	96.23	93.16	44.86	—	—	—	—	—	615.07
		湖北22选5好运4	79.81	52.82	76.30	73.57	72.63	73.63	34.45	—	—	—	—	—	463.22
		湖北30选5	—	—	—	—	—	—	309.10	713.84	420.47	340.23	283.07	310.38	2 377.09
		湖北快3	25 193.11	21 706.75	29 292.29	25 921.23	30 413.63	31 342.65	29 342.80	21 130.25	37 973.89	49 899.43	35 732.70	32 219.91	370 168.64
	乐透排列	湖北时时彩	350.64	204.44	337.52	295.25	309.88	281.70	277.98	274.83	275.11	324.92	359.64	362.15	3 654.05
湖南	乐透组合	湖南快乐十分	18 375.82	12 247.91	20 435.20	25 440.37	19 764.94	16 793.09	15 517.60	14 134.84	18 820.11	17 279.96	16 071.86	16 468.30	211 350.00
广东	乐透组合	广东26选5	127.73	61.09	96.10	101.81	86.60	109.52	107.40	80.38	81.35	75.99	78.29	76.97	1 083.23
		广东26选5好彩2	13.42	9.55	13.68	11.99	13.64	11.89	12.65	12.60	11.65	11.83	11.27	11.06	145.24
		广东26选5好彩3	112.95	78.57	112.45	95.30	105.18	94.75	97.39	97.54	95.43	96.40	88.04	89.77	1 163.77
		广东36选7	1 745.12	1 286.57	1 615.34	1 674.12	1 802.25	1 805.88	1 896.63	1 918.81	1 860.26	1 976.12	1 939.61	1 645.66	21 166.36
		广东36选7好彩1	1 276.00	1 023.49	1 413.40	1 201.27	1 260.05	1 247.58	1 405.88	1 397.93	1 370.89	1 413.68	1 280.75	1 418.84	15 709.75
		广东36选7好彩2	98.75	72.74	100.97	100.23	99.69	95.85	94.06	89.75	90.30	92.14	92.85	96.04	1 123.37
		广东36选7好彩3	1 605.00	1 164.79	1 637.75	1 569.93	1 557.43	1 451.88	1 448.45	1 436.73	1 427.61	1 482.96	1 507.26	1 569.83	17 859.60
		广东快乐十分	68 600.39	41 545.32	65 148.20	68 356.91	70 474.11	59 710.10	59 167.76	62 282.80	68 040.57	71 917.48	67 837.92	77 762.99	780 844.54

续表

地区 Region	游戏类型 Game Type	游戏名称 Game Name	1月 Jan.	2月 Feb.	3月 Mar.	4月 Apr.	5月 May	6月 June	7月 July	8月 Aug.	9月 Sept.	10月 Oct.	11月 Nov.	12月 Dec.	合计 Total
广西	乐透组合	广西快乐十分	3 501.74	2 444.77	7 746.43	3 719.94	3 371.09	2 965.69	2 945.31	2 724.27	3 535.59	7 111.57	3 908.71	3 374.21	47 349.35
		广西快乐双彩	328.96	279.31	387.32	321.91	438.05	629.29	633.52	318.44	313.45	391.62	269.67	347.26	4 658.79
		广西快 3	7 997.28	4 199.18	6 113.70	7 091.53	12 615.43	6 742.07	6 256.66	5 684.04	4 668.58	4 569.73	10 691.33	15 030.87	91 660.40
海南	乐透组合	海南快 2	8 014.10	7 137.32	8 049.73	7 418.12	8 663.15	6 868.81	7 908.29	7 228.10	6 399.61	6 397.05	6 515.86	7 329.22	87 929.36
		海南快乐三宝	127.44	101.88	161.63	145.16	78.05	69.16	83.82	61.07	90.85	76.89	65.88	68.57	1 130.39
重庆	乐透组合	重庆快乐十分	13 370.65	9 282.67	14 200.72	14 464.68	14 554.04	14 807.44	12 590.71	10 784.77	11 153.72	12 504.91	12 072.00	16 634.99	156 421.30
	乐透排列	重庆时时彩	52.20	31.79	101.22	76.69	199.65	33.62	33.53	59.89	51.61	133.56	571.46	943.17	2 288.41
四川	乐透组合	四川快乐十二	27 257.15	15 451.16	23 539.80	21 376.07	20 358.69	18 955.23	18 056.90	16 885.74	18 890.88	21 707.76	20 969.28	21 145.45	244 594.11
贵州	乐透组合	贵州快 3	4 869.31	3 589.57	5 631.99	5 662.45	4 619.03	7 769.06	8 482.20	5 049.74	4 203.96	3 714.68	5 786.02	11 769.53	71 147.53
云南	乐透组合	云南快乐十分	14 315.24	9 298.50	15 586.13	20 083.85	15 893.07	15 358.86	15 170.71	14 173.24	16 628.93	17 221.55	15 872.14	16 830.50	186 432.72
	乐透排列	云南时时彩	7.70	5.64	7.74	7.00	8.01	5.71	4.34	4.99	5.09	6.26	6.39	7.40	76.26
西藏	乐透组合	西藏生肖时时彩	1.53	1.46	1.18	2.13	2.69	3.32	1.48	2.34	2.17	2.18	2.04	4.00	26.53
		西藏快 3	10 384.20	4 365.84	7 854.37	8 633.74	9 638.90	14 801.76	13 378.07	10 544.73	9 617.96	9 803.82	12 267.58	16 142.15	127 433.12
陕西	乐透组合	陕西快乐十分	39 280.81	22 297.51	38 936.54	51 424.22	45 215.00	39 885.39	40 081.37	35 219.76	35 590.98	37 347.57	36 154.25	41 652.42	463 085.80
甘肃	乐透组合	甘肃快 3	17 552.31	9 158.47	14 126.79	14 758.70	15 933.46	15 658.10	23 373.86	17 109.69	29 790.01	20 355.69	17 667.13	20 701.42	216 185.63
青海	乐透组合	青海快 3	6 364.77	3 114.37	5 445.88	5 786.95	7 868.65	8 007.14	7 127.97	6 620.21	6 388.31	6 902.82	7 716.03	8 031.02	79 374.12
宁夏	乐透组合	宁夏快 3	4 919.74	3 286.46	5 618.55	5 319.74	5 578.81	5 138.38	5 065.21	5 434.25	7 308.07	9 364.69	7 404.35	7 308.84	71 747.09

续表

地区 Region	游戏类型 Game Type	游戏名称 Game Name	1月 Jan.	2月 Feb.	3月 Mar.	4月 Apr.	5月 May	6月 June	7月 July	8月 Aug.	9月 Sept.	10月 Oct.	11月 Nov.	12月 Dec.	合计 Total
新疆	乐透组合	新疆18选7	32.00	14.95	20.64	26.29	18.16	23.40	19.60	17.43	16.50	24.12	16.72	15.01	244.83
		新疆25选7	54.52	42.94	55.28	63.52	71.32	70.11	90.67	121.44	120.92	163.98	187.81	231.14	1 273.64
		新疆35选7	537.57	402.00	474.68	497.72	471.10	390.27	438.01	438.50	442.53	428.32	402.92	455.10	5 378.72
		新疆喜乐彩	36.56	25.82	30.40	25.99	29.67	25.81	24.56	24.31	24.41	23.00	28.00	32.66	331.20
	乐透排列	新疆时时彩	26 500.70	19 051.00	21 464.47	20 243.94	20 909.93	18 789.14	19 116.08	17 570.72	17 473.82	18 262.64	19 941.51	22 952.78	242 276.72
深圳	乐透组合	深圳35选7	75.30	44.14	71.56	68.08	66.15	58.08	66.29	63.47	64.73	56.02	64.44	66.92	765.17
		深圳快乐8	182.86	105.41	172.42	153.15	197.06	150.10	154.86	173.85	67.92	40.13	52.49	28.60	1 478.85
		深圳快乐彩	214.42	137.60	193.84	204.19	273.21	412.04	824.00	1 747.42	4 373.43	5 846.64	7 924.37	9 927.44	32 078.60
合计 Total			**666 730.90**	**417 050.99**	**708 770.76**	**716 568.29**	**706 227.91**	**633 233.99**	**671 005.16**	**585 447.37**	**623 014.14**	**674 563.98**	**686 473.29**	**815 896.02**	**7 904 982.81**

2016 年中国福利彩票即开

Sale Instant Win Tickets of Welfare Lottery

序号	地区	趣味麻将一	喜庆吉祥 2	吉星高照	清一色	发奖金	硕果累累	多彩扑克	幸运宝藏
1	北 京	—	—	—	—	—	—	—	—
2	天 津	—	—	—	—	1 014.66	—	—	—
3	河 北	0.01	0.11	0.02	0.03	2 521.92	0.01	0.02	0.20
4	山 西	—	—	—	—	341.66	—	—	—
5	内蒙古	—	—	—	—	1 272.48	—	—	—
6	辽 宁	—	—	—	—	7 410.86	—	—	—
7	吉 林	—	—	—	—	711.21	—	—	—
8	黑龙江	—	—	—	—	2 152.56	—	—	—
9	上 海	—	—	—	—	798.00	—	—	—
10	江 苏	—	—	—	—	2 943.58	—	—	—
11	浙 江	—	—	—	—	404.00	—	—	—
12	安 徽	—	—	—	—	198.66	—	—	—
13	福 建	—	—	—	—	—	—	—	—
14	江 西	—	—	—	—	0.68	—	—	—
15	山 东	—	—	—	—	11 170.39	—	—	—
16	河 南	—	—	—	—	2.00	—	—	—
17	湖 北	—	—	—	—	—	—	—	—
18	湖 南	—	—	—	—	—	—	—	—
19	广 东	—	—	—	—	—	—	—	—
20	广 西	—	—	—	—	—	—	—	—
21	海 南	—	—	—	—	160.08	—	—	—
22	重 庆	—	—	—	—	—	—	—	—
23	四 川	—	—	—	—	—	—	—	—
24	贵 州	—	—	—	—	7.80	—	—	—
25	云 南	—	—	—	—	48.24	—	—	—
26	西 藏	—	—	—	—	—	—	—	—
27	陕 西	—	—	—	—	2 789.66	—	—	—
28	甘 肃	—	—	—	—	—	—	—	—
29	青 海	—	—	—	—	—	—	—	—
30	宁 夏	—	—	—	—	—	—	—	—
31	新 疆	—	—	—	—	—	—	—	—
合计 Total		**0.01**	**0.11**	**0.02**	**0.03**	**33 948.44**	**0.01**	**0.02**	**0.20**

型彩票销售情况表（分地区分品种）

in Different Regions and in Different Games in China in 2016

单位：万元

Unit: Ten Thousand Yuan

勇士闯关5	大富翁2	四季发	农家乐	富贵有余2	66顺2	幸运宝贝3	海底寻宝
—	—	—	—	633.42	—	—	—
—	—	—	—	357.24	—	—	—
0.28	0.02	0.06	0.22	40.18	0.11	0.05	0.19
—	—	—	—	556.25	—	—	—
65.28	—	—	—	1 977.06	—	—	—
14.36	—	—	—	2 222.96	—	—	—
4.46	—	—	—	460.65	—	—	—
40.20	—	—	—	1 023.12	—	—	—
—	—	—	—	—	—	—	—
5.64	—	—	—	45.88	—	—	—
—	—	—	—	401.94	—	—	—
—	—	—	—	438.76	—	—	—
—	—	—	—	—	—	—	—
1.47	—	—	—	5.04	—	—	—
36.10	—	—	—	932.52	—	—	—
5.92	—	—	—	320.48	—	—	—
63.00	—	—	—	763.81	—	—	—
—	—	—	—	981.04	—	—	—
29.16	—	—	—	200.00	—	—	—
1.46	—	—	—	-0.22	—	—	—
—	—	—	—	—	—	—	—
—	—	—	—	880.61	—	—	—
—	—	—	—	249.96	—	—	—
23.06	—	—	—	22.92	—	—	—
—	—	—	—	1 416.01	—	—	—
—	—	—	—	—	—	—	—
1.04	—	—	—	1 153.46	—	—	—
—	—	—	—	231.58	—	—	—
—	—	—	—	138.76	—	—	—
0.04	—	—	—	—	—	—	—
3.28	—	—	—	1 709.70	—	—	—
294.74	**0.02**	**0.06**	**0.22**	**17 163.12**	**0.11**	**0.05**	**0.19**

续表

序号	地区	点石成金 2	西游探宝	游乐场	节大欢喜	同舟共济	节大欢喜 2	牛年 2 元	阖家欢乐 2
1	北　京	—	—	—	—	—	—	—	—
2	天　津	—	—	—	—	—	—	—	—
3	河　北	0.13	2.79	0.02	0.08	0.10	0.05	0.01	0.03
4	山　西	—	—	—	—	—	—	—	—
5	内蒙古	—	—	—	—	—	—	—	—
6	辽　宁	—	—	—	—	—	—	—	—
7	吉　林	—	—	—	—	—	—	—	—
8	黑龙江	—	—	—	—	—	—	—	—
9	上　海	—	—	—	—	—	—	—	—
10	江　苏	—	—	—	—	—	—	—	—
11	浙　江	—	—	—	—	—	—	—	—
12	安　徽	—	—	—	—	—	—	—	—
13	福　建	—	—	—	—	—	—	—	—
14	江　西	—	—	—	—	—	—	—	—
15	山　东	—	—	—	—	—	—	—	—
16	河　南	—	—	—	—	—	—	—	—
17	湖　北	—	—	—	—	—	—	—	—
18	湖　南	—	—	—	—	—	—	—	—
19	广　东	—	—	—	—	—	—	—	—
20	广　西	—	—	—	—	—	—	—	—
21	海　南	—	—	—	—	—	—	—	—
22	重　庆	—	—	—	—	—	—	—	—
23	四　川	—	—	—	—	—	—	—	—
24	贵　州	—	—	—	—	—	—	—	—
25	云　南	—	—	—	5.00	—	—	—	—
26	西　藏	—	—	—	—	—	—	—	—
27	陕　西	—	—	—	—	—	—	—	—
28	甘　肃	—	—	—	—	—	—	—	—
29	青　海	—	—	—	—	—	—	—	—
30	宁　夏	—	—	—	—	—	—	—	—
31	新　疆	—	—	—	—	—	—	—	—
合计 Total		**0.13**	**2.79**	**0.02**	**5.08**	**0.10**	**0.05**	**0.01**	**0.03**

争分夺秒	星座	美梦成真	财源滚滚	节大欢喜4	五福临门	游乐场3	彩运天天有
1 824.66	—	19.84	—	1 175.30	1 199.75	—	—
761.70	—	—	—	638.35	266.70	—	—
2 325.10	0.01	181.62	0.01	1 205.20	0.05	—	0.06
921.77	—	93.49	—	—	—	—	—
585.88	—	533.06	—	929.45	504.50	—	—
1 813.62	—	680.52	—	—	1 015.70	—	—
696.83	—	407.27	—	—	219.30	—	—
1 390.10	—	830.46	—	818.15	19.30	—	—
428.00	—	254.00	—	—	—	—	—
1 239.30	—	521.96	—	877.05	235.80	—	—
1 111.15	—	1 256.97	—	—	—	55.00	—
196.46	—	346.48	—	—	—	—	—
1 083.94	—	1 327.44	—	497.45	2.50	—	—
447.86	—	254.21	—	—	5.15	—	—
4 081.87	—	656.76	—	318.11	2 073.08	—	—
1 829.54	—	1 676.82	—	749.50	1 029.85	—	—
709.19	—	688.76	—	—	538.70	—	—
1 536.92	—	971.14	—	481.60	—	—	—
5 776.62	—	7 670.31	—	717.50	126.60	—	—
1 135.16	—	1 154.55	—	—	—	—	—
0.14	—	—	—	—	34.22	—	—
986.11	—	829.24	—	—	35.80	—	—
4 513.10	—	616.76	—	—	547.15	—	—
308.84	—	248.77	—	0.80	—	—	—
59.14	—	79.90	—	—	247.10	—	—
6.00	—	—	—	11.15	—	—	—
1 424.92	—	798.90	—	—	—	—	—
27.12	—	0.90	—	293.15	—	—	—
78.24	—	—	—	—	—	—	—
199.86	—	200.18	—	—	—	—	—
106.34	—	—	—	—	—	—	—
37 605.47	**0.01**	**22 300.31**	**0.01**	**8 712.76**	**8 101.24**	**55.00**	**0.06**

续表

序号	地区	指动金来	节大欢喜5	苏州5元	苏州10元	虎门销烟	长春雕塑	秀美吉林	足球之源
1	北　京	—	—	—	—	—	—	—	—
2	天　津	—	—	—	—	—	—	—	—
3	河　北	—	—	—	—	—	—	—	—
4	山　西	—	0.60	—	—	—	—	—	—
5	内蒙古	—	—	—	—	—	—	—	—
6	辽　宁	0.20	0.05	—	—	—	—	—	—
7	吉　林	1.20	0.13	—	—	—	0.78	1.01	0.01
8	黑龙江	—	—	—	—	—	—	—	—
9	上　海	—	—	—	—	—	—	—	—
10	江　苏	1 206.25	0.45	8.65	0.30	—	—	—	—
11	浙　江	—	1 749.55	—	—	—	—	—	—
12	安　徽	—	—	—	—	—	—	—	—
13	福　建	—	—	—	—	—	—	—	—
14	江　西	0.10	—	—	—	—	—	—	—
15	山　东	—	70.75	—	—	—	—	—	—
16	河　南	—	—	—	—	—	—	—	—
17	湖　北	—	—	—	—	—	—	—	—
18	湖　南	—	—	—	—	—	—	—	—
19	广　东	1 171.34	0.30	—	—	3 362.69	—	—	—
20	广　西	—	—	—	—	—	—	—	—
21	海　南	—	—	—	—	—	—	—	—
22	重　庆	—	—	—	—	—	—	—	—
23	四　川	—	—	—	—	—	—	—	—
24	贵　州	1.75	—	—	—	—	—	—	—
25	云　南	18.45	2.25	—	—	—	—	—	—
26	西　藏	—	—	—	—	—	—	—	—
27	陕　西	—	639.75	—	—	—	—	—	—
28	甘　肃	—	—	—	—	—	—	—	—
29	青　海	—	—	—	—	—	—	—	—
30	宁　夏	—	—	—	—	—	—	—	—
31	新　疆	—	—	—	—	—	—	—	—
合计 Total		**2 399.29**	**2 463.83**	**8.65**	**0.30**	**3 362.69**	**0.78**	**1.01**	**0.01**

金山银山	欢乐彩	福寿有余	乐翻天	我爱电影	王牌高手	好运气	百发百中
—	—	—	—	—	—	—	1 671.30
—	—	—	—	—	—	—	1 500.80
—	—	0.15	—	0.05	—	—	4 106.40
—	—	—	—	—	—	—	1 590.26
—	—	—	—	—	—	—	2 023.90
—	—	—	—	—	—	—	2 480.55
0.05	0.18	0.01	—	—	0.03	—	1 329.40
—	—	—	0.05	—	—	—	1 302.40
—	—	—	—	—	—	—	2 480.00
—	—	—	—	—	—	—	5 131.35
—	—	—	—	—	—	35.00	10 704.22
—	—	—	—	—	—	—	2 987.05
—	—	—	—	—	—	—	2 893.95
—	—	—	—	—	—	—	1 170.28
—	—	—	—	—	—	—	7 896.38
—	—	—	—	—	—	—	9 007.50
—	—	—	—	—	—	—	5 367.72
—	—	—	—	—	—	—	8 019.45
—	—	—	—	—	—	—	21 153.59
—	—	—	—	—	—	—	3 705.05
—	—	—	—	—	—	—	165.81
—	—	—	—	—	—	—	4 924.08
—	—	—	—	—	—	—	7 994.35
—	—	—	—	—	—	—	1 911.08
—	—	—	—	—	—	—	1 936.10
—	—	—	—	—	—	—	2 917.70
—	—	—	—	—	—	—	3 037.70
—	—	—	—	—	—	—	1 278.40
—	—	—	—	—	—	—	562.25
—	—	—	—	—	—	—	714.40
—	—	—	—	—	—	—	4 548.38
0.05	**0.18**	**0.16**	**0.05**	**0.05**	**0.03**	**35.00**	**126 511.79**

续表

序号	地区	高山流水	中华名人3	红楼探秘2	惊喜夺金	大满贯	欢乐嘉年华	淘金者2	发奖金5元
1	北京	—	—	—	—	—	—	3.00	1 186.85
2	天津	—	—	357.30	—	—	—	—	7.55
3	河北	—	—	—	—	—	—	—	—
4	山西	—	—	—	—	—	—	—	0.05
5	内蒙古	—	—	1 412.70	—	—	—	—	486.20
6	辽宁	—	—	—	—	—	—	—	—
7	吉林	0.01	—	—	2.00	0.30	0.66	—	313.61
8	黑龙江	—	0.40	—	1.25	—	—	—	—
9	上海	—	—	—	32.30	—	—	—	1 347.50
10	江苏	—	1.95	882.80	—	—	—	16.30	876.80
11	浙江	—	—	5 636.20	—	—	—	—	—
12	安徽	—	—	27.70	—	—	—	—	1.15
13	福建	—	—	—	—	—	—	—	2.35
14	江西	—	4.01	8.90	3.77	—	—	—	0.20
15	山东	—	46.45	2 138.97	2.40	—	—	—	3 225.97
16	河南	—	—	—	—	—	—	—	1 898.75
17	湖北	—	—	219.86	4.18	—	—	—	1 362.35
18	湖南	—	—	353.50	—	—	—	—	299.90
19	广东	—	—	1 785.00	—	—	—	—	—
20	广西	—	—	—	—	—	—	—	9.40
21	海南	—	—	—	—	—	—	—	147.37
22	重庆	—	—	1 096.23	—	—	—	—	—
23	四川	—	—	2 063.70	69.25	—	—	—	1 829.25
24	贵州	—	0.68	—	—	—	—	—	356.40
25	云南	—	—	—	4.15	—	—	—	430.70
26	西藏	—	0.05	649.60	—	—	—	—	—
27	陕西	—	—	1 630.70	10.50	—	—	—	1 905.05
28	甘肃	—	—	—	16.50	—	—	—	—
29	青海	—	—	281.50	—	—	—	—	—
30	宁夏	—	—	—	—	—	—	—	—
31	新疆	—	—	157.70	—	—	—	—	—
合计 Total		**0.01**	**53.54**	**18 702.36**	**146.30**	**0.30**	**0.66**	**19.30**	**15 687.39**

年年有余	环游世界	富贵有余 6	好运十倍	普天同庆	金色土地	美好生活 - 永结同心	财富之旅
—	—	—	8 403.30	—	—	—	—
—	—	—	1 944.30	—	—	—	—
—	—	—	3 995.35	—	—	—	—
—	—	—	2 200.13	—	—	—	—
—	—	—	3 300.65	—	—	—	—
—	0.05	—	6 633.60	0.10	0.05	18.55	—
—	—	—	2 290.60	—	0.20	0.18	1.60
—	—	—	3 105.70	—	—	—	4.85
—	—	—	7 102.50	—	—	—	—
0.90	1.70	—	13 097.00	—	2.90	36.60	0.55
—	—	—	18 419.05	—	—	205.00	—
—	—	—	3 631.30	—	—	—	0.45
—	—	—	8 274.95	—	—	—	—
—	3.80	—	1 546.27	—	3.45	0.48	—
—	—	—	11 243.09	—	—	28.41	—
—	1.80	1.00	9 703.70	—	—	—	—
—	—	—	7 473.11	—	0.15	—	—
—	0.05	—	10 465.00	—	—	0.05	—
—	—	—	59 586.05	—	—	170.08	—
—	—	—	7 549.51	—	—	2.85	—
—	—	—	470.05	—	—	—	—
—	—	—	7 033.67	—	—	—	—
—	—	—	13 170.77	—	—	—	—
—	0.20	—	1 169.95	—	0.15	—	0.50
—	6.25	—	2 947.00	—	—	11.85	2.25
—	—	—	2 891.85	—	—	—	—
—	—	—	5 066.50	—	—	—	67.50
—	—	—	3 150.55	—	—	—	3.45
—	—	—	8.05	—	—	—	—
—	—	—	1 424.70	—	—	—	—
—	—	—	8 894.42	—	—	—	—
0.90	**13.85**	**1.00**	**236 192.66**	**0.10**	**6.90**	**474.05**	**81.15**

续表

序号	地区	中状元	数字达人2元	中秋送福	九九重阳	灌篮高手20元	富贵有余20元	国泰民安	马到功成
1	北京	—	—	—	—	3.00	—	1.50	—
2	天津	—	—	—	—	—	—	—	—
3	河北	—	—	—	—	—	2.50	—	—
4	山西	—	—	—	—	—	—	—	—
5	内蒙古	—	—	—	—	—	—	297.80	—
6	辽宁	11.20	—	—	0.05	9.00	—	382.05	7.55
7	吉林	0.10	—	0.10	—	—	—	408.35	5.15
8	黑龙江	—	—	—	—	—	—	0.55	—
9	上海	—	—	10.00	—	—	—	1 155.00	—
10	江苏	58.90	—	1.70	0.15	—	—	132.45	10.10
11	浙江	—	—	—	—	—	—	5 114.55	—
12	安徽	—	—	—	—	—	—	—	—
13	福建	—	—	—	—	—	—	1 023.50	—
14	江西	48.12	0.12	6.77	—	—	—	0.75	3.85
15	山东	—	—	—	—	—	—	1 209.00	—
16	河南	—	—	2.80	—	—	—	875.30	—
17	湖北	—	—	—	—	—	—	—	0.20
18	湖南	—	—	104.30	—	0.10	—	48.30	—
19	广东	2.10	—	—	—	—	—	5 375.24	—
20	广西	—	—	0.15	—	—	—	—	—
21	海南	—	—	—	—	—	—	—	—
22	重庆	—	—	—	—	—	—	—	—
23	四川	—	—	0.10	—	—	—	1 285.40	6.35
24	贵州	5.00	—	1.75	—	—	—	—	—
25	云南	—	3.58	1.75	—	—	—	2 021.90	14.45
26	西藏	—	—	43.10	—	—	—	—	—
27	陕西	—	—	—	—	—	—	—	—
28	甘肃	—	7.32	0.45	—	—	—	—	—
29	青海	—	—	55.10	—	—	—	—	—
30	宁夏	—	—	—	—	—	—	0.05	0.10
31	新疆	—	—	—	—	—	—	—	4.65
合计 Total		**125.42**	**11.02**	**228.07**	**0.20**	**12.10**	**2.50**	**19 331.69**	**52.40**

对对碰 5元	生态鄱阳 2元	大吉大利	企鹅探宝	金龙贺岁	金钥匙	2012龙	江门风光
—	—	11.40	0.10	—	—	—	—
—	—	155.10	—	—	—	—	—
—	—	—	0.05	—	—	—	—
—	—	0.10	0.05	—	—	—	—
—	—	122.90	—	—	—	—	—
—	—	7.20	—	3.20	—	1.25	—
—	—	2.21	24.00	0.10	5.80	—	—
—	—	60.10	—	—	—	—	—
—	—	—	—	—	—	—	—
—	—	633.85	—	9.75	10.40	12.10	—
—	—	1 827.70	—	—	—	—	—
—	—	274.65	—	—	—	—	—
—	—	—	2.50	—	—	—	—
—	15.16	2.70	6.08	1.65	—	—	—
—	—	0.50	—	—	—	—	—
—	—	—	0.35	—	—	—	—
—	—	0.90	22.45	—	5.80	—	—
—	—	102.90	—	0.10	—	—	—
—	—	465.00	4.05	—	3.60	—	1 465.23
—	—	—	0.05	0.35	3.10	0.35	—
—	—	—	-0.68	—	—	—	—
—	—	—	—	—	—	—	—
—	—	664.90	3.50	—	—	—	—
—	—	154.50	1.65	—	—	—	—
—	—	—	16.20	—	—	1.95	—
1.40	—	2.50	—	—	—	—	—
—	—	5.25	135.15	—	—	—	—
—	—	—	—	—	—	25.55	—
—	—	—	—	—	—	—	—
—	—	—	—	—	—	—	—
—	—	—	—	—	—	—	—
1.40	**15.16**	**4 494.37**	**215.50**	**15.15**	**28.70**	**41.20**	**1 465.23**

续表

序号	地区	2012 龙	2012 龙四联张	2012 龙小本票	魅力丹霞	心连心	招财猫	美好生活	大赢家
1	北京	—	—	5.40	—	—	—	—	—
2	天津	—	—	—	—	—	—	—	—
3	河北	—	—	—	—	0.04	—	—	—
4	山西	2.65	1.70	7.40	—	—	—	—	—
5	内蒙古	—	—	—	—	—	40.35	—	—
6	辽宁	—	3.35	—	—	—	—	13.50	1.25
7	吉林	—	2.60	1.05	—	0.06	17.80	—	0.05
8	黑龙江	—	—	33.10	—	—	—	2.80	—
9	上海	—	—	—	—	—	27.50	75.50	—
10	江苏	—	27.55	—	—	—	12.45	24.70	12.85
11	浙江	—	—	—	—	—	5.90	—	—
12	安徽	—	31.95	—	—	—	108.35	—	88.80
13	福建	—	—	11.00	—	—	5.45	—	—
14	江西	—	—	4.80	—	1.40	14.93	56.33	15.00
15	山东	—	7.90	11.65	—	—	102.88	—	57.95
16	河南	—	4.25	—	—	—	—	0.70	207.90
17	湖北	4.25	—	—	—	—	6.75	—	1.10
18	湖南	—	—	—	—	—	228.10	—	12.25
19	广东	—	3.90	2.80	0.40	—	46.73	0.10	17.72
20	广西	—	—	—	—	0.02	2.45	6.30	—
21	海南	—	—	—	—	—	—	—	—
22	重庆	—	—	—	—	—	—	—	—
23	四川	—	—	0.30	—	—	78.35	—	—
24	贵州	1.95	—	2.15	—	1.72	5.70	—	—
25	云南	—	1.45	—	—	2.80	0.85	7.10	—
26	西藏	—	—	—	—	—	2.50	—	—
27	陕西	—	4.20	3.85	—	—	—	0.40	—
28	甘肃	—	20.05	—	—	—	12.20	1.40	10.65
29	青海	—	—	—	—	—	—	—	—
30	宁夏	27.85	—	—	—	—	—	—	—
31	新疆	3.70	—	—	—	—	—	—	11.30
合计 Total		**40.40**	**108.90**	**83.50**	**0.40**	**6.04**	**719.24**	**188.83**	**436.82**

夺宝嘉年华	倍给力	存钱罐	欢乐嘉年华 20元	荷塘月色	蚂蚁搬家	七彩盛世	黄河魂
—	—	0.10	0.65	—	—	—	—
—	—	—	—	—	—	—	—
—	—	—	—	—	—	—	—
—	—	0.10	72.60	0.05	0.64	—	—
—	—	—	—	—	—	—	—
7.40	—	—	—	6.60	17.46	—	3.35
0.07	1.15	0.10	—	5.15	2.94	25.55	—
—	—	1.95	79.05	1.15	0.94	—	0.20
—	—	—	—	—	—	—	—
2.25	9.50	—	94.70	8.35	1.74	—	9.65
—	—	—	—	—	—	—	—
61.08	—	—	—	—	—	—	—
—	—	—	—	—	—	—	—
—	—	8.79	—	26.55	6.25	—	—
171.28	5.45	—	42.70	0.20	51.42	—	23.55
—	1.80	—	—	—	—	—	—
1.50	3.80	—	7.38	1.40	—	—	—
0.10	—	—	—	—	—	—	—
15.40	6.10	—	84.39	2.30	—	—	—
0.65	0.25	-0.05	50.10	1.15	0.54	—	—
—	—	—	—	—	2.24	—	—
—	—	—	—	—	—	—	—
10.00	—	—	2.85	—	—	—	—
—	—	—	—	37.85	5.68	—	—
2.55	5.00	—	—	—	9.02	—	—
76.05	—	1.25	—	—	—	—	—
5.15	—	—	—	63.45	—	—	—
200.60	—	—	—	—	—	—	3.60
—	—	—	91.35	—	—	—	—
0.05	—	—	—	—	—	—	—
—	—	—	—	0.05	0.60	—	—
554.12	**33.05**	**12.24**	**525.77**	**154.25**	**99.48**	**25.55**	**40.35**

续表

序号	地区	敦煌韵	花好月圆	巍巍井冈	跷跷板	幸运扑克	喜从天降	龙腾盛世	打地鼠
1	北 京	—	—	—	—	—	6.10	—	—
2	天 津	—	—	—	—	—	22.55	219.60	297.20
3	河 北	—	—	—	—	—	—	—	—
4	山 西	4.55	—	—	0.16	—	—	1.05	3.20
5	内蒙古	—	—	—	—	—	147.85	1 305.90	172.40
6	辽 宁	13.00	—	—	—	—	—	1.50	3.90
7	吉 林	—	1.70	—	0.22	1.35	—	—	6.20
8	黑龙江	—	—	—	1.54	—	—	—	351.00
9	上 海	—	—	—	—	62.50	—	—	—
10	江 苏	13.20	2.95	—	—	2.45	25.00	414.30	3.55
11	浙 江	—	—	—	—	—	—	3 136.22	20.00
12	安 徽	—	—	—	—	—	—	—	—
13	福 建	—	—	—	—	—	—	76.60	—
14	江 西	—	—	2.80	2.08	—	—	—	4.23
15	山 东	173.67	0.05	—	—	—	—	530.38	—
16	河 南	5.25	0.10	—	—	—	—	44.10	2.50
17	湖 北	—	1.25	—	2.60	3.25	—	1 364.66	—
18	湖 南	—	—	—	—	—	—	653.40	—
19	广 东	—	1.25	—	—	—	5 868.41	—	13.30
20	广 西	—	—	—	2.42	0.05	—	—	1.75
21	海 南	—	—	—	—	—	—	—	—
22	重 庆	—	—	—	—	—	—	—	—
23	四 川	—	—	—	—	—	—	—	377.90
24	贵 州	—	31.20	—	0.02	26.85	—	—	23.00
25	云 南	—	11.60	—	2.22	10.15	—	317.35	15.10
26	西 藏	—	—	—	—	—	3.10	194.15	3.25
27	陕 西	—	—	—	—	—	71.95	1 052.05	10.15
28	甘 肃	102.45	—	—	—	7.95	11.60	225.45	0.05
29	青 海	—	—	—	0.06	—	—	—	—
30	宁 夏	—	—	—	—	—	0.10	223.80	—
31	新 疆	—	—	—	0.34	—	—	13.80	0.05
合计 Total		**312.12**	**50.10**	**2.80**	**11.66**	**114.55**	**6 156.66**	**9 774.31**	**1 308.74**

招财纳福	网鱼高手	圣诞快乐2	伏羲定姓氏	中国节	闹新春	跳房子	博爱中山
—	0.05	—	—	—	—	—	—
—	—	—	—	—	—	—	—
0.05	—	—	—	—	—	—	—
0.05	0.30	—	—	0.45	—	2.15	—
—	0.10	—	—	—	—	—	—
0.65	—	37.15	—	93.60	141.60	223.15	—
3.75	6.21	—	—	6.45	4.35	22.35	—
447.80	23.10	—	—	5.85	—	3.05	—
—	—	49.10	—	32.50	7.50	57.50	—
—	6.00	8.40	—	63.75	13.45	—	—
74.35	—	—	—	16.60	—	—	—
—	—	—	—	—	109.40	—	—
—	—	—	—	8.75	—	—	—
2.20	3.56	—	—	—	1.00	9.15	—
221.14	1.30	0.35	—	460.91	—	—	—
5.10	7.50	25.10	11.15	—	—	18.40	—
0.45	—	3.05	—	—	6.45	—	—
0.05	0.05	129.55	—	—	—	—	—
691.60	1.05	0.75	—	38.74	—	8.23	30.86
0.05	10.50	—	—	4.65	—	7.55	—
—	53.10	—	—	—	—	—	—
—	—	—	—	—	—	—	—
42.05	27.46	—	—	14.15	1.15	—	—
0.70	248.55	—	—	25.55	14.05	—	—
30.15	92.25	—	—	9.30	4.85	—	—
—	—	—	—	—	—	—	—
—	205.30	20.00	—	44.45	5.45	—	—
—	—	—	—	4.10	—	—	—
—	—	—	—	—	—	—	—
—	—	—	—	12.65	—	—	—
—	2.40	—	—	0.05	0.70	—	—
1 520.14	**688.78**	**273.45**	**11.15**	**842.49**	**309.95**	**351.53**	**30.86**

续表

序号	地区	中华名人－孟子	昆曲	快乐生肖10元－祥蛇献瑞	金鹊报喜	幸运殿堂	黄山风光	巅峰对决	7乐无穷
1	北　京	—	695.45	—	—	1.20	—	—	1 941.45
2	天　津	319.65	—	—	—	—	—	—	1 167.25
3	河　北	—	—	—	0.04	—	—	—	—
4	山　西	—	10.60	0.05	—	—	—	—	525.65
5	内蒙古	175.90	31.00	—	—	—	—	—	1 198.65
6	辽　宁	15.70	28.80	12.20	0.20	17.75	—	71.35	2 612.55
7	吉　林	—	12.50	3.40	0.16	—	—	1.75	959.60
8	黑龙江	12.75	51.30	1.05	—	—	—	—	2 372.65
9	上　海	—	—	—	—	—	—	—	1 520.00
10	江　苏	1.50	31.60	45.10	1.70	46.35	38.62	10.30	2 057.60
11	浙　江	—	22.50	—	—	5.30	—	—	4 387.09
12	安　徽	0.75	38.95	—	—	—	—	0.05	723.75
13	福　建	—	—	4.75	—	—	—	1.25	1 546.50
14	江　西	—	—	—	—	—	—	43.42	87.69
15	山　东	319.43	—	—	—	—	—	170.14	1 286.83
16	河　南	28.20	—	4.75	0.60	4.30	—	8.25	125.15
17	湖　北	—	—	—	—	—	—	—	552.59
18	湖　南	—	—	—	—	—	—	34.70	874.70
19	广　东	—	—	20.51	1.80	12.74	—	19.22	5 574.98
20	广　西	1.30	—	—	1.52	8.15	—	8.70	—
21	海　南	—	—	—	—	—	—	—	-2.40
22	重　庆	—	—	—	—	—	—	—	—
23	四　川	—	209.60	10.00	—	—	—	3.85	3 452.42
24	贵　州	—	—	—	2.64	—	—	—	331.75
25	云　南	—	—	—	—	18.20	—	—	1 713.30
26	西　藏	2.55	—	—	—	—	—	18.80	689.30
27	陕　西	—	—	—	—	58.70	—	125.75	12.15
28	甘　肃	316.05	—	—	—	—	—	2.25	858.70
29	青　海	—	—	1.75	0.86	—	—	6.10	283.75
30	宁　夏	—	—	—	—	—	—	—	—
31	新　疆	—	49.30	—	—	—	—	6.20	104.50
合计 Total		**1 193.78**	**1 181.60**	**103.56**	**9.52**	**172.69**	**38.62**	**532.08**	**36 958.15**

好彩头	小鸡快跑	花神	幸运双色球	幸福来电	爱我家园	探险家	柿柿如意
—	—	0.40	—	0.20	4.90	0.50	—
—	—	—	—	—	—	—	—
—	—	—	260.50	—	—	—	—
—	6.25	—	—	0.35	—	0.20	—
—	0.05	—	—	—	0.05	—	—
—	—	14.75	—	52.40	—	—	1.20
—	—	—	—	0.95	5.50	0.15	0.62
—	1.40	—	284.90	—	79.90	17.60	3.44
—	—	—	—	—	—	17.50	—
—	0.65	12.15	106.90	1.85	7.10	20.80	1.14
—	—	—	—	—	—	—	—
—	—	—	156.40	—	—	66.80	—
—	0.10	—	5.65	—	—	2.75	—
—	—	—	—	10.07	—	24.40	0.46
—	10.00	39.30	175.66	—	—	—	—
0.76	0.45	21.25	—	24.10	27.35	11.15	—
—	—	122.55	—	0.55	22.76	—	—
0.06	—	—	—	—	—	35.50	—
0.18	11.78	15.81	470.94	8.99	—	24.50	—
2.58	—	0.30	—	0.50	—	4.00	—
—	—	—	—	—	-13.78	—	—
—	—	—	—	157.20	—	—	—
—	—	16.68	32.95	88.30	—	23.60	—
8.06	—	—	—	107.60	—	10.40	20.70
6.22	1.30	2.15	—	1.40	6.55	1.00	—
—	—	—	—	—	—	—	—
—	—	—	—	28.25	264.45	88.70	—
—	—	—	—	10.75	5.65	17.45	—
12.16	—	—	—	—	174.60	—	—
—	—	—	—	—	—	—	—
1.16	—	0.05	—	—	9.90	28.95	—
31.18	**31.98**	**245.39**	**1 493.90**	**493.46**	**594.93**	**395.95**	**27.56**

续表

序号	地区	甜蜜连连	福运连连	金蜂巢	7喜	欢乐马戏团	好日子	冰激凌	福气8
1	北 京	—	—	0.05	4.25	0.05	—	—	—
2	天 津	—	—	—	—	—	—	—	—
3	河 北	—	—	—	—	—	—	291.80	—
4	山 西	—	0.75	0.45	—	0.25	—	—	—
5	内蒙古	—	—	—	—	2.35	—	28.60	—
6	辽 宁	—	22.75	0.60	—	0.25	—	—	—
7	吉 林	0.62	22.45	1.90	—	2.10	—	—	—
8	黑龙江	0.50	6.50	0.90	—	42.65	—	—	—
9	上 海	—	22.50	—	—	—	—	—	—
10	江 苏	2.80	12.55	15.30	—	17.50	3.15	71.45	145.40
11	浙 江	—	7.50	—	—	4.80	—	—	99.35
12	安 徽	—	—	—	—	—	—	222.25	—
13	福 建	—	—	—	—	—	—	—	3.50
14	江 西	—	5.65	9.25	—	208.02	—	—	—
15	山 东	—	1.00	0.50	—	8.80	—	—	0.05
16	河 南	—	18.45	0.35	—	21.85	16.35	239.60	45.30
17	湖 北	—	—	0.10	—	30.50	—	—	39.40
18	湖 南	—	—	—	—	0.05	—	—	—
19	广 东	—	—	—	1.20	—	—	443.21	44.00
20	广 西	0.70	11.40	—	—	—	—	—	—
21	海 南	—	—	—	—	—	—	—	—
22	重 庆	—	—	—	—	—	—	85.40	—
23	四 川	—	28.05	—	—	—	—	2.50	—
24	贵 州	23.52	34.95	10.85	—	—	—	—	—
25	云 南	—	22.50	2.55	—	64.40	—	—	—
26	西 藏	—	—	—	—	—	—	1.65	—
27	陕 西	—	—	—	—	4.75	—	—	—
28	甘 肃	—	4.00	—	—	4.80	—	—	—
29	青 海	28.76	0.10	0.35	—	94.15	—	—	—
30	宁 夏	—	—	—	—	—	—	—	—
31	新 疆	—	184.30	—	—	0.10	—	—	—
合计 Total		**56.90**	**405.40**	**43.15**	**5.45**	**507.37**	**19.50**	**1 386.46**	**377.00**

百万财富	放飞梦想5元	欢乐购	印象中国	时空瑰宝	沪塔	幸福汕头-宜居之城	幸福汕头-百载商埠
36.55	—	—	—	—	—	—	—
—	—	—	—	—	—	—	—
—	—	—	—	—	—	—	—
—	—	—	—	—	—	—	—
—	—	—	—	—	—	—	—
—	—	2.30	23.85	72.75	—	—	—
—	—	—	—	—	—	—	—
—	—	—	—	—	—	—	—
—	—	—	—	—	184.00	—	—
20.80	—	—	—	—	—	—	—
—	—	—	—	—	—	—	—
—	—	—	—	—	—	—	—
—	—	—	—	—	—	—	—
—	—	—	—	—	—	—	—
—	694.19	—	—	—	—	—	—
—	—	—	—	—	—	—	—
—	—	—	—	—	—	—	—
—	—	—	—	—	—	—	—
—	—	—	—	—	—	81.51	19.98
—	—	—	—	—	—	—	—
—	—	—	—	—	—	—	—
—	—	—	—	—	—	—	—
—	—	—	—	—	—	—	—
—	—	—	—	—	—	—	—
—	—	—	—	—	—	—	—
—	—	—	—	—	—	—	—
—	—	—	—	—	—	—	—
—	—	—	—	—	—	—	—
—	—	—	—	—	—	—	—
—	—	—	—	—	—	—	—
—	—	—	—	—	—	—	—
57.35	**694.19**	**2.30**	**23.85**	**72.75**	**184.00**	**81.51**	**19.98**

续表

序号	地区	幸福汕头－潮人之都	幸福汕头－潮菜之乡	春夏秋冬	蝌蚪找妈妈	水果连连看	幸运抽奖	淘宝乐	生日快乐
1	北　京	—	—	—	—	—	—	437.50	1.20
2	天　津	—	—	—	—	—	5.65	—	—
3	河　北	—	—	—	—	—	—	—	—
4	山　西	—	—	—	—	—	—	—	—
5	内蒙古	—	—	193.50	—	—	146.35	—	—
6	辽　宁	—	—	35.85	0.65	—	29.40	—	—
7	吉　林	—	—	10.75	—	—	18.20	—	—
8	黑龙江	—	—	33.65	—	—	251.60	—	—
9	上　海	—	—	—	—	25.00	—	—	—
10	江　苏	—	—	50.85	10.10	—	54.30	—	—
11	浙　江	—	—	—	—	—	1.10	—	—
12	安　徽	—	—	208.70	—	—	—	—	—
13	福　建	—	—	—	—	—	—	—	—
14	江　西	—	—	—	83.58	—	227.27	—	—
15	山　东	—	—	—	—	—	202.51	—	—
16	河　南	—	—	25.40	—	28.75	7.25	—	—
17	湖　北	—	—	—	11.20	—	—	—	—
18	湖　南	—	—	—	—	—	—	—	—
19	广　东	14.82	39.01	61.91	—	—	76.35	—	—
20	广　西	—	—	2.20	15.00	1.30	189.40	—	—
21	海　南	—	—	—	—	—	—	—	—
22	重　庆	—	—	—	—	—	—	—	—
23	四　川	—	—	69.95	30.75	—	—	—	—
24	贵　州	—	—	39.80	—	—	—	—	—
25	云　南	—	—	7.40	5.45	—	19.25	—	—
26	西　藏	—	—	—	—	—	—	—	—
27	陕　西	—	—	186.70	—	—	—	—	—
28	甘　肃	—	—	239.75	—	—	5.80	—	—
29	青　海	—	—	—	1.10	—	—	—	—
30	宁　夏	—	—	—	—	—	—	—	—
31	新　疆	—	—	69.00	—	—	2.85	—	—
合计 Total		**14.82**	**39.01**	**1 235.41**	**157.83**	**55.05**	**1 237.28**	**437.50**	**1.20**

大满贯10元	步步高	日出东方韶山	5倍惊喜	俏佳人	马到成功10元	成语故事	赣南苏区－荣光
—	—	—	2 024.75	0.25	23.65	—	—
—	—	—	1 360.60	0.05	—	—	—
—	—	—	—	—	—	187.90	—
—	—	—	398.10	11.25	0.05	—	—
—	—	—	722.95	47.70	—	—	—
—	—	—	4 140.90	88.05	19.35	—	—
—	—	—	1 490.10	22.95	—	—	—
—	—	—	2 596.60	—	2.60	—	—
—	—	—	2 857.50	80.00	—	—	—
33.85	275.00	—	2 610.10	79.85	—	—	—
—	—	—	4 163.67	—	—	—	—
98.20	—	—	978.85	179.25	—	—	—
—	—	—	3 040.10	—	—	—	—
—	—	—	636.92	—	63.50	—	443.75
—	—	—	891.10	200.18	—	—	—
21.10	50.05	—	28.80	7.15	—	—	—
—	—	—	340.02	51.60	—	—	—
113.95	0.05	265.10	3 227.80	—	344.30	—	—
—	—	—	18 389.93	93.27	24.47	—	—
—	—	—	2 109.05	55.70	0.65	—	—
—	—	—	—	—	—	—	—
—	—	—	105.50	—	—	—	—
—	120.05	—	3 293.48	—	45.85	—	—
—	—	—	297.80	—	—	—	—
—	—	—	4.55	27.85	53.90	—	—
—	—	—	20.45	—	—	—	—
—	—	—	19.52	—	36.20	—	—
—	—	—	—	382.10	—	—	—
—	—	—	155.05	—	—	—	—
—	—	—	—	—	—	—	—
—	—	—	1 254.48	9.25	0.60	—	—
267.10	**445.15**	**265.10**	**57 158.68**	**1 336.45**	**615.12**	**187.90**	**443.75**

续表

序号	地区	挖金豆	圣地延安	七星瓢虫	太极	宝石奇缘	神秘好礼	吉祥草原	牛 7 冲天
1	北　京	0.60	—	3.40	21.50	—	—	—	2 574.05
2	天　津	—	—	—	—	—	161.85	—	—
3	河　北	—	—	—	260.70	—	359.00	—	—
4	山　西	—	—	—	265.30	—	747.15	—	—
5	内蒙古	—	—	—	251.75	—	595.25	96.75	—
6	辽　宁	—	—	0.62	31.60	6.10	—	—	—
7	吉　林	—	—	1.12	—	1.85	—	—	—
8	黑龙江	—	—	—	—	9.40	—	—	—
9	上　海	—	—	94.00	—	—	492.50	—	—
10	江　苏	—	—	62.16	31.35	13.15	274.40	—	—
11	浙　江	—	—	—	—	3.45	117.50	—	—
12	安　徽	—	—	—	—	—	—	—	—
13	福　建	—	—	—	—	3.75	372.75	—	—
14	江　西	—	—	5.65	—	—	—	—	—
15	山　东	—	—	52.32	—	11.10	59.95	—	5.26
16	河　南	—	—	2.38	568.05	—	264.20	—	20.20
17	湖　北	—	—	—	—	1.30	—	—	—
18	湖　南	—	—	0.10	—	—	—	—	—
19	广　东	—	—	1.56	—	32.15	156.28	—	—
20	广　西	—	—	1.52	—	60.30	—	—	—
21	海　南	—	—	—	—	—	—	—	—
22	重　庆	—	—	—	—	91.15	735.67	—	—
23	四　川	—	—	—	—	—	390.15	—	—
24	贵　州	—	—	14.22	—	—	—	—	—
25	云　南	—	—	—	39.85	3.60	—	—	—
26	西　藏	—	—	—	—	6.50	6.05	2.80	—
27	陕　西	—	791.25	—	—	—	—	—	—
28	甘　肃	—	—	3.82	—	—	24.35	13.20	—
29	青　海	—	—	51.70	2.50	—	24.25	—	—
30	宁　夏	—	—	—	—	—	1.70	2.00	—
31	新　疆	—	—	29.04	84.59	6.15	27.70	—	—
合计 Total		**0.60**	**791.25**	**323.61**	**1 557.19**	**249.96**	**4 810.70**	**114.75**	**2 599.51**

熊出没	空战赢家	赛马	好运加倍	相约咖啡	加油加油	10来运转	足球盛宴
0.05	4.80	27.70	0.90	4.20	4.35	0.75	2.70
—	—	—	—	—	20.45	225.35	—
—	—	286.60	—	173.00	—	—	501.10
14.30	146.60	—	—	40.65	58.76	3.60	301.65
—	—	—	—	70.45	202.80	475.75	12.25
38.85	118.90	—	49.70	73.15	76.75	885.20	281.40
3.20	141.95	—	29.70	29.80	365.85	477.30	22.75
5.80	329.95	—	—	—	268.75	18.65	22.20
—	72.50	85.00	390.00	—	—	485.00	—
48.15	71.30	180.00	18.20	174.00	13.55	269.05	193.50
—	18.85	—	5.00	—	—	—	—
0.25	180.65	121.95	—	—	325.55	—	102.90
19.40	73.70	163.55	—	24.65	71.65	273.50	13.10
—	33.07	—	—	—	—	—	—
0.80	—	—	11.35	207.23	66.96	16.65	—
4.45	5.25	54.15	3.20	393.00	64.70	126.80	241.25
41.13	37.60	—	—	—	494.20	—	320.77
0.05	137.60	115.20	—	362.05	227.30	0.15	285.55
—	39.97	81.49	—	103.58	319.21	173.84	125.70
26.08	32.05	54.80	6.10	70.80	116.35	267.10	26.30
—	—	—	—	—	—	—	—
—	—	—	—	—	—	86.85	201.40
28.50	269.45	25.00	—	—	550.50	1 213.00	173.20
74.25	50.40	—	160.70	—	135.85	158.80	104.50
—	4.55	—	15.70	79.75	66.60	12.30	5.90
—	—	—	1.40	1.80	25.00	20.80	0.05
—	142.45	438.95	—	474.00	824.95	17.85	96.55
2.20	201.80	336.10	—	30.30	350.70	36.45	—
2.25	2.25	—	2.55	0.50	0.75	0.60	0.95
—	44.90	—	—	61.50	0.05	—	—
23.90	197.20	12.05	0.36	44.30	1.00	882.57	—
333.62	**2 357.74**	**1 982.54**	**694.86**	**2 418.71**	**4 652.57**	**6 127.91**	**3 035.67**

续表

序号	地区	黄金盛典	"粽"奖	足球盛宴 10元	魅力安徽-九华仙境	天降好礼	砸金蛋	多彩假日	幸运星
1	北　京	10.00	—	17.95	—	16.84	—	17.30	0.25
2	天　津	140.40	—	1.00	—	—	0.05	1.65	—
3	河　北	699.60	—	—	—	—	—	—	—
4	山　西	89.25	—	1.05	—	5.94	7.05	—	—
5	内蒙古	26.90	—	—	—	4.20	—	—	—
6	辽　宁	14.55	—	27.55	—	368.42	39.00	57.35	75.90
7	吉　林	—	—	—	—	2.28	5.55	126.80	—
8	黑龙江	588.95	58.75	84.35	—	7.28	14.85	—	—
9	上　海	—	—	—	—	20.00	—	120.00	—
10	江　苏	1 217.60	87.25	122.05	—	55.82	66.75	6.35	39.10
11	浙　江	145.50	—	—	—	—	—	—	—
12	安　徽	7.10	153.60	—	135.06	0.50	—	127.90	—
13	福　建	—	8.70	142.20	—	—	—	19.70	3.20
14	江　西	42.95	—	—	—	—	—	—	—
15	山　东	11.15	70.95	321.97	—	—	6.10	—	—
16	河　南	60.05	2.85	9.75	—	7.82	0.65	38.95	0.25
17	湖　北	310.95	28.41	—	—	53.57	53.90	97.40	—
18	湖　南	1 822.50	—	—	—	—	65.25	142.85	—
19	广　东	44.83	68.90	86.63	—	—	—	166.34	—
20	广　西	0.05	—	35.90	—	25.48	21.25	53.65	74.65
21	海　南	46.63	—	—	—	—	—	—	—
22	重　庆	—	—	20.70	—	—	—	—	—
23	四　川	0.20	14.80	92.50	—	—	—	27.75	—
24	贵　州	284.40	32.25	—	—	86.44	16.05	80.70	—
25	云　南	128.05	32.55	44.20	—	6.06	27.67	56.40	17.30
26	西　藏	77.40	—	—	—	—	3.35	—	—
27	陕　西	343.40	73.90	374.05	—	—	—	—	—
28	甘　肃	68.15	—	—	—	—	4.40	—	—
29	青　海	218.20	—	89.15	—	—	—	44.85	—
30	宁　夏	—	—	82.30	—	0.02	—	0.55	—
31	新　疆	—	83.40	13.85	—	20.14	44.70	9.70	326.15
合计 Total		**6 398.75**	**716.31**	**1 567.14**	**135.06**	**680.81**	**376.57**	**1 196.19**	**536.80**

好运百万	莲乡意蕴	美丽嘉兴	天长地久	钻石联盟	冰 VS 火	我爱电影 - 一步之遥	雪人
—	—	—	721.85	0.25	41.90	306.35	4.45
—	—	—	—	—	—	—	0.30
—	—	—	—	—	—	—	270.50
—	249.55	—	—	—	152.90	—	—
—	—	—	—	—	49.80	—	0.65
—	—	—	9.55	23.65	53.60	—	25.50
—	63.85	—	—	—	—	—	29.45
—	—	—	—	—	—	—	—
—	—	—	—	—	—	—	—
—	67.50	—	112.95	92.60	12.80	—	—
—	—	163.30	—	1 759.70	—	1 087.38	—
—	3 986.30	—	0.30	7.50	157.40	—	—
—	—	—	—	8.75	—	—	15.70
—	16 993.40	—	—	—	—	—	—
—	—	—	113.15	19.21	—	—	—
—	6 100.00	—	14.50	—	21.40	—	59.50
—	28 741.10	—	—	—	—	—	—
—	14 627.50	—	—	—	74.50	—	—
27 257.67	3.10	—	—	—	—	278.88	—
—	64.90	—	—	—	40.04	—	—
—	—	—	—	—	—	—	—
—	10.00	—	—	—	3.55	—	—
—	12.05	—	—	—	105.86	—	260.15
—	—	—	54.45	—	—	—	—
—	—	—	—	12.00	13.55	—	75.55
—	—	—	14.25	—	—	—	1.55
—	—	—	—	—	—	—	—
—	—	—	—	—	28.50	—	—
—	—	—	—	—	167.80	—	—
—	—	—	—	—	—	—	—
—	—	—	85.35	32.80	27.75	—	8.60
27 257.67	**70 919.25**	**163.30**	**1 126.35**	**1 956.46**	**951.35**	**1 672.61**	**751.90**

续表

序号	地区	陕西名胜（一）	羊票 5 元	羊票 10 元	羊票 20 元	连环夺宝	博饼嘉年华	天下名楼岳阳楼	醉美婺源
1	北　京	—	—	1.00	1.00	—	—	—	—
2	天　津	—	—	—	—	414.45	—	—	—
3	河　北	—	19.40	154.65	—	—	—	—	—
4	山　西	—	1.85	109.40	—	114.60	—	—	—
5	内蒙古	—	—	0.05	—	574.45	—	—	—
6	辽　宁	—	53.70	55.00	—	238.45	—	—	—
7	吉　林	—	—	—	—	17.95	—	—	—
8	黑龙江	—	9.85	56.00	—	275.05	—	—	—
9	上　海	—	—	82.50	—	—	—	—	—
10	江　苏	—	30.55	31.30	—	812.85	—	—	—
11	浙　江	—	—	59.00	201.35	22.60	—	—	—
12	安　徽	—	15.05	—	—	184.75	—	—	—
13	福　建	—	18.25	—	—	407.80	729.00	—	—
14	江　西	—	99.54	51.62	—	—	—	—	0.75
15	山　东	—	41.61	260.34	—	124.51	—	—	—
16	河　南	—	10.35	45.50	—	54.05	—	—	—
17	湖　北	—	36.46	44.08	—	—	—	—	—
18	湖　南	—	—	70.00	—	281.70	—	294.90	—
19	广　东	—	11.18	11.00	—	452.69	—	—	—
20	广　西	—	9.05	—	—	155.45	—	—	—
21	海　南	—	—	—	—	31.07	—	—	—
22	重　庆	—	—	353.35	—	230.47	—	—	—
23	四　川	—	32.10	144.25	—	—	—	—	—
24	贵　州	—	47.00	—	—	—	—	—	—
25	云　南	—	22.50	—	—	—	—	—	—
26	西　藏	—	—	0.95	—	—	—	—	—
27	陕　西	649.10	33.75	15.45	604.00	—	—	—	—
28	甘　肃	—	2.40	—	—	—	—	—	—
29	青　海	—	3.30	3.45	—	—	—	—	—
30	宁　夏	—	—	—	—	—	—	—	—
31	新　疆	—	77.85	22.70	—	209.90	—	—	—
合计 Total		**649.10**	**575.75**	**1 571.59**	**806.35**	**4 602.79**	**729.00**	**294.90**	**0.75**

喜气羊羊	蘑菇大战	财高8斗	金冠	喜上加喜	彩运亨通	龟兔赛跑	动物乐园
1.40	7.10	790.10	33.60	856.83	910.10	19.85	399.40
—	18.80	152.35	128.05	681.43	0.40	—	0.50
3.45	22.35	—	—	1 484.53	2.55	1 295.90	—
14.30	481.62	—	42.85	632.47	256.40	—	161.12
9.90	363.95	427.65	246.60	986.20	2 629.50	165.70	130.22
405.35	296.85	315.95	161.85	964.50	143.20	726.05	443.54
—	274.85	—	—	870.30	672.85	—	264.10
155.35	247.05	—	—	463.88	81.85	60.30	173.52
17.50	—	—	42.50	—	3 410.00	500.00	126.00
259.05	274.05	406.15	274.35	1 121.98	263.20	370.45	387.00
81.25	27.50	—	137.95	1 246.30	2 818.40	55.00	—
1.35	—	343.55	—	294.95	459.20	—	87.70
61.70	506.20	—	41.05	881.68	956.95	19.00	—
—	—	—	—	—	238.28	—	170.39
529.84	299.91	223.55	621.54	2 333.17	446.41	258.94	1 228.83
222.80	213.75	304.25	48.25	33.60	634.75	63.05	132.50
—	189.89	—	—	1 519.60	1 754.14	—	—
—	199.60	333.55	21.55	917.95	1 031.00	—	300.38
344.63	503.36	445.87	407.88	2 953.38	5 884.09	495.17	1 037.53
112.55	112.50	287.10	204.35	401.80	1 651.28	436.80	177.14
—	—	—	—	—	—	—	—
—	364.73	—	—	—	731.65	481.25	229.66
618.70	385.90	345.50	—	1 766.68	330.45	—	1 105.70
—	—	—	—	333.70	639.67	105.40	70.90
36.45	149.40	415.00	—	—	68.75	—	—
10.55	10.75	6.85	31.00	—	354.20	14.75	—
—	520.70	609.80	761.40	589.88	1 195.55	—	—
11.90	890.45	397.05	77.50	27.50	—	72.40	—
41.30	69.85	175.85	18.40	521.55	159.00	286.45	120.06
111.50	115.15	96.00	8.70	499.98	646.40	261.90	5.34
310.64	97.25	—	843.85	756.13	0.05	630.78	450.72
3 361.45	**6 643.51**	**6 076.11**	**4 153.21**	**23 139.93**	**28 370.27**	**6 319.14**	**7 202.25**

续表

序号	地区	扑克王	幸运投篮机	幸运草	幸福温州	流星雨	和平是福	幸福宝藏	满堂彩
1	北　京	42.40	—	—	—	73.40	53.95	1 156.70	2 087.65
2	天　津	—	2.55	74.40	—	9.00	170.45	229.30	292.95
3	河　北	—	133.05	542.25	—	—	550.75	—	1 042.85
4	山　西	116.05	—	—	—	—	93.80	—	340.30
5	内蒙古	—	144.85	410.25	—	144.80	47.85	909.40	45.90
6	辽　宁	196.40	281.20	206.90	—	491.05	55.65	—	672.05
7	吉　林	—	375.10	447.30	—	381.75	16.45	—	677.90
8	黑龙江	—	—	355.85	—	169.50	58.80	—	881.45
9	上　海	—	532.50	600.00	—	287.50	—	—	1 325.00
10	江　苏	124.10	350.65	321.00	—	559.45	306.00	1 427.45	1 746.30
11	浙　江	—	—	570.00	3 434.00	380.95	—	—	1 715.05
12	安　徽	244.50	—	454.80	—	205.20	91.45	744.10	966.65
13	福　建	—	61.25	87.70	—	74.90	—	—	1 347.45
14	江　西	—	—	—	—	222.26	—	—	690.54
15	山　东	—	745.11	—	—	1 711.30	431.29	504.78	0.70
16	河　南	285.55	—	131.55	—	405.10	17.95	502.15	948.60
17	湖　北	—	324.49	426.37	—	496.95	121.56	—	195.35
18	湖　南	—	—	—	—	300.00	—	677.15	1 360.85
19	广　东	792.71	1 200.64	1 609.93	—	1 016.77	232.81	1 144.21	2 957.81
20	广　西	—	255.85	397.50	—	268.65	53.25	—	462.45
21	海　南	—	—	—	—	—	—	—	—
22	重　庆	—	—	—	—	759.30	102.60	1 556.31	582.85
23	四　川	—	815.35	406.25	—	484.35	89.05	812.00	2 890.30
24	贵　州	101.60	—	—	—	184.80	—	246.00	303.50
25	云　南	—	91.95	234.75	—	261.85	193.60	470.45	961.05
26	西　藏	—	23.25	27.45	—	—	83.85	44.40	518.95
27	陕　西	—	—	—	—	603.60	9.95	1 114.75	2 008.95
28	甘　肃	—	105.80	59.05	—	77.25	93.15	182.95	86.35
29	青　海	170.50	110.80	212.95	—	—	123.75	235.35	268.80
30	宁　夏	—	228.65	198.45	—	215.05	131.45	97.15	290.10
31	新　疆	221.64	579.60	445.75	—	—	28.50	1 346.65	1 094.80
合计 Total		**2 295.45**	**6 362.64**	**8 220.45**	**3 434.00**	**9 784.73**	**3 157.90**	**13 401.25**	**28 763.46**

招财进宝	一刮千金	太极拳	大闹天宫	购彩乐	中华武圣	向阳花	点赞
624.75	682.75		544.30	981.40			1191.15
31.75	381.70	—	61.65	39.45	—	98.44	526.35
897.80	—	493.70	384.75	522.55	—	600.00	—
817.91	—	—	—	—	1 213.58	—	502.25
372.15	550.85	—	723.15	648.15	—	387.80	551.40
954.35	627.85	—	—	447.60	—	1 383.62	—
—	—	—	420.95	1 232.80	—	—	—
469.35	98.30	—	266.20	281.45	—	—	—
1 167.50	—	—	500.00	—	—	—	—
877.00	167.10	—	1 041.85	827.70	—	331.78	974.50
1 784.80	—	—	175.65	—	—	—	—
784.70	247.20	—	497.90	—	—	382.76	421.95
268.40	—	—	542.55	—	—	—	365.85
290.87	—	—	260.87	—	—	—	—
1 757.22	1 171.03	—	3 270.14	1 895.95	—	1 964.11	1 790.58
—	—	—	270.55	505.60	—	381.44	889.50
264.64	233.19	—	365.10	472.90	—	—	531.36
789.90	—	—	523.90	—	—	400.00	391.40
2 634.72	—	—	2 168.88	1 338.40	—	—	602.50
1 978.10	—	—	—	391.45	—	351.78	412.20
—	—	—	—	—	—	—	—
986.80	565.33	—	—	425.01	—	—	472.31
1 532.35	—	—	2 444.30	947.60	—	878.12	1 165.85
—	169.25	—	—	—	—	—	—
376.00	108.40	—	307.20	486.30	—	320.86	708.30
31.30	68.50	—	129.40	81.25	—	—	199.90
1 329.05	—	—	900.20	—	—	964.82	1 257.30
147.20	317.20	—	214.15	136.80	—	139.62	377.60
—	—	—	—	—	—	—	—
374.95	—	—	244.25	179.35	—	—	223.90
1 127.10	583.88	—	945.22	1 049.36	—	—	1 509.60
22 670.65	**5 972.53**	**493.70**	**17 203.10**	**12 891.07**	**1 213.58**	**8 585.16**	**15 065.75**

续表

序号	地区	水果联盟	魔幻 21	最佳阵容	丝路寻梦	丙申猴 5 元	丙申猴 10 元	丙申猴 20 元	中国结
1	北　京	998.75	990.90			996.05	999.90	1995.00	
2	天　津	92.15	250.00	249.95	188.05	300.00	300.00	297.40	375.85
3	河　北	—	827.35	614.90	836.65	1 306.45	1 513.25	1 420.35	1 116.20
4	山　西	—	—	—	—	712.76	847.50	881.60	—
5	内蒙古	464.15	477.70	244.35	297.35	461.90	492.50	399.30	589.70
6	辽　宁	—	958.00	—	—	1 280.60	1 948.50	1 684.00	—
7	吉　林	—	306.60	—	—	302.55	—	—	—
8	黑龙江	—	—	398.85	—	434.55	828.10	—	—
9	上　海	500.00	—	—	—	500.00	1 000.00	—	—
10	江　苏	708.95	1 479.50	935.55	1 781.55	1 024.80	1 722.70	1 884.70	1 517.15
11	浙　江	—	—	—	—	—	—	1 991.00	1 639.26
12	安　徽	—	436.20	—	—	479.25	614.80	—	—
13	福　建	705.85	—	669.50	1 551.30	744.90	—	—	759.15
14	江　西	—	—	—	—	328.96	1 513.72	—	—
15	山　东	—	—	1 466.24	2 796.51	5 667.08	—	4 637.30	—
16	河　南	477.35	918.20	717.25	—	931.80	958.90	1 715.85	—
17	湖　北	344.10	—	—	—	—	—	—	1 145.64
18	湖　南	—	887.25	579.40	—	687.50	—	1 985.00	—
19	广　东	521.17	1 297.79	961.24	1 533.51	2 084.55	3 821.73	3 226.28	3 058.88
20	广　西	286.05	400.50	348.75	—	601.20	906.60	982.75	378.60
21	海　南	—	—	—	—	—	—	—	—
22	重　庆	—	1 064.90	1 112.53	—	947.97	1 477.22	—	—
23	四　川	1 026.55	920.80	574.25	1 341.65	979.25	10 000.00	1 622.60	1 252.50
24	贵　州	—	—	—	—	—	—	—	—
25	云　南	279.50	684.60	474.25	—	398.35	790.90	985.05	—
26	西　藏	183.60	195.85	161.20	281.00	—	246.60	482.35	—
27	陕　西	1 594.50	—	—	—	—	941.00	—	788.95
28	甘　肃	330.25	412.85	260.70	240.00	439.15	481.70	423.45	476.30
29	青　海	—	290.15	—	192.55	—	195.25	—	267.55
30	宁　夏	—	202.05	—	433.30	200.00	248.95	299.30	—
31	新　疆	—	1 203.27	987.25	—	722.85	1 665.35	2 649.20	1 518.61
合计 Total		**8 512.92**	**14 204.46**	**10 756.16**	**11 473.42**	**22 532.46**	**33 515.17**	**29 562.48**	**14 884.33**

开门红	欢乐钓鱼	吉庆有余	天下凤凰	红宝石 蓝宝石	旺旺彩	桃花源 寻宝	黑桃 KING
986.55	997.75			1979.75	584.90	725.60	
450.00	366.10	253.75	—	400.00	449.45	263.80	198.38
2 552.10	2 015.50	—	—	2 147.40	600.00	497.60	500.00
—	387.26	—	—	1 213.72	436.20	—	294.27
490.20	511.40	716.50	—	387.90	488.40	482.10	252.34
968.15	905.15	763.50	—	1 758.95	957.45	—	624.76
—	—	—	—	575.90	—	—	—
673.85	425.95	—	—	1 332.25	712.00	—	185.30
—	—	—	—	1 252.50	—	—	—
1 841.85	793.05	829.90	—	2 277.80	1 023.10	942.55	290.86
996.00	754.81	808.49	—	5 384.19	851.74	1 355.76	91.64
—	—	—	—	1 028.40	366.20	7.05	—
929.60	363.40	—	—	1 995.00	631.85	733.10	—
—	—	—	—	1 052.85	57.00	—	—
3 272.31	1 737.19	1 850.37	—	6 740.67	—	—	1 232.84
—	—	1 072.50	—	3 564.30	901.45	800.95	267.60
689.35	388.10	373.74	—	643.71	242.25	45.13	78.92
1 304.75	561.20	1 570.55	4 031.75	2 000.00	773.35	892.65	195.50
3 147.19	1 443.63	—	—	5 651.53	600.00	—	200.00
574.40	365.80	—	—	—	—	—	153.20
—	—	—	—	—	—	—	—
1 435.42	466.36	—	—	1 125.82	—	904.58	—
1 490.25	654.10	401.30	—	4 013.00	—	342.60	—
—	—	—	—	483.35	63.80	—	40.92
865.75	398.35	—	—	—	407.65	342.05	97.44
245.70	77.80	—	—	—	—	139.45	—
1 220.45	1 116.40	—	—	3 559.55	—	—	—
949.05	357.05	330.90	—	397.20	473.35	341.50	126.82
297.05	203.95	48.85	—	391.75	307.30	183.85	—
296.25	—	—	—	384.00	—	—	—
0.15	697.32	3 993.10	—	2 831.19	—	—	—
25 676.36	**15 987.62**	**13 013.45**	**4 031.75**	**54 572.66**	**10 927.44**	**9 000.32**	**4 830.79**

续表

序号	地区	孔雀美	好运9	快乐高尔夫	魅力香吻	一刮千金 10元	金钥匙 5元	天下为公	幸运双星
1	北京	610.00	488.95			2451.70	330.80		
2	天津	246.15	383.85	136.60	243.45	467.65	161.75	—	—
3	河北	980.05	560.85	—	400.00	1 884.80	554.35	—	—
4	山西	—	—	—	—	1 166.13	—	—	—
5	内蒙古	497.80	733.15	453.90	588.75	921.20	346.60	—	55.98
6	辽宁	621.50	696.85	568.60	653.35	1 731.40	—	—	165.26
7	吉林	—	299.05	186.90	274.20	1 495.25	169.95	—	—
8	黑龙江	293.85	398.70	—	309.95	1 220.25	213.20	—	—
9	上海	—	—	—	—	1 120.00	—	—	—
10	江苏	924.95	1 356.60	910.15	505.40	1 653.70	—	—	104.54
11	浙江	—	1 925.73	—	741.60	2 437.27	—	—	—
12	安徽	—	367.20	—	6.35	992.60	—	—	—
13	福建	—	862.25	—	412.45	3 750.65	—	—	—
14	江西	—	57.40	—	—	496.08	—	—	—
15	山东	1 258.06	2 112.63	1 091.51	1 466.29	7 309.87	—	—	450.41
16	河南	826.95	914.00	763.10	344.75	3 573.95	—	—	209.88
17	湖北	—	—	—	—	1 421.55	—	—	—
18	湖南	966.70	—	531.65	—	2 542.50	446.10	—	—
19	广东	—	2 139.07	—	—	11 887.21	397.47	291.37	136.00
20	广西	332.40	440.00	—	—	1 861.60	—	—	—
21	海南	—	—	—	—	84.80	—	—	—
22	重庆	—	909.85	—	—	1 316.94	0.10	—	—
23	四川	—	690.10	—	452.20	2 522.90	455.50	—	—
24	贵州	—	77.95	—	—	406.50	—	—	—
25	云南	297.45	516.75	—	286.70	440.76	188.30	—	—
26	西藏	173.35	336.45	92.95	142.35	206.00	—	—	—
27	陕西	—	1 041.35	—	—	1 298.55	261.80	—	—
28	甘肃	333.95	432.85	115.20	331.25	434.35	139.25	—	—
29	青海	146.45	213.80	—	41.75	232.70	—	—	—
30	宁夏	—	—	—	102.95	255.20	—	—	—
31	新疆	—	491.50	0.25	—	2 705.90	—	—	—
合计 Total		**8 509.61**	**18 446.88**	**4 850.81**	**7 303.74**	**60 289.94**	**3 665.17**	**291.37**	**1 122.07**

以茶会友	青花瓷	丁酉鸡－金鸡银鸡5元	丁酉鸡10元	丁酉鸡20元	合计 Total
47.50					50 743.14
—	—	—	—	—	20 335.60
—	—	1.70	1.75	1.50	46 157.28
—	—	—	—	—	19 677.03
94.70	—	—	—	—	40 430.75
—	—	—	—	—	58 208.20
—	—	—	—	—	20 114.45
—	—	—	—	—	30 400.19
5.00	—	—	—	—	33 353.40
113.80	—	—	—	—	75 684.80
—	—	—	—	—	93 852.69
—	—	—	—	—	27 208.86
—	—	—	—	—	41 508.01
—	165.00	—	—	—	28 315.12
430.33	—	50.25	50.40	0.55	117 199.01
347.45	—	551.40	754.15	571.80	63 553.64
—	—	—	—	—	62 328.23
—	—	89.30	123.50	—	75 207.14
280.00	—	—	385.00	—	241 599.43
—	—	—	—	—	32 791.03
—	—	—	—	—	1 178.64
—	—	—	—	—	35 886.47
—	—	—	—	—	90 094.21
—	—	—	—	—	10 056.18
—	—	—	—	—	25 062.17
—	—	—	—	—	12 299.30
—	121.95	—	108.00	—	49 775.75
—	—	—	—	—	19 825.78
—	—	—	—	—	8 116.65
—	—	—	—	—	9 347.07
—	—	—	—	—	50 937.29
1 318.78	**286.95**	**692.65**	**1 422.80**	**573.85**	**1 491 247.57**

（中国福利彩票发行管理中心供稿）

2016年中国福利彩票中福在线视频型彩票销售情况表（分地区分游戏）

Sales Statistics of Online Instant Win Games of Welfare Lottery in Different Regions and in Different Games in China in 2016

单位：万元

Unit: Ten Thousand Yuan

序号	地　区	幸运五彩	开心一刻	四花选五	三江风光	连环夺宝	好运射击	趣味高尔夫	合计 Total
1	北　京	—	—	—	—	—	—	—	—
2	天　津	4.60	0.69	15.18	9.49	68 943.51	5.08	157.60	69 136.15
3	河　北	45.66	2.80	23.32	32.38	130 298.92	14.93	279.64	130 697.65
4	山　西	17.27	0.87	8.65	8.88	62 336.57	6.35	108.26	62 486.85
5	内蒙古	11.90	1.92	20.47	14.35	83 167.05	18.09	302.09	83 535.87
6	辽　宁	31.94	2.54	26.24	23.40	218 490.10	11.24	574.46	219 159.92
7	吉　林	16.87	1.10	15.27	10.55	64 175.19	7.17	202.39	64 428.54
8	黑龙江	3.81	0.46	9.40	1.92	23 928.81	1.29	83.84	24 029.53
9	上　海	5.28	1.52	5.38	3.83	83 224.29	3.20	108.91	83 352.41
10	江　苏	26.33	3.12	31.69	40.51	352 741.59	20.77	535.15	353 399.16
11	浙　江	100.42	2.61	28.60	35.27	448 728.92	13.55	571.87	449 481.24
12	安　徽	10.34	1.69	16.04	18.13	265 953.75	13.94	381.01	266 394.90
13	福　建	122.19	2.54	12.25	26.77	124 893.70	6.41	214.86	125 278.72
14	江　西	8.99	1.25	10.88	6.39	98 825.19	4.27	122.15	98 979.12
15	山　东	65.93	4.28	56.17	65.92	398 407.13	35.65	869.15	399 504.23
16	河　南	26.73	2.39	40.11	26.62	185 476.28	17.19	500.78	186 090.10
17	湖　北	43.85	2.59	20.35	24.95	285 009.17	17.34	637.30	285 755.55
18	湖　南	29.60	2.71	18.14	18.03	294 662.67	16.69	497.35	295 245.19
19	广　东	22.18	3.37	23.63	30.36	329 946.92	15.38	502.77	330 544.61
20	广　西	10.12	3.87	12.78	10.83	119 942.70	7.71	183.12	120 171.13
21	海　南	1.34	0.36	10.46	2.48	41 813.69	1.76	51.57	41 881.66
22	重　庆	4.51	1.03	9.53	13.51	100 812.40	5.41	129.32	100 975.71
23	四　川	10.55	1.31	17.57	16.65	175 114.02	7.82	257.03	175 424.95
24	贵　州	4.12	0.60	6.35	3.42	41 191.92	3.16	69.08	41 278.65
25	云　南	29.91	1.47	17.21	14.84	174 004.33	8.68	341.52	174 417.96
26	西　藏	—	—	—	—	—	—	—	—
27	陕　西	15.55	2.03	16.08	26.09	122 050.01	8.75	238.03	122 356.54
28	甘　肃	9.59	0.83	10.91	10.54	93 924.33	6.09	200.46	94 162.75
29	青　海	1.61	0.26	2.32	1.88	19 173.04	1.67	39.99	19 220.77
30	宁　夏	4.50	0.70	4.40	7.39	36 014.80	3.26	134.96	36 170.01
31	新　疆	—	—	—	—	—	—	—	—
合计 Total		**685.69**	**50.91**	**489.38**	**505.38**	**4 443 251.00**	**282.85**	**8 294.66**	**4 453 559.87**

（中国福利彩票发行管理中心供稿）

2016 年中国体育彩票全国联网游戏品种销售统计（分地区按月统计）

Monthly Sales Statistics of National Games of Sports Lottery in Different Regions in 2016

胜平负任选 9 场

单位：万元
Unit：Ten Thousand Yuan

地区 Region	游戏类型 Game Type	1月 Jan.	2月 Feb.	3月 Mar.	4月 Apr.	5月 May	6月 June	7月 July	8月 Aug.	9月 Sept.	10月 Oct.	11月 Nov.	12月 Dec.	合计 Total
北京	竞猜	1 683.12	1 173.99	1 265.02	1 656.79	1 046.46	654.52	777.89	1 249.35	1 491.18	1 485.93	1 538.40	1 372.69	15 395.35
天津		662.69	519.61	532.86	682.03	449.31	243.43	276.51	394.84	500.70	506.46	536.08	441.17	5 745.69
河北		1 289.57	1 331.82	1 638.03	2 299.14	1 280.87	766.33	966.08	1 417.27	2 194.68	2 485.76	2 663.78	2 077.72	20 411.05
山西		298.93	233.55	231.43	298.86	171.57	123.91	129.53	231.29	273.29	259.61	263.04	222.35	2 737.37
内蒙古		327.52	235.16	247.02	308.26	196.30	127.20	138.10	231.85	292.43	282.02	294.85	256.91	2 937.62
辽宁		1 401.47	1 124.28	1 071.55	1 337.39	818.56	508.72	552.80	895.55	1 151.04	1 216.04	1 247.14	1 128.82	12 453.34
吉林		373.82	281.68	289.02	353.71	220.83	131.49	137.00	227.80	278.29	290.14	318.94	309.88	3 212.59
黑龙江		414.33	317.32	288.52	375.17	228.45	183.13	187.42	258.25	277.01	296.85	313.97	280.15	3 420.57
上海		1 601.29	1 260.49	1 222.75	1 565.88	1 029.24	668.02	729.60	1 128.06	1 297.38	1 317.40	1 347.44	1 173.82	14 341.37
江苏		1 666.07	1 198.14	1 225.64	1 568.94	1 003.18	632.20	736.03	1 176.67	1 448.39	1 327.99	1 391.79	1 241.31	14 616.36
浙江		2 173.10	1 672.64	1 625.89	2 189.02	1 425.47	921.98	1 106.62	1 673.17	1 809.06	1 688.15	1 936.31	2 071.76	20 293.16
安徽		658.36	484.83	456.37	609.38	386.01	241.34	275.27	414.74	531.93	528.18	524.13	459.82	5 570.36
福建		925.10	767.45	769.67	975.13	598.01	382.99	434.74	669.13	778.47	784.52	823.56	762.49	8 671.25
江西		846.58	644.36	627.73	848.82	533.50	345.86	422.91	652.94	759.57	732.75	754.76	652.97	7 822.75
山东		1 309.31	955.08	969.24	1 168.20	801.41	520.74	586.49	1 220.74	1 371.11	1 291.16	1 332.91	1 142.69	12 669.08
河南		571.43	454.33	426.18	545.43	340.03	206.79	237.36	385.53	482.05	467.26	485.28	412.90	5 014.56
湖北		1 636.99	1 287.88	1 228.65	1 633.58	1 103.85	735.26	857.15	1 343.93	1 423.53	1 380.34	1 532.73	1 242.43	15 406.32
湖南		1 201.21	937.91	908.89	1 121.39	663.54	485.22	639.19	1 129.19	1 307.44	1 285.74	1 250.22	1 227.38	12 157.31
广东		5 774.36	4 326.91	4 733.09	5 980.47	3 665.12	2 325.37	2 603.49	4 179.98	4 965.64	4 874.91	5 156.83	4 584.60	53 170.77
广西		1 187.28	1 004.63	941.42	1 163.32	743.24	497.05	585.45	843.60	930.97	965.96	979.27	888.48	10 730.65
海南		133.14	102.23	115.49	142.93	83.60	47.11	45.58	90.08	109.06	114.14	157.83	119.00	1 260.18
重庆		720.21	594.41	555.82	678.31	428.55	286.36	319.72	480.04	552.74	542.52	577.68	497.49	6 233.84
四川		1 328.31	1 072.19	1 069.94	1 388.47	899.51	571.72	656.53	980.24	1 177.91	1 200.21	1 242.29	1 118.72	12 706.03
贵州		412.14	333.82	343.84	464.53	291.29	173.61	187.66	260.25	334.40	367.14	409.40	323.97	3 902.06
云南		559.15	456.25	451.87	574.97	516.06	414.98	484.40	467.81	440.57	440.00	456.22	399.69	5 661.97
西藏		23.71	8.50	17.60	21.79	8.96	7.05	5.38	8.27	12.53	13.44	13.02	10.28	150.55
陕西		1 169.55	726.61	679.17	750.50	514.42	347.00	369.35	512.11	786.18	832.38	789.95	563.93	8 041.16
甘肃		222.95	148.32	142.43	184.27	112.90	76.09	79.40	127.75	169.49	173.22	174.98	161.62	1 773.41
青海		64.98	48.38	56.27	79.03	45.75	37.25	48.45	81.44	97.70	87.04	81.92	80.75	808.95
宁夏		76.61	54.53	61.27	77.92	49.18	28.55	40.21	52.06	63.60	73.79	83.87	70.57	732.17
新疆		457.69	340.09	359.99	442.21	259.57	160.27	194.06	261.92	441.83	488.96	625.02	479.13	4 510.73
合计 Total		**31 170.95**	**24 097.38**	**24 552.66**	**31 485.81**	**19 914.75**	**12 851.53**	**14 810.38**	**23 045.84**	**27 750.17**	**27 799.99**	**29 303.61**	**25 775.49**	**292 558.55**

足球 4 场进球

单位：万元

Unit：Ten Thousand Yuan

地 区 Region	游戏类型 Game Type	1 月 Jan.	2 月 Feb.	3 月 Mar.	4 月 Apr.	5 月 May	6 月 June	7 月 July	8 月 Aug.	9 月 Sept.	10 月 Oct.	11 月 Nov.	12 月 Dec.	合计 Total
北 京	竞猜	60.97	32.30	50.64	66.59	54.47	45.82	46.92	72.88	76.46	88.71	77.40	75.91	749.06
天 津		13.27	5.98	16.19	27.94	19.63	9.69	8.33	18.56	19.43	24.97	29.23	22.66	215.87
河 北		42.39	22.50	45.52	56.36	40.18	40.23	35.58	48.52	62.23	68.61	79.38	65.67	607.16
山 西		19.08	9.89	9.75	6.56	5.93	8.18	4.89	6.64	7.46	9.51	8.96	5.91	102.75
内蒙古		15.52	7.80	8.52	14.77	11.23	10.40	9.68	12.47	13.20	10.17	7.77	9.06	130.58
辽 宁		30.15	16.78	31.00	24.19	19.01	22.53	15.79	27.46	25.00	32.76	40.28	36.63	321.58
吉 林		9.75	4.87	6.67	4.65	4.68	9.35	5.54	8.99	11.32	12.54	10.84	8.43	97.62
黑龙江		15.82	10.89	15.36	22.61	11.64	13.56	11.60	17.45	14.40	23.63	22.43	15.62	195.00
上 海		59.77	29.58	35.55	34.33	28.73	34.75	48.44	49.86	54.50	68.62	53.69	42.52	540.34
江 苏		53.80	30.44	42.85	43.17	36.62	39.36	38.95	42.81	39.78	77.40	62.99	43.37	551.53
浙 江		68.21	26.36	47.73	52.09	44.58	50.71	49.70	54.33	69.09	105.51	76.66	77.03	721.99
安 徽		42.76	9.95	18.48	56.35	34.43	23.43	49.82	60.31	32.80	36.37	33.96	24.56	423.20
福 建		49.12	31.94	56.45	46.03	25.36	43.11	41.62	48.39	40.45	54.04	59.80	43.54	539.85
江 西		37.09	25.14	33.15	29.29	29.76	25.58	22.40	26.74	32.27	44.47	39.70	25.09	370.69
山 东		62.21	30.81	58.29	69.41	70.29	57.31	57.98	92.30	78.88	83.37	85.38	66.71	812.94
河 南		18.14	8.91	13.97	17.31	13.11	22.05	18.34	16.11	23.91	36.62	31.05	26.76	246.27
湖 北		63.21	26.72	42.90	59.52	45.20	38.94	42.59	46.54	54.98	78.36	48.94	36.70	584.61
湖 南		47.34	24.52	37.37	32.42	26.93	32.80	28.15	47.13	42.87	59.82	46.25	36.73	462.35
广 东		177.38	92.70	142.00	136.77	111.62	133.44	113.46	142.16	152.94	230.31	222.92	168.26	1 823.95
广 西		64.26	27.40	40.61	38.61	38.85	36.61	29.70	27.24	39.51	56.33	49.13	29.70	477.96
海 南		14.52	4.60	4.11	7.74	5.64	8.42	3.64	5.10	5.83	6.15	7.12	5.52	78.39
重 庆		26.72	24.92	39.18	45.30	25.66	29.26	33.48	38.95	40.69	51.38	54.54	35.88	445.98
四 川		50.03	19.87	27.02	32.63	27.16	37.51	24.34	28.74	35.24	47.68	42.45	30.41	403.09
贵 州		14.80	8.53	11.55	16.05	27.02	28.65	9.21	13.87	13.90	23.49	20.62	11.44	199.11
云 南		28.07	16.86	25.77	61.45	83.99	31.34	24.80	24.87	24.15	32.89	35.45	26.99	416.62
西 藏		0.41	1.15	0.34	0.21	0.28	0.28	0.25	0.24	0.43	0.55	0.73	1.19	6.04
陕 西		32.40	16.80	24.62	24.26	19.39	16.14	14.08	24.96	14.98	24.73	25.71	19.13	257.19
甘 肃		9.01	1.85	4.14	6.57	4.50	9.68	5.36	6.92	21.58	13.11	17.66	13.23	113.61
青 海		6.54	4.05	7.82	7.44	4.59	5.03	12.33	14.29	7.78	8.81	7.68	8.45	94.80
宁 夏		1.05	2.87	4.97	5.30	3.42	2.46	1.45	0.70	0.76	2.84	2.03	1.48	29.34
新 疆		17.88	11.67	11.82	17.57	14.06	14.26	45.90	41.90	22.72	23.25	35.71	15.07	271.81
合计 Total		**1 151.65**	**588.64**	**914.35**	**1 063.47**	**887.94**	**880.89**	**854.31**	**1 067.42**	**1 079.53**	**1 437.02**	**1 336.47**	**1 029.61**	**12 291.28**

足球6场半全场胜平负

单位：万元

Unit：Ten Thousand Yuan

地　区 Region	游戏类型 Game Type	1月 Jan.	2月 Feb.	3月 Mar.	4月 Apr.	5月 May	6月 June	7月 July	8月 Aug.	9月 Sept.	10月 Oct.	11月 Nov.	12月 Dec.	合计 Total
北　京	竞猜	6.40	2.93	6.87	3.21	2.93	4.94	2.08	2.10	2.86	4.56	5.78	4.35	49.01
天　津		2.99	1.25	2.97	1.78	0.77	1.77	2.16	1.49	2.48	3.25	3.64	2.07	26.62
河　北		6.74	2.41	6.88	2.11	2.01	2.92	2.26	2.42	4.08	7.48	14.49	6.05	59.86
山　西		1.31	0.78	0.99	0.74	0.64	0.94	0.41	0.63	1.06	1.55	1.73	0.94	11.72
内蒙古		1.63	1.08	2.02	0.79	0.67	4.10	1.13	0.72	1.08	1.91	2.14	1.79	19.07
辽　宁		12.87	6.04	6.64	3.39	2.00	3.08	2.08	1.38	1.83	2.60	5.27	2.28	49.46
吉　林		1.29	0.55	1.58	0.52	0.33	1.02	0.60	0.69	0.71	1.43	1.33	0.78	10.83
黑龙江		1.99	0.74	2.76	0.42	0.47	1.96	1.00	0.36	0.80	1.45	2.41	1.02	15.38
上　海		11.57	4.23	9.61	3.94	3.61	6.45	4.19	4.55	4.88	7.29	13.07	7.63	81.01
江　苏		11.59	3.47	6.42	3.40	3.34	6.39	3.30	2.89	3.44	5.79	8.30	3.61	61.94
浙　江		14.02	5.61	12.25	5.15	2.24	4.86	6.02	2.27	3.94	7.06	14.55	12.50	90.46
安　徽		8.10	2.00	7.20	6.19	3.52	2.78	2.91	1.80	3.28	2.76	9.87	2.37	52.79
福　建		15.37	5.67	8.45	1.37	1.89	5.03	7.30	3.33	4.36	4.85	12.69	5.42	75.72
江　西		5.10	1.83	3.47	1.25	1.23	2.88	3.80	1.64	2.10	3.25	6.23	1.72	34.51
山　东		9.76	3.46	9.91	3.80	3.65	5.38	5.25	3.60	5.17	8.25	11.72	5.78	75.74
河　南		3.77	1.66	5.78	1.16	2.09	2.69	2.82	2.41	2.96	3.94	6.75	3.53	39.56
湖　北		29.61	9.30	17.71	5.00	5.77	12.20	17.14	7.91	8.27	9.89	16.65	4.86	144.32
湖　南		9.65	3.33	6.38	2.15	1.75	2.43	2.06	2.28	3.99	7.46	12.78	9.04	63.30
广　东		31.54	14.06	28.56	13.45	12.38	17.50	17.03	15.68	18.94	26.40	39.62	23.51	258.66
广　西		8.54	3.76	7.26	2.73	2.79	3.62	3.50	2.20	3.64	5.83	8.44	3.94	56.26
海　南		4.53	1.98	1.45	0.69	1.11	2.08	0.88	0.57	1.17	1.29	4.04	1.77	21.56
重　庆		4.30	2.09	3.39	0.96	0.70	1.59	1.19	0.71	1.24	1.60	2.87	1.65	22.29
四　川		7.31	2.42	5.26	2.25	2.23	3.94	2.67	1.98	3.50	4.37	8.52	4.25	48.71
贵　州		2.29	1.05	1.77	0.89	0.85	1.40	0.87	0.66	1.21	1.89	2.92	1.18	16.96
云　南		3.21	1.53	3.50	1.18	1.38	3.37	3.67	1.38	1.66	2.52	4.46	3.10	30.97
西　藏		0.12	0.02	0.30	0.04	0.02	0.12	0.01	0.02	0.07	0.11	0.26	0.04	1.13
陕　西		3.64	0.81	2.61	0.53	1.00	2.82	1.54	0.68	1.99	3.65	4.06	2.00	25.34
甘　肃		3.94	0.35	0.77	0.40	0.26	1.87	0.97	0.25	0.27	0.62	2.38	0.78	12.85
青　海		0.25	0.11	0.42	0.13	0.29	0.26	0.66	0.45	1.03	0.22	1.04	0.71	5.58
宁　夏		0.17	0.06	0.31	0.10	0.09	0.15	0.15	0.06	0.22	0.41	0.40	0.12	2.24
新　疆		7.11	3.52	1.90	1.02	1.14	1.48	1.27	0.66	1.62	4.14	13.41	1.69	38.95
合计 Total		**230.71**	**88.11**	**175.39**	**70.77**	**63.13**	**112.05**	**100.91**	**67.77**	**93.83**	**137.83**	**241.80**	**120.48**	**1 502.78**

足球胜平负

单位：万元

Unit: Ten Thousand Yuan

地区 Region	游戏类型 Game Type	1月 Jan.	2月 Feb.	3月 Mar.	4月 Apr.	5月 May	6月 June	7月 July	8月 Aug.	9月 Sept.	10月 Oct.	11月 Nov.	12月 Dec.	合计 Total
北京	竞猜	1 721.77	1 090.79	1 584.68	1 970.45	1 468.86	893.86	1 011.14	1 229.10	1 801.82	2 207.86	2 090.17	1 548.63	18 619.13
天津		640.64	428.77	571.96	671.46	481.83	251.78	332.48	332.37	553.10	673.11	691.04	440.86	6 069.40
河北		1 035.42	975.93	1 831.57	2 567.14	1 658.03	1 193.95	1 512.06	1 376.05	2 187.49	3 373.06	3 492.74	2 575.80	23 779.24
山西		332.06	216.66	303.44	371.45	252.37	145.81	180.87	164.00	254.75	323.77	297.19	212.49	3 054.86
内蒙古		458.44	343.93	423.07	532.37	300.70	206.24	270.07	299.42	414.81	491.60	477.91	310.03	4 528.60
辽宁		1 368.70	926.12	1 245.13	1 361.37	994.91	591.50	880.49	988.33	1 412.17	1 732.23	1 643.70	1 108.55	14 253.19
吉林		385.57	231.24	318.24	313.00	218.34	127.91	153.92	173.64	297.66	405.18	419.21	256.48	3 300.38
黑龙江		508.19	344.23	483.85	538.90	347.10	246.54	339.26	344.07	432.10	507.73	538.15	353.66	4 983.79
上海		1 559.25	1 118.81	1 390.93	1 614.78	1 105.25	672.66	950.64	1 031.97	1 467.01	1 899.63	1 860.93	1 225.84	15 897.69
江苏		1 722.82	1 075.04	1 422.79	1 636.98	1 097.23	692.27	1 044.97	1 119.63	1 582.74	1 951.95	2 014.90	1 471.33	16 832.63
浙江		2 733.09	1 669.28	2 256.55	2 741.93	1 914.24	1 189.28	1 567.39	1 504.91	2 165.02	2 522.93	2 705.27	2 004.40	24 974.31
安徽		679.93	443.63	538.58	602.21	404.90	223.95	342.18	366.73	524.89	669.57	693.14	421.47	5 911.18
福建		1 231.81	884.49	1 193.02	1 371.93	917.06	635.63	727.75	817.66	1 040.10	1 301.06	1 345.98	933.75	12 400.23
江西		810.13	564.48	789.05	941.72	707.30	402.45	557.39	622.63	828.98	1 029.39	965.90	624.80	8 844.20
山东		1 728.36	1 187.00	1 465.63	1 961.44	1 428.73	983.48	1 292.67	1 717.02	1 683.09	1 928.90	2 207.63	1 229.01	18 812.96
河南		652.99	456.97	621.23	658.36	474.00	311.15	456.36	386.26	663.48	971.95	907.09	569.10	7 128.95
湖北		1 371.45	992.82	1 396.09	1 607.92	1 135.98	772.82	976.50	958.89	1 220.76	1 634.07	1 859.88	1 035.72	14 962.91
湖南		2 485.49	1 541.47	1 947.28	2 328.39	1 364.70	1 272.11	1 414.51	1 366.37	1 504.28	1 708.73	1 652.04	1 336.09	19 921.46
广东		5 995.36	3 950.29	5 915.71	6 694.76	4 832.96	2 938.66	3 788.32	4 024.25	5 792.54	7 326.06	7 323.33	4 981.66	63 563.91
广西		1 052.94	781.75	1 003.90	1 128.45	821.83	516.23	626.50	603.89	824.46	1 253.30	1 205.58	787.57	10 606.41
海南		197.83	112.70	171.60	166.43	112.36	64.62	85.47	82.08	130.94	168.23	237.49	139.70	1 669.45
重庆		722.69	536.02	714.77	830.95	584.72	387.28	552.28	512.24	662.52	799.75	837.36	524.69	7 665.26
四川		1 201.65	864.41	1 187.17	1 395.35	968.92	599.10	850.00	868.14	1 217.98	1 667.24	1 655.37	1 080.73	13 556.06
贵州		449.09	310.94	422.40	489.58	354.57	214.87	246.03	259.23	389.47	525.03	569.40	349.86	4 580.47
云南		728.80	525.65	674.16	831.35	647.35	466.60	676.78	534.35	651.09	846.07	825.83	540.90	7 948.94
西藏		29.80	15.40	40.61	39.78	13.15	6.93	10.43	18.64	22.90	32.33	25.59	13.93	269.50
陕西		1 261.70	1 010.94	1 067.00	1 016.95	654.20	366.34	386.18	438.27	831.70	1 007.70	1 145.73	710.91	9 897.62
甘肃		203.93	134.60	191.65	201.62	143.49	88.46	112.95	125.52	185.73	247.78	256.99	172.60	2 065.32
青海		96.66	51.61	108.52	150.48	56.90	42.34	60.55	46.72	80.20	105.74	110.66	121.00	1 031.39
宁夏		122.47	94.95	120.67	151.05	106.73	73.07	80.23	110.75	176.49	204.38	195.66	153.85	1 590.29
新疆		564.09	311.15	539.37	564.22	380.56	198.28	246.99	261.45	469.20	627.95	752.89	480.23	5 396.39
合计 Total		**34 053.13**	**23 192.06**	**31 940.64**	**37 452.78**	**25 949.24**	**16 776.14**	**21 733.34**	**22 684.59**	**31 469.45**	**40 144.31**	**41 004.77**	**27 715.65**	**354 116.11**

竞彩玩法

单位：万元

Unit：Ten Thousand Yuan

地区 Region	游戏类型 Game Type	1月 Jan.	2月 Feb.	3月 Mar.	4月 Apr.	5月 May	6月 June	7月 July	8月 Aug.	9月 Sept.	10月 Oct.	11月 Nov.	12月 Dec.	竞彩网销量	合计 Total
北京	竞猜	4 129.71	3 692.67	5 837.81	5 836.15	6 153.07	9 041.70	8 627.72	7 413.51	8 891.23	8 599.00	7 238.21	6 493.96	45.00	81 999.72
天津		9 260.57	7 377.83	14 445.88	21 615.54	24 366.44	17 887.41	15 004.44	15 600.00	15 073.17	12 301.25	11 872.22	7 381.43	—	172 186.16
河北		15 373.42	26 479.13	30 079.72	21 829.36	19 556.04	46 303.60	37 231.65	36 228.26	31 558.35	32 098.68	20 714.23	16 731.80	—	334 184.25
山西		4 609.60	3 053.59	5 528.58	6 664.29	6 803.14	9 124.39	7 815.95	7 394.20	7 604.35	11 822.97	13 465.61	14 025.14	—	97 911.82
内蒙古		3 251.44	2 391.13	3 614.21	4 150.02	4 213.92	8 698.82	8 189.91	5 016.68	5 249.41	5 213.55	6 734.60	10 438.50	1.00	67 163.19
辽宁		15 749.74	15 973.51	21 761.18	21 288.44	19 623.02	27 911.41	21 262.24	19 292.97	20 114.20	17 536.31	14 184.82	12 257.99	—	226 955.82
吉林		4 354.18	3 357.71	5 644.69	5 452.56	4 574.72	7 197.54	5 635.60	3 717.71	4 237.60	4 002.05	3 625.30	3 569.74	—	55 369.41
黑龙江		3 908.66	2 900.19	4 591.44	6 358.07	5 217.34	8 096.22	6 892.10	6 811.89	6 151.83	7 112.88	7 428.99	7 263.36	—	72 732.97
上海		8 274.95	6 384.77	9 777.43	10 575.70	9 175.04	10 812.59	9 676.59	9 355.06	10 184.69	9 739.85	8 456.26	7 895.70	—	110 308.64
江苏		29 324.85	20 063.09	30 725.54	40 076.33	28 379.72	49 945.67	44 068.30	33 003.72	33 844.90	40 270.09	41 386.13	40 803.88	1.00	431 893.21
浙江		35 648.98	12 318.36	22 780.34	30 578.02	21 262.10	95 003.32	30 912.08	24 025.99	28 538.43	25 358.02	41 542.28	61 391.00	1.00	429 359.92
安徽		19 110.40	12 280.13	27 486.83	29 049.86	22 549.94	27 118.25	29 069.75	24 290.69	24 164.73	19 938.50	17 354.30	15 260.20	—	267 673.59
福建		17 804.19	5 764.16	21 824.98	10 268.27	8 620.08	23 716.60	14 747.67	9 326.05	8 972.28	18 731.53	23 193.84	17 752.84	—	180 722.49
江西		7 662.48	5 886.82	11 108.27	16 427.11	11 170.61	15 378.79	15 469.29	11 381.19	11 019.70	12 226.93	10 917.66	9 780.55	—	138 429.41
山东		32 009.32	30 619.90	52 361.40	56 877.82	50 887.45	68 026.51	51 240.04	50 255.28	63 808.55	56 894.10	52 586.79	89 935.09	2.00	655 504.26
河南		30 601.29	19 263.33	44 670.15	40 340.60	36 054.43	40 078.92	31 659.46	35 946.88	34 628.74	51 444.18	45 161.18	42 270.57	—	452 119.73
湖北		15 072.69	11 469.24	26 767.00	24 802.46	27 080.91	50 123.75	57 768.82	37 175.72	36 004.81	34 133.83	25 945.61	23 413.11	1.00	369 758.95
湖南		19 200.64	12 546.01	20 849.92	29 036.45	23 524.07	39 301.58	47 121.26	51 798.41	51 797.04	53 721.99	43 823.16	26 515.51	2.00	419 238.04
广东		50 506.68	33 364.52	59 876.89	66 285.62	110 076.22	76 022.43	59 990.55	51 389.66	50 791.14	57 801.07	59 651.16	53 220.84	20.00	728 996.79
广西		9 584.58	7 005.01	10 374.77	12 675.86	11 949.02	27 186.51	27 838.14	15 087.94	12 573.18	19 900.61	17 054.97	16 442.80	—	187 673.41
海南		1 081.10	857.32	1 767.81	2 322.64	4 442.61	4 907.46	2 420.21	3 291.29	2 860.59	4 222.28	14 661.71	16 611.04	—	59 446.05
重庆		15 678.95	18 098.24	25 346.55	21 153.47	22 125.83	19 622.68	16 803.35	23 398.36	26 546.32	21 400.16	24 034.81	30 058.36	4.00	264 271.08
四川		7 988.25	6 750.04	10 666.09	13 391.05	12 590.46	16 399.35	13 427.34	11 245.24	13 584.67	13 008.40	10 671.08	10 039.50	1.00	139 762.47
贵州		3 074.10	2 389.20	3 675.64	4 566.91	4 542.40	14 406.93	11 075.57	5 418.82	5 315.35	5 789.69	5 055.59	4 102.58	1.00	69 413.78
云南		13 809.96	10 431.23	15 486.61	22 217.32	19 459.07	37 347.04	31 687.46	16 148.90	16 049.42	18 092.77	15 162.58	13 555.85	—	229 448.21
西藏		140.15	59.45	127.28	151.03	174.93	309.51	257.55	197.96	255.76	232.63	155.51	170.27	—	2 232.04
陕西		21 396.03	10 739.83	15 003.72	15 431.70	14 730.60	22 496.46	22 086.08	29 010.83	51 055.18	53 156.73	20 794.56	15 959.63	—	291 861.34
甘肃		2 182.14	1 354.87	2 069.71	2 524.58	1 839.75	6 916.89	6 593.10	4 426.76	5 763.15	7 100.62	5 653.48	5 719.25	—	52 144.29
青海		507.85	368.02	578.24	630.77	642.03	721.27	1 012.79	966.23	1 767.38	1 941.06	4 491.48	1 599.06	13.00	15 239.15
宁夏		634.86	463.98	850.48	904.23	870.03	2 116.88	2 224.67	1 519.90	1 463.80	1 328.09	1 228.09	1 239.05	—	14 844.06
新疆		10 899.68	6 171.98	5 890.79	7 054.71	5 068.66	5 610.50	5 063.79	4 700.65	7 882.79	8 687.98	7 467.39	6 936.85	—	81 435.77
合计 Total		**412 831.44**	**299 875.26**	**511 569.93**	**550 536.95**	**537 723.67**	**787 830.97**	**642 873.48**	**554 836.76**	**597 752.73**	**633 807.76**	**581 713.59**	**588 835.48**	**92.00**	**6 700 280.02**

排 列 3

单位：万元

Unit: Ten Thousand Yuan

地 区 Region	游戏类型 Game Type	1月 Jan.	2月 Feb.	3月 Mar.	4月 Apr.	5月 May	6月 June	7月 July	8月 Aug.	9月 Sept.	10月 Oct.	11月 Nov.	12月 Dec.	合计 Total
北 京	乐透排列	1 764.84	1 061.44	1 727.71	1 600.72	1 573.28	1 520.97	1 552.12	1 585.79	1 640.00	1 657.55	1 718.27	1 766.15	19 168.85
天 津		1 165.77	772.04	1 171.29	1 068.09	1 085.83	1 147.85	1 146.17	1 028.62	1 028.38	1 050.81	1 083.61	1 141.67	12 890.14
河 北		1 961.36	1 130.76	1 682.95	1 553.20	1 570.27	1 543.12	1 642.01	1 596.67	1 614.28	1 634.35	1 790.93	1 930.15	19 650.04
山 西		502.15	307.71	456.61	432.98	446.53	469.56	481.06	451.27	454.36	499.32	518.52	495.00	5 515.05
内蒙古		1 449.59	1 000.38	1 501.07	1 419.59	1 379.98	1 272.77	1 241.82	1 220.01	1 248.05	1 346.34	1 457.00	1 490.01	16 026.62
辽 宁		1 925.17	1 260.75	1 830.71	1 694.47	1 669.56	1 681.42	1 536.65	1 456.24	1 512.10	1 586.97	1 673.58	1 728.57	19 556.20
吉 林		1 062.44	730.06	1 002.68	1 016.57	874.33	819.34	780.84	766.75	787.16	823.15	878.90	1 068.26	10 610.46
黑龙江		1 123.13	754.91	1 065.80	1 027.57	1 022.59	976.30	929.47	879.94	1 003.13	1 224.50	1 073.53	1 101.58	12 182.44
上 海		1 063.99	663.07	1 065.54	998.90	982.40	913.38	914.10	927.72	960.88	1 024.04	959.97	986.63	11 460.63
江 苏		5 401.87	3 581.59	5 227.65	4 929.88	4 917.73	4 695.15	4 721.72	4 665.32	4 741.53	4 976.55	5 105.56	5 178.38	58 142.94
浙 江		4 144.64	2 520.40	3 740.16	3 678.97	3 803.63	3 573.16	4 275.84	3 827.74	3 694.79	3 882.70	3 980.62	3 997.45	45 120.11
安 徽		1 309.83	820.55	1 184.02	1 144.62	1 138.14	1 062.76	1 033.33	1 055.96	1 113.48	1 130.86	1 140.71	1 176.18	13 310.45
福 建		736.18	460.51	644.88	608.54	615.49	543.92	564.04	572.58	551.86	598.08	610.47	678.01	7 184.57
江 西		747.67	429.85	612.88	589.08	623.47	583.74	595.80	550.70	636.95	662.90	669.04	733.94	7 436.02
山 东		1 311.96	856.90	1 283.66	1 209.00	1 303.63	1 261.97	1 369.17	1 514.43	1 453.86	1 494.42	1 671.46	1 568.82	16 299.29
河 南		3 039.49	1 898.21	2 746.74	2 567.86	2 604.14	2 502.94	2 476.77	2 358.92	2 440.33	2 562.46	2 940.57	2 954.72	31 093.15
湖 北		2 500.42	1 602.25	2 360.73	2 222.39	2 292.74	2 169.95	2 158.91	2 155.74	2 259.54	2 362.50	2 611.19	2 578.06	27 274.41
湖 南		1 607.29	1 052.76	1 519.23	1 473.21	1 381.81	1 360.13	1 384.80	1 348.22	1 447.08	1 638.69	1 586.74	1 558.90	17 358.86
广 东		1 776.51	1 162.82	1 750.87	1 657.35	1 708.98	1 585.30	1 659.92	1 629.19	1 660.30	1 745.92	1 893.87	2 008.38	20 239.40
广 西		214.30	143.79	243.28	191.88	180.73	172.94	173.53	170.72	188.31	181.27	215.54	198.04	2 274.33
海 南		62.60	40.43	53.86	48.39	44.69	44.06	46.39	47.07	46.80	53.79	58.71	65.78	612.59
重 庆		328.61	222.15	325.54	317.75	312.51	294.61	304.90	289.95	276.73	307.94	318.08	333.26	3 632.02
四 川		2 986.00	1 937.22	2 806.20	2 722.58	2 507.52	2 384.54	2 434.31	2 379.70	2 444.81	2 653.02	2 799.51	2 798.97	30 854.39
贵 州		979.56	712.49	1 012.53	965.05	904.41	880.91	919.64	881.64	863.59	978.11	945.86	960.38	11 004.18
云 南		2 811.59	1 791.10	2 663.53	2 723.67	2 678.97	2 626.23	2 654.26	2 349.01	2 414.56	2 603.87	2 733.75	2 763.35	30 813.90
西 藏		68.77	39.53	82.61	70.26	92.90	93.93	100.23	82.89	75.90	102.99	91.70	93.35	995.07
陕 西		1 085.86	635.84	935.46	899.24	1 070.84	947.42	972.67	849.46	860.44	903.21	980.45	977.92	11 118.82
甘 肃		924.55	524.28	852.44	808.06	875.34	811.13	757.57	710.99	778.76	751.62	810.97	866.10	9 471.83
青 海		229.35	116.85	192.35	187.87	203.20	188.61	179.36	191.68	190.03	186.41	202.59	215.57	2 283.87
宁 夏		672.33	412.82	607.15	569.97	597.38	578.81	542.50	546.90	545.65	692.95	741.03	676.72	7 184.20
新 疆		913.43	586.64	880.93	820.56	808.73	772.81	792.38	786.43	802.79	870.32	924.98	940.67	9 900.67
合计 Total		**45 871.26**	**29 230.10**	**43 231.05**	**41 218.29**	**41 271.76**	**39 479.74**	**40 342.29**	**38 878.25**	**39 736.43**	**42 187.64**	**44 187.71**	**45 030.97**	**490 665.50**

排 列 5

单位：万元

Unit：Ten Thousand Yuan

地 区 Region	游戏类型 Game Type	1月 Jan.	2月 Feb.	3月 Mar.	4月 Apr.	5月 May	6月 June	7月 July	8月 Aug.	9月 Sept.	10月 Oct.	11月 Nov.	12月 Dec.	合计 Total
北 京	乐透排列	830.95	501.91	790.86	744.72	741.81	735.17	752.07	743.58	719.37	730.39	781.71	828.58	8 901.11
天 津		434.55	287.03	415.39	392.44	389.55	388.15	399.80	395.85	399.04	399.58	415.32	430.98	4 747.69
河 北		1 246.95	805.70	1 135.15	1 049.22	1 058.76	1 062.65	1 136.99	1 120.00	1 094.08	1 123.60	1 182.73	1 277.74	13 293.55
山 西		376.87	235.68	351.06	310.85	308.20	296.75	292.77	287.70	280.28	287.33	308.86	316.78	3 653.13
内蒙古		1 004.19	670.32	1 001.73	945.73	929.32	884.13	909.92	890.16	875.86	912.35	952.84	1 037.05	11 013.60
辽 宁		1 061.44	713.65	1 009.63	959.01	940.91	888.54	907.56	883.56	892.59	913.06	927.48	971.47	11 068.90
吉 林		688.02	466.67	646.31	608.31	580.47	551.23	571.12	562.50	561.12	571.83	586.85	638.06	7 032.51
黑龙江		594.29	416.70	591.43	560.37	509.30	482.69	488.74	490.46	512.05	514.57	547.48	568.85	6 276.92
上 海		450.29	291.02	441.15	417.02	415.44	395.69	421.91	437.04	430.58	444.82	450.92	474.24	5 070.12
江 苏		2 511.85	1 687.02	2 383.95	2 228.70	2 224.91	2 155.28	2 265.60	2 274.05	2 246.67	2 240.09	2 251.88	2 411.88	26 881.88
浙 江		2 189.91	1 381.43	2 060.69	1 930.68	1 976.78	1 902.32	1 988.48	2 040.96	1 949.00	2 008.26	2 080.05	2 172.64	23 681.19
安 徽		957.17	651.19	903.21	848.53	832.83	783.87	775.86	800.88	821.25	830.03	834.67	885.74	9 925.24
福 建		413.69	278.39	401.02	367.31	354.00	329.23	344.40	348.38	346.72	355.54	355.17	387.37	4 281.23
江 西		290.86	193.29	270.12	256.83	260.44	256.50	263.32	263.07	275.74	307.97	294.56	326.21	3 258.90
山 东		774.51	529.93	776.85	747.14	762.50	773.02	826.89	855.08	818.01	852.55	847.65	931.38	9 495.50
河 南		2 280.14	1 481.94	2 056.87	1 910.00	1 889.02	1 871.61	1 918.45	1 963.58	1 904.72	1 893.49	1 899.92	2 022.44	23 092.17
湖 北		1 994.32	1 325.96	1 849.27	1 721.30	1 752.09	1 678.94	1 654.58	1 648.30	1 673.69	1 747.53	1 827.93	1 894.85	20 768.77
湖 南		941.13	648.91	886.39	868.26	832.92	799.34	859.25	897.36	915.18	967.91	915.35	983.88	10 515.88
广 东		1 453.51	909.77	1 378.77	1 297.01	1 311.34	1 298.83	1 324.66	1 333.56	1 317.06	1 344.86	1 401.35	1 506.71	15 877.43
广 西		154.00	103.63	142.56	130.52	133.48	130.74	142.24	137.12	131.01	131.81	155.80	150.37	1 643.29
海 南		78.91	52.67	73.30	74.17	66.85	69.68	64.40	62.49	61.63	66.09	75.01	84.25	829.46
重 庆		202.57	134.63	191.83	180.10	184.89	170.79	173.15	171.29	170.02	167.84	177.75	193.58	2 118.45
四 川		1 908.95	1 294.87	1 803.97	1 711.72	1 654.44	1 577.16	1 621.40	1 681.79	1 655.29	1 652.91	1 683.05	1 785.81	20 031.36
贵 州		970.22	636.46	965.31	895.81	897.97	882.73	889.10	890.32	876.99	881.29	888.93	925.34	10 600.46
云 南		2 654.97	1 751.48	2 572.80	2 439.91	2 497.21	2 453.35	2 514.72	2 472.40	2 463.69	2 515.59	2 531.92	2 625.93	29 494.00
西 藏		133.18	66.03	121.48	119.48	119.27	123.79	128.50	134.71	156.71	152.03	144.79	144.36	1 544.34
陕 西		767.18	455.02	685.05	667.07	700.99	659.26	651.73	615.91	629.46	618.03	644.62	695.67	7 789.97
甘 肃		769.02	459.93	720.00	698.61	711.44	685.33	692.96	675.13	682.99	693.15	754.45	801.95	8 344.95
青 海		258.51	154.95	224.40	218.56	217.38	205.46	202.48	225.17	202.38	196.53	215.18	235.40	2 556.40
宁 夏		449.41	299.66	411.27	380.68	377.63	364.09	364.35	372.70	358.79	384.95	418.15	440.98	4 622.67
新 疆		474.18	304.06	490.80	437.88	435.27	403.27	428.24	417.46	430.86	460.30	492.78	503.08	5 278.17
合计 Total		**29 315.75**	**19 189.89**	**27 752.62**	**26 117.92**	**26 067.42**	**25 259.60**	**25 975.65**	**26 092.59**	**25 852.82**	**26 366.26**	**27 045.14**	**28 653.57**	**313 689.22**

七 星 彩

单位：万元

Unit：Ten Thousand Yuan

地区 Region	游戏类型 Game Type	1月 Jan.	2月 Feb.	3月 Mar.	4月 Apr.	5月 May	6月 June	7月 July	8月 Aug.	9月 Sept.	10月 Oct.	11月 Nov.	12月 Dec.	合计 Total
北京	乐透排列	507.76	266.24	466.14	428.00	432.06	357.43	407.19	370.61	394.34	374.31	385.53	447.41	4 837.03
天津		682.06	432.88	665.90	633.16	666.86	554.65	612.18	565.31	593.91	574.39	573.73	635.64	7 190.66
河北		1 486.77	929.37	1 378.78	1 320.76	1 345.29	1 149.53	1 322.34	1 195.84	1 233.90	1 185.03	1 246.21	1 385.09	15 178.90
山西		141.38	79.59	122.30	119.13	122.16	102.82	115.11	104.88	110.56	107.41	109.13	118.93	1 353.40
内蒙古		207.04	125.43	193.61	209.25	205.80	172.18	197.69	179.13	190.97	184.80	193.33	214.13	2 273.36
辽宁		267.48	168.30	250.27	240.04	243.21	207.60	235.49	217.72	231.93	218.84	222.43	246.09	2 749.41
吉林		664.80	432.76	615.27	598.07	592.77	498.81	574.02	525.18	545.33	512.66	518.02	559.55	6 637.23
黑龙江		434.50	283.24	410.81	383.62	390.87	331.91	372.59	343.12	370.55	353.40	351.78	401.40	4 427.79
上海		409.22	250.33	392.86	374.56	394.28	329.07	370.95	347.46	370.90	355.34	360.60	404.54	4 360.09
安徽		866.71	567.27	817.80	772.16	788.08	647.83	720.01	675.72	714.77	698.45	704.57	783.83	8 757.19
福建		445.40	288.85	436.97	408.04	416.16	338.06	384.54	357.95	365.91	374.29	377.84	433.39	4 627.40
江西		207.88	132.50	198.26	194.09	198.22	168.88	187.75	171.71	193.13	197.14	190.48	215.48	2 255.51
山东		641.64	407.72	616.56	605.11	638.22	569.39	657.07	603.39	658.33	727.91	669.53	729.04	7 523.93
河南		3 006.45	1 881.54	2 795.38	2 616.79	2 608.96	2 175.74	2 490.21	2 331.66	2 415.63	2 330.45	2 355.29	2 580.20	29 588.29
湖北		1 561.40	1 006.67	1 515.21	1 398.37	1 496.69	1 233.48	1 358.04	1 278.64	1 341.82	1 325.46	1 346.78	1 492.41	16 354.98
湖南		341.17	227.71	316.54	296.78	288.20	243.84	273.30	267.08	312.47	316.79	289.37	373.93	3 547.19
广东		1 921.07	1 183.10	1 905.26	1 779.63	1 820.57	1 544.28	1 741.54	1 582.24	1 657.77	1 629.33	1 648.19	1 891.51	20 304.49
广西		138.13	85.04	134.78	125.39	133.57	110.68	124.46	112.80	122.00	119.22	125.60	140.44	1 472.12
海南		842.52	567.38	828.57	792.11	781.10	634.19	745.40	692.84	728.75	697.97	719.70	769.71	8 800.24
重庆		147.32	93.26	144.09	132.29	139.11	118.43	130.56	121.32	131.46	127.73	125.00	146.90	1 557.46
四川		2 775.93	1 742.36	2 617.59	2 458.72	2 527.45	2 100.96	2 356.05	2 142.10	2 266.84	2 208.77	2 234.21	2 471.80	27 902.77
贵州		414.73	247.59	389.50	383.94	388.88	333.89	377.09	338.41	362.16	345.41	344.10	387.70	4 313.39
云南		1 882.05	1 154.33	1 767.50	1 707.95	1 803.19	1 539.20	1 765.63	1 610.02	1 653.78	1 613.74	1 617.70	1 795.81	19 910.89
西藏		32.39	13.73	32.01	39.48	40.89	35.38	40.80	40.82	43.36	42.79	43.28	40.97	445.91
陕西		263.13	151.16	230.81	232.26	247.62	189.10	200.22	180.60	207.32	202.86	267.90	301.90	2 674.90
甘肃		138.10	79.88	125.88	125.73	127.95	109.60	122.87	111.12	119.21	114.32	117.70	130.23	1 422.61
青海		64.80	32.93	58.53	59.65	63.27	57.65	66.80	62.43	63.42	60.70	59.30	63.46	712.94
宁夏		85.65	53.40	83.64	81.33	81.05	64.35	72.10	67.39	69.87	74.70	80.31	88.51	902.30
新疆		326.88	191.98	316.00	295.07	302.62	243.27	273.33	252.29	260.24	259.63	264.37	293.69	3 279.38
合计 Total		**20 904.37**	**13 076.54**	**19 826.81**	**18 811.50**	**19 285.10**	**16 162.21**	**18 295.32**	**16 849.77**	**17 730.62**	**17 333.88**	**17 541.98**	**19 543.67**	**215 361.77**

超级大乐透

单位：万元

Unit：Ten Thousand Yuan

地　区 Region	游戏类型 Game Type	1月 Jan.	2月 Feb.	3月 Mar.	4月 Apr.	5月 May	6月 June	7月 July	8月 Aug.	9月 Sept.	10月 Oct.	11月 Nov.	12月 Dec.	合计 Total
北　京	乐透组合	7 702. 72	5 448. 48	7 835. 78	8 630. 37	9 083. 34	8 177. 75	7 842. 98	8 508. 67	7 346. 12	8 349. 97	8 094. 94	8 312. 72	95 333. 84
天　津		2 897. 25	2 219. 21	2 919. 58	3 214. 98	3 290. 97	2 905. 91	2 772. 65	3 012. 69	2 654. 69	2 984. 41	2 908. 98	2 946. 52	34 727. 84
河　北		9 438. 66	7 117. 37	9 253. 49	10 449. 75	10 363. 04	9 274. 91	8 935. 98	10 498. 39	9 087. 16	9 859. 64	9 658. 08	10 493. 88	114 430. 34
山　西		2 702. 40	1 958. 19	2 493. 13	2 765. 42	2 820. 43	2 683. 26	2 551. 47	2 875. 42	2 419. 72	2 583. 99	2 596. 97	2 939. 33	31 389. 72
内蒙古		4 652. 94	3 339. 64	4 553. 37	5 382. 43	4 889. 32	4 270. 61	4 007. 09	4 350. 31	3 844. 49	4 340. 84	4 434. 25	4 721. 59	52 786. 87
辽　宁		5 656. 58	4 521. 06	5 827. 77	7 306. 44	7 023. 92	5 947. 14	5 728. 89	5 989. 58	5 159. 20	6 070. 49	5 807. 71	5 790. 96	70 829. 73
吉　林		4 708. 38	3 731. 08	4 727. 51	5 230. 08	5 090. 76	4 490. 30	4 481. 80	4 809. 55	4 087. 55	4 671. 95	4 481. 27	4 673. 27	55 183. 52
黑龙江		6 514. 51	5 310. 25	6 562. 99	7 317. 50	7 224. 32	6 235. 58	5 982. 59	6 828. 84	6 277. 91	7 000. 45	6 675. 15	7 656. 72	79 586. 79
上　海		7 045. 40	5 220. 21	7 214. 41	7 910. 61	8 368. 25	7 348. 35	7 068. 11	7 762. 75	6 715. 01	7 601. 66	7 190. 30	7 439. 10	86 884. 15
江　苏		24 272. 74	19 102. 18	24 655. 10	26 861. 26	27 759. 01	24 445. 42	23 481. 02	26 056. 16	22 564. 75	25 697. 37	24 355. 68	25 202. 64	294 453. 34
浙　江		19 627. 50	14 555. 72	19 655. 97	22 024. 78	22 561. 46	19 696. 19	19 175. 28	20 838. 97	17 849. 59	21 813. 19	20 276. 89	21 471. 92	239 547. 48
安　徽		7 013. 03	5 599. 16	6 763. 50	7 515. 92	7 846. 23	6 883. 35	6 592. 55	7 233. 01	6 366. 72	7 281. 08	7 049. 30	7 322. 48	83 466. 32
福　建		15 445. 40	12 217. 09	15 176. 69	17 431. 36	17 352. 90	14 822. 92	15 183. 75	16 837. 68	13 322. 19	15 507. 61	15 134. 90	17 158. 59	185 591. 08
江　西		4 523. 37	3 517. 92	4 520. 20	5 275. 15	5 547. 05	4 626. 19	4 411. 54	4 701. 53	4 123. 77	4 848. 87	4 662. 29	5 626. 25	56 384. 14
山　东		13 502. 63	9 701. 27	12 406. 51	14 604. 88	15 687. 83	13 947. 93	14 872. 75	15 377. 42	12 841. 34	15 187. 89	15 031. 32	15 215. 34	168 377. 12
河　南		14 115. 54	11 044. 65	14 218. 58	16 190. 83	16 304. 31	13 892. 19	13 725. 43	14 938. 26	12 965. 41	14 772. 11	15 868. 50	16 091. 79	174 127. 59
湖　北		7 036. 72	5 753. 61	7 374. 11	8 096. 25	8 539. 00	7 427. 51	7 052. 25	7 585. 40	6 669. 69	7 787. 18	7 504. 10	8 274. 55	89 100. 38
湖　南		5 611. 01	4 640. 06	5 760. 93	7 019. 03	6 929. 50	6 167. 66	6 790. 03	7 369. 24	6 410. 41	7 925. 14	7 568. 77	7 939. 82	80 131. 60
广　东		21 938. 28	15 749. 81	21 720. 97	23 928. 20	24 687. 60	22 315. 25	21 913. 89	23 236. 29	21 166. 45	24 314. 25	23 230. 02	24 273. 62	268 474. 63
广　西		2 853. 87	2 247. 80	2 845. 00	3 074. 65	3 251. 61	2 929. 01	2 872. 63	2 968. 62	2 578. 58	2 999. 84	2 974. 29	3 101. 44	34 697. 35
海　南		1 525. 22	1 210. 57	1 478. 96	1 648. 73	1 657. 32	1 435. 68	1 372. 10	1 459. 51	1 247. 90	1 455. 83	1 486. 76	1 667. 49	17 646. 06
重　庆		3 990. 73	3 125. 05	3 924. 81	4 596. 15	4 798. 79	4 007. 93	3 820. 54	4 164. 02	3 730. 02	4 288. 40	4 440. 64	4 530. 12	49 417. 21
四　川		12 104. 81	9 558. 89	11 859. 92	13 402. 69	13 387. 93	11 896. 56	11 432. 90	12 091. 66	10 568. 39	12 156. 83	11 976. 18	12 862. 55	143 299. 32
贵　州		5 645. 30	4 125. 46	5 619. 97	6 296. 85	6 502. 65	5 764. 09	5 606. 82	5 947. 11	5 028. 19	5 828. 14	5 738. 75	6 013. 21	68 116. 55
云　南		10 574. 54	7 723. 38	10 324. 59	11 641. 02	12 316. 88	11 646. 12	11 356. 64	12 028. 03	10 334. 47	11 797. 63	11 308. 92	11 681. 70	132 733. 94
西　藏		358. 13	168. 26	374. 32	498. 74	559. 66	519. 93	512. 59	595. 97	525. 50	600. 85	566. 46	530. 06	5 810. 46
陕　西		6 400. 43	4 618. 23	6 186. 67	6 758. 30	6 975. 00	6 062. 13	5 688. 21	5 996. 19	5 514. 07	6 019. 75	5 782. 95	6 710. 19	72 712. 13
甘　肃		2 559. 35	1 778. 27	2 568. 14	2 966. 51	3 135. 33	2 851. 91	2 737. 02	2 894. 96	2 489. 68	2 816. 50	2 760. 62	2 950. 93	32 509. 22
青　海		895. 69	538. 11	865. 73	1 067. 80	1 040. 66	968. 66	928. 20	994. 81	837. 94	943. 83	938. 96	953. 93	10 974. 34
宁　夏		1 431. 93	1 043. 20	1 388. 71	1 557. 89	1 609. 63	1 444. 49	1 496. 17	1 550. 94	1 279. 98	1 487. 95	1 533. 03	1 748. 46	17 572. 39
新　疆		3 333. 32	2 396. 88	3 611. 40	4 121. 37	4 290. 17	3 579. 17	3 562. 29	3 714. 21	3 299. 24	3 838. 13	3 650. 72	3 958. 50	43 355. 39
合计 Total		**236 078. 39**	**179 281. 06**	**234 688. 84**	**264 785. 95**	**270 894. 90**	**238 664. 10**	**233 956. 18**	**253 216. 16**	**219 306. 12**	**252 831. 74**	**245 687. 71**	**260 259. 69**	**2 889 650. 84**

2016 年中国体育彩票地方游戏品种销售情况表（分地区按月统计）

Monthly Sales Statistics of Regional Games of Sports Lottery in 2016

单位：万元

Unit：Ten Thousand Yuan

地区 Region	游戏类型 Game Type	游戏名称 Game Name	1 月 Jan.	2 月 Feb.	3 月 Mar.	4 月 Apr.	5 月 May	6 月 June	7 月 July	8 月 Aug.	9 月 Sept.	10 月 Oct.	11 月 Nov.	12 月 Dec.	合计 Total
北京	乐透组合	北京 11 选 5	16 616.03	9 083.23	17 610.53	19 050.10	19 382.10	17 117.07	17 510.21	17 369.63	16 771.93	18 154.77	19 832.13	20 234.78	208 732.53
天津	乐透组合	天津 11 选 5	3 735.88	2 041.05	3 420.13	5 065.46	4 149.08	3 404.03	3 295.18	2 908.96	2 944.32	3 192.19	3 208.86	4 343.31	41 708.45
河北	乐透组合	河北快乐扑克	32.09	15.88	25.00	19.94	21.15	17.92	16.50	21.07	15.64	17.36	13.84	19.38	235.78
		河北 11 选 5	40 234.01	24 121.30	47 504.03	52 942.97	43 419.04	35 837.66	35 193.64	32 036.43	30 751.75	33 130.84	41 670.02	39 074.20	455 915.89
山西	乐透组合	山西 11 选 5	6 792.10	3 303.50	8 248.27	6 984.93	6 565.63	6 076.77	5 487.69	5 326.50	6 526.21	6 250.53	6 664.52	6 786.97	75 013.63
		山西泳坛夺金	52.34	28.69	54.61	42.08	35.48	34.47	31.75	31.43	29.10	20.19	19.64	18.49	398.27
内蒙古	乐透组合	内蒙 11 选 5	19 261.48	12 596.19	31 717.06	25 089.89	23 336.81	20 059.02	18 075.16	16 687.60	17 181.06	17 249.38	18 618.99	21 142.03	241 014.67
		内蒙古泳坛夺金	59.20	36.19	46.19	52.87	52.67	42.09	33.91	30.12	37.56	52.03	68.13	38.97	549.95
辽宁	乐透组合	辽宁 11 选 5	16 157.47	9 916.11	14 887.24	13 662.53	13 560.37	11 996.29	11 170.06	9 832.62	9 770.32	10 183.63	11 267.13	12 873.24	145 277.00
		辽宁快乐扑克	0.34	0.38	0.27	1.85	11.76	6.81	3.82	2.36	6.05	4.95	5.44	6.08	50.10
吉林	乐透组合	吉林 11 选 5	17 620.10	11 766.68	17 950.36	18 563.34	17 713.68	15 502.47	15 034.95	12 900.48	13 258.61	16 502.16	20 537.58	17 032.91	194 383.34
黑龙江	乐透组合	黑龙江 11 选 5	27 276.35	18 631.47	30 181.09	38 253.83	28 585.02	24 427.76	21 595.01	20 325.13	21 262.89	20 402.68	24 061.93	30 456.09	305 459.24
		黑龙江快乐扑克	11.59	8.28	9.18	7.49	5.68	4.15	5.21	4.27	4.02	4.24	5.30	8.23	77.63
	乐透排列	黑龙江六位数	149.57	103.66	150.21	147.09	139.50	120.54	134.75	134.90	138.71	120.02	136.42	136.63	1 612.00
上海	乐透组合	上海 11 选 5	3 378.33	1 874.33	3 158.08	3 296.10	3 098.43	2 690.14	2 846.52	3 801.96	3 288.70	3 427.23	3 507.00	3 932.72	38 299.54
江苏	乐透组合	江苏 11 选 5	47 355.53	30 596.28	57 468.52	59 689.40	57 908.74	46 257.83	41 590.36	40 513.42	38 438.00	40 273.05	52 675.40	52 357.18	565 123.70
	乐透排列	江苏体彩 7 位数	7 212.86	4 945.51	7 490.48	6 803.43	6 913.54	6 308.56	6 669.00	6 543.86	7 073.28	6 716.96	6 829.48	7 253.30	80 760.26

续表

地区 Region	游戏类型 Game Type	游戏名称 Game Name	1月 Jan.	2月 Feb.	3月 Mar.	4月 Apr.	5月 May	6月 June	7月 July	8月 Aug.	9月 Sept.	10月 Oct.	11月 Nov.	12月 Dec.	合计 Total
浙江	乐透组合	浙江11选5	27 903.49	13 825.09	24 573.04	28 498.27	25 793.77	24 270.24	23 128.23	26 171.70	22 332.68	23 294.77	24 255.70	32 577.26	296 624.25
		浙江20选5	596.41	567.72	1 196.95	590.73	544.31	517.28	520.63	517.23	513.40	537.47	545.72	583.02	7 230.87
		浙江飞鱼	3 742.97	2 333.32	3 373.12	3 335.70	3 331.12	2 868.90	3 215.98	2 878.27	2 820.92	2 884.74	2 930.21	2 989.77	36 705.00
		浙江泳坛夺金	3 900.11	2 400.92	3 938.75	4 332.25	4 189.50	3 971.95	4 339.30	4 099.73	3 691.33	3 963.24	3 816.43	4 307.93	46 951.44
	乐透排列	浙江6加1	10.30	7.22	11.40	8.73	11.12	7.55	5.64	4.87	5.04	4.60	9.49	9.14	95.10
安徽	乐透组合	安徽11选5	8 898.12	6 543.98	9 433.33	9 188.70	9 000.24	8 597.39	8 136.67	7 523.21	7 017.60	11 626.36	12 276.49	10 154.45	108 396.53
福建	乐透组合	福建11选5	22 944.33	16 373.94	29 783.13	25 200.58	23 269.58	19 710.13	18 852.48	21 670.31	21 684.35	19 068.11	19 776.69	21 538.10	259 871.71
		福建22选5	558.07	368.88	530.28	497.68	480.60	424.63	376.01	387.03	379.56	366.04	523.92	413.61	5 306.31
		福建31选7	3 618.18	1 868.81	2 439.25	2 083.07	3 579.06	3 875.40	3 355.06	3 281.81	3 625.97	3 453.05	2 857.59	4 387.44	38 424.69
		福建31选7附加	—	—	—	—	877.74	1 491.25	1 367.86	1 262.65	1 226.97	1 312.60	1 261.29	1 298.71	10 099.08
		福建36选7	2 737.02	1 944.62	3 136.09	2 555.51	2 216.35	1 931.49	1 951.72	1 919.03	1 774.81	1 796.66	1 936.06	2 029.42	25 928.78
江西	乐透组合	江西多乐彩	5 876.84	3 457.73	6 911.77	10 575.69	6 747.09	5 402.18	5 091.56	4 778.36	4 668.52	8 460.71	10 276.30	7 329.12	79 575.88
山东	乐透组合	山东快乐扑克3	11 093.41	5 776.48	8 031.30	7 934.37	8 228.97	10 299.22	11 500.50	11 076.58	10 732.04	8 228.22	7 392.28	8 617.08	108 910.46
		山东十一运夺金	52 263.55	31 972.08	64 643.45	54 638.84	51 014.57	46 336.61	45 196.68	47 058.69	44 875.12	50 282.91	56 591.94	56 070.67	600 945.11
河南	乐透组合	河南11选5	151.56	100.72	124.29	101.40	112.13	102.38	85.40	78.80	104.46	90.17	84.84	94.17	1 230.31
		河南泳坛夺金	30 078.07	18 122.56	38 482.91	42 438.65	33 484.45	29 850.37	29 260.96	27 185.28	30 832.45	39 577.12	39 714.15	35 822.02	394 849.00
湖北	乐透组合	湖北11选5	6 831.95	5 103.65	9 094.90	8 110.19	7 762.88	6 950.28	7 977.72	9 379.87	9 331.23	9 486.16	10 061.20	10 523.42	100 613.45
湖南	乐透组合	湖南即乐彩	0.02	0.01	0.01	0.01	0.00	0.01	0.00	0.00	0.00	0.00	0.02	0.00	0.09
		幸运赛车	2 635.48	1 679.85	2 354.30	2 117.77	1 930.30	1 692.29	2 184.29	2 655.63	2 822.54	2 319.69	2 140.06	2 255.29	26 787.49
广东	乐透组合	广东11选5	42 357.57	21 404.97	59 263.76	43 101.47	37 682.79	34 788.13	35 099.64	32 886.72	32 001.50	34 930.69	50 552.29	43 684.03	467 753.56
广西	乐透组合	广西11选5	1 561.45	965.37	1 399.35	1 257.76	1 354.94	2 094.95	1 995.94	2 813.06	2 061.54	1 514.24	1 565.15	2 673.99	21 257.73

续表

地区 Region	游戏类型 Game Type	游戏名称 Game Name	1月 Jan.	2月 Feb.	3月 Mar.	4月 Apr.	5月 May	6月 June	7月 July	8月 Aug.	9月 Sept.	10月 Oct.	11月 Nov.	12月 Dec.	合计 Total
海南	乐透组合	飞鱼	3 349.48	1 842.83	2 575.11	2 241.50	2 754.02	2 360.66	2 594.23	2 076.32	2 029.79	2 366.62	1 950.57	1 959.19	28 100.32
		环岛赛	1 509.31	1 118.99	1 272.42	1 134.95	1 322.96	1 169.95	1 227.99	1 250.04	1 180.84	1 187.10	1 162.65	1 040.51	14 577.71
	乐透排列	海南 4 + 1	328.85	185.11	250.42	233.76	177.99	135.32	170.93	158.94	160.28	171.05	156.59	167.47	2 296.72
重庆	乐透组合	重庆百变王牌	776.82	471.45	732.32	638.14	630.26	569.13	499.02	433.92	422.38	940.21	1 370.97	629.77	8 114.39
四川	乐透组合	四川 11 选 5	4 373.57	2 968.91	4 499.01	3 637.88	1 235.71	195.11	—	—	—	—	—	—	16 910.19
		四川金 7 乐	—	—	—	—	5 922.62	5 077.39	3 978.46	3 086.57	5 363.05	3 109.09	2 482.20	3 342.87	32 362.25
贵州	乐透组合	贵州 11 选 5	10 301.34	6 611.34	14 080.44	12 096.61	11 892.12	9 910.98	9 579.31	8 915.47	8 149.76	11 228.65	13 861.36	12 634.92	129 262.29
云南	乐透组合	云南 11 选 5	18 149.78	11 106.33	18 260.33	22 847.99	22 229.77	18 745.67	18 471.16	17 459.76	16 007.97	16 748.98	16 643.46	18 765.64	215 436.84
		云南快乐 123	17.11	11.49	18.11	13.43	17.78	16.97	14.94	14.95	11.86	12.88	14.05	12.65	176.20
西藏	乐透组合	西藏 11 选 5	2 199.73	1 283.07	2 476.51	5 698.90	4 396.80	4 090.74	3 987.02	3 949.43	3 866.67	4 289.17	4 201.82	4 520.45	44 960.31
陕西	乐透组合	陕西 11 选 5	10 243.14	5 575.92	11 546.29	10 712.71	11 263.84	9 869.93	10 140.50	8 766.13	8 791.16	12 521.85	10 921.77	10 617.02	120 970.24
		陕西泳坛夺金	9.23	5.54	9.37	6.94	8.80	5.72	6.27	9.90	5.47	4.34	3.41	2.96	77.95
甘肃	乐透组合	甘肃 11 选 5	11 455.60	6 110.35	13 833.92	12 242.73	11 851.12	10 643.67	10 510.44	9 337.61	9 242.58	10 243.57	12 754.22	11 848.15	130 073.95
		甘肃泳坛夺金	34.63	26.92	29.73	23.06	27.05	23.56	26.49	24.43	19.77	21.51	19.76	42.91	319.81
青海	乐透组合	青海 11 选 5	2 083.00	902.64	2 006.37	2 709.97	2 328.92	2 019.10	2 035.51	1 819.63	1 718.97	2 418.32	2 632.32	2 179.95	24 854.71
		青海快乐扑克	0.12	0.04	0.10	0.10	0.10	0.10	0.17	0.13	0.18	0.09	0.15	0.14	1.43
宁夏	乐透组合	宁夏 11 选 5	3 360.92	2 063.47	4 022.88	4 321.98	4 275.06	4 062.79	3 794.33	3 286.43	3 261.44	3 157.26	3 310.99	4 409.52	43 327.05
新疆	乐透组合	新疆 11 选 5	6 071.58	4 237.24	6 932.17	8 400.96	9 253.92	8 178.87	8 063.74	7 539.88	7 769.03	8 413.12	9 628.21	10 562.65	95 051.37
合计 Total			**507 968.34**	**308 408.32**	**591 188.20**	**583 202.24**	**536 099.04**	**472 161.87**	**457 436.51**	**444 229.08**	**438 001.39**	**475 733.56**	**538 804.10**	**545 809.89**	**5 899 042.55**

2016 年中国体育彩票即开型彩票销售情况表（分地区分游戏）

Sales Statistics of Terminal – Sales Instant Win Tickets of Sports Lottery in Different Regions and in Different Games in China in 2016

单位：万元
Unit: Ten Thousand Yuan

序号	省编号	省份/游戏名称	点石成金	双响炮	心手相连	青海湖环湖赛	撞好运	钓大鱼	大熊猫	发薪日	皇牌多多	大丰收	冲向顶峰	百发百中
1	11	北　京	—	—	—	—	—	—	—	—	—	—	—	—
2	12	天　津	—	—	—	—	—	—	—	—	—	—	—	—
3	13	河　北	—	—	—	—	—	—	—	—	—	—	—	—
4	14	山　西	—	—	—	—	—	—	—	—	—	—	—	—
5	15	内蒙古	—	—	—	—	—	—	—	—	—	—	—	—
6	21	辽　宁	—	—	—	—	—	—	—	—	—	—	—	—
7	22	吉　林	—	—	—	—	—	—	—	—	—	—	—	—
8	23	黑龙江	—	—	—	—	—	—	—	—	—	—	—	—
9	31	上　海	—	—	—	—	—	—	—	—	—	—	—	—
10	32	江　苏	7.20	—	—	—	—	—	—	—	—	—	—	—
11	33	浙　江	—	—	—	—	—	—	—	—	—	—	—	—
12	34	安　徽	12.72	—	—	—	—	—	—	—	—	—	—	—
13	35	福　建	—	—	—	—	—	—	—	—	—	—	—	—
14	36	江　西	—	—	—	—	—	—	—	—	—	—	—	—
15	37	山　东	—	—	—	—	—	—	—	—	—	—	—	—
16	41	河　南	—	—	—	—	—	—	—	—	—	—	—	—
17	42	湖　北	—	—	—	—	—	—	—	—	—	—	—	—
18	43	湖　南	—	—	—	—	—	—	—	—	—	—	—	—
19	44	广　东	6.00	—	—	—	—	—	—	—	—	—	—	—
20	45	广　西	—	—	—	—	—	—	—	—	—	—	—	—
21	46	海　南	—	—	—	—	—	—	—	—	—	—	—	—
22	50	重　庆	—	—	—	—	—	—	—	—	—	—	—	—
23	51	四　川	—	—	—	—	—	—	—	—	—	—	—	—
24	52	贵　州	—	—	—	—	—	—	—	—	—	—	—	—
25	53	云　南	—	—	—	—	—	—	—	—	—	—	—	—
26	54	西　藏	—	—	—	—	—	—	—	—	—	—	—	—
27	61	陕　西	-0.06	—	—	—	—	—	—	—	—	—	—	—
28	62	甘　肃	—	—	—	—	—	—	—	—	—	—	—	—
29	63	青　海	—	—	—	—	—	—	—	—	—	—	—	—
30	64	宁　夏	—	—	—	—	—	—	—	—	—	—	—	—
31	65	新　疆	—	—	—	—	—	—	—	—	—	—	—	—
合计 Total			**25.86**	**—**	**—**	**—**	**—**	**—**	**—**	**—**	**—**	**—**	**—**	**—**

续表

序号	省编号	省份/游戏名称	黑桃 A	群星璀璨	黄金时代	全民健身日 10 元	十倍幸运	步步高升	惊喜 8	和谐亚洲	写意岭南	金币	年年有鱼	A 和 8
1	11	北京	—	—	—	—	—	—	—	—	—	—	—	—
2	12	天津	—	—	—	—	—	—	—	—	—	—	—	—
3	13	河北	—	—	—	—	—	—	—	—	—	—	—	—
4	14	山西	—	—	—	—	12.30	—	—	—	—	—	—	—
5	15	内蒙古	—	—	—	—	12.00	—	—	—	—	—	10.38	—
6	21	辽宁	—	—	—	—	—	—	—	—	—	—	—	—
7	22	吉林	—	—	—	—	—	—	—	—	—	—	1.74	—
8	23	黑龙江	—	—	—	—	—	—	—	—	—	—	4.20	—
9	31	上海	—	—	—	—	—	—	—	—	—	—	—	—
10	32	江苏	—	—	—	—	24.00	—	0.84	—	—	—	—	—
11	33	浙江	—	—	—	—	13.38	—	—	—	—	—	27.96	—
12	34	安徽	—	—	—	—	26.94	—	—	—	—	—	—	—
13	35	福建	—	—	—	—	5.34	—	—	—	—	—	—	—
14	36	江西	—	—	—	—	0.60	—	—	—	—	—	—	—
15	37	山东	—	—	—	—	—	—	—	—	—	—	—	—
16	41	河南	—	—	—	—	—	—	—	—	—	—	8.58	—
17	42	湖北	—	—	—	—	384.00	—	—	—	—	—	—	—
18	43	湖南	—	—	—	—	19.50	—	—	—	—	—	—	—
19	44	广东	—	—	—	—	7.98	—	—	—	—	—	67.20	—
20	45	广西	—	—	—	—	511.38	—	—	—	—	—	35.04	—
21	46	海南	—	—	—	—	0.06	—	—	—	—	—	62.40	—
22	50	重庆	—	—	—	—	24.00	—	—	—	—	—	—	—
23	51	四川	—	—	—	—	—	—	—	—	—	—	—	—
24	52	贵州	—	—	—	—	—	—	—	—	—	—	—	—
25	53	云南	—	—	—	—	1.26	—	—	—	—	—	—	—
26	54	西藏	—	—	—	—	61.68	—	—	—	—	—	—	—
27	61	陕西	—	—	—	—	—	—	—	—	—	—	—	—
28	62	甘肃	—	—	—	—	—	—	—	—	—	—	—	—
29	63	青海	—	—	—	—	—	—	—	—	—	—	—	—
30	64	宁夏	—	—	—	—	—	—	—	—	—	—	27.36	—
31	65	新疆	—	—	—	—	—	—	—	—	—	—	165.78	—
合计 Total			**—**	**—**	**—**	**—**	**1 104.42**	**—**	**0.84**	**—**	**—**	**—**	**410.64**	**—**

续表

序号	省编号	省份/游戏名称	锦虎送福	财神到	椰风海韵	绿翡翠 9	三重钻石	麻辣 6	24K 金	红红火火	3D 魔方游戏	心心相印	招财猫	俱乐部
1	11	北京	—	—	—	—	487.32	—	—	—	—	—	—	—
2	12	天津	—	—	—	—	—	—	—	—	—	—	—	—
3	13	河北	—	—	—	1.08	662.04	—	—	—	—	—	—	—
4	14	山西	—	—	—	—	167.94	—	—	—	—	—	—	—
5	15	内蒙古	—	—	—	3.00	709.26	—	—	—	—	—	—	—
6	21	辽宁	—	—	—	—	549.06	—	—	—	—	—	—	—
7	22	吉林	—	—	—	—	607.20	—	—	—	—	—	—	—
8	23	黑龙江	—	—	—	—	270.18	—	—	—	—	—	—	—
9	31	上海	—	—	—	—	501.06	—	—	—	—	—	—	—
10	32	江苏	—	—	—	25.08	476.28	—	—	—	—	—	—	—
11	33	浙江	—	—	—	12.06	616.38	—	—	—	—	—	—	—
12	34	安徽	—	—	—	1.50	497.82	—	—	—	—	—	—	—
13	35	福建	—	—	—	1.80	980.58	—	—	—	—	—	—	—
14	36	江西	—	—	—	1.14	110.94	—	—	—	—	—	—	—
15	37	山东	—	—	—	—	571.44	—	—	—	—	—	—	—
16	41	河南	—	—	—	—	—	—	—	—	—	—	—	—
17	42	湖北	—	—	—	4.14	0.42	—	—	—	—	—	—	—
18	43	湖南	—	—	—	133.56	226.68	—	—	—	—	—	—	—
19	44	广东	—	—	—	8.16	142.38	—	—	—	—	—	—	—
20	45	广西	—	—	—	0.54	78.84	—	—	—	—	—	—	—
21	46	海南	—	—	—	—	114.72	—	—	—	—	—	—	—
22	50	重庆	—	—	—	—	136.14	—	—	—	—	—	—	—
23	51	四川	—	—	—	—	308.28	—	—	—	—	—	—	—
24	52	贵州	—	—	—	—	688.38	—	—	—	—	—	—	—
25	53	云南	—	—	—	—	2 805.66	—	—	—	—	—	—	—
26	54	西藏	—	—	—	13.44	2 021.46	3.00	—	—	—	—	—	—
27	61	陕西	—	—	—	—	5.16	—	—	—	—	—	—	—
28	62	甘肃	—	—	—	—	—	—	—	—	—	—	—	—
29	63	青海	—	—	—	—	—	—	—	—	—	—	—	—
30	64	宁夏	—	—	—	—	108.36	—	—	—	—	—	—	—
31	65	新疆	—	—	—	—	—	—	—	—	—	—	—	—
合计 Total			**—**	**—**	**—**	**205.50**	**13 843.98**	**3.00**	**—**	**—**	**—**	**—**	**—**	**—**

续表

序号	省编号	省份/游戏名称	乐翻番	亚运情怀	超值现金	精彩奇妙 5	新新亚运	2010 塔克拉玛干拉力赛	大爱无疆	神射手（足球）	世界博览	冰火连赢	前进·钱进	青海风情
1	11	北京	—	—	—	—	—	—	—	—	—	—	—	—
2	12	天津	—	—	—	—	—	—	—	—	—	—	—	—
3	13	河北	—	—	—	6.12	—	—	—	—	—	—	—	—
4	14	山西	—	—	—	—	—	—	—	—	—	—	—	—
5	15	内蒙古	—	—	—	21.66	—	—	—	—	—	—	—	—
6	21	辽宁	—	—	—	11.94	—	—	—	—	—	—	—	—
7	22	吉林	—	—	—	—	—	—	—	—	—	—	—	—
8	23	黑龙江	—	—	—	15.54	—	—	—	—	—	—	—	—
9	31	上海	—	—	—	—	—	—	—	—	—	—	—	—
10	32	江苏	—	—	0.96	219.66	—	—	—	—	—	—	—	—
11	33	浙江	—	—	—	23.16	—	—	—	—	—	—	—	—
12	34	安徽	—	—	—	—	—	—	—	—	—	—	—	—
13	35	福建	—	—	—	65.46	—	—	—	—	—	—	—	—
14	36	江西	—	—	—	—	—	—	—	—	—	—	—	—
15	37	山东	—	—	—	14.40	—	—	—	—	—	—	—	—
16	41	河南	—	—	—	—	—	—	—	—	—	—	—	—
17	42	湖北	—	—	—	16.44	—	—	—	—	—	—	—	—
18	43	湖南	—	—	—	—	—	—	—	—	—	—	—	—
19	44	广东	—	—	—	274.44	—	—	—	—	—	—	—	—
20	45	广西	—	—	—	40.80	—	—	—	—	—	—	—	—
21	46	海南	—	—	—	—	—	—	—	—	—	—	—	—
22	50	重庆	—	—	—	—	—	—	—	—	—	—	—	—
23	51	四川	—	—	—	—	—	—	—	—	—	—	—	—
24	52	贵州	—	—	—	0.60	—	—	—	—	—	—	—	—
25	53	云南	—	—	—	44.76	—	—	—	—	—	—	—	—
26	54	西藏	—	—	—	26.34	—	—	—	—	—	—	—	—
27	61	陕西	—	—	—	9.48	—	—	—	—	—	—	—	—
28	62	甘肃	—	—	—	15.72	—	—	—	—	—	—	—	—
29	63	青海	—	—	—	2.70	—	—	—	—	—	—	—	—
30	64	宁夏	—	—	—	—	—	—	—	—	—	—	—	—
31	65	新疆	—	—	—	144.24	—	—	—	—	—	—	—	—
合计 Total			**—**	**—**	**0.96**	**953.46**	**—**	**—**	**—**	**—**	**—**	**—**	**—**	**—**

续表

序号	省编号	省份/游戏名称	足球盛宴	金银岛	接二连三	碰碰和	双倍奖金	摇钱树	太空寻宝	金鹅	打扑克	大满贯	疯狂 8	连连看
1	11	北京	—	—	—	—	—	—	—	—	—	—	—	—
2	12	天津	—	—	—	—	—	—	—	—	—	—	—	—
3	13	河北	—	—	—	—	—	—	—	—	—	—	—	—
4	14	山西	—	—	—	—	—	—	—	—	—	—	—	—
5	15	内蒙古	—	—	—	—	—	—	—	—	—	—	—	—
6	21	辽宁	—	—	—	—	—	—	—	—	—	—	—	—
7	22	吉林	—	—	—	—	—	—	—	—	—	—	—	—
8	23	黑龙江	—	—	—	—	—	—	—	—	—	—	—	—
9	31	上海	—	—	—	—	—	—	—	—	—	—	—	—
10	32	江苏	—	—	—	—	—	—	—	—	—	—	—	—
11	33	浙江	—	—	—	—	—	—	—	—	—	—	—	—
12	34	安徽	—	—	—	—	—	—	—	—	—	-0.06	—	—
13	35	福建	—	—	—	—	—	—	—	—	—	—	—	—
14	36	江西	—	—	—	—	—	—	—	—	—	—	—	—
15	37	山东	—	—	—	—	—	—	—	—	—	—	—	—
16	41	河南	—	—	—	—	—	—	—	—	—	—	—	—
17	42	湖北	—	—	—	—	—	—	—	—	—	—	—	—
18	43	湖南	—	—	—	—	—	—	—	—	—	—	—	—
19	44	广东	—	—	—	—	—	—	—	—	—	—	—	—
20	45	广西	—	—	—	—	—	—	—	—	—	—	—	—
21	46	海南	—	—	—	—	—	—	—	—	—	—	—	—
22	50	重庆	—	—	—	—	—	—	—	—	—	—	—	—
23	51	四川	—	—	—	—	—	—	—	—	—	—	—	—
24	52	贵州	—	—	—	—	—	—	—	—	—	—	—	—
25	53	云南	—	—	—	—	—	0.12	—	—	—	—	—	—
26	54	西藏	—	—	—	—	—	—	—	—	—	—	—	—
27	61	陕西	—	—	—	—	—	—	—	—	—	—	—	—
28	62	甘肃	—	—	—	—	—	—	—	—	—	—	—	—
29	63	青海	—	—	—	—	—	—	—	—	—	—	—	—
30	64	宁夏	—	—	—	—	—	—	—	—	—	—	—	—
31	65	新疆	—	—	—	—	—	—	—	—	—	—	—	—
合计 Total			**—**	**—**	**—**	**—**	**—**	**0.12**	**—**	**—**	**—**	**-0.06**	**—**	**—**

续表

序号	省编号	省份/游戏名称	7-11-21	全垒打	黑珍珠	红宝石 8	转就赢	好运掷	快乐音符	恭喜发财	玉兔送财	海南体博	红樱桃	金算盘
1	11	北京	—	—	—	1 104.48	—	—	—	—	—	—	—	—
2	12	天津	—	—	—	—	—	—	—	—	—	—	—	—
3	13	河北	—	—	—	874.50	—	—	—	—	—	—	171.24	—
4	14	山西	—	—	—	149.94	—	—	—	—	—	—	—	—
5	15	内蒙古	—	—	—	697.38	—	—	—	—	—	—	—	—
6	21	辽宁	—	—	—	619.92	—	—	—	—	—	—	10.50	—
7	22	吉林	—	—	—	225.00	—	—	—	—	—	—	—	—
8	23	黑龙江	—	—	—	575.76	—	—	—	—	—	—	731.40	—
9	31	上海	—	—	—	600.66	—	—	—	—	—	—	—	—
10	32	江苏	1.56	—	—	0.06	—	—	—	—	—	—	920.46	—
11	33	浙江	—	—	—	1 884.78	—	—	—	—	—	—	470.82	—
12	34	安徽	—	—	—	420.96	—	—	—	—	—	—	106.62	—
13	35	福建	—	—	—	1 318.14	—	—	—	—	—	—	150.48	—
14	36	江西	—	—	—	217.68	—	—	—	—	—	—	—	—
15	37	山东	—	—	—	129.96	—	—	—	—	—	—	1 486.44	—
16	41	河南	—	—	—	—	—	—	—	—	—	—	107.76	—
17	42	湖北	—	—	—	—	—	—	—	—	—	—	37.80	—
18	43	湖南	—	—	—	—	—	—	—	—	—	—	—	—
19	44	广东	—	—	—	2 127.00	—	—	—	—	—	—	20.76	—
20	45	广西	—	—	—	169.08	—	—	—	—	—	—	20.82	—
21	46	海南	—	—	—	138.84	—	—	—	—	—	—	—	—
22	50	重庆	—	—	—	130.08	—	—	—	—	—	—	—	—
23	51	四川	3.18	—	—	640.92	—	—	—	—	—	—	644.64	—
24	52	贵州	—	—	—	833.10	—	—	—	—	—	—	231.60	—
25	53	云南	1.68	—	—	3 286.14	—	—	—	—	—	—	1 732.08	—
26	54	西藏	—	—	—	765.96	—	—	—	—	—	—	—	—
27	61	陕西	—	—	—	453.72	—	—	—	—	—	—	229.50	—
28	62	甘肃	—	—	—	36.72	—	—	—	—	—	—	—	—
29	63	青海	—	—	—	—	—	—	—	—	—	—	—	—
30	64	宁夏	—	—	—	—	—	—	—	—	—	—	111.00	—
31	65	新疆	—	—	—	3.48	—	—	—	—	—	—	351.78	—
合计 Total			**6.42**	**—**	**—**	**17 404.26**	**—**	**—**	**—**	**—**	**—**	**—**	**7 535.70**	**—**

续表

序号	省编号	省份/游戏名称	幸运小精灵	金银生辉	情谊两心知	金色的祝福	NBA	NBA	分花红	喜上梅梢	幸运号码	闪耀宝石9	好运马上来	星座奇缘
1	11	北　京	—	—	—	—	—	—	—	—	—	—	—	30.00
2	12	天　津	—	—	—	—	—	—	—	—	—	—	—	—
3	13	河　北	—	—	—	—	—	—	—	—	—	—	—	—
4	14	山　西	—	—	—	—	—	—	—	—	—	—	—	—
5	15	内蒙古	—	—	50.76	—	3.66	1.32	6.00	—	12.00	—	1.26	53.34
6	21	辽　宁	—	—	10.08	—	13.56	—	—	—	2.34	—	8.04	5.52
7	22	吉　林	—	—	—	—	—	—	—	—	—	—	—	—
8	23	黑龙江	—	—	—	—	—	—	—	—	—	—	—	—
9	31	上　海	—	—	—	—	—	—	—	—	1.92	—	—	—
10	32	江　苏	-0.06	—	—	20.94	0.30	0.24	—	0.24	4.44	17.70	106.80	104.22
11	33	浙　江	—	—	50.76	—	—	—	—	—	—	—	—	68.40
12	34	安　徽	—	—	0.18	—	—	2.76	—	—	—	—	—	—
13	35	福　建	—	—	—	—	—	0.48	—	—	—	—	—	16.86
14	36	江　西	—	—	—	6.42	0.24	0.54	—	—	0.42	0.42	0.60	0.54
15	37	山　东	—	—	3.96	—	—	—	—	—	—	—	—	5.46
16	41	河　南	—	—	29.82	—	—	—	—	—	—	—	—	—
17	42	湖　北	—	—	—	—	—	—	—	—	—	—	—	—
18	43	湖　南	—	—	—	—	—	—	—	—	—	0.06	2.82	—
19	44	广　东	—	—	—	0.30	—	—	—	—	—	0.06	—	1.08
20	45	广　西	—	—	—	—	—	—	—	—	0.06	—	—	72.78
21	46	海　南	—	—	—	—	—	—	—	—	—	—	—	—
22	50	重　庆	—	—	—	—	—	—	—	—	—	—	—	—
23	51	四　川	—	—	13.80	—	—	—	—	—	—	—	4.56	6.84
24	52	贵　州	—	—	—	—	—	—	—	—	—	—	1.08	34.26
25	53	云　南	—	—	—	—	1.14	—	—	—	0.24	—	2.94	—
26	54	西　藏	—	—	—	—	0.12	—	—	—	—	—	—	—
27	61	陕　西	—	—	—	—	—	—	—	—	—	—	0.48	—
28	62	甘　肃	—	—	—	—	—	—	—	—	—	—	—	—
29	63	青　海	—	—	—	—	—	0.06	—	—	—	0.42	—	—
30	64	宁　夏	—	—	37.26	—	—	—	—	—	—	—	—	—
31	65	新　疆	—	—	0.24	—	—	—	—	—	—	—	—	2.70
合计 Total			**-0.06**	**—**	**196.86**	**27.66**	**19.02**	**5.40**	**6.00**	**0.24**	**21.42**	**18.66**	**128.58**	**402.00**

续表

序号	省编号	省份/游戏名称	越野赛	步步为赢	生日快乐	大家乐	魅力海阳喜迎亚沙会	碧水生金	环青海湖大赛	秀甲天下	深圳第26届世界大学生夏季运动会	南阳淘宝	争金夺银－第7届全国农民运动会	多彩贵州
1	11	北京	—	—	—	—	—	—	—	—	—	—	—	—
2	12	天津	—	—	—	—	—	—	—	—	—	—	—	8.82
3	13	河北	—	—	—	—	—	—	—	—	—	—	—	—
4	14	山西	—	—	—	—	—	—	—	—	—	—	—	—
5	15	内蒙古	—	8.16	—	—	—	—	—	—	—	—	—	—
6	21	辽宁	—	—	—	—	—	—	—	—	—	—	—	—
7	22	吉林	—	1.20	0.32	—	—	—	—	—	—	—	—	—
8	23	黑龙江	—	—	—	—	—	—	—	—	—	—	—	—
9	31	上海	—	—	0.08	—	—	—	—	—	—	—	—	5.22
10	32	江苏	31.98	—	1.52	—	1.14	—	—	2.52	—	—	—	—
11	33	浙江	—	—	—	—	—	—	—	—	—	—	—	—
12	34	安徽	—	—	0.30	—	—	—	—	—	—	—	—	—
13	35	福建	—	0.66	—	—	—	—	—	—	—	—	—	—
14	36	江西	—	0.42	0.24	0.48	—	—	—	—	—	—	—	—
15	37	山东	—	0.18	49.97	—	0.06	—	—	—	—	—	—	—
16	41	河南	—	2.94	—	—	—	—	—	—	—	10.92	—	—
17	42	湖北	—	0.24	—	—	—	—	—	—	—	—	—	—
18	43	湖南	—	—	3.20	—	—	—	—	—	—	—	—	—
19	44	广东	—	12.78	9.75	—	0.12	—	—	—	2.16	—	—	—
20	45	广西	—	0.24	—	—	—	—	—	—	—	—	—	—
21	46	海南	—	—	—	—	—	—	—	—	—	—	—	—
22	50	重庆	—	1.32	—	—	—	—	—	—	—	—	—	—
23	51	四川	—	—	—	—	—	—	—	—	—	—	—	—
24	52	贵州	—	1.38	0.21	—	—	—	—	0.12	—	—	—	1.74
25	53	云南	—	—	0.02	—	—	—	—	0.06	—	—	—	—
26	54	西藏	—	—	—	—	—	—	—	—	—	—	—	—
27	61	陕西	—	27.66	—	—	—	—	—	31.38	—	—	—	—
28	62	甘肃	—	—	—	—	—	—	—	—	—	—	—	—
29	63	青海	—	—	—	1.26	—	—	—	—	—	—	—	—
30	64	宁夏	—	1.14	—	—	—	—	—	—	—	—	—	—
31	65	新疆	—	3.00	—	—	—	—	—	—	—	—	—	—
合计 Total			**31.98**	**61.32**	**65.58**	**1.74**	**1.32**	**—**	**—**	**34.08**	**2.16**	**10.92**	**—**	**15.78**

续表

序号	省编号	省份/游戏名称	铁人夺金	20倍幸运	十倍幸运 II	龟兔赛跑	股神	即现彩虹	三倍幸运草	超级赢家	好运8	宝石之王	10全10美	6倍幸运
1	11	北京	—	—	—	—	—	—	—	—	—	1 571.46	—	—
2	12	天津	—	—	—	—	—	—	—	—	—	499.62	—	—
3	13	河北	—	—	—	—	—	—	—	—	—	2 522.64	—	—
4	14	山西	—	—	—	—	—	—	—	—	—	299.82	—	—
5	15	内蒙古	0.24	—	—	—	—	16.68	—	—	—	1 737.60	24.18	—
6	21	辽宁	—	—	—	—	1.98	—	—	—	—	1 319.76	—	—
7	22	吉林	—	—	—	—	—	0.12	—	—	—	1 317.36	—	—
8	23	黑龙江	—	—	—	—	—	—	—	—	—	1 172.82	—	—
9	31	上海	5.64	—	—	—	—	—	—	—	—	494.76	—	—
10	32	江苏	—	0.90	—	35.40	99.90	—	0.18	49.20	2.34	1 891.20	—	0.66
11	33	浙江	—	—	—	—	—	—	—	—	—	2 150.04	—	—
12	34	安徽	—	—	—	—	—	—	—	7.74	—	511.68	—	—
13	35	福建	—	—	—	—	0.06	—	—	—	—	1 813.50	—	—
14	36	江西	—	0.06	—	—	—	1.02	—	0.06	—	930.24	—	—
15	37	山东	—	—	—	—	—	—	—	—	—	2 693.34	—	—
16	41	河南	—	—	—	—	—	—	—	—	—	3 805.74	—	—
17	42	湖北	—	—	—	—	—	—	—	—	—	223.14	—	—
18	43	湖南	—	—	—	—	—	—	—	0.90	—	175.92	—	—
19	44	广东	8.10	4.68	—	38.58	11.52	14.40	—	0.12	—	2 847.72	—	0.18
20	45	广西	—	—	—	—	—	—	—	0.12	—	342.12	—	—
21	46	海南	—	—	—	—	—	—	—	—	—	146.16	—	—
22	50	重庆	—	—	—	—	0.66	—	—	—	—	287.82	—	—
23	51	四川	4.86	—	—	—	5.88	6.66	—	—	—	1 168.26	—	—
24	52	贵州	—	—	—	—	—	—	—	—	—	595.92	—	—
25	53	云南	5.52	—	—	3.24	—	0.60	—	—	—	2 599.98	—	—
26	54	西藏	—	—	—	—	—	—	—	2.22	—	688.68	—	—
27	61	陕西	—	—	—	—	—	—	—	—	—	959.52	—	—
28	62	甘肃	1.56	—	—	—	—	—	—	—	—	935.10	—	—
29	63	青海	—	—	—	—	—	—	—	0.06	—	194.70	—	—
30	64	宁夏	—	—	—	—	0.84	—	—	—	—	232.62	—	—
31	65	新疆	—	—	—	—	—	—	—	—	—	1 308.06	—	—
合计 Total			**25.92**	**5.64**	**—**	**77.22**	**120.84**	**39.48**	**0.18**	**60.42**	**2.34**	**37 437.30**	**24.18**	**0.84**

续表

序号	省编号	省份/游戏名称	超级王牌	快乐雪人	快乐赢	赛事之都	好运翻 6 番	黄金 8	幸运金鱼	满载而归	团龙献瑞	金荷包	点石成金	神秘礼物
1	11	北京	—	—	—	—	—	—	—	—	—	—	4 691.94	—
2	12	天津	—	—	—	—	—	—	—	—	—	—	794.04	—
3	13	河北	—	—	—	—	—	—	—	—	—	—	4 392.72	—
4	14	山西	—	—	—	—	—	—	—	—	—	—	393.84	—
5	15	内蒙古	0.72	—	3.84	—	2.52	—	—	—	0.36	1.80	3 376.14	—
6	21	辽宁	—	—	—	—	—	—	—	—	12.00	—	2 466.24	—
7	22	吉林	—	2.43	—	—	—	—	—	—	—	—	2 603.64	—
8	23	黑龙江	—	—	—	—	—	—	—	—	—	—	2 020.38	—
9	31	上海	—	4.65	30.54	—	—	—	—	—	1.80	—	1 786.62	—
10	32	江苏	1.92	57.96	—	—	126.18	—	0.42	0.54	52.56	0.42	2 698.08	28.80
11	33	浙江	—	—	—	—	—	—	—	—	—	—	6 842.52	—
12	34	安徽	—	—	0.96	—	0.12	—	0.78	0.48	—	—	1 083.48	8.40
13	35	福建	—	—	—	—	—	—	—	—	—	—	2 978.22	—
14	36	江西	—	0.42	—	—	—	—	—	0.12	1.62	—	196.56	—
15	37	山东	—	—	—	0.30	—	—	—	—	—	—	2 825.64	—
16	41	河南	—	—	—	—	—	—	—	—	—	—	3 595.50	—
17	42	湖北	—	—	—	—	—	—	1.26	—	—	—	8.34	0.12
18	43	湖南	—	0.27	0.36	—	—	—	—	—	—	—	495.42	—
19	44	广东	—	—	—	—	21.06	—	—	0.78	9.24	—	10 896.06	16.14
20	45	广西	—	—	—	—	—	—	—	—	0.12	—	479.22	—
21	46	海南	—	—	—	—	—	—	—	—	—	—	207.18	—
22	50	重庆	—	—	—	—	—	—	—	—	—	—	478.14	—
23	51	四川	—	—	8.40	—	—	—	—	—	1.80	—	2 352.42	20.16
24	52	贵州	1.38	0.12	0.30	—	0.30	—	—	—	4.68	—	1 803.36	1.14
25	53	云南	—	0.03	—	—	0.12	—	—	—	3.12	—	4 901.34	—
26	54	西藏	—	—	—	—	—	—	2.04	—	—	—	1 402.32	—
27	61	陕西	—	—	—	—	—	—	—	—	—	—	1 918.74	—
28	62	甘肃	—	—	—	—	—	—	—	—	—	—	1 293.66	—
29	63	青海	5.16	—	—	—	—	—	—	—	—	—	516.36	—
30	64	宁夏	—	—	—	—	—	—	—	—	—	—	397.02	1.44
31	65	新疆	—	—	—	—	—	—	—	—	—	—	955.02	—
合计 Total			**9.18**	**65.88**	**44.40**	**0.30**	**150.30**	**—**	**4.50**	**1.92**	**87.30**	**2.22**	**70 850.16**	**76.20**

续表

序号	省编号	省份/游戏名称	龙年吉祥	金镶玉	甜蜜约会	三倍甜蜜	情比金坚	聚宝盆	金光闪烁 7	NBA	黄金瓜	淘金乐	甜蜜蜜	感恩母亲节
1	11	北京	—	—	—	—	—	—	—	—	—	—	—	—
2	12	天津	—	—	—	—	—	—	—	—	—	—	—	—
3	13	河北	—	—	—	—	—	—	—	—	—	—	0.12	—
4	14	山西	—	—	—	—	—	—	—	0.60	—	—	—	—
5	15	内蒙古	—	—	3.24	—	0.60	—	—	2.34	3.60	—	18.78	3.00
6	21	辽宁	—	—	—	—	—	—	—	6.66	—	—	—	—
7	22	吉林	—	—	0.36	—	—	—	—	—	—	—	—	1.32
8	23	黑龙江	—	—	—	—	—	—	—	—	4.20	—	—	—
9	31	上海	—	—	—	—	—	—	—	0.30	—	—	—	47.34
10	32	江苏	0.24	8.70	1.98	—	2.10	3.24	1.08	1.32	2.52	1.20	21.36	—
11	33	浙江	—	—	—	—	—	—	—	129.72	0.66	—	21.06	—
12	34	安徽	—	1.02	2.16	—	—	—	0.36	2.34	—	—	—	3.66
13	35	福建	—	—	—	—	—	—	—	1.68	—	—	—	—
14	36	江西	—	—	4.38	—	—	0.48	—	0.54	—	—	—	—
15	37	山东	—	—	—	—	—	—	—	1.74	—	—	—	—
16	41	河南	—	—	—	—	—	—	—	6.60	—	—	—	—
17	42	湖北	—	—	—	—	—	—	—	—	3.84	—	26.16	—
18	43	湖南	0.06	—	0.12	—	—	—	—	0.18	—	—	0.78	4.86
19	44	广东	0.06	9.06	2.22	0.42	0.06	1.92	0.54	4.26	—	—	—	28.50
20	45	广西	—	—	—	—	—	—	—	—	7.20	—	36.84	—
21	46	海南	—	—	—	—	—	—	—	36.78	—	—	15.24	—
22	50	重庆	—	—	—	—	—	—	—	—	—	—	—	—
23	51	四川	—	—	—	—	—	—	—	—	—	—	—	9.90
24	52	贵州	—	—	1.74	—	1.38	—	—	—	0.06	—	—	—
25	53	云南	—	—	—	0.12	0.12	—	—	—	3.00	—	—	—
26	54	西藏	—	—	—	—	8.40	—	—	—	—	—	—	—
27	61	陕西	—	—	—	—	—	—	—	—	—	—	1.92	0.18
28	62	甘肃	—	—	—	—	—	—	—	—	—	—	0.06	—
29	63	青海	—	1.08	—	—	—	—	—	25.98	—	0.12	5.28	—
30	64	宁夏	—	—	—	—	—	—	—	1.44	—	—	6.00	—
31	65	新疆	—	—	—	—	—	—	—	0.30	—	—	7.08	0.24
合计 Total			**0.36**	**19.86**	**16.20**	**0.54**	**12.66**	**5.64**	**1.98**	**222.78**	**25.08**	**1.32**	**160.68**	**99.00**

续表

序号	省编号	省份/游戏名称	开心麻将	NBA总冠军	十倍奖金	幸运彩虹	英雄会	吉祥金桔	幸运星	熊猫宝宝	激情亚沙会，快乐在一起	欧洲风云	点石成金 II	神奇的宝葫芦
1	11	北京	—	—	—	—	—	—	—	—	—	—	—	—
2	12	天津	—	—	—	—	—	—	—	—	—	—	—	—
3	13	河北	—	—	—	—	2.22	—	—	—	—	—	—	—
4	14	山西	—	—	—	—	—	—	—	—	—	—	—	—
5	15	内蒙古	—	0.66	—	3.00	45.24	0.12	—	2.70	—	—	—	0.18
6	21	辽宁	—	—	—	—	1.02	—	—	—	—	—	3.42	—
7	22	吉林	—	5.16	—	—	1.20	—	—	—	—	—	—	—
8	23	黑龙江	—	—	—	—	—	—	—	—	—	—	—	—
9	31	上海	—	13.08	—	—	—	—	—	—	5.31	—	—	—
10	32	江苏	6.24	32.16	2.76	2.40	—	—	559.92	—	—	—	446.46	—
11	33	浙江	—	—	—	—	—	—	—	—	—	—	—	—
12	34	安徽	1.62	0.12	—	1.20	4.38	—	—	—	0.90	—	—	—
13	35	福建	—	4.86	—	—	—	0.18	—	—	0.54	—	—	—
14	36	江西	—	0.36	0.06	—	—	—	—	—	—	—	1.50	—
15	37	山东	—	—	—	—	—	—	—	—	—	—	—	—
16	41	河南	—	—	—	—	—	—	—	—	—	—	—	—
17	42	湖北	—	—	—	—	—	0.24	0.06	—	—	—	0.42	—
18	43	湖南	—	0.18	—	—	0.60	—	—	—	—	—	17.22	—
19	44	广东	0.78	57.78	—	0.06	48.06	0.06	4.98	4.26	15.60	2.82	9.48	0.60
20	45	广西	—	4.26	—	—	—	—	—	—	—	—	—	—
21	46	海南	—	—	—	—	—	—	—	—	—	—	—	—
22	50	重庆	—	—	—	—	0.12	—	—	—	—	—	—	—
23	51	四川	—	—	—	—	0.72	—	—	—	—	—	—	—
24	52	贵州	—	0.90	—	—	7.92	—	—	—	—	—	—	—
25	53	云南	—	1.98	—	—	19.68	—	—	—	—	0.30	—	—
26	54	西藏	—	16.62	3.00	—	—	—	—	—	—	1.14	21.18	—
27	61	陕西	—	9.54	—	—	6.96	—	—	—	—	—	—	—
28	62	甘肃	—	—	—	—	—	—	—	—	—	—	—	—
29	63	青海	—	—	—	—	1.32	—	—	—	—	—	3.18	—
30	64	宁夏	—	—	—	—	—	—	—	—	—	—	—	—
31	65	新疆	—	0.06	—	—	1.74	—	—	—	—	—	—	—
合计 Total			**8.64**	**147.72**	**5.82**	**6.66**	**141.18**	**0.60**	**564.96**	**6.96**	**22.35**	**4.26**	**502.86**	**0.78**

续表

序号	省编号	省份/游戏名称	快乐J	大富豪	好彩头	可爱小樱桃	金石奇缘	携手奥运	中国奥运军团	草原那达慕	三江源	铁人夺金II	东海明珠	三只猴子
1	11	北　京	—	—	837.24	—	—	—	—	—	—	—	—	—
2	12	天　津	—	—	—	—	—	—	—	—	—	—	—	—
3	13	河　北	—	—	1 322.40	—	—	—	—	—	—	—	—	—
4	14	山　西	—	—	231.06	—	—	—	0.84	—	0.24	—	—	—
5	15	内蒙古	2.04	—	1 641.48	—	1.50	—	3.90	150.54	—	5.76	—	—
6	21	辽　宁	—	—	1 531.14	—	0.42	—	4.62	—	—	—	—	—
7	22	吉　林	—	—	1 298.70	—	—	0.06	0.06	—	—	—	—	—
8	23	黑龙江	—	—	1 049.64	—	—	—	—	—	—	—	—	—
9	31	上　海	—	—	202.08	—	—	13.74	2.82	—	—	—	22.59	—
10	32	江　苏	95.67	570.18	748.02	1.14	57.00	30.72	12.72	—	—	—	—	—
11	33	浙　江	—	—	1 539.54	—	—	—	—	—	—	—	70.14	—
12	34	安　徽	—	0.12	300.66	—	—	0.12	0.60	—	—	—	—	—
13	35	福　建	—	—	1 231.92	—	—	—	—	—	—	—	—	—
14	36	江　西	—	—	147.60	—	—	—	0.48	—	—	—	—	—
15	37	山　东	—	—	1 150.44	—	—	—	0.60	—	—	—	—	—
16	41	河　南	—	—	1 757.40	—	—	—	—	—	—	—	—	—
17	42	湖　北	5.58	—	306.12	—	—	—	1.08	—	—	—	—	—
18	43	湖　南	2.46	—	118.20	—	—	—	1.02	—	—	—	—	—
19	44	广　东	3.78	—	4 037.64	0.18	—	4.14	1.62	—	—	—	—	4.98
20	45	广　西	—	—	256.08	—	—	—	—	—	—	7.98	—	—
21	46	海　南	—	—	823.32	—	—	—	—	—	—	—	—	—
22	50	重　庆	—	—	19.32	—	1.38	—	—	—	—	—	—	—
23	51	四　川	—	—	331.98	—	—	—	0.18	—	—	—	—	—
24	52	贵　州	0.06	—	692.58	—	—	2.34	0.54	—	—	—	—	—
25	53	云　南	1.56	—	2 886.54	—	—	—	2.58	—	—	0.96	—	—
26	54	西　藏	—	—	534.60	—	—	—	—	—	4.20	—	—	—
27	61	陕　西	—	—	501.12	—	—	—	25.20	—	—	—	—	—
28	62	甘　肃	—	—	—	—	—	—	—	—	—	—	—	—
29	63	青　海	—	0.48	1.86	—	0.12	—	—	—	23.46	—	—	—
30	64	宁　夏	—	—	161.40	—	—	—	0.42	—	1.14	—	—	—
31	65	新　疆	—	—	1191.90	—	—	—	—	—	—	—	—	—
合计 Total			**111.15**	**570.78**	**26 851.98**	**1.32**	**60.42**	**51.12**	**59.28**	**150.54**	**29.04**	**14.70**	**92.73**	**4.98**

续表

序号	省编号	省份/游戏名称	浪漫水晶球	跳跃音符	至尊钻石7	小财神	宠物乐	存钱罐	童年记忆	三国故事	紫水晶	开心果	麻辣6	太空寻宝
1	11	北京	—	—	—	—	—	—	—	—	—	—	—	—
2	12	天津	—	—	—	—	—	—	—	—	—	—	—	—
3	13	河北	—	—	—	—	—	—	—	—	—	—	8.40	—
4	14	山西	—	—	—	—	—	—	—	—	—	—	—	—
5	15	内蒙古	—	6.54	—	—	30.18	—	—	—	1.20	—	15.00	6.00
6	21	辽宁	—	—	—	—	—	—	—	—	—	—	—	—
7	22	吉林	—	—	—	—	—	—	—	—	—	—	0.06	—
8	23	黑龙江	—	—	—	—	—	—	—	—	—	—	—	—
9	31	上海	—	1.98	—	166.02	—	—	—	—	—	—	—	—
10	32	江苏	140.70	37.14	152.22	2.37	—	—	—	—	—	—	31.08	21.72
11	33	浙江	—	1.26	—	—	—	—	—	—	—	—	10.38	10.14
12	34	安徽	0.36	0.84	—	6.96	—	—	—	13.50	3.84	0.60	3.30	—
13	35	福建	—	—	—	—	—	—	—	—	—	—	14.76	—
14	36	江西	—	—	—	—	—	—	—	—	—	—	—	—
15	37	山东	—	—	—	—	—	—	—	—	—	—	—	—
16	41	河南	—	—	—	—	—	—	—	—	—	—	—	0.30
17	42	湖北	—	—	—	—	—	—	—	—	—	—	0.78	12.84
18	43	湖南	2.52	1.20	—	—	1.14	—	—	—	—	—	5.70	7.32
19	44	广东	0.78	0.06	—	—	—	—	3.12	—	4.14	—	6.12	14.52
20	45	广西	—	—	—	—	—	—	—	—	—	—	104.28	5.88
21	46	海南	—	—	—	—	—	—	—	—	—	—	—	—
22	50	重庆	32.46	—	—	—	—	—	—	—	—	—	3.24	—
23	51	四川	—	—	—	—	—	—	—	18.06	—	—	—	—
24	52	贵州	0.06	0.06	—	—	—	—	—	—	—	—	—	0.12
25	53	云南	—	3.48	—	—	7.92	—	1.44	—	—	—	—	4.62
26	54	西藏	2.88	2.94	—	—	—	—	—	—	—	—	0.12	—
27	61	陕西	—	—	—	—	—	—	—	—	—	—	12.54	—
28	62	甘肃	—	—	—	—	—	—	—	—	—	—	—	—
29	63	青海	—	—	—	—	—	—	—	—	—	0.48	6.78	—
30	64	宁夏	—	1.20	—	—	—	—	—	—	—	—	—	—
31	65	新疆	—	1.92	—	—	—	—	—	—	—	—	—	1.68
合计 Total			**179.76**	**58.62**	**152.22**	**175.35**	**39.24**	**—**	**4.56**	**31.56**	**9.18**	**1.08**	**222.54**	**85.14**

续表

序号	省编号	省份/游戏名称	金蛇添财	剪子，包袱，锤	棋	砸金蛋	魔法师	过大年（5元）	过大年（10元）	过大年（20元）	富贵鱼	勇闯金银岛	羽坛拼搏	超级赛车
1	11	北京	—	—	—	—	—	—	—	—	—	—	—	—
2	12	天津	—	—	—	—	—	—	—	—	—	—	—	—
3	13	河北	1.92	—	—	—	—	—	1.11	—	—	—	—	—
4	14	山西	—	—	—	—	—	—	—	—	—	—	—	5.94
5	15	内蒙古	2.46	—	—	96.12	—	—	—	45.96	20.94	—	—	—
6	21	辽宁	12.36	—	—	2.88	—	—	0.60	6.12	—	—	—	—
7	22	吉林	—	—	—	—	—	0.06	0.15	11.22	0.48	—	—	—
8	23	黑龙江	—	—	—	0.18	—	—	—	—	—	—	—	—
9	31	上海	23.28	—	—	—	—	—	22.83	67.80	—	—	—	—
10	32	江苏	1.50	—	—	262.08	160.56	0.24	3.21	145.20	—	—	—	—
11	33	浙江	—	—	—	1.62	—	—	—	—	—	—	—	—
12	34	安徽	0.78	—	—	—	—	2.04	7.32	23.04	—	—	—	—
13	35	福建	—	—	—	44.04	—	0.30	—	3.30	—	—	—	—
14	36	江西	1.68	—	—	0.42	—	—	0.84	—	—	—	—	—
15	37	山东	0.30	—	—	—	—	—	—	—	—	—	—	—
16	41	河南	—	—	—	—	—	—	—	—	—	—	—	—
17	42	湖北	24.60	—	—	—	—	—	—	—	—	—	—	—
18	43	湖南	—	—	—	—	—	0.06	1.53	0.18	—	—	—	—
19	44	广东	2.94	—	—	37.62	—	—	—	0.78	—	—	—	—
20	45	广西	—	—	—	—	—	—	—	0.42	—	—	—	—
21	46	海南	—	—	—	—	—	—	—	—	—	—	—	—
22	50	重庆	3.00	—	—	—	—	—	1.77	2.04	—	—	—	—
23	51	四川	—	—	—	—	—	—	—	8.34	—	—	—	—
24	52	贵州	7.74	—	—	—	—	1.50	—	34.74	—	—	—	—
25	53	云南	6.18	—	—	3.24	—	—	—	9.48	—	—	—	—
26	54	西藏	—	—	—	—	—	—	—	2.28	—	—	—	—
27	61	陕西	0.78	—	—	—	—	—	1.95	6.54	—	—	—	—
28	62	甘肃	5.88	—	—	—	—	—	—	—	—	—	—	—
29	63	青海	—	—	—	—	—	—	—	1.26	—	—	—	—
30	64	宁夏	—	—	—	—	—	—	—	—	—	—	—	—
31	65	新疆	0.78	—	—	3.06	—	1.62	—	—	—	—	—	—
合计 Total			**96.18**	**—**	**—**	**451.26**	**160.56**	**5.82**	**41.31**	**368.70**	**21.42**	**—**	**—**	**5.94**

续表

序号	省编号	省份/游戏名称	爱心永存	甜蜜蜜（10元）	幸福99	采蘑菇	打黑8	黑旋风	掼蛋	钻石王朝	剪子，包袱，锤（2元）	挖地雷	剪子，包袱，锤（5元）	三江源
1	11	北京	—	—	—	—	—	746.46	—	—	—	—	—	—
2	12	天津	—	—	—	—	—	—	—	—	—	—	—	—
3	13	河北	—	—	—	—	—	368.04	—	—	—	—	—	—
4	14	山西	—	1.08	—	—	—	73.14	—	—	—	—	—	—
5	15	内蒙古	—	15.42	—	7.74	4.86	677.10	—	—	—	—	3.06	0.78
6	21	辽宁	—	6.30	—	—	—	—	—	—	—	—	—	—
7	22	吉林	—	—	—	—	—	559.74	—	—	—	—	—	—
8	23	黑龙江	—	—	—	—	—	304.14	—	—	—	—	—	—
9	31	上海	—	—	—	—	—	738.12	—	—	—	—	—	—
10	32	江苏	—	5.28	—	—	4.38	1 021.08	499.32	139.92	—	—	—	—
11	33	浙江	—	5.94	—	5.76	—	998.70	—	—	—	—	—	—
12	34	安徽	—	7.08	1.86	—	—	212.94	—	—	—	—	—	—
13	35	福建	—	6.48	—	—	4.14	742.50	—	—	—	—	—	—
14	36	江西	—	—	—	—	4.26	3.60	—	—	—	—	—	—
15	37	山东	—	—	—	—	—	377.82	—	—	—	7.17	—	—
16	41	河南	—	—	—	—	—	3.54	—	—	—	—	—	—
17	42	湖北	—	—	—	5.46	—	42.84	—	—	—	—	—	—
18	43	湖南	—	21.36	—	—	—	0.42	—	—	—	—	—	—
19	44	广东	—	8.46	—	204.36	11.22	44.88	—	—	—	—	—	—
20	45	广西	—	—	—	—	—	0.78	—	—	—	—	—	—
21	46	海南	—	—	—	—	—	63.06	—	—	—	—	—	—
22	50	重庆	—	72.30	—	—	—	129.84	—	—	—	—	—	—
23	51	四川	—	—	—	—	2.88	409.68	—	—	—	—	—	—
24	52	贵州	—	10.08	—	—	—	368.64	—	—	—	—	—	—
25	53	云南	—	—	—	2.94	0.42	1 478.34	—	—	—	—	—	—
26	54	西藏	—	—	—	—	—	397.68	—	—	—	—	—	20.10
27	61	陕西	—	0.36	—	—	—	535.08	—	—	—	—	—	—
28	62	甘肃	—	—	—	—	—	730.32	—	—	—	—	—	—
29	63	青海	—	—	—	—	—	228.06	—	—	—	—	—	5.76
30	64	宁夏	—	2.04	—	—	—	932.28	—	—	—	—	—	—
31	65	新疆	—	1.20	—	—	—	1 247.70	—	—	—	—	—	—
合计 Total			**—**	**163.38**	**1.86**	**226.26**	**32.16**	**13 436.52**	**499.32**	**139.92**	**—**	**7.17**	**3.06**	**26.64**

续表

序号	省编号	省份/游戏名称	丝绸之路_奇观	大美龙江	魅力龙江	加油	强力金球	基乐彩	金满罐	金满堂	顶呱刮（10元）	魅力新兰州激情马拉松	热力500	热力100
1	11	北京	—	—	—	—	—	—	—	—	—	—	—	—
2	12	天津	—	—	—	—	—	—	—	—	90.48	—	36.06	30.00
3	13	河北	—	—	—	2.94	—	2.58	—	—	—	—	56.58	39.66
4	14	山西	—	—	—	—	38.28	1.86	—	—	7.68	—	1.32	1.98
5	15	内蒙古	—	—	—	—	25.32	32.16	1.56	3.48	23.04	18.72	27.90	22.98
6	21	辽宁	—	—	—	—	2.88	83.64	—	—	14.04	—	16.98	2.04
7	22	吉林	—	—	—	—	0.24	0.36	—	—	—	—	9.72	16.62
8	23	黑龙江	—	—	—	—	0.42	—	—	—	—	—	—	—
9	31	上海	—	—	—	—	—	27.60	20.46	—	19.86	—	8.70	19.92
10	32	江苏	—	—	—	—	18.84	—	3.90	123.48	3.06	—	—	—
11	33	浙江	—	—	—	—	—	22.92	—	—	—	—	16.86	17.28
12	34	安徽	0.72	—	—	—	—	2.82	25.56	20.04	11.46	—	0.12	0.36
13	35	福建	—	—	—	—	6.84	0.60	—	19.08	1.50	—	—	0.66
14	36	江西	—	—	—	—	—	0.18	—	4.80	0.60	—	—	—
15	37	山东	—	—	—	—	10.50	0.30	—	—	—	—	49.62	54.96
16	41	河南	—	—	—	—	—	4.20	—	—	—	—	1.26	2.52
17	42	湖北	—	—	—	—	16.50	—	—	0.24	6.00	—	—	4.92
18	43	湖南	—	—	—	—	20.34	—	—	—	2.52	—	0.06	0.90
19	44	广东	—	—	—	—	191.82	47.64	—	1.98	43.08	—	29.22	13.92
20	45	广西	—	—	—	—	—	—	—	—	—	—	—	—
21	46	海南	—	—	—	—	—	—	—	—	—	—	—	—
22	50	重庆	—	—	—	—	33.30	—	—	8.16	0.72	—	0.30	0.06
23	51	四川	—	—	—	—	28.98	2.64	—	—	—	—	—	1.38
24	52	贵州	—	—	—	—	27.66	0.84	—	27.48	15.84	—	—	—
25	53	云南	—	—	—	—	14.52	6.12	6.72	51.24	24.78	—	28.98	10.44
26	54	西藏	—	—	—	—	—	5.70	—	—	42.24	—	—	—
27	61	陕西	—	—	—	—	—	38.52	—	—	—	—	45.48	7.80
28	62	甘肃	7.41	—	—	—	—	0.72	—	—	—	11.40	—	0.96
29	63	青海	—	—	—	—	—	0.72	2.28	—	0.30	—	—	—
30	64	宁夏	—	—	—	—	0.60	—	—	—	1.44	—	—	0.30
31	65	新疆	—	—	—	—	0.36	2.70	1.68	—	—	—	3.96	6.72
合计 Total			**8.13**	**—**	**—**	**2.94**	**437.40**	**284.82**	**62.16**	**259.98**	**308.64**	**30.12**	**333.12**	**256.38**

续表

序号	省编号	省份/游戏名称	热力50	剪子，包袱，锤（10元）	顶呱刮（5元）	超级大乐透	保龄球俱乐部	灌篮王	步步高	金铃铛	甜蜜蜜（20元）	富贵多多	好事成双	盛世十二运
1	11	北京	—	—	—	—	9.60	—	—	—	—	—	—	—
2	12	天津	—	—	—	—	—	—	—	—	—	—	—	—
3	13	河北	24.51	—	—	—	—	—	—	—	—	—	—	—
4	14	山西	0.90	—	—	—	1.92	—	—	—	2.10	—	—	—
5	15	内蒙古	30.96	—	4.92	—	4.50	—	55.92	7.44	—	0.36	6.00	—
6	21	辽宁	10.08	—	—	10.38	1.92	—	0.90	—	21.30	—	—	32.94
7	22	吉林	0.42	—	1.32	—	—	—	—	6.66	—	—	—	—
8	23	黑龙江	—	—	—	—	—	—	424.98	—	—	1.26	—	—
9	31	上海	—	—	10.80	—	—	—	—	—	—	238.08	—	—
10	32	江苏	—	—	1.62	757.68	—	—	291.12	—	577.50	6.66	—	—
11	33	浙江	7.62	—	—	—	0.06	—	14.16	—	—	—	0.60	—
12	34	安徽	4.80	—	0.06	24.30	—	—	—	8.88	32.04	37.80	—	—
13	35	福建	2.49	—	2.34	73.02	3.90	—	—	—	4.08	—	—	—
14	36	江西	—	—	0.60	—	—	—	—	24.78	4.38	0.30	—	—
15	37	山东	0.06	59.55	—	2.10	—	—	—	—	14.58	—	—	—
16	41	河南	8.22	—	—	—	—	—	—	—	—	—	—	—
17	42	湖北	19.41	—	—	2.04	—	—	—	45.78	—	—	—	—
18	43	湖南	1.23	—	3.90	3.54	—	—	—	—	0.84	6.30	1.08	—
19	44	广东	15.15	32.19	41.88	1.44	—	—	200.52	4.98	8.70	18.84	—	—
20	45	广西	—	—	—	—	—	—	—	—	—	5.82	—	—
21	46	海南	—	—	—	—	—	—	—	—	—	—	—	—
22	50	重庆	5.70	—	1.74	—	—	—	—	—	80.94	67.98	—	—
23	51	四川	0.06	—	—	26.34	—	—	—	—	41.52	1.68	—	—
24	52	贵州	—	—	10.32	—	—	—	178.80	—	—	0.30	—	—
25	53	云南	0.84	—	4.38	—	—	—	20.16	—	7.62	—	0.54	—
26	54	西藏	—	—	35.46	4.26	24.30	—	—	—	8.94	—	15.48	—
27	61	陕西	6.84	—	—	—	—	—	—	—	2.10	7.92	—	—
28	62	甘肃	—	—	—	—	14.28	—	1.32	—	0.96	0.48	—	—
29	63	青海	—	—	0.96	0.60	15.00	—	1.68	—	2.64	1.08	—	—
30	64	宁夏	0.06	—	1.62	2.52	—	—	—	—	9.06	7.50	—	—
31	65	新疆	2.01	—	—	0.66	—	—	9.12	2.40	9.84	—	—	—
合计 Total			**141.36**	**91.74**	**121.92**	**908.88**	**75.48**	**—**	**1 198.68**	**100.92**	**829.14**	**402.36**	**23.70**	**32.94**

续表

序号	省编号	省份/游戏名称	NBA	NBA	中奖达人	环太湖赛	八方来财	够级	11 选 5	红色印迹	马到成功	竹报平安	四叶草	神秘贝壳
1	11	北　京	—	51.00	—	—	317.58	—	—	—	—	—	—	—
2	12	天　津	42.72	—	—	—	—	—	—	—	—	—	—	—
3	13	河　北	44.16	42.24	—	—	646.74	—	—	—	—	—	—	—
4	14	山　西	1.86	6.48	—	—	—	—	—	—	1.98	—	—	—
5	15	内蒙古	50.52	34.92	—	—	402.90	—	—	—	0.12	1.05	0.36	11.58
6	21	辽　宁	24.84	44.28	—	—	302.16	—	—	—	—	0.06	—	8.76
7	22	吉　林	3.24	4.20	—	—	1.56	—	—	—	1.14	0.78	—	0.66
8	23	黑龙江	—	—	—	—	438.72	—	—	—	—	—	—	—
9	31	上　海	14.28	43.26	—	—	—	—	—	—	—	—	—	42.54
10	32	江　苏	35.40	72.90	—	1.50	491.58	—	—	—	0.60	0.42	—	0.06
11	33	浙　江	38.82	43.62	—	—	280.32	—	—	—	—	0.12	—	49.35
12	34	安　徽	1.86	12.00	—	—	4.68	—	—	—	0.36	1.02	1.32	8.85
13	35	福　建	—	10.02	1 493.82	—	3.00	—	—	—	—	2.67	6.00	4.89
14	36	江　西	2.16	0.30	126.60	—	0.06	—	—	157.32	—	0.36	4.14	0.81
15	37	山　东	0.30	202.98	—	—	571.20	697.95	869.64	—	—	—	—	0.03
16	41	河　南	—	19.38	—	—	—	—	—	—	—	—	0.24	70.20
17	42	湖　北	2.10	1.68	—	—	0.90	—	—	1 950.00	—	1.44	1.50	—
18	43	湖　南	1.86	0.60	—	—	63.96	—	—	103.32	—	—	0.72	—
19	44	广　东	25.08	56.46	8.76	—	326.88	—	—	—	—	—	3.30	18.57
20	45	广　西	—	2.82	—	—	2.52	—	—	—	0.36	19.68	9.12	70.20
21	46	海　南	—	—	—	—	—	—	—	—	—	—	—	—
22	50	重　庆	0.06	0.90	—	—	54.24	—	—	238.86	1.50	5.25	—	0.36
23	51	四　川	—	0.78	—	—	102.42	—	—	—	—	—	—	10.71
24	52	贵　州	0.66	0.18	—	—	—	—	—	—	—	—	1.08	8.85
25	53	云　南	35.34	22.14	—	—	272.40	—	—	—	5.70	—	6.54	6.90
26	54	西　藏	14.76	32.82	—	—	115.20	—	—	—	17.40	—	—	—
27	61	陕　西	4.74	7.86	—	—	—	—	—	—	—	—	—	—
28	62	甘　肃	—	11.04	—	—	259.74	—	—	—	—	—	—	—
29	63	青　海	0.06	4.92	—	—	—	—	—	—	—	0.36	—	0.24
30	64	宁　夏	—	12.54	—	—	—	—	—	—	—	1.08	—	—
31	65	新　疆	0.54	47.46	—	—	29.76	—	—	—	0.06	—	—	1.32
合计 Total			**345.36**	**789.78**	**16 29.18**	**1.50**	**4 688.52**	**697.95**	**869.64**	**2 449.50**	**29.22**	**34.29**	**34.32**	**314.88**

续表

序号	省编号	省份/游戏名称	金元宝	宝罐	开门8件事	黄金万两	美好安徽活力体博	吉祥如意	天下大足	开运罐	甜蜜蜜	通吃	梦想成金	真金白银
1	11	北京	—	—	—	—	—	—	—	—	2 300.64	929.34	—	—
2	12	天津	—	—	—	—	—	—	—	—	736.14	—	—	—
3	13	河北	6.06	170.70	—	—	—	—	—	—	3 124.86	2 418.48	—	8.46
4	14	山西	3.12	—	—	—	—	—	—	—	372.60	—	—	18.42
5	15	内蒙古	84.90	283.50	—	1.32	—	—	—	0.42	1 800.96	1 543.14	4.50	260.88
6	21	辽宁	11.19	24.42	—	—	—	—	—	—	3 306.24	291.66	—	2.76
7	22	吉林	—	0.12	2.58	—	—	—	—	0.72	2 978.10	—	2.70	—
8	23	黑龙江	—	—	65.82	—	—	0.48	—	—	2 619.60	1 151.16	—	—
9	31	上海	39.96	—	—	—	—	—	—	—	1 389.78	—	—	—
10	32	江苏	76.23	176.46	9.18	—	—	—	—	0.60	4 143.60	1 630.56	0.84	368.70
11	33	浙江	1.35	232.62	—	—	—	—	—	2.40	2 938.74	1 157.40	0.54	4.56
12	34	安徽	4.32	15.48	—	5.22	2.52	2.16	—	1.62	868.02	385.26	—	—
13	35	福建	0.48	24.36	30.96	—	—	—	—	8.40	2 279.52	371.64	0.12	88.98
14	36	江西	2.70	—	—	—	—	—	—	—	357.06	139.92	—	—
15	37	山东	—	2.70	1705.62	—	—	—	—	—	2 790.18	1 903.08	—	743.16
16	41	河南	—	3.96	—	—	—	—	—	—	2 967.84	2 772.66	—	—
17	42	湖北	—	—	—	—	—	5.22	—	0.96	273.24	0.60	13.20	—
18	43	湖南	9.69	—	—	—	—	0.30	—	1.20	470.16	158.52	—	26.34
19	44	广东	1.71	0.12	—	—	—	21.48	—	0.60	6 816.36	4 099.86	11.52	189.24
20	45	广西	—	4.62	—	—	—	—	—	—	481.26	8.58	0.54	—
21	46	海南	—	1.20	—	—	—	—	—	—	203.58	496.20	—	0.60
22	50	重庆	0.48	1.14	—	36.24	—	—	24.90	49.98	419.52	—	—	21.54
23	51	四川	3.78	2.58	—	—	—	—	—	—	1 997.94	654.66	—	—
24	52	贵州	9.33	—	—	—	—	—	—	—	1 020.42	602.40	—	—
25	53	云南	3.81	17.28	—	—	—	—	—	5.58	2 884.80	2 956.98	6.90	12.72
26	54	西藏	—	—	—	—	—	—	—	7.74	—	—	—	141.84
27	61	陕西	—	—	—	—	—	—	—	—	1 658.46	790.38	—	35.82
28	62	甘肃	—	124.80	—	—	—	—	—	—	840.00	986.28	—	1.56
29	63	青海	—	—	—	2.34	—	0.78	—	1.14	—	—	—	—
30	64	宁夏	—	0.18	—	—	—	—	—	—	317.34	—	—	—
31	65	新疆	0.30	4.62	—	2.16	—	—	—	—	1 011.18	362.10	0.60	175.02
合计 Total			**259.41**	**1 090.86**	**1 814.16**	**47.28**	**2.52**	**30.42**	**24.90**	**81.36**	**53 368.14**	**25 810.86**	**41.46**	**2 100.60**

续表

序号	省编号	省份/游戏名称	黑旋风 II	喜结良缘	绿色生活	招财猫	财富金字塔	切西瓜	璀璨钻石	A&K	巅峰之战	加油	笑口常开	星光大道
1	11	北京	—	—	—	—	—	—	—	—	—	—	—	—
2	12	天津	—	—	—	—	—	—	—	—	—	—	—	—
3	13	河北	—	—	—	399. 90	0. 12	—	—	—	20. 88	29. 22	—	—
4	14	山西	—	—	—	—	0. 18	—	—	—	0. 54	—	—	—
5	15	内蒙古	30. 00	—	—	15. 90	9. 12	7. 50	9. 12	41. 04	5. 76	—	4. 44	37. 26
6	21	辽宁	7. 38	—	—	229. 80	—	—	—	—	8. 34	—	5. 40	—
7	22	吉林	4. 02	—	—	114. 24	—	1. 86	—	0. 30	5. 76	—	1. 80	1. 98
8	23	黑龙江	—	—	0. 12	368. 82	—	—	—	—	—	—	0. 12	—
9	31	上海	—	—	—	—	—	—	—	3. 72	—	—	—	—
10	32	江苏	23. 10	—	—	172. 74	17. 76	—	4. 02	30. 42	32. 40	—	—	—
11	33	浙江	8. 70	1. 80	—	267. 12	4. 68	0. 12	4. 98	3. 36	23. 34	—	5. 70	1. 14
12	34	安徽	—	0. 87	—	83. 94	1. 92	—	55. 56	—	2. 58	—	4. 44	2. 04
13	35	福建	12. 72	19. 23	—	3. 66	19. 38	—	—	—	0. 78	—	2. 70	3. 60
14	36	江西	36. 96	1. 56	—	—	2. 64	—	—	—	—	—	—	21. 90
15	37	山东	—	33. 24	—	741. 72	—	—	—	—	—	39. 66	—	2. 40
16	41	河南	—	—	—	5. 40	—	—	—	14. 04	0. 36	—	113. 46	2. 34
17	42	湖北	156. 48	16. 02	—	19. 74	165. 42	7. 26	—	4. 44	—	—	39. 78	11. 22
18	43	湖南	18. 78	—	—	—	52. 80	1. 68	—	—	4. 62	—	47. 34	1. 68
19	44	广东	340. 32	—	—	54. 00	15. 42	7. 92	3. 36	—	20. 76	—	16. 80	152. 76
20	45	广西	1. 44	—	—	202. 98	0. 90	3. 48	—	18. 72	7. 56	—	—	—
21	46	海南	—	1. 53	—	—	—	—	—	—	0. 36	—	—	—
22	50	重庆	13. 44	2. 16	—	—	52. 98	—	—	43. 20	—	—	—	—
23	51	四川	—	—	—	275. 88	—	—	—	—	—	—	—	—
24	52	贵州	3. 12	—	—	62. 58	—	—	31. 98	8. 46	4. 08	—	0. 12	2. 94
25	53	云南	79. 50	—	—	238. 92	16. 02	12. 54	0. 18	4. 56	8. 04	—	12. 24	37. 32
26	54	西藏	44. 58	—	—	—	32. 94	—	—	—	8. 04	—	—	11. 70
27	61	陕西	—	70. 29	—	444. 42	—	—	—	21. 18	4. 98	—	36. 90	111. 72
28	62	甘肃	2. 22	—	—	—	—	—	—	—	4. 50	—	0. 30	—
29	63	青海	0. 30	—	—	70. 74	1. 74	—	—	—	1. 50	—	—	—
30	64	宁夏	—	—	—	33. 00	—	1. 86	—	—	—	—	2. 40	5. 64
31	65	新疆	17. 46	0. 06	—	4. 74	3. 36	—	—	—	2. 28	—	7. 02	5. 16
	合计 Total		**800. 52**	**146. 76**	**0. 12**	**3 810. 24**	**397. 38**	**44. 22**	**109. 20**	**193. 44**	**167. 46**	**68. 88**	**300. 96**	**412. 80**

续表

序号	省编号	省份/游戏名称	欢乐扑克	赚翻天	魔钻	清凉水果	好彩头	四季来财	金砖	九宫格	六六顺	绿翡翠9	狂热中	金玉满堂
1	11	北京	—	—	—	—	—	480.00	—	—	—	3 210.96	—	—
2	12	天津	—	—	—	—	—	—	—	—	—	752.82	—	—
3	13	河北	—	—	—	51.81	—	818.16	—	—	—	5 185.92	—	—
4	14	山西	—	—	—	8.85	—	11.04	1.98	59.22	—	258.12	—	118.80
5	15	内蒙古	3.42	1.44	59.46	138.90	—	423.36	6.00	206.04	19.08	3 266.16	16.83	90.66
6	21	辽宁	—	—	2.16	255.60	—	2.22	—	—	—	2 202.60	—	15.18
7	22	吉林	—	—	1.08	7.05	—	—	—	0.24	—	3 002.94	2.01	1.92
8	23	黑龙江	—	—	0.72	—	—	0.42	—	0.06	7.08	2 292.54	—	7.38
9	31	上海	—	—	—	—	—	—	—	71.70	—	1 301.04	—	225.06
10	32	江苏	67.50	543.30	110.40	—	—	498.18	13.44	158.22	—	1 406.64	—	61.86
11	33	浙江	—	4.56	0.12	73.41	—	457.38	3.78	117.30	—	3 238.26	55.11	3.54
12	34	安徽	9.66	—	8.76	—	—	4.32	—	3.18	—	840.78	—	3.84
13	35	福建	0.60	—	28.26	32.91	—	60.78	—	18.60	92.46	3 474.24	1.14	17.76
14	36	江西	—	—	—	7.32	—	3.06	—	7.56	2.22	—	—	1.68
15	37	山东	37.80	—	2.46	218.01	—	564.96	1.32	412.80	—	1 607.52	5.70	4.68
16	41	河南	—	—	8.04	71.28	—	—	—	0.18	—	2 869.62	—	—
17	42	湖北	5.04	1.98	—	41.82	—	115.14	8.64	4.98	81.66	106.98	21.54	186.84
18	43	湖南	—	19.20	36.30	—	—	47.46	13.02	26.52	4.68	243.30	—	66.84
19	44	广东	—	5.88	91.44	50.19	—	229.62	5.16	108.24	—	14 002.92	—	84.84
20	45	广西	—	—	—	—	—	86.46	—	46.20	4.62	136.50	—	43.14
21	46	海南	—	—	—	9.69	—	21.96	50.34	18.66	—	192.90	—	—
22	50	重庆	11.34	—	40.02	5.76	—	6.48	—	—	82.98	240.72	—	39.48
23	51	四川	—	—	—	—	—	45.84	—	90.30	191.28	1 081.74	0.12	133.38
24	52	贵州	0.06	—	27.36	3.75	—	15.66	—	64.80	2.22	1 063.14	—	0.06
25	53	云南	—	4.14	225.06	3.03	—	374.46	—	27.24	14.58	5 421.36	—	—
26	54	西藏	0.66	—	—	33.12	—	70.32	12.24	—	—	875.16	3.57	9.06
27	61	陕西	—	—	7.20	55.38	—	24.18	—	79.32	9.36	1 701.00	—	148.26
28	62	甘肃	0.84	0.06	—	—	—	47.28	—	1.14	2.94	1 335.18	—	38.82
29	63	青海	—	—	—	2.40	—	9.66	2.40	—	1.50	—	—	6.54
30	64	宁夏	—	—	—	1.11	—	10.26	—	75.60	2.88	105.96	—	15.60
31	65	新疆	—	2.40	5.52	—	—	57.48	9.12	—	—	958.56	—	3.54
合计 Total			**136.92**	**582.96**	**654.36**	**1 071.39**	**—**	**4 486.14**	**127.44**	**1 598.10**	**519.54**	**62 375.58**	**106.02**	**1 328.76**

续表

序号	省编号	省份/游戏名称	富贵金锁	吉星高照	弹珠	太空寻宝	点秋香	中国红（20 元）	中国红（10 元）	中国红（5 元）	猜猜看	大漠寻宝	双龙戏珠	三羊开泰
1	11	北　京	—	—	—	245.76	—	875.82	622.32	309.24	—	76.32	49.38	—
2	12	天　津	—	—	—	803.58	—	—	—	447.66	—	—	—	—
3	13	河　北	—	—	—	1 413.42	—	1049.16	575.46	602.88	—	38.46	204.84	1.68
4	14	山　西	—	25.98	—	702.00	—	88.32	120.48	22.92	—	33.06	—	4.08
5	15	内蒙古	120.87	80.34	66.48	638.76	—	1 243.32	1 201.74	1 055.64	291.60	60.18	187.86	39.00
6	21	辽　宁	5.10	16.74	11.28	2 601.84	—	1 224.78	1 026.54	1 242.18	13.32	15.54	15.12	5.22
7	22	吉　林	0.06	8.22	2.04	2 099.28	—	549.60	596.82	1 232.88	118.80	1.14	1.62	—
8	23	黑龙江	289.41	1.68	0.06	2 841.00	—	659.10	861.96	1 273.20	0.42	2.46	1.68	—
9	31	上　海	—	—	99.12	—	—	408.36	—	—	—	114.30	—	68.76
10	32	江　苏	298.56	4.68	—	205.62	—	2 017.08	1 756.38	952.38	—	164.82	236.52	0.42
11	33	浙　江	—	74.10	20.64	698.22	—	1 302.00	1 328.76	924.96	—	39.36	87.12	—
12	34	安　徽	—	—	11.22	241.38	—	125.58	562.14	236.28	—	—	—	—
13	35	福　建	82.62	9.78	6.30	456.72	—	1 971.18	2 805.84	765.30	—	47.40	2.40	—
14	36	江　西	—	—	—	—	—	255.54	225.24	323.70	31.20	—	—	—
15	37	山　东	—	23.64	5.88	3 432.30	—	1 219.56	1 099.14	918.42	—	23.22	125.94	—
16	41	河　南	—	—	—	1 366.80	—	2 878.08	3 196.20	1 867.38	—	—	—	—
17	42	湖　北	—	4.80	21.12	95.70	—	219.66	125.16	96.36	—	—	—	13.68
18	43	湖　南	—	—	28.62	135.36	—	196.08	192.48	—	33.54	16.08	—	15.42
19	44	广　东	—	55.62	120.60	4 642.20	48.42	3 416.88	5 192.82	2 242.92	7.20	119.64	—	150.48
20	45	广　西	287.67	—	—	228.36	—	342.12	307.86	50.64	—	—	—	40.08
21	46	海　南	—	—	16.74	10.26	—	694.08	526.02	306.18	—	—	—	—
22	50	重　庆	—	—	—	372.72	—	315.12	247.92	244.14	49.02	—	—	—
23	51	四　川	—	—	66.72	2 747.64	—	659.10	545.04	1 225.02	75.36	5.82	38.58	14.88
24	52	贵　州	—	—	33.48	339.30	—	497.76	553.86	374.46	32.88	16.56	44.70	9.96
25	53	云　南	—	—	—	705.18	—	2 088.90	1 822.92	980.52	—	12.66	—	—
26	54	西　藏	35.22	—	—	—	—	381.72	268.26	118.80	—	—	—	—
27	61	陕　西	—	—	49.80	1 593.66	—	—	86.28	357.36	11.76	18.48	37.56	1.74
28	62	甘　肃	—	31.74	10.20	661.26	—	412.32	452.58	485.76	6.36	—	—	—
29	63	青　海	—	—	—	1.92	—	—	—	—	—	—	—	—
30	64	宁　夏	—	—	—	360.84	—	293.64	176.76	86.94	—	0.60	89.34	—
31	65	新　疆	196.65	83.46	25.50	1090.68	—	327.12	132.12	94.86	—	54.30	30.12	4.62
合计 Total			**1 316.16**	**420.78**	**595.80**	**30 731.76**	**48.42**	**25 711.98**	**26 609.10**	**18 838.98**	**671.46**	**860.40**	**1 152.78**	**370.02**

续表

序号	省编号	省份/游戏名称	炫动青运	福禄寿喜	摇钱树	好事成双	十倍幸运	财富之门	LOVE	串串赢	小蛋糕	红玫瑰	168	黄金世界
1	11	北　京	—	—	—	—	2 791.98	79.86	4.14	—	—	2.58	—	389.16
2	12	天　津	—	—	—	—	906.66	8.70	29.64	—	—	—	18.12	158.34
3	13	河　北	—	—	—	—	4 800.96	253.44	162.03	—	17.01	146.76	272.28	575.16
4	14	山　西	—	—	—	—	370.80	35.82	9.96	—	0.51	31.20	67.59	58.68
5	15	内蒙古	—	—	4.68	16.68	2 734.80	497.82	226.92	—	151.71	230.04	423.06	1 158.72
6	21	辽　宁	—	—	—	—	3 751.08	17.64	96.78	—	0.06	15.84	4.35	699.24
7	22	吉　林	—	—	0.54	1.26	3 486.84	5.76	99.93	—	159.72	0.60	20.61	693.96
8	23	黑龙江	—	—	—	—	3 481.86	49.20	2.61	—	53.49	65.04	142.47	490.92
9	31	上　海	—	—	—	—	1 752.30	37.14	89.91	—	—	208.08	0.24	71.22
10	32	江　苏	—	—	—	—	6 475.02	246.12	110.25	—	103.65	29.52	239.70	852.84
11	33	浙　江	—	—	—	—	5 690.22	180.00	133.11	—	126.48	182.10	305.55	1 038.42
12	34	安　徽	—	—	—	—	696.66	26.34	1.65	—	70.05	24.60	119.49	302.46
13	35	福　建	28.92	—	—	76.14	3 727.08	124.32	89.58	—	88.14	13.50	65.94	573.84
14	36	江　西	—	—	—	—	—	148.26	14.13	—	118.86	—	—	100.74
15	37	山　东	—	647.76	3.00	—	3 703.20	268.68	246.48	—	55.50	335.46	570.72	1 024.86
16	41	河　南	—	—	—	—	4 503.30	8.10	75.33	—	—	8.82	3.48	310.98
17	42	湖　北	—	—	—	—	27.96	—	119.19	—	—	—	17.82	—
18	43	湖　南	—	—	—	—	289.92	40.68	—	—	44.76	26.94	—	69.72
19	44	广　东	—	—	3.06	57.30	15 372.12	355.08	117.87	—	129.12	153.72	451.08	2 379.72
20	45	广　西	—	—	—	—	—	163.32	142.68	—	19.68	—	132.93	28.20
21	46	海　南	—	—	—	—	375.72	22.92	—	—	—	—	—	362.28
22	50	重　庆	—	—	—	—	550.98	9.12	—	—	42.42	—	78.03	156.90
23	51	四　川	—	—	—	—	1 972.02	21.72	46.62	2 022.60	149.28	—	220.65	359.46
24	52	贵　州	—	—	—	37.92	960.18	50.22	39.69	—	57.51	—	82.41	433.56
25	53	云　南	—	—	—	—	3059.88	223.56	176.58	—	0.99	100.14	145.89	1554.30
26	54	西　藏	—	—	—	—	819.18	54.84	32.49	—	—	—	91.62	404.76
27	61	陕　西	—	—	—	—	1 723.44	104.94	23.91	—	115.71	37.02	84.99	461.82
28	62	甘　肃	—	—	—	—	1 030.62	17.34	85.47	—	36.84	46.62	25.29	459.18
29	63	青　海	—	—	—	—	—	128.16	24.57	—	—	55.80	128.28	157.44
30	64	宁　夏	—	—	—	—	646.56	68.16	48.54	—	77.10	57.06	—	170.10
31	65	新　疆	—	—	—	15.18	2 614.50	116.10	7.59	—	18.54	7.32	21.84	754.56
合计 Total			**28.92**	**647.76**	**11.28**	**204.48**	**78 315.84**	**3 363.36**	**2 257.65**	**2 022.60**	**1 637.13**	**1 778.76**	**3 734.43**	**16 251.54**

续表

序号	省编号	省份/游戏名称	砸金蛋	招财进宝	麻辣6	拉火车	第十届少数民族运动会	功夫	赤壁	富贵8	乐在7中	夺宝	绿宝石	甜蜜物语
1	11	北京	—	—	3163.62	—	—	30.87	243.60	590.82	325.92	10.44	78.90	31.77
2	12	天津	—	91.80	805.74	—	—	92.94	—	245.94	—	45.42	122.19	124.29
3	13	河北	—	227.64	5 000.58	—	—	415.35	160.44	463.80	599.58	173.40	349.80	148.44
4	14	山西	12.30	109.50	574.92	162.36	—	33.21	60.30	189.60	—	91.80	110.49	34.89
5	15	内蒙古	—	323.70	1 939.08	—	90.51	295.02	208.38	850.02	299.88	268.74	375.36	128.82
6	21	辽宁	—	1.68	3 550.86	—	—	45.30	236.34	482.88	297.78	50.94	201.90	162.69
7	22	吉林	—	127.98	4 855.08	—	—	23.13	220.74	363.48	226.14	97.02	118.80	180.75
8	23	黑龙江	17.76	135.18	4 006.44	—	—	145.83	371.04	528.30	599.82	51.24	262.44	241.71
9	31	上海	—	—	1 005.54	—	—	—	117.78	306.96	—	196.62	—	—
10	32	江苏	—	451.74	1 840.56	—	—	182.55	1 387.50	1 549.92	—	1 015.74	545.61	537.36
11	33	浙江	172.50	84.24	3 207.36	—	—	299.58	179.52	759.84	845.88	119.10	433.98	127.29
12	34	安徽	—	18.54	773.88	—	—	82.95	—	397.44	—	—	204.15	78.75
13	35	福建	—	290.64	2 641.20	—	—	175.05	165.78	593.22	550.86	160.20	181.29	110.85
14	36	江西	—	8.46	231.36	—	—	38.85	—	125.22	—	—	—	18.87
15	37	山东	—	99.90	3 510.18	—	—	411.63	316.08	1 641.66	1 055.28	1 002.96	607.77	208.59
16	41	河南	—	350.28	3 658.62	—	—	20.10	231.78	954.12	—	290.22	17.13	173.19
17	42	湖北	—	68.04	234.30	—	—	54.78	245.22	167.46	—	55.74	5.52	125.61
18	43	湖南	—	48.66	228.96	—	—	75.63	—	132.78	—	71.40	87.15	64.86
19	44	广东	—	455.46	8 591.16	—	—	752.13	718.56	1 610.28	—	495.36	456.00	316.32
20	45	广西	—	150.12	654.06	—	—	16.41	—	189.18	—	83.70	—	138.96
21	46	海南	97.32	40.44	176.04	—	—	51.48	77.76	74.16	—	46.62	54.78	0.06
22	50	重庆	—	21.24	233.28	—	—	36.45	8.34	71.76	—	34.14	—	2.94
23	51	四川	—	125.04	1 968.54	—	—	93.69	78.90	469.32	622.86	105.24	202.26	53.28
24	52	贵州	—	53.10	1 188.24	—	—	49.11	70.26	322.38	245.28	102.84	62.25	28.74
25	53	云南	84.96	98.52	3 499.14	—	—	—	235.20	1 501.08	2 113.62	132.42	—	100.38
26	54	西藏	99.66	116.46	1 502.04	—	—	53.73	—	—	—	105.30	68.04	0.03
27	61	陕西	—	85.32	1 923.00	—	—	214.74	234.48	332.22	270.96	218.52	240.24	199.95
28	62	甘肃	182.58	15.66	1 875.78	—	—	63.66	315.84	436.50	—	48.42	161.04	—
29	63	青海	—	0.42	353.16	—	—	—	122.22	137.82	—	90.12	—	1.83
30	64	宁夏	—	28.44	—	—	—	99.42	—	213.24	—	135.36	135.42	37.17
31	65	新疆	60.06	329.40	1597.92	—	—	52.05	187.26	510.36	—	327.54	102.12	70.95
合计 Total			**727.14**	**3 957.60**	**64 790.64**	**162.36**	**90.51**	**3 905.64**	**6 193.32**	**16 211.76**	**8 053.86**	**5 626.56**	**5 184.63**	**3 449.34**

续表

序号	省编号	省份/游戏名称	红色印迹	9	好开心	滚雪球	冰雪极限	幸福时光	至尊宝	金猴献宝	十二生肖	抢红包	精彩冬运	大红包
1	11	北　京	—	172.74	134.13	—	3.00	—	520.62	1 001.94	—	512.04	—	959.52
2	12	天　津	—	113.76	248.10	—	—	—	137.10	150.00	—	—	—	360.00
3	13	河　北	—	680.34	755.37	—	—	594.06	1167.84	1 199.94	—	1 028.16	—	1 939.38
4	14	山　西	—	154.86	114.87	—	—	—	79.14	238.62	—	225.36	—	287.94
5	15	内蒙古	—	577.92	323.91	—	—	—	494.04	1 009.20	—	408.78	—	1 298.10
6	21	辽　宁	—	54.18	481.14	—	—	332.06	501.36	889.80	—	708.30	—	939.30
7	22	吉　林	—	9.66	449.22	587.70	—	332.24	426.60	600.00	—	709.32	—	858.24
8	23	黑龙江	—	123.30	488.76	—	—	351.90	382.26	600.00	—	—	—	478.62
9	31	上　海	—	385.08	—	—	—	—	—	300.00	—	254.70	—	511.56
10	32	江　苏	—	612.12	375.54	—	—	1 023.96	—	1 335.06	—	2 065.56	—	3 029.58
11	33	浙　江	—	265.32	677.13	—	—	—	1 519.02	1 929.54	—	831.72	—	1 368.06
12	34	安　徽	—	183.96	226.83	—	—	156.94	—	168.96	—	—	—	756.72
13	35	福　建	—	380.10	346.86	—	—	170.40	589.32	1 356.66	—	657.90	—	1 179.54
14	36	江　西	1 347.66	73.44	166.08	—	—	—	165.72	259.20	—	201.30	—	234.78
15	37	山　东	—	239.04	814.80	—	—	1 132.30	1 687.32	2 300.82	3 185.13	1 870.14	—	3 706.62
16	41	河　南	—	723.12	871.65	—	—	476.46	1 974.00	1 189.50	—	—	—	2 045.76
17	42	湖　北	2 957.02	279.84	—	—	—	25.02	—	—	—	—	—	510.96
18	43	湖　南	174.30	73.14	40.92	—	—	4.00	113.94	201.00	—	—	—	154.98
19	44	广　东	—	1 406.88	364.56	—	—	—	1 002.18	1 642.02	—	1 613.52	—	2 105.64
20	45	广　西	—	459.30	—	—	—	—	18.60	441.54	—	—	—	339.60
21	46	海　南	—	—	—	—	—	—	90.90	165.66	—	—	—	171.24
22	50	重　庆	—	—	108.54	—	—	—	—	—	—	221.64	—	194.70
23	51	四　川	—	344.70	483.42	—	—	—	—	655.62	—	715.74	—	735.12
24	52	贵　州	—	171.30	—	—	—	—	270.12	251.04	—	255.42	—	376.74
25	53	云　南	—	729.72	325.71	—	—	138.20	866.34	731.40	—	810.90	—	2 151.90
26	54	西　藏	—	—	—	—	—	—	124.32	260.16	—	—	—	158.10
27	61	陕　西	—	220.08	203.85	—	—	137.64	338.70	543.96	—	310.02	—	435.30
28	62	甘　肃	—	532.68	223.11	—	—	—	191.58	493.26	—	—	—	667.74
29	63	青　海	—	—	113.64	—	—	—	77.52	199.20	—	167.58	—	205.02
30	64	宁　夏	—	142.80	111.48	—	—	—	—	283.92	—	—	—	297.36
31	65	新　疆	—	547.32	272.07	—	—	—	343.74	298.32	—	—	2 014.38	722.58
合计 Total			**4 478.98**	**9 656.70**	**8 721.69**	**587.70**	**3.00**	**4 875.18**	**13 082.28**	**20 696.34**	**3 185.13**	**13 568.10**	**2 014.38**	**29 180.70**

续表

序号	省编号	省份/游戏名称	小红包	福禄寿喜	年终奖	福禄寿喜	皇家金典	恭喜发财	报喜	财运到	挖财宝	神灯	大吉大利	一路平安
1	11	北　京	599.94	—	144.00	—	1 754.58	212.58	—	597.12	299.94	718.62	1 712.22	—
2	12	天　津	300.00	600.00	144.00	551.64	360.00	300.00	—	300.00	275.28	—	434.88	—
3	13	河　北	1 476.66	—	875.64	—	2 680.38	1 407.63	809.70	1 145.52	1 037.46	1 051.50	2 641.14	—
4	14	山　西	367.32	—	178.59	—	681.60	217.77	150.36	218.94	207.42	180.96	343.20	—
5	15	内蒙古	958.80	—	218.67	—	1 968.78	569.79	403.53	537.42	378.66	471.96	1 336.02	—
6	21	辽　宁	1 479.42	—	422.40	—	1 426.62	598.77	359.79	571.38	577.50	532.20	1 714.86	—
7	22	吉　林	899.94	—	426.42	—	1 431.90	898.11	468.51	598.86	585.54	631.08	1 535.94	—
8	23	黑龙江	899.10	—	431.46	—	1 225.56	846.81	552.75	581.76	549.30	522.00	1 340.58	—
9	31	上　海	—	—	—	—	1067.58	—	—	565.92	—	—	501.42	—
10	32	江　苏	1 832.34	—	—	—	5 403.66	749.46	257.58	1 342.62	1 254.96	758.34	3 303.24	—
11	33	浙　江	1 045.80	—	123.09	—	3 245.22	1 192.77	347.46	1 035.06	629.76	1 400.40	2 615.64	—
12	34	安　徽	849.78	—	73.89	—	941.76	154.56	—	183.48	288.72	290.28	441.54	—
13	35	福　建	849.36	—	—	—	2 793.60	1 047.66	159.66	2 216.34	788.76	1 110.54	1171.50	—
14	36	江　西	—	—	87.93	—	396.42	224.46	—	—	—	—	229.14	—
15	37	山　东	2 329.50	—	567.66	—	4 625.22	2 736.27	1 670.58	1 682.76	1 388.22	2 330.34	4 977.84	1 497.60
16	41	河　南	1 200.00	—	286.59	—	4 405.86	1 051.08	212.67	1 512.24	—	1 963.20	4 459.44	—
17	42	湖　北	807.90	—	—	—	1 030.92	468.63	—	453.30	—	—	—	23.04
18	43	湖　南	217.56	—	—	—	173.34	94.62	47.58	—	84.60	98.82	144.42	—
19	44	广　东	2 112.42	—	417.21	—	5 773.14	713.70	484.32	1 137.06	982.08	1 407.00	3 718.68	—
20	45	广　西	649.50	—	—	—	237.24	229.11	—	213.48	—	—	143.94	—
21	46	海　南	150.06	—	—	—	219.36	78.27	—	97.62	—	82.98	235.02	—
22	50	重　庆	248.34	—	—	—	271.92	—	—	—	—	—	222.60	—
23	51	四　川	1197.66	—	—	—	1 078.08	—	—	500.16	406.98	454.50	812.22	—
24	52	贵　州	297.12	—	26.46	—	904.92	169.38	—	213.36	257.64	218.88	624.96	—
25	53	云　南	1 326.54	—	61.47	—	2 691.18	656.55	46.35	866.82	547.56	713.34	3033.78	326.74
26	54	西　藏	123.06	—	—	—	299.52	—	—	111.12	—	161.70	520.56	—
27	61	陕　西	300.00	—	—	—	1 058.34	238.05	315.75	470.70	461.16	405.06	498.18	—
28	62	甘　肃	556.50	—	117.48	—	812.58	376.20	100.77	538.38	285.36	527.34	776.46	—
29	63	青　海	272.16	—	—	—	324.60	—	112.41	—	—	—	373.98	—
30	64	宁　夏	290.28	—	78.75	—	777.42	282.54	173.70	243.06	—	—	565.44	—
31	65	新　疆	371.40	—	—	—	1242.30	418.89	221.04	563.04	277.62	651.12	2210.40	—
合计 Total			**24 008.46**	**600.00**	**4 681.71**	**551.64**	**51 303.60**	**15 933.66**	**6 894.51**	**18 497.52**	**11 564.52**	**16 682.16**	**42 639.24**	**1 847.38**

续表

序号	省编号	省份/游戏名称	小金猪	中国红	豪门盛宴	豪门盛宴	豪门盛宴	足够精彩	发财树	富贵竹	环青海湖	福禄寿喜	7乐无穷	津彩全运
1	11	北　京	240.00	597.12	458.76	—	—	—	300.00	702.54	—	—	—	—
2	12	天　津	120.00	—	—	—	—	559.32	234.42	197.88	—	—	—	432.60
3	13	河　北	699.90	585.18	—	—	1 777.44	—	917.10	1 082.64	—	463.80	—	—
4	14	山　西	146.16	106.98	310.32	—	—	—	154.86	138.12	65.46	—	—	—
5	15	内蒙古	347.49	258.60	814.62	—	—	—	338.16	620.28	191.88	—	—	—
6	21	辽　宁	687.06	789.24	560.04	—	—	—	533.40	714.78	—	—	—	—
7	22	吉　林	461.07	582.30	523.20	—	—	—	460.20	549.48	—	—	—	—
8	23	黑龙江	839.88	596.46	455.22	—	—	—	485.28	569.82	—	—	—	—
9	31	上　海	—	—	325.14	—	—	—	—	—	—	—	—	—
10	32	江　苏	306.81	746.58	2 115.24	—	—	—	524.76	1 433.82	—	—	—	—
11	33	浙　江	927.51	622.74	—	1 383.60	—	—	907.98	1 366.44	—	—	—	—
12	34	安　徽	—	—	834.36	—	—	—	225.24	273.42	—	—	—	—
13	35	福　建	139.95	1 299.66	1 015.80	—	—	—	452.64	745.14	—	—	459.90	—
14	36	江　西	8.85	—	226.32	—	—	—	146.40	—	—	—	—	—
15	37	山　东	1 266.09	867.48	—	2 325.54	—	—	668.64	1 803.60	—	—	8 177.04	—
16	41	河　南	342.39	1 159.02	1 176.00	—	—	—	560.22	1 348.92	—	—	496.44	—
17	42	湖　北	—	—	481.38	—	—	—	385.08	—	—	—	—	—
18	43	湖　南	53.16	—	284.70	—	—	—	79.56	84.90	—	—	—	—
19	44	广　东	517.08	2 264.82	2 468.40	—	—	—	623.94	1 167.90	—	—	—	—
20	45	广　西	—	—	—	124.32	—	—	—	92.16	—	—	—	—
21	46	海　南	14.76	183.00	126.36	—	—	—	—	—	—	—	—	—
22	50	重　庆	23.28	162.72	154.98	—	—	—	—	—	—	—	—	—
23	51	四　川	367.08	709.62	764.88	—	—	—	379.02	569.58	—	—	—	—
24	52	贵　州	28.32	257.22	360.12	—	—	—	252.84	216.84	139.20	—	—	—
25	53	云　南	179.64	534.60	1 400.46	—	—	—	509.70	1 190.64	—	—	—	—
26	54	西　藏	—	148.74	72.30	—	—	—	—	—	—	—	—	—
27	61	陕　西	221.94	99.30	299.88	—	—	—	271.74	310.20	111.36	—	—	—
28	62	甘　肃	173.70	260.22	272.94	—	—	—	223.80	262.20	142.08	—	—	—
29	63	青　海	—	—	94.50	—	—	—	92.10	129.12	233.34	—	—	—
30	64	宁　夏	—	216.24	172.32	—	—	—	—	228.90	94.80	—	—	—
31	65	新　疆	232.41	501.84	416.40	—	—	—	264.48	603.54	93.96	—	—	—
合计 Total			**8 344.53**	**13 549.68**	**16 184.64**	**3 833.46**	**1 777.44**	**559.32**	**9 991.56**	**16 402.86**	**1 072.08**	**463.80**	**9 133.38**	**432.60**

续表

序号	省编号	省份/游戏名称	吃西瓜	加油中国	金豆豆	我爱中国（2元）	我爱中国（5元）	我爱中国（10元）	超值8	黄金之城	百步穿杨	GO好运	大吉大利	小红包
1	11	北　京	—	501.90	245.40	—	357.72	358.98	—	247.86	—	—	191.88	240.72
2	12	天　津	—	225.24	—	—	—	—	389.58	—	—	—	—	—
3	13	河　北	—	1 022.88	769.32	587.64	876.72	948.78	2160.78	—	—	—	—	—
4	14	山　西	—	267.00	57.78	122.97	201.06	221.40	634.14	—	—	—	—	—
5	15	内蒙古	—	426.42	141.06	241.50	343.92	442.08	2 082.00	199.92	—	—	203.70	—
6	21	辽　宁	—	571.14	318.30	267.69	404.58	287.04	1 372.68	152.82	—	—	655.98	—
7	22	吉　林	—	450.60	307.80	337.47	450.06	419.40	1 270.26	285.48	—	—	299.10	32.70
8	23	黑龙江	—	487.56	245.64	250.08	454.02	504.84	1 133.88	—	—	474.96	310.62	—
9	31	上　海	—	479.64	—	—	245.46	—	360.00	—	—	—	91.20	—
10	32	江　苏	—	2 217.96	0.96	259.08	607.14	780.24	5 529.48	353.58	—	—	280.32	—
11	33	浙　江	—	1 364.46	—	—	832.50	910.92	1 634.16	—	—	—	—	—
12	34	安　徽	—	377.58	54.18	46.05	421.02	476.94	360.06	—	—	—	—	—
13	35	福　建	—	1 252.50	—	—	551.40	714.54	4 711.56	534.60	—	—	353.64	—
14	36	江　西	—	171.54	50.22	—	148.26	160.14	247.44	132.18	—	—	—	—
15	37	山　东	1 416.96	1 495.44	652.50	724.83	894.96	1 319.16	5 009.28	1524.60	—	—	1 127.10	140.28
16	41	河　南	—	1 237.26	191.70	329.22	1 145.64	2 039.04	5 283.36	1 525.98	—	—	1 096.20	73.44
17	42	湖　北	—	391.98	—	—	—	—	517.08	—	—	—	—	—
18	43	湖　南	—	228.54	51.96	39.39	98.88	138.84	151.20	41.88	—	—	64.50	—
19	44	广　东	—	1 634.76	265.56	551.16	1 699.08	2 080.62	3 677.10	—	—	—	287.16	—
20	45	广　西	—	162.30	62.70	—	166.50	142.44	122.88	—	—	—	—	—
21	46	海　南	—	125.94	5.76	—	83.16	—	128.82	—	—	—	—	—
22	50	重　庆	—	124.08	—	—	—	—	166.80	—	—	—	—	—
23	51	四　川	—	566.58	—	234.93	338.52	300.18	772.86	414.30	—	—	258.78	50.22
24	52	贵　州	—	270.90	37.50	48.00	190.08	202.08	513.96	156.72	—	—	82.38	—
25	53	云　南	—	725.64	68.82	382.80	653.46	902.46	2 551.62	505.32	—	—	413.28	—
26	54	西　藏	—	—	—	—	—	—	838.92	—	—	—	—	—
27	61	陕　西	—	561.00	133.02	273.75	424.14	468.54	704.64	118.26	—	—	134.22	—
28	62	甘　肃	—	490.92	71.46	—	283.86	195.18	1 265.76	308.94	—	—	149.64	—
29	63	青　海	—	95.34	29.52	—	100.32	—	176.52	—	109.20	—	—	—
30	64	宁　夏	—	162.54	—	60.84	115.02	—	363.36	—	—	—	—	—
31	65	新　疆	—	496.20	64.02	128.76	241.86	414.60	1 222.74	185.46	161.40	—	100.74	—
合计 Total			**1 416.96**	**18 585.84**	**3 825.18**	**4 886.16**	**12 329.34**	**14 428.44**	**45 352.92**	**6 687.90**	**270.60**	**474.96**	**6 100.44**	**537.36**

续表

	省编号	省份/游戏名称	富贵8	长征（5元）	长征（10元）	环岛高铁	开门大吉	彩运来	八桂红	金鸡纳福	日进斗金	红色印迹	合计 Total
1	11	北京	—	—	—	—	136.20	—	—	175.26	213.66	—	41 001.51
2	12	天津	—	—	—	—	96.12	—	—	101.22	100.62	—	13 623.48
3	13	河北	—	—	—	—	139.26	—	—	142.56	153.96	—	73 899.78
4	14	山西	—	33.52	41.36	—	116.70	—	—	131.94	126.24	—	11 729.70
5	15	内蒙古	154.86	—	—	—	219.54	—	—	284.34	269.52	—	52 459.32
6	21	辽宁	67.38	—	—	—	214.86	—	—	237.24	212.94	—	48 977.90
7	22	吉林	5.88	—	—	—	290.58	—	—	328.62	310.38	—	46 920.58
8	23	黑龙江	124.74	140.62	142.66	—	273.12	—	—	168.90	265.98	—	47 402.90
9	31	上海	—	95.36	—	—	53.28	—	—	77.22	76.38	—	18 103.27
10	32	江苏	125.58	95.80	124.08	—	542.64	—	—	1 010.82	1 453.98	—	87 241.77
11	33	浙江	—	—	—	—	446.94	—	—	526.98	544.62	159.00	72 273.09
12	34	安徽	3.78	—	—	—	—	—	—	—	—	—	17 556.25
13	35	福建	—	—	—	—	470.52	—	—	589.80	590.34	—	62 118.75
14	36	江西	10.20	484.34	8.00	—	79.32	—	—	76.32	75.48	39.48	9 640.00
15	37	山东	—	209.14	236.76	—	169.62	—	—	225.96	—	—	114 224.95
16	41	河南	—	63.04	70.30	—	553.26	—	—	773.10	982.50	—	80 996.81
17	42	湖北	—	—	7.00	—	—	—	—	100.56	—	—	14 584.46
18	43	湖南	—	1 775.82	—	—	123.00	—	—	116.40	151.92	623.88	10 238.19
19	44	广东	—	—	—	—	928.32	763.92	—	900.00	1 080.00	—	142 753.89
20	45	广西	—	—	21.34	—	20.64	—	72.75	20.04	19.20	—	10 067.95
21	46	海南	—	—	—	403.32	36.84	—	—	37.56	32.34	—	8 006.61
22	50	重庆	—	30.24	14.20	—	—	—	—	54.30	54.00	—	7 442.92
23	51	四川	—	—	—	—	194.52	—	—	202.56	201.36	—	38 265.24
24	52	贵州	—	64.96	66.00	—	101.22	—	—	104.64	122.88	—	21 464.47
25	53	云南	264.78	101.26	119.16	—	12.30	—	—	14.28	15.00	148.62	78 072.75
26	54	西藏	—	—	—	—	—	—	—	—	—	—	14 540.58
27	61	陕西	—	51.92	53.50	—	34.26	—	—	46.02	40.86	—	28 781.10
28	62	甘肃	—	—	35.32	—	5.04	—	—	6.06	3.90	—	23 924.77
29	63	青海	—	65.94	52.18	—	13.56	—	—	15.06	20.64	—	5 433.01
30	64	宁夏	—	68.94	81.80	—	—	—	—	86.94	98.10	—	10 352.75
31	65	新疆	—	—	—	—	132.36	—	—	196.92	202.44	—	32 791.92
合计 Total			**757.20**	**3 280.90**	**1 073.66**	**403.32**	**5 404.02**	**763.92**	**72.75**	**6 751.62**	**7 419.24**	**970.98**	**1 244 890.64**

（国家体育总局体育彩票管理中心供稿）

（五）其他统计资料

Other Statistical Data

2002—2016年全国彩票机构代扣代缴中奖奖金个人所得税情况一览表

Table of Individual Income Tax from Lottery Winners Withheld by Lotery Organizations in China from 2002 to 2016

所 得 税 额

Individual Income Tax

单位：万元

Unit：Ten Thousand Yuan

年 份 year	福利彩票机构 Welfare Lottery Organization	体育彩票机构 Sports Lottery Organization	合 计 Total
2002	78 606. 53	121 109. 45	199 715. 98
2003	84 221. 75	123 735. 36	207 957. 11
2004	96 053. 50	86 883. 14	182 936. 64
2005	105 357. 07	70 823. 65	176 180. 72
2006	112 917. 80	127 554. 33	240 472. 13
2007	156 994. 13	142 039. 91	299 034. 04
2008	159 522. 18	152 544. 72	312 066. 90
2009	198 950. 60	166 801. 30	365 751. 90
2010	232 340. 43	169 751. 12	402 091. 55
2011	289 156. 99	202 445. 02	491 602. 01
2012	329 532. 92	190 863. 29	520 396. 20
2013	308 398. 23	207 576. 22	515 974. 46
2014	329 890. 42	259 744. 71	589 635. 13
2015	304 516. 62	249 166. 36	553 682. 98
2016	317 677. 41	232 534. 00	550 211. 41
合计 Total	**3 104 136. 57**	**2 503 572. 58**	**5 607 709. 15**

2016 年全国各地区彩票机构代扣代缴中奖奖金个人所得税情况一览表

Table of Individual Income Tax from Lottery Winners Withheld by Lotery Organizations in Different Regions in China in 2016

所 得 税 额

Individual Income Tax

单位：万元

Unit: Ten Thousand Yuan

地　区 Region	福利彩票机构 Welfare Lottery Organization	体育彩票机构 Sports Lottery Organization	合　计 Total
北京	10 010.96	8 871.71	18 882.67
天津	4 183.11	4 190.98	8 374.09
河北	9 258.30	8 747.30	18 005.60
山西	3 311.76	1 639.21	4 950.97
内蒙古	3 833.78	3 319.13	7 152.91
辽宁	12 106.57	6 151.14	18 257.71
吉林	4 590.58	4 940.07	9 530.65
黑龙江	7 751.22	5 698.16	13 449.38
上海	12 153.66	6 648.32	18 801.98
江苏	23 861.67	22 220.37	46 082.04
浙江	27 043.54	20 144.50	47 188.04
安徽	13 425.16	4 576.88	18 002.04
福建	11 250.16	14 951.49	26 201.65
江西	1 511.51	4 137.84	5 649.35
山东	19 578.55	12 120.84	31 699.39
河南	15 103.35	12 036.08	27 139.43
湖北	11 442.73	9 659.53	21 102.26
湖南	13 844.83	7 102.08	20 946.91
广东	32 847.41	23 694.21	56 541.62
广西	15 844.60	2 326.16	18 170.76
海南	2 801.29	1 625.94	4 427.23
重庆	8 337.62	2 410.06	10 747.68
四川	12 030.86	11 732.13	23 762.99
贵州	5 801.48	4 805.32	10 606.80
云南	9 933.77	15 336.30	25 270.07
西藏	686.77	723.31	1 410.08
陕西	10 711.34	1 945.00	12 656.34
甘肃	5 504.89	3 152.71	8 657.60
青海	1 248.25	764.83	2 013.08
宁夏	2 344.16	1 907.98	4 252.14
新疆	5 323.55	4 954.42	10 277.97
合计 Total	**317 677.41**	**232 534.00**	**550 211.41**

（中国福利彩票发行管理中心、国家体育总局体育彩票管理中心供稿）

2002—2016 年全国彩票机构中百万元以上大奖情况一览表

Table of Quantity of Millionaire Prize Winners in Lottery Organizations in China from 2002 to 2016

单位：个

Unit：Ge

年　份 year	福利彩票机构 Welfare Lottery Organization	体育彩票机构 Sports Lottery Organization	合　计 Total
2002	874	1 141	2 015
2003	766	774	1 540
2004	1 017	627	1 644
2005	806	606	1 412
2006	873	534	1 407
2007	1 023	533	1 556
2008	873	872	1 745
2009	1 137	1 037	2 174
2010	1 348	1 118	2 466
2011	1 391	1 012	2 403
2012	1 794	939	2 733
2013	1 874	1 120	2 994
2014	1 736	1 341	3 077
2015	1 435	1 302	2 737
2016	1 597	1 389	2 986
合计 Total	**18 544**	**14 345**	**32 889**

2016 年全国各地区福利彩票中百万元以上大奖情况一览表

Table of Quantity of Welfare Lottery Millionaire Prize Winners in Different Regions in 2016

地　区 Region	500 万元以上大奖个数 Five - million Yuan Prize Winners	100 万元以上大奖个数 One - million Yuan Prize Winners
北京	79	79
天津	19	19
河北	33	40
山西	13	14
内蒙古	12	14
辽宁	47	51
吉林	24	27
黑龙江	37	38
上海	50	55
江苏	119	127
浙江	123	135
安徽	53	58
福建	38	43
江西	35	37
山东	73	101
重庆	39	41
河南	68	72
湖北	60	65
湖南	52	54
广东	117	117
广西	101	108
海南	17	17
四川	65	66
贵州	29	29
云南	44	48
西藏	3	3
陕西	48	51
甘肃	28	28
青海	4	4
宁夏	10	10
新疆	25	25
深圳	21	21
合　计 Total	**1 486**	**1 597**

注：其中 500 万元以上大奖个数包含在百万元以上大奖个数中。

（中国福利彩票发行管理中心供稿）

2016 年全国各地区体育彩票中百万元以上大奖情况一览表

Table of Quantity of Sports Lottery Millionaire Prize Winners in Different Regions in 2016

地 区 Region—	500 万元以上大奖个数 Five - million Yuan Prize Winners	100 万元以上大奖个数 One - million Yuan Prize Winners
北 京	26	30
天 津	20	35
河 北	50	101
山 西	10	17
内蒙古	55	93
辽 宁	3	12
吉 林	20	33
黑龙江	3	8
上 海	31	64
江 苏	35	52
浙 江	21	39
安 徽	27	62
福 建	19	42
江 西	21	28
山 东	131	162
河 南	11	42
湖 北	18	31
湖 南	16	30
广 东	6	7
广 西	2	2
海 南	64	102
重 庆	18	22
四 川	7	12
贵 州	22	32
云 南	39	57
西 藏	19	28
陕 西	3	4
甘 肃	18	28
青 海	60	98
宁 夏	75	103
新 疆	3	13
合计Total	**853**	**1 389**

注：其中 500 万元以上大奖个数包含在百万元以上大奖个数中。

（国家体育总局体育彩票管理中心供稿）

2005—2016 年全国彩票机构投注终端数量一览表

Table of the Quantity of Lottery Sales Terminals in China from 2005 to 2016

投注终端机

Sales Terminal

单位：台

Unit: Tai

年 份 year	福利彩票机构 Welfare Lottery Organization	体育彩票机构 Sports Lottery Organization	合 计 Total
2005	77 969	49 914	127 883
2006	93 138	65 040	158 178
2007	104 526	79 055	183 581
2008	115 487	96 828	212 315
2009	125 415	111 317	236 732
2010	144 250	113 971	258 221
2011	154 520	129 699	284 219
2012	151 994	127 871	279 865
2013	165 629	130 467	296 096
2014	171 109	140 824	311 933
2015	179 296	145 330	324 626
2016	184 362	156 065	340 427

2016 年全国各地区彩票机构投注终端数量一览表

Table of the Quantity of Lottery Sales Terminals in China in Different Regions in 2016

投注终端机

Sales Terminal

单位：台

Unit：Tai

地　区 Region	福利彩票机构 Welfare Lottery Organization	体育彩票机构 Sports Lottery Organization	合　计 Total
北京	2 740	5 284	8 024
天津	2 388	2 605	4 993
河北	10 089	7 622	17 711
山西	4 126	2 995	7 121
内蒙古	4 202	11 044	15 246
辽宁	11 805	3 263	15 068
吉林	4 323	3 684	8 007
黑龙江	8 913	1 439	10 352
上海	2 640	11 156	13 796
江苏	11 861	8 877	20 738
浙江	7 486	6 973	14 459
安徽	6 088	6 273	12 361
福建	4 806	4 239	9 045
江西	4 700	4 675	9 375
山东	12 912	13 014	25 926
河南	11 000	3 448	14 448
湖北	6 547	5 508	12 055
湖南	7 033	4 535	11 568
广东	16 120	1 064	17 184
广西	4 656	618	5 274
海南	1 277	10 757	12 034
重庆	3 770	3 024	6 794
四川	8 645	4 631	13 276
贵州	4 010	1 918	5 928
云南	6 796	6 702	13 498
西藏	531	1 947	2 478
陕西	5 653	556	6 209
甘肃	3 865	2 102	5 967
青海	811	5 889	6 700
宁夏	1 174	7 817	8 991
新疆	3 395	2 406	5 801
合计 Total	**184 362**	**156 065**	**340 427**

（中国福利彩票发行管理中心、国家体育总局体育彩票管理中心供稿）

2016 年全国电脑福利彩票游戏一览表

Table of Computerized National Welfare Lottery Games in 2016

地区	玩法	停止销售时间	开奖日（星期）一	二	三	四	五	六	日	开奖方式	开奖时间	媒体
北京	双色球联销	20:00		1		1			1	直播	21:15	中国教育电视台 1 套、中国福彩网、中彩网、人民网、新浪网、搜狐网
北京	七乐彩联销	20:00	1		1		1			直播	21:15	中国教育电视台 1 套、中国福彩网、中彩网、人民网、新浪网、搜狐网
北京	3D 联销	20:15	1	1	1	1	1	1	1	直播	20:30	中央人民广播电台
北京	基诺：80 开 20 选 1 ~ 10	00:00	1	1	1	1	1	1	1	计算机自动开奖	每 5 分钟开奖一次	
北京	PK10	00:00	1	1	1	1	1	1	1	计算机自动开奖	每 5 分钟开奖一次	
北京	乐透：111 ~ 666 组合（快 3）	00:00	1	1	1	1	1	1	1	计算机自动开奖	每 10 分钟开奖一次	
天津	双色球联销	20:00		1		1			1	直播	21:15	中国教育电视台 1 套、中国福彩网、中彩网、人民网、新浪网、搜狐网
天津	七乐彩联销	20:00	1		1		1			直播	21:15	中国教育电视台 1 套、中国福彩网、中彩网、人民网、新浪网、搜狐网
天津	3D 联销	20:00	1	1	1	1	1	1	1	直播	20:30	中央人民广播电台
天津	数字：00000 ~ 99999 排列（时时彩）	23:05	1	1	1	1	1	1	1	计算机自动开奖	每 10 分钟开奖一次	天津福彩网
天津	乐透：组合 20 选 5（快乐十分）	23:00	1	1	1	1	1	1	1	计算机自动开奖	每 10 分钟开奖一次	天津福彩网
河北	双色球联销	19:40		1		1			1	直播	21:15	中国教育电视台 1 套、中国福彩网、中彩网、人民网、新浪网、搜狐网
河北	七乐彩联销	19:40	1		1		1			直播	21:15	中国教育电视台 1 套、中国福彩网、中彩网、人民网、新浪网、搜狐网
河北	3D 联销	19:40	1	1	1	1	1	1	1	直播	20:30	中央人民广播电台
河北	开乐彩：80 开 20 选 1 ~ 10	24:00	1	1	1	1	1	1	1	计算机自动开奖	每 5 分钟开奖一次	
河北	乐透：组合 20 选 5	18:30	1	1	1	1	1	1	1	录播	22:15	河北少儿科教频道
河北	乐透：组合 20 选 5 好运 2	18:30	1	1	1	1	1	1	1	录播	22:15	河北少儿科教频道
河北	乐透：组合 20 选 5 好运 3	18:30	1	1	1	1	1	1	1	录播	22:15	河北少儿科教频道
河北	数字：排列 00000 ~ 99999 全组合	18:30			1		1		1	录播	22:15	河北少儿科教频道
河北	数字：排列 0000000 ~ 9999999 全组合	18:30	1		1		1			录播	22:15	河北少儿科教频道
河北	乐透：111 ~ 666 组合（快 3）	22:00	1	1	1	1	1	1	1	计算机自动开奖	每 10 分钟开奖一次	

续表

地区	玩法	停止销售时间	开奖日（星期）一	二	三	四	五	六	日	开奖方式	开奖时间	媒体
山西	双色球联销	19:45		1		1			1	直播	21:15	中国教育电视台1套、中国福彩网、中彩网、人民网、新浪网、搜狐网
	七乐彩联销		1		1		1					
	3D联销	20:00	1	1	1	1	1	1	1		20:30	中央人民广播电台
	开乐彩：80开20选1～10	24:00	1	1	1	1	1	1	1	计算机自动开奖	每5分钟开奖一次	
	乐透：组合20选5（快乐十分）	冬令时：22:00 夏令时：23:00	1	1	1	1	1	1	1	计算机自动开奖	每10分钟开奖一次	
内蒙古	双色球联销	20:00		1		1			1	直播	21:15	中国教育电视台1套、中国福彩网、中彩网、人民网、新浪网、搜狐网
	七乐彩联销		1		1		1					
	3D联销		1	1	1	1	1	1	1		20:30	中央人民广播电台
	乐透：111～666组合（快3）	22:05	1	1	1	1	1	1	1	计算机自动开奖	每10分钟开奖一次	
	数字：00000～99999排列（时时彩）	22:00	1	1	1	1	1	1	1	计算机自动开奖	每10分钟开奖一次	
辽宁	双色球联销	20:00		1		1			1	直播	21:15	中国教育电视台1套、中国福彩网、中彩网、人民网、新浪网、搜狐网
	七乐彩联销		1		1		1					
	3D联销		1	1	1	1	1	1	1		20:30	中央人民广播电台
	开乐彩：80开20选1～10	24:00	1	1	1	1	1	1	1	计算机自动开奖	每5分钟开奖一次	
	乐透：组合35选7	19:00	1		1			1		录播	20:30	辽宁福彩网
	乐透：组合35选7好运彩1		1		1			1				
	乐透：组合35选7好运彩2		1		1			1				
	乐透：组合35选7好运彩3		1		1			1				
	乐透：组合35选7好运彩4		1		1			1				
	数字：6位数+1生肖码	18:30	1		1			1				
	乐透：组合12选5（快乐12）	21:50	1	1	1	1	1	1	1	计算机自动开奖	每10分钟开奖一次	

续表

地区	玩法	停止销售时间	开奖日（星期）							开奖方式	开奖时间	媒体
			一	二	三	四	五	六	日			
吉林	双色球联销	20:00		1		1			1	直播	21:15	中国教育电视台1套、中国福彩网、中彩网、人民网、新浪网、搜狐网
	七乐彩联销		1		1		1					
	3D 联销	20:00	1	1	1	1	1	1	1		20:30	中央人民广播电台
	开乐彩：80 开 20 选 1～10	24:00	1	1	1	1	1	1	1	计算机自动开奖	每 5 分钟开奖一次	
	数字：00000～99999 排列（时时彩）	21:30	1	1	1	1	1	1	1	计算机自动开奖	每 10 分钟开奖一次	
	乐透：111～666 组合（快 3）	21:40	1	1	1	1	1	1	1	计算机自动开奖	每 10 分钟开奖一次	
黑龙江	双色球联销	20:00		1		1			1	直播	21:15	中国教育电视台1套、中国福彩网、中彩网、人民网、新浪网、搜狐网
	七乐彩联销		1		1		1					
	3D 联销		1	1	1	1	1	1	1		20:30	中央人民广播电台
	乐透：组合 22 选 5	18:20	1	1	1	1	1	1	1	录播	18:50	黑龙江福彩网
	乐透：组合 36 选 7		1		1			1				
	数字：000000～999999 排列		1	1	1	1	1	1	1			
	数字：00000～99999 排列（时时彩）	00:00	1	1	1	1	1	1	1	计算机自动开奖	每 10 分钟开奖一次	
	乐透：组合 20 选 5（快乐十分）	22:00	1	1	1	1	1	1	1	计算机自动开奖	每 10 分钟开奖一次	
上海	双色球联销	20:00		1		1			1	直播	21:15	中国教育电视台1套、中国福彩网、中彩网、人民网、新浪网、搜狐网
	七乐彩联销		1		1		1					
	3D 联销	20:00	1	1	1	1	1	1	1		20:30	中央人民广播电台
	乐透：组合 15 选 5	18:45	1	1	1	1	1	1	1	公告	21:00	数字电视一幸福彩频道、“安康听”专用广播、上海福彩网及各主流报纸
	数字：6 位数 +1 生肖码	18:30	1		1			1				
	数字：0000～9999 全排列	20:30	1	1	1	1	1	1	1			
	基诺：80 开 20 选 1～10	23:45	1	1	1	1	1	1	1	计算机自动开奖	每 5 分钟开奖一次	
	数字：000～999 全排列（时时乐）	21:30	1	1	1	1	1	1	1		每半小时开奖一次	
	乐透：111～666 组合（快 3）	22:28	1	1	1	1	1	1	1		每 10 分钟开奖一次	上海福彩网

续表

地区	玩法	停止销售时间	开奖日（星期）							开奖方式	开奖时间	媒体
			一	二	三	四	五	六	日			
江苏	双色球联销	20:00		1		1			1	直播	21:15	中国教育电视台1套、中国福彩网、中彩网、人民网、新浪网、搜狐网
	七乐彩联销		1		1		1					
	3D 联销		1	1	1	1	1	1	1		20:30	中央人民广播电台
	乐透：组合 15 选 5	18:30	1	1	1	1	1	1	1	公告	19:35	江苏省福彩网、开奖次日江苏省主流报纸刊登
	数字：6 位数 +1 生肖码		1		1			1				
	乐透：111 ~ 666 组合（快 3）	22:10	1	1	1	1	1	1	1	计算机自动开奖	每 10 分钟开奖一次	
浙江	双色球联销	20:00		1		1			1	直播	21:15	中国教育电视台1套、中国福彩网、中彩网、人民网、新浪网、搜狐网
	七乐彩联销		1		1		1					
	3D 联销		1	1	1	1	1	1	1		22:25	浙江钱江都市频道
	乐透：组合 15 选 5	18:30	1	1	1	1	1	1	1	录播		
	数字：6 位数 +1 生肖码		1		1			1				
	乐透：组合 12 选 5（快乐 12）	22:20	1	1	1	1	1	1	1	计算机自动开奖	每 10 分钟开奖一次	
	乐透：组合 22 选 1（快 2）	24:00	1	1	1	1	1	1	1	计算机自动开奖	每 5 分钟开奖一次	
安徽	双色球联销	20:00		1		1			1	直播	21:15	中国教育电视台1套、中国福彩网、中彩网、人民网、新浪网、搜狐网
	七乐彩联销		1		1		1					
	3D 联销		1	1	1	1	1	1	1		20:30	中央人民广播电台
	乐透：组合 25 选 5	18:40	1	1	1	1	1	1	1	录播	19:00	中安在线
	乐透：组合 15 选 5	19:00	1	1	1	1	1	1	1		19:35	安徽省福彩网、开奖次日安徽省主流报纸刊登
	数字：6 位数 +1 生肖码		1		1			1				
	乐透：111 ~ 666 组合（快 3）	22:00	1	1	1	1	1	1	1	计算机自动开奖	每 10 分钟开奖一次	安徽省福彩网
福建	双色球联销	19:50		1		1			1	直播	21:15	中国教育电视台1套、中国福彩网、中彩网、人民网、新浪网、搜狐网、福建电视台电视剧频道
	七乐彩联销	19:30	1		1		1					
	3D 联销		1	1	1	1	1	1	1		20:30	中央人民广播电台
	乐透：组合 15 选 5	18:30	1	1	1	1	1	1	1	公告		浙江影视频道
	数字：6 位数 +1 生肖码		1		1			1				福建电视台电视剧频道
	乐透：111 ~ 666 组合（快 3）	22:30	1	1	1	1	1	1	1	计算机自动开奖	每 10 分钟开奖一次	福建省福彩网

续表

地区	玩法	停止销售时间	开奖日（星期）							开奖方式	开奖时间	媒体
			一	二	三	四	五	六	日			
江西	双色球联销	20:00		1		1			1	直播	21:15	中国教育电视台1套、中国福彩网、中彩网、人民网、新浪网、搜狐网
	七乐彩联销		1		1		1					
	3D 联销		1	1	1	1	1	1	1		20:30	中央人民广播电台
	乐透：组合 15 选 5	19:00	1	1	1	1	1	1	1	录播	19:00	江西教育电视台
	数字：6 位数 +1 生肖码		1		1			1				
	乐透：111~666 组合（快 3）	23:10	1	1	1	1	1	1	1	计算机自动开奖	每 10 分钟开奖一次	江西省福彩网
山东	双色球联销	20:00		1		1			1	直播	21:15	中国教育电视台1套、中国福彩网、中彩网、人民网、新浪网、搜狐网
	七乐彩联销		1		1		1					
	3D 联销		1	1	1	1	1	1	1		20:30	中央人民广播电台
	开乐彩：80 开 20 选 1~10	24:00	1	1	1	1	1	1	1	计算机自动开奖	每 5 分钟开奖一次	
	乐透：组合 20 选 5（群英会）	22:00	1	1	1	1	1	1	1		每 10 分钟开奖一次	山东彩票网
河南	双色球联销	20:00		1		1			1	直播	21:15	中国教育电视台1套、中国福彩网、中彩网、人民网、新浪网、搜狐网
	七乐彩联销		1		1		1					
	3D 联销		1	1	1	1	1	1	1		20:30	中央人民广播电台
	乐透：组合 22 选 5		1	1	1	1	1	1	1	录播	22:50	河南都市频道
	乐透：组合 22 选 5 好运 2		1	1	1	1	1	1	1			
	乐透：组合 22 选 5 好运 3		1	1	1	1	1	1	1			
	乐透：组合 22 选 5 好运 4		1	1	1	1	1	1	1			
	乐透：111~666 组合（快 3）	22:00	1	1	1	1	1	1	1	计算机自动开奖	每 10 分钟开奖一次	
	幸运彩	22:00	1	1	1	1	1	1	1	计算机自动开奖	每 10 分钟开奖一次	

续表

地区	玩法	停止销售时间	开奖日（星期）							开奖方式	开奖时间	媒体
			一	二	三	四	五	六	日			
湖北	双色球联销	20:00		1		1			1	直播	21:15	中国教育电视台1套、中国福彩网、中彩网、人民网、新浪网、搜狐网
	七乐彩联销		1		1		1					
	3D联销		1	1	1	1	1	1	1		20:30	中央人民广播电台
	乐透：组合22选5		1	1	1	1	1	1	1	公告	20:30	湖北福彩网，开奖次日湖北省主流报纸刊登
	乐透：组合22选5好运1		1	1	1	1	1	1	1			
	乐透：组合22选5好运2		1	1	1	1	1	1	1			
	乐透：组合22选5好运3		1	1	1	1	1	1	1			
	乐透：组合22选5好运4		1	1	1	1	1	1	1			
	乐透：组合30选5		1	1	1	1	1	1	1			
	数字：00000~99999排列（时时彩）	22:00	1	1	1	1	1	1	1	计算机自动开奖	每10分钟开奖一次	
	乐透：111~666组合（快3）	22:00	1	1	1	1	1	1	1	计算机自动开奖	每10分钟开奖一次	
湖南	双色球联销	20:00		1		1			1	直播	21:15	中国教育电视台1套、中国福彩网、中彩网、人民网、新浪网、搜狐网
	七乐彩联销		1		1		1					
	3D联销		1	1	1	1	1	1	1		20:30	中央人民广播电台
	乐透：组合20选5（快乐十分）	23:00	1	1	1	1	1	1	1	计算机自动开奖	每10分钟开奖一次	湖南福彩网
广东	双色球联销	20:00		1		1			1	直播	21:15	中国教育电视台1套、中国福彩网、中彩网、人民网、新浪网、搜狐网
	3D联销	19:50	1	1	1	1	1	1	1		20:30	中央人民广播电台
	乐透：组合26选5	19:00		1		1			1	录播	21:54	广东电视台新闻频道
	乐透：组合26选5好彩2			1		1			1			
	乐透：组合26选5好彩3			1		1			1			
	乐透：组合36选7		1	1	1	1	1	1	1			
	乐透：组合36选7好彩1		1	1	1	1	1	1	1			
	乐透：组合36选7好彩2		1	1	1	1	1	1	1			
	乐透：组合36选7好彩3		1	1	1	1	1	1	1			
	乐透：组合20选5（快乐十分）	23:00	1	1	1	1	1	1	1	计算机自动开奖	每10分钟开奖一次	广东省福彩网

续表

地区	玩法	停止销售时间	开奖日（星期）							开奖方式	开奖时间	媒体
			一	二	三	四	五	六	日			
深圳	双色球联销	19:50		1		1			1	直播	21:15	中国教育电视台1套、中国福彩网、中彩网、人民网、新浪网、搜狐网
	七乐彩联销		1		1		1					
	3D联销		1	1	1	1	1	1	1		20:30	中央人民广播电台
	基诺：80开20选1~8	22:55	1	1	1	1	1	1	1	计算机自动开奖	每5分钟开奖一次	
	乐透：组合22选1（快乐彩）	23:57	1	1	1	1	1	1	1	计算机自动开奖	每5分钟开奖一次	
	乐透：组合35选7	19:50		1			1			官网视频	20:20	深圳特区报、深圳福彩网
广西	双色球联销	19:50		1		1			1	直播	21:15	中国教育电视台1套、中国福彩网、中彩网、人民网、新浪网、搜狐网
	七乐彩联销		1		1		1					
	3D联销	19:40	1	1	1	1	1	1	1		20:30	中央人民广播电台
	乐透：组合24选7及好运彩（快乐双彩）	21:00	1	1	1	1	1	1	1	计算机自动开奖	21:30	广西福彩网和有关合作媒体
	乐透：组合21选5（快乐十分）	21:25	1	1	1	1	1	1	1		每15分钟开奖一次	
	乐透：111~666组合（快3）	22:27	1	1	1	1	1	1	1		每10分钟开奖一次	
海南	双色球联销	20:00		1		1			1	直播	21:15	中国教育电视台1套、中国福彩网、中彩网、人民网、新浪网、搜狐网
	七乐彩联销		1		1		1					
	3D联销	19:45	1	1	1	1	1	1	1		20:30	中央人民广播电台
	乐透：组合22选1（快2）	凌晨02:00	1	1	1	1	1	1	1	计算机自动开奖	每5分钟开奖一次	
	快乐三宝	凌晨02:00	1	1	1	1	1	1	1	计算机自动开奖	每10分钟开奖一次	
重庆	双色球联销	20:00		1		1			1	直播	21:15	中国教育电视台1套、中国福彩网、中彩网、人民网、新浪网、搜狐网
	七乐彩联销		1		1		1					
	3D联销		1	1	1	1	1	1	1		20:30	中央人民广播电台
	数字：00000~99999排列（时时彩）	0:00	1	1	1	1	1	1	1	计算机自动开奖	每10分钟开奖一次	重庆彩票网
	乐透：组合20选5（快乐十分）	23:53	1	1	1	1	1	1	1		每10分钟开奖一次	

续表

地区	玩法	停止销售时间	开奖日（星期）							开奖方式	开奖时间	媒体
			一	二	三	四	五	六	日			
四川	双色球联销	19:45		1		1			1	直播	21:15	中国教育电视台1套、中国福彩网、中彩网、人民网、新浪网、搜狐网
	七乐彩联销		1		1		1					
	3D联销	20:00	1	1	1	1	1	1	1		20:30	中央人民广播电台
	乐透：组合12选5（快乐12）	22:00	1	1	1	1	1	1	1	计算机自动开奖	每10分钟开奖一次	
贵州	双色球联销	20:00		1		1			1	直播	21:15	中国教育电视台1套、中国福彩网、中彩网、人民网、新浪网、搜狐网
	七乐彩联销		1		1		1					
	3D联销		1	1	1	1	1	1	1		20:30	中央人民广播电台
	乐透：111~666组合（快3）	22:00	1	1	1	1	1	1	1	计算机自动开奖	每10分钟开奖一次	
云南	双色球联销	20:00		1		1			1	直播	21:15	中国教育电视台1套、中国福彩网、中彩网、人民网、新浪网、搜狐网
	七乐彩联销	19:30	1		1		1					
	3D联销	20:00	1	1	1	1	1	1	1		20:30	中央人民广播电台
	数字：00000~99999排列（时时彩）	22:00	1	1	1	1	1	1	1	计算机自动开奖	每10分钟开奖一次	
	乐透：组合20选5（快乐十分）	21:35	1	1	1	1	1	1	1	计算机自动开奖	每10分钟开奖一次	
西藏	双色球联销	19:00		1		1			1	直播	21:15	中国教育电视台1套、中国福彩网、中彩网、人民网、新浪网、搜狐网
	七乐彩联销		1		1		1					
	3D联销	19:30	1	1	1	1	1	1	1		20:30	中央人民广播电台
	乐透：组合12选3（生肖时时彩）	22:00	1	1	1	1	1	1	1	计算机自动开奖	每10分钟开奖一次	
	乐透：111~666组合（快3）	22:10	1	1	1	1	1	1	1	计算机自动开奖	每10分钟开奖一次	
陕西	双色球联销	19:30		1		1			1	直播	21:15	中国教育电视台1套、中国福彩网、中彩网、人民网、新浪网、搜狐网
	七乐彩联销		1		1		1					
	3D联销	20:00	1	1	1	1	1	1	1		20:30	中央人民广播电台
	乐透：组合20选5（快乐十分）	22:00	1	1	1	1	1	1	1	计算机自动开奖	每10分钟开奖一次	

续表

地区	玩法	停止销售时间	开奖日（星期）							开奖方式	开奖时间	媒体
			一	二	三	四	五	六	日			
甘肃	双色球联销	20:00		1		1			1	直播	21:15	中国教育电视台1套、中国福彩网、中彩网、人民网、新浪网、搜狐网
	七乐彩联销		1		1		1					
	3D 联销	20:30	1	1	1	1	1	1	1		20:30	中央人民广播电台
	开乐彩：80 开 20 选 1～10	24:00	1	1	1	1	1	1	1	计算机自动开奖	每 5 分钟开奖一次	
	乐透：111～666 组合（快 3）	22:00	1	1	1	1	1	1	1	计算机自动开奖	每 10 分钟开奖一次	
青海	双色球联销	19:45		1		1			1	直播	21:15	中国教育电视台1套、中国福彩网、中彩网、人民网、新浪网、搜狐网
	七乐彩联销		1		1		1					
	3D 联销	20:00	1	1	1	1	1	1	1		20:30	中央人民广播电台
	数字：111～666 排列（快 3）	22:00	1	1	1	1	1	1	1	计算机自动开奖	每 10 分钟开奖一次	
宁夏	双色球联销	20:00		1		1			1	直播	21:15	中国教育电视台1套、中国福彩网、中彩网、人民网、新浪网、搜狐网
	七乐彩联销		1		1		1					
	3D 联销		1	1	1	1	1	1	1		20:30	中央人民广播电台
	数字：快 3	22:00	1	1	1	1	1	1	1	计算机自动开奖	每 10 分钟开奖一次	
新疆	双色球联销	20:00		1		1			1	直播	21:15	中国教育电视台1套、中国福彩网、中彩网、人民网、新浪网、搜狐网
	七乐彩联销		1		1		1					
	3D 联销		1	1	1	1	1	1	1		20:30	中央人民广播电台
	乐透：组合 18 选 7	19:30	1				1			录播	0:25	新疆电视台 4 套
	乐透：组合 35 选 7		1				1					
	乐透：组合 25 选 7	20:20			1			1		直播	21:00	新疆人民广播电台
	数字：00000～99999 排列（时时彩）	凌晨 02:00	1	1	1	1	1	1	1	计算机自动开奖	每 10 分钟开奖一次	新疆福利彩票网
	乐透：27 选 8～23（喜乐彩）	凌晨 02:00	1	1	1	1	1	1	1	计算机自动开奖	每 60 分钟开奖一次	新疆福利彩票网

（中国福利彩票发行管理中心）

2016 年全国电脑体育彩票游戏一览表

Table of Computerized National Sports Lottery Games in 2016

地区	玩法	停止销售时间	开奖日							开奖方式	开奖时间	媒体
			一	二	三	四	五	六	日			
北京市	11 选 5	23:00	1	1	1	1	1	1	1	计算机自动生成	10 分钟开奖一次	北京体彩网
	排列 3、排列 5	20:00	1	1	1	1	1	1	1	摇奖、录播、互联网直播	20:30	CCTV-5 旅游卫视
	七星彩	20:00		1			1		1	摇奖、录播、互联网直播	20:30	
	超级大乐透	20:00	1		1			1		摇奖、录播、互联网直播	20:30	
	足彩胜负（包括任选九场）	根据比赛时间								比赛结果		中国体彩网
	足彩进球	根据比赛时间										
	竞彩	根据比赛时间								比赛结果		中国竞彩网
	老足彩单场竞猜	根据比赛时间								比赛结果		北京体彩网
天津市	排列 3、排列 5	20:00	1	1	1	1	1	1	1	摇奖、录播、互联网直播	20:30	CCTV-5 旅游卫视
	七星彩	20:00		1			1		1	摇奖、录播、互联网直播	20:30	
	超级大乐透	20:00	1		1			1		摇奖、录播、互联网直播	20:30	
	足彩胜负（包括任选九场）	根据比赛时间								比赛结果		中国体彩网
	足彩进球	根据比赛时间										
	竞彩	根据比赛时间								比赛结果		中国竞彩网
	老足彩单场竞猜	根据比赛时间								比赛结果		天津体彩网
	11 选 5	23:50	1	1	1	1	1	1	1	计算机自动生成	10 分钟 20 秒开奖一次	天津体彩网

续表

地区	玩法	停止销售时间	开奖日							开奖方式	开奖时间	媒体
			一	二	三	四	五	六	日			
河北	排列3、排列5	20:00	1	1	1	1	1	1	1	摇奖、录播、互联网直播	20:30	CCTV－5 旅游卫视
	七星彩	20:00		1			1		1	摇奖、录播、互联网直播	20:30	
	超级大乐透	20:00	1		1			1		摇奖、录播、互联网直播	20:30	
	足彩胜负（包括任选九场）	根据比赛时间								比赛结果		中国体彩网
	足彩进球	根据比赛时间										
	竞彩	根据比赛时间								比赛结果		中国竞彩网
	河北快乐扑克	22:04	1	1	1	1	1	1	1	计算机自动生成	10分钟开奖一次	河北体彩网
	11选5	21:59	1	1	1	1	1	1	1	计算机自动生成	10分钟开奖一次	河北体彩网
山西	排列3、排列5	20:00	1	1	1	1	1	1	1	摇奖、录播、互联网直播	20:30	CCTV－5 旅游卫视
	七星彩	20:00		1			1		1	摇奖、录播、互联网直播	20:30	
	超级大乐透	20:00	1		1			1		摇奖、录播、互联网直播	20:30	
	足彩胜负（包括任选九场）	根据比赛时间								比赛结果		中国体彩网
	足彩进球	根据比赛时间										
	竞彩	根据比赛时间								比赛结果		中国竞彩网
	泳坛夺金、11选5	22:31	1	1	1	1	1	1	1	计算机自动生成	10分钟开奖一次	山西体彩网
内蒙古	排列3、排列5	20:00	1	1	1	1	1	1	1	摇奖、录播、互联网直播	20:30	CCTV－5 旅游卫视
	七星彩	20:00		1			1		1	摇奖、录播、互联网直播	20:30	
	超级大乐透	20:00	1		1			1		摇奖、录播、互联网直播	20:30	
	足彩胜负（包括任选九场）	根据比赛时间								比赛结果		中国体彩网
	足彩进球	根据比赛时间										
	竞彩	根据比赛时间								比赛结果		中国竞彩网
	泳坛夺金	22:01	1	1	1	1	1	1	1	计算机自动生成	10分钟开奖一次	内蒙古体彩网
	11选5	22:06	1	1	1	1	1	1	1	计算机自动生成	10分钟开奖一次	内蒙古体彩网

续表

地区	玩法	停止销售时间	开奖日							开奖方式	开奖时间	媒体
			一	二	三	四	五	六	日			
辽宁	排列 3、排列 5	20:00	1	1	1	1	1	1	1	摇奖、录播、互联网直播	20:30	CCTV - 5 旅游卫视
	七星彩	20:00		1			1		1	摇奖、录播、互联网直播	20:30	
	超级大乐透	20:00	1		1			1		摇奖、录播、互联网直播	20:30	
	足彩胜负（包括任选九场）	根据比赛时间								比赛结果		中国体彩网
	足彩进球	根据比赛时间										
	竞彩	根据比赛时间								比赛结果		中国竞彩网
	11 选 5	22:28	1	1	1	1	1	1	1	计算机自动生成	10 分钟开奖一次	辽宁体彩网
	快乐扑克	22:24	1	1	1	1	1	1	1	计算机自动生成	10 分钟开奖一次	辽宁体彩网
吉林	排列 3、排列 5	20:00	1	1	1	1	1	1	1	摇奖、录播、互联网直播	20:30	CCTV - 5 旅游卫视
	七星彩	20:00		1			1		1	摇奖、录播、互联网直播	20:30	
	超级大乐透	20:00	1		1			1		摇奖、录播、互联网直播	20:30	
	足彩胜负（包括任选九场）	根据比赛时间								比赛结果		中国体彩网
	足彩进球	根据比赛时间										
	竞彩	根据比赛时间								比赛结果		中国竞彩网
	11 选 5	21:29	1	1	1	1	1	1	1	计算机自动生成	10 分钟开奖一次	吉林体彩网
黑龙江	6 + 1 数字型	20:00		1			1			摇奖、录播	20:15	黑龙江交通广播电台
	排列 3、排列 5	20:00	1	1	1	1	1	1	1	摇奖、录播、互联网直播	20:30	CCTV - 5 旅游卫视
	七星彩	20:00		1			1		1	摇奖、录播、互联网直播	20:30	
	超级大乐透	20:00	1		1			1		摇奖、录播、互联网直播	20:30	
	足彩胜负（包括任选九场）	根据比赛时间								比赛结果		中国体彩网
	足彩进球	根据比赛时间										
	竞彩	根据比赛时间								比赛结果		中国竞彩网
	快乐扑克	21:10	1	1	1	1	1	1	1	计算机自动生成	10 分钟开奖一次	黑龙江体彩网
	11 选 5	22:05	1	1	1	1	1	1	1	计算机自动生成	10 分钟开奖一次	黑龙江体彩网

续表

地区	玩法	停止销售时间	开奖日							开奖方式	开奖时间	媒体
			一	二	三	四	五	六	日			
上海	排列 3、排列 5	20:00	1	1	1	1	1	1	1	摇奖、录播、互联网直播	20:30	CCTV－5 旅游卫视
	七星彩	20:00		1			1		1	摇奖、录播、互联网直播	20:30	
	超级大乐透	20:00	1		1			1		摇奖、录播、互联网直播	20:30	
	足彩胜负（包括任选九场）	根据比赛时间								比赛结果		中国体彩网
	足彩进球	根据比赛时间										
	竞彩	根据比赛时间								比赛结果		中国竞彩网
	11 选 5	22:59	1	1	1	1	1	1	1	计算机自动生成	10 分钟开奖一次	上海体彩网
江苏	7 位数	20:00		1		1	1		1	摇奖、录播	20:30	江苏教育台
	排列 3、排列 5	20:00	1	1	1	1	1	1	1	摇奖、录播、互联网直播	20:30	CCTV－5 旅游卫视
	超级大乐透	20:00	1		1			1		摇奖、录播、互联网直播	20:30	
	足彩胜负（包括任选九场）	根据比赛时间								比赛结果		中国体彩网
	足彩进球	根据比赛时间										
	竞彩	根据比赛时间								比赛结果		中国竞彩网
	虚拟足球 e 球彩（11 月 28 日）	21:30	1	1	1	1	1	1	1	根据虚拟比赛结果	20 分钟开奖一次	江苏体彩网
	11 选 5	22:00	1	1	1	1	1	1	1	计算机自动生成	10 分钟开奖一次	江苏体彩网
浙江	6＋1	19:00		1			1		1	摇奖、录播	19:02	浙江经视
	20 选 5	19:00	1	1	1	1	1	1	1	摇奖、录播	19:02	浙江经视
	排列 3、排列 5	20:00	1	1	1	1	1	1	1	摇奖、录播、互联网直播	20:30	CCTV－5 旅游卫视
	超级大乐透	20:00	1		1			1		摇奖、录播、互联网直播	20:30	
	足彩胜负（包括任选九场）	根据比赛时间								比赛结果		中国体彩网
	足彩进球	根据比赛时间										
	竞彩	根据比赛时间								比赛结果		中国竞彩网
	浙江飞鱼	23:58	1	1	1	1	1	1	1	计算机自动生成	5 分半开奖一次	浙江体彩网
	11 选 5	22:00	1	1	1	1	1	1	1	计算机自动生成	10 分钟开奖一次	浙江体彩网
	泳坛夺金	22:00	1	1	1	1	1	1	1	计算机自动生成	10 分钟开奖一次	浙江体彩网

续表

地区	玩法	停止销售时间	开奖日							开奖方式	开奖时间	媒体
			一	二	三	四	五	六	日			
安徽	排列3、排列5	20:00	1	1	1	1	1	1	1	摇奖、录播、互联网直播	20:30	CCTV－5 旅游卫视
	七星彩	20:00		1			1		1	摇奖、录播、互联网直播	20:30	
	超级大乐透	20:00	1		1			1		摇奖、录播、互联网直播	20:30	
	足彩胜负（包括任选九场）	根据比赛时间								比赛结果		中国体彩网
	足彩进球	根据比赛时间										
	竞彩	根据比赛时间								比赛结果		中国竞彩网
	11选5	22:00	1	1	1	1	1	1	1	计算机自动生成	10分钟开奖一次	安徽体彩网
福建	本地22选5	19:00	1	1	1	1	1	1	1	摇奖、录播	19:20	福建体育频道
	36选7	19:00		1		1		1		摇奖、录播	19:20	
	本地31选7	19:00	1		1		1		1	摇奖、录播	19:20	
	本地31选7附加		1	1	1	1	1	1	1			
	排列3、排列5	20:00	1	1	1	1	1	1	1	摇奖、录播、互联网直播	20:30	CCTV－5 旅游卫视
	七星彩	20:00		1			1		1	摇奖、录播、互联网直播	20:30	
	超级大乐透	20:00	1		1			1		摇奖、录播、互联网直播	20:30	
	足彩胜负（包括任选九场）	根据比赛时间								比赛结果		中国体彩网
	足彩进球	根据比赛时间										
	竞彩	根据比赛时间								比赛结果		中国竞彩网
	11选5	22:00	1	1	1	1	1	1	1	计算机自动生成	10分钟开奖一次	福建体彩网
江西	排列3、排列5	20:00	1	1	1	1	1	1	1	摇奖、录播、互联网直播	20:30	CCTV－5 旅游卫视
	七星彩	20:00		1			1		1	摇奖、录播、互联网直播	20:30	
	超级大乐透	20:00	1		1			1		摇奖、录播、互联网直播	20:30	
	足彩胜负（包括任选九场）	根据比赛时间								比赛结果		中国体彩网
	足彩进球	根据比赛时间										
	竞彩	根据比赛时间								比赛结果		中国竞彩网
	多乐彩	22:00	1	1	1	1	1	1	1	计算机自动生成	10分钟开奖一次	江西体彩网

续表

地区	玩法	停止销售时间	开奖日							开奖方式	开奖时间	媒体
			一	二	三	四	五	六	日			
山东	排列3、排列5	20:00	1	1	1	1	1	1	1	摇奖、录播、互联网直播	20:30	CCTV－5 旅游卫视
	七星彩	20:00		1			1		1	摇奖、录播、互联网直播	20:30	
	超级大乐透	20:00	1		1			1		摇奖、录播、互联网直播	20:30	
	足彩胜负（包括任选九场）	根据比赛时间								比赛结果		中国体彩网
	足彩进球	根据比赛时间										
	竞彩	根据比赛时间								比赛结果		中国竞彩网
	快乐扑克3	22:00	1	1	1	1	1	1	1	计算机自动生成	10分钟开奖一次	山东体彩网
	快乐扑克（已停售）	22:02	1	1	1	1	1	1	1	计算机自动生成	10分钟开奖一次	山东体彩网
	11选5	21:55	1	1	1	1	1	1	1	计算机自动生成	10分钟开奖一次	山东体彩网
河南	排列3、排列5	20:00	1	1	1	1	1	1	1	摇奖、录播、互联网直播	20:30	CCTV－5 旅游卫视
	七星彩	20:00		1			1		1	摇奖、录播、互联网直播	20:30	
	超级大乐透	20:00	1		1			1		摇奖、录播、互联网直播	20:30	
	足彩胜负（包括任选九场）	根据比赛时间								比赛结果		中国体彩网
	足彩进球	根据比赛时间										
	泳坛夺金、11选5	22:01	1	1	1	1	1	1	1	计算机自动生成	10分钟开奖一次	河南体彩网
湖北	排列3、排列5	20:00	1	1	1	1	1	1	1	摇奖、录播、互联网直播	20:30	CCTV－5 旅游卫视
	七星彩	20:00		1			1		1	摇奖、录播、互联网直播	20:30	
	超级大乐透	20:00	1		1			1		摇奖、录播、互联网直播	20:30	
	足彩胜负（包括任选九场）	根据比赛时间								比赛结果		中国体彩网
	足彩进球	根据比赛时间										
	竞彩	根据比赛时间								比赛结果		中国竞彩网
	11选5	21:55	1	1	1	1	1	1	1	计算机自动生成	10分钟开奖一次	湖北体彩网

续表

地区	玩法	停止销售时间	开奖日							开奖方式	开奖时间	媒体
			一	二	三	四	五	六	日			
湖南	排列3、排列5	20:00	1	1	1	1	1	1	1	摇奖、录播、互联网直播	20:30	CCTV－5 旅游卫视
	七星彩	20:00		1			1		1	摇奖、录播、互联网直播	20:30	
	超级大乐透	20:00	1		1			1		摇奖、录播、互联网直播	20:30	
	足彩胜负（包括任选九场）	根据比赛时间								比赛结果		中国体彩网
	足彩进球	根据比赛时间										
	竞彩	根据比赛时间								比赛结果		中国竞彩网
	幸运赛车	22:01	1	1	1	1	1	1	1	计算机自动生成	10分钟开奖一次	湖南体彩网
	即乐彩	22:01	1	1	1	1	1	1	1	计算机自动生成	10分钟开奖一次	湖南体彩网
广东	排列3、排列5	20:00	1	1	1	1	1	1	1	摇奖、录播、互联网直播	20:30	CCTV－5 旅游卫视
	七星彩	20:00		1			1		1	摇奖、录播、互联网直播	20:30	
	超级大乐透	20:00	1		1			1		摇奖、录播、互联网直播	20:30	
	足彩胜负（包括任选九场）	根据比赛时间								比赛结果		中国体彩网
	足彩进球	根据比赛时间										
	竞彩	根据比赛时间								比赛结果		中国竞彩网
	老足彩单场竞猜	根据比赛时间								比赛结果		广东体彩网
	11选5	23:00	1	1	1	1	1	1	1	计算机自动生成	10分钟开奖一次	广东体彩网
广西	排列3、排列5	20:00	1	1	1	1	1	1	1	摇奖、录播、互联网直播	20:30	CCTV－5 旅游卫视
	七星彩	20:00		1			1		1	摇奖、录播、互联网直播	20:30	
	超级大乐透	20:00	1		1			1		摇奖、录播、互联网直播	20:30	
	足彩胜负（包括任选九场）	根据比赛时间								比赛结果		中国体彩网
	足彩进球	根据比赛时间										
	11选5	22:00	1	1	1	1	1	1	1	计算机自动生成	10分钟开奖一次	
	竞彩	根据比赛时间								比赛结果		中国竞彩网

续表

地区	玩法	停止销售时间	开奖日							开奖方式	开奖时间	媒体
			一	二	三	四	五	六	日			
海南	海南 4+1	20:00		1			1		1	直播	20:20－20:30（开奖节目起始时间）	海南电视台新闻频道
	排列 3、排列 5	20:00	1	1	1	1	1	1	1	摇奖、录播、互联网直播	20:30	CCTV－5 旅游卫视
	七星彩	20:00		1			1		1	摇奖、录播、互联网直播	20:30	
	超级大乐透	20:00	1		1			1		摇奖、录播、互联网直播	20:30	
	足彩胜负（包括任选九场）	根据比赛时间								比赛结果		中国体彩网
	足彩进球	根据比赛时间										
	飞鱼	1:55	1	1	1	1	1	1	1	计算机自动生成	6 分钟开奖一次	海南体彩网
	环岛赛	1:55	1	1	1	1	1	1	1	计算机自动生成	5 分钟开奖一次	海南体彩网
	竞彩	根据比赛时间								比赛结果		中国竞彩网
重庆	排列 3、排列 5	20:00	1	1	1	1	1	1	1	摇奖、录播、互联网直播	20:30	CCTV－5 旅游卫视
	七星彩	20:00		1			1		1	摇奖、录播、互联网直播	20:30	
	超级大乐透	20:00	1		1			1		摇奖、录播、互联网直播	20:30	
	足彩胜负（包括任选九场）	根据比赛时间								比赛结果		中国体彩网
	足彩进球	根据比赛时间										
	竞彩	根据比赛时间								比赛结果		中国竞彩网
	11 选 5	23:00	1	1	1	1	1	1	1	计算机自动生成	10 分钟开奖一次	重庆体彩网
	百变王牌		1	1	1	1	1	1	1	计算机自动生成	10 分钟开奖一次	

续表

地区	玩法	停止销售时间	开奖日							开奖方式	开奖时间	媒体
			一	二	三	四	五	六	日			
四川	排列3、排列5	20:00	1	1	1	1	1	1	1	摇奖、录播、互联网直播	20:30	CCTV－5 旅游卫视
	七星彩	20:00		1			1		1	摇奖、录播、互联网直播	20:30	
	超级大乐透	20:00	1		1			1		摇奖、录播、互联网直播	20:30	
	足彩胜负（包括任选九场）	根据比赛时间								比赛结果		中国体彩网
	足彩进球	根据比赛时间										
	竞彩	根据比赛时间								比赛结果		中国竞彩网
	11选5	22:00	1	1	1	1	1	1	1	计算机自动生成	10分钟开奖一次	四川体彩网
	金7乐		1	1	1	1	1	1	1	计算机自动生成	10分钟开奖一次	
贵州	排列3、排列5	20:00	1	1	1	1	1	1	1	摇奖、录播、互联网直播	20:30	CCTV－5 旅游卫视
	七星彩	20:00		1			1		1	摇奖、录播、互联网直播	20:30	
	超级大乐透	20:00	1		1			1		摇奖、录播、互联网直播	20:30	
	足彩胜负（包括任选九场）	根据比赛时间								比赛结果		中国体彩网
	足彩进球	根据比赛时间										
	11选5	22:10	1	1	1	1	1	1	1	计算机自动生成	10分钟开奖一次	贵州体彩网
云南	排列3、排列5	20:00	1	1	1	1	1	1	1	摇奖、录播、互联网直播	20:30	CCTV－5 旅游卫视
	七星彩	20:00		1			1		1	摇奖、录播、互联网直播	20:30	
	超级大乐透	20:00	1		1			1		摇奖、录播、互联网直播	20:30	
	足彩胜负（包括任选九场）	根据比赛时间								比赛结果		中国体彩网
	足彩进球	根据比赛时间										
	11选5	21:59	1	1	1	1	1	1	1	计算机自动生成	10分钟开奖一次	云南体彩网
	快乐123	22:04	1	1	1	1	1	1	1	计算机自动生成	10分钟开奖一次	云南体彩网

续表

地区	玩法	停止销售时间	开奖日							开奖方式	开奖时间	媒体
			一	二	三	四	五	六	日			
西藏	排列3、排列5	20:00	1	1	1	1	1	1	1	摇奖、录播、互联网直播	20:30	CCTV－5 旅游卫视
	七星彩	20:00		1			1		1	摇奖、录播、互联网直播	20:30	
	超级大乐透	20:00	1		1			1		摇奖、录播、互联网直播	20:30	
	足彩胜负（包括任选九场）	根据比赛时间								比赛结果		中国体彩网
	足彩进球	根据比赛时间										
	11选5	22:00	1	1	1	1	1	1	1	计算机自动生成	10分钟开奖一次	
陕西	排列3、排列5	20:00	1	1	1	1	1	1	1	摇奖、录播、互联网直播	20:30	CCTV－5 旅游卫视
	七星彩	20:00		1			1		1	摇奖、录播、互联网直播	20:30	
	超级大乐透	20:00	1		1			1		摇奖、录播、互联网直播	20:30	
	足彩胜负（包括任选九场）	根据比赛时间								比赛结果		中国体彩网
	足彩进球	根据比赛时间										
	竞彩	根据比赛时间								比赛结果		中国竞彩网
	泳坛夺金	22:03	1	1	1	1	1	1	1	计算机自动生成	10分钟开奖一次	陕西体彩网
	11选5	21:59	1	1	1	1	1	1	1	计算机自动生成	10分钟开奖一次	陕西体彩网
甘肃	排列3、排列5	20:00	1	1	1	1	1	1	1	摇奖、录播、互联网直播	20:30	CCTV－5 旅游卫视
	七星彩	20:00		1			1		1	摇奖、录播、互联网直播	20:30	
	超级大乐透	20:00	1		1			1		摇奖、录播、互联网直播	20:30	
	足彩胜负（包括任选九场）	根据比赛时间								比赛结果		中国体彩网
	足彩进球	根据比赛时间										
	竞彩	根据比赛时间								比赛结果		中国竞彩网
	泳坛夺金	22:05	1	1	1	1	1	1	1	计算机自动生成	10分钟开奖一次	甘肃体彩网
	11选5	22:00	1	1	1	1	1	1	1	计算机自动生成	10分钟开奖一次	甘肃体彩网

续表

地区	玩法	停止销售时间	开奖日							开奖方式	开奖时间	媒体
			一	二	三	四	五	六	日			
青海	排列3、排列5	20:00	1	1	1	1	1	1	1	摇奖、录播、互联网直播	20:30	CCTV-5 旅游卫视
	七星彩	20:00		1			1		1	摇奖、录播、互联网直播	20:30	
	超级大乐透	20:00	1		1			1		摇奖、录播、互联网直播	20:30	
	足彩胜负（包括任选九场）	根据比赛时间								比赛结果		中国体彩网
	足彩进球	根据比赛时间										
	竞彩	根据比赛时间								比赛结果		中国竞彩网
	11选5	22:05	1	1	1	1	1	1	1	计算机自动生成	10分钟开奖一次	
	快乐扑克	21:01	1	1	1	1	1	1	1	计算机自动生成	10分钟开奖一次	
宁夏	排列3、排列5	20:00	1	1	1	1	1	1	1	摇奖、录播、互联网直播	20:30	CCTV-5 旅游卫视
	七星彩	20:00		1			1		1	摇奖、录播、互联网直播	20:30	
	超级大乐透	20:00	1		1			1		摇奖、录播、互联网直播	20:30	
	足彩胜负（包括任选九场）	根据比赛时间								比赛结果		中国体彩网
	足彩进球	根据比赛时间										
	11选5	22:05	1	1	1	1	1	1	1	计算机自动生成	10分钟开奖一次	宁夏体彩网
新疆	排列3、排列5	20:00	1	1	1	1	1	1	1	摇奖、录播、互联网直播	20:30	CCTV-5 旅游卫视
	七星彩	20:00		1			1		1	摇奖、录播、互联网直播	20:30	
	超级大乐透	20:00	1		1			1		摇奖、录播、互联网直播	20:30	
	足彩胜负（包括任选九场）	根据比赛时间								比赛结果		中国体彩网
	足彩进球	根据比赛时间										
	竞彩	根据比赛时间								比赛结果		中国竞彩网
	11选5	2:00	1	1	1	1	1	1	1	计算机自动生成	10分钟开奖一次	新疆体彩网

（国家体育总局体育彩票管理中心供稿）

五、中央专项彩票公益金使用情况

2016年中央专项彩票公益金支持青少年校外教育项目实施情况

2016年，教育部为进一步做好中小学生校外教育，实施中央专项彩票公益金支持青少年校外教育项目，印发了《教育部等11部门关于推进中小学生研学旅行的意见》《教育部关于印发〈中央专项彩票公益金支持校外活动保障和能力提升项目管理办法〉的通知》《教育部办公厅关于加强和规范2016年度中央专项彩票公益金支持校外活动保障和能力提升项目资金使用与管理的通知》等文件，指导各地落实校外活动保障和能力提升项目建设、开展研学实践教育活动。2016年中央专项彩票公益金投入资金9.2亿元，支持建设校外活动保障和能力提升项目953个。据不完全统计，仅暑假期间，各地各活动场所共开展活动7万多项，参与活动的孩子共3 000余万人次。

一是为孩子们打开信念之门。结合纪念长征胜利80周年以及教育部“少年传承中华传统美德之寻访红色足迹”活动，将红色文化和革命传统教育纳入暑期社会实践、夏令营等活动，组织孩子们到革命历史遗址、革命历史博物馆、革命先辈纪念馆等场所参观，引导他们了解中国革命史和中国共产党的历史，帮助他们增强对坚定“四个自信”的理解。云南迪庆藏族自治州组织孩子们参观迪庆州红军长征博物馆和迪庆军分区，深入了解红军长征历史，了解藏族儿女对中国革命的贡献，同时孩子们还实地体验了军营生活。四川阿坝州小金县达维镇小学组织孩子们在会师桥纪念碑前学习碑文，缅怀革命先烈，继承革命传统；成都市新都区组织少先队员到革命伤残军人疗养院开展“感悟榜样·少年先锋心向党”主题活动，帮助孩子们树立热爱祖国、热爱中国共产党的理想信念。

二是为孩子们打开梦想之门。继续开展“乡村学生看县城”活动，带领孩子们特别是乡村、偏远地区的农村留守儿童走入城市和县城，走进博物馆、科技馆、青少年活动中心等，进行参观学习、交流互动和体验分享，感受现代文明生活，在孩子们心中播撒努力改变家乡面貌的梦想。陕西省组织1 200余名乡村留守儿童参观城市文化广场、博物馆、街道、社区，开展了留守儿童联谊会，帮助他们长见识、增知识。西藏自治区举办了“牧区学生逛拉萨城”夏令营，开展了乡村城市学生“手拉手”“闪光行动”“牵手行动”等主题活动，通过填写结对卡、做游戏、联谊等方式，使牧区孩子们体验城市风采，加深城乡两地孩子们的感情。

三是为孩子们打开智慧之门。开展“我的书屋我的梦”阅读实践活动，组织学生阅读传统经典图书、撰写读书笔记和读书报告，开展名篇佳作赏析、读书心得讨论活动，引导孩子们在阅读中享受快乐、增长知识、启迪智慧、滋润心灵。上海市推动各中小学、社区、少年宫等开展了“小小百家讲坛”活动、“书香校园”阅读推广行动、“相约星期二”诵读晚会和“魅力童书、智造人生”情境化阅读等，促进孩子们形成“爱读书、读好书、善读书”的良好风尚。福建省把阅读和现代技术结合起来，在微信平台开展了“寻找最美读书人”活动，鼓励孩子们晒出暑期读书的照片，共收到了3 000多张照片，进一步激发了孩子们参与读书、热爱学习的兴趣。

四是为孩子们打开创造之门。依托科技馆、科普教育基地以及在线网络等，组织开展“青少年科学调查体验”“开启天宫的梦想”等科普教育活动，让孩子们亲近科学、体验科学，激发他们对创新创造的兴趣，培养他们的科学素养、创新精神和实践能力。河南省新乡市新区小学举行了“科技节”，集中展示孩子们自制的磁悬浮地球、简单小电路、万花筒、报纸桥梁等小制作。陕西省组织孩子们参观西北农林科技大学博览园，现场观察学习食用菌、无公害豆芽、葡萄等种植、生长过程，普及植物学知识，让他们体会自然的强大生命力。

五是为孩子们打开艺术之门。开展丰富多彩的暑期艺术活动，培养孩子们的艺术素养，不断提高孩子们的审美能力，让孩子们热爱艺术、感恩生活。海南省乐东黎族自治县学生活动中心组织孩子们参观县非物质文化博物馆、黎族传统纺染技艺传习馆等，并参加了民间剪纸艺术培训班。新疆维吾尔自治区组织孩子们开展木卡姆、冬不拉、民族画、民族舞等社团活动，并组织部分社团出疆展演，通过艺术交流来宣传美丽新疆、深化民族融合。

（教育部基础教育司德育和校外教育处供稿）

2016年中央专项彩票公益金支持乡村学校少年宫项目实施情况

2016年是《"十三五"时期乡村学校少年宫建设规划实施方案》正式实施的第一年，全年中央专项彩票公益金支持建设乡村学校少年宫1 636所。2016年7月8日，中央文明办、财政部、教育部在四川省绵阳市召开2016年度全国乡村学校少年宫项目建设工作推进会，发布"十三五"时期项目建设规划，对建设乡村学校少年宫提出具体要求，并强调要把乡村学校少年宫建设与落实脱贫攻坚任务、加强社会资源整合、构建校外活动场所网络相结合。各地高度重视，认真组织实施，确保了项目在年内全部完成。

一、加强统筹规划

做好项目顶层设计，出台《"十三五"时期乡村学校少年宫建设规划实施方案》《中央专项彩票公益金支持乡村学校少年宫项目管理办法》《中央专项彩票公益金支持乡村学校少年宫项目资金管理办法》。助力脱贫攻坚，将贫困地区乡村学校少年宫建设作为未来五年的工作重点，确定到2018年实现国家贫困县90%的乡镇都有1所乡村学校少年宫，中央支持建设的乡村学校少年宫覆盖54%的国贫县乡镇。2016年，将64.12%的中央项目建设在国贫县乡镇。

二、精心组织实施

全年共安排2.454亿元中央专项彩票公益金用于新建项目，4.345亿元用于"十二五"期间已建成项目运转补助，资金总额达6.799亿元。各地按照学校自主申报、地市初选上报、省级评审确定的流程合理分配项目指标，认真组织2016年度项目学校校长和骨干人员培训班，及时拨付并严格按照要求使用资金，加强项目资金使用检查并公示，各项目所在学校也都建立了资金管理制度。一些地方安排配套资金建设了一批地方项目乡村学校少年宫。

三、强化使用管理

进一步完善工作运行机制，落实岗位职责，完善规章制度，调动辅导员积极性。各地开展的活动项目平均达15个以上，并培育了一批具有鲜明地方特色的活动项目。各地修改完善考核评估标准，落实分级、分类考核要求，将考评结果与运转补助挂钩，将少年宫建设管理和使用情况纳入当地的群众性精神文明创建活动、纳入未成年人思想道德建设工作测评，作为文明单位、文明村镇、未成年人思想道德建设工作先进单位评选的重要依据。教育部门将项目建设、管理情况纳入到对学校、校长、老师的绩效考评中。山西、浙江、陕西、重庆、四川等地，还探索建立网上管理平台、开展述职考评，促进了乡村学校少年宫科学有效管理。

（中央文明办三局供稿）

2016年中央专项彩票公益金支持红十字事业项目实施情况

一、项目基本情况

为支持中国红十字会总会（以下简称“总会”）开展人道主义救助工作，在“十三五”期间，国家继续加强对彩票公益金的投入力度，支持中国红十字事业发展。2016—2020年批复总预算214 900万元。

2016年度彩票公益金所支持项目，具体包括人道救助救援、生命健康安全教育、中国造血干细胞捐献者资料库、贫困大病儿童救助、人体器官捐献和失能老人养老服务6个项目。预算金额为44 712.00万元，其中2016年当年预算41 700.00万元，以前年度结转资金3 012.00万元，全部为中央财政资金。各项目具体情况见表1：

表1　　单位：万元

序号	项目名称	项目单位	预算批复资金		
			小计	2016年度当年预算	以前年度结转资金
合计			44 712.00	41 700.00	3 012.00
1	贫困大病儿童救助	中国红十字基金会	20 000.00	20 000.00	—
2	人体器官捐献	中国人体器官捐献管理中心	846.00	846.00	—
3	中国造血干细胞捐献者资料库	中国造血干细胞捐献者资料库管理中心	10 115.40	9 210.00	905.40
4	生命健康安全教育	中国红十字会总会	3 131.60	2 969.00	162.60
5	人道救助救援	中国红十字会总会	9 616.00	7 672.00	1 944.00
6	失能老人养老服务	中国红十字会总会事业发展中心	1 003.00	1 003.00	—

二、项目执行情况

项目由总会/直属单位及各级红十字会共同组织实施。总会/直属单位作为项目的承担单位，负责项目的组织与管理，包括制定总体规划、编制年度计划，制定规章制度，执行部分任务内容，组织安排省级红十字会任务内容，监督检查各地项目执行进度和质量等；各级红十字会主要负责其所承担工作任务的组织管理与执行。

（一）项目支出情况

截至2016年12月31日，6个项目完成了大部分计划内容，取得了较好的实施效益。项目资金实际支出34 710.96万元，结转结余10 001.04万元，结转结余资金占预算的22.36%。各项目预算与实际支出情况见表2：

表2　　单位：万元

序号	项目名称	预算批复数	实际支出数	实际支出与预算差异	差异率
合计		44 712.00	34 710.96	-10 001.04	-22.36%
1	贫困大病儿童救助	20 000.00	20 000.00	—	—
2	人体器官捐献	846.00	773.96	-72.04	-8.52%
3	中国造血干细胞捐献者资料库	10 115.40	5 249.54	-4 865.86	-48.10%
4	生命健康安全教育	3 131.60	2 551.50	-580.10	-18.52%
5	人道救助救援	9 616.00	5 195.93	-4 420.07	-45.97%
6	失能老人养老服务	1 003.00	940.03	-62.97	-6.28%

（二）项目绩效考评情况

总体上看，各项目决策依据充分、决策程序较为合规，组织管理较为有序，较好地完成了年度工作任务，实现了年度绩效目标。各项目绩效评价结论详见表3：

表3

项目名称 / 评分/级别	贫困白血病、先心病儿童救助	人体器官捐献	中国造血干细胞捐献者资料库	生命健康安全教育	人道救助救援	失能老人养老服务
绩效评定级别	有效	有效	有效	基本有效	基本有效	基本有效
综合得分（100分）	93.26	88.07	87.68	82.26	81.16	78.68
项目投入（20分）	18.6	17.2	16.6	16.32	16.9	17.7
项目过程（25分）	22.96	20.56	23.24	20.04	21.6	21.38
项目产出（25分）	24.1	22.77	22.34	19.9	16.76	15.4
项目效果（30分）	27.6	27.54	26.5	26	25.9	24.2

三、项目实施效益

（一）贫困大病儿童救助项目

1. 救助大病患儿，缓解患儿家庭压力。通过项目实施，能够帮助数以万计的贫困家庭，缓解患儿家庭沉重经济压力，为更多大病患儿带去新的希望。从彩票公益金支持开始，项目累计资助白血病患儿 20 410 人，累计资助先心病患儿 5 732 人。项目资助款，对于挽救患儿生命、缓解受助患儿家庭压力起到了较为显著的作用。

2. 对红十字事业发展意义重大。表现在：一是获得社会广泛关注，促进“红十字”社会影响力的提升。通过彩票公益金项目实施，有效传播了红十字人道救助精神，大大提升了社会群体对贫困白血病、先心病患儿及其家庭的关注度。据不完全统计，2016 年度，新华社、中新社、《公益时报》、新浪、搜狐等各级社会新闻媒体对项目相关的救助案例等内容的报道次数高达 565 次/篇，极大地提升了“红十字”社会影响力。二是促进项目公信力提升。在项目的执行过程中，红基会通过官方网站、内部出版物、大众媒体以及现场公布等方式，定期向捐赠人、受助人以及社会公众公布项目的募捐、资助与组织活动等信息，并且设定了专门的信息披露制度。在本项目的执行过程中，红基会严格遵循项目信息公开机制，在项目的公信力建设方面起到了良好的示范及标杆作用。

3. 彩票公益金引导、示范作用显著。红基会作为全国性公募基金会，通过彩票公益金项目实施，对其他救助贫困白血病、先心病患儿的社会慈善机构，起到了较好的带头示范作用。自 2009 年获得国家彩票公益金支持以来，中国红十字基金会一直坚持将白血病患儿的救助作为重点，并且持续投入大量资金，每年救助人数都保持在 1 000 人以上。截至 2016 年底，已累计救助了 2 万多名白血病患儿。目前红基会成立的小天使基金不仅是最早进行儿童白血病救助的专项基金，而且是救助白血病规模最大的慈善组织，对社会其他救助机构产生了积极的影响。针对先心病患儿的救助工作，红基会的天使阳光基金启动时间较早（2006 年），之后越来越多的慈善机构加入进来，这对于先心病患儿慈善救助事业发展壮大起到了一定引领、促进作用。

（二）人体器官捐献项目

1. 普及器官捐献知识和理念，提高公众认知认同。通过广泛地开展宣传动员、教育培训工作，普及器官捐献知识和理念，增强了广大人民群众对器官和遗体捐献的认知和认同感，弘扬了“人道、博爱、奉献”的红十字精神，营造了“呵护健康、珍爱生命、崇尚奉献”的社会氛围，有效提高了公众对人体器官捐献的知晓率和参与度。收集到的绩效数据显示，2010—2016 年全国人体器官捐献志愿登记者人数呈现明显的指数增长趋势，特别是 2016 年器官中心开通了微信报名登记及支付宝医疗服务平台报名登记渠道后，器官捐献志愿报名登记人数有了较大幅度的增长，较 2015 年增长 349.65%。

2. 缓解人体器官来源匮乏，满足人民群众需求。通过项目实施，缓解了我国人体器官移植需求不断增长与器官捐献来源匮乏之间的矛盾，在满足人民群众的医疗卫生需求、挽救生命和保障人民健康权益方面起到了一定的积极作用。器官中心提交的数据显示，每百万人口器官年捐献率从 2010 年的 0.03 上升至 2016 年的 2.98，增长约 100 倍。截至 2016 年 12 月 31 日，全国累计实现公民逝世后器官捐献 9 996 例，累计捐献器官 27 613 个。

3. 促进人体器官捐献工作体系建立。项目实施对建立“阳光、公正、高效”的人体器官捐献体系和促进人体器官捐献事业健康发展起到了积极的推动作用。2016 年，项目修订了《人体器官捐献协调员管理办法》和《中国人体器官捐献志愿登记管理办法》，并制定了《救助基金管理办法（试行）》和《捐献医院工作规范（试行）》等制度，进一步完善了器官捐献工作规范。通过培训协调员和志愿服务者队伍，并对其进行考核，加强了器官捐献服务队伍建设，提高了工作人员的专业素养和服务意识，为器官捐献事业提供了较好的组织基础和人员保障。同时，通过广泛开展器官捐献宣传动员工作，对器官捐献者及其家属开展缅怀纪念和人道救助，有效弘扬了红十字精神，传播了社会正能量，营造了积极向上的社会氛围。

（三）中国造血干细胞捐献者资料库项目

1. 救助白血病患者作用显著。中华骨髓库的建立，为白血病患者带来更多的生存可能，给患者家庭构筑新的希望。为了能够满足更多白血病患者的救助需求，骨髓库每年都在扩大库容量，从 2002 年到 2016 年，平均每年实际增长库容达 16.67 万人份，且高分辨数据呈逐年上升态势。目前，拥有 234 万名入库志愿者、1.6 万多名服务志愿者、6 000 多名捐献志愿者的中华骨髓库已具备了较好的救助与服务能力。截至 2016 年，中华骨髓库共为患者提供初次检索查询 6 万多次，累计捐献造血干细胞 6 198 例。其中，2016 年捐献最多，达 828 例。

2. 促进国际交流与合作，发挥政府人道外交作用。中华骨髓库作为世界第四大骨髓库，为世界 32 个国家和地区的患者提供检索和后续服务，充分发挥了中华骨髓库为全球白血病等恶性血液病患者服务的作用，促进了我国骨髓库与世界骨髓库之间的交流与合作。截至 2016 年 12 月 31 日，已向 23 个国家或地区累计捐献造血干细胞 247 例，涉及韩国、美国、新加坡等。目前，跨国（地区）捐献已成为连接并加深两国人民良好友谊的桥梁。

3. 项目具有一定引导、带动作用。除彩票公益金支持外，项目实施也带动了地方政府及社会资金的投入。2016 年，总库管理中心共获得社会募集资金 1 994.37万元，各省分库（20 省）共获得地方政府财政资金支持 1 583 万元。社会募集资金及地方财政资金支持，对促进骨髓库事业发展壮大及红十字事业持续发展起到了较好支撑作用。

（四）生命健康安全教育项目

1. 救护技能普及率提升。项目通过开展“学校 + 社区”活动、救护师资培训及公益讲座等，促进了我国救护技能普及率的提升。截至 2016 年 6 月 30 日，经统计，我国（港澳台除外）救护普及人数为 1 594 366 人、普及率为 15.18（每万人），培训人数为 453 887 人，参训人数覆盖率2.53（每万人），救护员培训907 794人、救护员覆盖率4.25（每万人）。

2. 经训人员满意度提高。2016年度，训练中心对救护员培训、应急演练、学校安全教育体验活动、公益讲座、主题宣传、亲子讲座、师资提高班、学校安全辅导员培训班等进行了满意度问卷调查，共下发满意度调查问卷约3万份，有效问卷29 511份，经统计分析，总体满意度达到98%。

3. 吸引地方资源支持。据不完全统计分析，重庆、湖南、黑龙江等12个地方红会吸引地方配套资金841.09万元，占项目预算资金的26.86%，项目资金带动示范效应较好，有助于彩票公益金使用效益充分发挥，并将更多的资金带入公益事业。

（五）人道救助救援项目

1. 满足群众需求，弘扬博爱精神。一方面，紧急人道救助物资采购发放，以及备灾救灾中心储备救灾物资的调拨，能够直接满足受灾群众基本的衣、食、住需求；救援队培训及演练同时强化了队员的理论基础与实战能力，在灾难发生时能够及时、高质、高效地为灾区群众提供医疗、供水及大众卫生等方面的服务，使灾区群众过上更加有尊严的生活，凸显“以人为本、贴近民生”的救灾理念。另一方面，经常性人道救助“博爱送万家”活动的开展，为贫困家庭送去能够满足其基本生活需求的慰问物资，弘扬了“人道、博爱、奉献”的红十字精神。

2. 带动地方投入，提升红十字会影响力。项目的实施有效带动了地方投入，扩大了“博爱送万家”活动的辐射范围，增强了救助力度，受到贫困群众的欢迎，树立了红十字会的良好形象。截至2016年底，彩票公益金累计支持“博爱送万家”活动资金8 068万元，全国各级红会募集款物价值超过20亿元，受益人口近3亿人，且募集物资更加灵活多样，受到群众欢迎；紧急人道救助方面，2016年总会投入救灾款物共计8 703万元，省级红十字会投入救灾款物共计20 034万元，地市级红十字会投入救灾款物共计13 989万元，县级红十字会投入救灾款物共计16 576万元，带动地方物资投入共计59 302万元，项目资金带动效果明显。

3. 完善救灾备灾机制，保障人民群众生命健康安全。项目通过紧急人道救助物资采购及储备，将赈济家庭箱、服装、毛巾被等7类物资分配至全国29个救灾备灾中心，保证在灾难发生时能够迅速、足量调拨及发放物资，第一时间为灾区群众提供救助；同时，通过对救援队开展培训及演练（各5次），提高了救援队的综合素质及救援能力，使救援可覆盖人数得以提升。在备灾救灾信息化建设方面，2016年灾害管理系统正式上线，红十字会的物资仓库、报灾、物资调拨、物资发放等流程均能在系统中实现，强化了信息化管理，逐步完善了备灾救灾信息化管理，能够有效缩短灾害应急时间，提高救灾效率。

（六）失能老人养老服务项目

1. 提升养老机构服务工作实践能力，提高老人生活质量。一方面，受助养老机构的服务质量与水平有所提升，如部分机构原来未购买失智老人定位器，通过该项物资的资助，护理床的资助，降低了老人走丢、发生意外的概率，提高了受助养老机构的安全防范水平；部分养老机构原有护理床、轮椅及助行车等物资数量较少，该项目物资资助后，增加了机构基础设施数量，为机构收住老人，尤其是失能老人，提供了可能。另一方面，为失能老人提供了更高质量的服务，如大小便护理器的资助，给予失能老人更舒适的帮助，免于身体状况带来的护理尴尬。

2. 对促进红十字事业发展的影响。一是扩展了其参与社会事业的范围，2017 年 1 月由中国红十字会总会、民政部、全国老龄工作委员会办公室共同制定的《关于红十字会参与养老服务工作的指导意见》（中红字［2017］1 号）文件中对红十字会参与我国养老事业界定了主要任务，推动和支持红十字会参与养老服务工作。二是提升了红十字品牌的社会影响力。近年来，事业发展中心先后启动实施曜阳关爱失能老人行动、中央专项彩票公益金支持失能老人养老服务项目，筹建“曜阳养老品牌建设合作联盟”等一系列公益性养老服务的新举措，让全国近 800 家养老机构和近 4 万名失能老人直接受惠，间接惠及的老年人数达到 10 万人以上。物资发放阶段，各省红十字会选取了部分养老机构举行物资发放仪式，并进行媒体报道，向社会宣传红十字会“人道、博爱、奉献”的红十字精神，对建立“红十字”品牌具有较大的促进作用。

3. 带动社会力量参与，促进养老服务体系建设与完善。项目实施对鼓励社会力量参与养老服务业的带动作用较为显著。该项目 2016 年度直接惠及失能老人 2 100 多人，获得资助的养老机构中，民营性质的养老机构比例达到了 50%，项目实施并辅以宣传，对提升失能老人这一特殊群体的社会关注程度大有裨益。事业发展中心利用失能老人养老服务项目这一平台，发展了养老业联盟，目前已有 3 000多家养老机构参与，预计 2017 年底将达到 10 000 家的规模，该联盟旨在促进养老业规范发展，正会同中国保障协会进行养老机构行业标准的制定。这对缓解我国养老工作，尤其是失能老人养老工作的严峻形势，促进我国全面建成以居家为基础、社区为依托、机构为补充、医养结合的多层次的养老服务体系等具有重要作用。

（中国红十字总会供稿）

2016年中央专项彩票公益金支持残疾人事业项目实施情况

2016年，中央财政安排专项彩票公益金预算19.44亿元，其中：中央本级1.9亿元、地方专款17.54亿元。共资助中央本级项目3个、地方专款项目6个。

一、中央本级资助项目

（一）残疾人体育项目

1. 资金规模：15 000万元。

2. 执行情况及效果：参加里约残奥会项目，勇夺107枚金牌、81枚银牌、51枚铜牌，创造51项世界纪录，连续四届残奥会位列金牌、奖牌榜双第一。备战2017年夏季听障奥运会，组织听障运动员集训237人次。大力发展残疾人冬季项目，组织轮椅冰壶、冰橇冰球、越野滑雪、冬季两项、高山和单板滑雪350名运动员集训，与北京冬奥组委联合开展“首届中国残疾人冰雪运动季活动”。举办组织各种康复健身活动，全国经常参加体育健身活动的残疾人比重由2015年的6.8%提升为2016年的9.6%。举办全国特奥乒乓球比赛及健康计划，积极开展融合足球、融合滚球区域赛事等特奥融合运动，使残疾人体育基本服务的覆盖面和参与率有了较快提升，推进了残疾人体育服务体系建设，促进了群众体育工作的开展。

（二）盲人读物出版项目

1. 资金规模：3 000万元。

2. 执行情况及效果：出版盲文读物1 000个品种、37万册，有声读物136种、1 010.17小时，大字本读物169种、52.55万册，无障碍影视作品30部；持续完成汉盲翻译云平台等软件的开发升级，开展1项国际专利PCT申请和1项实用新型专利申请，有效提升了盲人阅读的广度和深度，对丰富盲人精神生活、提高盲人文化素质、促进盲人全面发展、共享社会主义发展成果做出了积极贡献。

（三）盲人公共文化服务项目

1. 资金规模：1 000万元。

2. 执行情况及效果：组织开展各类文化教育培训882场，阅读推广活动28场，读书会活动22场；全国文化助盲志愿服务累计时长251万余小时，累计志愿服务盲人30万余人次；新建中国盲文图书馆分支馆69家。项目的开展，既真正帮助盲人群体丰富心灵、提高技能，又建成了一支公益性强、影响力广、盲人叫好的全国文化助盲志愿队伍，为全国盲人提供了更为充足和丰富的公共文化资源和交流平台，促进了盲人全面发展。

二、地方专款项目

（一）残疾儿童康复救助项目

1. 资金规模：14 亿元。

2. 执行情况及效果：制定《残疾人康复服务“十三五”实施方案》《残疾人精准康复服务行动实施方案》，全年累计使15 万0—6 岁残疾儿童得到基本康复服务，极大地提升了康复服务质量，还给残疾儿童一个希望的明天。

（二）贫困精神智力和重度残疾人医疗救助及残疾评定项目

1. 资金规模：1 500 万元。

2. 执行情况及效果：全国10 万名贫困精神智力和重度残疾人通过残疾评定享受到每人150 元的补贴，并办理了第二代残疾人证。通过残疾补贴，这部分贫困残疾人的生产、生活状况得到切实改善，经济负担大幅减轻。

（三）助学项目

1. 资金规模：7 800 万元。

2. 执行情况及效果：资助全国家庭经济困难的残疾儿童享受普惠性学前教育1.44 万人次，改善了全国27 所中高等特教学校（院）的办学条件。该项目的实施，有效带动了各地扶残助学工作的开展。据不完全统计，2016 年全国32 个省级单位共资助残疾学生7.86 万余人，使更多的残疾贫困学生接受义务教育，提高了残疾儿童少年义务教育入学率。

（四）贫困重度残疾人家庭无障碍改造项目

1. 资金规模：1.37 亿元。

2. 执行情况及效果：全国共对约93 万户残疾人家庭进行了无障碍改造，其中包括13 万户贫困重度残疾人家庭。将残疾人家庭无障碍改造纳入城市保障房建设和农村危房改造工作内容，规范无障碍改造工程，方便了残疾人参与社会生活，提高了残疾人家居生活质量，为残疾人实现小康创造了条件。

（五）地方残疾人康复和托养机构设备补助项目

1. 资金规模：8 600 万元。

2. 执行情况及效果：为全国106 个残疾人康复机构、113 个残疾人托养机构配发康复训练设备、医疗康复设备、残疾人基本生活技能训练设备、残疾人无障碍设备设施。为各地解决了一批关键性的设备，解了燃眉之急；扶持了各地残疾人康复托养机构的良性运转，为残疾人服务提供了坚实的保障。

（六）残疾人文化服务项目

1. 资金规模：3 800 万元。

2. 执行情况及效果：该项目的实施，扶持市、县两级公共图书馆盲人阅览室104 个、残疾人特殊艺术人才培养基地40 个、残疾人文化创意产业基地40 个，实施“五个一”文化进残疾人家庭项目2 万户，不仅使资金发挥了乘数效应，而且大力弘扬了人道主义思想，促进了社会对残疾人事业的了解和支持，切实丰富了残疾人文化生活。

（中国残疾人联合会供稿）

2016年中央专项彩票公益金支持扶贫事业项目实施情况

一、项目实施和资金使用情况

2016年投入中央专项彩票公益金15亿元，在河北、山西、内蒙古等22省（区）75个贫困老区县实施扶贫开发项目，使用16 136.4万元用于发展生产，使用129 828.6万元用于基础设施建设，使用4 035万元用于环境改善、村级活动室、文化室和农业休闲旅游配套等。

二、项目主要做法

（一）统筹涉农资金试点县

75个贫困老区县中有67个县纳入了涉农资金整合试点，按照《国务院办公厅关于支持贫困县开展统筹整合使用财政涉农资金试点的意见》（国办发〔2016〕22号）的相关要求，开展工作。具体情况如下：一是坚持规划引领。根据县级脱贫攻坚规划，用彩票公益金重点解决贫困群众最迫切的需求，精确瞄准建档立卡贫困人口。二是明确部门责任。依据县级脱贫攻坚规划，确定建设任务，统筹安排好相关涉农资金，由县级相关部门具体落实。三是注重脱贫成效。按照脱贫效益最大化原则配置资源，将脱贫成效作为衡量资金统筹整合使用工作成果的主要标准，脱贫成效是第一要务。

（二）非统筹整合试点县

8个县未纳入统筹涉农资金整合试点，实施贫困村村内小型生产性公益设施项目。具体情况如下：

1. 开展项目宣传。县、乡成立宣传组深入项目村宣传政策，公开、公示彩票扶贫项目建设内容、投资情况、项目施工单位、监督单位电话等信息，让群众广泛知晓并积极参与。

2. 群众决定项目。召开村民代表大会，让群众自己评选最希望解决的问题，经过梳理和充分讨论，确定贫困村具体实施项目。

3. 严格程序监管。在项目的规划制订、招投标、项目实施和项目验收等阶段强调严格监管。同时，设立公示牌、投诉举报电话等，层层安排专人负责处理投诉，督促项目保质保量完成。

（国务院扶贫开发领导小组办公室供稿）

2016 年中央专项彩票公益金支持养老公共服务和医疗救助项目实施情况

一、2016 年中央专项彩票公益金支持养老公共服务项目实施情况

为推进建设以居家为基础、社区为依托、机构为补充的多层次养老服务体系，2016 年，财政部、民政部决定在“十三五”期间连续五年，每年安排中央专项彩票公益金 10 亿元，通过以奖代补方式，选择一批地区进行居家和社区养老服务改革试点，推动居家和社区养老服务发展，促进完善养老服务体系。试点资金按照因素法分配到试点地区，分配因素主要包括试点地区老年人口规模、财力状况、居家和社区养老服务业的工作基础和进展成效等。2016 年，经专家评审遴选出 20 个省份的 26 个地区，作为第一批试点地区。

二、2016 年中央专项彩票公益金支持医疗救助项目实施情况

2016 年各级财政共筹集医疗救助补助资金 316.3 亿元，其中中央财政补助资金 155 亿元（含中央专项彩票公益金补助 18 亿元），中央专项彩票公益金补助占当年资金筹集总量的 5.7%（见图 1）。

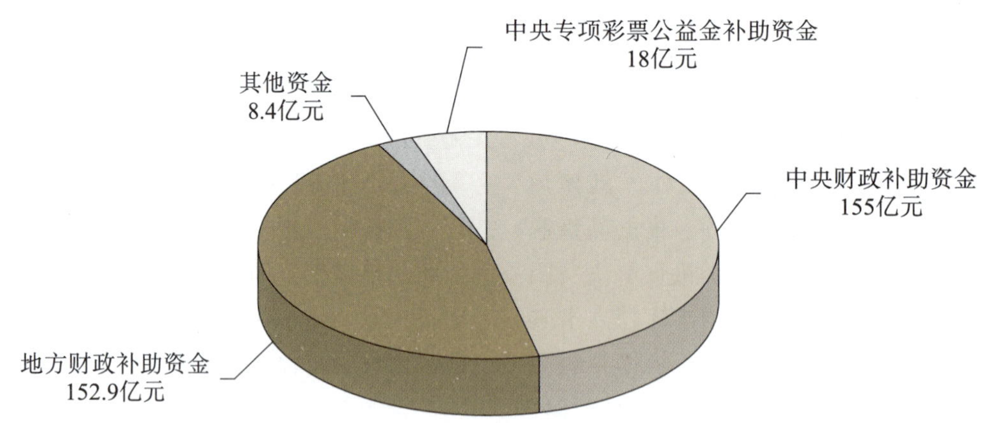

图 1　2016 年医疗救助资金投入结构图

2016 年全国共实施医疗救助 8 256.5 万人次，支出资金 296.1 亿元，其中住院救助 1 194.9 万人次、门诊救助 1 501.2 万人次，分别支出资金 204.2 亿元、28.5

亿元；资助参加基本医疗保险 5 560.4 万人，支出 63.4 亿元。全国平均住院救助、门诊救助水平分别为人次均 1 709 元、190 元，资助困难群众参加基本医疗保险为人均 114 元（见图 2）。

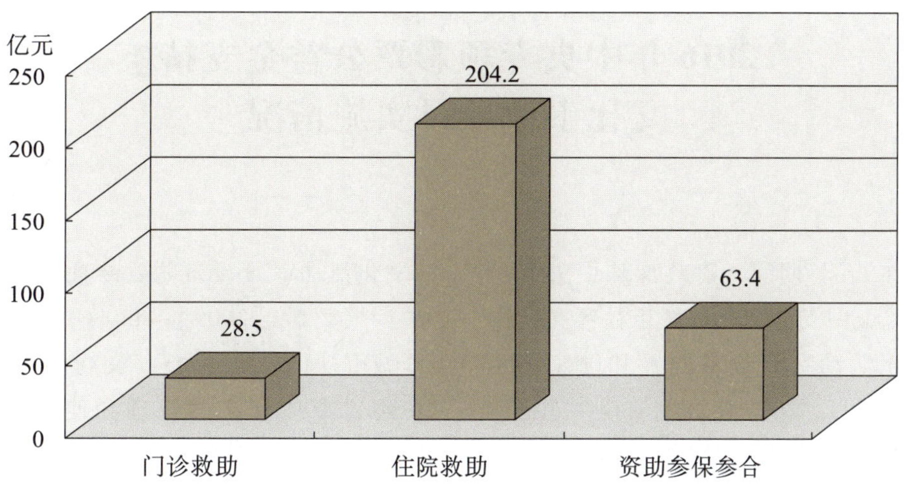

图 2　2016 年医疗救助资金支出结构图

（民政部社会福利和慈善事业促进司供稿）

2016 年中央专项彩票公益金支持文化事业项目实施情况

“十二五”期间，财政部从中央专项彩票公益金中支持文化部城市社区文化中心（文化活动室）设备购置和国家艺术基金2个项目，2016年分别安排2.5亿元和4亿元。项目实施情况如下：

一、城市社区文化中心（文化活动室）设备购置项目

为保障城市社区文化活动的正常开展，加强城市社区文化建设，中央财政从2009年开始设立全国城市社区文化中心（文化活动室）设备购置专项资金，主要对中西部地区已建成且具有一定规模、配有专人管理、常年开展文化活动的城市社区文化中心（文化活动室）开展业务活动所需设备购置经费予以定额补助；对东部地区在社区文化中心（文化活动室）建设工作中取得突出成绩的省份予以奖励。专项资金从中央专项彩票公益金中安排。

（一）资金使用情况

为切实发挥资金使用效益，2009年财政部和文化部按照国家有关法律法规和国家彩票公益金管理办法，结合我国城市社区文化中心和文化活动室建设的实际情况，制定并印发了《城市社区文化中心（文化活动室）设备购置专项资金管理办法》（财教［2009］447号），以加强全国城市社区文化中心（文化活动室）设备购置专项资金的管理和使用。2009—2016年，中央财政共安排专项资金19.59亿元，对中西部地区3 837个社区文化中心、27 022个社区文化活动室设备购置进行了补助（其中2016年对中西部地区230个社区文化中心、3 616个社区文化活动室设备购置进行了补助），对东部地区通过“以奖代补”方式予以一定支持。截至目前，各省（区、市）已基本按要求将所购设备全部配送到位。

（二）项目社会效益

该项目切实保障了广大人民群众的基本文化权益，对构建覆盖城乡的公共文化服务体系，推进城市文化建设与发展，具有十分重要的意义。该项目实施以来，我国城市社区文化中心和文化活动室阵地建设得到加强，基本设备条件得到较大的改善，社区文化建设得到加强，为开展丰富多彩的社区文化生活提供了必要保障，深受社区群众欢迎。目前这些社区的文化场所均已成为社区群众文化活动的主阵地，取得了良好的社会效益。比如，山东省省级财政对中央补助资金进行配套，并组织

开展优秀街道社区文化中心评选活动，通过对获选的优秀街道社区文化中心给予奖励，极大地调动起社区文化建设的积极性。广东省结合该项目，积极推进城市社区文化中心（活动室）达标升级工作，强化评估检查，确保每个文化中心（活动室）的设施设备达标并向群众免费开放。云南省以项目实施为契机，基本实现了社区文化活动中心（文化活动室）有必备的文化设施、有常态化文化活动、有基本的服务内容、有必要的保障经费的目标。青岛市在每个社区都组建起社区群众文艺代表队，开展了丰富多彩的系列主题文化活动，形成了周周有演出、月月有活动、季季有高潮的社区文化“四季歌”。

二、国家艺术基金

2016 年是国家艺术基金的第三个运行年度。“三年有成”，通过三年的实施，国家艺术基金的“基金制管理和项目制运作”不断深化，这是文化体制改革的新实践，是提升文化治理能力的新探索。大力支持艺术创作生产传播，推动舞台艺术和美术领域作品数量与质量齐进，国家艺术基金正努力成为艺术繁荣发展的“孵化器”和“发动机”。2016 年艺术基金继续坚持“按制度管理、按程序运行”，确保“公平公正，公开透明”，制度体系更加完善，申报、评审有序开展，实施监督和结项验收工作得到强化，成果运用成效显现。

（一）资助项目情况

2016 年，国家艺术基金共资助项目 966 项，立项资助金额为 73 049 万元。国家艺术基金制定发布了舞台艺术创作资助项目、青年艺术创作人才资助项目、传播交流推广资助项目、艺术人才培养资助项目、美术创作资助项目年度申报指南，面向社会受理项目申报。经宣传动员，通过网上申报的方式，共有 6 493 个机构和个人作为申报主体，申报了 7 248 个项目，申请资助资金总额 75.1 亿元。其中 6 685 个项目通过审查进入初评。经过专家独立网上评审、排序，系统自动汇总评选出了 2 155 个项目进入复评，其中 966 个项目通过复评。经媒体向社会公示后，最终确定了 966 个项目为 2016 年度国家艺术基金立项资助项目。

（二）资金使用情况

2016 年度国家艺术基金共计资助项目 966 项，项目公示期内，10 个项目向管理中心申请撤项；项目实施期间，5 个项目因自身原因申请中止项目实施。最终，国家艺术基金 2016 年度资助项目 951 项，合计 70 666 万元，包括：大型舞台剧和作品资助项目 140 项，资助金额 33 197 万元；小型剧（节）目和作品资助项目 158 项，资助金额 2 430 万元；传播交流推广资助项目 145 项，资助金额 22 926 万元；艺术人才培养资助项目 98 项，资助金额 7 938 亿元；青年艺术创作人才资助项目 222 项，资助金额 3 235 万元；美术创作资助项目 188 项，资助金额 940 万元。

根据艺术生产规律和项目管理要求，按照管理中心与项目承担主体签订的协议，2016 年年底拨付 2016 年度资助项目 938 项立项款，总金额 2 7740.1 万元。其中，大型舞台剧和作品资助项目 139 项，金额 9 960.9 万元；艺术人才培养资助项目 94 项，金额 6 094.4 万元；传播交流推广资助项目 141 项，金额 6 762.3 万元；小型剧（节）目和作品资助项目 154 项，金额 2 期 365 万元；青年艺术创作人才资助项目 222 项，金额 1 617.5 万元；美术创作资助项目 188 项，金额 940 万元。

（三）项目社会效益

通过三年的运行，国家艺术基金不断深化对艺术事业发展形势的认识。在确定项目资助范围、制定资助项目申报指南工作中体现战略性，坚持艺术事业当前和长远发展并重原则，在艺术创作、传播交流推广和人才培养方面形成“闭环”，既有出精品、出“高峰”，满足人民群众精神文化需求的项目，也有打基础、立长远，服务艺术事业长期发展的基础工程，收获了良好的社会效益。

（文化部财务司供稿）

2016年中央专项彩票公益金支持教育助学项目实施情况

2016年，财政部安排中央专项彩票公益金，委托中国教育发展基金会开展教育助学项目。按照《中央专项彩票公益金支持教育项目相关管理实施办法》的有关要求，中国教育发展基金会分别组织开展中央专项彩票公益金滋蕙计划，用于奖励普通高中品学兼优的家庭经济困难学生；开展中央专项彩票公益金励耕计划，用于资助小学、初中、普通高中和中职学校家庭经济特别困难教师；开展中央专项彩票公益金润雨计划，用于资助解决学校或相关单位教育发展中遇到的特殊困难或突发紧急事件。

2016年，中央专项彩票公益金教育助学项目共使用资金9.1亿元，具体情况如下：

一、中央专项彩票公益金滋蕙计划

2016年，中国教育发展基金会安排使用3亿元开展中央专项彩票公益金滋蕙计划，奖励中西部地区15万名品学兼优的普通高中家庭经济困难学生，奖励标准为每生2 000元。

二、中央专项彩票公益金励耕计划

2016年，中国教育发展基金会安排使用3亿元开展中央专项彩票公益金励耕计划，资助中西部地区3万名小学、初中、普通高中和中职学校家庭经济特别困难教师，资助标准为每人1万元。受资助教师主要为因遭受重大疾病、自然灾害或突发事故等原因造成家庭经济特别困难的教师。

三、中央专项彩票公益金润雨计划

（一）普通高校家庭经济困难新生入学资助项目

2016年，中国教育发展基金会安排使用1亿元，开展普通高校家庭经济困难新生入学资助项目，资助中西部地区22个省（区、市）以及新疆生产建设兵团的15万名普通高校家庭经济困难新生，用于补助其到校报到的交通费和短期生活费。资助标准为省（区、市）内院校录取的新生每人500元，省（区、市）外院校录取的新生每人1 000元。

（二）家庭经济特别困难幼儿教师资助项目

2016年，中国教育发展基金会安排使用5 000万元，开展家庭经济特别困难幼儿教师资助项目，资助中西部地区5 000名家庭经济特别困难幼儿教师，资助标准为每人1万元。受资助教师主要为因遭受自然灾害、突发事故或重大疾病等原因造成家庭经济特别困难的教师。

（三）资助地方解决教育领域特殊困难或突发紧急事件

2016年，中国教育发展基金会安排使用资金1.6亿元，资助学校或相关单位在教育发展中遇到的特殊困难或突发紧急事件。项目资金主要用于资助滇西边境山区中小学危旧校舍的维修、改造以及重建等工作。

四、实施效果

中国教育发展基金会开展的中央专项彩票公益金教育助学项目都是配合政府做一些教育领域拾遗补阙的工作，在一定程度上弥补了国家有关政策方面的空白。同时，在项目实施过程中，资金注意向贫困地区倾斜，对于促进教育精准扶贫工作、维护社会稳定起到了积极的作用。

（一）滋蕙计划的实施效果

一是进一步完善了普通高中家庭经济困难学生资助政策体系；二是有效缓解了老少边穷地区普通高中优秀学子在学习生活中遇到的困难，使其得以专心学习；三是激励了一大批有志向、成绩好的学生为实现梦想而奋斗，努力成为一个合格的社会建设者，对于其成长成才特别是拔尖人才的培养起到了积极的作用。

（二）励耕计划的实施效果

一是在一定程度上弥补了国家在家庭经济困难教师资助方面的政策空白；二是切实解决了受资助教师的部分生活困难问题，增强了他们战胜困难的信心；三是坚定了广大教教书育人师、立德树人的信念；四是进一步带动全社会关心、支持家庭经济困难教师群体。

（三）润雨计划的实施效果

1. 普通高校家庭经济困难新生入学资助项目。该项目的实施实现了普通高中阶段和高等教育阶段国家助学政策的对接，是对整个家庭经济困难学生资助政策体系的有效补充，同时也从经济上解除了普通高校家庭经济困难新生的后顾之忧，鼓励他们以积极的姿态投入到大学的学习和生活中。

2. 家庭经济特别困难幼儿教师资助项目。该项目的实施实现了中央专项彩票公益金资助家庭经济特别困难教师基础教育阶段全覆盖，有利于促进民办幼儿园的发展和教师队伍的稳定，从而有利于推动学前教育事业的健康发展。

3. 润雨计划其他项目。该项目的实施能有效解决一些地方突发紧急事件给教育发展带来的特殊困难，对一些地方教育事业的发展起到了有益补充，有力地维护了社会稳定、促进了社会和谐，充分体现了彩票公益金取之于民、用之于民的精神。

（中国教育发展基金会供稿）

2016年中央专项彩票公益金支持法律援助项目实施情况

在司法部、财政部的领导下，在全国总工会、全国妇联等部门的大力支持下，在各级司法行政机关的协作配合下，在各项目管理单位和实施单位的共同努力下，中央专项彩票公益金法律援助项目紧紧围绕经济社会发展和人民群众实际需要，以保民生、享公平、促和谐为出发点和落脚点，精心组织，严格把关，完善监督，高效、优质地完成了2016年的项目实施工作。

一、执行情况

2016年，主要执行了2015年度的项目资金，各项目管理单位和实施单位，严格根据管理办法，按照项目执行计划，精心组织，认真落实，有序推进，顺利完成了项目实施工作，共使用项目资金1亿元，资助了涉及农民工、残疾人、老年人、妇女家庭权益和未成年人等五类困难群众的法律援助案件57 307件。

（一）严格审核项目申报案件

项目案件审核采取两级审核和事后发放补贴的办法，各项目实施单位申领补贴的办结案件，经过省级项目管理办公室初审，再经过中央项目管理办公室复审后方能发放办案补贴。2016年，在两级审核的基础上，细化到实施单位、省级项目管理办公室、基金会项目管理办公室、基金会秘书处办公会议、司法部主管副部长五级案件审核审批制度，层层把关，严格审核，确保项目资金发放安全。

（二）积极开展项目监管工作

为保障项目实施的安全性、规范性、有效性，切实加强项目监督检查，2016年3—4月，中国法律援助基金会项目管理办公室对项目2015年度第一批次审核通过案件卷宗进行了集中抽查。在项目管理单位和实施单位积极配合下，实际完成抽查案件3 492件。从抽查的结果来看，所抽查案件卷宗材料齐备，案件真实、有效。2016年，在中国法律援助基金会张彦珍理事长和胡占山秘书长的带领下，基金会项目管理办公室对山东、河南、安徽、甘肃、广西、云南、新疆维吾尔自治区等省（区）项目实施工作进行实地调研，调研结果显示，各项目管理和实施单位很好地完成了项目年度工作。同时，对2016年每批次通过审查的案件数和拨付给各项目实施单位办案补贴数额，在中国法律援助基金会网站上进行了及时和详实的公告，自觉接受社会监督。

（三）积极做好项目宣传工作

中国法律援助基金会分别在北京市地铁、北京站、湖南大厦 LED 屏上发布彩票公益金支持法律援助的公益广告。制作了项目宣传折页，发放给各省级项目管理办公室和项目实施单位，用于免费提供给农民工、残疾人、老年人、妇女和未成年人五类困难群体，并在第三届慈展会上进行宣传。结合 2016 年 12 月 7 日召开的项目“十二五”时期总结部署工作会议，积极联络各大媒体对项目进行深度宣传推广，新华社、《人民日报》《法制日报》等多家中央报刊媒体对项目进行了专题报道。各省、市地方媒体对本地项目实施工作也进行了大量报道。青海省法律援助中心精挑细选了部分彩票公益金法援项目典型案例，联合青海广播电视台经济生活频道《经视法案》栏目组拍摄相关法律援助专题宣传片，在青海电视台“经济生活频道”春节期间滚动播出，收到很好的效果。

（四）积极做好项目总结部署工作

2016 年 6 月，根据司法部通知要求，科学编制 2016 年度预算资金使用计划。8 月面向社会公开择优征集项目实施单位，并邀请司法部、财政部、民政部等单位相关专家评审通过，共确定项目实施单位 575 家。为推进“十三五”期间项目深入实施，2016 年 12 月 7 日，中央专项彩票公益金法律援助项目总结部署工作会议在京召开。司法部党组成员、副部长赵大程，中华全国妇女联合会党组成员、书记处书记谭琳，中国法律援助基金会理事长张彦珍出席会议，并为受到表彰的项目示范单位、项目管理先进个人和优秀案件承办人代表颁奖。赵大程、张彦珍在会上作了重要讲话。这次会议的召开，激励了先进、树立了典型、弘扬了正气，有利于推动“十三五”期间中央专项彩票公益金法律援助项目深入实施。

二、实际效果

各项目单位充分发挥职能作用，采取有力措施，规范实施，有效维护五类困难群众合法权益，主动介入社会热点、难点问题，为党政分忧、为群众解难。2016 年项目（2015 年度项目资金）共资助办理法律援助案件 57 307 件，有 90 171 人直接受益，挽回经济损失约 36 亿元，促进了公平正义，维护了社会稳定。

（一）服务民生，群众满意

2016 年项目支持办理五类困难群体的案件中，受援人为农民工的有 30 338 件，妇女家庭权益保障案件有 14 267 件，老年人案件有 6 825 件，残疾人案件数有 3 544 件，未成年人案件数有 2 333 件，项目受援总人数 90 171 人次，受援人满意度达到 99% 以上，不少实施单位收到受援人送来的感谢信和锦旗，表达对中央彩票公益金项目的感谢和认可。

（二）专业优质，实现公平正义

在项目资助办理民事法律援助案件以判决或裁决结案的案件中，胜诉或部分胜诉的有 25 744 件，占判决或裁决结案民事案件总数的 87.09%；刑事法律援助案件中辩护意见或代理意见被审理法院全部采纳或部分采纳的 2 126 件，约占已办结刑事案件总数的 88.26%。项目资助办理了 747 件重大疑难案件，资助办理了 813 件“执行难”的陈年旧案。通过高质量的法律援助服务，受援人不仅获得了法律上的公正，也取得了应得的经济利益，让困难群众在每一个司法案件中都切实感受到公平正义。

（三）保障有力，促进社会和谐稳定

各项目实施单位承办的民事法律援助案件中，以调解或和解方式结案的有22 267件，占办案总数的41.17%，既为受援人节省了诉讼时间成本，也有利于快速、有效地实现受援人的诉求，节省了司法资源。通过项目提供的优质法律服务妥善解决的3人以上的群体性案件有8 245件，有效地避免了集体上访等情况的发生，充分体现了彩票公益金的公益性质，实现了保民生、保稳定的项目宗旨，维护了社会和谐。

（中国法律援助基金会供稿）

2016年中央专项彩票公益金支持中国出生缺陷干预救助项目实施情况

出生缺陷是指婴儿出生前发生的身体结构、功能或代谢异常。出生缺陷是严重威胁人口质量和社会可持续性发展的重大公共卫生和社会问题，所导致的致死、致残、致贫、返贫等问题严重地影响患者及其家庭的生存和生活质量，进而影响到整个国家的人口素质。

2016年，财政部拨付中国出生缺陷干预救助基金会（以下简称“基金会”）中央专项彩票公益金1亿元，资助在全国实施出生缺陷干预救助项目。在国家卫生计生委领衔的领导小组领导下，基金会严格按照项目实施方案、管理办法和规范流程，全力推动项目实施，开展了一系列工作，取得了良好的成绩，为提高人口素质做出了积极贡献。项目包括三个子项目。

一、160万元用于开展出生缺陷干预救助防治宣传和健康教育

为了宣传普及出生缺陷防治知识，在全社会形成重视和支持出生缺陷防治工作的良好氛围，开展出生缺陷防治宣传和健康教育。通过开展“9·12预防出生缺陷日”、举行5场公益行活动（累计超过9 000人直接受益）、拍摄13组公益宣传短片、举办专家研讨会6次和培训班3期、编印防治手册、教材2万本、发放7 000余份孕期营养物资及宣传材等多元化宣传方式，得到各大媒体和网络的全面报道和宣传，获得2 000万人次的关注，点击量达亿次。

二、9 840万元用于开展出生缺陷检测救助项目

（一）新生儿遗传代谢病检测

针对我国遗传代谢性出生缺陷疾病现状，基金会选择具有明确有效治疗方法的遗传代谢性出生缺陷纳入干预救助范畴，为28万名新生儿免费遗传代谢病检测、并对检测阳性及临床高危儿进行免费复查和诊断。

（二）遗传代谢病出生缺陷救助试点项目和先天性结构畸形救助项目

国家卫生计生委联合基金会先后启动了遗传代谢病出生缺陷救助试点项目和先天性结构畸形救助项目。

遗传代谢病救助试点项目在全国20个省210家医疗机构开展救助工作，对患有临床确诊并有效治疗的遗传代谢性出生缺陷疾病且家庭经济贫困的4 000名患儿实施救助，提供治疗费用，防止病程继续发展和致残致死等严重并发症的发生。通

过利用彩票公益金开展新生儿遗传代谢病检测救助形成的基金会与政府、部门及相关企事业单位配合联动、可复制推广的出生缺陷示范干预救助“长治模式”，基金会将《关于推动出生缺陷干预救助事业新发展的建议报告》呈报刘延东副总理并得到批复：“加强出生缺陷综合防治对于提高出生人口素质、推进健康中国建设具有重要意义。请卫生计生委阅研基金会所提建议，完善政策，提升能力，出台孕前、孕期、产前筛查，在“十三五”期间使出生缺陷有较大幅度的下降。”“长治模式”不仅拓展到山西全省7市68县（市区），而且在安徽、湖南、贵州等省的一些地（市）、县得到了复制推广，取得了很好的成果。

此外，国家卫生和计划生育委员会联合基金会新增的先天性结构畸形救助项目在15个省（市）开展试点工作。针对试点地区符合救助条件的6类先天性结构畸形疾病的城乡患病儿童提供救助，共救助1 900名患儿。

三、继续建设出生缺陷干预救助示范中心及基地

为了提高我国出生缺陷预防、干预、救助的整体水平，以出生缺陷干预救助项目示范中心为基础，研发一批先进的出生缺陷检测诊断技术、建立一批标准的出生缺陷防治规范、培训一批专业的出生缺陷干预救助医护人员。同时，在省、市建设出生缺陷干预救助基地，中心与基地协同，形成出生缺陷干预救助服务网络体系，共建立了包括2家示范中心、30家示范基地、11家救助基地。积极开展各项学术会议及培训班，举办了12期学术交流会，召开了“第五届产前诊断与优生学习班”等3次大型学习班，举办了新生儿筛查关键技术研发与临床应用研讨会”等2次研讨会，共计3 550余名专业医务人员参加，有效提升了出生缺陷防控救助水平，为基金会进一步开展系列干预救助工作奠定了坚实的基础。

自出生缺陷干预救助项目开展以来，项目兼顾不同群体的现实需求，采取线上线下相结合的宣传途径，在全国范围宣传和普及了出生缺陷防治和干预救助知识，并救助了一批出生缺陷患儿，对患儿起到了早发现、早诊断、早治疗的效果，让他们得到了及时、有效的干预及治疗，切实帮助了部分家庭困难的患者，防止了病程继续发展或致残致死等严重后果的发生，有效减轻了社会负担，有利于促进社会和谐，稳定发展，为提高我国整体人口素质、推进健康中国建设做出了积极贡献！

（中国出生缺陷干预救助基金会供稿）

2016 年中央专项彩票公益金支持农村贫困母亲“两癌”救助和留守儿童快乐家园项目实施情况

一、农村贫困母亲“两癌”救助项目

2016 年，贫困母亲“两癌”救助专项基金获得中央专项彩票公益金 3 亿元的支持，3 亿元全部用于直接救助，直接救助 3 万名贫困“两癌”妇女，救助比例为 32%。

一是积极部署，助力精准扶贫。《全国妇联关于在脱贫攻坚战中开展“巾帼脱贫行动”的意见》将“两癌”救助工作列为脱贫工作中的一项重点任务，要求在“十三五”期间，对建档立卡的“两癌”患病贫困妇女实行救助全覆盖。同时，与国务院扶贫办信息中心建立了建档立卡贫困患病妇女信息比对渠道。二是明确分配原则，确保科学分配救助金。坚持优先救助国家出资检查检出的“两癌”患病妇女，坚持建档立卡贫困“两癌”妇女救助全覆盖，坚持向集中连片特殊困难地区、中西部地区和少数民族地区倾斜的原则。三是坚持契约化管理，保证救助金及时发放。与各省签订执行协议，严把申报条件、严控救助标准，确保救助资金一分不落地及时送到贫困患者手中。四是深化监管督查，提升项目的透明度。在救助工作中，始终坚持公开、公正、公平的原则，主动公开“两癌”救助政策、工作程序、救助对象以及实施情况，接受群众和社会监督。建立受助患者抽查回访机制，综合运用专项督查、自查、第三方评估等方式，切实加强资金管理使用。

2016 年中央专项彩票公益金支持的 3 亿元全部用于直接救助，共救助 3 万名贫困“两癌”妇女，是 2015 年的 3 倍。积极协调当地财政、民政、卫计部门支持，出资扩大“两癌”救助范围，同时积极争取社会资源，进一步扩大项目的社会效益。充分发挥妇联组织纵向到底、横向到边的组织网络优势和县、乡、村各级妇联干部的工作优势，深入社区、农村广泛宣传。

二、留守儿童快乐家园项目

中央专项彩票公益金支持“儿童快乐家园”项目 1 500 万元资金预算。目前，150 个“儿童快乐家园”已全部建设完成并投入使用。项目建设地区为河北、江苏、安徽、福建、湖南、贵州 6 个省 23 个市 40 个县的 150 个村镇社区，主要选择在农村留守儿童较为集中地区。

一是规范管理。每个“儿童快乐家园”提供至少 60 平方米的场地；项目建成后按照统一标准制作铜牌，并进行挂牌；配置不同年龄段的儿童读物3 000册左右，电脑、文体用品等设施60余种500多件。各社区将“儿童快乐家园”统一纳入社区综合服务管理，制定了值班制度、日常开放制度、台账式物资管理制度等，建立了留守儿童档案及家长联系卡。

二是开展关爱服务活动。“儿童快乐家园”日常定时开放，孩子们放学后和周末可到家园进行各类文体娱乐活动；定期组织留守儿童通过亲子热线和亲子视频与在外地打工的父母进行沟通交流；发动当地机关、企业、学校的干部、员工、老师志愿者争当“爱心妈妈”“爱心爸爸”，与贫困留守儿童长期开展“一对一”帮扶；发动当地高校心理学等相关专业老师和公益组织加入爱心志愿者团队，开展家庭教育指导、儿童安全自护知识培训、心理辅导与咨询等关爱活动。

三是组织相关人员培训。制订和发放儿童快乐家园指南，邀请专家对项目负责人及管理人员进行相关政策解读，开展儿童心理、家庭教育、安全自护等知识普及和技能培训。

四是调研及宣传。2016年8月至9月，组织专家团队赴河北省、贵州省、安徽省进行项目实地调研，对项目实施前后进行需求评估分析，促进和优化项目发展。2016年9月，邀请中国网记者在贵州省兴义市安龙县“儿童快乐家园”进行图文采集和短片拍摄，对项目进行系列宣传推广。

实施“儿童快乐家园”项目，是辅助政府推进完善农村留守儿童关爱服务体系、建立健全救助保护机制的重要补充，是解决农村留守儿童问题的有效途径，使留守儿童及其家庭感受到了党和政府及社会各界的温暖和关怀。2014年至今，项目通过争取中央专项彩票公益金和筹集社会资金，已在全国30个省（区、市）和新疆生产建设兵团共捐建722个“儿童快乐家园”，共投入7 220万元，惠及儿童和家庭40余万人，深受项目地群众和孩子的认可和喜爱。

（全国妇联办公厅供稿）

2016 年中央专项彩票公益金支持大学生创新创业项目实施情况

根据《国务院办公厅关于深化高等学校创新创业教育改革的实施意见》要求，财政部安排中央专项彩票公益金，会同教育部设立中央专项彩票公益金支持大学生创新创业项目，用于支持高校或相关单位深化创新创业教育改革，由中国教育发展基金会负责资金拨付工作。

2016 年，中央专项彩票公益金支持大学生创新创业项目共使用资金 4 950 万元，具体情况如下：

一、实施情况

2016 年，教育部遴选认定了北京大学等 99 所高校为“全国首批深化创新创业教育改革示范高校”，并从大学生创新创业项目专项资金中给予每校 50 万元经费支持。为加强和规范资金管理，提高资金使用效益，教育部专门制定了《中央彩票公益金大学生创新创业教育专项资金管理和实施暂行办法》。2016 年，拨付 5 000万元专项资金，实际到位 5 000 万元，拨付各高校资金 4 950 万元。各高校实行单独设立科目和独立核算，坚持“公开透明、量入为主、突出重点、专款专用”的原则，重点围绕大学生创新创业实践、教师教学能力提升、创新创业课程建设和教学改革等方面合理规划资金使用。

二、实施效果

在大学生创新创业专项资金支持下，各高校改革动力和发展活力明显增强，形成了一批可复制、可推广的制度成果，培养了一大批大众创业万众创新的生力军，为全面推进高等教育综合改革、不断促进高校毕业生更高质量创业就业，强化实施创新驱动发展战略、持续推进经济结构转型升级，发挥了重要的支撑和引领作用。

（一）创新创业教育课程体系不断健全

各高校普遍面向全体学生开设了纳入学分管理的创新创业教育必修课选修课，并持续推进创新创业教育课程建设。如黑龙江大学投入资金支持“创业基础”教学进行慕课建设，一期已制作完成并上线教学；福州大学立项建设“十大跨学科创新创业课程”和“学科特色创新创业课程”共计 41 门；济南大学积极开展微课和混合式课程建设，新建 3 门微课和混合式课程，引入 50 门在线开放课程，自主建设 10 门在线开放课程，打造“专业 + 创新创业”相融合的双创教育课程体系。

（二）教学方法改革不断深入

针对创新创业教育特点，有关高校设立了教改专项课题，加强理论研究，广泛开展启发式、探究式、讨论式、参与式等教学方式方法改革。如河北大学启动了创就业理论研究工程，成立了创新创业职业生涯发展与创新创业教育教研室，河北农业大学组织教师开展创新创业教育专项课题研究，天津大学将“学生创新实践计划（PSIP）”纳入人才培养方案和教学计划，把创新创业教育全方位贯穿、深层次融入人才培养全过程。

（三）大学生创新创业实践有效强化

各高校普通强化了学生创新创业实践，支持了一大批创新创业训练计划项目，涌现出一大批大学生创新创业优秀项目，积极参加各项赛事，以赛促教、以赛促学、教赛相长的创新创业教育体系逐步形成。如武汉理工大学全面组织学生积极参加“互联网＋”大学生创新创业大赛的校赛、省赛和国赛，直接参赛学生团队416个，参赛学生人数达1 701人，参赛学生人数比例占在校学生总人数的3.43%。

（四）教师教育教学能力有效提升

各高校积极组织并支持教师参与创新创业教育教学能力培训，同时，积极聘请各行各业优秀人才走进大学校园，担任专业课、创新创业课授课或指导教师，着力打造高水平师资队伍。如武汉大学选派8位教师参加创新创业师资培训，邀请42位校外行业专家走进创新创业课堂；江西师范大学组建了一支200余人的专职和兼职的“双师型”队伍，一年进行2次集中培训，每次培训人数60人以上。

（五）建设了一批创业创业平台

各高校普遍建设了一批大学生创新创业实践平台，提供创新创业指导、体验、孵化等服务，不断激发学生的创意创新创业兴趣，营造了良好创新创业氛围。如南京工业大学的“创客梦工场”、东南大学的“大学生创新创业展示会”、南京理工大学的“创新创业工作室”（创客空间）、南京信息工程大学的“创意咖啡屋”等。

（六）形成了一批可复制可推广的经验

各高校加大创新创业教育经验的总结宣传、交流推广力度，如北京大学举办首届“北京大学创新创业榜样人物”评选，厦门大学举办了首届本科生创新创业年会，北京邮电大学制作了创新创业教育专题宣传片、建立微信公众号等。

（中国教育发展基金会供稿）

六、附　　录

主要彩票游戏类型简介

传统型彩票（Draw games）：又称被动型彩票，指由彩票发行者事先在彩票上印好号码，通常是5至7位数字，并将固定编组、中奖规则、奖金等级和中奖金额或实物公布，彩票销售一段时间后集中公开摇奖，购买者所购彩票的号码与开奖号码比对，以确定是否中奖和中奖奖级的彩票游戏。传统型彩票有着悠久的历史，遍布全球，我国福利彩票早期主要是此类彩票。由于购买传统型彩票需要等待开奖时间，因此随着即开型彩票的出现，购买者更青睐即买即刮即兑的即开型彩票，对传统型彩票的兴趣逐渐减少。

乐透数字型彩票（Lotto）：指由购买者从M个号码中选取N个号码（M>N）的组合为一注彩票进行投注，并与彩票发行者在投注活动结束后某一时点从M个号码中随机抽取的N个开奖号码的组合比对，以确定是否中奖和中奖奖级的彩票游戏。如福利彩票双色球、体育彩票超级大乐透等属于此类彩票游戏。

数字型彩票（Number）：指购买者从由0至9个号码构成的N组数列中选取其中一组排列号码为一注彩票进行投注，并与彩票发行者在投注活动结束后某一时点从相同数列集合中随机抽取的某一组开奖排列号码比对，以确定是否中奖和中奖奖级的彩票游戏。如福利彩票3D、体育彩票排列3等属于此类彩票游戏。

即开型彩票（Instant Games）：指彩票发行者在某一固定奖组的彩票中，将中奖符号印制在彩票介质上加以遮盖，并事先公告中奖符号，购买者从同一奖组的彩票中选购后可即时刮开遮盖物以确定是否中奖和兑奖的彩票游戏。如福利彩票刮刮乐、体育彩票顶刮呱属于此类彩票游戏。

竞猜型彩票（Toto）：指以某种竞赛结果确定投注中奖结果的彩票游戏。相对于其他纯粹的幸运型游戏而言，竞猜型彩票具有更多的个人智慧因素。如体育彩票足球彩票、篮球彩票属于此类彩票游戏。

（财政部综合司供稿）

2016 年世界彩票销售情况

2016 年，全球彩票总销量达到 2748.9 亿美元（不包括视频彩票 VLT），比上年的 2761.2 亿美元减少 12.3 亿美元，下降 0.4%。其中，欧洲彩票销售额达到 987.8 亿美元，仍居全球领先地位。其次是北美地区，销量为 823 亿美元，位于第三位的是亚洲和中东地区，销量为 814.1 亿美元。中南美洲和加勒比地区总销量为 65.8 亿美元。澳大利亚和新西兰地区总销量为 48.5 亿美元。非洲销售 9.7 亿美元。

在各类型彩票销量统计中，乐透型彩票销量为 1 074.4 亿美元，占总销售额的 39.1%。其次，即开型彩票共销售 807.7 亿美元，占总销量的 29.4%。体育竞猜型彩票销售 248.2 亿美元，传统抽奖型彩票销售 175.3 亿美元。数字型彩票销售 170.4 亿美元，基诺型彩票销售 80.5 亿美元。

视频彩票（VLT）共销售 202.3 亿美元，其中北美视频彩票销量为 83.8 亿美元，所占份额最大，达到 41.4%，其次是亚洲，销售 63.8 亿美元，所占份额为 31.5%。

2016 年世界彩票销售

单位：百万美元

地　区	乐透/乐透附加	数字型	基　诺	其　他	足　彩	抽签式	即开型/撕开式	总销售额
非洲	185.4	2.1	22.7	379.1	238.3	9.2	130.4	967.2
澳大利亚、新西兰	4 138.1	10.2	103.2	49.5	6.4	52.4	488.3	4 848.2
亚洲/中东	41 626.4	4 307.2	125.3	5 455.2	15 558.3	7 543.4	6 796.4	81 412.3
欧洲	38 639.7	1 287.9	3 373.1	12 261.3	8 352.9	8 920.5	25 946.8	98 782.1
中美洲、南美洲、加勒比海	4 959.9	891.4	105.8	17.0	127.8	401.0	77.0	6 579.9
北美洲	17 890.9	10 545.4	4 317.9	1 063.4	542.5	608.4	47 330.6	82 299.1
总计	107 440.4	17 044.3	8 048.0	19 225.5	24 826.0	17 535.0	80 769.5	274 888.7
占总额百分比	39.1%	6.2%	2.9%	7.0%	9.0%	6.4%	29.4%	100.0%

2016 年非洲彩票销售

彩票机构	国　家	年份	人口（百万）	乐透/乐透附加（百万美元）	数字型（百万美元）	基诺（百万美元）	其他（百万美元）	足彩（百万美元）	抽签式（百万美元）	即开型/撕开式（百万美元）	总销售额（百万美元）	人均销售额（美元）	汇率
阿尔及利亚体育彩票	阿尔及利亚	2003	32.5	5.0			0.1		0.5	6.9	12.5	0	0.0140
国家彩票	贝宁	2000	6.6				3.4	3.7		5.1	12.2	2	0.0014
国家彩票	布基纳法索	2008	17.9	0.7				170.7		5.6	177.1	10	0.0016
国家彩票	布隆迪	2010	9.9							0.6	0.6	0	0.0008
COGELO	刚果	1995	2.5				17.7				17.7	7	0.0020
国家彩票	科特迪瓦	2003	17.0							67.2	67.2	4	0.0019
国家彩票	埃塞俄比亚	2012	96.8	0.4					8.6	18.5	27.5	0	0.0543
国家彩票	冈比亚	1997	1.2				0.8			0.4	1.2	1	0.0955
国家彩票	加纳	2014	26.4	98.2			0.5				98.7	4	0.3109
慈善彩票	肯尼亚	1996	27.8						0.0	8.6	8.6	0	0.0185
Sociéte d'Explotiation	马达加斯加	1996	14.1	0.8						0.7	1.6	0	0.0003
LONAMA	马利	1999	10.8					0.1		0.0	0.2	0	0.0016
政府彩票	毛里求斯	2015	1.3	44.1							44.1	35	0.0267
体育彩票	摩洛哥	2006	33.2					27.0		13.3	40.3	1	0.1189
国家彩票	摩洛哥	2006	33.2	29.3	0.9	22.7					53.0	2	0.1189
莫桑比克博彩公司	莫桑比克	2001	19.4		1.1			1.0			2.1	0	0.0000
国家彩票	尼日尔	2003	10.4					28.7		1.1	29.8	3	0.0019
国家彩票	塞内加尔	2000	10.3				32.8	0.8	0.1	1.9	35.6	3	0.0014
南非国家彩票	南非	2014	53.5				323.7				323.7	6	0.0731
国家彩票	多哥	1999	5.3	6.8			0.1	6.3		0.5	13.7	3	0.0016
津巴布韦国家彩票	津巴布韦	2010	11.7				0.0			0.1	0.1	0	0.0027
总计				185.4	2.1	22.7	379.1	238.3	9.2	130.4	967.2		
占总额百分比				19.2%	0.2%	2.4%	39.2%	24.6%	1.0%	13.5%	100.0%		

2016 年亚洲/中东彩票销售

彩票机构	国家（地区）	年份	人口（百万）	乐透/乐透附加（百万美元）	数字型（百万美元）	基诺（百万美元）	其他（百万美元）	足彩（百万美元）	抽签式（百万美元）	即开型/撕开式（百万美元）	总销售额（百万美元）	人均销售额（美元）	汇率
中国福利彩票	中国	2016	1401.6	18 886.8	2 234.5	38.3				2 145.9	23 305.5	17	0.1439
中国体育彩票	中国	2016	1401.6	13 450.3				8 480.0		2 010.3	23 940.6	17	0.1439
中国香港马会奖券有限公司	中国香港	2016	7.3	1 018.7							1 018.7	139	0.1290
幸运彩票	印度	2003	1049.7	1 369.4							1 369.4	1	0.0219
马丁彩票代理	印度	2003	1049.7	2.3					759.7		762.1	1	0.0219
瑞穗银行彩票部	日本	2016	126.8	2 494.0	696.7				3 666.6	460.7	7 318.0	58	0.0086
日本体育彩票中心	日本	2016	127.0						946.9		946.9	7	0.0086
Nanum Lotto, Inc.	韩国	2016	49.8	2 959.8			34.2		81.5	149.7	3 225.2	65	0.0008
Ktoto, Inc.	韩国	2016	49.8					3 686.4			3 686.4	74	0.0008
KoreaSports Promotion	韩国	2014	49.8					2 986.0			2 986.0	60	0.0009
Libanaise des Jeux	黎巴嫩	2014	5.0	97.2						2.8	100.0	20	0.0007
Magnum Corp.	马亚西亚	2015	30.1		627.3						627.3	21	0.2323
Pan Malaysian Pools	马来西亚	2015	30.7		348.5					55.8	404.3	13	0.2323
马来西亚体育足球彩票	马亚西亚	2016	30.7				774.8				774.8	25	0.2229
慈善彩票	菲律宾	2016	101.8	247.4	332.0	87.0	0.5		0.3	56.8	723.9	7	0.0201
新加坡博彩公司	新加坡	2015	5.6				4 014.6				4 014.6	714	0.7071
国家彩票公司	斯里兰卡	2015	21.6						108.5	7.8	116.3	5	0.0068
中国台湾彩票公司	中国台湾	2016	23.4	1 040.5	64.4		631.1			1 906.6	3 642.6	156	0.0309
中国台湾体育彩票	中国台湾	2016	23.4					405.8			405.8	17	0.0309
政府彩票办公室	泰国	2016	67.2						1 979.9		1 979.9	29	0.0279
Vietlott	越南	2016	93.4	60.0	3.8						63.9	1	0.0000
总计				41 626.4	4 307.2	125.3	5 455.2	15 558.3	7 543.4	6 796.4	81 412.3		
占总额百分比				51.1%	5.3%	0.2%	6.7%	19.1%	9.3%	8.3%	100.0%		

2016 年澳大利亚彩票销售

彩票机构	国家	年份	人口（百万）	乐透/乐透附加（百万美元）	数字型（百万美元）	基诺（百万美元）	其他（百万美元）	足彩（百万美元）	抽签式（百万美元）	即开型/撕开式（百万美元）	总销售额（百万美元）	人均销售额（美元）	汇率
金匣子彩票公司	澳大利亚	2016	4.8	674.4				1.8	3.7	143.8	823.7	170	0.7226
新南威尔士州彩票公司	澳大利亚	2016	7.7	935.5				3.3	45.6	105.3	1 089.7	141	0.7226
新西兰彩票公司	新西兰	2016	4.6	686.9	1.5	20.3	10.6			102.7	822.1	179	0.6956
南澳大利亚彩票公司	澳大利亚	2016	1.7	218.1		82.9		0.4		23.8	325.2	190	0.7226
塔特萨尔彩票公司	澳大利亚	2016	7.2	1 130.1					3.2	42.7	1 176.0	163	0.7226
西澳大利亚彩票公司	澳大利亚	2016	2.6	493.1	8.7		38.9	0.9		70.0	611.6	234	0.7226
总计			28.7	4 138.1	10.2	103.2	49.5	6.4	52.4	488.3	4 848.2	169	
占总额百分比				85.4%	0.2%	2.1%	1.0%	0.1%	1.1%	10.1%	100.0%		

2016 年欧洲彩票销售

彩票组织	国　家	年份	人口（百万）	乐透/乐透附加（百万美元）	数字型（百万美元）	基诺（百万美元）	其他（百万美元）	足彩（百万美元）	抽签式（百万美元）	即开型/撕开式（百万美元）	总销售额（百万美元）	人均销售额（美元）	汇率
奥地利彩票	奥地利	2015	8.6	1 210.7	19.6	0.0	1438.8	9.4	32.0	166.2	2 876.7	336	1.0925
国家彩票	比利时	2016	11.2	944.0	5.6	11.8	-11.3	43.8		247.8	1 241.7	111	1.0536
体育彩票	保加利亚	2016	7.1				351.1				351.1	49	0.5373
Hrvatska Lutrija	克罗地亚	2016	4.3	71.1		0.9	16.0	60.8		5.2	154.0	36	0.1392
政府彩票	塞浦路斯	2016	1.2						1.4	27.0	28.4	24	1.0536
SAZKA a. s·	捷克	2015	10.8		343.1			53.0		48.6	444.7	41	0.0404
Danske Lotteri Spil A/S	丹麦	2015	5.7	377.1			228.1				605.2	107	0.1464
D. K. Klasselotteri	丹麦	FY16	5.7						105.4		105.4	19	0.1417
Eesti Loto AS	爱沙尼亚	2015	1.3	47.3		3.3				11.3	61.9	48	1.0925
Veikkaus Oy	芬兰	2016	5.5	882.2		401.7	132.7	560.0		336.6	2 313.2	424	1.0536
La Française des Jeux	法国	2016	65.0	3 217.6		1 965.9	95.9	2 644.4		7 174.7	15 098.6	232	1.0536
GKL（NKL & SKL）	德国	2016	82.6						390.2		390.2	5	1.0536
Lotto Baden - Wurtteml	德国	2016	10.8	788.7		18.5	66.7	32.6	49.3	63.5	1 019.2	94	1.0536
Lotto Bayern	德国	2016	12.6	906.2		25.5	69.3	50.1	48.5	128.6	1 228.2	97	1.0536
Lotto Berlin	德国	2015	3.5	260.2		7.3	15.8	1.6	8.7	5.9	299.7	86	1.0925
不莱梅足彩	德国	2004	0.7	76.4			8.6	7.8	2.2	1.5	96.4	145	1.3640
Nordwest Lotto, Kiel	德国	2015	2.8	228.9		3.8	31.3	7.0	9.4	6.8	287.2	101	1.0925
Lotto Hessen	德国	2015	6.1	546.2		18.5	41.7	19.9	26.0	53.7	705.9	116	1.0925
Lotto Niedersachsen	德国	2015	7.9	600.0		10.7	87.4	19.3	33.2	24.8	775.5	98	1.0925
Lotto Mecklenburg	德国	2015	1.8	116.9				3.3		4.4	124.5	69	1.0925
West Lotto	德国	2015	17.8	1 474.5		25.1	110.5	53.3	41.7	61.7	1 766.9	99	1.0925
Lotto Rheinland - Pfalz	德国	2015	4.0	313.6		7.4	26.4	18.4		15.8	381.6	95	1.0925
Lotto Saarland	德国	2016	1.0	101.8		3.1	8.5	3.1	4.8	8.3	129.6	128	1.0536
汉堡乐透	德国	2010	1.8	155.8		2.9	20.5	5.3	4.3	2.1	191.0	106	1.3252
L - Toto Sachsen - Anhalt	德国	2015	2.3	159.8		0.1	18.7	6.9	7.1	8.3	200.9	87	1.0925
Sächsische Lotto, eipzig	德国	2016	4.1				328.3				328.3	79	1.0536
L. Brandenburg Lotto	德国	2015	2.5	173.6		5.5	15.1	1.0	3.3	5.5	204.0	82	1.0925
Lotto Thuringen	德国	2015	2.4	143.2		3.2	9.7	3.8	3.7	6.1	169.7	70	1.0925
直布罗陀政府彩票	直布罗陀	FY15	0.03						7.9		7.9	272	1.4833
OPAP	希腊	2015	11.1				4 650.9				4 650.9	418	1.0925
希腊国家彩票	希腊	2015	11.1						162.2	314.8	476.9	43	1.0925
Szerencsejáték RT	匈牙利	2016	9.9	333.9	114.8	19.4		576.6		262.1	1 306.7	132	0.0034
冰岛大学彩票	冰岛	2016	0.3						16.8	1.2	18.1	54	0.0088
Islensk getspá / getraunir	冰岛	2016	0.3	41.5				6.6			48.1	143	0.0088
国家彩票	爱尔兰	2015	4.7	489.5	13.1		25.1			205.4	733.1	157	1.0925
以色列体育竞猜	以色列	2016	7.9					842.7			842.7	106	0.2601
米佛尔哈佩斯彩票	以色列	2016	7.9	362.1	622.2	159.2			122.3	467.9	1 733.7	219	0.2601

2016 年欧洲彩票销售

彩票组织	国　家	年份	人口（百万）	乐透/乐透附加（百万美元）	数字型（百万美元）	基诺（百万美元）	其他（百万美元）	足彩（百万美元）	抽签式（百万美元）	即开型/撕开式（百万美元）	总销售额（百万美元）	人均销售额（美元）	汇率
SISAL S. p. A.	意大利	2016	61.7	1 683.6			1 251.4	1 135.3		7.8	4 078.1	66	1.0536
Lottomatica.	意大利	2016	61.1	8 526.7			1775.8	900.5	48.3	9 413.3	20 664.6	338	1.0536
国家彩票	哈萨克斯坦	2015	16.8				2.3			1.4	3.6	0	0.0029
拉脱维亚乐透	拉脱维亚	2016	2.0	12.3	3.8	2.2	6.5			5.6	30.5	15	1.0536
OLIFEJA	立陶宛	2016	3.0	46.4		2.0				27.8	76.1	25	1.0536
Loterie Nationale	卢森堡	2011	0.5	73.4		28.7				22.0	124.1	244	1.3252
Lotarija na Makedonija	马其顿共和国	2008	2.6					9.6			9.6	4	0.0234
MALTCO	马耳他	2016	0.4	54.6		16.7	0.1	23.9		1.5	96.9	225	1.0536
摩尔多瓦彩票	摩尔多瓦	2015	3.4	0.3				0.1			0.4	0	0.0500
Nederlandse Loterij	荷兰	2016	16.8	164.5	7.4	23.3		141.0	733.7	91.5	1 161.5	69	1.0536
Norsk Tipping AS	挪威	2015	5.1	881.4		33.9	843.5	367.9		138.6	2 265.4	440	0.1142
Totalizator Sportowy	波兰	2016	38.2	549.8		310.0			28.6	203.3	1 091.7	29	0.2386
SCML	葡萄牙	2015	10.6	1 076.4				83.7	84.0	1 203.4	2 447.6	231	1.0925
罗马尼亚彩票	罗马尼亚	2016	21.6	79.1			2.8	0.3	0.3	6.9	89.3	4	0.2320
CJSC TD Stoloto	俄罗斯	2016	142.1	179.8	142.5	5.0	62.4			21.8	411.6	3	0.0164
Tipos AS	斯洛伐克	2016	5.5	117.1		50.1	183.5	45.8		58.6	455.1	83	1.0536
Sportna Loterija d. d.	斯洛文尼亚	2016	2.1		0.3		11.4	67.7		1.5	80.9	39	1.0536
SELAE	西班牙	2016	47.2	3 771.7				266.2	5 242.8		9 280.6	197	1.0536
Loteria Catalunya	西班牙	2016	7.6	12.7	3.1	6.7	163.4		21.8	3.8	211.7	28	1.0536
ONCE	西班牙	2016	47.2	89.6	7.4	54.8			1 445.5	423.5	2 020.7	43	1.0536
AB Svenska Spel	瑞典	2015	9.7	279.7		63.6	10.6	193.7		218.4	766.0	79	0.1191
SwissLos	瑞士	2016	5.6	831.1		29.4	41.2	55.9		361.1	1 318.8	237	0.9812
Loterie mande	瑞士	2016	1.8	279.8	4.9	52.7	117.9	16.7		287.4	759.5	421	0.9812
土耳其国家彩票	土耳其	2015	76.7	536.6					235.1	73.7	845.5	11	0.3432
国家彩票	乌克兰	2015	45.4	14.3			2.4	13.5		15.2	45.3	1	0.0412
英国国家彩票	英国	2016	63.8	5 355.9						3 692.9	9 048.8	142	1.2302
总计				38 639.7	1 287.9	3 373.1	12 261.3	8 352.9	8 920.5	25 946.8	98 782.1		
占总额百分比					39.1%	1.3%	3.4%	12.4%	8.5%	9.0%	26.3%	100.0%	

2016 年中美、南美和加勒比海彩票销售

彩票组织	国　家	年份	人口（百万）	乐透/乐透附加（百万美元）	数字型（百万美元）	基诺（百万美元）	其他（百万美元）	足彩（百万美元）	抽签式（百万美元）	即开型/撕开式（百万美元）	总销售额（百万美元）	人均销售额（美元）	汇率
国家彩票	阿根廷	2016	42.2	115.0	289.1				4.9	2.1	411.0	10	0.0629
C. Economica Federal	巴西	2016	203.7	3 799.9				37.4	104.6		3 942.0	19	0.3071
Polla Chilena	智利	2016	17.9	200.5			0.7	17.5	2.6	11.2	232.5	13	0.0015
Lotería Concepcion	智利	2008	16.6	7.3		67.5			6.7	8.6	90.0	5	0.0016
Junta de Proteccion	哥斯达黎加	2016	5.0	23.4	91.6				282.2	8.9	406.1	81	0.0018
国家彩票	萨尔瓦多	2015	6.4	39.0						3.0	42.0	7	1.0000
Supreme Ventures Ltd.	牙买加	2009	2.8	27.6	242.9	3.6	16.1			1.5	291.7	103	0.0112
国家彩票	巴拿马	2015	4.0	638.0						5.0	643.0	161	1.0000
秘鲁彩票公司	秘鲁	2012	29.5	38.0	0.8	1.8	0.1	41.6		7.2	89.5	3	0.3914
圣卢西亚国家彩票	圣卢西亚	2016	0.2	1.9	9.3		0.0			1.7	13.0	70	0.3681
国家彩票	特立尼达	2010	1.2	37.8	191.3	3.4				17.0	249.5	203	0.1548
Banco de Quinielas	乌拉圭	2016	1.3	31.6	66.5	29.5		31.2		10.8	169.6	129	0.0341
总计				4 959.9	891.4	105.8	17.0	127.8	401.0	77.0	6 579.9		
占总额百分比					75.4%	13.5%	1.6%	0.3%	1.9%	6.1%	1.2%	100.0%	

2016 年北美彩票销售

彩票机构	国　家	年份	人口（百万）	乐透/乐透附加（百万美元）	数字型（百万美元）	基诺（百万美元）	其他（百万美元）	足彩（百万美元）	抽签式（百万美元）	即开型/撕开式（百万美元）	总销售额（百万美元）	人均销售额（美元）	汇率
大西洋彩票	加拿大	2016	2.4	227.8	0.7	8.8	9.4	29.8		246.0	522.5	219	0.7424
不列颠哥伦比亚彩票	加拿大	2016	4.8	387.5		205.3	98.6	33.6	38.6	174.0	937.5	197	0.7424
乐透－魁北克彩票公司	加拿大	2016	8.3	682.9	31.9	119.1	42.1	55.1	73.9	287.0	1 292.1	155	0.7424
安大略省彩票公司	加拿大	2016	14.0	1 487.6	109.3	67.2	140.0	220.4		873.3	2 897.9	207	0.7424
加拿大西部彩票	加拿大	2016	6.8	682.1	20.5	8.1	8.0	76.1		224.0	1 018.9	149	0.7424
Pronosticos	墨西哥	2015	125.2	393.4				82.6		8.3	484.3	4	0.0578
国家彩票	墨西哥	2016	125.2						262.9		262.9	2	0.0483
电子彩票	美国	2016	3.4	159.1	252.9				225.1	44.2	681.3	200	1.0000
维尔京群岛彩票	美国	FY10	0.1	4.6	1.1	0.2			7.9	3.1	17.0	154	1.0000
亚利桑那州彩票	美国	2016	6.9	270.7	11.0					594.6	876.3	127	1.0000
阿肯色州彩票	美国	2016	3.0	78.3	11.2		11.9			361.9	463.3	155	1.0000
加利福尼亚州彩票	美国	2016	39.3	1 570.6	174.6	245.5	20.0			4 385.5	6 396.2	163	1.0000
科罗拉多州彩票	美国	2016	5.5	205.6	9.7					378.4	593.7	107	1.0000
康涅狄格州彩票	美国	2016	3.6	224.9	239.0	45.7				727.7	1 237.3	346	1.0000
特拉华州彩票	美国	2016	0.7	26.8	97.2	8.5	41.3			52.5	226.3	333	1.0000

续表

彩票机构	国家	年份	人口（百万）	乐透/乐透附加（百万美元）	数字型（百万美元）	基诺（百万美元）	其他（百万美元）	足彩（百万美元）	抽签式（百万美元）	即开型/撕开式（百万美元）	总销售额（百万美元）	人均销售额（美元）	汇率
哥伦比亚特区彩票	美国	2016	1.0	48.3	49.7	8.2		44.7		68.2	219.1	231	1.0000
佛罗里达州彩票	美国	2016	20.6	1 467.1	628.2		48.2			4 058.6	6 202.1	301	1.0000
乔治亚州彩票	美国	2016	10.3	467.4	823.2	191.9	13.3			3 068.6	4 564.4	443	1.0000
印第安那州彩票	美国	2016	6.6	265.7	73.3		15.5			863.0	1 217.5	184	1.0000
爱达荷州彩票	美国	2016	1.7	63.2	2.3		11.3			168.9	245.7	146	1.0000
伊利诺伊州彩票	美国	2016	12.8	579.8	493.7					1 818.4	2 891.9	226	1.0000
爱荷华州彩票	美国	2016	3.1	113.7	10.9		1.4			251.3	377.3	121	1.0000
堪萨斯州彩票	美国	2016	2.9	95.6	6.8	15.6	6.8			169.0	293.8	101	1.0000
肯塔基州彩票	美国	2016	4.4	159.2	188.7	72.1	2.3			593.6	1 015.9	229	1.0000
路易斯安那州彩票	美国	2016	4.7	199.1	98.5					207.6	505.2	108	1.0000
缅因州彩票	美国	2016	1.3	57.1	9.6					208.8	275.6	207	1.0000
马里兰州彩票	美国	2016	6.0	300.5	519.5	304.0	174.7			624.5	1 923.2	319	1.0000
马萨诸塞州彩票	美国	2016	6.8	386.7	331.2	911.3	1.0			3 619.8	5 250.0	771	1.0000
密歇根州彩票	美国	2016	9.9	463.2	782.3	636.9	0.4			1 192.9	3 075.8	310	1.0000
明尼苏达州彩票	美国	2016	5.5	167.3	17.6		18.9			400.0	603.8	110	1.0000
密苏里州	美国	2016	6.1	234.4	120.6	57.3				861.3	1 273.7	209	1.0000
蒙大拿州	美国	2016	1.0	34.4		0.2	7.9	0.2		17.3	60.0	58	1.0000
内布拉斯加州彩票	美国	2016	1.9	81.8	5.0					99.6	186.4	98	1.0000
新罕布什尔州彩票	美国	2016	1.3	73.8	10.7		3.0			220.6	308.1	232	1.0000
新泽西州彩票	美国	2016	8.9	729.4	707.3		34.4			1 867.0	3 338.2	373	1.0000
新墨西哥州彩票	美国	2016	2.1	66.7	5.1		0.8			80.5	153.0	74	1.0000
纽约州彩票[9]	美国	2016	19.7	1 231.4	1 826.5	838.1				3 933.6	7 829.6	397	1.0000
北卡罗莱纳州彩票	美国	2016	10.2	366.5	426.9					1 660.3	2 453.7	242	1.0000
北达科他州彩票	美国	2016	0.8	37.3							37.3	49	1.0000
俄亥俄州彩票	美国	2016	11.6	420.7	540.4	381.6	196.5			1 522.8	3 062.1	264	1.0000
俄克拉荷马州彩票	美国	2016	3.9	110.0	5.4					74.3	189.7	48	1.0000
俄勒冈州彩票	美国	2016	4.1	128.4	1.5	98.7	2.5			129.3	360.5	88	1.0000
宾夕法尼亚州彩票	美国	2016	12.8	752.6	522.3		88.5			2 790.7	4 154.1	325	1.0000
罗得岛彩票	美国	2016	1.1	58.4	23.8	83.6	1.0			95.2	262.0	247	1.0000
南卡罗莱纳州彩票	美国	2016	5.0	199.2	278.3					1 148.2	1 625.7	328	1.0000
南达科他州彩票	美国	2016	0.9	29.7						26.2	55.9	65	1.0000
田纳西州彩票	美国	FY16	6.7	225.5	96.5					1 189.4	1 511.4	227	1.0000
德克萨斯州彩票	美国	2016	27.9	981.6	355.2					3 790.4	5 127.2	184	1.0000
佛蒙特州	美国	2016	0.6	23.8	2.6		4.8			95.0	126.2	204	1.0000
佛吉尼亚州	美国	2016	8.4	317.7	555.2		56.5			1 117.5	2 046.9	243	1.0000

2016 年北美彩票销售

彩票机构	国　家	年份	人口（百万）	乐透/乐透附加（百万美元）	数字型（百万美元）	基诺（百万美元）	其他（百万美元）	足彩（百万美元）	抽签式（百万美元）	即开型/撕开式（百万美元）	总销售额（百万美元）	人均销售额（美元）	汇率
华盛顿州彩票	美国	2016	7.3	228.5	17.2	6.0				459.3	711.0	98	1.0000
西弗吉尼亚州彩票	美国	2016	1.8	70.4	13.1	3.9				96.3	183.7	100	1.0000
威斯康星州彩票	美国	2016	5.8	217.7	37.0		2.4			381.8	639.0	i11	1.0000
怀俄明州彩票	美国	2016	0.6	35.1							35.1	60	1.0000
总计				17 890.9	10 545.4	4 317.9	1 063.4	542.5	608.4	47 330.6	82 299.1		

2016 年非洲彩票销售

单位：当地货币百万计

彩票机构	国　家	年份	货币	乐透/乐透附加	数字型	基诺	其他	足彩	抽签式	即开型/撕开式	总销售额
阿尔及利亚体育彩票	阿尔及利亚	2003	阿尔及利亚第纳尔	359			6		35	491	890
国家彩票	贝宁	2000	非洲金融共同体法郎				2 389	2 602		3 641	8 632
国家彩票	布基纳法索	2016	非洲金融共同体法郎	460				106 040		3 500	110 000
国家彩票	布隆迪	2010	非洲金融共同体法郎							780	780
COGELO	刚果	1995	中非金融合作法郎				8 738				8 738
国家彩票	科特迪瓦	2003	非洲金融共同体法郎							35 542	35 542
国家彩票	埃塞俄比亚	2012	埃塞俄比亚比尔	7					159	341	507
国家彩票	冈比亚	1997	达拉西				9			4	13
国家彩票	加纳	2014	加纳塞地	316			02				317
慈善彩票	肯尼亚	1996	肯尼亚先令						1	463	464
Sociéte d'Explotiation	马达加斯加	1996	马达加斯加法郎	3 393						2 813	6 207
LONAMA	马利	1999	西非法郎					95		2	97
政府彩票	毛里求斯	2016	毛里求斯卢比	1 652							1 652
体育彩票	摩洛哥	2006	摩洛哥迪拉姆					227		111	339
国家彩票	摩洛哥	2006	摩洛哥迪拉姆	246	8	191					445
Empresa de Lotarias	莫桑比克	2003	莫桑比克梅蒂卡尔		26 678			22 616			49 294
国家彩票	尼日尔	2014	中非金融合作法郎					15 500		600	16 100
国家彩票	塞内加尔	2000	中非金融合作法郎				23 286	573	68	1 331	25 258
南非国家彩票	南非	2016	南非兰特				4 426				4 426
国家彩票	多哥	1999	非洲金融共同体法郎	4 350			81.741	4 023		290	8 745
津巴布韦国家彩票	津巴布韦	2010	津巴布韦元				11			43	54

2016 年亚洲/中东彩票销售

单位：当地货币百万计

彩票机构	国 家（地区）	年份	货币	乐透/乐透附加	数字型	基诺	其他	足彩	抽签式	即开型/撕开式	总销售额
中国福利彩票	中国	2016	元	131 249	15 528	266				14 912	161 956
中国体育彩票	中国	2016	元	93 470				58 930		13 970	166 370
中国香港马会奖券有限公司	中国香港	2016	港币	7 900							7 900
幸运彩票	印度	2003	印度卢比	62 500							62 500
马丁彩票代理	印度	2003	印度卢比	106	1 921				34 675		36 702
瑞穗银行彩票部	日本	2016	日元	291 011	81 294				427 843	53 760	853 908
日本体育彩票中心	日本	2014	日元						110 494		110 494
Nanum Lotto, Inc.	韩国	2016	韩元	3 566 012			41 158		98 151	180 415	3 885 736
Ktoto, Inc.	韩国	2016	韩元					4 441 457			4 441 457
KoreaSports Promotion	韩国	2014	韩元					3 281 344			3 281 344
Libanaise des Jeux	黎巴嫩	2014	黎巴嫩磅	149 539						4 334	153 873
Magnum Corp.	马亚西亚	2015	马来西亚元		2 700						2 700
Pan Malaysian Pools	马来西亚	2015	马来西亚元		1 500					240	1 740
马来西亚体育足球彩票	马亚西亚	2016	马来西亚元				3 477				3 477
慈善彩票	菲律宾	2016	菲律宾比索	12 286	16 484	4 319	23		13	2 820	35 944
新加坡博彩公司	新加坡	2015	新加坡元				5 678				5 678
国家彩票公司	斯里兰卡	2015	斯里兰卡卢比						16 029	1 152	17 181
中国台湾彩票公司	中国台湾	2016	新台币	33 650	2 083		20 411			61 662	117 806
中国台湾体育彩票	中国台湾	2016	新台币					13 124			13 124
政府彩票办公室	泰国	2016	泰铢						71 040		71 040
越南彩票	越南	2016	越南盾	1 501 000	96 000						1 597 000

2016 年澳大利亚彩票销售

单位：当地货币百万计

彩票机构	国 家（地区）	年份	货币	乐透/乐透附加	数字型	基诺	其他	足彩	抽签式	即开型/撕开式	总销售额
金匣子彩票公司	澳大利亚	2016	澳元	933				3	5	199	1 140
新南威尔士州彩票公司	澳大利亚	2016	澳元	1 295				5	63	146	1 508
新西兰彩票公司	新西兰	2016	新西兰元	987	2	29	15			148	1 182
南澳大利亚彩票公司	澳大利亚	2016	澳元	302		115		1		33	450
塔特萨尔彩票公司	澳大利亚	2016	澳元	1 564				3	4	59	1 630
西澳大利亚彩票公司	澳大利亚	2016	澳元	682	12		54	1		97	846

2016 年欧洲彩票销售

单位：当地货币百万计

彩票机构	国　家（地区）	年份	货币	乐透/乐透附加	数字型	基诺	其他	足彩	抽签式	即开型/撕开式	总销售额
奥地利彩票	奥地利	2015	欧元	1 108	18	0	1 317	9	29	152	2 633
国家彩票	比利时	2016	欧元	896	5	11	－11	42		235	1 179
国家彩票	保加利亚	2016	保加利亚列弗				654				654
Hrvatska Lutrija	克罗地亚	2016	克罗地亚库纳	511		6	115	437		37	1 106
政府彩票	塞浦路斯	2016	欧元						1	26	27
SAZKA a. s	捷克	2015	捷克克朗		8 488			1 312		1 202	11 003
Danske Spil A/S	丹麦	2015	丹麦克朗	2 576			1 558				4 134
D. K. Klasselotteri	丹麦	2016	丹麦克朗						744		744
Eesti Loto AS	爱沙尼亚	2015	爱沙尼亚克朗	43		3				10	57
Veikkaus Oy	芬兰	2016	欧元	837		381	126	532		320	2 196
La Française des Jeux	法国	2016	欧元	3 054		1 866	91	2 510		6 810	14 331
GKL（NKL & SKL）	德国	2016	欧元						370		370
斯图加特足彩－乐透	德国	2016	欧元	749		18	63	31	47	60	967
S. －Lotterie（巴伐利亚）	德国	2016	欧元	860		24	66	48	46	122	1 166
Lotto Berlin	德国	2004	欧元	238		7	15	2	8	5	274
不莱梅足彩	德国	2016	欧元	56			6	6	2	1	71
基尔西北乐透	德国	2015	欧元	210		3	29	6	9	6	263
Lotto Hessen	德国	2015	欧元	500		17	38	18	24	49	646
下萨克森州足彩－乐透	德国	2015	欧元	549		10	80	18	30	23	710
莫科林伯格乐透	德国	2015	欧元	107				3		4	114
西部乐透	德国	2015	欧元	1 350		23	101	49	38	57	1 617
莱茵兰－普法尔茨州乐透	德国	2016	欧元	287		7	24	17		14	349
萨尔体育彩票	德国	2016	欧元	97		3	8	3	5	8	123
汉堡乐透	德国	2010	欧元	118		2	16	4	3	2	144
萨克森乐透－足彩	德国	2015	欧元	146		0	17	6	7	8	184
莱比锡 Sächsische 乐透	德国	2016	欧元				312				312
波茨坦勃兰登堡彩票	德国	2015	欧元	159		5	14	1	3	5	187
苏尔信托基金彩票	德国	2015	欧元	131		3	9	3	3	6	155
直布罗陀政府彩票	直布罗陀	2015	直布罗陀镑						5		5
OPAP	希腊	2015	欧元				4 257				4 257
希腊国家彩票	希腊	2015	希腊德拉克马						148	288	437
Szerencsejáték RT	匈牙利	2016	匈牙利福林	98 497	33 855	5 732		170 078		77 302	385 464
冰岛大学彩票	冰岛	2016	冰岛克朗						1 912	140	2 052
Islensk getspá / getraunir	冰岛	2016	冰岛克朗	4 712				749			5 461
国家彩票	爱尔兰	2016	欧元	448	12		23			188	671
以色列体育竞猜	以色列	2016	以色列谢克尔					3 240			3 240
米佛尔哈佩斯彩票	以色列	2016	以色列谢克尔	1 392	2 392	612			470	1 799	6 666

2016 年欧洲彩票销售

单位：当地货币百万计

彩票机构	国家（地区）	年份	货币	乐透/乐透附加	数字型	基诺	其他	足彩	抽签式	即开型/撕开式	总销售额
SISAL S. p. A.	意大利	2016	欧元	1 598			1 188	1 078		7	3 871
Lottomatica S. p. A.	意大利	2016	欧元	8 093			1 686	855	46	8 935	19 614
国家彩票	哈萨克斯坦	2015	哈萨克坚戈				774			469	1 243
拉脱维亚乐透	拉脱维亚	2016	欧元	12	4	2	6			5	29
OLIFEJA	立陶宛	2016	欧元	44		2				26	72
Loterie Nationale	卢森堡	2010	欧元	55		22				17	94
Lotarija na Makedonija	马其顿	2008	代纳尔					409			409
MALTCO	马耳他	2016	欧元	52		16	0	23		1	92
摩尔多瓦彩票	摩尔多瓦	2015	摩尔多瓦列伊	7				2			9
荷兰彩票公司	荷兰	2016	欧元	156	7	22		134	696	87	1 102
Norsk Tipping AS	挪威	2015	挪威克朗	7 719		297	7 387	3 222		1 214	19 839
Totalizator Sportowy	波兰	2016	兹罗提	2 305		1 300			120	852	4 576
SCML	葡萄牙	2015	欧元	985				77	77	1 102	2 240
罗马尼亚彩票	罗马尼亚	2016	罗马尼亚列伊	341			12	1	1	30	385
CJSC TD stoloto	俄罗斯	2016	卢布	10 944	8 675	305	3 801			1 324	25 049
Tipos AS	斯洛伐克	2016	斯洛伐克克朗	111		48	174	44		56	432
Sportna Loterija d. d.	斯洛文尼亚	2016	欧元		0		11	64		1	77
SELAE	西班牙	2016	欧元	3 580				253	4 976		8 809
Loteria Catalunya	西班牙	2016	欧元	12	3	6	155		21	4	201
ONCE	西班牙	2016	欧元	85	7	52			1 372	402	1 918
AB Svenska Spel	瑞典	2015	瑞典克朗	2 348		534	89	1 626		1 833	6 430
SwissLos	瑞士	2016	瑞士法郎	847		30	42	57		368	1 344
Loterie Romande	瑞士	2016	瑞士法郎	285	5	54	120	17		293	774
土耳其国家彩票	土耳其	2015	新土耳其里拉	1 564					685	215	2 464
国家彩票	乌克兰	2015	赫夫纳	347			58	327		369	1 101
英国国家彩票	英国	2016	英镑	4 354						3 002	7 356

2016 年中美、南美和加勒比海彩票销售

单位：当地货币百万计

彩票机构	国家（地区）	年份	货币	乐透/乐透附加	数字型	基诺	其他	足彩	抽签式	即开型/撕开式	总销售额
国家彩票	阿根廷	2016	阿根廷比索	1 828	4 597				78	33	6 535
C. Economica Federal	巴西	2016	巴西雷亚尔	12 374				122	341		12 836
Polla Chilena	智利	2016	智利比索	134 585			468	11 757	1 753	7 511	156 073
Lotería Concepcion	智利	2008	智利比索	4 573		42 374			4 197	5 397	56 541
Junta de Proteccion	哥斯达黎加	2016	哥斯达黎加克朗	13 134	51 448				158 556	5 018	228 157
国家彩票	萨尔瓦多	2015	美元	39						3	42
Supreme Ventures Ltd.	牙买加	2009	牙买加元	2 465	21 684	324	1 439			131	26 043
国家彩票	巴拿马	2015	巴拿马巴波亚	638						5	643
INTRALOT de Peru	秘鲁	2012	秘鲁索尔	97	2	5	0	106		18	229
圣卢西亚国家彩票	圣卢西亚	2016	东加勒比元	5	25		0			5	35
国家彩票	特立尼达	2010	特立尼达和多巴哥元	244	1 236	22				110	1 612
Banco de Quinielas	乌拉圭	2016	乌拉圭新比索	925	1 950	864		915		318	4 972

2016 年北美彩票销售

单位：当地货币百万计

彩票机构	国家（地区）	年份	货币	乐透/乐透附加	数字型	基诺	其他	足彩	抽签式	即开型/撕开式	总销售额
大西洋彩票公司	加拿大	2016	加元	307	1	12	13	40		331	704
不列颠哥伦比亚彩票	加拿大	2016	加元	522		277	133	45	52	234	1 263
乐透－魁北克	加拿大	2016	加元	920	43	160	57	74	100	387	1 740
安大略省彩票和博彩公司	加拿大	2016	加元	2 004	147	91	189	297		1 176	3 903
加拿大西部彩票	加拿大	2016	加元	919	28	11	11	103		302	1 372
Pronosticos	墨西哥	2015	墨西哥比索	6 805				1 429		143	8 377
国家彩票	墨西哥	2016	墨西哥比索						5 440		5 440

2016年亚洲视频彩票终端（VLT）机器净收入

彩票机构	国家	年份	人口（百万）	乐透/乐透附加（百万美元）	数字型（百万美元）	基诺（百万美元）	VLT净收入（百万美元）	足彩（百万美元）	抽签式（百万美元）	即开型/撕开式（百万美元）	总销售额（百万美元）	人均销售额（美元）	汇率
中国福利彩票	中国	2016	1 401.6				6 382.8				6 382.8	5	0.1439

2016年欧洲视频彩票终端（VLT）机器净收入

彩票机构	国家	年份	人口（百万）	乐透/乐透附加（百万美元）	数字型（百万美元）	基诺（百万美元）	VLT净收入（百万美元）	足彩（百万美元）	抽签式（百万美元）	即开型/撕开式（百万美元）	总销售额（百万美元）	人均销售额（美元）	汇率
奥地利国家彩票公司	奥地利	2015	8.6				492.7				492.7	58	1.0925
冰岛彩票大学	冰岛	2016	0.3				32.2				32.2	96	0.0088
米佛尔哈佩斯彩票	以色列	2016	7.9				158.9				158.9	20	0.2601
SISAL S. p. A.[1]	意大利	2016	61.7				4 230.9				4 230.9	69	1.0536
马其顿彩票	马其顿	2008	2.1				20.76				20.8	10	0.0234
摩尔多瓦彩票	摩尔多瓦	2015	3.6				0.4				0.4	0	0.0504
Norsk Tipping AS	挪威	2015	5.1				91.2				91.2	18	0.1142
罗马尼亚彩票	罗马尼亚	2016	21.6				200.7				200.7	9	0.2320
AB Svenska Spel	瑞典	2015	9.7				146.1				146.1	15	0.1191
Loterie Romande	瑞士	2016	1.8				87.3				87.3	48	0.9812
总计			122.4				5 461.3				5 461.3	45	

[1]表示VLT和AWP的收入

2016 年北美视频彩票终端（VLT）机器净收入

彩票机构	国　家	年份	人口（百万）	乐透/乐透附加（百万美元）	数字型（百万美元）	基诺（百万美元）	VLT 净收入（百万美元）	足彩（百万美元）	抽签式（百万美元）	即开型/撕开式（百万美元）	总销售额（百万美元）	人均销售额（美元）	汇率
阿尔伯塔省博彩与酒类	加拿大	FY16	4. 3				484. 1				484. 1	114	0. 7677
大西洋彩票	加拿大	2016	2. 4				319. 1				319. 1	134	0. 7421
乐透 - 魁北克（SLVQ）	加拿大	2016	8. 3				669. 4				669. 4	80	0. 7421
曼尼托巴省彩票	加拿大	FY16	1. 3				256. 9				256. 9	195	0. 7677
萨斯喀彻温省酒类和彩票	加拿大	FY16	1. 2				184. 9				184. 9	161	0. 7677
特拉华州彩票	美国	2016	1. 0				346. 0				346. 0	363	1. 0000
马里兰彩票	美国	2016	6. 0				766. 0				766. 0	127	1. 0000
纽约州彩票	美国	FY16	19. 7				1 987. 0				1 987. 0	101	1. 0000
俄亥俄州彩票	美国	2016	11. 6				893. 5				893. 5	77	1. 0000
俄勒冈州彩票	美国	2016	4. 1				901. 6				901. 6	220	1. 0000
罗得岛彩票	美国	2016	1. 1				484. 1				484. 1	458	1. 0000
南达科他州彩票	美国	2016	0. 9				210. 3				210. 3	243	1. 0000
西弗吉尼亚彩票	美国	2016	1. 8				880. 8				880. 8	481	1. 0000
总计			63. 6				8 383. 5				8 383. 5	132	
世界各国销售总计							20 227. 6				20 227. 6		

2016 年亚洲视频彩票终端（VLT）机器净收入

彩票机构	国家	年份	货币	乐透/乐透附加（百万美元）	数字型（百万美元）	基诺（百万美元）	VLT 净收入（百万美元）	足彩（百万美元）	抽签式（百万美元）	即开型/撕开式（百万美元）	总销售额（百万美元）
中国福利彩票	中国	2016	元				44 356				44 356

2016 年欧洲视频彩票终端（VLT）机器净收入

单位：当地货币百万计

彩票机构	国家	年份	货币	乐透/乐透附加	数字型	基诺	VLT 净收入	足彩	抽签式	即开型/撕开式	总计
奥地利国家彩票公司	奥地利	2015	欧元				451				451
冰岛彩票大学	冰岛	2016	冰岛克朗				3 659				3 659
米佛尔哈佩斯彩票	以色列	2016	以色列谢克尔				611				611
SISAL S. p. A.	意大利	2016	欧元				4 016				4 016
马其顿彩票	马其顿	2008	代纳尔				887				887
摩尔多瓦彩票	摩尔多瓦	2015	摩尔多瓦列伊				8				8
Norsk Tipping AS	挪威	2015	挪威克朗				799				799
罗马尼亚彩票	罗马尼亚	2016	罗马尼亚列伊				865				865
AB Svenska Spel	瑞典	2015	瑞典克朗				1 227				1 227
Loterie Romande	瑞士	2016	瑞士法郎				89				89

[1]代表综合 VLT 和 AWP 收入

2016 年北美视频彩票终端（VLT）机器净收入

单位：当地货币百万计

彩票机构	国家	年份	货币	乐透/乐透附加	数字型	基诺	VLT 净收入	足彩	抽签式	即开型/撕开式	总计
阿尔伯塔省博彩与酒类	加拿大	FY16	加元				631				631
大西洋彩票	加拿大	2016	加元				430				430
乐透 - 魁北克（SLVQ）	加拿大	2016	加元				902				902
曼尼托巴省彩票	加拿大	FY16	加元				335				335
萨斯喀彻温省酒类和彩票	加拿大	FY16	加元				241				241
特拉华州彩票	美国	2016	美元				346				346
马里兰彩票	美国	2016	美元				766				766
纽约州彩票	美国	FY16	美元				1 987				1 987
俄亥俄州彩票	美国	2016	美元				894				894
俄勒冈州彩票	美国	2016	美元				902				902
罗得岛彩票	美国	2016	美元				484				484
南达科他州彩票	美国	2016	美元				210				210
西弗吉尼亚彩票	美国	2016	美元				881				881

（国家体育总局体育彩票管理中心供稿）

七、彩票票样

中国福利彩票
最高奖金10万元
面值5元
以茶会友
闻香知味
悠扬新丝路
古道添风采
(12-01)

中国福利彩票
最高奖金10万元
面值5元
以茶会友
闻香知味
悠扬新丝路
古道添风采
(12-02)

中国福利彩票
最高奖金10万元
面值5元
以茶会友
闻香知味
悠扬新丝路
古道添风采
(12-03)

中国福利彩票
最高奖金10万元
面值5元
以茶会友
闻香知味
悠扬新丝路
古道添风采
(12-04)

中国福利彩票
最高奖金10万元
面值5元
以茶会友
闻香知味
悠扬新丝路
古道添风采
(12-05)

中国福利彩票
最高奖金10万元
面值5元
以茶会友
闻香知味
悠扬新丝路
古道添风采
(12-06)

中国福利彩票
最高奖金10万元
面值5元
以茶会友
闻香知味
悠扬新丝路
古道添风采
(12-07)

中国福利彩票
最高奖金10万元
面值5元
以茶会友
闻香知味
悠扬新丝路
古道添风采
(12-08)

中国福利彩票
最高奖金10万元
面值5元
以茶会友
闻香知味
悠扬新丝路
古道添风采
(12-09)

中国福利彩票
最高奖金10万元
面值5元
以茶会友
闻香知味
悠扬新丝路
古道添风采
(12-10)

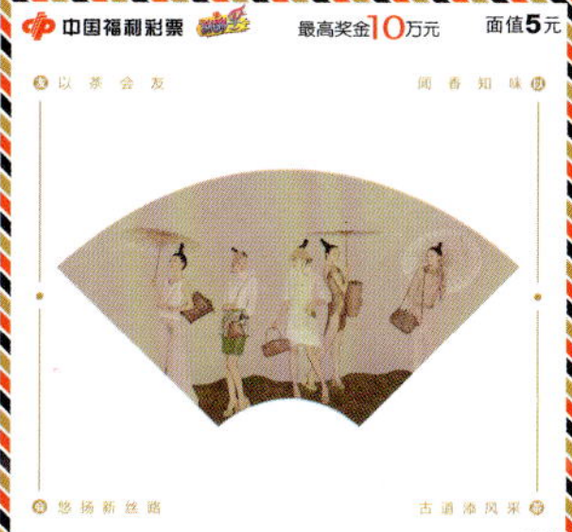
中国福利彩票
最高奖金10万元
面值5元
以茶会友
闻香知味
悠扬新丝路
古道添风采
(12-11)

中国福利彩票
最高奖金10万元
面值5元
以茶会友
闻香知味
悠扬新丝路
古道添风采
(12-12)

中国福利彩票
10次中奖机会
面值10元
闪耀钻石
最高奖金
30万元
闪耀
本彩票共有3个玩法，3个玩法区内的中奖奖金兼中兼得。
▲玩法一：刮开覆盖膜，如果刮出“恒久远”短语，即可获得50元奖金。
◀玩法二：刮开覆盖膜，如果刮出“”钻石图符，即可获得该图符下方所对应的奖金。
(2-1)
▲玩法三：刮开覆盖膜，如果任意一个“我的号码”与任意一个“中奖号码”相同，即可获得该“我的号码”下方所对应的奖金。中奖奖金兼中兼得。
刮开无效 保安区
保安区刮开无效
J0561-16119-0000000-000-3

中国福利彩票
面值10元
开门红
最高奖金25万元
18次中奖机会
福到
喜到
好运到
▲玩法一：如果刮出“福”字图符，即可获得该图符右方所对应的奖金。中奖奖金兼中兼得。
▲玩法二：如果刮出“喜”字图符，即可获得该图符右方所对应的奖金。中奖奖金兼中兼得。
▲玩法三：刮开覆盖膜，如果任意一个“我的号码”与“好运号码”相同，即可获得该“我的号码”下方所对应的奖金。中奖奖金兼中兼得。
(1-1)
刮开无效 保安区
保安区刮开无效
0000-00000-0000000-000-3

中国福利彩票
10次中奖机会
面值10元
闪耀钻石
最高奖金
30万元
闪耀
本彩票共有3个玩法，3个玩法区内的中奖奖金兼中兼得。
▲玩法一：刮开覆盖膜，如果刮出“恒久远”短语，即可获得50元奖金。
◀玩法二：刮开覆盖膜，如果刮出“”钻石图符，即可获得该图符下方所对应的奖金。
(2-1)
▲玩法三：刮开覆盖膜，如果任意一个“我的号码”与任意一个“中奖号码”相同，即可获得该“我的号码”下方所对应的奖金。中奖奖金兼中兼得。
刮开无效 保安区
保安区刮开无效
J0561-16119-0000000-000-3

中国福利彩票
最高奖金20万元 面值5元
天下凤凰
10次中奖机会
▲中奖号码
▲我的号码
▲玩法区
刮开覆盖膜，如果任意一个"我的号码"与"中奖号码"相同，即可获得该"我的号码"下方所对应的奖金；如果刮出一个" "凤凰图符，即可获得该图符下方所对应奖金的两倍。中奖奖金兼中兼得。
(9-1)
保安区刮开无效
0000-00000-0000000-000-3

中国福利彩票
最高奖金20万元 面值5元
天下凤凰
10次中奖机会
▲中奖号码
▲我的号码
▲玩法区
刮开覆盖膜，如果任意一个"我的号码"与"中奖号码"相同，即可获得该"我的号码"下方所对应的奖金；如果刮出一个" "凤凰图符，即可获得该图符下方所对应奖金的两倍。中奖奖金兼中兼得。
(9-2)
保安区刮开无效
0000-00000-0000000-000-3

中国福利彩票
最高奖金20万元 面值5元
天下凤凰
10次中奖机会
▲中奖号码
▲我的号码
▲玩法区
刮开覆盖膜，如果任意一个"我的号码"与"中奖号码"相同，即可获得该"我的号码"下方所对应的奖金；如果刮出一个" "凤凰图符，即可获得该图符下方所对应奖金的两倍。中奖奖金兼中兼得。
(9-3)
保安区刮开无效
0000-00000-0000000-000-3

中国福利彩票
最高奖金20万元 面值5元
天下凤凰
10次中奖机会
▲中奖号码
▲我的号码
▲玩法区
刮开覆盖膜，如果任意一个"我的号码"与"中奖号码"相同，即可获得该"我的号码"下方所对应的奖金；如果刮出一个" "凤凰图符，即可获得该图符下方所对应奖金的两倍。中奖奖金兼中兼得。
(9-4)
保安区刮开无效
0000-00000-0000000-000-3

中国福利彩票
最高奖金20万元 面值5元
天下凤凰
10次中奖机会
▲中奖号码
▲我的号码
▲玩法区
刮开覆盖膜，如果任意一个"我的号码"与"中奖号码"相同，即可获得该"我的号码"下方所对应的奖金；如果刮出一个" "凤凰图符，即可获得该图符下方所对应奖金的两倍。中奖奖金兼中兼得。
(9-5)
保安区刮开无效
0000-00000-0000000-000-3

中国福利彩票
最高奖金20万元 面值5元
天下凤凰
10次中奖机会
▲中奖号码
▲我的号码
▲玩法区
刮开覆盖膜，如果任意一个"我的号码"与"中奖号码"相同，即可获得该"我的号码"下方所对应的奖金；如果刮出一个" "凤凰图符，即可获得该图符下方所对应奖金的两倍。中奖奖金兼中兼得。
(9-6)
保安区刮开无效
0000-00000-0000000-000-3

中国福利彩票
最高奖金20万元 面值5元
天下凤凰
10次中奖机会
▲中奖号码
▲我的号码
▲玩法区
刮开覆盖膜，如果任意一个"我的号码"与"中奖号码"相同，即可获得该"我的号码"下方所对应的奖金；如果刮出一个" "凤凰图符，即可获得该图符下方所对应奖金的两倍。中奖奖金兼中兼得。
(9-7)
保安区刮开无效
0000-00000-0000000-000-3

中国福利彩票
最高奖金20万元 面值5元
天下凤凰
10次中奖机会
▲中奖号码
▲我的号码
▲玩法区
刮开覆盖膜，如果任意一个"我的号码"与"中奖号码"相同，即可获得该"我的号码"下方所对应的奖金；如果刮出一个" "凤凰图符，即可获得该图符下方所对应奖金的两倍。中奖奖金兼中兼得。
(9-8)
保安区刮开无效
0000-00000-0000000-000-3

中国福利彩票
最高奖金20万元 面值5元
天下凤凰
10次中奖机会
▲中奖号码
▲我的号码
▲玩法区
刮开覆盖膜，如果任意一个"我的号码"与"中奖号码"相同，即可获得该"我的号码"下方所对应的奖金；如果刮出一个" "凤凰图符，即可获得该图符下方所对应奖金的两倍。中奖奖金兼中兼得。
(9-9)
保安区刮开无效
0000-00000-0000000-000-3

中国福利彩票
面值10元
最高奖金50万元
美丽衢州
古城绽新颜
中奖号码
我的号码
玩法区
刮开覆盖膜，如果任意一个"我的号码"与任意一个"中奖号码"相同，即可获得该"我的号码"下方所对应的奖金。中奖奖金兼中兼得。
(8-1)
保安区刮开无效

中国福利彩票
面值10元
最高奖金50万元
美丽衢州
南宗孔氏家庙
(8-2)
保安区刮开无效

中国福利彩票
面值10元
最高奖金50万元
美丽衢州
千古之谜龙游石窟
(8-3)
保安区刮开无效

中国福利彩票
面值10元
最高奖金50万元
美丽衢州
三衢石林
(8-4)
保安区刮开无效

中国福利彩票
面值10元
最高奖金50万元
美丽衢州
世界自然遗产江郎山
(8-5)
保安区刮开无效

中国福利彩票
面值10元
最高奖金50万元
美丽衢州
天脊龙门
(8-6)
保安区刮开无效

中国福利彩票
面值10元
最高奖金50万元
美丽衢州
围棋仙地烂柯山
(8-7)
保安区刮开无效

中国福利彩票
面值10元
最高奖金50万元
美丽衢州
秀美钱江源
(8-8)
保安区刮开无效

中国福利彩票
面值10元
天下为公
最高奖金 25万元
保安区刮开无效
0000-00000-0000000-000-2

中国福利彩票
黑桃KING
5次中奖机会 最高奖金1000元
玩法区
面值2元
奖金
刮开覆盖膜，如果刮出"A"黑桃A图符，即可获得该图符下方所对应的奖金，中奖奖金兼中兼得。如果刮出"5 6 7 8 9"黑桃顺子图符，即可获得5个图符下方所有奖金之和。(5-1)
保安区刮开无效
0000-00000-0000000-000-2

中国福利彩票
面值10元
天下为公
最高奖金 25万元
保安区刮开无效
0000-00000-0000000-000-2

中国福利彩票
面值10元
天下为公
最高奖金 25万元
保安区刮开无效
0000-00000-0000000-000-2

中国福利彩票
黑桃KING
5次中奖机会 最高奖金1000元
玩法区
面值2元
奖金
刮开覆盖膜，如果刮出"Q"黑桃Q图符，即可获得该图符下方所对应的奖金，中奖奖金兼中兼得。如果刮出"5 6 7 8 9"黑桃顺子图符，即可获得5个图符下方所有奖金之和。(5-3)
保安区刮开无效
0000-00000-0000000-000-2

中国福利彩票
面值10元
天下为公
最高奖金 25万元
保安区刮开无效
0000-00000-0000000-000-2

中国福利彩票
面值5元
欢乐钓鱼
最高奖金 10万元
保安区刮开无效
0000-00000-0000000-000-3

中国福利彩票
面值5元
金钥匙
最高奖金 15万元
保安区刮开无效
0000-00000-0000000-000-3

中国福利彩票
黑桃KING
5次中奖机会 最高奖金1000元
玩法区
面值2元
奖金
刮开覆盖膜，如果刮出"J"黑桃J图符，即可获得该图符下方所对应的奖金，中奖奖金兼中兼得。如果刮出"5 6 7 8 9"黑桃顺子图符，即可获得5个图符下方所有奖金之和。(5-4)
保安区刮开无效
0000-00000-0000000-000-2

中国福利彩票
黑桃KING
5次中奖机会 最高奖金1000元
玩法区
面值2元
奖金
刮开覆盖膜，如果刮出"10"黑桃10图符，即可获得该图符下方所对应的奖金，中奖奖金兼中兼得。如果刮出"5 6 7 8 9"黑桃顺子图符，即可获得5个图符下方所有奖金之和。(5-5)
保安区刮开无效
0000-00000-0000000-000-2

中国福利彩票
面值5元
闪耀钻石
最高奖金 15万元
保安区刮开无效
J0560-16117-0000000-000-3

中国福利彩票
面值5元
闪耀钻石
最高奖金 15万元
保安区刮开无效
J0560-16117-0000000-000-3

面值10元
金鸡纳福
最高奖金30万元
共有12次中奖机会!
保安区刮开无效
35-0406-0000001-000

面值10元
金鸡纳福
最高奖金30万元
共有12次中奖机会!
保安区刮开无效
35-0406-0000001-000

面值10元
金鸡纳福
最高奖金30万元
共有12次中奖机会!
保安区刮开无效
35-0406-0000001-000

面值5元
好开心
最高奖金100,000元!
共有9次中奖机会!
保安区刮开无效
35-0334-0000001-000

面值5元
好开心
最高奖金100,000元!
共有9次中奖机会!
保安区刮开无效
35-0334-0000001-000

面值5元
好开心
最高奖金100,000元!
共有9次中奖机会!
保安区刮开无效
35-0334-0000001-000

面值5元
冰雪极限
奖金
最高奖金100,000元!
共有8次中奖机会!
保安区刮开无效
35-0336-0000001-000

面值5元
冰雪极限
奖金
最高奖金100,000元!
共有8次中奖机会!
保安区刮开无效
35-0336-0000001-000

面值5元
冰雪极限
奖金
最高奖金100,000元!
共有8次中奖机会!
保安区刮开无效
35-0336-0000001-000

中国体育彩票
年终奖
最高奖金15,000元!
面值2元
共有2次中奖机会!
刮开覆盖膜,如果出现金额标志,即中得该金额,中奖奖金兼中兼得。
双薪
奖金
保安区刮开无效
35-0346-0000001-000

中国体育彩票
面值2元
刮开覆盖膜,如果出现喜标志"喜",即中得该标志下方所示的金额;如果出现双喜标志"囍",即中得该标志下方所示金额的两倍。中奖奖金兼中兼得。
刮开区
报囍
最高奖金15,000元!
保安区刮开无效
35-0350-0000001-000

面值10元
票样
十二生肖之鼠

面值10元
票样
十二生肖之牛

面值10元
票样
十二生肖之虎

面值10元
票样
十二生肖之兔

面值10元
票样
十二生肖之龍

面值10元
票样
十二生肖之蛇

面值10元
票样
十二生肖之馬

面值10元
票样
十二生肖之羊

面值10元
票样
十二生肖之猴

面值10元
票样
十二生肖之鷄

面值10元
票样
十二生肖之狗

面值10元
票样
十二生肖之猪

顶呱刮
中国体育彩票
面值5元
最高奖金
10万元!
恭
刮开区
中奖奖金兼中兼得
共有10次中奖机会!
保安区刮开无效
35-0349-0000001-000

顶呱刮
中国体育彩票
CHINA SPORTS LOTTERY
面值2元
刮开区
最高奖金30,000元
小金猪
中奖奖金兼中兼得
刮开覆盖膜，如果出现3个相同的金额标志，即中得该单一金额；如果出现金猪标志“ ”，即中得刮开区内所示的全部金额之和。
保安区刮开无效
保安区
35-0356-0000001-000

顶呱刮
中国体育彩票
面值5元
最高奖金
10万元!
喜
刮开区
中奖奖金兼中兼得
共有10次中奖机会!
保安区刮开无效
35-0349-0000001-000

顶呱刮
中国体育彩票
面值10元
豪门盛宴
最高奖金25万元!
猜胜平负
第1场
第2场
猜测结果
比赛结果
奖金
猜进球数
比赛进球数
猜测进球数
共有12次中奖机会!
中奖奖金兼中兼得
保安区刮开无效
35-0358-0000001-000

顶呱刮
中国体育彩票
面值10元
豪门盛宴
最高奖金25万元!
猜胜平负
第1场
第2场
猜测结果
比赛结果
奖金
猜进球数
比赛进球数
猜测进球数
共有12次中奖机会!
中奖奖金兼中兼得
保安区刮开无效
35-0358-0000001-000

顶呱刮
中国体育彩票
面值5元
最高奖金
10万元!
發
刮开区
中奖奖金兼中兼得
共有10次中奖机会!
保安区刮开无效
35-0349-0000001-000

顶呱刮
中国体育彩票
面值10元
豪门盛宴
最高奖金25万元!
猜胜平负
第1场
第2场
猜测结果
比赛结果
奖金
猜进球数
比赛进球数
猜测进球数
共有12次中奖机会!
中奖奖金兼中兼得
保安区刮开无效
35-0358-0000001-000

顶呱刮
中国体育彩票
面值5元
最高奖金
10万元!
財
刮开区
中奖奖金兼中兼得
共有10次中奖机会!
保安区刮开无效
35-0349-0000001-000

顶呱刮
中国体育彩票
面值10元
豪门盛宴
最高奖金25万元!
猜胜平负
第1场
第2场
猜测结果
比赛结果
奖金
猜进球数
比赛进球数
猜测进球数
共有12次中奖机会!
中奖奖金兼中兼得
保安区刮开无效
35-0358-0000001-000

面值10元
中奖号码
你的号码
足够精彩
幸运奖
最高奖金25万元！
共有13次中奖机会！
保安区刮开无效

面值10元
中奖号码
你的号码
足够精彩
幸运奖
最高奖金25万元！
共有13次中奖机会！
保安区刮开无效

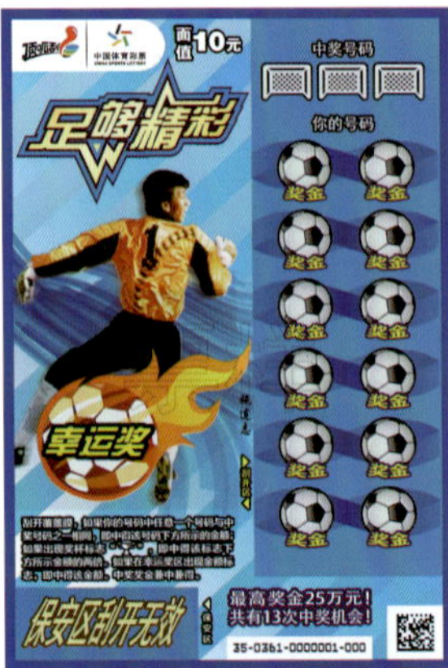
面值10元
中奖号码
你的号码
足够精彩
幸运奖
最高奖金25万元！
共有13次中奖机会！
保安区刮开无效

面值10元
中奖号码
你的号码
足够精彩
幸运奖
最高奖金25万元！
共有13次中奖机会！
保安区刮开无效

面值10元
中奖号码
你的号码
足够精彩
幸运奖
最高奖金25万元！
共有13次中奖机会！
保安区刮开无效

面值10元
中奖号码
你的号码
足够精彩
幸运奖
最高奖金25万元！
共有13次中奖机会！
保安区刮开无效

面值10元
中奖号码
你的号码
足够精彩
幸运奖
最高奖金25万元！
共有13次中奖机会！
保安区刮开无效

面值10元
中奖号码
你的号码
足够精彩
幸运奖
最高奖金25万元！
共有13次中奖机会！
保安区刮开无效

中国·青海
面值10元
百步穿杨
牛角弓
主玩法
附加玩法
保安区刮开无效
最高奖金25万元

中国·青海
面值10元
百步穿杨
复合弓
主玩法
附加玩法
保安区刮开无效
最高奖金25万元

中国·青海
面值10元
百步穿杨
现代传统弓
主玩法
附加玩法
保安区刮开无效
最高奖金25万元

中国·青海
面值10元
百步穿杨
反曲弓
主玩法
附加玩法
保安区刮开无效
最高奖金25万元

共有8次中奖机会！
面值5元
I ♥ 中国
你的号码
中奖号码
最高奖金100,000元！
保安区刮开无效
35-0372-0000001-000

中国体育彩票
CHINA SPORTS LOTTERY
面值2元
刮开区
奖金
I ♥ 中国
最高奖金15,000元！
刮开覆盖膜，如果在任一横线、竖线或对角线刮出3个中国标志“中国”，即中得刮开区内所示的金额。
保安区
保安区刮开无效
35-0371-0000001-000